Treuhand
Wirtschaftsprüfungsgesellschaft • Steuerberatungsgesellschaft
Lützelsteinerstraße 1a • 80939 München
Telefon 089/55 05 47 00 • Fax 089/55 05 47 02 09

D1676784

Götzenberger · Optimale Vermögensübertragung

🖱 Online-Version inklusive!

Stellen Sie dieses Buch jetzt in Ihre „digitale Bibliothek" in der NWB Datenbank und nutzen Sie Ihre Vorteile:

▶ Ob am Arbeitsplatz, zu Hause oder unterwegs: Die Online-Version dieses Buches können Sie jederzeit und überall da nutzen, wo Sie Zugang zu einem mit dem Internet verbundenen PC haben.

▶ Die praktischen Recherchefunktionen der NWB Datenbank erleichtern Ihnen die gezielte Suche nach bestimmten Inhalten und Fragestellungen.

▶ Die Anlage Ihrer persönlichen „digitalen Bibliothek" und deren Nutzung in der NWB Datenbank online ist kostenlos. Sie müssen dazu nicht Abonnent der Datenbank sein.

Ihr Freischaltcode: QBRFNXYURAYISKFNXK

Götzenberger, Optimale Vermögensübertragung

So einfach geht's:

① Rufen Sie im Internet die Seite **www.nwb.de/go/online-buch** auf.

② Geben Sie Ihren Freischaltcode ein und folgen Sie dem Anmeldedialog.

③ Fertig!

Die NWB Datenbank – alle digitalen Inhalte aus unserem Verlagsprogramm in einem System.

www.nwb.de

Optimale Vermögensübertragung

Erbschaft- und Schenkungsteuer

Von
Steuerberater Dipl.-Betriebswirt
MBA International Taxation (Univ. Freiburg i. Br.)
Anton-Rudolf Götzenberger

4. Auflage

ISBN 978-3-482-**61392**-0 (online)
ISBN 978-3-482-**51394**-7 (print)

4. Auflage 2012

© NWB Verlag GmbH & Co. KG, Herne 2000
www.nwb.de

Alle Rechte vorbehalten.

Dieses Buch und alle in ihm enthaltenen Beiträge und Abbildungen sind urheberrechtlich geschützt. Mit Ausnahme der gesetzlich zugelassenen Fälle ist eine Verwertung ohne Einwilligung des Verlages unzulässig.

Satz und Druck: Griebsch & Rochol Druck GmbH & Co. KG, Hamm

VORWORT

Müssen jetzt die Reichen rar? Die Wochenzeitung „Die Zeit" brachte es in der Ausgabe Nr. 36 vom September 2011 auf den Punkt: Reichtum verpflichtet! Insgesamt 7,4 Billionen € besitzen die Deutscher an Wertpapieren, Bankkonten, Häusern, Kunstsammlungen usw. Vermögen im Wert von etwa 200 bis 220 Mrd. €, so schätzt das Deutsche Forum für Erbrecht aus München, dürfte in den nächsten Jahren pro Jahr vererbt werden. Eine steueroptimierte Vermögensübertragung wird daher in naher Zukunft an Bedeutung gewinnen. In der vorliegenden neuen 4. Auflage habe ich dem besonders Rechnung getragen. Aktualisiert und erweitert habe ich insbesondere die zahlreichen Gestaltungstipps zur Steueroptimierung.

Komplett eingearbeitet habe ich die neuen Erbschaftsteuer-Richtlinien 2011 mit den entsprechenden amtlichen Hinweisen. Die neuen Richtlinien gelten für alle Erwerbe, für die die Steuer nach dem 2. 11. 2011 entstanden ist. In Fällen, in denen die alten ErbStR 2003 wegen diverser Gesetzesänderungen (insbesondere bezüglich der Erbschaftsteuerreform 2008) keinerlei Regelungen enthielten, gelten die neuen Richtlinien auch schon für Erwerbsfälle vor dem 2. 11. 2011. Darüber hinaus konnte ich die gleich lautenden Ländererlasse vom 14. 3. 2012 (zu Schenkungen unter Beteiligung von Kapitalgesellschaften oder Genossenschaften, insbesondere zur neuen Schenkungsfiktion des § 7 Abs. 8 ErbStG im Zusammenhang mit Zuwendungen an Kapitalgesellschaften), vom 15. 3. 2012 (zur Optierung für eine unbeschränkte Steuerpflicht beim Erwerb von Inlandsvermögen) sowie vom 16. 3. 2012 über die Geltendmachung von Erwerbsnebenkosten, Steuerberatungskosten und Rechtsberatungskosten bei Schenkungen einarbeiten.

Eingearbeitet und aktualisiert wurden auch die zahlreichen weiteren Änderungen des Erbschaft- und Schenkungsteuergesetzes durch das Jahressteuergesetz 2010 sowie das Beitreibungsrichtlinie-Umsetzungsgesetz. Bei Letzterem hat der Gesetzgeber den EU-Vorgaben Rechnung getragen und das Erbschaftsteuergesetz dergestalt geändert, dass Erwerber von steuerpflichtigem Inlandsvermögen, für die die Steuer nach dem 13. 12. 2011 entstanden ist, beantragen können, den Vorgang insgesamt als unbeschränkt steuerpflichtig zu behandeln (neuer § 2 Abs. 3 ErbStG). Welche Vor- und Nachteile dies für alle Beteiligten hat, erläutere ich im Teil IX.

Ganz neu und brandaktuell im Hinblick auf die jüngsten Ereignisse in diversen Offshore- und Steueroasenstaaten habe ich in einem neuen Abschnitt die schenkungsteuerlichen Regelungen im Zusammenhang mit der Beendigung einer Trustverwaltung dargestellt (neuer Teil VIII). Die als fiktiver Schenkungstatbestand zu behandelnde Auf-

VORWORT

lösung eines Vermögenstrusts sowie sonstiger Vermögensmassen ausländischen Rechts beschäftigt Mandanten und ihre Berater mehr denn je, wie meine Praxiserfahrung zeigt.

Einen weiteren Schwerpunkt der 4. Auflage bilden **grenzüberschreitende Vermögensübertragungen**, insbesondere bezogen auf Österreich (vgl. Teil IX). Österreich hat zum 1. 8. 2008 die Erbschaft- und Schenkungsteuer komplett abgeschafft. Der Wegfall der österreichischen Erbschaft- und Schenkungsteuer wirkt sich für deutsche Unternehmer und deutsche Wahlösterreicher wegen der damit verbundenen Kündigung des ErbSt-DBA negativ aus.

Der Gesetzgeber wird sich spätestens in der neuen Legislaturperiode mit einer Reform der Erbschaftsteuer auf Unternehmensvermögen auseinandersetzen müssen. Der wissenschaftliche Beirat beim Bundesfinanzministerium hat sich in seinem 44-seitigen Gutachten „Die Begünstigung des Unternehmensvermögens in der Erbschaftsteuer" (Ausgabe 1/2012 vom November 2011) strikt gegen die derzeit geltenden Verschonungsregelungen für das Betriebsvermögen ausgesprochen.

Das Gestaltungsmodell der so genannten „Cash-GmbH" habe ich in Teil V Abschnitt 12.3 „Der Familienpool als Firmenmantel" (Rdn. 868) dargestellt. Die Abschaffung solcher Cash-GmbHs könnte bereits mit dem Jahressteuergesetz 2013 erfolgen. Die Länderfinanzminister haben in ihren Empfehlungen für das Jahressteuergesetz 2013 zur Bundesratssitzung (am 6. 7. 2012) einen entsprechenden Gesetzesvorschlag unterbreitet. Rund um die Erbschaft- und Schenkungsteuer wird es also auch weiterhin spannend bleiben.

Der Inhalt dieses Buches ist nach bestem Wissen und nach sorgfältiger Recherche erstellt worden. Dennoch kann von Seiten des Verfassers keine Haftung übernommen werden. Für Hinweise und Anregungen aus dem Kreis der Leser bin ich dankbar (E-Mail: anton.goetzenberger@steueroffice-goetzenberger.de, www.steueroffice-goetzenberger.de).

Halfing/Obb.,   Anton-Rudolf Götzenberger
im Oktober 2012

INHALTSÜBERSICHT

	Seite
Vorwort	5
Inhaltsverzeichnis	9
Abkürzungsverzeichnis	31

Teil I:	Wie der Fiskus vor Erbvermögen sowie von Erbfällen und Schenkungen Kenntnis erlangt	35
Teil II:	Wie der Fiskus Erbvermögen erfasst und steuerlich bewertet	54
Teil III:	Wie der Fiskus Erbschaften und Schenkungen besteuert	176
Teil IV:	Doppelbeastung mit Erbschaft- und Einkommensteuer	394
Teil V:	Gestaltungstipps zur Steueroptimierung im Erbfall und bei Schenkungen	396
Teil VI:	Gesamtsteueroptimale Vermögensübertragung	487
Teil VII:	Grundzüge der steueroptimalen Unternehmensnachfolgeplanung	511
Teil VIII:	Schenkungsteuerlche Konsequenzen in Verbindung mit der Auflösung eines Vermögenstrusts	533
Teil IX:	Grenzüberschreitende Vermögensübertragung	546
Teil X:	Kann aus steuerlicher Sicht mit einer Stiftung der Erhalt von Vermögen über Generationen hinaus verwirklicht werden?	560
Anhang		591
Stichwortverzeichnis		617

INHALTSVERZEICHNIS

	Seite
Vorwort	5
Inhaltsübersicht	7
Abkürzungsverzeichnis	31

Teil I: WIE DER FISKUS VON ERBVERMÖGEN SOWIE VON ERBFÄLLEN UND SCHENKUNGEN KENNTNIS ERLANGT

			Rdn.	Seite
1	Allgemeines		1	35
2	Auskunfts- und Anzeigepflichten der Kreditinstitute		2	36
	2.1	In Todesfällen	2	36
	2.2	In Schenkungsfällen	7	38
	2.3	Exkurs: Vorsicht vor Verträgen zu Gunsten Dritter mit der Bank, die nur die Abwicklung der Kontoguthaben im Todesfall erleichtern sollen	9	39
3	Anzeigepflichten der Versicherungen bei der Auszahlung von Lebensversicherungen		10	39
4	Anzeigepflichten der Gerichte, Notare und die Totenlisten der Standesämter		12	40
5	Interne Kontrollmitteilungen der Bewertungs- und Erbschaftsteuerstellen		14	42
	5.1	Länderübergreifende Zusammenarbeit der Bewertungs- und Erbschaftsteuerstellen	14	42
	5.2	Kontrollmitteilungen der Erbschaftsteuerstellen an Wohnsitzfinanzämter	16	43
6	Kenntniserlangung von ausländischem Erbvermögen		17	44
7	Informationsaustausch über Doppelbesteuerungsabkommen zwischen Staaten mit Meldepflichten für Banken		20	45
8	Die Informationszentrale Ausland als Hilfsorgan zur Ermittlung von Fällen der beschränkten und erweiterten beschränkten Erbschaftsteuerpflicht		25	48

			Rdn.	Seite
9	Kenntnisnahme von Erb- und Schenkungsfällen durch Mitwirkung des Steuerpflichtigen		26	48
	9.1	Erwerbsanzeigepflicht	26	48
	9.2	Meldefreie Gelegenheitsgeschenke	30	50
10	Verjährung der Erbschaft- und Schenkungsteueransprüche		31	50

Teil II: WIE DER FISKUS ERBVERMÖGEN ERFASST UND STEUERLICH BEWERTET

1	Bewertungsgegenstände			54	56
	1.1	Das Wirtschaftsgut und die wirtschaftliche Einheit		54	56
	1.2	Die Vermögensarten		60	58
		1.2.1	Überblick	60	58
		1.2.2	Land- und forstwirtschaftliches Vermögen	62	59
		1.2.3	Grundvermögen	65	59
		1.2.3.1	Begriff	65	59
		1.2.3.2	Abgrenzung des Grundvermögens vom land- und forstwirtschaftlichen Vermögen und Betriebsvermögen	69	61
		1.2.3.3	Das Grundstück als Bewertungsgegenstand des Grundvermögens	71	62
		1.2.4	Betriebsvermögen	77	64
2	Bewertungszeitpunkt			80	65
3	Bewertungsmaßstäbe und Bewertungsmethoden			88	68
	3.1	Der gemeine Wert und seine Unterarten		88	68
	3.2	Die Bewertung von Wertpapieren und Anteilen an Kapitalgesellschaften		91	69
		3.2.1	Börsennotierte Wertpapiere aller Art	91	69
		3.2.2	Anteile an börsennotierten und nicht börsennotierten Kapitalgesellschaften	93	70
		3.2.2.1	Übersicht	93	70
		3.2.2.2	Anteile an börsennotierten Kapitalgesellschaften	94	70
		3.2.2.3	Anteile an nicht börsennotierten Kapitalgesellschaften	95	70
		3.2.3	Sonstige Wertpapiere und besondere Bewertungsfragen bei Wertpapierdepots	97	71
		3.2.4	Zusammenfassende Übersicht	98	72

			Rdn.	Seite
3.3	Bewertung von Kapitalforderungen und Schulden		99	73
	3.3.1	Allgemeines	99	73
	3.3.2	Zinslose und niedrig verzinste Darlehen	100	74
	3.3.3	Versicherungsansprüche	107	77
	3.3.4	Einlagen eines atypisch und typisch stillen Gesellschafters	112	78
3.4	Bewertung von Renten-, Leistungs- und Nutzungsrechten		115	79
	3.4.1	Allgemeines	115	79
	3.4.2	Berechnung des Jahreswerts	118	81
	3.4.3	Zeitrenten und befristete Nutzungen und Leistungen	124	84
	3.4.4	Leibrenten und lebenslängliche Nutzungen und Leistungen	129	86
4	Bewertung von Betriebsvermögen für die Erbschaft- und Schenkungsteuer		133	89
4.1	Allgemeines		133	89
4.2	Bewertungsverfahren im Überblick		134	89
4.3	Die wirtschaftliche Einheit (Bewertungseinheit) beim Betriebsvermögen		135	91
4.4	Die Bewertung von Anteilen an Kapitalgesellschaften		142	93
	4.4.1	Allgemeines	142	93
	4.4.2	Eigene Anteile	146	95
	4.4.3	Paketzu- und -abschlag	147	96
4.5	Die Bewertung der Gewerbebetriebe (Personengesellschaften und Wirtschaftsgüter freiberuflich Tätiger)		152	97
	4.5.1	Ertragswert und Hierarchie der Bewertungsverfahren	152	97
	4.5.2	Das vereinfachte Ertragswertverfahren (§ 199 BewG)	160	101
	4.5.2.1	Allgemeines	160	101
	4.5.2.2	Das vereinfachte Ertragswertverfahren im Detail	165	104
	4.5.2.2.1	Schematische Übersicht der Verfahrensschritte	165	104
	4.5.2.2.2	Ertragswert des betriebsnotwendigen Vermögens	166	105

				Rdn.	Seite
		4.5.2.2.3	Nettowert des nicht betriebsnotwendigen Vermögens	182	111
		4.5.2.2.4	Beteiligungen an anderen Gesellschaften	185	112
		4.5.2.2.5	Nettowert des jungen Betriebsvermögens	187	113
	4.6		Der Substanzwert oder Liquidationswert als Mindestwert	189	114
		4.6.1	Allgemeines	189	114
		4.6.2	Substanzwert bei Übertragung von Anteilen an Kapitalgesellschaften	191	115
		4.6.3	Substanzwert bei Übertragung von sonstigem Betriebsvermögen	193	117
		4.6.4	Zusammenfassende Übersicht	194	118
	4.7		Anteilswertermittlung und Aufteilung des gemeinen Wertes des Betriebsvermögens bei Anteilen an Gesellschaften mit beschränkter Haftung	195	118
	4.8		Anteilswertermittlung und Aufteilung des gemeinen Wertes des Betriebsvermögens unter Mitgesellschaftern bei Personengesellschaften	199	120
	4.9		Schuldenabzug in wirtschaftlichem Zusammenhang mit Anteilen an Personen- oder Kapitalgesellschaften	201	122
	4.10		Ausländisches Betriebsvermögen	205	123
	4.11		Zusammenfassende Übersicht	207	124
5			Bewertung von Grundbesitz für die Erbschaft- und Schenkungsteuer	208	124
	5.1		Allgemeines	208	124
	5.2		Unbebaute Grundstücke	211	125
	5.3		Bebaute Grundstücke	218	128
		5.3.1	Allgemeines	218	128
		5.3.2	Grundstücksarten	219	128
		5.3.3	Bewertung und Bewertungsverfahren	227	131
		5.3.3.1	Übersicht (R B 182 ErbStR 2011)	227	131
		5.3.3.2	Vergleichswertverfahren	228	131
		5.3.3.3	Ertragswertverfahren	232	133
		5.3.3.4	Sachwertverfahren	245	139
	5.4		Grundstücke mit im Bau befindlichen Gebäuden	265	146
	5.5		Grundstücke im Erbbaurecht	270	149
		5.5.1	Allgemeines	270	149
		5.5.2	Wertermittlungsmethoden und Verfahrensschritte	271	150

				Rdn.	Seite
	5.5.3	Bewertung des Erbbaurechts		272	151
	5.5.4	Bewertung des Erbbaugrundstücks		278	156
	5.5.5	Sonderfälle		286	160
5.6	Gebäude auf fremdem Grund und Boden			288	162
5.7	Tabellarische Zusammenfassung			291	164
5.8	Nachweis eines niedrigeren Verkehrswerts			292	165
	5.8.1	Allgemeines		292	165
	5.8.2	Unbebaute Grundstücke		298	168
	5.8.3	Bebaute Grundstücke		303	170
	5.8.4	Grundstücke im Erbbaurecht		313	174
	5.8.5	Unentgeltliche Nutzungsrechte		314	174

Teil III: WIE DER FISKUS ERBSCHAFTEN UND SCHENKUNGEN BESTEUERT

1	Die persönliche Steuerpflicht			332	176
	1.1	Allgemeines		332	176
	1.2	Unbeschränkte Steuerpflicht natürlicher und juristischer Personen		333	177
		1.2.1	Natürliche Personen	333	177
		1.2.1.1	Persönliche Voraussetzungen	333	177
		1.2.1.2	Zeitpunkte der Prüfung der unbeschränkten Steuerpflicht	340	180
		1.2.2	Körperschaften, Personenvereinigungen und Vermögensmassen	345	181
	1.3	Beschränkte Steuerpflicht		349	182
2	Überblick über die steuerpflichtigen Erwerbsvorgänge			351	183
3	Die steuerpflichtigen Erwerbsvorgänge im Einzelnen			364	187
	3.1	Erwerbe von Todes wegen		364	187
		3.1.1	Allgemeines	364	187
		3.1.2	Der Erwerb durch Erbanfall	369	189
		3.1.3	Vermächtnisse und vermächtnisgleiche Erwerbe	383	193
		3.1.4	Pflichtteils-, Pflichtteilsergänzungs- und Erbersatzansprüche	394	197
		3.1.4.1	Allgemeines	394	197

			Rdn.	Seite
	3.1.4.2	Neuregelungen im Pflichtteilsrecht durch das Gesetz zur Änderung des Erb- und Verjährungsrechts	396	198
	3.1.4.3	Steuerliche Bewertung	400	199
	3.1.4.4	Besonderheiten bei noch nicht vollständig abgeschlossenen Grundstückskaufverträgen	403	200
	3.1.4.5	Exkurs zum zivilrechtlichen Pflichtteilsrecht	406	203
	3.1.4.5.1	Warum „böse" Kinder trotz Strafklausel mehr vom Nachlassvermögen erhalten, wenn sie den Pflichtteil fordern	406	203
	3.1.4.5.2	Ein Nießbrauchsvorbehalt hemmt die Verjährung von Pflichtteilsergänzungsansprüchen	412	206
	3.1.5	Schenkungen auf den Todesfall	413	208
	3.1.5.1	Allgemeines	413	208
	3.1.5.2	Fiktive Schenkungen auf den Todesfall bei der Gesellschafternachfolge	414	209
	3.1.6	Vermögensvorteile durch vom Erblasser geschlossene Verträge	416	211
	3.1.7	Ergänzungs- und Ersatztatbestände des Erwerbs von Todes wegen	418	212
	3.1.7.1	Erwerb durch Erfüllung von Auflagen und Bedingungen	418	212
	3.1.7.2	Ausschlagung gegen Abfindung	420	213
3.2		Schenkungen unter Lebenden	426	215
	3.2.1	Allgemeines	426	215
	3.2.2	Die freigebige Zuwendung als steuerpflichtige Schenkung	438	218
	3.2.3	Formen der Schenkung	450	223
	3.2.3.1	Schenkungen ohne Auflage oder Gegenleistung	451	223
	3.2.3.2	Gemischte Schenkungen und Auflagenschenkungen	452	223
	3.2.4	Ermittlung des steuerpflichtigen Erwerbs (Bereicherung) bei Schenkungen	454	224
	3.2.4.1	Schenkung ohne Auflage oder Gegenleistung	454	224
	3.2.4.2	Gemischte Schenkung und Auflagenschenkung	455	225

			Rdn.	Seite
	3.2.4.3	Mischfälle	458	227
	3.2.4.4	Abzug einer Nutzungs- oder Duldungsauflage bereits beim Grundbesitzwert	459	227
	3.2.4.5	Gemischte Schenkung von ganz oder teilweise steuerbefreiten Gegenständen	460	229
	3.2.4.6	Abzugs(Saldierungs-)verbot für „eigennützige" Auflagen (§ 10 Abs. 9 ErbStG)	461	229
3.3	Besonderheiten bei der Vor- und Nacherbschaft		462	230
	3.3.1	Begriff	462	230
	3.3.2	Steuerrechtliche Behandlung	465	231
	3.3.3	Antritt der Nacherbfolge mit dem Tod des Vorerben	468	232
	3.3.4	Antritt der Nacherbfolge zu Lebzeiten des Vorerben (Eintritt eines bestimmten Ereignisses)	473	234
	3.3.5	Freiwillige Herausgabe der Vorerbschaft zu Lebzeiten des Vorerben	476	237
3.4	Besonderheiten bei Zuwendungen unter Ehegatten und Lebenspartnern i. S. des Lebenspartnerschaftsgesetzes		478	238
	3.4.1	Grundzüge des gesetzlichen Erbrechts des Ehegatten und des Lebenspartners	478	238
	3.4.2	Der steuerfreie Zugewinnausgleich	481	239
	3.4.3	Zugewinngemeinschaft im Vergleich zur Gütertrennung	490	245
	3.4.4	Rückwirkende Vereinbarung der Zugewinngemeinschaft	493	247
	3.4.5	Der Übergang von der Zugewinngemeinschaft zur Gütergemeinschaft	495	248
	3.4.6	Wenn der überlebende Ehegatte (Lebenspartner) die Erbschaft ausschlägt	499	250
	3.4.7	Unbenannte (ehebezogene) Zuwendungen	501	251
	3.4.8	Begründung von Gemeinschaftskonten (Oder-Konten) als freigebige schenkungsteuerpflichtige Zuwendung	505	253
	3.4.9	Missbräuchliche Vermögensverlagerungen auf Grund güterrechtlicher Vereinbarungen	508	255

			Rdn.	Seite
	3.4.10	Steuerfalle: Zahlung gegen Verzicht auf nacheheliche Unterhaltszahlungen	511	256
3.5		Besonderheiten bei Leistungen von Gesellschaftern und Dritten an eine Kapitalgesellschaft (fiktive Schenkungen an (Mit-)Gesellschafter von Kapitalgesellschaften)	513	257
	3.5.1	Leistungen eines Gesellschafters an die Kapitalgesellschaft	514	259
	3.5.2	Leistungen Dritter an die Kapitalgesellschaft	521	263
	3.5.3	Leistungen zwischen Kapitalgesellschaften	522	263
	3.5.4	Bemessungsgrundlage für die steuerbaren Werterhöhungen, Steuertarif und Steuerentstehung (maßgeblicher Stichtag)	523	266
	3.5.5	Leistungen der Kapitalgesellschaft an Gesellschafter und/oder Dritte	526	267
	3.5.5.1	Allgemeines	526	267
	3.5.5.2	Leistungen an Gesellschafter	527	268
	3.5.5.3	Leistungen an Dritte	529	269
4		Der steuerpflichtige Erwerb (die Bereicherung) als Bemessungsgrundlage für die Erbschaft- und Schenkungsteuer	530	269
4.1		Begriff	530	269
4.2		Abziehbare Erwerbsnebenkosten und Nachlassverbindlichkeiten	535	272
	4.2.1	Allgemeines	535	272
	4.2.2	Abzugsfähige Erwerbsnebenkosten im Zusammenhang mit Schenkungen	536	274
	4.2.2.1	Gleich lautende Ländererlasse	536	274
	4.2.2.2	Allgemeine Erwerbsnebenkosten	537	274
	4.2.2.3	Steuer- und Rechtsberatungskosten im Zusammenhang mit Schenkungen	538	276
	4.2.3	Abzugsfähige Erblasserschulden beim Erwerb von Todes wegen	539	277
	4.2.3.1	Steuerschulden	539	277
	4.2.3.2	Pflegeleistungen	540	279
	4.2.3.3	Rückzahlungsansprüche aus an den Erblasser gewährten Darlehen	541	281
	4.2.3.4	Schwebende Geschäfte	542	282
	4.2.3.5	Aufschiebend bedingte Ansprüche oder Verbindlichkeiten des Erblassers	543	282

			Rdn.	Seite
	4.2.4	Abzugsfähige Erbfallschulden im Einzelnen	544	283
	4.2.5	Erwerbsaufwendungen und Kosten für die Abwicklung und Verteilung des Nachlasses	545	284
	4.2.6	Nicht abzugsfähige Schulden und Lasten	547	285
	4.2.6.1	Allgemeines	547	285
	4.2.6.2	Schulden und Lasten i.V. m. zu Wohnzwecken vermieteten Grundstücken	551	288
	4.2.6.3	Schuldenabzug bei teilweise befreiten Vermögensgegenständen	552	288
	4.2.6.4	Schuldenabzug in wirtschaftlichem Zusammenhang mit begünstigtem Betriebsvermögen und Anteilen an Kapitalgesellschaften	553	289
	4.2.7	Saldierungsverbot bei der Zuwendung von Anteilen an vermögensverwaltenden Personengesellschaften nach § 10 Abs. 1 Satz 4 ErbStG	554	289
	4.2.8	Exkurs: Vererblichkeit von Verlustvorträgen bei der Einkommensteuer	558	291
4.3	Sachliche Steuerbefreiungen		559	292
	4.3.1	Steuerfreie Gegenstände	559	292
	4.3.1.1	Hausrat und andere bewegliche Gegenstände	560	292
	4.3.1.2	Grundbesitztümer, Kunstgegenstände und Sammlungen	562	292
	4.3.1.3	Weitere steuerfreie Gegenstände oder Zuwendungen	566	294
	4.3.2	Steuerfreie Übertragung von Grundvermögen	570	297
	4.3.2.1	Lebzeitige Übertragung des Familienwohnheims unter Ehegatten und eingetragenen Lebenspartnern nach LPartG	570	297
	4.3.2.2	Übertragung des Familienwohnheims unter Ehegatten/Lebenspartnern von Todes wegen	573	299
	4.3.2.3	Steuerfreier Erwerb des Familienwohnheims durch die Kinder von Todes wegen	576	302
	4.3.3	Steuerbefreiungen für zu Wohnzwecken vermietete Grundstücke	579	303
	4.3.4	Zusammenfassende Übersicht	580	306

			Rdn.	Seite
4.3.5		Steuerbefreiung für Betriebsvermögen	581	307
4.3.5.1		Allgemeines	581	307
4.3.5.2		Verschonungsabschlag für das Betriebsvermögen (Regelbesteuerung mit dem Regel-Verschonungsabschlag von 85 %)	584	310
4.3.5.3		Abzugsbetrag (gleitender)	588	312
4.3.5.4		Begünstigtes Betriebsvermögen und Verwaltungsvermögenstest	590	315
4.3.5.4.1		Allgemeines	591	315
4.3.5.4.2		Begünstigtes Betriebsvermögen	597	317
4.3.5.4.3		Nicht begünstigtes Verwaltungsvermögen in einem Betriebsvermögen (Verwaltungsvermögenstest)	606	323
4.3.5.4.4		Bedingungen für eine endgültige Gewährung der Steuerbefreiung für das Betriebsvermögen (Lohnsumme und schädliche Vorgänge innerhalb der Behaltensfrist)	627	335
4.3.5.4.5		Nachversteuerung bei Verstoß gegen die Lohnsummenregelung und die Behaltensfristen	652	352
4.3.5.4.6		Option für einen Verschonungsabschlag von 100 % (vollständige Befreiung des Betriebsvermögens durch Optionsverschonung)	657	354
4.3.5.4.7		Zusammenfassende Übersicht	660	356
4.4		Persönliche Steuerfreibeträge	661	357
5	Die Steuerberechnung		663	360
5.1	Berechnungsschema/Übersicht		663	360
5.2	Steuertarif		664	360
5.2.1		Allgemeines	664	360
5.2.2		Steuerklassen	665	361
5.2.3		Steuersätze	673	366
5.2.4		Tarifbegrenzung beim Erwerb von steuerbegünstigtem Betriebsvermögen	677	367
5.3	Berücksichtigung früherer Erwerbe		681	370
5.3.1		Allgemeines	681	370

				Rdn.	Seite
	5.3.2	Wenn die Schenkungskette über einen Zeitraum von mehr als zehn Jahren hinausreicht		687	375
	5.3.3	Wenn während des Zehnjahreszeitraumes zuerst das Nutzungsrecht, dann die Substanz übertragen wird		689	377
6	Steuerfestsetzung und Erhebung			690	378
6.1	Die Rolle des Steuerschuldners			690	378
6.2	Besonderheiten beim Erwerb von Renten, Nutzungen und Leistungen			693	378
	6.2.1	Allgemeines		693	378
	6.2.2	Wann und für wen lohnt sich ein Antrag auf Jahresversteuerung?		694	379
	6.2.3	Berechnung der Jahressteuer		697	381
	6.2.4	Dauer und Fälligkeit der Jahresversteuerung		699	382
	6.2.5	Ablösung der Jahressteuer		700	383
6.3	Wenn dasselbe Vermögen im Familienkreis mehrmals vererbt wird			702	384
6.4	Wenn der Schenker Verschenktes wieder zurückfordert oder Vermögensgegenstände von Todes wegen dem Schenker wieder zurückfallen			707	387
	6.4.1	Allgemeines		707	387
	6.4.2	Die Rückfallklausel		711	389
6.5	Steuerstundung in Härtefällen			712	391
	6.5.1	Betriebsvermögen und land- und forstwirtschaftliches Vermögen		712	391
	6.5.2	Zu Wohnzwecken vermietete und zu eigenen Wohnzwecken genutzte Grundstücke		713	392

Teil IV:	DOPPELBELASTUNG MIT ERBSCHAFT- UND EINKOMMENSTEUER	731	394

Teil V:	GESTALTUNGSTIPPS ZUR STEUEROPTIMIERUNG IM ERBFALL UND BEI SCHENKUNGEN		
1	Optimale Steuerplanung durch sachkundige Testamentsgestaltung	739	397

VERZEICHNIS Inhalt

			Rdn.	Seite
1.1	Allgemeines zum Testament als Instrument zur Regelung des Erbgangs		739	397
1.2	Beispiele einer steueroptimalen Testamentsgestaltung		744	399
	1.2.1	Gezielte Festlegung von Erbquoten	744	399
	1.2.2	Direkte Erbeinsetzung nachrangig Verwandter (Generation-Skipping)	746	401
	1.2.3	Bewertungsvorteile schaffen mit testamentarischen Vermächtnisanordnungen	750	403
2	Gestaltungen unter Ehegatten		751	404
2.1	Güterstandsschaukel		751	404
2.2	Familienheimschaukel		752	405
2.3	Die Entschärfung von Steuernachteilen beim Berliner Testament		753	405
	2.3.1	Die erbschaftsteuerliche Problematik auf einen Blick	753	405
	2.3.2	Gestaltungsmöglichkeiten beim bestehenden Berliner Testament	754	406
	2.3.2.1	Ausschlagung der Erbschaft durch den überlebenden Ehegatten	754	406
	2.3.2.2	Ein Steuertrick: Die Ausschlagung durch die Schlusserben im Namen des überlebenden Ehegatten	755	407
	2.3.2.3	Geltendmachung von Pflichtteilsansprüchen in Absprache mit dem überlebenden Ehegatten	757	408
	2.3.3	Gestaltungsmöglichkeiten bei der Konzipierung eines Berliner Testaments	758	409
	2.3.3.1	Zugewinngemeinschaft vereinbaren	758	409
	2.3.3.2	Geldvermächtnisse auf den Tod des erstversterbenden Ehegatten	759	409
	2.3.3.3	Geldvermächtnisse mit auf den Tod des überlebenden Ehegatten hinausgeschobener Erfüllung	760	410
	2.3.3.4	Geldvermächtnisse mit zu einem fest bestimmten Zeitpunkt hinausgeschobener Erfüllung	763	411
	2.3.3.5	Aussetzung von aufschiebend bedingten oder befristeten Geldvermächtnissen	765	412

				Rdn.	Seite
	2.3.4		Alternativen zum Berliner Testament	766	412
	2.3.4.1		Barvermächtnis mit Rentenoption	766	412
	2.3.4.2		Württembergisches Modell	768	414
3	Die Bestimmung des optimalen Erwerbanfalls- und Besteuerungszeitpunktes			773	416
	3.1	Ersatzerwerbe (Surrogaterwerbe)		773	416
	3.2	Warum Verlobte mit größeren Geschenken bis nach der Hochzeit warten sollten		775	416
	3.3	Steuerschonende Gestaltungen mit der Erbausschlagung		776	418
4	Erbschaftsverträge unter Geschwistern			782	421
5	Optimierung der persönlichen Freibeträge zwischen Eltern und Kindern			783	422
6	Steuereffiziente Gestaltungen mit dem Nießbrauch			784	423
	6.1	Allgemeines		784	423
	6.2	Nießbrauch oder Versorgungsrente?		788	425
	6.3	Der Nießbrauch unter Ehegatten		795	430
	6.4	Der Nießbrauch im Vergleich zur Vor- und Nacherbschaft		797	430
	6.5	Die Ausschlagung gegen Nießbrauchsabfindung		800	432
	6.6	Wenn der Nießbraucher Erbe wird		801	433
	6.7	Der Nießbrauch zur Steueroptimierung beim Generation-Skipping		803	435
7	Besteuerung von und Gestaltungsmöglichkeiten mit Kapital- und Rentenlebensversicherungen			804	436
	7.1	Zuwendungen aus Kapital- und Rentenlebensversicherungen zu Lebzeiten des Versicherungsnehmers		805	437
	7.2	Erwerbe aus Kapital- und Rentenlebensversicherungen von Todes wegen		809	440
	7.3	Verbundene Lebensversicherungen (unter Ehegatten)		811	443
	7.4	Abschluss einer Lebensversicherung auf das Leben des Ehegatten		812	444
	7.5	Abschluss einer Lebensversicherung auf das Leben des anderen Geschäftspartners		813	445
	7.6	Prämienschenkung		814	447
	7.7	Steueroptimierte Vermögensübertragung mit sofort fälligen Rentenlebensversicherungen		815	448

			Rdn.	Seite
	7.8	Wichtig bei hohen Altersunterschieden: Der Versicherungsnehmerwechsel	816	450
	7.9	Gestaltungsmöglichkeiten im unternehmerischen Bereich	817	450
8		Vermeidung der Schenkungsteuer auf Werterhöhungen von Anteilen an einer Kapitalgesellschaft	818	452
	8.1	Leistung unter Vereinbarung einer Gegenleistung der Kapitalgesellschaft	818	452
	8.2	Forderungsverzicht durch Umwandlung von Verbindlichkeiten in Eigenkapital	819	453
	8.3	Verzicht auf Darlehenszinsen, statt auf Darlehen selbst	820	453
	8.4	Geringe Wertabweichungen	821	454
	8.5	Dokumentation der Leistungsvorgänge	822	455
9		Steuerersparnisse durch Kettenschenkungen	823	455
	9.1	Allgemeines	823	455
	9.2	Wie sich mit Kettenschenkungen legal Steuern sparen lassen	824	455
10		Steuerstrategien mit mittelbaren Schenkungen	827	457
	10.1	Begriff	827	457
	10.2	Wann zweckgebundenes Schenken Steuervorteile bringt	829	458
	10.3	Hinweise für die Schenkung von zu Wohnzwecken vermieteten Grundstücken	830	459
11		Steuereffiziente Gestaltungsmöglichkeiten einer Grundstücksübertragung mittels Genossenschaftsanteilen	843	463
12		Steuerstrategien bei der Schenkung von Kapitalgesellschaftsanteilen	847	465
13		Vermögensübertragungen im Firmenmantel: Gestaltungsmöglichkeiten mit einer vermögensverwaltenden Familiengesellschaft (Familienpool)	848	466
	13.1	Allgemeines	848	466
	13.2	Der Familienpool unter erbrechtlichen Aspekten	851	467
		13.2.1 Problemstellung	851	467
		13.2.2 Problemlösung mit dem Familienpool	857	469
	13.3	Vermögenssicherung des Übergebers durch Nießbrauchsbestellung an Poolvermögen und/oder am Gesellschaftsanteil (Vorbehalts-/Vollrechts-/Doppelnießbrauch)	866	471
	13.4	Der Familienpool als Firmenmantel	868	473

			Rdn.	Seite
	13.4.1	Allgemeines	868	473
	13.4.2	Gestaltungsmöglichkeiten mit gewerblich geprägten Familienpools (Firmenmäntel)	870	474
	13.4.2.1	Einkommensteuer	870	474
	13.4.2.2	Cash-GmbHs	871	474
13.5		Zusammenfassende Übersicht: Vorteile der vermögensverwaltenden Familiengesellschaft auf einen Blick	874	478
14	Wahlrecht des Nacherben in internationalen Erbfällen gezielt einsetzen		875	479
15	Warum der Schenker die Schenkungsteuer übernehmen sollte		877	480
15.1	Allgemeines		877	480
15.2	Vermächtnis mit Steuerübernahmeklausel		880	483
16	Der steueroptimale Schenkungsvertrag: Auflagen, Schulden und Lasten im Zusammenhang mit ganz oder teilweise steuerbefreitem Vermögen		881	484

Teil VI: GESAMTSTEUEROPTIMALE VERMÖGENSÜBERTRAGUNG

1	Mit der Gesamtsteuerplanung auf der Suche nach dem Steueroptimum			901	487
2	Übertragung von nach dem Eigenheimrentengesetz geförderten selbst genutzten Immobilien			904	488
3	Einkommensteuerliche Behandlung der Vermögensübergabe gegen Versorgungsleistungen			907	490
	3.1	Rechtsinstitut der „Vermögensübergabe gegen Versorgungsleistungen"		908	491
	3.2	Neuregelung des Sonderausgabenabzugs zum 1.1.2008		910	492
	3.3	Die Vermögensübergabe gegen Versorgungsleistungen nach dem vierten Rentenerlass		911	493
		3.3.1	Allgemeines	911	493
		3.3.2	Gegenstand der Vermögensübergabe	912	493
		3.3.2.1	Allgemeines	912	493
		3.3.2.2	Betriebsverpachtung	915	495
		3.3.2.3	Ausländisches Betriebsvermögen	916	495
		3.3.2.4	Anderes Vermögen und Entgeltlichkeit	917	495

			Rdn.	Seite
	3.3.3	Kriterien für eine sonderausgabenabzugsfähige Versorgungsleistung	920	497
	3.3.4	Missbrauchsklausel	921	497
	3.3.5	Übertragung unter Nießbrauchsvorbehalt	922	497
	3.3.6	Voraussetzung des ausreichenden Ertrages der Wirtschaftseinheit	923	498
	3.3.6.1	Allgemeines	923	498
	3.3.6.2	Ertragsprognose	924	499
	3.3.7	Anforderungen an den Übertragungsvertrag	925	500
	3.3.8	Nachträgliche Änderungen – neues Versorgungskonzept	926	500
	3.3.9	Vermögensumschichtungen	927	501
	3.4	Korrespondenzprinzip	929	502
4	Immobilienübertragungen im Rahmen des „Stuttgarter Modells"		930	503
5	Steueroptimale Übertragung von Kunst- und Sammlerobjekten		942	508
6	Ertragsteuerliche Aspekte bei der Nießbrauchsbestellung unter Ehegatten		943	508

Teil VII: GRUNDZÜGE DER STEUEROPTIMALEN UNTERNEHMENSNACHFOLGEPLANUNG

1	Das Unternehmertestament		951	511
	1.1	Allgemeines	951	511
	1.2	Unternehmertestament und Gesellschaftsvertrag	957	513
2	Finanzbedarfsplanung für die Unternehmensnachfolge		958	513
3	Der Verwaltungsvermögenstest – Maßgebliche Gestaltungen für die Erlangung einer Steuerbegünstigung für das Betriebsvermögen		961	514
4	Der Gesellschaftsanteil als Gegenstand einer Schenkung		963	518
	4.1	Allgemeines	963	518
	4.2	Wenn der Gesellschaftsvertrag eine Buchwertklausel vorsieht	966	519
	4.3	Schenkung durch Ausscheiden eines Gesellschafters und Übernahme des Geschäftsanteils durch die übrigen Gesellschafter (fiktiver Anteilserwerb)	972	521

			Rdn.	Seite
	4.4	Die Gewinnübermaßschenkung	977	524
	4.5	Vermeidung eines Paketzuschlages bei Gesellschaftsanteilen	980	525
5	Steuerbegünstigung für Anteile an Kapitalgesellschaften mittels Poolvereinbarung (Poolvertrag)		981	526
	5.1	Allgemeines	981	526
	5.2	Abschluss einer Poolvereinbarung (Poolvertrag) – speziell für Familienunternehmer!	982	526
	5.3	Alternativen zur Poolvereinbarung (Poolvertrag)	986	529
6	Getrennte Übertragung von steuerbegünstigtem Betriebsvermögen		987	529
7	Unternehmensnachfolgeplanung mit typisch/atypisch stillen Beteiligungen		990	531

Teil VIII: SCHENKUNGSTEUERLICHE KONSEQUENZEN IN VERBINDUNG MIT DER AUFLÖSUNG EINES VERMÖGENSTRUSTS

1	Vorbemerkung		1051	533
2	Trusterrichtung: Rechtslage vor dem 4. 3. 1999		1052	533
3	Trusterrichtung: Rechtslage nach dem 4. 3. 1999		1053	534
4	Auflösung von Vermögenstrusts – die häufigsten Beweggründe		1054	534
5	Schenkungsteuerpflicht der ursprünglichen Vermögensübertragung auf einen Trust		1057	536
	5.1	Irrevocable Discretionary Trusts (unwiderruflicher Ermessenstrust)	1057	536
	5.2	Revocable Trust (widerruflicher Trust)	1058	536
6	Besteuerung zwischenzeitlicher Ausschüttungen und Vermögensauskehrungen während des Bestehens eines Trusts		1059	537
7	Auflösung des Trusts und Auskehrung des Trustvermögens		1062	539
	7.1	Irrevocable Trust	1062	539
	7.2	Revocable Trust	1063	539
8	Exkurs: Behandlung von Vermögenstrusts im deutschen Ertragsteuerrecht		1065	540
	8.1	Allgemeines	1065	540
	8.2	Zurechnungs-(Durchgriffs-)Besteuerung bei Trusts	1066	541

			Rdn.	Seite
	8.2.1	Zurechnung von Trustvermögen/Einkommen auf den Trusterrichter nach § 39 AO	1066	541
	8.2.2	Zurechnung von Trustvermögen/Einkommen auf Trustbeteiligte nach AStG	1067	542
8.3		Die steuerliche Schlüsselrolle des Letter of Wishes bei deutschen Trusterrichtern	1070	543
8.4		Trustausschüttungen als steuerpflichtige wiederkehrende Bezüge i. S. des § 22 Nr. 1 EStG	1072	544

Teil IX: GRENZÜBERSCHREITENDE VERMÖGENSÜBERTRAGUNG

			Rdn.	Seite
1	Allgemeines		1101	546
2	Erwerb von Inlandsvermögen, Option für unbeschränkte Steuerpflicht		1104	548
	2.1	Inlandsvermögen, Übersicht	1104	548
	2.2	Inlandsvermögen, Erläuterungen	1105	549
	2.3	Erweitertes Inlandsvermögen bei erweitert beschränkter Steuerpflicht	1108	550
	2.4	Option für unbeschränkte Steuerpflicht	1111	552
		2.4.1 Rechtslage für Erwerbe, für die die Steuer vor dem 13. 12. 2011 entstanden ist	1111	552
		2.4.2 Option zur unbeschränkten Steuerpflicht für Erwerbe, für die die Steuer nach dem 13. 12. 2011 entstanden ist.	1112	552
3	Grenzüberschreitende Vermögensübertragungen Deutschland – Österreich		1115	554
	3.1	Allgemeines	1115	554
	3.2	Steuerpflicht für Vermögensübertragungen von und nach Österreich	1116	555
		3.2.1 Steuerpflicht „haftet" auch bei Vermögensempfänger (Erwerber)	1116	555
		3.2.2 Steuerfalle: Ferienwohnung eines Österreichers in Deutschland	1117	556
		3.2.3 Steuerpflicht österreichischer Erwerber für deutsches Inlandsvermögen	1118	557
	3.3	Gestaltungsmöglichkeiten für die steueroptimierte Vermögensübertragung Deutschland – Österreich	1119	557

Inhalt VERZEICHNIS

				Seite
3.3.1		Wohnsitzverlagerung nach Österreich: Wegfall der unbeschränkten und Eintritt der erweiterten unbeschränkten Steuerpflicht	1119	557
3.3.2		Steuerfreie Übertragung von deutschem „Inlandsvermögen" an Erwerber mit Sitz in Österreich	1120	558

Teil X: KANN AUS STEUERLICHER SICHT MIT EINER STIFTUNG DER ERHALT VON VERMÖGEN ÜBER GENERATIONEN HINAUS VERWIRKLICHT WERDEN?

1	Die Stiftung als maßgeschneiderte Wunscherbin			1154	561
	1.1	Rechtscharakter der Stiftung und Stiftungserrichtung		1154	561
		1.1.1	Allgemeines	1154	561
		1.1.2	Stiftungsarten	1155	561
		1.1.2.1	Die Familienstiftung	1155	561
		1.1.2.2	Die Unternehmensstiftung	1157	562
		1.1.2.3	Die Doppelstiftung	1158	564
		1.1.2.4	Gemeinnützige Stiftungen	1159	564
	1.2	Stiftungserrichtung		1160	565
	1.3	Wer benötigt eine Stiftung als Wunscherbin?		1162	566
2	Die Besteuerung von Familien- und Unternehmensstiftungen			1163	567
	2.1	Allgemeines		1163	567
	2.2	Besteuerung der Stiftungserrichtung		1165	568
	2.3	Besteuerung der Stiftungsauflösung		1170	570
	2.4	Zustiftungen		1172	572
	2.5	Laufende Ersatzerbschaftsbesteuerung der Familienstiftung während des Bestehens		1173	572
	2.6	Abschließende Betrachtung		1178	573
3	Gemeinnützige Stiftungen			1182	575
	3.1	Die Gemeinnützigkeit		1182	575
	3.2	Die Steuervorteile im Überblick		1190	579
	3.3	Die Steuervorteile im Einzelnen		1191	580
		3.3.1	Erbschaft- und schenkungsteuerfreie Vermögensübertragung	1191	580
		3.3.2	Bei Übertragung von Betriebsvermögen können stille Reserven unversteuert in die Stiftung überführt werden	1192	581

			Rdn.	Seite
	3.3.3	Absetzbarkeit der Zuwendungen als Spende	1193	581
	3.3.4	Nachversteuerung bei Auflösung, Satzungsänderungen und rückwirkender Aberkennung der Gemeinnützigkeit	1194	582
4	\multicolumn{2}{l	}{Gemeinnützige nichtrechtsfähige Stiftungen (Treuhandstiftungen) – Gestaltungstipps zur optimalen Vermögensübertragung}	1195	582
	4.1	Allgemeines	1195	582
	4.2	Besonderheiten bei der Erbschaft- und Schenkungsteuer	1197	584
	4.3	Einbringung eigener Vermögensgegenstände als sonderausgabenabzugfähige Spende	1199	585
	4.4	Ein Beispielfall	1201	587
	4.5	Einbringung bereits geerbter und versteuerter Vermögensgegenstände in eine nicht rechtsfähige gemeinnützige (Unter-)Stiftung durch die Erben	1202	588
5	\multicolumn{2}{l	}{Zusammenfassende Übersicht}	1203	589

Anhang

1. Punktesystem für die Berechnung fiktiver Baujahre bei umfassender Modernisierung (R B 185.3 ErbStR 2011) — 591
2. Vervielfältiger für die Abzinsung einer unverzinslichen Forderung oder Schuld, die nach bestimmter Zeit in einem Betrag fällig ist, im Nennwert von 1 € (Tabelle 1 zum gleich lautenden Ländererlass vom 10. 10. 2010, BStBl 2010 I S. 810) — 593
3. Kapitalwert einer wiederkehrenden, zeitlich beschränkten Nutzung oder Leistung im Jahresbetrag von 1 € (entspricht Anlage 9a zum BewG) — 594
4. Tabelle zur Berechnung der Barwerte der Zinsdifferenzen für hoch- und niedrigverzinsliche Kapitalforderungen und Schulden mit Ratentilgung (Tabelle 3 zum gleich lautenden Ländererlass vom 10. 10. 2010, BStBl 2010 I S. 810) — 595
5. Bewertung einer lebenslänglichen Nutzung oder Leistung; Vervielfältiger für Bewertungsstichtage ab 1. Januar 2012 (BMF vom 26. 9. 2011, BStBl 2011 I S. 834) — 596
6. Anlage 23 zu § 187 Abs. 2 Satz 2 BewG — 599

		Rdn.	Seite
7.	Anlage 21 zu § 185 Abs. 3 Satz 1, § 193 Abs. 3 Satz 2, § 194 Abs. 3 Satz 3 und § 195 Abs. 2 Satz 2 und Abs. 3 Satz 3 BewG		600
8.	Anlage 24 zu § 190 Abs. 1 Satz 4 und 5 BewG		603
9.	Anlage 25 zu § 191 Abs. 2 BewG		612
10.	Anlage 22 zu § 185 Abs. 3 Satz 3, § 190 Abs. 2 Satz 2 BewG		612
11.	Anlage 26 zu § 194 Abs. 3 Satz 2 und Abs. 4 sowie § 195 Abs. 3 Satz 2 BewG		614
Stichwortverzeichnis			617

ABKÜRZUNGSVERZEICHNIS

A

a. a. O.	am angegebenen Ort
Abs.	Absatz
AfA	Absetzung für Abnutzung
AG	Aktiengesellschaft
AO	Abgabenordnung
Art.	Artikel
AStG	Außensteuergesetz

B

BauGB	Baugesetzbuch
BayOLG	Bayerisches Oberstes Landesgericht
BB	Betriebs-Berater
Beschl.	Beschluss
BewG	Bewertungsgesetz
BewRGr	Richtlinien für die Bewertung des Grundvermögens
BFH	Bundesfinanzhof
BFH/NV	Sammlung amtlich nicht veröffentlichter Entscheidungen des Bundesfinanzhofs
BGB	Bürgerliches Gesetzbuch
BGBl	Bundesgesetzblatt
BGHZ	Sammlung der Entscheidungen des Bundesgerichtshofs in Zivilsachen
BMF	Bundesministerium für Finanzen
BR-Drucks.	Bundesrat-Drucksache
BStBl	Bundessteuerblatt
BT-Drucks.	Bundestag-Drucksache
Buchst.	Buchstabe
BVerfG	Bundesverfassungsgericht
bzw.	beziehungsweise

D

DBA	Doppelbesteuerungsabkommen
d. h.	das heißt

DStR	Deutsches Steuerrecht
DStRE	Deutsches Steuerrecht Entscheidungsdienst

E

EFG	Entscheidungen der Finanzgerichte
EGBGB	Einführungsgesetz zum Bürgerlichen Gesetzbuch
EigZulG	Eigenheimzulagengesetz
ErbStDV	Erbschaftsteuer-Durchführungsverordnung
ErbStG	Erbschaftsteuer- und Schenkungsteuergesetz
ErbStH	Erbschaftsteuer-Hinweise
ErbStR 2011	Erbschaftsteuer-Richtlinien 2011
ErbStRG 2009	Erbschaftsteuerreformgesetz 2009
Erl.	Erlass
EStDV	Einkommensteuer-Durchführungsverordnung
EStG	Einkommensteuergesetz
EStR	Einkommensteuer-Richtlinien
EU	Europäische Union
evtl.	eventuell

F

ff.	folgende (Seiten)
FG	Finanzgericht
FinMin	Finanzministerium

G

ggf.	gegebenenfalls
GmbH	Gesellschaft mit beschränkter Haftung
GrEStG	Grunderwerbsteuergesetz

H

H	Hinweis
HGB	Handelsgesetzbuch

I

IPR	Internationales Privatrecht
i. S.	im Sinne

Abkürzungen VERZEICHNIS

IStR	Internationales Steuerrecht
i. V. m.	in Verbindung mit

J

JStG	Jahressteuergesetz

K

KG	Kommanditgesellschaft
km	Kilometer
KSt	Körperschaftsteuer
KStG	Körperschaftsteuergesetz

L

LPartG	Gesetz über die Eingetragene Lebenspartnerschaft vom 16. 2. 2001

M

Mio.	Millionen
Mrd.	Milliarden

N

NJW	Neue Juristische Wochenschrift
Nr.	Nummer
NWB	Neue Wirtschafts-Briefe

O

OFD	Oberfinanzdirektion
OHG	Offene Handelsgesellschaft
OLG	Oberlandesgericht

Q

qm	Quadratmeter

R

R	Richtlinie

rd.	rund
Rdn.	Randnummer

S

S.	Seite

T

Tz.	Textziffer

U

UmwStG	Umwandlungsteuergesetz
Urt.	Urteil
u. U.	unter Umständen

V

v.	vom
Vfg.	Verfügung
vgl.	vergleiche
VVG	Versicherungsvertragsgesetz

W

WEG	Wohnungseigentumsgesetz
WertV	Verordnung über Grundsätze für die Ermittlung der Verkehrswerte von Grundstücken (Wertermittlungsverordnung) vom 6. 12. 1988 (BGBl I S. 2209)

Z

z. B.	zum Beispiel
ZEV	Zeitschrift für Erbrecht und Vermögensnachfolge
ZGB	Zivilgesetzbuch

Teil I: Wie der Fiskus von Erbvermögen sowie von Erbfällen und Schenkungen Kenntnis erlangt

1 Allgemeines

Um Steuerverkürzungen potenzieller Erblasser sowohl zu Lebzeiten als auch nach deren Tod durch die Erben zu erschweren, verfügt die Finanzverwaltung über zahlreiche Informationsmittel und -wege.[1] Bereits zu Lebzeiten eines in Deutschland unbeschränkt steuerpflichtigen Erblassers schnüffelt der deutsche Fiskus nach sämtlichen Vermögenswerten, die auf inländischen Bankkonten und Depots hinterlegt sind. Hierzu steht den Finanzbehörden seit 2005 ein automatisierter Kontenabruf zur Verfügung, welcher auch noch nach Einführung der Abgeltungsteuer zum 1.1.2009 angewendet werden darf.

Was an Vermögenswerten zu Lebzeiten auf diese Weise nicht in Erscheinung tritt, offenbart sich dem Fiskus spätestens mit dem Tod. Dafür sorgen entsprechende Todesmeldungen, die Banken und andere Vermögensverwahrer erstatten. Standesämter melden außerdem jeden Todesfall an die Erbschaftsteuerstellen. Die nächsten Informanten sind die Gerichte: Diese teilen den Erbschaftsteuerstellen alle ausgestellten Erbscheine mit. Ferner erhalten die Finanzämter von jeder Testamentseröffnung Kenntnis. Und auch die interne länderübergreifende Zusammenarbeit zwischen den Bewertungs- und Erbschaftsteuerstellen wurde in den letzten Jahren erheblich verbessert. Und schließlich sind da noch die Erben selbst, denen eine Erwerbsanzeigepflicht auferlegt ist und die eine ausführliche Steuererklärung abgeben müssen. Erteilte der Verstorbene zu Lebzeiten Freistellungsaufträge für inländische Konten und Wertpapierdepots, wurden auch diese dem Bundesamt für Finanzen gemeldet. Darüber hinaus wissen die Erbschaftsteuerstellen alles über die Aktienbestände eines Verstorbenen, da das Wohnsitzfinanzamt alljährlich die einbehaltene Körperschaft- und Kapitalertragsteuer mit der Einkommensteuer verrechnet.

---

1 Siehe im Detail: Götzenberger, Der gläserne Steuerbürger, 2. Auflage, Herne 2008.

2 Auskunfts- und Anzeigepflichten der Kreditinstitute

2.1 In Todesfällen

2   Gemäß § 33 Abs. 1 ErbStG muss jede natürliche oder juristische Person, die sich geschäftsmäßig mit der Verwahrung oder Verwaltung fremden Vermögens befasst, diejenigen „in seinem Gewahrsam befindlichen Vermögensgegenstände und diejenigen gegen ihn gerichteten Forderungen, die beim Tod eines Erblassers zu dessen Vermögen gehörten oder über die dem Erblasser zur Zeit seines Todes die Verfügungsmacht zustand, dem für die Verwaltung der Erbschaftsteuer zuständigen Finanzamt" anzeigen. Bei einem Immobilienfonds, der in der Rechtsform einer Kommanditgesellschaft betrieben wird, wird die Anzeigepflicht nach § 33 ErbStG ausgelöst, wenn nach dem Tod eines Kommanditisten dessen Anteil durch eine GmbH als Treuhänderin verwaltet wird.

3   Der Anzeigepflicht nach § 33 ErbStG unterliegen Kreditinstitute, die Postbank, Bausparkassen und private Vermögensverwalter. Sie teilen der Erbschaftsteuerstelle des Finanzamts innerhalb eines Monats nach Kenntniserlangung vom Tod eines Kunden Folgendes mit:

- ▶ Höhe der Guthaben und anderer Forderungen (Nennbeträge) einschließlich der Guthaben auf Gemeinschaftskonten sowie die jeweiligen Kontonummern,
- ▶ Zinsen und Stückzinsen für das Jahr des Todes bis zum Todestag,
- ▶ Nennbetrag, Kurswert bzw. Rücknahmepreis von Wertpapieren, Anteilen, Genussscheinen des Erblassers; auch solche in Gemeinschaftsdepots,
- ▶ die Tatsache, dass der Erblasser ein Schließfach unterhalten hat, sowie der Versicherungswert, sofern der Bank bekannt.

4   Die Finanzbehörden erfahren somit mit dem Tod eines Inländers alles über sein Geldvermögen, welches dieser bei deutschen Kreditinstituten unterhalten hat; Letzteres gilt auch für bei Auslandsfilialen deutscher Banken unterhaltene Konten und Depots.

Aus den gewonnenen Informationen lassen sich Rückschlüsse auf die Vergangenheit ziehen, z. B. wie solche Vermögenswerte aus den zu Lebzeiten erklärten Einnahmen und den persönlichen Verhältnissen des Erblassers erwirtschaftet werden konnten, ob das Kapitalvermögen und die daraus erzielten Einkünfte zutreffend versteuert worden sind oder was der Verstorbene letztlich zum Vermögen beigesteuert hat. Keine Anzeigepflichten gelten, wenn

Guthaben aller meldepflichtigen Konten und Depots bei einer Bank 5 000 € per Todestag nicht übersteigen.

Maßgebend ist der jeweilige Kontostand zu Beginn des Todestags. Für die Anzeigepflicht ist es unbedeutend, ob das Guthaben bzw. die sonstigen Werte dem Erblasser allein gehörten, andere beteiligt waren (z. B. Konten von Personengesellschaften) oder ob darüber nur Verfügungsmacht bestand. Selbst dann, wenn der Verstorbene eine Vollmacht über den Tod hinaus oder eine Vollmacht für den Todesfall erteilt hat, muss die Bank das Finanzamt in Kenntnis setzen; Gleiches gilt bei Verfügungen zu Gunsten Dritter von Todes wegen.

Die Erbschaftsteuerstellen informieren die für Einkommen und Vermögen des Erblassers und des Erwerbers zuständigen Wohnsitzfinanzämter über das hinterlassene Bankguthaben, sofern dies bestimmte Mindestbeträge übersteigt. Der Informationskreis, der sich vom Kreditinstitut über die Erbschaftsteuerstelle bis zum für die Festsetzung der Einkommensteuer zuständigen Wohnsitzfinanzamt erstreckt, ist somit geschlossen und alle bisher verborgenen Vermögenswerte kommen durch Vergleich mit den Angaben des Verstorbenen in den vorangegangenen Einkommensteuererklärungen ans Tageslicht. Dem Fiskus hinterzogene Bankguthaben und Wertpapiere sind bei der Einkommensteuer bis zu zehn Jahre nachzudeklarieren und nachzuversteuern. Bei der Schenkungsteuer gelten keine zeitlichen Beschränkungen.

Von der Anzeigepflicht nach § 33 Abs. 1 ErbStG sind Guthaben von nicht in Deutschland wohnhaften Kontoinhabern nicht ausdrücklich ausgenommen. Bankguthaben und Wertpapiere stellen kein Inlandsvermögen dar und unterliegen daher auch nicht der Erbschaftsteuer, wenn sowohl der Kontoinhaber als auch der Erbe ein Ausländer ist. Ist der Erbe aber ein Inländer oder unterlag der Kontoinhaber im Todeszeitpunkt noch der Wegzugsbesteuerung, fällt Erbschaftsteuer an. In Fällen, in denen der Kontoinhaber ein Ausländer war, genügt eine bloße Mitteilung an die Finanzämter.[1]

Als Gewahrsamsinhaber haften Kreditinstitute regelmäßig für eventuelle Steuerschulden des Kontoinhabers und Erblassers, falls diese vorsätzlich oder grob fahrlässig handeln (§ 20 Abs. 6 ErbStG). Nach geltender Rechtsprechung müssen Banken vor jeder größeren Überweisung von sich aus prüfen, ob Erbschaftsteuerpflicht gegeben ist. Voraussetzung hierfür ist allerdings, dass das Bankinstitut vor Auszahlung des Geldbetrages vom Tod des Kontoinhabers Kenntnis erlangt hat. Diese Frage stellt sich insbesondere dann, wenn der überlebende Ehegatte größere Auslandsüberweisungen zu Lasten eines Ehe-

---

1 Troll in: Troll/Gebel/Jülicher, ErbStG, § 33 Tz. 8.

gatten-Gemeinschaftsdepots – über das er auch über den Tod des anderen Ehegatten hinaus verfügungsberechtigt ist – anordnet, ohne die Bank vom Todesfall in Kenntnis zu setzen. Für die Haftungsschuldnerin kann es dann nur ein schwacher Trost sein, dass sich die Haftung bei Ehegatten-Gemeinschaftskonten nur auf den Anteil des Erblassers – in aller Regel also auf die Hälfte – beschränkt. Größere ungewöhnliche Auslandsüberweisungen nehmen Banken in aller Regel nur gegen eine Unbedenklichkeitsbescheinigung der Erbschaftsteuerstellen vor. Dies gilt auch, wenn eine Kontovollmacht über den Tod hinaus besteht. Eine Unbedenklichkeitsbescheinigung wird auch im Zusammenhang mit der Aushändigung des Inhalts eines Erblasser-Schließfaches an eine ausländische Person verlangt.

HINWEIS:

Unter die Anzeigepflicht nach § 33 ErbStG fällt auch ein Wertpapierdepot, das in Erfüllung einer Vereinbarung des Verstorbenen mit der depotführenden Bank mit seinem Tod außerhalb des Nachlasses auf eine bestimmte Person übertragen werden soll (sog. Vertrag zu Gunsten Dritter auf den Todesfall; vgl. § 3 Abs. 1 Nr. 4 ErbStG).

2.2 In Schenkungsfällen

7 Mit Einführung der Abgeltungsteuer zum 1.1.2009 ist für die Banken ein weiterer Meldetatbestand hinzugekommen. Dieser hat folgenden Hintergrund: Für Zwecke der Abgeltungsteuer gilt die Übertragung der von einer inländischen Bank (einer auszahlenden Stelle) verwahrten oder verwalteten Wertpapiere auf einen anderen Gläubiger grundsätzlich als Veräußerung dieser Wertpapiere. Die Bank ist danach verpflichtet, Abgeltungsteuer auf eine fiktive Veräußerung zu berechnen und abzuführen.[1] Eine Ausnahme gilt für Erbschaften und Schenkungen. Bei einem unentgeltlichen Erwerb von Wertpapieren im Wege der Einzelrechtsnachfolge werden dem Erwerber bei der Ermittlung des abgeltungsteuerpflichtigen Gewinns die Aufwendungen des Rechtsvorgängers zugerechnet. Es muss somit keine Abgeltungsteuer auf den fiktiven Veräußerungstatbestand des Gläubigerwechsels erhoben werden.

8 Die Geschäftsbank ist hier allerdings verpflichtet, die Depotübertragung und den dazugehörigen Depotbestand an das für sie zuständige Betriebsstättenfinanzamt zu melden;[2] die Meldepflicht gilt insoweit, als es sich bei den übertragenen Wertpapieren nicht um Altbestände (Anschaffung vor dem

---

1 Weitere Informationen vgl. Götzenberger, Steuerstrategien für Kapitalanleger, Wien 2012.
2 § 43 Abs. 1 Satz 6 EStG.

1.1.2009) handelt. Im internen Amtswege wird dann geprüft, ob die Kapitalübertragung der Erbschaft- oder Schenkungsteuer unterliegt.

2.3 Exkurs: Vorsicht vor Verträgen zu Gunsten Dritter mit der Bank, die nur die Abwicklung der Kontoguthaben im Todesfall erleichtern sollen

Ältere Kontoinhaber wollen ihren Erben oft die Abwicklung ihrer Geld- und Wertpapiervermögen im Todesfall erleichtern und weisen ihre Konten einer Person mittels eines Vertrages zu Gunsten Dritter zu. Die Banken sehen solche Formalitäten gerne, da sie gegenüber Erben keinerlei Haftungsprobleme haben, wenn die Konten nur einer Person als Rechtsnachfolgerin zugewiesen werden. Was vielfach nicht beachtet wird, ist, dass solche Verträge einen eigenen Steuertatbestand nach § 3 Abs. 1 Nr. 4 ErbStG auslösen. Der Begünstigte erwirbt die Bankguthaben außerhalb der Erbfolge unmittelbar aus dem Vertrag. Teilt der Begünstigte die Bankguthaben dann unter den anderen Erben auf, ohne dazu rechtlich verpflichtet zu sein, entsteht mit jeder Weitergabe eine schenkungsteuerpflichtige freigebige Zuwendung. Dass der Erblasser mit einem solchen Vertrag nur die Abwicklung und Aufteilung der Bankeinlagen erleichtern wollte, steht der auf diese Weise entstehenden doppelten Besteuerung freilich nicht entgegen.

9

> **HINWEIS:**
> Soll die Abwicklung und Verteilung des Nachlasses dadurch erleichtert werden, dass im Erbfall nur eine Person über die Forderungen gegen das Kreditinstitut verfügen kann, genügt es, wenn der Erblasser eine Bankenvollmacht über seinen Tod hinaus erteilt. Eine über den Tod hinaus erteilte Bankvollmacht hat auf die gesetzliche oder testamentarische Erbfolge keinen Einfluss. Sie wirkt sich daher auch steuerlich nicht aus. Ein Vertrag zu Gunsten Dritter dagegen schon!

3 Anzeigepflichten der Versicherungen bei der Auszahlung von Lebensversicherungen

Private Versicherungsunternehmen haben, bevor sie Versicherungssummen oder Leibrenten einem anderen als dem Versicherungsnehmer auszahlen oder zur Verfügung stellen, hiervon dem Finanzamt Anzeige zu erstatten (§ 33 Abs. 3 ErbStG). Hiervon betroffen sind private Kranken-, Unfall- oder Lebensversicherer, Sterbekassen von Berufsverbänden, Vereinen und anderen Anstalten, soweit sie die Lebens-(Sterbegeld-) oder Leibrenten-Versicherung betreiben (§ 3 ErbStDV).

10

Im Unterschied zu den Anzeigepflichten der Banken ist die Anzeigepflicht nach § 33 Abs. 3 ErbStG nicht auf den Erbfall bezogen, sondern gilt für Zuwendungen unter Lebenden. Im Einzelnen werden übermittelt:

- Angaben über Versicherte und Versicherungsnehmer;
- Versicherungsschein-Nummer;
- auszuzahlender Versicherungsbetrag (einschließlich Dividenden und dergleichen abzüglich noch geschuldeter Prämien vor der Fälligkeit der Versicherungssumme, gewährte Darlehen und Vorschüsse etc. (bei Kapitalversicherungen);
- Jahresbetrag und Dauer der Rente (bei Rentenversicherungen);
- Zahlungsempfänger und Bezugsberechtigter;
- bei Wechsel des Versicherungsnehmers: der Name des neuen Versicherungsnehmers, Rückkaufswert und Summe der eingezahlten Prämien/Kapitalbeiträge;
- Angaben über das persönliche Verhältnis (Verwandtschaftsverhältnis) der Beteiligten.

11 Die Anzeigen der Versicherungen haben in der Praxis im Vergleich zu den Bankmeldungen beim Tod des Kontoinhabers nur untergeordnete Bedeutung. Sie bringen insofern wenig Überraschendes, weil sie nur die Auszahlung von Versicherungsleistungen an Begünstigte und Hinterbliebene betreffen und den Finanzämtern die Policen wegen der steuerlichen Abzugsmöglichkeiten in aller Regel bekannt sind.

HINWEIS:

Angesichts der Meldepflichten sollte bei sog. Prämienschenkungen darauf geachtet werden, dass der vorgesehene Erwerber (z. B. der Ehegatte) nicht nur Bezugsberechtigter, sondern auch Versicherungsnehmer der Lebensversicherung ist. Dann entfällt eine Meldung, weil die Versicherungssumme an keinen anderen als den Versicherungsnehmer ausgezahlt wird.

4 Anzeigepflichten der Gerichte, Notare und die Totenlisten der Standesämter

12 § 34 ErbStG verpflichtet Gerichte, Behörden, Beamte und Notare, alle ausgeführten Beurkundungen, Zeugnisse und sonstige Anordnungen, „die für die Festsetzung einer Erbschaftsteuer von Bedeutung sein können", der jeweiligen Erbschaftsteuerstelle mitzuteilen. Nach § 34 Abs. 2 ErbStG haben anzuzeigen:

1. die Standesämter: die Sterbefälle;

die Standesämter haben für jeden Kalendermonat die Sterbefälle jeweils durch Übersendung einer Durchschrift der Eintragung in das Sterbebuch oder der Durchschrift der Sterbeurkunde in zweifacher Ausfertigung binnen zehn Tagen nach Ablauf des Monats dem für die Verwaltung der Erbschaftsteuer zuständigen Finanzamt, in dessen Bezirk sich der Sitz des Standesamtes befindet, anzuzeigen.

2. die Gerichte und die Notare:

die Erteilung von Erbscheinen, Testamentsvollstreckerzeugnissen und Zeugnissen über die Fortsetzung der Gütergemeinschaft, die Beschlüsse über Todeserklärungen sowie die Anordnung von Nachlasspflegschaften und Nachlassverwaltungen;

die Gerichte haben dem für die Verwaltung der Erbschaftsteuer zuständigen Finanzamt beglaubigte Abschriften folgender Verfügungen und Schriftstücke zu übersenden:

- ▶ eröffnete Verfügungen von Todes wegen mit einer Mehrausfertigung der Niederschrift über die Eröffnungsverhandlung,
- ▶ Erbscheine,
- ▶ Testamentsvollstreckerzeugnisse,
- ▶ Zeugnisse über die Fortsetzung von Gütergemeinschaften,
- ▶ Beschlüsse über die Einleitung oder Aufhebung einer Nachlasspflegschaft oder Nachlassverwaltung,
- ▶ beurkundete Vereinbarungen über die Abwicklung von Erbauseinandersetzungen.

Die Anzeige hat unverzüglich nach dem auslösenden Ereignis zu erfolgen. Sie kann nur unterbleiben, wenn anzunehmen ist, dass außer Hausrat im Wert von nicht mehr als 5 200 € nur noch ein sonstiger Nachlass im Wert von nicht mehr als 5 200 € vorhanden ist (§ 7 Abs. 4 Nr. 1 ErbStDV).

3. die Gerichte, die Notare und die deutschen Konsuln:

die eröffneten Verfügungen von Todes wegen, die abgewickelten Erbauseinandersetzungen, die beurkundeten Vereinbarungen der Gütergemeinschaft und die beurkundeten Schenkungen und Zweckzuwendungen.

Schließlich müssen Behörden, „die Stiftungen oder Zuwendungen von Todes wegen und unter Lebenden an juristische Personen und dergleichen genehmigen", der für den Sitz der Behörde zuständigen Oberfinanzdirektion einen Nachweis über erteilte Genehmigungen übersenden (§ 10 ErbStDV).

13 Übersendungspflichten für Notare:

Notare sind außerdem nach § 54 der Einkommensteuer-Durchführungsverordnung (EStDV) verpflichtet, dem jeweils zuständigen Betriebsstättenfinanzamt eine beglaubigte Abschrift aller auf Grund gesetzlicher Vorschrift aufgenommenen oder beglaubigten Urkunden zu übersenden, die die Gründung, Kapitalerhöhung oder -herabsetzung, Umwandlung oder Auflösung von Kapitalgesellschaften oder die Verfügung über Anteile an Kapitalgesellschaften zum Gegenstand haben. Die in § 54 EStDV festgelegten Übersendungspflichten entstammen der inzwischen weggefallenen Kapitalverkehrsteuer-Durchführungsverordnung und wurden durch das Jahressteuergesetz 1996 wieder eingeführt. Offensichtlich führte die Mitwirkung der Notare zu guten Steuereinnahmen. Nicht umsonst hatten wohl die Rechnungshöfe festgestellt, dass diese Übersendungspflichten auch für ertragsteuerliche Zwecke eine wichtige Grundlage zur Sachverhaltsdarstellung bilden,[1] sie dienen in erster Linie zur Feststellung der steuerpflichtigen Veräußerungsgewinne von Anteilen an Kapitalgesellschaften bei wesentlicher Beteiligung (§ 17 EStG).

5 Interne Kontrollmitteilungen der Bewertungs- und Erbschaftsteuerstellen

5.1 Länderübergreifende Zusammenarbeit der Bewertungs- und Erbschaftsteuerstellen

14 Seit mehreren Jahren besteht zwischen den Bewertungsstellen der Finanzämter (Grundstückswertstellen) und den Erbschaftsteuerstellen eine länderübergreifende Zusammenarbeit. Danach haben die Grundstückswertstellen Kontrollmitteilungen an das für den Erblasser zuständige Erbschaftsteuerfinanzamt zu erteilen, wenn sie im Rahmen einer Zurechnungsfortschreibung erkennen,

- ▶ dass der Eigentumsänderung eine Erbfolge zu Grunde liegt,
- ▶ der bisherige Eigentümer in einem anderen Bundesland wohnte und
- ▶ die Anforderung eines Grundbesitzwertes bislang noch nicht erfolgte.

---

1 BT-Drucks. 13/1558 v. 31. 5. 1995.

Die Kontrollmitteilungen erfolgen dabei automatisch und auf maschinellem Wege.[1]

Die länderübergreifende Zusammenarbeit geht auf eine Vereinbarung der Bewertungs- und Erbschaftsteuer-Referatsleiter aus dem FinMin Baden-Württemberg aus 2004 zurück. Bislang konnten die Erbschaftsteuerstellen eines Bundeslandes zum Nachlass gehörende Grundstücke aus einem anderen Bundesland nicht automatisch erkennen. In Abstimmung mit den anderen Bundesländern hat Baden-Württemberg daher ein länderübergreifendes Kontrollmitteilungssystem eingeführt, welches zunächst auf zwei Jahre befristet war. In 2007 wurde beschlossen, das Verfahren wieder aufzunehmen und für unbestimmte Zeit fortzuführen.[2]

5.2 Kontrollmitteilungen der Erbschaftsteuerstellen an Wohnsitzfinanzämter

Die Erbschaftsteuerstellen sind Empfänger der Anzeigen von Banken und sonstiger Vermögensverwalter nach § 33 Abs. 1 ErbStG. Die Erbschaftsteuerstellen erstatten nach den gleich lautenden Erlassen der obersten Finanzbehörden der Länder[3] an das jeweilige für die Besteuerung des Einkommens zuständige Finanzamt Kontrollmitteilungen:

▶ über den ermittelten Nachlass für die Steuerakten des Erblassers, wenn der Reinwert mehr als 250 000 € oder das zum Nachlass gehörende Kapitalvermögen mehr als 50 000 € beträgt;

▶ über den erbschaftsteuerlichen Wert für die Steuerakten des Erwerbers, wenn dessen erbschaftsteuerlicher Bruttowert mehr als 250 000 € oder das zum Erwerb gehörende Kapitalvermögen mehr als 50 000 € beträgt. Die Wertgrenze von 50 000 € gilt für Schenkungen von Kapitalvermögen entsprechend.

HINWEIS:

Die Kontrollmitteilungen werden unabhängig davon erteilt, ob es zu einer Steuerfestsetzung gekommen ist oder nicht. Den Erbschaftsteuerstellen bleibt es vorbehalten, Kontrollmitteilungen auch bei niedrigeren Beträgen oder bei gegebenem Anlass zu übersenden, z. B. wenn eine Schenkung erst im Rahmen einer Außenprüfung oder Fahndung aufgedeckt wurde.

---

1 Vgl. OFD Karlsruhe v. 28. 9. 2007 S 3300/24 – St 344.
2 FinMin Baden-Württemberg v. 2. 3. 2007 3 S 3700/17.
3 Vom 18. 6. 2003, BStBl 2003 I S 392.

6 Kenntniserlangung von ausländischem Erbvermögen

17 Der Fiskus erlangt Kenntnis von ausländischen Geld- und Wertpapierkonten ebenfalls durch die Anzeigepflicht der Kreditinstitute nach § 33 ErbStG. Denn diese gilt auch für unselbstständige ausländische Zweigniederlassungen deutscher Banken, wie der BFH entschieden hat.[1] „Die Anzeigepflicht solle die Finanzämter über das Vorliegen eines Erwerbsvorgangs unterrichten und damit die möglichst vollständige steuerliche Erfassung aller Erwerbe sicherstellen. Wären Auslandsniederlassungen deutscher Banken der Anzeigepflicht enthoben, könnten sich inländische Bankkunden faktisch der Erbschaftsbesteuerung entledigen", so der BFH.[2] Damit haben die höchsten Finanzrichter Einwendungen der Bankenbranche nicht bestätigt, das sog. Territorialitätsprinzip beschränke Maßnahmen der Eingriffsverwaltung auf das nationale Hoheitsgebiet und außerdem könne das Bankgeheimnis eines Staates, in dem sich die Zweigniederlassung befindet, zu einer Pflichtenkollision für den jeweiligen Bankmitarbeiter führen. Der BFH räumte zwar ein, dass der inländischen Finanzverwaltung hinsichtlich des Vermögens, das bei – rechtlich selbstständigen – ausländischen Banken angelegt ist, nur sehr eingeschränkte Verifikationsmöglichkeiten zur Verfügung stehen und dies in verfassungsrechtlicher Hinsicht jedoch auf Grund des völkerrechtlichen Territorialitätsprinzips hinzunehmen ist.[3] Soweit das Völkerrecht aber eine Kontrollmöglichkeit zulässt, ist der Gesetzgeber gehalten, die tatsächliche Durchsetzung der materiellen Steuerpflicht nicht durch eine gegenläufige rechtliche Ausgestaltung des Erhebungsverfahrens zu behindern. Der BFH sah darüber hinaus „keine Anhaltspunkte dafür, dass der Gesetzgeber der Regelung des § 33 Abs. 1 ErbStG einen Inhalt hat geben wollen, der mit diesen verfassungsrechtlichen Vorgaben nicht vereinbar wäre."

18 Ausländische Bankgeheimnisse und sonstige Regelungen, die der Zweigstelle nach dortigem Recht eine solche Meldung untersagen würden, stehen der Meldepflicht ebenfalls nicht entgegen, weil die Meldepflicht „allein nach deutschem Steuerrecht zu beurteilen ist". Deutsche Erblasser bzw. dessen Erben können also in solchen Fällen nicht auf das örtliche Bankgeheimnis vertrauen. Ergänzend weist der BFH in diesem Urteil darauf hin, dass sich auch die Bankenaufsicht durch die Bundesanstalt für Finanzdienstleistungsaufsicht – wie

---

1 Urt. v. 31. 5. 2006 II R 66/04.
2 Vgl. Pressemitteilung Nr. 70/2006 v. 13. 12. 2006.
3 BFH, Urt. v. 7. 9. 2005 VIII R 90/04, BFHE 211 S. 183, BStBl II 2006 S. 61; Az. 2 BvR 2077/05. BVerfG v. 10. 3. 2008, DStRE 2008 S. 1320.

sich aus § 8 Abs. 3 KWG ergibt – auf die Zweigniederlassungen einer inländischen Bank in anderen Mitgliedstaaten der Europäischen Union (EU) oder des Europäischen Wirtschaftsraums (EWR) erstreckt. Ebenso wenig sah der BFH durch die Ausdehnung der Meldepflichten einen Verstoß gegen die gemeinschaftsrechtlichen Grundfreiheiten der Niederlassungsfreiheit, Dienstleistungsfreiheit oder der Freiheit des Kapitalverkehrs. Denn die ausländische Niederlassung dient nicht als Anknüpfung für die Auferlegung einer zusätzlichen Pflicht. So werden deutsche Banken, deren Geschäftsbetrieb sich sowohl auf das Inland als auch auf das Gebiet eines anderen EU-Mitgliedstaats erstreckt, hinsichtlich der Anzeigepflicht genauso behandelt „wie ein Kreditinstitut, dessen Geschäftsbetrieb sich auf das Inland beschränkt".

Darüber hinaus muss den Finanzämtern der Erwerb von Auslandsvermögen mitgeteilt werden. Verpflichtet sind inländische Steuerpflichtige, die im Ausland einen Betrieb erwerben oder eine Betriebstätte gründen (eine Meldepflicht gilt auch dann, wenn ein Betrieb/eine Betriebsstätte vom Inland in das Ausland verlegt wird) oder sich an ausländischen Personengesellschaften beteiligen, die Beteiligungsquote ändern oder die Beteiligung aufgeben, oder Beteiligungen an ausländischen Kapitalgesellschaften begründen, wenn damit unmittelbar eine Beteiligung von mindestens 10 % oder mittelbar eine Beteiligung von mindestens 25 % am Kapital oder am Vermögen einer solchen ausländischen Kapitalgesellschaft erreicht wird, oder wenn die Summe der Anschaffungskosten aller Beteiligungen mehr als 150 000 € beträgt. Die Verpflichtung richtet nicht nach Maßgabe des § 138 Abs. 2 AO. Mit dem Steuervereinfachungsgesetz 2011[1] wurde die Meldefrist verlängert. Sie beträgt nunmehr fünf Monate nach Ablauf des Kalenderjahres, in dem die Beteiligung erworben worden ist. 19

7 Informationsaustausch über Doppelbesteuerungsabkommen zwischen Staaten mit Meldepflichten für Banken

Doppelbesteuerungsabkommen (DBA) sind völkerrechtliche Verträge, die die Vermeidung einer doppelten Steuerbelastung bei solchen Steuerpflichtigen zum Ziel haben, die an zwei oder mehrere Staaten Steuern für denselben Erhebungszeitraum und Steuergegenstand entrichten müssen. Doppelbesteuerungsabkommen kennen zwei Prinzipien, durch die eine steuerliche Doppelbe- 20

---

[1] Vom 1. 11. 2011, BGBl I S. 2131.

lastung vermieden wird: Die Anrechnungsmethode und die Freistellungsmethode. Bei der Anrechnungsmethode behält der Quellenstaat das Besteuerungsrecht und der Wohnsitzstaat lässt die im Ausland gezahlte und keinem Ermäßigungsanspruch mehr unterliegende Steuer zum Abzug zu. Der Wohnsitzstaat kann hierbei den Abzug voll oder begrenzt zulassen. Bei der vollen unbegrenzten Anrechnung lässt der Wohnsitzstaat die gesamte ausländische Steuer von der Inlandssteuer abziehen. Bei einer begrenzten Anrechnung ist ein Abzug ausländischer Steuern von der Inlandssteuer nur insoweit möglich, als der Wohnsitzstaat das Auslandseinkommen besteuern würde, wenn es im Inland anfallen würde. Der Abzugsbetrag darf hier also die Steuer, die im Inland auf die Auslandseinkünfte entfallen würde, nicht übersteigen. Der Investor erleidet dann einen Steuerverlust, wenn der auf die Einkünfte anwendbare Steuersatz im Ausland höher ist als im Inland. Die Freistellungsmethode befreit dagegen ausländische Zinserträge von der Besteuerung im Wohnsitzstaat. Hierbei kann unterschieden werden zwischen der uneingeschränkten Befreiung und der Befreiung mit Progressionsvorbehalt.

21 Zur reibungslosen Durchführung eines DBA ist ein ausreichender Informationsfluss zwischen den Finanzbehörden der jeweiligen Staaten notwendig. Art. 12 Abs. 1 des Musterabkommens der Organisation für wirtschaftliche Zusammenarbeit und Entwicklung (OECD) zur Vermeidung der Doppelbesteuerung auf dem Gebiete der Nachlass-, Erbschaft- und Schenkungsteuer bestimmt hierzu Folgendes:

„Die zuständigen Behörden der Vertragsstaaten tauschen die Informationen aus, die zur Durchführung dieses Abkommens oder des innerstaatlichen Rechts der Vertragsstaaten betreffend die unter das Abkommen fallenden Steuern erforderlich sind, soweit die diesem Recht entsprechende Besteuerung nicht dem Abkommen widerspricht. Der Informationsaustausch ist durch Artikel 1 nicht eingeschränkt. Alle Informationen, die ein Vertragsstaat erhalten hat, sind ebenso geheimzuhalten wie die auf Grund des innerstaatlichen Rechts dieses Staates beschafften Informationen und dürfen nur den Personen oder Behörden (einschließlich der Gerichte und der Verwaltungsbehörden) zugänglich gemacht werden, die mit der Veranlagung oder Erhebung, der Vollstreckung oder Strafverfolgung oder mit der Entscheidung von Rechtsmitteln hinsichtlich der unter das Abkommen fallenden Steuern befasst sind. Diese Personen oder Behörden dürfen die Informationen nur für diese Zwecke verwenden. Sie dürfen die Informationen in einem öffentlichen Gerichtsverfahren oder in einer Gerichtsentscheidung offen legen".

Im Einzelnen sind drei Arten von Auskunftsverkehr möglich: 22
- auf Ersuchen, und zwar für einen bestimmten Fall, wobei zunächst alle Informationsquellen auszuschöpfen sind, die üblicherweise im innerstaatlichen Besteuerungsverfahren zur Verfügung stehen;
- automatisch, z. B. wenn Mitteilungen über eine bestimmte Art oder mehrere Arten von Einkünften, die aus einem Vertragsstaat in den anderen fließen, dem anderen Staat regelmäßig gegeben werden;
- unaufgefordert, z. B. wenn ein Staat im Verlauf eines Verfahrens Kenntnis von Umständen erlangt hat, die nach seiner Auffassung auch für den anderen Staat von Interesse sind.

Am Beispiel des automatischen und des unaufgeforderten Auskunftsverkehrs 23 wird deutlich, dass ein Informationsaustausch nicht nur zur Durchführung des Abkommens, sondern auch für nationale Steuerzwecke möglich ist. Man unterscheidet hier zwischen dem sog. kleinen Auskunftsverkehr, auch kleine Auskunftsklausel genannt, der bzw. die nur Informationen zur Durchführung des DBA enthalten soll, und dem sog. großen Auskunftsverkehr, auch große Auskunftsklausel genannt, der bzw. die nicht ausschließlich zur Vermeidung der Doppelbesteuerung dient, sondern auch nationale Interessen der Vertragsstaaten in den Vordergrund stellt.

Begrenzt wird die Auskunftsbefugnis im großen und insbesondere im kleinen Auskunftsverkehr dadurch, dass die erbetene Mitteilung zur Durchführung des DBA (beim kleinen Auskunftsverkehr) bzw. des nationalen Rechts (beim großen Auskunftsverkehr) erforderlich sein muss:[1] Dadurch erfährt der Begriff „Information", der im Übrigen weit zu interpretieren ist, eine Einschränkung. Erforderlich ist eine Information dann, wenn „sie für die Besteuerung in dem die Auskunft begehrenden Vertragsstaat rechtlich erheblich ist – für die Durchführung der DBA oder, falls eine große Auskunftsklausel vereinbart ist, für die Anwendung eines innerstaatlichen Rechts – und dieser Vertragsstaat sich die Informationen nicht durch eigene Nachforschungen auf seinem Staatsgebiet beschaffen kann".[2] Sind beide Voraussetzungen gegeben, kann der ersuchte Staat die Auskunft nicht verweigern, selbst dann nicht, wenn der ersuchende Staat innerstaatliches Recht verletzt hat. Ist dagegen der ersuchte Staat nicht zu einer Auskunftserteilung verpflichtet, kann er Auskünfte auf freiwilliger Basis leisten, sofern dadurch innerstaatliches Recht (z. B. das Bankgeheimnis) nicht verletzt wird.

---

1 Vogel, Doppelbesteuerungsabkommen Kommentar, Art. 26 Rdn. 30.
2 Vogel, a. a. O., Art. 26 Rdn. 31.

24 Bezüglich einer Weiterleitung von im Todesfall zu erstattenden Bankmeldungen an deutsche Finanzbehörden setzt der Grundsatz der Erforderlichkeit u. a. voraus, dass zwischen Deutschland und solchen Staaten, die eine Meldepflicht für Banken kennen, ein Doppelbesteuerungsabkommen existiert, das sich auch auf die Erbschaftsteuer bezieht. Doppelbesteuerungsabkommen auf dem Gebiet der Erbschaftsteuern bestehen gegenwärtig mit[1]: Griechenland,[2] Schweden,[3] Schweiz,[4] Dänemark[5] und den Vereinigten Staaten.[6]

8 Die Informationszentrale Ausland als Hilfsorgan zur Ermittlung von Fällen der beschränkten und erweiterten beschränkten Erbschaftsteuerpflicht

25 Zur Überprüfung von grenzüberschreitenden Sachverhalten, welche zu einer erweiterten beschränkten Erbschaftsteuerpflicht führen können, ist beim Bundesamt für Finanzen eine Informationszentrale für steuerliche Auslandsbeziehungen (IZA) eingerichtet worden. Zum Aufgabenbereich der IZA gehört die Erforschung und Erfassung steuerlich relevanter Auslandsbeziehungen inländischer (Erbschaft-)Steuerpflichtiger. Die IZA sammelt alle erhaltenen Informationen, analysiert und archiviert diese in verschiedenen Karteien, die den jeweils zuständigen Finanzämtern und auch der Steuerfahndung zugänglich sind. Das Bundesamt erfährt von bestehenden Auslandsbeziehungen durch die Betriebsprüfungsstellen der Finanzämter, die Kontrollmitteilungen ausstellen und diese dem Bundesamt für Finanzen zur Auswertung übersenden.

9 Kenntnisnahme von Erb- und Schenkungsfällen durch Mitwirkung des Steuerpflichtigen

9.1 Erwerbsanzeigepflicht

26 Jeder unter das Erbschaftsteuergesetz fallende Erwerb von Todes wegen ist vom Erwerber (Erben) dem für die Verwaltung der Erbschaftsteuer zuständigen Finanzamt anzuzeigen; Schenkungen auch vom Schenker (§ 30 Abs. 1 und 2 ErbStG). Einer Anzeige bedarf es nur dann nicht, „wenn der Erwerb auf einer

---

1 BMF v. 5. 1. 2005 IV B 6-S 1300 -308/04, BStBl 2005 I S. 298.
2 18. 11. 1910/1. 12. 1910, RGBl 1912 S. 173.
3 14. 7. 1992, BStBl 1994 I S. 422.
4 30. 11. 1978, BStBl 1980 I S. 243.
5 22. 11. 1995, BStBl 1996 I S. 1219.
6 3. 12. 1980/14. 12. 1998, BStBl 1982 I S. 765/2001 I S. 110.

von einem deutschen Gericht, einem deutschen Notar oder einem deutschen Konsul eröffneten Verfügung von Todes wegen beruht und sich aus der Verfügung das Verhältnis des Erwerbers zum Erblasser unzweifelhaft ergibt" (§ 30 Abs. 3 Satz 1 ErbStG). Dies gilt jedoch wiederum dann nicht, wenn zum Erwerb Grundbesitz, Betriebsvermögen, Anteile an Kapitalgesellschaften, die nicht der Anzeigepflicht durch die Kreditinstitute unterliegen, oder wenn es sich um Auslandsvermögen handelt. Schenkungen müssen nur dann nicht angezeigt werden, wenn eine Schenkung unter Lebenden oder eine Zweckzuwendung gerichtlich oder notariell beurkundet ist (§ 30 Abs. 3 Satz 2 ErbStG).

Die Anzeigefrist für den Erwerb von Todes wegen beträgt drei Monate. Sie beginnt mit dem Zeitpunkt, an dem der Erwerber (Erbe, Vermächtnisnehmer, Beschenkte) erstmals Kenntnis vom Vermögensanfall erlangt hat. Dies ist regelmäßig dann gegeben, wenn er bei einer Testamentseröffnung erfährt, dass er als Erbe eingesetzt wird.

27

In Schenkungsfällen ist die Erwerbsanzeigepflicht an den tatsächlichen Vermögensübergang geknüpft. Anzeigepflicht besteht also ab dem Zeitpunkt, ab dem das Geschenk in Empfang genommen wird. Dann beginnt auch die Anzeigefrist, die ebenfalls drei Monate beträgt.

Anhand der eingehenden Erwerbsanzeigen prüfen die Finanzämter, ob eine Steuerpflicht bestehen könnte, und fordern ggf. zur Abgabe einer Erbschaft- und Schenkungsteuererklärung auf.[1] Das Finanzamt kann sich an jeden an einem Erbfall oder einer Schenkung Beteiligten wenden, und zwar ohne Rücksicht darauf, ob er selbst steuerpflichtig ist oder nicht. Fordert das Finanzamt unter mehreren Erben letztendlich einen daraus zur Abgabe einer Erbschaft-/Schenkungsteuererklärung auf, so gilt die Aufforderung nur diesem gegenüber. Bei mehreren Erben ist jeder Erbe unter der Voraussetzung, dass er vom Finanzamt gemäß § 31 Abs. 1 ErbStG zur Abgabe einer Erbschaft-/Schenkungsteuererklärung aufgefordert worden ist, nur für seinen Teil erklärungspflichtig.[2] Die von einem aus der Gemeinschaft abgegebene Steuererklärung wirkt auch dann nicht gegen die Übrigen, wenn der betreffende Erwerber eine so umfassende Erklärung abgibt, dass sich auf ihrer Grundlage auch die Steuern gegen die anderen Erwerber festsetzen ließen.

28

---

1 Es gibt für den Bereich der Erbschaftsteuer – anders als bei der Einkommensteuer – keine allgemeine Steuererklärungspflicht. Eine Steuererklärung hat nur abzugeben, wer vom Finanzamt hierzu aufgefordert wird.
2 BFH, Urt. v. 5. 5. 1999 II R 96/97, BFH/NV 1999 S. 1341.

29   Ein besonderes Formblatt existiert für Erwerbsanzeigen nicht. Die Meldung soll enthalten: genaue Angaben über den Erblasser (Schenker), den Erben (Beschenkten) und über das Verwandtschaftsverhältnis zum Erblasser (Schenker); Sterbetag und -ort bzw. Tag und Ausführungsort der Schenkung; Rechtsgrund des Erwerbs (aus Erbfolge, Vermächtnis usw.) sowie genaue Angaben über den Erwerb selbst (ggf. müssen alle Zuwendungen innerhalb des Zehnjahreszeitraumes einzeln aufgeführt sein).

> **HINWEIS:**
> Da die Festsetzungsfrist für Schenkungen nicht vor dem Tod des Schenkers beginnt (es sei denn, das Finanzamt hat bereits früher Kenntnis erlangt), unterliegen auch solche Zuwendungen der Erwerbsanzeigepflicht, die bereits vor mehr als zehn Jahren getätigt wurden (falls nicht auszuschließen ist, dass sie steuerfrei waren).

9.2 Meldefreie Gelegenheitsgeschenke

30   Gelegenheitsgeschenke sind nach § 13 Abs. 1 Nr. 14 ErbStG steuerfrei und somit auch nicht meldepflichtig. Gelegenheitsgeschenke sind Anstandsschenkungen, also solche Zuwendungen, denen man sich nicht entziehen kann, ohne in den Augen Gleichgestellter an Achtung und Anerkennung zu verlieren.[1] In erster Linie denkt man hier an Geburtstags-, Heirats- oder Weihnachtsgeschenke. Was als übliches Gelegenheitsgeschenk angesehen werden kann, ist fallweise zu beurteilen. Grundstücksgeschenke fallen in keinem Fall darunter. Das Hessische Finanzgericht sah eine Geldzuwendung in Höhe von 80 000 DM (40 903 €) für Haus- und Gartenrenovierungen sowie die Zuwendung eines Pkws mit einem Wert von 73 000 DM (37 324 €) ebenfalls nicht als übliche Gelegenheitsgeschenke an. Die Üblichkeit eines Geschenkes sei dabei nicht nach einem Hundertsatz des Vermögens des Schenkers zu beurteilen, sondern nach den sich wandelnden Lebensgewohnheiten der jeweiligen Bevölkerungsschichten. Hierbei sei auch bei großem Wohlstand eine durch die allgemeine Verkehrsauffassung gezogene Obergrenze zu berücksichtigen, aus der sich die Üblichkeit von Geschenken herleitet.[2]

10 Verjährung der Erbschaft- und Schenkungsteueransprüche

31   Die Möglichkeit, Erbschaft- und Schenkungsteuern auch noch Jahrzehnte nach dem Ereignis eintreiben zu können, verdanken die Finanzämter der sog. An-

---

1 Jülicher in: Troll/Gebel/Jülicher, ErbStG, § 13 Tz. 165.
2 Hessisches FG, Urt. v. 24. 2. 2005 1 K 3480/03.

laufhemmung, welche die Verjährungsfrist (Festsetzungsverjährung) für solche Steuerschulden erst sehr viel später zu laufen beginnen lässt. Die Festsetzungsfrist für Steueransprüche beginnt grundsätzlich mit Ablauf des Kalenderjahres, in dem die Steuer entstanden ist (§ 170 Abs. 1 AO). Die Erbschaftsteuer entsteht nach § 9 ErbStG im Regelfall mit dem Tod des Erblassers. Stirbt E im Kalenderjahr 01, beginnt die Festsetzungsfrist mit Ablauf des Jahres 01 zu laufen; sie wäre nach vier Jahren, also im Kalenderjahr 05 abgelaufen. Schenkungsteuer entsteht mit dem Zeitpunkt der Ausführung der Zuwendung. Beschenkt E den A im Kalenderjahr 01, würde die Festsetzungsfrist ebenfalls mit Ablauf des Jahres 01 beginnen. Unter normalen Umständen (wenn keine Steuerhinterziehung vorliegt) wären beide Steueransprüche im Kalenderjahr 05 verjährt – wenn es nicht die Anlaufhemmung gäbe.

Nach § 170 Abs. 5 Nr. 1 AO beginnt die Festsetzungsfrist im Erbfall nicht vor Ablauf des Kalenderjahres, in dem der Rechtsnachfolger von seinem Erbe Kenntnis erlangt, und zwar sichere Kenntnis. Der Erbe muss sowohl über die Höhe seiner Erbschaft als auch vom Erwerbsgrund Kenntnis haben. Hierzu gehört auch die Gewissheit, dass keine ernsthaften Gründe gegen einen Erbantritt sprechen. Sichere Kenntnis erlangen Erben in aller Regel nicht vor einer Testamentseröffnung. Dieser Zeitpunkt kann aber u.U. erheblich hinter dem Todesfall liegen, man denke hier nur an ein nicht (beim Nachlassgericht) hinterlegtes Testament das plötzlich zum Vorschein tritt. Eine Steuerfestsetzung wäre somit auch noch nach sieben und mehr Jahren nach dem Tod des Testators möglich. 32

Bei der Schenkung beginnt die Festsetzungsfrist nicht vor Ablauf des Kalenderjahres, in dem der Schenker gestorben ist oder die Finanzbehörde von der vollzogenen Schenkung Kenntnis erlangt hat (§ 170 Abs. 5 Nr. 2 AO). Obwohl also auch hier eine Steuererklärungspflicht besteht, beginnt die Festsetzungsfrist bereits mit der Kenntnis der Finanzbehörde.[1] Kenntniserlangung liegt vor, wenn eine Erwerbsanzeige erstattet oder eine Schenkungsteuererklärung abgegeben wurde, welche bereits alle Angaben enthält, die das Finanzamt in den Stand versetzt, die Steuer festzusetzen.[2] 33

Nur die positive Kenntnis der Finanzbehörde von der vollzogenen Schenkung führt hier allerdings zum Beginn der Festsetzungsfrist. Nicht ausreichend ist, wenn die Finanzbehörde erst auf Grund weiterer Ermittlungen davon Kenntnis erlangen konnte, dass ein schenkungsteuerpflichtiger Vorgang vorliegt. Das Fi- 34

---

1 OFD Magdeburg, Verfügung v. 4. 3. 1996 S 3849 – 1 – St 333.
2 Ebendort.

nanzamt muss den Vorgang nicht kennen. So stellt sich die Frage erst gar nicht, ob weitere Sachverhaltsermittlungen nahe gelegen hätten.[1]

Der Grund, dass die Festsetzungsfrist für Schenkungen erst mit dem Tod des Schenkers beginnt (wenn das Finanzamt im Schenkungszeitpunkt nicht in Kenntnis gesetzt wurde), mag darin zu sehen sein, dass größere vom Erblasser zu Lebzeiten getätigte Zuwendungen vielfach erst im Zuge einer Erbauseinandersetzung ans Tageslicht geraten. Weil eine Erwerbsanzeige in vielen Fällen pflichtwidrig unterlassen wird, rechnet das Finanzamt fest damit, dass hintergangene Erben „reinen Tisch" machen und Ausgleichsansprüche gegen bevorzugt Beschenkte geltend machen werden. Nutznießer solcher Auseinandersetzungen sind immer die Finanzämter.

35 Weil die Festsetzungsfrist erst mit dem Tod des Schenkers zu laufen begonnen hat, werden geheime Schenkungen nachbesteuert, und zwar auch solche, die länger als zehn Jahre zurückliegen. Schenkungen, die innerhalb des vergangenen Zehnjahreszeitraumes vollzogen worden sind, sind ggf. mit Erwerben von Todes wegen zusammenzufassen (§ 14 Abs. 1 ErbStG).

36 Ist eine Erwerbsanzeige oder eine Erbschaft-/Schenkungsteuererklärung abzugeben, beginnt die Festsetzungsfrist – abweichend vom oben festgestellten Grundsatz – nicht mit Ablauf desjenigen Kalenderjahres, in dem die Steuer entstanden ist, sondern mit Ablauf desjenigen Jahres, in dem die Anzeige erstattet bzw. die Steuererklärung eingereicht wurde (§ 170 Abs. 2 Nr. 1 AO). Beschenkt E den A im Kalenderjahr 01 und reicht A die Schenkungsteuererklärung erst in 02 ein, beginnt die Festsetzungsfrist auch erst am 31. 12. des Jahres 02 zu laufen. Dies gilt auch, wenn gesetzliche Anzeigepflichten von Gerichten und Behörden bestehen, etwa wenn ein Nachlassgericht die Erteilung von Erbscheinen und die eröffneten Verfügungen von Todes wegen bereits angezeigt hat. Auch dann beginnt die Festsetzungsfrist mit Abgabe der Steuererklärung. Die Steuererklärungen müssen dabei unterschrieben sein, denn nur unterschriebene Erbschaft-/Schenkungsteuererklärungen setzen die Festsetzungsfrist in Gang.[2]

37 Der Beginn der Festsetzungsfrist für die von einem anzeigepflichtigen Erwerber geschuldete Erbschaftsteuer wird jedoch dann nicht nach § 170 Abs. 2 Nr. 1 AO hinausgeschoben, wenn dem Finanzamt der Name des Erwerbers sowie der Rechtsgrund für den Erwerb bekannt werden.[3] Im Urteilsfall erfuhr das

---

1 BFH, Urt. v. 28. 5. 1998 II R 54/95, BStBl 1998 II S. 647.
2 BFH, Urt. v. 10. 11. 2004 II R 1/03, DStRE 2005 S. 366.
3 BFH, Urt. v. 30. 10. 1996 II R 70/94, ZEV 1997 S. 38.

Finanzamt von der Existenz eines anzeigepflichtigen Pflichtteilsberechtigten durch die Alleinerbin, die diesen in ihrer Erbschaftsteuererklärung namentlich aufgeführt hatte. Keine Anlaufhemmung der Festsetzungsverjährung tritt auch ein, wenn ein von einem Amtsgericht eröffnetes Testament das Finanzamt in die Lage versetzt zu prüfen, ob ein erbschaftsteuerlicher Vorgang vorliegt, oder wenn das Finanzamt aus der amtlich eröffneten Verfügung von Todes wegen unzweifelhaft die namentliche Bezeichnung des Erblassers und des Erwerbers entnehmen kann.

HINWEIS:
Für die Erbschaftsteuer beginnt die Verjährungsfrist zu laufen mit Ablauf des Kalenderjahres, in dem der Erblasser stirbt, eine Erwerbsanzeige oder eine Erbschaftsteuererklärung abgegeben wurde, spätestens aber nach dem dritten Kalenderjahr, das dem Todesjahr folgt, nicht aber vor Ablauf des Kalenderjahres, in dem der Erwerber vom Erbfall Kenntnis erlangt hat.

Für die Schenkungsteuer beginnt die Verjährungsfrist zu laufen: mit Ablauf des Kalenderjahres, in dem die Schenkung vollzogen, eine Erwerbsanzeige oder eine Schenkungsteuererklärung abgegeben wurde, spätestens aber nach dem dritten Kalenderjahr, das dem Schenkungsjahr folgt, nicht aber vor Ablauf des Kalenderjahres, in dem der Schenker gestorben ist oder das Finanzamt von der Schenkung Kenntnis erlangt hat. 38

(einstweilen frei) 39–49

Teil II: Wie der Fiskus Erbvermögen erfasst und steuerlich bewertet

Vorbemerkung

50 Wirtschaftsgüter, die nicht aus Geld bestehen, müssen bewertet werden. Erst danach können Erbschaftsteuern, Schenkungsteuern, Grundsteuern oder Gewerbesteuern festgesetzt werden. Bewerten heißt also, einem Wertgegenstand einen adäquaten Geldbetrag zuzuteilen oder anders formuliert: Bewerten ist das Umrechnen von nicht aus Geld bestehenden Wirtschaftsgütern in Geld. Wie dieses „Bewerten" in der Praxis durchzuführen ist und was im Einzelfall wertbestimmend ist, steht im Bewertungsgesetz (BewG).

51 Das Bewertungsgesetz regelt Grundsatzfragen wie:
- ▶ Was ist zu bewerten (Frage nach dem Bewertungsgegenstand)?
- ▶ Wie ist zu bewerten (Frage nach dem Bewertungsmaßstab und der Bewertungsmethode)?
- ▶ Wann ist zu bewerten (Frage nach dem maßgebenden Bewertungszeitpunkt)?
- ▶ Wem ist welches Vermögen zuzurechnen?

52 Den Bewertungsgegenstand bildet eine sog. wirtschaftliche Einheit. Diese ist zuallererst festzustellen und die zu bewertenden Wirtschaftsgüter sind einer bestimmten Vermögensart zuzuordnen. Erst anschließend kann der richtige Bewertungsmaßstab festgesetzt und die entsprechende Bewertungsmethode angewendet werden.

Zu bewerten ist in erster Linie nach dem Verkaufs- oder Verkehrswert. Das Bewertungsrecht bezeichnet diesen Wert als den „gemeinen Wert". „Der gemeine Wert wird durch den Preis bestimmt, der im gewöhnlichen Geschäftsverkehr nach der Beschaffenheit des Wirtschaftsgutes bei einer Veräußerung zu erzielen wäre" (§ 9 Abs. 2 Satz 1 BewG). Maßgeblich ist also hier die Wertvorstellung des Erwerbers an einem einzelnen Wirtschaftsgut. Der gemeine Wert kommt immer dann zur Anwendung, wenn nichts anderes vorgeschrieben ist.

Wirtschaftsgüter dürfen nicht nur nach ihrem Gegenwartswert bemessen werden. Wertentscheidend können auch zukünftige Ertragsaussichten sein. Der sog. Ertragswert eines Bewertungsgegenstandes spiegelt die Wertvorstellungen eines Erwerbers wider, die rein auf die Ertragsaussichten gerichtet sind.

Für die Ermittlung des steuerpflichtigen Erwerbs bei Grundstücken ist für die Erbschaft- und Schenkungsteuer auf den Zeitpunkt der Entstehung der Steuerschuld abzustellen. Auf diesen Bewertungsstichtag ist nach Maßgabe des steuerlichen Bewertungsrechts der gemeine Wert (was im Regelfall einer Verkehrswertermittlung des Übertragungsgegenstandes gleichkommt) durchzuführen.

Vermögensübertragungen durch Erbfälle, Schenkungen oder im Rahmen der Gründung von Stiftungen führen regelmäßig zu einer sog. Zurechnungsfortschreibung. Darüber hinaus ist die Zurechnung einer wirtschaftlichen Einheit zu klären. Nach § 22 Abs. 2 BewG ist über die Zurechnung eines Vermögensgegenstandes eine neue Feststellung zu treffen, wenn dies u. a. „für die Besteuerung von Bedeutung ist" (was in Fällen des Eigentümerwechsels selbstverständlich der Fall ist).

53

Bedingung: Es muss eine bestehende wirtschaftliche Einheit als Ganzes auf einen anderen Eigentümer übergehen und hierbei als selbstständige wirtschaftliche Einheit erhalten bleiben.

> **BEISPIEL:** ▶ A hat in Erwartung eines großen Profits im Jahr 07 einen landwirtschaftlichen Nutzgrund als Bauerwartungsland erworben. Als sich die Erwartungen drei Jahre später noch nicht erfüllt hatten, verkaufte A das Grundstück
> a) an den Landwirt L,
> b) an den Kaufmann P, der Gemeinderatsmitglied ist und weiterhin an eine Baulandausweisung glaubt.

Eine Zurechnungsfortschreibung ist unter a) nicht vorzunehmen. Es geht zwar eine bestehende wirtschaftliche Einheit als Ganzes auf einen anderen Eigentümer über, die Wiese fließt aber in die wirtschaftliche Einheit „Land- und forstwirtschaftliches Vermögen" ein und geht dort sozusagen „unter". Die Wiese bleibt also nicht als eigenständige wirtschaftliche Einheit erhalten und wird auch nicht länger so bewertet. Vielmehr stellt die Wiese nach der Übertragung ein Wirtschaftsgut dar, das mit den übrigen Gegenständen des Betriebs eine wirtschaftliche Einheit bildet. Es ist hier also zu prüfen, ob ggf. eine Wertfortschreibung in Betracht kommt.

Eine Zurechnungsfortschreibung erfolgt aber unter b). Denn hier bleibt die Wiese als selbstständige wirtschaftliche Einheit der Vermögensart „land- und forstwirtschaftliches Vermögen" erhalten (als „Stückländerei"). Der Kaufmann besitzt selbst nämlich kein landwirtschaftliches Vermögen.

> **HINWEIS:**
> Eine Zurechnungsfortschreibung kommt auch in Betracht, wenn Teile einer wirtschaftlichen Einheit auf einen anderen Erwerber übergehen. Für die Grundsteuer müsste beispielsweise eine Zurechnungsfortschreibung stattfinden, wenn das Familienwohnheim der Frau übertragen wird. Solche Übertragungen sind übrigens schenkungsteuerfrei.

1 Bewertungsgegenstände

1.1 Das Wirtschaftsgut und die wirtschaftliche Einheit

54 Bewertungsgegenstand für die Erbschaft- und Schenkungsteuer bzw. Bewertungsgegenstand des Bewertungsrechts ist die wirtschaftliche Einheit. Die wirtschaftliche Einheit setzt sich aus einzelnen Wirtschaftsgütern zusammen, die einem (demselben) Eigentümer gehören. Die wirtschaftliche Einheit soll hierbei diejenigen einzelnen Wirtschaftsgüter (Wirtschaftsgüter sind selbstständig bewertbare Güter, die einen in Geld messbaren Wert besitzen und Gegenstand des wirtschaftlichen Verkehrs sind) eines Eigentümers zu einer Einheit zusammenfassen, die einem gemeinschaftlichen wirtschaftlichen Zweck dienen. So umfasst beispielsweise die wirtschaftliche Einheit eines Gewerbegrundstücks oder eines sonstigen Grundstücks regelmäßig den Grund und Boden, die Gebäude, die Außenanlagen, insbesondere Wege- und Platzbefestigungen sowie Einfriedungen, die sonstigen wesentlichen Bestandteile und das Zubehör. Hinterlässt ein Erblasser z. B. ein Wertpapierdepot, eine Zwei-Zimmer-Wohnung und einen Pkw, bildet jedes Wirtschaftsgut eine eigenständige wirtschaftliche Einheit. Jede wirtschaftliche Einheit ist dabei für sich zu bewerten und im Ganzen festzustellen (§ 2 Abs. 1 Satz 2 BewG).

55 Bei Betriebsgrundstücken ergibt sich regelmäßig ein Widerspruch: Denn einerseits bilden alle Teile eines Gewerbebetriebs die wirtschaftliche Einheit „Betriebsvermögen" (§ 95 Abs. 1 BewG), andererseits aber stellt jedes Grundstück für sich allein eine wirtschaftliche Einheit „Grundvermögen" dar (§ 70 Abs. 1 BewG).

Das Betriebsgrundstück gehört nach den „Anschauungen des Verkehrs" – und danach ist zu entscheiden, was als wirtschaftliche Einheit zu gelten hat (§ 2 Abs. 1 Satz 3 BewG) – zur wirtschaftlichen Einheit „Betriebsvermögen", denn es dient ja zusammen mit den Maschinen und Anlagen einem bestimmten Zweck. Der Konflikt wird dahin gehend gelöst, dass das Betriebsgrundstück als selbstständige wirtschaftliche Einheit bewertet wird und mit diesem Wert als wirtschaftliche Untereinheit in die übergeordnete Einheit „Betriebsvermögen" einbezogen wird (§ 19 Abs. 3 Nr. 1b BewG).

1 Bewertungsgegenstände

Bei der Zusammenfassung einzelner Wirtschaftsgüter in eine wirtschaftliche Einheit sind neben der allgemeinen Verkehrsanschauung auch örtliche Gewohnheiten, die tatsächliche Übung, die Zweckbestimmung, d. h. die Absichten des Eigentümers sowie die wirtschaftliche Zusammengehörigkeit der einzelnen Wirtschaftsgüter zu berücksichtigen (§ 2 Abs. 1 Satz 4 BewG). 56

BEISPIELE:
- Ein Metzgermeister M betreibt in einem Geschäftshaus einen Laden und ein Restaurant. Laden und Restaurant bilden nach den örtlichen Gewohnheiten eine wirtschaftliche Einheit.
- Ein Einzelhändler E besitzt Aktien der A-AG. Die Aktien erscheinen in der Betriebsbuchhaltung nicht; sie bilden nach der tatsächlichen Übung und Zweckbestimmung eine eigene wirtschaftliche Einheit.
- A besitzt ein Wohn- und ein Geschäftshaus. Beide Häuser sind getrennt. Die Anwesen gehören nicht zusammen und bilden nach der wirtschaftlichen Zusammengehörigkeit je eine eigene wirtschaftliche Einheit.
- R hat in einem Industriegebiet eine Grundstücksfläche von 3 000 qm erworben. Die Fläche liegt in einem reinen Gewerbegebiet. Die Errichtung von Wohngebäuden wird deshalb nur i.V. m. einem Betriebsgebäude genehmigt. Das Grundstück hat nur einen Zugang. Auf dem hinteren Grundstücksteil errichtet R ein Einfamilienhaus, das er auch selbst nutzt. Der vordere Grundstücksteil dient der Errichtung der Werkstatt des R. Es handelt sich hier um eine wirtschaftliche Einheit. Eine Aufspaltung kann nicht erfolgen, weil es sich bei dem Grundstück um ein Gewerbegrundstück handelt, auf dem private Wohnbauten nur i.V. m. einem Betriebsgebäude möglich sind. Die „tatsächliche Übung", die „Zweckbestimmung" (das Wohnhaus wird vom Betriebsinhaber bewohnt), die „örtliche Gewohnheit" (nirgends in naher Umgebung gelten andere Bauvorschriften) sowie die „wirtschaftliche Zusammengehörigkeit" (das Wohnhaus liegt im hinteren Bereich und kann nur durch Betreten des vorderen Betriebsteils erreicht werden) sprechen für eine wirtschaftliche Einheit. Das Wohnhaus darf also nicht als eigene wirtschaftliche Einheit „Grundvermögen" angesehen werden.[1]

Bei der wirtschaftlichen Zusammengehörigkeit wird untersucht, ob sich aus den einzelnen Wirtschaftsgütern ein Funktionszusammenhang ergeben kann oder nicht. Voraussetzung dafür ist, dass die Wirtschaftsgüter derselben Vermögensart angehören. 57

Gemäß § 242 Abs. 1 HGB und den Grundsätzen ordnungsmäßiger Buchführung (GoB) hat jeder Kaufmann das Verhältnis seines Vermögens und seiner Schulden bilanzmäßig darzustellen. Dies setzt selbstverständlich voraus, dass alle dort aufgeführten Vermögensgegenstände auch vorhanden sind. Entsprechendes gilt für die Steuerbilanz: Gemäß § 5 Abs. 1 EStG ist als Betriebsver- 58

---

1 Welcher Grundstücksart dieses Grundstück zugehören würde, richtet sich nach dem Verhältnis der Jahresrohmieten zum Wohnungsteil und zum Werkstattteil.

mögen anzusetzen, was nach den handelsrechtlichen Grundsätzen ordnungsmäßiger Buchführung (GoB) auszuweisen ist. Dementsprechend bestimmen die Einkommensteuerrichtlinien folgerichtig, dass ein Grundstück, das nur teilweise dem Betriebsinhaber (Ehegatten) gehört, auch nur insoweit Betriebsvermögen sein kann, als es diesem gehört. Abweichend hiervon zählt für Zwecke der Erbschaft- und Schenkungsteuer und Bewertung ein Betriebsgrundstück stets zum Grundvermögen, wenn es mehreren Personen gehört. Dies gilt selbst dann, wenn das Grundstück einem Mitbesitzer in vollem Umfang gewerblichen Zwecken dient.

59 Schließlich ist der Steuerwert einer wirtschaftlichen Einheit im Ganzen festzustellen (§ 2 Abs. 1 Satz 2 BewG). „Im Ganzen feststellen" heißt, dass der Gesamtwert aller eine wirtschaftliche Einheit bildender Wirtschaftsgüter nicht durch einfache Addition aller Einzelwerte ermittelt werden darf, sondern durch unmittelbare Bewertung der wirtschaftlichen Einheit selbst unter Zuhilfenahme der nach dem Bewertungsgesetz maßgeblichen Wertermittlungsvorschriften. Beispielsweise gelten für die Bewertung der wirtschaftlichen Einheit des Grundvermögens in Abhängigkeit der Grundstücksart das Sachwert-, Vergleichswert- sowie das Ertragswertverfahren.

> **HINWEIS:**
> Am Grundsatz der Gesamtbewertung ändert sich nichts, wenn an der wirtschaftlichen Einheit (z. B. an einer Personengesellschaft) mehrere Personen beteiligt sind. Der errechnete Wert des Betriebsvermögens ist vielmehr nach Maßgabe des § 97 Abs. 1a i.V. m. § 3 BewG auf die Gesellschafter zu verteilen.

1.2 Die Vermögensarten

1.2.1 Überblick

60 Wirtschaftsgüter können nur dann zu einer wirtschaftlichen Einheit zusammengefasst werden, wenn sie einer Vermögensart zugeordnet werden können. Das Bewertungsrecht kennt drei Vermögensarten (§ 18 BewG):

- ▶ das land- und forstwirtschaftliche Vermögen,
- ▶ das Grundvermögen,
- ▶ das Betriebsvermögen.

61 Ausnahmen bestehen nur, wenn ein Grundstück teilweise einer natürlichen Person und teilweise einer Körperschaft, Personenvereinigung oder Vermögensmasse gehört. In solchen Fällen zählt der der natürlichen Person gehörende Grundstücksteil zum Grundvermögen dieser Person. Der Rest stellt Be-

triebsvermögen dar, weil Körperschaften, Personenvereinigungen oder Vermögensmassen nur Betriebsvermögen haben können.

> **HINWEIS:**
> Nur Wirtschaftsgüter, die derselben Vermögensart zugehören, können zu einer wirtschaftlichen Einheit zusammengefasst werden und sind als Einheit zu bewerten.

1.2.2 Land- und forstwirtschaftliches Vermögen

Land- und forstwirtschaftliches Vermögen stellt die erste der drei in § 18 BewG genannten Vermögensarten des Bewertungsrechts dar. Zum land- und forstwirtschaftlichen Vermögen gehören alle Wirtschaftsgüter, die einem Betrieb der Land- und Forstwirtschaft dauernd zu dienen bestimmt sind. Hierzu gehören nach § 33 BewG insbesondere der Grund und Boden, die Wohn- und Wirtschaftsgebäude, die stehenden Betriebsmittel (u. a. Maschinen, Ackergeräte, Milchkühe) und ein normaler Bestand an umlaufenden Betriebsmitteln (das sind z. B. Saatgut, Düngemittel, Getreide, Zuckerrüben, Holz usw.). 62

Der Begriff „land- und forstwirtschaftliches Vermögen" ist ein Sammelbegriff, der neben der Land- und Forstwirtschaft auch den Weinbau und den Gartenbau einschließt. So gehören Erzeugnisse des Grund und Bodens immer zur Land- und Forstwirtschaft, ebenso wie die Züchtung von Jungtauben für den Verzehr. Die Züchtung von Brieftauben stellt allerdings eine gewerbliche Tätigkeit dar. 63

Eine Parzelle Wiesen- oder Ackergrund stellt land- und forstwirtschaftliches Vermögen dar, und zwar in Form einer sog. „Stückländerei". Stückländereien sind einzelne land- und forstwirtschaftlich genutzte Flächen, bei denen die Wirtschaftsgebäude oder die Betriebsmittel oder beide Arten von Wirtschaftsgütern nicht dem Eigentümer des Grund und Bodens gehören (§ 34 Abs. 7 Satz 2 BewG). 64

1.2.3 Grundvermögen

1.2.3.1 Begriff

Grundvermögen bildet die dem land- und forstwirtschaftlichen Vermögen folgende zweite Vermögensart im Bewertungsrecht. Das Bewertungsrecht kennt folgende artverwandte Begriffe, die alle – scheinbar – dieselbe Vermögensart meinen: Grundstück, Betriebsgrundstück oder Grundbesitz. In Wirklichkeit beinhaltet jeder Begriff etwas anderes: Grundvermögen stellt neben dem land- und forstwirtschaftlichen und dem Betriebsvermögen die eigentliche Vermögensart (wirtschaftliche Einheit) dar, die nach den Grundsätzen des Bewer- 65 tungsrechts wertmäßig festzustellen ist. Das Grundstück verkörpert dagegen als Grund und Boden den Bewertungsgegenstand der wirtschaftlichen Einheit „Grundvermögen". Zum Grundvermögen gehören der Grund und Boden, die Gebäude, die sonstigen Bestandteile und das Zubehör. Zum Grundvermögen gehören ebenso das Erbbaurecht sowie das Wohnungs- und Teileigentum, Wohnungserbbaurecht und Teilerbbaurecht nach dem Wohnungseigentumsgesetz (R B 176.1 ErbStR 2011).

66 Der Begriff Grundbesitz fasst schließlich die Betriebe der Land- und Forstwirtschaft, Grundstücke und Betriebsgrundstücke zusammen (§ 19 Abs. 1 BewG). Der Grundbesitz spielt für die Grundsteuer und für die Gewerbesteuer bzw. überall dort eine Rolle, wo für die Besteuerung noch Einheitswerte benötigt werden.

Grundvermögen stellt also ein Element aus der Menge „Grundbesitz" dar, das weder land- und forstwirtschaftliches Vermögen ist noch ein Betriebsgrundstück darstellt.

Zum Grundvermögen gehören nach § 68 BewG:
- ▶ der Grund und Boden, die Gebäude, die sonstigen Bestandteile und das Zubehör,
- ▶ das Erbbaurecht,
- ▶ das Wohnungseigentum, Teileigentum, Wohnungserbbaurecht und Teilerbbaurecht nach dem Wohnungseigentumsgesetz,
- ▶ soweit es sich nicht um land- und forstwirtschaftliches Vermögen (§ 33 BewG) oder um Betriebsgrundstücke (§ 99 BewG) handelt.

67 Gebäude bilden einen wesentlichen Bestandteil des Grund und Bodens. Wesentlicher Bestandteil eines Gegenstandes ist jeder Gegenstand, der vom anderen nicht getrennt werden kann, ohne dass der eine oder der andere dadurch zerstört oder wesentlich verändert werden würde. Dies ist bei Gebäuden der Fall, da diese mit dem Grund und Boden fest verbunden sind (§§ 93, 94 BGB).

Neben dem Gebäude sind auch noch „sonstige Bestandteile" zu einer wirtschaftlichen Einheit Grundvermögen zusammenzufassen. Sonstige Bestandteile sind u. a. die Außenanlagen, Terrassen, Gartenanlagen, Umzäunungen usw.

68 Nicht zum Grundvermögen gehören Bodenschätze und Betriebsvorrichtungen; Letztere selbst dann nicht, wenn sie einen wesentlichen Bestandteil des Grundstücks darstellen. Betriebsvorrichtungen sind beispielsweise Schornsteine, Lastenaufzüge oder Gleisanlagen.

Die Abgrenzung der Betriebsvorrichtungen vom Grundvermögen hat einen Vorteil: Dadurch, dass Betriebsgrundstücke wie Grundvermögen bewertet werden, fließen Betriebsvorrichtungen nicht in die Wertermittlung für Betriebsgrundstücke ein und werden dadurch nicht auch noch mit Grundsteuer belastet.

1.2.3.2 Abgrenzung des Grundvermögens vom land- und forstwirtschaftlichen Vermögen und Betriebsvermögen

Landwirtschaftliche Nutzflächen sind dem Grundvermögen zuzurechnen, wenn sie in einem Bebauungsplan als Bauland festgesetzt sind, ihre sofortige Bebauung möglich ist und die Bebauung innerhalb des Plangebiets in benachbarten Bereichen begonnen hat oder schon durchgeführt ist (§ 69 Abs. 3 Satz 1 BewG). Bei solchen baureifen Grundstücken spielt der für die allgemeine Abgrenzung maßgebliche subjektive Wille des Landwirts, die Fläche als Anbaugebiet zu nutzen, keine Rolle mehr. Existiert kein rechtsverbindlicher Bebauungsplan für das Wiesen- und Ackerland und stellt der Betrieb die Existenzgrundlage des Betriebsinhabers dar, dürfen landwirtschaftliche Nutzflächen nur dann als Grundvermögen bewertet werden, wenn mit großer Wahrscheinlichkeit anzunehmen ist, dass sie spätestens nach zwei Jahren anderen als land- und forstwirtschaftlichen Zwecken dienen werden (§ 69 Abs. 2 BewG). In allen übrigen Fällen fallen Nutzflächen unter die wirtschaftliche Einheit „Grundvermögen" nur dann, wenn sie mit großer Wahrscheinlichkeit in absehbarer Zeit (darunter ist ein Zeitraum von bis zu sechs Jahren zu verstehen) anderen als landwirtschaftlichen Zwecken dienen werden (§ 69 Abs. 1 BewG). 69

Betriebsgrundstücke stellen die wirtschaftliche Untereinheit der wirtschaftlichen Einheit „Betriebsvermögen" dar. Ob ein Grundstück zum Betriebsvermögen zählt (und somit Betriebsvermögen ist), richtet sich nach ertragsteuerlichen Grundsätzen (R B 151.2 Abs. 1 ErbStR 2011). Betriebsvermögen geht dabei grundsätzlich „vor" Grundvermögen. Gehört ein einem Unternehmen dienendes Betriebsgrundstück einem oder mehreren Gesellschaftern der Personengesellschaft (Mitunternehmerschaft), ist es nicht Grundvermögen, sondern zählt als Betriebsgrundstück zum Sonderbetriebsvermögen der Personengesellschaft (R B 97.1 Abs. 1 Satz 3 ErbStR 2011). Umgekehrt zählt ein Betriebsgrundstück, welches zum Gesamthandsvermögen einer Personengesellschaft zählt, nicht als Betriebsgrundstück, wenn es ausschließlich oder fast ausschließlich der privaten Lebensführung eines oder mehrerer oder aller Gesellschafter dient (R B 97.1 Abs. 1 Satz 5 ErbStR 2011). 70

1.2.3.3 Das Grundstück als Bewertungsgegenstand des Grundvermögens

71 Das Grundstück stellt die wirtschaftliche Einheit des Grundvermögens dar. Der steuerliche Begriff „Grundstück" ist nicht gleichbedeutend mit dem Begriff des Grundstücks i. S. des Bürgerlichen Rechts. Für die Erbschaft- und Schenkungsteuer maßgebend ist allein, was als wirtschaftliche Einheit nach den Anschauungen des Verkehrs anzusehen ist (R B 151.2 Abs. 1 ErbStR 2011).

> **BEISPIELE** (R B 176.2 Abs. 2 ErbStR 2011)
> ▶ Eine unbebaute Fläche grenzt an eine Grundstücksfläche, die z. B. mit einem Einfamilienhaus bebaut ist. Beide Flächen bilden auch bei sog. offener Bauweise selbstständige wirtschaftliche Einheiten, obwohl diese zivilrechtlich als ein „Grundstück" zählen können (also eine Flurnummer haben).
> ▶ Von einem größeren Grundstück ist eine Teilfläche verpachtet und der Pächter errichtet auf dieser Fläche ein Gebäude. Die Teilfläche ist unabhängig von einer abweichenden zivilrechtlichen Bewertung als besondere wirtschaftliche Einheit zu bewerten.

72 Zur wirtschaftlichen Einheit „Grundstück" lässt sich zusammenfassen, was einem Eigentümer gehört. Flächen, die mehreren Eigentümern gehören (Bruchteilseigentum), können keine wirtschaftliche Einheit „Grundstück" bilden. Ferner gehören Grundstücke der Land- und Forstwirtschaft oder Betriebsgrundstücke nicht zum „Grundstück", das Bewertungsgegenstand für das Grundvermögen darstellen soll.

73 Ein „bewertungsrechtliches Grundstück" muss auch nicht mit einem im Grundbuch unter einer Flurnummer ausgewiesenen Grundstück übereinstimmen: Ein Grundstück i. S. des Bewertungsrechts kann mehrere in Flurnummern unterteilte Grundstücke umfassen. Jede wirtschaftliche Einheit des Grundvermögens bildet ein Grundstück i. S. des Bewertungsrechts (§ 70 Abs. 1 BewG). So gehören beispielsweise zur wirtschaftlichen Einheit eines bebauten Grundstücks der Grund und Boden, die Gebäude, die Außenanlagen, sonstige wesentliche Bestandteile und das Zubehör. Die wirtschaftliche Einheit des Wohnungs- und Teileigentums setzt sich dagegen aus dem Sondereigentum und dem Miteigentumsanteil an dem gemeinschaftlichen Eigentum zusammen, zu dem es gehört.

74 Nebeneinanderliegende Gebäude sind selbstständige wirtschaftliche Einheiten, wenn sie durch Brand- und Trennwände, durch eigene Eingänge und eigene Versorgungsanschlüsse derart abgetrennt sind, dass sie selbstständig veräußert werden können. Ein Doppelhaus stellt beispielsweise – sofern diese Merkmale erfüllt sind – zwei Grundstücke dar. Dagegen sind zusammenhängende Gebäude, die erst nach wesentlicher baulicher Veränderung getrennt und einzeln veräußert werden können, als ein Grundstück (als eine wirtschaft-

1 Bewertungsgegenstände

liche Einheit) zu bewerten. Dasselbe gilt für zwei aneinandergrenzende bebaute Grundstücke, wenn das eine dem Gewerbebetrieb dient, auf dem anderen das Wohnhaus des Betriebsinhabers errichtet ist und die Grundstücke aus baurechtlichen Gründen nur zusammen veräußert werden können.[1] Gebäude auf fremdem Grund und Boden, Wohnungs- und Teileigentum oder Erbbaurechte gehören zum Grundvermögen. Auch diese Gegenstände stellen selbstständige „Grundstücke" i. S. des Bewertungsrechts dar.

Hinsichtlich der Zurechnung der wirtschaftlichen Einheit des Grundbesitzes geht die Finanzverwaltung wie folgt vor (vgl. R B 151.2 ErbStR 2011): 75

TAB. 1: Zuordnung von Grundvermögen	
Sachverhalt	Zuordnung
Der Erblasser war Alleineigentümer und das Eigentum geht im Wege des Erwerbs durch Erbanfall nur auf einen Erben als Gesamtrechtsnachfolger über.	Der gesamte Wert ist dem Erwerber allein zuzurechnen.
Der Erblasser war Alleineigentümer und das Eigentum daran geht im Wege des Erwerbs durch Erbanfall auf mehrere Erben als Gesamtrechtsnachfolger über.	Der Grundstückswert ist der Erbengemeinschaft gegenüber gesondert und einheitlich festzustellen und der Erbengemeinschaft (in Vertretung der Miterben) zuzurechnen. Die Feststellung ist erforderlich, wenn sich bei mindestens einem Miterben eine „materielle" Steuerpflicht ergibt. Die Ermittlung der Erbquote obliegt dem Erbschaftsteuer-Finanzamt.
Der Erblasser war Miteigentümer und der Miteigentumsanteil geht im Wege des Erwerbs durch Erbanfall nur auf einen Erben oder auf mehrere Erben als Gesamtrechtsnachfolger über.	Der Wert des vererbten Miteigentumsanteils ist festzustellen und dem Erben oder der Erbengemeinschaft (in Vertretung der Miterben) zuzurechnen. Die übrigen Miteigentümer sind nicht am Verfahren zu beteiligen.
Das Grundstück oder ein Miteigentumsanteil wird durch Vermächtnis zugewandt.	Der Wert des Grundstücks oder des Miteigentumsanteils ist gesondert festzustellen und dem Erben oder der Erbengemeinschaft (in Vertretung der Miterben) zuzurechnen.
Der Grundbesitz oder ein Miteigentumsanteil daran geht im Wege der Schenkung unter Lebenden über.	Für jeden Erwerber ist der Wert des von ihm erworbenen (Mit-)Eigentumsanteils am Grundbesitz gesondert festzustellen.

---

[1] BFH, Urt. v. 25. 2. 1983 II R 81/82, BStBl 1983 II S. 552.

76 Zur Bestimmung der richtigen Bewertungsmethode ist die Feststellung der richtigen Grundstücksart maßgebend. Unterschiedliche Bewertungsmethoden ergeben sich im Einzelnen für:

- unbebaute Grundstücke,
- bebaute Grundstücke und Wohnungs- und Teileigentum,
- Grundstücke im Zustand der Bebauung,
- Erbbaurechte und Gebäude auf fremdem Grund und Boden.

1.2.4 Betriebsvermögen

77 Das Betriebsvermögen stellt neben dem land- und forstwirtschaftlichen Vermögen und dem Grundvermögen die dritte Vermögensart dar, für die Steuerwerte nach bewertungsrechtlichen Vorschriften festzustellen sind. Betriebsvermögen sind alle Teile des Gewerbebetriebs, die bei der einkommensteuerlichen Gewinnermittlung zum Betriebsvermögen i. S. des EStG gehören (§ 95 BewG).

78 Wirtschaftliche Einheit der Vermögensart Betriebsvermögen bildet der Gewerbebetrieb i. S. des Einkommensteuerrechts; dieser ist letztlich Bewertungsgegenstand. Bei Personengesellschaften bildet die Gesamtheit aller Wirtschaftsgüter, die dem Unternehmer bzw. den Mitunternehmern gehören (das sog. Gesamthandsvermögen), Betriebsvermögen. Mehrere Gewerbebetriebe gelten bewertungsrechtlich als getrennte Unternehmen, wenn sie auch ertragsteuerlich als solche angesehen werden. Für jeden Betrieb wird ein eigener Wert festgestellt. Die Summe der Werte aller wirtschaftlichen Einheiten „Gewerbebetrieb" bildet das Betriebsvermögen.

79 Darlehensverbindlichkeiten oder Forderungen gegenüber dem Ehegatten eines Betriebsinhabers sind voll anzuerkennen und zu erfassen. Gewährt also ein Ehegatte seinem Unternehmerehegatten ein Darlehen, das mit dessen Gewerbebetrieb in wirtschaftlichem Zusammenhang steht, darf die Darlehensverbindlichkeit bei der Einheitsbewertung des Betriebsvermögens als Schuld abgezogen werden. Allerdings steht die dieser Betriebsschuld gegenüberstehende Darlehensforderung nicht mit dem Gewerbebetrieb des Unternehmerehegatten in wirtschaftlichem Zusammenhang, so dass diese nicht in die wirtschaftliche Einheit „Gewerbebetrieb des Unternehmerehegatten" einbezogen werden kann.[1]

---

1 BFH, Urt. v. 19. 6. 1996 II R 86/93, BFH/NV 1997 S. 14.

> **HINWEIS:**
> Die Abgrenzung von Betriebsgrundstücken zwischen der Zugehörigkeit zum Betriebsvermögen und der Zugehörigkeit zum Privatvermögen eines Gesellschafters an einer Mitunternehmerschaft wurde durch das ErbStRG 2009 neu geregelt. Abweichungen zum „alten" Recht ergeben sich insbesondere dann, wenn ein einer Mitunternehmerschaft dienendes Grundstück zum Teil dem Ehegatten des Gesellschafters gehört. Zählte bisher ein Grundstück, das dem Gewerbebetrieb eines Ehegatten dient (Ehegatte ist alleiniger Betriebsinhaber), und an dem sein nicht unternehmerisch tätiger Ehegatte Miteigentum hat, nicht zum Betriebsgrundstück, so kann ein solches in Erb- und Schenkungsfällen ab 2009 Betriebsgrundstück sein (§ 26 BewG). Zählt nur ein Teil des Grundstücks zum Betriebsvermögen, ist der Grundbesitzwert für das gesamte Grundstück nach § 151 Abs. 1 Satz 1 Nr. 1 BewG festzustellen. Dieser ist nach ertragsteuerrechtlichen Grundsätzen vom Betriebsfinanzamt (§ 152 Nr. 2 BewG) aufzuteilen.).

2 Bewertungszeitpunkt

Der maßgebliche Bewertungszeitpunkt (Bewertungsstichtag) für wirtschaftliche Einheiten, die verschenkt oder vererbt werden, ist der Zeitpunkt der Entstehung der Steuer (§ 11 i.V. m. § 9 ErbStG). Im Einzelnen ergeben sich daraus folgende Besteuerungs- und Bewertungszeitpunkte:

80

TAB. 2:	Bewertungsstichtage im Überblick
Erwerbe von Todes wegen	Todestag des Erblassers
unter einer aufschiebenden Bedingung	Tag des Eintritts der Bedingung oder des Ereignisses
unter Geltendmachung von Pflichtteilsansprüchen oder Erbersatzansprüchen	Tag der Geltendmachung
bei Übergang von Vermögen auf eine vom Erblasser angeordnete Stiftung	Tag der Genehmigung der Stiftung
durch Auflage oder Bedingung	Zeitpunkt der Vollziehung der Auflage bzw. Erfüllung der Bedingung
durch Genehmigung	Tag der Genehmigung
bei Verzicht oder Erbausschlagung	Zeitpunkt des Verzichts oder der Ausschlagung
durch Abfindung	Tag der Vereinbarung der Abfindung
durch Nacherbfolge	Zeitpunkt des Eintritts der Nacherbfolge
durch Übertragung der Anwartschaft eines Nacherben	Zeitpunkt der Übertragung der Anwartschaft
durch Surrogaterwerb	Zeitpunkt der Geltendmachung des Anspruchs

Schenkungen unter Lebenden	mit dem Zeitpunkt der Ausführung der Zuwendung
Zweckzuwendungen	Zeitpunkt des Eintritts des Verpflichteten
Ersatzerbschaftsteuer bei Stiftungen	alle 30 Jahre

81 Ereignisse, die noch im Laufe des Stichtages bis zum Zeitpunkt der Entstehung der Steuer eintreten und für die Bewertung von Bedeutung sind, müssen noch berücksichtigt werden. Für die steuerliche Bewertung von Erbvermögen ist es unbedeutend, wann die Erben die Erbschaft annehmen oder tatsächlich in den Besitz des Erbvermögens kommen. Die Verhältnisse im Zeitpunkt der Entstehung der Steuer sind allein maßgeblich für die Nachlassbewertung. Unerheblich ist, was jeder Erbe erhält.

82 Hängt der Erwerb von Wirtschaftsgütern durch Schenkung, Erbschaft oder die Entstehung und der Wegfall bestimmter Lasten von einem Ereignis ab, das am Bewertungsstichtag noch nicht eingetreten ist, und ist es gegenwärtig weder absehbar noch gewiss, wann bzw. ob das Ereignis überhaupt eintritt, so sind diese Umstände am Bewertungsstichtag nicht zu berücksichtigen. Das Bewertungsrecht geht regelmäßig davon aus, dass mögliche Ereignisse, die zu Änderungen bei den gegenwärtigen Vermögens- und Besitzverhältnissen führen können, unberücksichtigt bleiben müssen, auch wenn sie mit größter Wahrscheinlichkeit eintreten.

83 §§ 4 ff. BewG unterscheiden zwischen einer aufschiebenden und einer auflösenden Bedingung. Kommt ein Rechtsgeschäft unter einer aufschiebenden Bedingung zu Stande, erlangt es erst Wirksamkeit, wenn die Bedingung eingetreten ist. Wird also Vermögen unter einer aufschiebenden Bedingung verschenkt, können die Wirtschaftsgüter dem Beschenkten erst nach Eintritt der Bedingung steuerlich zugerechnet werden.

84 Dagegen sind Rechtsgeschäfte, die unter einer auflösenden Bedingung abgeschlossen worden sind, wirksam, bis die Bedingung eingetreten ist. Wird also Vermögen unter einer auflösenden Bedingung verschenkt oder erworben, sind diese dem Erwerber zumindest so lange steuerlich zuzurechnen, als die Bedingung noch nicht eingetreten ist. Am Bewertungsstichtag werden die unter einer auflösenden Bedingung erworbenen Wirtschaftsgüter wie unbedingt erworbene behandelt. Das bedeutet, dass die auflösende Bedingung bei der Berechnung des steuerpflichtigen Erwerbs zunächst nicht berücksichtigt wird.

BEISPIELE:

▶ Die Nacherbfolge ist, wenn sie nicht durch Tod des Vorerben, sondern durch eine Bedingung (etwa wenn die Vorerbin wieder heiratet) angetreten wird, ein auflösend bedingter Erwerbsanfall. Diese auflösende Bedingung konnte am Bewertungsstichtag (also bei Inempfangnahme der Erbschaft durch den Vorerben) steuerlich noch nicht berücksichtigt werden, weil die Bedingung damals noch nicht eingetreten war. Überträgt ein noch lebender Vorerbe das Erbvermögen an den Nacherben, dürfen die Wirtschaftsgüter dem Vorerben gemäß § 5 BewG nur so lange zugerechnet werden, als er sie wirklich hatte. Folge: Die Erbschaftsteuer ist dem tatsächlichen Wert des Erwerbs entsprechend zu berichtigen.

▶ Eine Schenkung gilt als unter einer auflösenden Bedingung geleistet, wenn der Schenker einen Widerrufsvorbehalt erklärt hat. Denn die Wirtschaftsgüter sind ja nur so lange in den Händen des Beschenkten, als der Schenker nicht widerruft. Wird Verschenktes unter Berufung auf den Vorbehalt wieder zurückverlangt, tritt die auflösende Bedingung ein. Das Rechtsgeschäft endet mit Eintritt der Bedingung. Die Schenkungsteuer ist gemäß § 5 Abs. 2 BewG i.V. m. § 29 ErbStG zu berichtigen.

▶ Widerruft ein Stifter seine Stiftung, indem er von seinem Widerrufsrecht Gebrauch macht, endet das Stiftungserrichtungsgeschäft mit Eintritt des Ereignisses (des Widerrufs). Die Schenkungsteuer erlischt ebenfalls mit Wirkung für die Vergangenheit.

Gleiches gilt für die steuerliche Bewertung von Lasten aller Art: Aufschiebend bedingte Lasten werden erst nach Eintritt der Bedingung steuermindernd abgezogen und auflösend bedingte Lasten werden bis zum Eintritt der Bedingung so behandelt, als seien sie von keiner Bedingung abhängig. Hat Erblasser E dem R ein Vermächtnis ausgesetzt, das den Erben A verpflichtet, dem R bis zu zwei Jahren nach Abschluss des Fachhochschulstudiums einen Unterhalt zu zahlen, wurde ein möglicher Wegfall der Vermächtnislast im Erwerbszeitpunkt nicht berücksichtigt. Tritt nun die Bedingung ein, sind die Steuerbescheide für A und R nachträglich zu berichtigen. 85

Aufschiebend bedingte Renten und Lasten führen zur Berichtigung der Erbschaftsteuerbescheide beim Berechtigten und Verpflichteten. Beim Berechtigten ist die Rente mit dem im Zeitpunkt des Eintritts der Bedingung maßgeblichen Kapitalwert anzusetzen (denn erst zu diesem Zeitpunkt entsteht die Steuerschuld, § 9 Abs. 1 Nr. 1a ErbStG). Der Verpflichtete, bei dem die Rente als aufschiebend bedingte Last nicht bei der Erbschaftsteuerveranlagung berücksichtigt wurde, kann mit Eintritt der Bedingung und Leistungspflicht einen Antrag auf Herabsetzung seiner Erbschaftsteuerveranlagung stellen (§ 6 Abs. 2 i.V. m. § 5 Abs. 2 BewG). Die Rente ist – wie beim Berechtigten entsprechend – mit dem Kapitalwert zu berücksichtigen, der sich im Zeitpunkt des Eintritts 86 der Bedingung ergibt (Korrespondenzprinzip). Um diesen Betrag ist der Steuerbescheid beim Zahlungsverpflichteten zu korrigieren.

87 Ist Gegenstand einer Schenkung eine Beteiligung an einer Personengesellschaft, in deren Gesellschaftsvertrag bestimmt ist, dass der neue Gesellschafter bei Auflösung der Gesellschaft oder im Fall eines vorherigen Ausscheidens nur den Buchwert seines Kapitalanteils erhält, gilt diejenige Bereicherung als auflösend bedingt erworben, die den Buchwert des Kapitalanteils übersteigt (§ 7 Abs. 5 ErbStG). Im Normalfall aber fließen dem Erwerber stille Reserven über die Gewinnausschüttungen zu. Nun kann aber der Fall eintreten, dass der Gesellschafter ausscheidet, bevor die im Zeitpunkt der Schenkung vorhandenen stillen Reserven aufgelöst worden sind, weil es beispielsweise zu keiner Gewinnverteilung mehr kam. Für diesen Fall gelten die stillen Reserven als auflösend bedingt erworben. Der Beschenkte kann nach § 5 Abs. 2 BewG Steuerberichtigung beantragen.

HINWEIS:
Ist infolge einer auflösenden Bedingung die Steuer zu hoch bemessen worden, muss ein Antrag auf Steuerberichtigung gestellt werden, und zwar bis zum Ablauf des Jahres, das auf den Eintritt der Bedingung folgt. Müssen Steuern nachgezahlt werden, weil die auflösende Bedingung eingetreten ist, die zum Wegfall einer Last führt, holt sich der Fiskus sein Geld von Amts wegen.

3 Bewertungsmaßstäbe und Bewertungsmethoden

3.1 Der gemeine Wert und seine Unterarten

88 Die Bestimmung der richtigen Vermögensart sowie die Feststellung, welcher Vermögensart ein Wirtschaftsgut zugehört und ob ein Wirtschaftsgut einzeln oder in einer Einheit zu bewerten ist, ist für die Auswahl des richtigen Bewertungsverfahrens und des Bewertungsmaßstabs von entscheidender Bedeutung. Ist der Bewertungsgegenstand erst einmal festgestellt und seiner Vermögensart zugeordnet, können im zweiten Schritt die zutreffenden Bewertungsmaßstäbe und -methoden bestimmt werden.

89 Maßgebliche Bewertungsmaßstäbe können sein: der Ertrag, die Anschaffungs- und Herstellungskosten sowie der gemeine Wert. Der gemeine Wert ist für die Bewertung eines Wirtschaftsgutes bzw. einer wirtschaftlichen Einheit immer maßgebend, soweit nichts anderes vorgeschrieben ist. Der gemeine Wert spiegelt den Verkaufswert oder Verkehrswert wider, der im gewöhnlichen Geschäftsverkehr zu erzielen wäre (§ 9 Abs. 2 Satz 1 BewG). Mit gewöhnlichem Geschäftsverkehr ist eine Preisbildung auf dem freien Markt gemeint. Unge-

wöhnliche Verhältnisse bleiben dabei ebenso unberücksichtigt, wie Umstände, die in der Natur des Verkäufers liegen (etwa weil dieser notverkaufen muss oder mit dem Käufer verwandt ist). Können realistische Kauf- und Verkaufspreise nicht ermittelt werden, ist der Wert der wirtschaftlichen Einheit mit Hilfe eines geeigneten Wertermittlungsverfahrens festzustellen.

Andere Wertbegriffe, wie Teilwert, Kurswert, Rücknahmepreis, Nennwert, Rückkaufswert, Kapitalwert oder Ertragswert u. a. bilden Unterarten des gemeinen Werts. Der wichtigste Unterschied zwischen dem gemeinen Wert und dem Teilwert ist, dass der Teilwert nicht die Wertvorstellung des Käufers für ein einzelnes Produkt widerspiegelt, sondern für ein ganzes Unternehmen. Dabei wird noch davon ausgegangen, dass der Käufer das Unternehmen fortführen will. 90

3.2 Die Bewertung von Wertpapieren und Anteilen an Kapitalgesellschaften

3.2.1 Börsennotierte Wertpapiere aller Art

Börsennotierte Wertpapiere und Schuldbuchforderungen werden nach § 11 Abs. 1 BewG mit dem niedrigsten am Stichtag für sie im amtlichen Handel notierten Kurs angesetzt (sog. gemeiner Wert, niedrigster Stichtagskurswert). Der Börsenkurs bestimmt also den gemeinen Wert börsengängiger Wertpapiere (z. B. öffentliche Anleihen, Pfandbriefe, Obligationen, Schuldverschreibungen von Banken und Wandelschuldverschreibungen der Industrie, Aktien oder Genussscheine). Ausreichend dabei ist, wenn das Wertpapier an nur einer amtlichen Börse notiert ist. 91

Bei Schuldbuchforderungen handelt es sich um Forderungen gegen den Bund oder ein Land. Sie werden wie Wertpapiere an der Börse gehandelt und sind mit dem Kurswert anzusetzen. Bei Investmentzertifikaten tritt an Stelle des Börsenkurswerts der Rücknahmepreis. Abgezinste Wertpapiere sind mit dem Rückzahlungswert oder Rückkaufswert am Bewertungsstichtag anzusetzen. Der Rückzahlungswert entspricht dem Betrag, den der Käufer beim Kauf des abgezinsten Wertpapiers zu zahlen hätte. Das ist der ursprüngliche Ausgabepreis zzgl. aller bis zum Stichtag aufgelaufenen Zinsen. Mit dem Rückzahlungswert werden auch unverzinsliche Schatzanweisungen angesetzt. 92

HINWEIS:
Die Finanzverwaltung vertritt die Auffassung, dass vom Nennwert abweichende Kursnotierungen für vergleichbare oder ähnlich ausgestattete festverzinsliche Wertpapiere als besonderer Umstand i. S. des § 12 Abs. 1 BewG anzusehen sind, die auch hier einen vom Nennwert abweichenden Wertansatz rechtfertigen (R B 11.1 Abs. 2 Nr. 2 ErbStR 2011).

3.2.2 Anteile an börsennotierten und nicht börsennotierten Kapitalgesellschaften

3.2.2.1 Übersicht

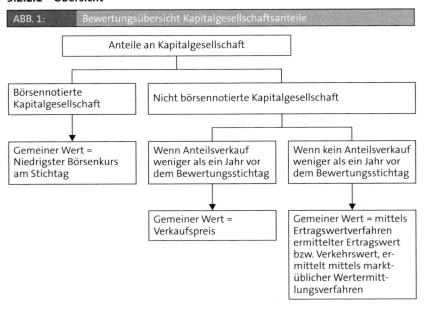

ABB. 1: Bewertungsübersicht Kapitalgesellschaftsanteile

3.2.2.2 Anteile an börsennotierten Kapitalgesellschaften

Für Anteile an börsennotierten Kapitalgesellschaften gilt das zu börsennotierten Wertpapieren aller Art Gesagte analog. Als maßgeblicher gemeiner Wert gilt der niedrigste Kurswert am Stichtag.

3.2.2.3 Anteile an nicht börsennotierten Kapitalgesellschaften

Für Anteile an nicht börsennotierten Kapitalgesellschaften ist primär auf einen geeigneten Kaufpreis abzustellen. Der Kaufpreis steht bei der Bewertung von Unternehmensvermögen immer an oberster Stelle, spiegelt dieser doch im Regelfall den erzielbaren Verkehrswert des Unternehmensvermögens nach marktgerechten Gesichtspunkten wider. Ist ein geeigneter Kaufpreis vorhanden, muss der Unternehmenswert daraus abgeleitet werden. Ein anderer Wertmaßstab, z. B. eine Wertermittlung mittels Ertragswertverfahren oder eines anderen anerkannten Wertermittlungsverfahrens, ist nicht zulässig.

Voraussetzung ist, dass die Kaufpreisfindung, d. h. das Erwerbs- bzw. Veräußerungsgeschäft, weniger als ein Jahr – gerechnet vom Bewertungsstichtag – zurückliegt und es sich bei der Veräußerung nicht um Veräußerungsvorgänge unter Familienangehörigen handelte. Diese scheiden für die Bewertung regelmäßig aus, und zwar auch dann, wenn sie wie unter fremden Dritten ausgehandelt worden sind.

Ist ein repräsentativer Kaufpreis für die Anteile nicht aus Verkäufen ableitbar, stellt § 11 Abs. 2 des Bewertungsgesetzes (BewG) primär folgende marktübliche Methoden zur Wahl: 96

▶ Diverse weitere marktübliche Methoden, welche im Wirtschaftsleben neben oder statt der Ertragswertmethode Anwendung finden;
▶ das Ertragswertverfahren.

Das Ertragswertverfahren gilt als anzuwendendes Verfahren, wenn keine anerkannten marktüblichen Methoden zur Bewertung zur Verfügung stehen. Beim Ertragswertverfahren erfolgt die Ermittlung des Steuerwertes unter Berücksichtigung der Ertragsaussichten der Kapitalgesellschaft.

HINWEIS:
Näheres zur Bewertung von Anteilen an Kapitalgesellschaften vgl. Rdn. 93.

3.2.3 Sonstige Wertpapiere und besondere Bewertungsfragen bei Wertpapierdepots

Für sonstige Wertpapiere gelten folgende Grundsätze:[1] 97

▶ Pfandbriefe mit persönlicher Sonderausstattung ohne Kurswert sind in Anlehnung an die Kurse vergleichbarer Pfandbriefe zu bewerten.
▶ Bei ausländischen Wertpapieren ist, wenn ein Telefonkurs im inländischen Bankverkehr vorliegt, dieser maßgebend.
▶ Lässt sich der gemeine Wert nicht auf dieser Grundlage ermitteln, ist er möglichst aus den Kursen des Emissionslandes abzuleiten.
▶ Bei jungen Aktien und Vorzugsaktien, die nicht an der Börse eingeführt sind, ist der gemeine Wert aus dem Börsenkurs der Stammaktien abzuleiten.
▶ Entsprechend ist der gemeine Wert nicht notierter Stammaktien aus dem Börsenkurs der jungen Aktien oder Vorzugsaktien abzuleiten.

---

1 R B 11.1 Abs. 2 ErbStR 2011.

- ▶ Dabei ist die unterschiedliche Ausstattung durch Zu- oder Abschläge zu berücksichtigen.
- ▶ Investmentfondsanteile und ausländische Investmentanteile sind nach § 11 Abs. 4 BewG mit dem Rücknahmepreis anzusetzen.

3.2.4 Zusammenfassende Übersicht

TAB. 3: Bewertung von Kapitalanlagepapieren

Wertpapierart/-gattung	Bewertung
Börsennotierte Wertpapiere	Niedrigster Börsenkurswert bei ggf. mehreren Notierungen unter folgender Rangfolge:
	▶ Amtlicher Börsenkurs
	▶ Börsenkurs des geregelten Marktes
	▶ Kurs im Freiverkehr
Nicht börsennotierte Wertpapiere	Gemeiner Wert (Bestimmung aus dem Rückgriff auf außerbörsliche Kurse, Ableitung aus zeitnahen Verkäufen, Wertermittlung im Ertragswertverfahren oder mit anderen anerkannten auch im gewöhnlichen Geschäftsverkehr für nichtsteuerliche Zwecke üblichen Methoden)
Festverzinsliche Wertpapiere	Börsenkurswert oder Nennwert
Aktienpakete	Börsenkurswerte bzw. Wertermittlung im Ertragswertverfahren oder mit anderen anerkannten auch im gewöhnlichen Geschäftsverkehr für nichtsteuerliche Zwecke üblichen Methoden
Vorzugsaktien	Börsenkurswert bzw. Ableitung von dem Börsenkurs der Stammaktien
Junge Aktien	Börsenkurswert bzw. Ableitung aus dem Kurswert der alten Aktien unter Zu-/Abschlägen
Bezugsrechte (getrennt gehandelt)	Niedrigster Börsenkurswert
Börsennotierte Genussscheine	Niedrigster Börsenkurswert
Nicht börsennotierte Genussscheine als Mitgliedschaftsrecht verbunden mit dem Recht auf Beteiligung am Gewinn und Liquidationserlös	Bewertung wie nicht börsennotierte Aktien (siehe oben, „Nicht börsennotierte Wertpapiere")

Nicht börsennotierte Genussscheine mit verbrieften Gläubigerrechten	Bewertung wie Kapitalforderung
Investmentfonds	Rücknahmepreis
Geschlossene Immobilienfonds	Wert des anteiligen Immobilienvermögens, der sich nach den Wertermittlungsverfahren für das Grundvermögen ergibt (im Regelfall bei vermieteten Gewerbeimmobilien nach dem Ertragswertverfahren)
Bundesschatzbriefe Typ A/B	Nennwert/Rückzahlungswert
Finanzierungsschätze des Bundes	Stichtagswert
Abgezinste Sparbriefe	Rückzahlungswert
Börsennotierte Zero-Bonds	Niedrigster Börsenkurswert
Nichtnotierte Zero-Bonds	Ableitung aus vergleichbaren börsennotierten Anleihen oder Rückzahlungswert (Ausgabebetrag zuzüglich aufgelaufener Zinsen)

3.3 Bewertung von Kapitalforderungen und Schulden

3.3.1 Allgemeines

Kapitalforderungen und Schulden sind alle auf Zahlung von Geld gerichtete Forderungen bzw. Verbindlichkeiten. Bewertungsmaßstab ist der Nennwert (§ 12 Abs. 1 Satz 1 BewG). Abweichend vom Nennwert kann ein höherer oder niedrigerer Wert (Gegenwartswert) angesetzt werden, wenn besondere Umstände vorliegen, die einen höheren oder niedrigeren Wert begründen. Für die Finanzverwaltung gelten als besondere Umstände, die eine Bewertung abweichend vom Nennwert rechtfertigen, u. a. Kapitalforderungen oder Kapitalschulden, die unverzinslich sind und deren Laufzeit im Besteuerungszeitpunkt mehr als ein Jahr beträgt, als auch Kapitalforderungen oder Kapitalschulden, die niedrig verzinst (unter 3 %) oder besonders hoch verzinst (über 9 %) sind und bei denen eine Kündbarkeit für längere Zeit (d. h. für mindestens vier Jahre) ausgeschlossen ist. Des Weiteren kann eine vom Nennwert abweichende Beurteilung gerechtfertigt sein, wenn zweifelhaft ist, ob eine Kapitalforderung in vollem Umfang durchsetzbar ist.[1]

99

---

[1] Gleichlautender Ländererlass vom 10.10.2010, BStBl 2010 I S. 810; uneinbringliche Kapitalforderungen bleiben außer Ansatz. Ist zweifelhaft, ob oder inwieweit eine Kapitalforderung durchsetzbar ist, kann sie dem Grad der Zweifelhaftigkeit entsprechend mit einem niedrigeren Schätzwert anzusetzen sein.

Nennwert ist der Betrag, den der Schuldner an den Gläubiger bei Fälligkeit zurückzuzahlen hat. Der Nennwert kommt überall dort zum Tragen, wo keine „abweichenden Werte" anzusetzen sind. Abweichende Werte gelten für in börsennotierten Wertpapieren verbriefte Kapitalforderungen. So kommt für Bundesobligationen, Bundesanleihen oder Bundesschatzanweisungen der Börsenkurswert in Betracht. Bei Bundesschatzbriefen vom Typ A oder für Sparbriefe, die von deutschen Kreditinstituten ausgegeben werden, ist dagegen der jeweilige Nennwert anzusetzen. Für Bundesschatzbriefe vom Typ B ist der Rückzahlungswert maßgebend.

Bei Finanzierungsschätzen des Bundes wird wie bei anderen Diskontpapieren der Wert bis zum Fälligkeitszeitpunkt aus dem Ausgabebetrag zuzüglich der aufgelaufenen fiktiven Zinsen berechnet. Zur taggenauen Wertermittlung hat die Finanzverwaltung diverse Formeln entwickelt.

Bei allen Sachleistungsansprüchen tritt an Stelle des Nennwerts der gemeine Wert. Sachleistungsansprüche sind grundsätzlich mit dem gemeinen Wert des Gegenstands zu bewerten, auf dessen Leistung sie gerichtet sind.

3.3.2 Zinslose und niedrig verzinste Darlehen

100 Gehört eine zinslose Darlehensforderung oder im umgekehrten Fall eine unverzinsliche Kapitalschuld zum Nachlass, erfolgt ihre steuerliche Bewertung nach dem sog. Gegenwartswert. Der Gegenwartswert entspricht dem Betrag, der vom Nennwert nach Abzug von Zwischenzinsen unter Berücksichtigung von Zinseszinsen verbleibt (§ 12 Abs. 3 Satz 1 BewG) oder anders gesagt: Gegenwartswert oder auch Barwert ist bei unverzinslichen Forderungen der Geldbetrag, den man am Bewertungsstichtag benötigt, um bei einer angenommenen Verzinsung des Betrages mit 5,5 % bei Fälligkeit einschließlich der Zinsen und Zinseszinsen auf den Nennwert der unverzinslichen Forderung zu kommen.

101 Ein Gegenwartswert kommt bei allen unverzinslichen Kapitalforderungen (und Schulden) zum Ansatz, deren Laufzeit mehr als ein Jahr beträgt und die zu einem bestimmten Zeitpunkt fällig sind. Den Berechnungen wird, wie aus der Definition bereits ersichtlich ist, ein Zinssatz von 5,5 % zu Grunde gelegt, so dass der Jahreswert der Nutzung einer Geldsumme immer 5,5 % der überlassenen Geldsumme beträgt, wenn kein anderer Wert feststeht.

Werden den Kindern zum Kauf eines Eigenheims oder zur Anschaffung bestimmter Gegenstände Gelder in Form eines unverzinslichen Darlehens zur Verfügung gestellt, und wurde die Darlehensvariante allein wegen der Schenkungsteuerersparnis gewählt, geht die Rechnung „nicht ganz" auf. Zwar ist dann nicht die gesamte Geldsumme als Schenkung zu versteuern, wohl aber bildet die Differenz zwischen dem überlassenen Geldbetrag (der Darlehenssumme) und dem Gegenwartswert der Darlehensforderung – also der Zinsvorteil, der sich für die Kinder ergibt – einen steuerpflichtigen Erwerb nach § 7 Abs. 1 Nr. 1 ErbStG. Um diese unentgeltliche Nutzungsmöglichkeit des Kapitals gilt der Darlehensgeber als entreichert.

> **BEISPIEL:** A stellt seiner Tochter zum Kauf einer Eigentumswohnung 100 000 € für zehn Jahre zinslos zur Verfügung. Das Darlehen ist nach Ablauf der Laufzeit in einem Betrag zu tilgen. Der Gegenwartswert beträgt: 100 000 × 0,585 (Vervielfältiger Tabelle 1 zu § 12 Abs. 3 BewG)[1] = 58 500 €. Daraus errechnet sich ein steuerpflichtiger Erwerb von: 100 000 – 58 500 = 41 500 €, welcher der Schenkungsteuer unterliegt.

Ist das unverzinsliche Darlehen in gleichen Jahresraten zu tilgen, entspricht der Unterschied zwischen dem Nennwert und dem Kapitalwert der Jahresraten dem steuerpflichtigen Erwerb. Wird eine unverzinsliche Kapitalforderung oder Kapitalschuld in Raten getilgt, ist vom Mittelwert einer jährlich vorschüssigen und jährlich nachschüssigen Zahlungsweise auszugehen (§ 12 Abs. 1 Satz 2 BewG); d. h., die Jahresleistungen sind stets in der Jahresmitte anzusetzen und unterjährig ist eine lineare Abzinsung zu berücksichtigen.[2] Bei Ratentilgungen unterstellt die Finanzverwaltung somit mittelschüssige Zahlungsweise. Es wird also unterstellt, dass die Raten Mitte des Jahres gezahlt werden. 102

Der Gegenwartswert von in gleichen Raten zu tilgenden unverzinslichen Darlehen errechnet sich mit Hilfe der Vervielfältiger aus der Tabelle zu Anlage 9a zum BewG.[3] Die Vervielfältiger sind jeweils auf die Summe der pro Jahr gezahlten Tilgungsraten (Jahresleistung) anzuwenden. 103

> **BEISPIEL:** Das der Tochter zum Kauf einer Eigentumswohnung zur Verfügung gestellte Darlehen ist in halbjährlichen Raten von je 5 000 € zu tilgen.
>
> | | | |
> |---|---|---|
> | Jahresleistung | 2 × 5 000 € | 10 000 € |
> | Vervielfältiger (Laufzeit zehn Jahre) | 7,745 | |
> | Gegenwartswert | 10 000 € × 7,745 | 77 450 € |
> | steuerpflichtiger Erwerb | 100 000 € – 77 450 € | 22 550 € |

Eine Schenkungsteuerpflicht kann auch nicht durch Erhebung eines symbolischen Zinssatzes umgangen werden. Es liegt stattdessen ein niedrig verzinstes Darlehen vor. Dies ist der Fall, wenn der Zinssatz unter 3 % liegt, die Laufzeit 104

---

1 Vgl. Anhang 2.
2 Gleichlautender Ländererlass v. 11. 10. 2010, BStBl 2010 I S. 810.
3 Vgl. Anhang 3.

mindestens vier Jahre beträgt und eine Kündigung während dieser Zeit ausgeschlossen ist. Die Finanzverwaltung geht im Allgemeinen von einem hochverzinslichen Darlehen aus, wenn der Zinssatz bei gleichen Bedingungen mehr als 9 % beträgt.

105 Die Bewertung des Darlehens, das in einem Betrag fällig wird, erfolgt in der Weise, dass der Nennwert der Kapitalforderung um den Kapitalwert des jährlichen Zinsverlustes gekürzt wird. Es ist also der jährliche Zinsverlust zu ermitteln und dieser wiederum mit Hilfe eines Vervielfältigers aus der Anlage 9a zum BewG zu kapitalisieren. Zur Berechnung des Gegenwartswertes ist der so ermittelte Kapitalwert des Zinsverlustes vom Nennwert der Darlehensforderung abzuziehen. Die Differenz zwischen dem Nennwert und dem Gegenwartswert entspricht der steuerpflichtigen Bereicherung des Darlehensnehmers.

BEISPIEL: Der Tochter wird ein niedrig verzinsliches Darlehen von 100 000 € zum Zinssatz von 1 % auf zehn Jahre zur Verfügung gestellt. Das Darlehen ist zu tilgen:
a) nach Ablauf der Laufzeit (Fälligkeitsdarlehen)
b) in jährlichen Raten von 10 000 € (Ratendarlehen)

a) Beim niedrig verzinsten Fälligkeitsdarlehen (Tilgung durch Einmalbetrag) errechnet sich der Gegenwartswert wie folgt:

Nennwert		100 000 €
Zinsverlust	3 % − 1 % = 2 % v. 100 000 €/Jahr = 2 000 €	
Vervielfältiger (Anlage 9a zum BewG)[1]	10 Jahre = 7,745	
Kapitalwert	2 000 € × 7,745	15 490 €
Gegenwartswert		84 510 €
steuerpflichtige Bereicherung	100 000 € − 84 510 €	15 490 €

b) Beim niedrig verzinsten Ratendarlehen errechnet sich der Gegenwartswert wie folgt:

Nennwert		100 000 €
Zinsverlust	3 % − 1 % = 2 % v. 100 000 €/Jahr = 2 000 €	
Vervielfältiger[2]	10 Jahre = 4,113	
Kapitalwert	2 000 € × 4,113	8 226 €
Gegenwartswert		91 774 €
steuerpflichtige Bereicherung	100 000 € − 91 774 €	8 226 €

---

1 Vgl. Anhang 3.
2 Vgl. Anhang 4.

Die Überlassung von Kapital gegen eine niedrige Verzinsung führt zwar wie die zinslose Alternative nicht zur generellen Schenkungsteuerfreiheit, aber immerhin zur Ersparnis von Schenkungsteuer. Während nämlich im obigen Beispiel beim zinslosen Fälligkeitsdarlehen 2 905 € an Schenkungsteuern zu zahlen wären (steuerpflichtiger Erwerb = 41 500 €, Steuersatz bei Steuerklasse I = 7 % = 2 905 €), beansprucht der Fiskus bei der Niedrigzinsvariante nur gut 1 000 € (steuerpflichtiger Erwerb gerundet = 15 400 €, Steuersatz bei Steuerklasse I = 7 % = 1 078 €).

106

Die Ursache liegt darin, dass der Kapitalwert für einen Jahreswert beim unverzinslichen Darlehen mit 5,5 % des Darlehensbetrags errechnet wird, während man beim niedrig verzinsten Darlehen nur den Differenzbetrag zwischen 3 % und dem niedrigeren tatsächlichen Zinssatz zu Grunde legt. Darlehensgeber und -nehmer niedrig verzinster Darlehen sind schenkungsteuerlich bessergestellt. Weist ein Steuerpflichtiger nach, dass der marktübliche Zinssatz für eine gleichartige Kapitalanlage weniger als 5,5 % beträgt, kann für die Bewertung des Nutzungsvorteils dieser Wert zu Grunde gelegt werden. Liegt der vereinbarte Zinssatz nur geringfügig unter dem marktüblichen Zinssatz, ist eine freigebige Zuwendung nicht anzunehmen.

3.3.3 Versicherungsansprüche

Fällige Versicherungsansprüche aus Lebens-, Kapital- oder Rentenversicherungen stellen Kapitalforderungen (wenn die Ablaufleistung in einem Einmalbetrag gezahlt wird) oder Renten dar (wenn die Ablaufleistung in regelmäßigen Raten gezahlt wird). Diese Kapitalforderungen sind gemäß § 12 Abs. 1 BewG mit dem Nennwert bei der Ermittlung des steuerpflichtigen Erwerbs anzusetzen.

107

Der Nennwert umfasst nicht nur die im Versicherungsvertrag vereinbarte Versicherungssumme. Zum Nennwert zählen auch alle anderen Zahlungen wie z. B. Gewinnanteile, Zinsen, Dividenden oder Überschussbeteiligungen. Der für die Besteuerung maßgebliche Nennwert ist letztlich der von der Versicherungsgesellschaft tatsächlich ausgezahlte Betrag.

108

Wird die Versicherungsleistung nicht in Form einer einmaligen Zahlung, sondern als wiederkehrende Leistung (Rente) erbracht (Rentenlebensversicherung), errechnet sich der maßgebliche Steuerwert aus dem zu kapitalisierenden Jahreswert.

109

Je nach Ausgestaltung des Versicherungsvertrages können wiederkehrende Leistungen auf bestimmte Zeit oder lebenslänglich vereinbart sein. Je nach Art

110

der Versicherungsleistungen gelten für die Berechnung des steuerpflichtigen Erwerbs folgende Kapitalisierungsfaktoren:

▶ Für wiederkehrende Leistungen auf Zeit gelten die Kapitalisierungsfaktoren aus der Anlage 9a zu § 13 BewG.[1]

▶ Für lebenslängliche Leistungen gelten jene vom BMF errechneten und veröffentlichten Vervielfältiger.[2]

111 Die Erbschaftsteuer aus Leistungen aus Rentenlebensversicherungen kann entweder vom Kapitalwert sofort oder auch jährlich im Voraus vom Jahreswert entrichtet werden.

Werden noch nicht fällige Versicherungen übertragen und übernimmt der Begünstigte die Zahlung der restlichen Prämien, stellt der Anspruch auf die Versicherungsleistung einen aufschiebend bedingten Erwerb dar. Die Versicherungsleistung kommt bis zum Eintritt der Bedingung (bei Auszahlung im Versicherungsfall oder bei Vertragsende) nicht zum Ansatz. Bei Kapital- oder Rentenlebensversicherungen bestehen jedoch Ansprüche gegenüber dem Versicherer in Höhe eines Teils der bisher vom Schenker geleisteten Beiträge. Diese Ansprüche gelten gemäß § 12 Abs. 4 BewG als Bewertungsgrundlage. Maßgeblich für die Besteuerung ist dabei der Rückkaufswert (§ 12 Abs. 4 Satz 1 BewG). Der Rückkaufswert spiegelt jenen Betrag wider, den der Versicherer im Fall der vorzeitigen Aufhebung des Vertragsverhältnisses an den Versicherungsnehmer oder bezugsberechtigten Dritten auszahlen würde.

HINWEIS:
Zur Berechnung des Rückkaufwertes, insbesondere unter Berücksichtigung von ausgeschütteten und gutgeschriebenen Gewinnanteilen wird vom BMF in Kürze eine verbindliche Rechtsverordnung zu erwarten sein.

3.3.4 Einlagen eines atypisch und typisch stillen Gesellschafters

112 Der atypisch stille Gesellschafter übt im Regelfall unternehmerische Funktion aus und ist auch an den stillen Reserven (d. h. am Gewinn aus der Veräußerung von Anlagevermögen) und am Firmenwert des Unternehmens beteiligt. Der atypisch stille Gesellschafter wird steuerrechtlich als Mitunternehmer behandelt. Tatsächlich wird ein der Kommanditgesellschaft angenähertes Mitunternehmerverhältnis begründet, jedoch mit dem Unterschied, dass die atypisch stille Beteiligung eine reine Innengesellschaft ist. Atypisch stille Betei-

---

[1] Anhang 5, gültig für Bewertungsstichtage ab 1.1.2010.
[2] BMF v. 26.9.2011 IV D 4 – S 3104/09/10001, BStBl 2011 I S. 834.

ligungen werden nach dem dem Beteiligungsanteil entsprechenden Wert der wirtschaftlichen Einheit „Betriebsvermögen" bewertet (wie ein OHG-Anteil).

Dagegen ist die typisch stille Beteiligung an einer Gesellschaft eine reine Kapitalforderung. Stille Gesellschafter nehmen zwar durch ihre Gewinnbeteiligung am Erfolg des Unternehmens teil, sind aber nicht an der Substanz beteiligt. Die Vermögenseinlage verschafft stillen Gesellschaftern somit nur Forderungsrechte. 113

Stille Gesellschafter haben nur einen Anspruch auf Rückzahlung ihrer nominellen Einlage. Ist die Kündbarkeit von Einlagen eines typisch stillen Gesellschafters am Besteuerungszeitpunkt für längere Zeit ausgeschlossen und liegt der Durchschnittsertrag über 9 %, ist der Nennwert der Vermögenseinlage um den fünffachen Unterschiedsbetrag zwischen dem Durchschnittsertrag und der Verzinsung um 9 % zu erhöhen. Bei einem Durchschnittsertrag unter 3 % der Vermögenseinlage ist, soweit die Kündbarkeit der Einlage am Bewertungsstichtag für längere Zeit ausgeschlossen ist, der Nennwert um den fünffachen Unterschiedsbetrag zwischen 3 % und dem Durchschnittsertrag zu mindern.

Der Durchschnittsertrag ist möglichst aus den Gewinnanteilen der drei letzten Jahre vor dem Besteuerungszeitpunkt herzuleiten. Ein Abschlag wegen Unwägbarkeiten kommt dabei nicht in Betracht. Die Kündbarkeit ist für längere Zeit ausgeschlossen, wenn das Gesellschaftsverhältnis im Besteuerungszeitpunkt noch mehr als fünf Jahre währen kann. 114

> **BEISPIEL:**
>
> | | | |
> |---|---|---:|
> | Nennwert der Einlage | | 40 000 € |
> | Durchschnittsertrag | | 7 000 € |
> | Verzinsung der Einlage | 7 000 : 40 000 | 17,5 % |
> | Wert der stillen Beteiligung | 100 % + 5 × (17,5 % − 9 %) | 142,5 % |
> | Bezogen auf den Nennwert der Einlage von 40 000 € | | 57 000 € |

3.4 Bewertung von Renten-, Leistungs- und Nutzungsrechten

3.4.1 Allgemeines

Renten-, Leistungs- und Nutzungsrechte bzw. allgemein „wiederkehrende Nutzungen und Leistungen" sind grundsätzlich mit dem Kapitalwert (Jahreswert × Vervielfältiger) anzusetzen.[1] Der Kapitalwert ist im Ergebnis nichts anderes als der Gegenwartswert einer in Raten zu tilgenden Kapitalforderung. Als Kapital- 115

---

1 Gleich lautender Ländererlass vom 10.10.2010, BStBl 2010 I S. 810.

wert im bewertungsrechtlichen Sinne ist derjenige Geldbetrag zu verstehen, der heute zum Zinssatz von 5,5 % angelegt werden müsste, um unter Berücksichtigung von Zinsen und Zinseszinsen einer laufenden Rentenzahlungsverpflichtung nachkommen zu können. Der Kapitalwert errechnet sich aus einem mit bestimmten Faktoren zu multiplizierenden Jahreswert.

116 Wiederkehrende Nutzungen und Leistungen sind geldwerte Vorteile, die dem Berechtigten periodisch zufließen und vom Verpflichteten periodisch zu bewirken oder zu dulden sind.

BEISPIELE: ▶ Laufende Bezüge in Geld oder Sachwerten sowie – als Beispiel einer wiederkehrenden Nutzung – der Nießbrauch.

Zivilrechtlich können Renten-, Leistungs- und Nutzungsrechte unterteilt werden in:

TAB. 4:	Unterteilung von Renten-, Leistungs- und Nutzungsrechten	
A	Nutzungen und Leistungen	
	▶ zeitlich begrenzt	enden bei Zeitablauf
	▶ auf Lebenszeit	enden mit dem Tod der bezugsberechtigten Person
	▶ von unbestimmter Dauer	ein Ende der Nutzung/Leistung ist in absehbarer Zeit sicher, der Zeitpunkt des Wegfalls ist jedoch unbestimmt
	▶ Immerwährende	der Wegfall der Nutzung/Leistung hängt von Ereignissen ab, von denen ungewiss ist, ob und wann sie eintreten werden
B	Renten	
	1. Zeitrenten	enden ohne Berücksichtigung von Ereignissen durch Zeitablauf
	▶ Höchstzeitrenten (abgekürzte Leibrenten)	sind auf eine bestimmte Zeit zu zahlen, allerdings nur, wenn der Bezugsberechtigte bei Fälligkeit noch lebt
	▶ Mindestzeitrenten (verlängerte Leibrenten)	sind auch dann noch für die vereinbarte Zeit weiterzuzahlen, wenn der Bezugsberechtigte nicht mehr lebt
	2. Leibrenten	sind an das Leben der bezugsberechtigten Person geknüpft

117 Das Bewertungsrecht hingegen unterteilt Renten, Nutzungen und Leistungen nur grob in Renten mit einer begrenzten Laufzeit (wiederkehrende Nutzungen und Leistungen oder Zeitrenten, geregelt in § 13 BewG) und Renten auf Lebenszeit (Leibrenten, § 14 BewG).

> **HINWEIS:**
> Der Nießbrauch stellt ein effizientes Instrument zur steueroptimalen Gestaltung bei der Erbfolgeplanung dar.[1]

3.4.2 Berechnung des Jahreswerts

Der Kapitalwert, mit dem Zeitrenten und befristete Nutzungen und Leistungen sowie lebenslängliche Nutzungen und Leistungen bewertet werden, hängt in allen Fällen von deren Jahreswert ab. Jahreswert ist der Wert einer Nutzung oder Leistung während eines Jahres. Bei einer Zeitrente wäre das beispielsweise die Summe aller in einem Jahr zu zahlenden Rentenbeträge. 118

> **BEISPIEL:** B erhält von A eine zehnjährige Rente zu monatlich 1 000 €. Der Jahreswert der Rente beträgt 1 000 × 12 = 12 000 €.

Der Jahreswert ist meist unschwer zu ermitteln. Es gibt allerdings einige besondere Fälle, die in § 15 BewG geregelt sind. Wird beispielsweise ein Geldbetrag auf Zeit zur Nutzung überlassen, ist als Jahreswert 5,5 % des Geldbetrages anzusetzen. Werden also 100 000 € verliehen, beträgt der Jahreswert des verliehenen Geldbetrages 5 500 € (§ 15 Abs. 1 BewG). Steuerpflichtig sind auch Sachbezüge wie freie Wohnung oder Kost. Hier erfolgt die Bewertung nach den üblichen Mittelpreisen am Verbrauchsort (§ 15 Abs. 2 BewG). 119

Bei Nutzungen oder Leistungen, die in ihrem Betrag noch ungewiss sind oder schwanken, ist als Jahreswert der Betrag zu Grunde zu legen, der in Zukunft im Durchschnitt der Jahre voraussichtlich erzielt werden wird (§ 15 Abs. 3 BewG). Bei ungewissen oder schwankenden Nutzungen oder Leistungen ist also eine Zukunftsprognose zu erstellen, die alle am Bewertungsstichtag gegebenen Umstände berücksichtigt. Zu Grunde gelegt wird in aller Regel ein dem Bewertungsstichtag vorangegangener dreijähriger Durchschnittsertrag. 120

Wertgesicherte Rentenzahlungen oder Erbbauzinsen fallen nicht unter die Vorschrift des § 15 Abs. 3 BewG. So führt die Vereinbarung einer Wertsicherungsklausel für diverse in der Zukunft zu erbringende Nutzungen und Leistungen nicht dazu, dass diese nach den maßgeblichen Verhältnissen am Stichtag in ihrem Betrag als ungewiss oder schwankend anzusehen sind. Bei solchen Klauseln liegt vielmehr eine am Stichtag dem Grund und der Höhe nach fest vereinbarte Verpflichtung vor, die sich aber allenfalls in Zukunft der Höhe nach verändern kann, wenn bestimmte, aber ungewisse Ereignisse eintreten. 121

---

1 Näheres hierzu in Rdn. 784.

Diese Ereignisse können aber erst dann berücksichtigt werden, wenn sie tatsächlich eingetreten sind.[1]

► Fazit:

Genau wie allgemeine Erfahrungssätze über die Entwicklung der Lebenshaltungskosten bleiben auch Wertsicherungsklauseln als aufschiebende Bedingung (zunächst) außer Betracht.

Der Kapitalwert eines Nutzungsrechts (Nießbrauchs) darf höchstens den Wert erreichen, den das Wirtschaftsgut selbst hat. Ein Nießbrauch an einer Sache darf also nicht höher bewertet werden als die Sache selbst. Eine diesbezügliche Überbewertung von Nutzungen an einem Wirtschaftsgut soll § 16 BewG verhindern, indem er bestimmt, dass bei der Ermittlung des Kapitalwerts der Nutzungen eines Wirtschaftsguts der Jahreswert dieser Nutzungen höchstens den Wert betragen darf, der sich ergibt, wenn der für das genutzte Wirtschaftsgut bzw. für die genutzte „wirtschaftliche Einheit" nach den Vorschriften des Bewertungsgesetzes anzusetzende Steuerwert durch 18,6 geteilt wird. Es wird also die Möglichkeit, dass im Ergebnis ein den Steuerwert des Wirtschaftsgutes übersteigender Nießbrauchswert herauskommt, dadurch verhindert, dass der Jahreswert des Nießbrauchs auf den 18,6ten Teil des Steuerwerts des Wirtschaftsguts begrenzt wird.[2] Der Divisor 18,6 ergibt sich aus den Tabellen zu § 14 BewG, wonach der Jahreswert eines lebenslänglichen Nutzungsrechts maximal mit dem Faktor 18,455 multipliziert werden kann bzw. bei einem zeitlich begrenzten Nutzungsrecht nach Anlage 9a BewG der Faktor 18,6 erst nach einer Laufzeit von mehr als 101 Jahren erreicht wird.[3]

Mit der Begrenzung des Jahreswerts des Nießbrauchs auf den 18,6ten Teil des Steuerwerts des Nutzungsgutes wird für die Kapitalisierung des Nießbrauchsertrags eine Rendite von ca. 5,5 % des Steuerwerts des Nutzgutes unterstellt. So ergibt der 18,6te Teil eines mit 100 000 € bewerteten Nutzungsgutes einen Jahreswert von knapp 5 500 €, womit unterstellt wird, dass das Nutzungsgut – bezogen auf den Steuerwert – 5,5 % Rendite abwirft.

Wird als Gegenleistung für eine Schenkung ein Nießbrauch an Grundbesitz eingeräumt, beispielsweise an einem Mietwohngrundstück, kommen die Grundsätze der Bewertung von Grundbesitz für die Erbschaft- und Schenkung-

---

[1] Vgl. BFH, Urt. v. 12.12.1996 II R 42/94, BFH/NV 1997 S. 336.
[2] Eine Begrenzung gilt nicht für Renten oder andere wiederkehrende Leistungen, auch dann nicht, wenn diese dinglich gesichert sind (z. B. durch Höchstbetragshypothek usw.).
[3] Vgl. Tabellen Anhang 3 und 5.

steuer zur Anwendung, die nachfolgend unter Rdn. 208 noch näher erläutert werden.

HINWEIS:
Nicht in die Höchstwertberechnung fließen Verschonungsregelungen und Steuerbefreiungen des ErbStG ein, z. B. der für Mietwohngrundstücke geltende Abschlag von 10 % (§ 13c ErbStG).

BEISPIEL A überträgt seinem Neffen nach Vollendung des 62. Lebensjahres ein Zweifamilienhaus. Der maßgebliche Verkehrswert für das gesamte Anwesen beträgt 600 000 €. Für die vermietete OG-Wohnung wird seit Jahren ein gleicher Mietpreis (kalt) von 15 €/qm erzielt. A hat sich das Wohnrecht an der EG-Wohnung vorbehalten.

Der Kapitalwert des Wohnrechts ist wie folgt zu ermitteln:

I. Ermittlung Jahreswert des Wohnungsnutzungsrechts
   Wohnfläche 100 qm × 15 €/qm × 12 Monate =   18 000 €

II. Höchstwertbegrenzung für den Nießbrauch nach § 16 BewG Verkehrswert des gesamten Anwesens   1 200 000 €

III. Berechnung des Jahreswerts aus dem Steuerwert des Nießbrauchsgegenstandes
   $1/2$ * 600 000 dividiert durch 18,6   16 129 €

Als Jahreswert des Nießbrauchs ist anzusetzen: 16 129 €

Die Begrenzung des Jahreswerts auf den 18,6ten Teil vom Steuerwert des genutzten Wirtschaftsguts wirkt sich für den Anspruchsberechtigten vorteilhaft aus, wenn sich dadurch ein niedrigerer zu versteuernder Kapitalwert ergibt als ohne Höchstwertbegrenzung. Allerdings kann der Verpflichtete die Nießbrauchslast nur entsprechend niedriger – „korrespondierend" mit dem Anspruchsberechtigten – als Nachlassverbindlichkeit abziehen.   122

Die Höchstwertregelung des § 16 BewG kann aber leicht umgangen werden, indem die Nutzungsauflage zu einer Leistungsauflage umgestaltet wird. Der maßgebliche Unterschied zwischen einer Nutzungs- und einer Leistungsauflage liegt darin, dass eine Leistungsauflage unabhängig vom belasteten Wirtschaftsgut zu erbringen ist, die Nutzungsauflage dagegen nur auf das belastete Wirtschaftsgut selbst abstellt. Bei einer Leistungsauflage liegt de facto keine wirtschaftliche Bindung an das Nutzobjekt vor, bei der Nutzungsauflage hingegen schon.   123

So hat der BFH[1] in einem Fall die Anwendung des § 16 BewG nur dadurch bejaht, weil ein Berechtigter keinen Anspruch auf Leistungen hatte, wenn das Unternehmen keinen Gewinn erwirtschaftet. Wäre hier eine Leistungsauflage vereinbart worden mit der Maßgabe, dass der Verpflichtete die Leistung auch in Verlustjahren schuldet (dann eben aus der eigenen Tasche heraus zahlen muss), wäre der Verpflichtete in den Genuss des vollen Schuldenabzugs gekommen.

3.4.3 Zeitrenten und befristete Nutzungen und Leistungen

124 Bewertungsmaßstab für zeitlich befristete Nutzungen und Leistungen ist grundsätzlich der Kapitalwert. Der gemeine Wert tritt an Stelle des Kapitalwerts, wenn er zum einen nachgewiesen und zum anderen geringer oder höher ist (§ 13 Abs. 3 BewG). Ein niedrigerer gemeiner Wert wäre beispielsweise denkbar, wenn der Verpflichtete nur begrenzt zahlungsfähig ist.

125 Der Kapitalwert errechnet sich aus der Vervielfachung des Jahreswerts mit einem Faktor aus Anlage 9a zum BewG.[2] Diese Vervielfältiger sind jeweils auf volle Jahre ausgerichtet. Beträgt die Laufzeit einer Zeitrente nicht volle Jahre (z. B. nur acht Jahre und neun Monate), ist der maßgebliche Vervielfältiger durch Interpolation zu ermitteln.

BEISPIEL:

Jahreswert	1 000 € × 12 =	12 000 €
Vervielfältiger für acht Jahre	6,509	
Vervielfältiger für neun Jahre	7,143	
Differenz	0,634	
× 9/12 (neun Monate)	0,476	
Vervielfältiger für acht Jahre	6,509	
Differenz für neun Monate	0,476	
maßgeblicher Vervielfältiger für acht Jahre und neun Monate	6,985	
Kapitalwert	12 000 € × 6,985 =	83 820 €

126 Zeitrenten, die zwar für eine bestimmte Zeit ausgerichtet, zusätzlich aber noch vom Leben der bezugsberechtigten Person abhängig sind (Höchstzeitrenten), dürfen nicht höher bewertet werden, als wenn es sich um eine Leibrente handelt (die Bewertung von Leibrenten wird anschließend besprochen). Die

---

[1] Urt. v. 7. 9. 1994 II R 127/91, BFH/NV 1995 S. 342.
[2] Vgl. Anhang 3.

nach § 13 Abs. 1 Satz 2 BewG erforderliche Begrenzung wird dadurch erreicht, dass bei abgekürzten Leibrenten immer der niedrigere Vervielfältiger zum Ansatz kommt. Zu vergleichen sind die Vervielfältiger, die jeweils für eine Zeitrente (aus Tabelle zu Anlage 9a zum BewG[1]) und für eine Leibrente gelten würden.

Vervielfältiger für Leibrenten sind dem aktuellen Schreiben des Bundesministeriums der Finanzen v. 26. 9. 2011[2] zu entnehmen. Beträgt der Vervielfältiger für eine auf Lebenszeit, längstens aber für 20 Jahre zu gewährende Rente bei einer Bezugsberechtigten im Alter von 55 Jahren (vgl. Tabelle Anhang 5/Frauen/Durchschnittliche Lebenserwartung) 14,788, der für eine 20-jährige Zeitrente 12,279, ist der niedrigere Faktor maßgebend. Angenommen, der Jahreswert der Höchstzeitrente beträgt 30 000 €, so würde diese bei der Berechnung des steuerpflichtigen Erwerbs mit 368 370 € anzusetzen sein. Analog ist bei Leibrenten mit garantierter Mindestlaufzeit (Mindestzeitrenten oder verlängerte Leibrenten) stets der höhere Vervielfältiger anzuwenden.

127

Immerwährende Nutzungen oder Leistungen werden mit dem 18,6fachen ihres Jahreswertes besteuert; Nutzungen von unbestimmter Dauer mit dem 9,3fachen Jahreswert (§ 13 Abs. 2 BewG). Den Berechnungen liegt jeweils ein Zinssatz von 5,5 % zu Grunde. Als Beispiel für Nutzungen und Leistungen von unbestimmter Dauer können Grabpflegekosten oder die unentgeltliche Überlassung einer Kapitalsumme auf unbestimmte Zeit genannt werden. Wird ein auf unbestimmte Dauer vereinbartes Darlehen gekündigt, stellt dies ein Ereignis mit steuerlicher Wirkung für die Vergangenheit dar und hat eine Änderung der ursprünglichen Steuerfestsetzung zur Folge.[3] Immerwährende Nutzungen sind dagegen nur dort denkbar, wo auf Grund einer Rentenschuld oder einer im Grundbuch eingetragenen Dienstbarkeit ein Geldbetrag zu erbringen ist.

128

HINWEIS:

Der Ansatz von Nutzungen und Leistungen von unbestimmter Dauer mit dem 9,3fachen Jahreswert entspricht etwa einer Dauer von 13 Jahren. Sofern abzusehen ist, dass die Laufzeit in keinem Fall 13 Jahre betragen wird und die Beteiligten eine realistische Bewertung wünschen, sollte eine den Schätzungen gemäße Höchstzeit(rente) vereinbart werden. Soll beispielsweise einem Studenten für den „Rest seiner Studienzeit" eine monatliche Zuwendung von 2 000 € gewährt werden, müsste diese Rente – weil die Dauer des Studiums unbestimmt ist – mit dem 9,3fachen Jahreswert versteuert werden. Wird die Rentenzahlung auf die Regelstudienzeit von vier oder fünf Jahren begrenzt, versteuert der Student nur den 3,60- bzw. 4,38fachen Jahreswert.

---

1 Vgl. Anhang 3.
2 IV D 4 - S 3104/09/10001, BStBl 2011 I S. 834.
3 Vgl. BFH, Urt. v. 12. 7. 1979 II R 26/78, BStBl 1979 II S. 631.

3.4.4 Leibrenten und lebenslängliche Nutzungen und Leistungen

129 Bewertungsmaßstab für Leibrenten und lebenslängliche Nutzungen und Leistungen ist wiederum der Kapitalwert. Dieser errechnet sich wie bei Zeitrenten aus dem Jahreswert der Nutzung/Leistung, multipliziert mit einem Vervielfältiger. Die Vervielfältiger für lebenslange Nutzungen und Leistungen werden vom Bundesministerium der Finanzen in regelmäßigen Abständen aktualisiert und veröffentlicht.[1]

Diese Vervielfältiger sind auch bei sog. Witwenrenten mit Wiederverheiratungsklausel maßgebend. Denn die Wiederverheiratungsklausel stellt eine auflösende Bedingung dar, die steuerlich erst zu berücksichtigen wäre, wenn die Witwe tatsächlich wieder heiratet.

130 Setzt die Rentenzahlung erst zu einem späteren Zeitpunkt ein, wird der Vervielfältiger für die lebenslange Laufzeit[2] um den der Aufschubzeit entsprechenden Vervielfältiger aus Anlage 9a zum BewG gekürzt.

> **BEISPIEL:** A übergibt seiner frisch verheirateten Tochter gegen Rentenzahlung ein Mietwohnhaus im Verkehrswert (= Steuerwert) von 800 000 €. Die Rentenzahlung soll mit Eintritt in den Ruhestand (mit 65 Jahren) beginnen. A ist im Zeitpunkt der Übergabe 61 Jahre alt. Der Jahreswert der Rente beträgt 40 000 €.
>
> | | |
> |---|---:|
> | Vervielfältiger BMF v. 26. 9. 2011 (61 Jahre, männlich) | 12,405 |
> | Vervielfältiger Anlage 9a | 3,602 |
> | (Rentenbeginn nach vier Jahren) | |
> | maßgeblicher Vervielfältiger | 8,803 |
> | Kapitalwert = 40 000 € × 8,803 | 352 120 € |

Dieses Beispiel könnte noch etwas präzisiert werden: In der Praxis wird es so sein, dass Eltern ihren Abkömmlingen Wirtschaftsgüter zu Lebzeiten gegen Zahlung einer gemeinsamen Rente überlassen. Solange beide Elternteile noch leben, ist ein Betrag x und – wenn ein Ehepartner gestorben ist – ein Betrag y fällig. Die Rente wird bis zum Tod des letztlebenden Ehegatten gezahlt.

131 Solange beide Ehegatten leben, geht die Finanzverwaltung[3] davon aus, dass jedem Ehegatten die Hälfte der gemeinsamen Rente zusteht, es sei denn, aus der Entstehung des Rentenanspruchs ergibt sich ein anderer Aufteilungsmaßstab. Auf diese Jahreswerte ist stets der niedrigere der beiden Vervielfältiger

---

[1] Vgl. BMF v. 26. 9. 2011 IV D 4 - S 3104/09/10001, Tabelle abgedruckt in Anhang 5.
[2] Aus dem Schreiben des BMF v. 26. 9. 2011, a. a. O.
[3] Gleich lautender Ländererlass vom 10. 10. 2010, a. a. O.

für die Ehegatten anzuwenden. Die dem überlebenden Ehegatten allein zustehende geminderte Rente ist mit der Differenz der Vervielfältiger anzusetzen.

> **BEISPIEL:** Übereignen die Eheleute F und M (er 63 Jahre, sie 58 Jahre) gegen eine gemeinsame Rente von monatlich 2 000 € das vermietete Sechsfamilienhaus ihren beiden Kindern S und T und verringert sich die Rente nach Ableben eines Ehepartners von 2 000 € auf 1 400 €, würde sich folgende Bewertung ergeben:
>
> 1. Schritt: Berechnung des Jahreswerts
>
> Der Jahreswert der Rente für beide Ehegatten beträgt 2 000 € × 12 =   24 000 €.
>
> Der Jahreswert der Rente nach dem Tod des ersten Ehegatten beträgt 1 400 € × 12 = 16 800 €.
>
> 2. Schritt: Berechnung des Kapitalwerts
>
> Die Vervielfältiger betragen (BMF v. 26. 9. 2011, da „lebenslängliche Nutzung")   männlich: 11,869,
> weiblich: 14,187
>
> Der Kapitalwert der Rente für beide Ehegatten beträgt:
>
> Jahreswert (= 24 000 €)   × niedrigerer Vervielfältiger (= 11,869)   284 856 €
>
> Der Kapitalwert der Rente zwischen dem Tod des ersten und dem Tod des zweiten Ehegatten beträgt*:
>
> Jahreswert (= 16 800 €)   × Differenz der Vervielfältiger (14,187 ./. 11,869) = 16 800 € × 2,318   38 942 €
>
>   Der Kapitalwert für beide Renten beträgt   323 798 €
>
> * Die Zeitdifferenz zwischen dem Tod des ersten und dem Tod des zweiten Ehegatten, welche der Laufzeit der zweiten Rente entspricht, wird dargestellt durch die Differenz zwischen beiden Vervielfältigern.

Leibrenten, lebenslängliche Nutzungen und Leistungen bilden oft das Gegenglied einer Auflagenschenkung. Bei Berechnung des Kapitalwerts, den der Berechtigte zu versteuern, der Verpflichtete aber unter bestimmten Voraussetzungen steuermindernd abziehen kann, wurde von einer unterstellten durchschnittlichen Lebenserwartung ausgegangen. Stirbt der Berechtigte nun früher, und kommt es daher zum Wegfall der Leibrente, führt dieser zu keinem erneuten steuerpflichtigen Erwerb. Dafür aber kommt es zu einer Steuerberichtigung.

Eine Steuerberichtigung setzt voraus, dass der Wegfall auf den Tod des Berechtigten oder des Verpflichteten zurückzuführen ist. Die Festsetzung von Erbschaft- und Schenkungsteuern ist nach der wirklichen Dauer der Nutzung oder Leistung zu berichtigen, wenn die tatsächliche Bezugsdauer bei einem Lebensalter bei Antritt des Rentenbezugs betragen hat (§ 14 Abs. 2 BewG).

TAB. 5: Steuerberichtigung nach § 14 Abs. 2 BewG			
bis zu ... Jahren	nicht mehr als ... Jahre	bis zu ... Jahren	nicht mehr als ... Jahre
30	10	75	5
50	9	80	4
60	8	85	3
65	7	90	2
70	6	90 und mehr	1

BEISPIEL: ▶ Der Gewerbetreibende G überträgt seinen Betrieb an seinen Sohn gegen Zahlung einer Leibrente. G war bei Übergabe 65 Jahre alt. Nach drei Jahren stirbt G. Es kommt hier zu einer Berichtigung, weil die Bezugsdauer der Rente weniger als sieben Jahre betrug. Im Berichtigungsbescheid wird die Finanzverwaltung daher die Nießbrauchslast nach der tatsächlichen Dauer der Nutzung berücksichtigen (Kapitalwertfaktor laut Tabelle Anlage 9a zum BewG), was regelmäßig zu Steuernachzahlungen beim Erwerber führt, weil sich der abzugsfähige Kapitalwert der Nießbrauchslast dadurch verringert.[1] Für den Fall aber, dass das Umgekehrte eintritt, also der Verpflichtete zuerst stirbt, kann der Berechtigte Steuererstattung beantragen. Der Verpflichtete wendet eine nachträgliche Steuererhöhung aber nicht dadurch ab, dass er eben keinen Antrag stellt. Denn in solchen Fällen – wie bei allen steuererhöhenden Tatbeständen – wird die Behörde von Amts wegen tätig.

HINWEIS:

Bei Grundstücksübertragungen empfiehlt es sich daher, den Kapitalwert des Nießbrauchs bereits bei der Bewertung des Grundstücks im Rahmen des Nachweises eines niedrigeren Verkehrswertes (gemeinen Wertes) durch ein Sachverständigengutachten zu berücksichtigen, was nach den Erbschaftsteuer-Richtlinien R B 198 Abs. 3 Sätze 5, 6 ErbStR 2011 insofern möglich ist, als bei Verkehrswertgutachten „sämtliche wertbeeinflussenden Umstände zur Ermittlung des gemeinen Werts (Verkehrswerts) von Grundstücken zu berücksichtigen" sind und hierzu „auch die den Wert beeinflussenden Rechte und Belastungen privatrechtlicher und öffentlich-rechtlicher Art, wie z. B. Grunddienstbarkeiten und persönliche Nutzungsrechte" gehören. Da in diesen Fällen die Nießbrauchsbelastung nicht nochmals bei der Schenkungsteuerfestsetzung einfließt (bzw. einfließen darf), hat das vorzeitige Ableben des Nießbrauchsberechtigten keine nachträgliche Korrektur des Steuerbescheids zur Folge.

---

1 Zu dem maßgeblichen Barwertfaktoren vgl. Anhang 3.

4 Bewertung von Betriebsvermögen für die Erbschaft- und Schenkungsteuer

4.1 Allgemeines

Die Bewertung von Betriebsvermögen für die Erbschaft- und Schenkungsteuer wurde im Zuge des ErbStRG 2009 neu geregelt. Bemessungsgrundlage für Erbschaft- und Schenkungsteuer bildet für das Betriebsvermögen der gemeine Wert, also jener (Verkehrs-)Wert, der im gewöhnlichen Geschäftsverkehr zu erzielen wäre.[1] Zur Ermittlung des maßgeblichen gemeinen Werts lässt die Finanzverwaltung marktgängige Unternehmensbewertungsverfahren zu. Diese sind anzuwenden, wenn

▶ der Ansatz eines Börsen-Kurswertes nicht möglich ist,

▶ sich der gemeine Wert des Unternehmens nicht aus Verkäufen unter fremden Dritten ableiten lässt, die weniger als ein Jahr zurückliegen (R B 11.2 Abs. 1 Satz 1 ErbStR 2011).

133

HINWEIS:

Die Finanzverwaltung folgt in den Erbschaftsteuer-Richtlinien 2011 (R B 109 ff. ErbStR 2011) nicht in allen Punkten konsequent dem Gesetz, so dass im Rahmen einer Gestaltungsberatung zur optimalen Vermögensübertragung für jeden Punkt geprüft werden sollte, ob die gesetzlichen Regelungen nicht zu für die Beteiligten, insbesondere aber für den/die Erwerber günstigeren Ergebnisse führen.

4.2 Bewertungsverfahren im Überblick

Die Praxis der Unternehmensbewertung kennt verschiedene Verfahren zur Bewertung betrieblicher Vermögen. Nachfolgende Übersicht zeigt die gängigen Verfahren in einem kurzen Überblick auf.

134

---

1 Zum Begriff des gemeinen Werts vgl. oben Rdn. 88.

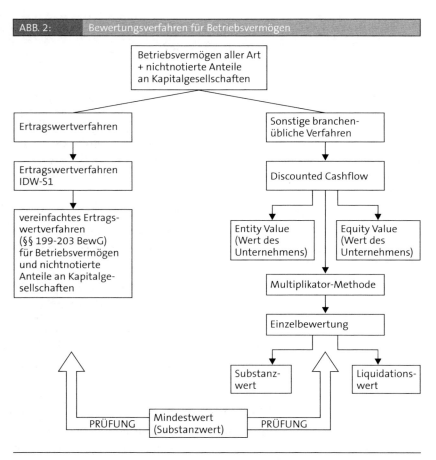

Abb. 2: Bewertungsverfahren für Betriebsvermögen

Das am häufigsten angewendete Bewertungsverfahren im Rahmen internationaler Unternehmenstransaktionen stellt dabei das Discounted-Cashflow-Verfahren dar. Hohe Bedeutung haben auch Multiplikatormethoden. Geringen Stellenwert genießen hingegen Substanzwertverfahren, diverse Kombinationsverfahren oder der Börsenwert.

Das vom Steuergesetzgeber in den §§ 199–203 BewG favorisierte Ertragswertverfahren stellt zwar das bislang dominante Verfahren in Deutschland dar und wird in Deutschland vor allem durch Wirtschaftsprüfer angewendet (in Form des Bewertungsstandards IDW S1). Auf internationaler Ebene ist dieses Verfahren aber eher selten und wird auch zunehmend durch Cashflow-basierte Verfahren abgelöst.

> **HINWEIS:**
> Der Nachweis des gemeinen Wertes für das Betriebsvermögen mit einem anderen als dem Ertragswertverfahren ist grundsätzlich möglich und sollte auch überall dort genutzt werden, wo andere Verfahren zutreffendere Ergebnisse liefern. Dies gilt besonders dann, wenn offensichtlich ist, dass ein Erwerber ein anderes Verfahren als das Ertragswertverfahren zu Grunde legen würde. Die Finanzverwaltung sieht Anhaltspunkte dafür, dass ein Erwerber neben den ertragswert- oder zahlungsstromorientierten Verfahren bei der Bemessung des Kaufpreises eine andere übliche Methode zu Grunde legen würde, insbesondere auch aus branchenspezifischen Verlautbarungen, z. B. bei Kammerberufen aus Veröffentlichungen der Kammern (R B 11.3 Abs. 2 Satz 3 ErbStR 2011).

4.3 Die wirtschaftliche Einheit (Bewertungseinheit) beim Betriebsvermögen

Unter den Begriff „Betriebsvermögen" fallen alle Teile eines Gewerbebetriebs. Das sind alle Wirtschaftsgüter und sonstigen aktiven Ansätze, aber auch Schulden und sonstige Abzüge, die bei der steuerlichen Gewinnermittlung zum Betriebsvermögen hinzuzurechnen sind, „soweit das Erbschaftsteuer- und Schenkungsteuergesetz in Verbindung mit dem Bewertungsgesetz nicht ausdrücklich etwas anderes vorschreibt oder zulässt" (R B 95 Abs. 1 ErbStR 2011). Zu bewertende wirtschaftliche Einheit der Vermögensart „Betriebsvermögen" bildet der Gewerbebetrieb. Gewerbebetrieb ist die selbstständige, nachhaltige Betätigung, die mit der Absicht unternommen wird, Gewinn zu erzielen, und sich als Beteiligung am allgemeinen wirtschaftlichen Verkehr darstellt, wenn die Betätigung weder als Ausübung von Land- und Forstwirtschaft noch als Ausübung eines freien Berufs oder als eine andere selbstständige Arbeit anzusehen ist (§ 15 Abs. 2 EStG). Die Ausübung eines freien Berufes steht für die Bewertung dem Gewerbebetrieb gleich. Es gehört also auch das Vermögen zur Vermögensart „Betriebsvermögen", das der selbstständigen Ausübung einer rein künstlerischen, wissenschaftlichen, schriftstellerischen, unterrichtenden oder erzieherischen Tätigkeit dient (§ 96 BewG).

135

Zur wirtschaftlichen Einheit Gewerbebetrieb werden wiederum alle Wirtschaftsgüter zusammengefasst, die dem Betriebsinhaber, einem Mitunternehmer oder den Gesellschaftern einer Personengesellschaft gehören (wirtschaftliches Eigentum ist ausreichend), oder Betriebsgüter, die Körperschaften, also Kapitalgesellschaften wie Aktiengesellschaften, Kommanditgesellschaften auf Aktien, Gesellschaften mit beschränkter Haftung, Erwerbs- und Wirtschaftsgenossenschaften, Versicherungsvereinen auf Gegenseitigkeit oder Kreditanstalten des öffentlichen Rechts gehören (§ 97 Abs. 1 BewG). Gehört einem

136

Gesellschafter oder mehreren Gesellschaftern ein Grundstück, das den betrieblichen Zwecken der Personengesellschaft dient, ist das Grundstück nicht Grundvermögen des Gesellschafters bzw. der Gesellschafter, sondern gehört als Betriebsgrundstück zum Sonderbetriebsvermögen der Personengesellschaft (vorrangige Verrechnung, § 97 Abs. 1 Nr. 5 Satz 2 BewG).

137 Gemäß R B 97.1 ErbStR 2011 i. V. m. § 97 Abs. 1 Satz 1 Nr. 5 BewG sind in den Gewerbebetrieb einer Personengesellschaft folglich einzubeziehen:

1. die Wirtschaftsgüter und sonstigen aktiven Ansätze sowie die Schulden und sonstigen Abzüge, soweit sie zum Gesamthandsvermögen gehören,

2. sowie auch die Wirtschaftsgüter aus den Sonderbilanzen (Sonderbetriebsvermögen I und II). Die Zurechnung zum Sonderbetriebsvermögen der Personengesellschaft geht hierbei der Zurechnung zum Betriebsvermögen des Gesellschafters vor (§ 97 Abs. 1 Satz 1 Nr. 5 Satz 2 BewG).

138 Forderungen und Schulden einer Personengesellschaft gegenüber ihren Gesellschaftern zählen zum Betriebsvermögen. Für Darlehensforderungen der Personengesellschaft gegen einen Gesellschafter gilt dies unter der Maßgabe, dass das Darlehen zu fremdüblichen Konditionen (Zins, Laufzeit, Sicherheit) gewährt wird (H B 97.1 Abs. 2 ErbStH 2011). Darlehen zu nicht fremdüblichen Konditionen gehören zur wirtschaftlichen Einheit des Betriebsvermögens, wenn ein betriebliches Interesse am Verwendungszweck des gewährten Darlehens besteht.

139 Ein Darlehen zu nicht fremdüblichen Konditionen, an dessen Verwendungszweck kein betriebliches Interesse besteht, stellt ertragsteuerlich eine Entnahme der Darlehensvaluta aus dem Betriebsvermögen der Gesellschaft in ihr gesamthänderisch gebundenes Privatvermögen dar, die allen Gesellschaftern anteilig unter Minderung ihrer Kapitalkonten zuzurechnen ist (H B 97.1 Abs. 2 ErbStH 2011). Die entsprechende Darlehensschuld des Gesellschafters ist je nach Verwendung des Darlehens (negatives) Sonderbetriebsvermögen oder eine private Schuld.

140 Geht der Anteil eines Gesellschafters an der Personengesellschaft von Todes wegen über oder überträgt dieser den Anteil durch Schenkung, ist ein anteilig ihm zuzurechnender Anspruch auf Rückzahlung eines nicht im Betriebsvermögen der Personengesellschaft erfassten Darlehens als Kapitalforderung im übrigen Vermögen anzusetzen. Das gilt nicht nur für den Gesellschafter, der das Darlehen erhalten hat. Die Erben des Gesellschafters, der das Darlehen erhalten hat, können außerdem die Darlehensschuld als Nachlassverbindlichkeit

abziehen. Im Fall der Schenkung sind insoweit die Grundsätze der gemischten Schenkung anzuwenden, wenn der Erwerber die Darlehensschuld übernimmt.

Über die zur wirtschaftlichen Einheit Gewerbebetrieb gehörenden Wirtschaftsgüter ist zum Vermögensübertragungszeitpunkt eine besondere Vermögensaufstellung zu fertigen, welche sich bei bilanzierenden Gewerbetreibenden und freiberuflich Tätigen regelmäßig an die Steuerbilanz anlehnt (Bestandsidentität). Der Grundsatz der Bestandsidentität erfährt allerdings u. a. bei Betriebsgrundstücken[1] oder Schulden und sonstigen passiven Ansätzen, die nicht mit der Gesamtheit oder einzelnen Teilen des Betriebsvermögens des Gewerbebetriebs stehen oder diversen Rücklagen usw. eine Durchbrechung. Bei Personenvereinigungen (OHG, KG) wird in die steuerliche Bewertung jeder zur Übertragung gelangenden Mitunternehmerschaft nicht nur der Anteil am Gesamthandsvermögen, sondern auch jenes Wirtschaftsgut eingeschlossen, das sog. Sonderbetriebsvermögen darstellt, weil es im Eigentum eines Mitunternehmers steht und überwiegend dem Betrieb der Gesellschaft dient (Sonderbetriebsvermögen I) oder seiner Mitunternehmerstellung, d. h. der Beteiligung des Mitunternehmers zu dienen bestimmt ist (Sonderbetriebsvermögen II[2]).

141

HINWEISE:

▶ Die bloße Verwaltung eigenen Vermögens ist hingegen keine gewerbliche Tätigkeit. Vermögensverwaltung liegt vor, wenn sich die Betätigung noch als Nutzung von Vermögen i. S. der Fruchtziehung aus zu erhaltenden Substanzwerten darstellt und die Ausnutzung substanzieller Vermögenswerte durch Umschichtung nicht entscheidend in den Vordergrund tritt.

▶ Ob dem Grunde nach begünstigtes Betriebsvermögen vorliegt, wird für jede wirtschaftliche Einheit gesondert geprüft. Es folgt ein Feststellungsbescheid durch das Erbschaftsteuerfinanzamt.

4.4 Die Bewertung von Anteilen an Kapitalgesellschaften

4.4.1 Allgemeines

Für die Bewertung von Anteilen an Kapitalgesellschaften, welche Betriebsvermögen darstellen, gelten im Grunde die in Rdn. 134 dargestellten Grundsätze für die Bewertung solcher Wertpapiere, die im Rahmen eines privaten Wert-

142

---

[1] Vgl. Rdn. 69, 79.
[2] Z. B. die Beteiligung des Kommanditisten an der Komplementär-GmbH einer GmbH & Co. KG sowie „Unterbeteiligungen". Typische Unterbeteiligungen sind Darlehensverträge Dritter mit einem Gesellschafter zur Finanzierung seiner Einlage, wenn im Vertrag kein fester Zins vereinbart wurde.

papierdepots übertragen werden. Im Detail nimmt die Finanzverwaltung zur Bewertung von Anteilen an Kapitalgesellschaften in den Erbschaftsteuer-Richtlinien (ErbStR 2011) wie folgt Stellung:

▶ Werden die Anteile am Bewertungsstichtag an einer deutschen Börse zum Handel im regulierten Markt oder in den Freiverkehr einbezogen, gelten die Börsenkurse vom Bewertungsstichtag.

▶ Wertpapiere, für die ein Börsenkurs nicht besteht, sind anzusetzen,

1. soweit sie Anteile an Kapitalgesellschaften verbriefen, mit dem gemeinen Wert nach § 11 Abs. 2 BewG und

2. soweit sie Forderungsrechte verbriefen, mit dem sich nach § 12 Abs. 1 BewG ergebenden Wert.

143 In Verbindung mit § 11 Abs. 2 BewG ergibt sich damit folgende Hierarchie von Bewertungsmethoden für Anteile an Kapitalgesellschaften:

1. Börsenkurs: Dieser genießt vor jeder anderen Bewertungsmethode den Vorrang. Er kann weder durch ein Gutachten noch durch den Substanzwert usw. unterboten werden.

2. Kaufpreis unter fremden Dritten: Dieser genießt Vorrang gegenüber dem Substanzwert oder dem Ertragswert. Ein Substanzwert geht nur dem Ertragswert nach dem individuellen oder vereinfachten Ertragswertverfahren oder einer anderen üblichen Bewertungsmethode vor.

3. Substanzwert/Liquidationswert: Diese gehen dem nach dem individuellen oder vereinfachten Ertragswertverfahren ermittelten Ertragswert oder dem Ergebnis eines anderen anerkannten Bewertungsverfahrens vor, wenn sie höher sind (bei Liquidationswert: nur wenn eine Liquidation des Unternehmens beabsichtigt ist).

4. Sonstige anerkannte marktübliche Bewertungsverfahren.

5. Ertragswertverfahren (vereinfacht, individuell).

144 Für nicht notierte Anteile an Kapitalgesellschaften ist der maßgebliche gemeine Wert primär aus Verkäufen unter fremden Dritten abzuleiten. Dabei sind jedoch nur Verkäufe zu berücksichtigen, die zum Bewertungsstichtag weniger als ein Jahr zurückliegen. Die Finanzverwaltung lässt gemäß R B 11.2 Abs. 1 Satz 3 ErbStR 2011 die Ableitung des gemeinen Wertes nicht notierter Anteile auch aus einem einzigen Verkauf zu, wenn Gegenstand des Verkaufs nicht nur ein Zwerganteil ist oder der zu bewertende Anteil ebenfalls ein Zwerganteil ist. Ferner kann die Ausgabe neuer Geschäftsanteile an einer GmbH im Rahmen einer Kapitalerhöhung zur Aufnahme eines neuen Gesellschafters als Ver-

kauf i. S. des § 11 Abs. 2 Satz 2 BewG zur Ableitung des gemeinen Werts der GmbH-Anteile herangezogen werden. Kann der gemeine Wert nicht aus Verkäufen abgeleitet werden, ist er unter Berücksichtigung der Ertragsaussichten der Kapitalgesellschaft oder einer anderen anerkannten, auch im gewöhnlichen Geschäftsverkehr für nichtsteuerliche Zwecke üblichen Methode zu ermitteln (vgl. unten Ertragswertverfahren). Hinsichtlich der Hierarchie der Anwendung des Ertragswertverfahrens (vereinfacht, individuell) oder einem sonstigen anerkannten marktüblichen Bewertungsverfahren bestimmt § 11 Abs. 2 Satz 2 Halbsatz 2 BewG, dass stets jene Methode vorrangig ist, die „ein Erwerber ... zu Grunde legen würde".

Der gemeine Wert eines nicht notierten Anteils an einer Kapitalgesellschaft bestimmt sich schließlich nach dem Verhältnis des Anteils am Nennkapital (Grund- oder Stammkapital) der Gesellschaft zum gemeinen Wert des Betriebsvermögens der Kapitalgesellschaft zum Bewertungsstichtag (§ 97 Abs. 1b BewG, R B 11.5 Satz 1 ErbStR 2011). Der gemeine Wert wird für je 100 € des Nennkapitals ermittelt. Richtet sich die Beteiligung am Vermögen und am Gewinn der Gesellschaft auf Grund einer ausdrücklichen Vereinbarung der Gesellschafter nach der jeweiligen Höhe des eingezahlten Nennkapitals, bezieht sich der gemeine Wert nur auf das tatsächlich eingezahlte Nennkapital.

145

HINWEIS:

Der gemeine Wert kann auch durch Vorlage eines methodisch nicht zu beanstandenden Gutachtens nachgewiesen werden, welches auf den für die Verwendung im Ertragswertverfahren üblichen Daten der betreffenden Kapitalgesellschaft aufbaut (R B 11.2 Abs. 2 ErbStR 2011).

4.4.2 Eigene Anteile

Hält die Gesellschaft eigene Anteile, mindern diese das Nennkapital (R B 11.5 Satz 1 Halbsatz 2 ErbStR 2011). Die Finanzverwaltung will damit dem Umstand Rechnung tragen, dass sich die Beteiligung der Gesellschafter am Vermögen und Gewinn der Gesellschaft regelmäßig nach dem Verhältnis der Anteile am Nennkapital richtet.[1] Des gilt auch, wenn das Nennkapital noch nicht vollständig eingezahlt ist. Unerheblich ist, ob noch mit der Einzahlung des Restkapitals zu rechnen ist oder nicht.

146

---

1 § 11 und § 60 AktG sowie § 29 Abs. 2 und § 72 GmbHG.

4.4.3 Paketzu- und -abschlag

147 In vielen Fällen entspricht die Summe der Kapitalanteile nicht dem Gesamtwert des Unternehmens. Beträgt z. B. der nach dem Ertragswertverfahren ermittelte Gesamtwert des Unternehmens 100 und sind zwei Gesellschafter beteiligt, wobei einer 51 %, der andere 49 % der Geschäftsanteile hält, wird ein Käufer des 49-%-Anteils nicht 49 zahlen, sondern z. B. 40. Denn der andere Gesellschafter kann mit seinem 51-%-Anteil über die Gesellschaft praktisch verfügen, was den gemeinen Wert des 49-%-Anteils erheblich beeinträchtigen kann. Umgekehrt dürfte der die 51 % haltende Gesellschafter seine Anteile nicht für 51 veräußern wollen; er veräußert z. B. zu 60. Diesen Umstand berücksichtigt das Bewertungsrecht mit der Korrekturvorschrift des § 11 Abs. 3 BewG. Die Vorschrift bestimmt, dass wenn der gemeine Wert einer Anzahl von Anteilen an einer Kapitalgesellschaft, die einer Person gehören, höher ist als der Wert, der sich auf Grund der Kurswerte oder der gemeinen Werte für die einzelnen Anteile insgesamt ergibt, der gemeine Wert der Beteiligung maßgeblich ist. Eine entsprechende Korrektur erfolgt mit dem Paketzuschlag (im Fall eines Mehrwertes) bzw. einem Paketabschlag (im Fall eines Minderwertes). Eine Korrektur durch einen Paketzuschlag bzw. -abschlag kommt sowohl beim Ansatz von Kurswerten als auch bei der Ermittlung des gemeinen Werts durch Ableitung aus Verkäufen in Betracht.

148 Ein Paketzuschlag ist vorzunehmen, wenn der gemeine Wert der zu bewertenden Anteile höher ist als der Wert, der den Beteiligungscharakter der zu bewertenden Anteile nicht berücksichtigt. Die Finanzverwaltung unterstellt einen solchen Mehrwert bereits dann, wenn ein Gesellschafter mehr als 25 % der Anteile an einer Kapitalgesellschaft auf einen oder mehrere Erwerber überträgt (R B 11.6 Abs. 3 ErbStR 2011). Ein Paketzuschlag ist dann auch vorzunehmen, wenn die anschließende (quotale) Aufteilung unter den Erben dazu führt, dass jeder der Erben nur eine Beteiligung von weniger als 25 % erhält.

149 Allerdings kann, wenn neben den Erben ein Vermächtnisnehmer einen schuldrechtlichen Anspruch auf Anteile erlangt, bei dessen Erfüllung die den Erben verbleibende Beteiligung weniger als 25 % beträgt, der Verlust dieses Einflusses – bezogen auf den Zeitpunkt der Steuerentstehung – eine wirtschaftliche Änderung sein, die einen Paketzuschlag für die von den Erben erworbene Beteiligung nicht mehr rechtfertigt (R B 11.6 Abs. 5 ErbStR 2011). Denn der Anspruch des Vermächtnisnehmers ist danach zu bewerten, ob die ihm vermachten Anteile mehr als 25 % betragen. Ein Vorausvermächtnis zu Gunsten eines Miterben ist dagegen nicht als wirtschaftliche Änderung anzusehen, die die Erbengemeinschaft in der Ausübung ihrer Mitgliedschaftsrechte – bezogen

auf den Zeitpunkt der Steuerentstehung – beschränkt, und berührt damit den Paketzuschlag für die von den Erben erworbene Beteiligung nicht.

Bei Schenkungen unter Lebenden kommt es darauf an, ob die auf den Erwerber übergehenden Anteile mehr als 25 % betragen. Besaß der Beschenkte bereits Anteile und erlangt er zusammen mit den zugewendeten Anteilen einen Anteil von mehr als 25 %, ist dies jedoch für die Bewertung der zugewendeten Anteile grundsätzlich unbeachtlich. Maßgeblich bleibt insoweit die Beteiligungsquote beim Übertragenden. Erfolgt die Übertragung der Kapitalanteile in mehreren Schenkungen von derselben Person und sind die einzelnen Schenkungen innerhalb des maßgeblichen Zehnjahreszeitraumes zusammenzurechnen,[1] erfolgt ein Paketzuschlag erstmals für jene zugewendeten Anteile, die dem Erwerber erstmals eine Beteiligung von mehr als 25 % verschaffen, also die Beteiligungsgrenze von 25 % erstmals durchbrechen. Entsprechendes gilt folglich für alle weiteren zugewendeten Anteile. 150

Die Höhe des Paketzuschlages kann je nach Umfang der zu bewertenden Beteiligung bis zu 25 % betragen. Auch höhere Zuschläge hält die Finanzverwaltung im Einzelfall für möglich. 151

HINWEISE:
- Nach R B 11.6 Abs. 2 Satz 5 ErbStR 2011 wäre nach Auffassung der Finanzverwaltung ein Paketzuschlag bei der Wertermittlung mittels des vereinfachten Ertragswertverfahrens i. d. R. nicht vorzunehmen. Kommt ein Anteilspaket von mehr als 25 % zur Übertragung und wäre danach ein Paketzuschlag vorzunehmen, wäre in solchen Fällen die Anwendung des vereinfachten Ertragswertverfahrens unter Umständen vorteilhaft.
- In den Fällen der Bewertung mit dem Substanzwert ist ein Paketzuschlag ebenfalls nicht vorzunehmen.
- Das für die Bewertung der Gewerbebetriebe (Personengesellschaften und Betriebe freiberuflich Tätiger) maßgebliche vereinfachte Ertragswertverfahren gilt auch für die Bewertung der Anteile nicht börsennotierter Kapitalgesellschaften.

4.5 Die Bewertung der Gewerbebetriebe (Personengesellschaften und Wirtschaftsgüter freiberuflich Tätiger)

4.5.1 Ertragswert und Hierarchie der Bewertungsverfahren

Mit Ausnahme einer Bewertung anhand eines Börsenkurses kommen für die Bewertung der Gewerbebetriebe dieselben Bewertungsverfahren und Bewer- 152

---

1 Vgl. dazu Rdn. 681 ff.

tungsmethoden und auch dieselbe Hierarchie unter den Bewertungsverfahren zur Anwendung, die für die Bewertung von Anteilen an Kapitalgesellschaften gelten.[1] Das Bewertungsrecht stellt für die Bewertung von geerbten oder zu verschenkenden Unternehmenswerten in § 11 Abs. 2 BewG primär auf Verkäufe unter fremden Dritten ab. Als geeignet angesehen werden hierbei Verkäufe, die weniger als ein Jahr zurückliegen. Der Gesetzgeber geht dabei von einem Verkauf von Anteilen an Kapitalgesellschaften aus. Der Grundsatz der vordergründigen Verwendung geeigneter Verkaufspreise für die Bewertung gilt aber auch für Anteile an Personengesellschaften (z. B. KG/OHG-Anteile).

153 Stehen keine geeigneten Verkaufspreise zur Verfügung, stehen folgende marktüblichen Methoden zur Wahl:

▶ Diverse weitere marktübliche Methoden, welche im Wirtschaftsleben neben oder statt der Ertragswertmethode Anwendung finden.[2] Als Bewertungsmethode ist per Gesetz stets diejenige zu wählen, „die ein Erwerber der Bemessung des Kaufpreises zugrunde legen würde".[3]

▶ Das Ertragswertverfahren (vereinfacht, individuell). Gegenstand der Bewertung im Ertragswertverfahren sind die Ertragsaussichten des Unternehmens.

154 Dem Gebot der Preisfindung aus Sicht eines gedachten Käufers liegt die Überlegung zu Grunde, dass dieser im Unterschied zum Verkäufer bemüht sein wird, den Preis möglichst niedrig zu halten. Das Gebot der Preisfindung aus Sicht eines gedachten Käufers findet aber dort ihre Grenzen, wo der Käufer den zu erwerbenden Betrieb nicht als „Stand-alone-Unternehmen" sieht, sondern sich aus dem Unternehmenskauf bestimmte Synergie- oder Verbundeffekte erhofft. Die Einbeziehung einer gedachten Käufersicht kann so regelmäßig zu Werten führen, die über denen aus Sicht des Verkäufers liegen. Denn der Verkäufer sieht seinen Betrieb so, „wie er steht und liegt". Im Extremfall besitzt ein ererbtes bzw. übertragenes Unternehmen aus Stand-alone-Sicht keinen objektiven Marktwert, weil es defizitär ist. Trotzdem aber kann sich aus der Bewertung aus (gedachter) Käufersicht ein positiver Marktwert bilden, nämlich dann, wenn der Käufer mit dem Erwerb die Absicht verfolgt, einen Konkurrenten auszuschalten.

155 Das Ertragswertverfahren ist vor allem dadurch geprägt, dass es die zukünftige Unternehmensentwicklung und den Gedanken des Fortbestands des Unter-

---

1 Vgl. insoweit oben Rdn. 142.
2 Vgl. oben Rdn. 134.
3 § 11 Abs. 2 Satz 2 BewG i. V. m. § 109 BewG.

nehmens (Going Concern) berücksichtigt. Fremdkapitalzinsen und somit die Veränderung des Fremdkapitalbestands wird berücksichtigt. Außerdem zeichnet sich dieses Verfahren durch eine gute Ableitbarkeit aus i. d. R. vorhandenen Gewinn- und Verlustrechnungen aus und führt damit im direkten Weg zur Ermittlung des Eigenkapitalwerts. Nachteilig wirkt sich aus, dass die Prognose der Jahresüberschüsse eine exakte Planung erfordert, da eine Veränderung der Außenfinanzierung die Höhe des Jahresüberschusses beeinflusst. Außerdem ist der Gewinn die am meisten von der Rechnungslegung manipulierte Größe. Der Ertrag ist somit manipulierbarer als der reine Cashflow, was wiederum für eine Anwendung der DCF-Methode spricht.

Die Finanzverwaltung wendet in erster Linie das Ertragswertverfahren an; es ist Maßstab für die steuerliche Bewertung.[1] Nur wenn „andere gebräuchliche Bewertungsmethoden zur Preisbildung angewandt werden", wie es in der Gesetzesbegründung heißt,[2] „hat das Steuerrecht, das an den gemeinen Wert (Verkehrswert) anknüpft, dies zu respektieren". 156

Der Gesetzgeber setzt bei dem Ertragswertverfahren bzw. einem anderen üblichen Verfahren auf das Gesamtbewertungsverfahren. Im Gesamtbewertungsverfahren wird das zu bewertende Unternehmen als eine Einheit angesehen,[3] wobei es hier wiederum auch Ausnahmen gibt. Nicht betriebsnotwendige Wirtschaftsgüter und mit ihnen wirtschaftlich zusammenhängende Schulden (§ 200 Abs. 2 BewG), Beteiligungen (§ 200 Abs. 3 BewG) ohne mit diesen wirtschaftlich zusammenhängende Schulden (R B 200 Abs. 3 Satz 4 ErbStR 2011), junges Betriebsvermögen (innerhalb von zwei Jahren vor dem Bewertungsstichtag eingelegte Wirtschaftsgüter) und damit wirtschaftlich zusammenhängende Schulden (§ 200 Abs. 4 BewG, R B 200 Abs. 5 ErbStR 2011) sowie Sonderbetriebsvermögen und damit zusammenhängende Schulden (§ 97 Abs. 1a Nr. 2 BewG, R B 97.1 ErbStR 2011) müssen gesondert ermittelt und neben dem für das betriebliche Vermögen ermittelten Gesamtwert angesetzt werden. Sonderbetriebsvermögen ist dabei nur dann zu berücksichtigen, wenn es jenem Gesellschafter gehört, der der Erblasser oder der Übertragende ist. 157

Betriebsschulden fließen nicht mehr explizit in die Bewertung ein. Diese wirken sich aber indirekt auf den Ertragswert und damit auf den Steuerwert des 158

---

1 Siehe u. a. Leitfaden der Oberfinanzdirektionen Münster und Rheinland, 4. Fassung, Stand Januar 2007 unter www.gmbhr.de/volltext.htm.
2 Zu § 11 Abs. 2 BewG.
3 Im Unterschied dazu stellen Einzelbewertungsverfahren die Bewertung der einzelnen Bestandteile in isolierter Form dar. Vgl. Kussmaul/Pfirmann/Hell/Meyering, Die Bewertung von Unternehmensvermögen nach dem ErbStRG und Unternehmensbewertung, BB 2008 S. 472.

gesamten Unternehmens aus, weil die Zinszahlungen für die Schulden den Ertrag mindern. Schuldposten werden mit ihrem Nominalbetrag nur noch bei der Ermittlung des Mindestwertes von den Aktiva abgezogen. Besonders betroffen vom Wegfall des direkten Schuldenabzugs sind Einzelunternehmen. Wurde nach altem Recht ein Unternehmen mit einer Aktiva von 100, einer Passiva von 50 und einem Eigenkapital von 50 übertragen, konnte dies zu einem Steuerwert von 50 erfolgen. Nach neuem Recht ist der Ertragswert zu ermitteln. Dieser wird typisch nicht 50 sein. Die Aktiva und Passiva bleiben außer Acht.

159 Betriebsgrundstücke fließen regelmäßig in den Gesamtwert des Unternehmens – den Ertragswert – ein. Die Zugehörigkeit eines Grundstücks zum Betriebsvermögen richtet sich nach ertragsteuerrechtlichen Grundsätzen (R B 99 Abs. 1 ErbStR 2011). Gehört nur ein Teil des Grundstücks zum Betriebsvermögen, ist zunächst der Grundbesitzwert für das gesamte Grundstück festzustellen und wird vom Betriebsfinanzamt entsprechend aufgeteilt. Eine gesonderte Bewertung von Betriebsgrundstücken erfolgt nach der Reform des Erbschaftsteuer- und Bewertungsrechts zum 1.1.2009 daher nur noch, wenn ein gesonderter Ansatz erforderlich ist, etwa wenn das Betriebsgrundstück zum Sonderbetriebsvermögen gehört oder als junges Betriebsvermögen zu behandeln ist oder der Substanzwert als Mindestwert zu ermitteln ist und Anwendung findet. Schulden (Grundschulden), die mit einem Betriebsgrundstück in wirtschaftlichem Zusammenhang stehen, sind abzuziehen, soweit sie bei der steuerlichen Gewinnermittlung zum Betriebsvermögen gehören. Ist das Grundstück oder der Grundstücksteil gesondert anzusetzen, ist der gemeine Wert zu berücksichtigen, soweit er auf den betrieblichen Teil entfällt (R B 99 Abs. 2 Satz 2 ErbStR 2011).

HINWEISE:

▶ Gehört zu einem vererbten oder lebzeitig übertragenen Gewerbebetrieb ein durch den bisherigen Inhaber dem Betrieb zur Nutzung unentgeltlich überlassenes Grundstück (= Sonderbetriebsvermögen I), kommt es unter Umständen zu einer doppelten Erfassung des Grundstücks und damit zu einer ggf. zu hohen Besteuerung, weil das Grundstück einerseits den steuerlichen Gesamtwert des betrieblichen Kernvermögens nicht mindert (weil kein Ansatz von Verbindlichkeiten wie etwa eine Pachtzahlung erfolgt) und das Grundstück andererseits gesondert als Sonderbetriebsvermögen dem Steuerwert für das Kernvermögen hinzuzuaddieren ist.

▶ Außerdem ist die von Gesetzes wegen vorgesehene Gleichsetzung der Anteilswerte an einer Personengesellschaft mit dem anteiligen Verkehrswert des gesamten Unternehmens insoweit problematisch, als hierbei etwaige Verfügungsbeschränkun-

gen und Auflagen im Zusammenhang mit den Anteilswerten nicht berücksichtigt werden.[1]
- ▶ Die Feststellungslast darüber, welche Methode als die geeignete zum Ansatz kommt, trägt nach der Gesetzesbegründung immer derjenige, der sich auf diese beruft, also der Erbe/Erwerber.
- ▶ Erben/Erwerber kleiner und mittlerer Unternehmen können das im Gesetz (§§ 199–203 BewG) geregelte und im Anschluss näher dargestellte vereinfachte Ertragswertverfahren nutzen, welches sich nach gleichem Muster, aber z. B. unterschiedlichem Kapitalisierungszinssatz vollzieht.

4.5.2 Das vereinfachte Ertragswertverfahren (§ 199 BewG)

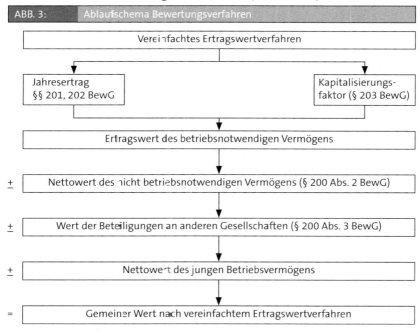

ABB. 3: Ablaufschema Bewertungsverfahren

4.5.2.1 Allgemeines

Das vereinfachte Ertragswertverfahren ist rechtsformneutral und sowohl für die Bewertung von Anteilen an Kapitalgesellschaften als auch zur Ermittlung des gemeinen Werts eines Einzelunternehmens und für die Bewertung von

160

---

[1] Vgl. hierzu kritisch: Hübner, DStR 2009 S. 2577.

Personengesellschaften und Anteilen an einem Betriebsvermögen anwendbar (§ 199 Abs. 1 BewG). Bei der Bewertung ausländischer Unternehmen können die Regelungen des vereinfachten Ertragswertverfahrens entsprechend angewendet werden, insbesondere hinsichtlich der Ermittlung des nachhaltig erzielbaren Jahresertrags, wenn dies nicht zu offensichtlich unzutreffenden Ergebnissen führt (R B 199.1 Abs. 2 ErbStR 2011).

Das vereinfachte Ertragswertverfahren basiert im Grunde auf dem nicht vereinfachten (individuellen) Ertragswertverfahren. Im Unterschied zu dem nicht vereinfachten Verfahren sind in der vereinfachten Variante bestimmte Rechengrößen wie z. B. der Kapitalisierungszinssatz explizit festgesetzt. Das vereinfachte Ertragswertverfahren soll Erben/Erwerbern von Unternehmen die Möglichkeit bieten, „ohne hohen Ermittlungsaufwand oder Kosten für einen Gutachter einen objektivierten Unternehmens- bzw. Anteilswert auf der Grundlage der Ertragsaussichten zu ermitteln", wie aus der Gesetzesbegründung zu entnehmen ist.[1]

161 Erben und Erwerber können sich auf das vereinfachte Ertragswertverfahren immer dann berufen, wenn:

1. es nicht offensichtlich zu unzutreffenden Ergebnissen führt und
2. wenn für den zu bewertenden Unternehmenstyp branchentypisch auch ertragswertorientierte Verfahren anzuwenden sind.[2]

162 Beide Voraussetzungen müssen danach kumulativ vorliegen. Dies bedeutet, dass, wenn branchentypisch ertragswertorientierte Verfahren ausgeschlossen sind, weil z. B. Multiplikatorenverfahren oder Substanzwertverfahren zur Anwendung kommen, das vereinfachte Ertragswertverfahren nicht anzuwenden ist (R B 199.1 Abs. 1 Satz 2 ErbStR 2011). Sind dagegen branchentypisch auch ertragswertorientierte Verfahren anzuwenden, ist eine Bewertung nach dem vereinfachten Ertragswertverfahren möglich, wobei sich die Finanzverwaltung in solchen Fällen stets die Prüfung eines offensichtlich unzutreffenden Ergebnisses vorbehält. Führt das vereinfachte Ertragswertverfahren zu einem offensichtlich unzutreffenden Ergebnis, müssen andere im gewöhnlichen Geschäftsverkehr für nicht steuerliche Zwecke übliche Verfahren angewendet werden. Der für die Steuerberechnung maßgebliche gemeine Wert ist dann regelmäßig durch individuelle Gutachten nachzuweisen.

163 Nach R B 199.1 Abs. 5 ErbStR 2011 können sich Erkenntnisse über eine offensichtlich unzutreffende Wertermittlung durch Anwendung des vereinfachten

---

[1] Vgl. BT-Drucks. 15/11107 S. 26.
[2] BT-Drucks. 15/11107 S. 26, vgl. auch Rdn. 152.

Ertragswertverfahrens ergeben, wenn sich aus zeitnahen Verkäufen, die nach dem Bewertungsstichtag liegen, andere Werte ergeben. Dasselbe gilt bei Vorliegen von Verkäufen, die mehr als ein Jahr vor dem Bewertungsstichtag liegen. Die Finanzverwaltung erkennt den im vereinfachten Ertragswertverfahren ermittelten Unternehmenswert auch dann nicht an, wenn sich aus Erbauseinandersetzungen, bei denen die Verteilung der Erbmasse erfolgt ist, Rückschlüsse auf einen abweichenden gemeinen Wert ziehen lassen.

Die Finanzverwaltung hält eine Bewertung nach vereinfachtem Ertragswertverfahren insbesondere nicht für zulässig (R B 199.1 Abs. 5 ErbStR 2011) 164

1. bei komplexen Strukturen von verbundenen Unternehmen;
2. bei neu gegründeten Unternehmen, bei denen der künftige Jahresertrag noch nicht aus den Vergangenheitserträgen abgeleitet werden kann, insbesondere bei Gründungen innerhalb eines Jahres vor dem Bewertungsstichtag, weil das vereinfachte Ertragswertverfahren hier regelmäßig, z. B. wegen hoher Gründungs- und Ingangsetzungsaufwendungen, zu offensichtlich unzutreffenden Ergebnissen führt;
3. beim Branchenwechsel eines Unternehmens, bei dem deshalb der künftige Jahresertrag noch nicht aus den Vergangenheitserträgen abgeleitet werden kann;
4. in sonstigen Fällen, in denen auf Grund der besonderen Umstände der künftige Jahresertrag nicht aus den Vergangenheitserträgen abgeleitet werden kann. Hierzu gehören z. B. Wachstumsunternehmen, branchenbezogene oder allgemeine Krisensituationen oder absehbare Änderungen des künftigen wirtschaftlichen Umfeldes;
5. bei grenzüberschreitenden Sachverhalten, wenn der jeweils andere Staat nicht die Ergebnisse des vereinfachten Ertragswertverfahrens seiner Besteuerung zugrunde legt.

HINWEISE:

▶ Das vereinfachte Ertragswertverfahren berücksichtigt bei der Berechnung der Steuerwerte für Personen- wie auch für Kapitalgesellschaften kaufpreisspezifische Umstände wie disquotale Stimmrechte und andere wertbeeinflussende Faktoren wie Verfügungsbeschränkungen oder bestimmte Abfindungsklauseln usw. nicht. Schwachstellen dieses Verfahrens zeigen sich auch sowohl an der Ermittlung der Jahreswerte als auch an der Stichtagsbezogenheit des Basiszinssatzes und der Vorgabe eines pauschalen Risikozuschlages. Während der Basiszinssatz unterjährig in regelmäßigen Abständen ermittelt wird, setzt das Bundesfinanzministerium diesen jeweils einmal jährlich zu Beginn eines Jahres fest. Weicht der unterjährige Basiszinssatz zu Gunsten des Unternehmers ab, kann ein Bewertungsgutachten vorteilhaft sein. Im Übrigen kann ein anderes anerkanntes Verfahren für den Erben/Erwerber unter Umständen zu günstigeren Ergebnissen führen.

- In der Praxis kommt es zur Anwendung des (vereinfachten) Ertragswertverfahrens regelmäßig dann, wenn ein höherer Ertragswert zu erwarten ist als der Substanzwert (das ist die Summe der gemeinen Werte der zum Betriebsvermögen gehörenden Wirtschaftsgüter und sonstigen aktiven Ansätze abzüglich der zum Betriebsvermögen gehörenden Schulden und sonstigen Abzüge).[1]
- Das Finanzamt hat den im vereinfachten Ertragswertverfahren ermittelten Wert zu Grunde zu legen, wenn das Ergebnis nicht offensichtlich unzutreffend ist (R B 199.1 Abs. 3 Satz 2 ErbStR 2011). Will das Finanzamt den mittels vereinfachten Ertragswertverfahren ermittelten Wert des Betriebsvermögens nicht anerkennen, trägt es hierfür die Feststellungslast und muss einen abweichenden Wert selbstständig ermitteln (R B 199.1 Abs. 6 ErbStR 2011).
- Für die Bewertung von Anteilen an ausländischen Kapitalgesellschaften oder ausländischem Betriebsvermögen findet das vereinfachte Ertragswertverfahren Anwendung.[2]

4.5.2.2 Das vereinfachte Ertragswertverfahren im Detail

4.5.2.2.1 Schematische Übersicht der Verfahrensschritte

165

ABB. 4: Ablaufschema Wertermittlung im vereinfachten Ertragswertverfahren (R B 200 Abs. 1 ErbStR 2011)

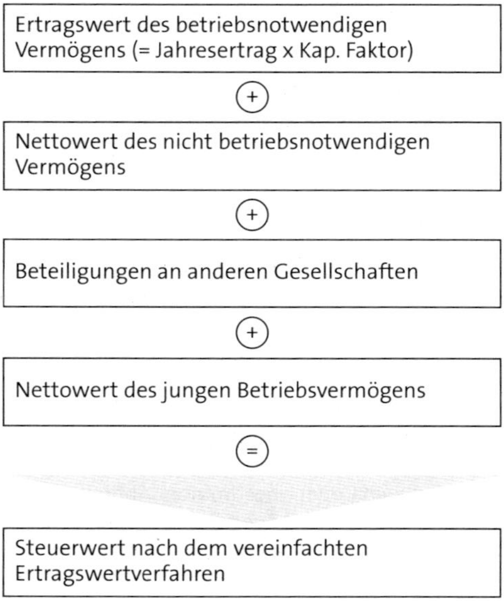

Ertragswert des betriebsnotwendigen Vermögens (= Jahresertrag x Kap. Faktor)

(+)

Nettowert des nicht betriebsnotwendigen Vermögens

(+)

Beteiligungen an anderen Gesellschaften

(+)

Nettowert des jungen Betriebsvermögens

(=)

Steuerwert nach dem vereinfachten Ertragswertverfahren

---

1 § 11 Abs. 2 Satz 3 BewG.
2 Vgl. unten Rdn. 205.

4.5.2.2.2 Ertragswert des betriebsnotwendigen Vermögens

4.5.2.2.2.1 Ermittlung des Jahresertrages

Der Ertragswert für das betriebsnotwendige Vermögen ergibt sich in dem vereinfachten Ertragswertverfahren durch Multiplikation des zukünftig nachhaltig erzielbaren Jahresertrags mit dem im Bewertungsrecht (§ 203 BewG) definierten Kapitalisierungsfaktor. Im Unterschied zum normalen Ertragswertverfahren muss im vereinfachten Ertragswertverfahren für die Ermittlung des zukünftig nachhaltig erzielbaren Jahresertrags nicht auf Planungsrechnungen zurückgegriffen werden, die in kleinen und mittleren Betrieben, für die dieses vereinfachte Verfahren anzuwenden ist, im Regelfall nicht vorhanden sind. Der voraussichtliche Jahresertrag kann vielmehr anhand des in der Vergangenheit erzielten Durchschnittsertrags geschätzt werden.

166

Den Ausgangswert für die Jahresertragsermittlung bilden bei bilanzierenden Unternehmen die Betriebsergebnisse aus den letzten drei vor dem Bewertungsstichtag abgeschlossenen Wirtschaftsjahren (§ 201 Abs. 2 Satz 1 BewG, R B 201 ErbStR 2011). Bei nicht bilanzierenden Gewerbetreibenden und freiberuflich Tätigen ist Ausgangswert der Überschuss der Betriebseinnahmen über die Betriebsausgaben. Auch hierbei sind die nachfolgend genannten Hinzurechnungen und Kürzungen vorzunehmen, z. B. Abschreibungen auf einen entgeltlich erworbenen Praxiswert, einmalige Veräußerungsverluste, Absetzungen für außergewöhnliche technische oder wirtschaftliche Abnutzungen oder Sonderabschreibungen etc. (R B 202 Abs. 4 ErbStR 2011).

167

Soweit es für die Herleitung des künftig zu erzielenden Jahresertrags von Bedeutung ist, ist das gesamte Betriebsergebnis eines am Bewertungsstichtag noch nicht abgelaufenen Wirtschaftsjahres anstelle des drittletzten abgelaufenen Wirtschaftsjahres einzubeziehen; in solchen Fällen wird dieses Wirtschaftsjahr „voll" und nicht nur zeitanteilig gerechnet (R B 201 Abs. 3 ErbStR 2011).

168

Zählt zu dem dreijährigen Ermittlungszeitraum ein Rumpfwirtschaftsjahr, ist regelmäßig nicht das Betriebsergebnis des Rumpfwirtschaftsjahrs, sondern das volle Betriebsergebnis des letzten, noch nicht abgelaufenen Wirtschaftsjahrs einzubeziehen (R B 201 Abs. 4 ErbStR 2011). Die Finanzverwaltung führt hierzu in ihren Hinweisen (H B 201 Abs. 4 ErbStH 2011) folgendes Beispiel auf:

169

> **BEISPIEL:** Bewertungsstichtag 15. 9. 2011, Gründungsdatum 1. 5. 2008 Wirtschaftsjahr = Kalenderjahr
>
> Der Ermittlungszeitraum umfasst die Wirtschaftsjahre 2009, 2010 und 2011. Eine Berücksichtigung des Rumpfwirtschaftsjahrs (1. 5. 2008 bis 31. 12. 2008) erfolgt nicht.

170 Die Summe der Betriebsergebnisse ist durch 3 zu dividieren und ergibt den Durchschnittsertrag. Das Ergebnis stellt den Jahresertrag als ungewichtetes arithmetisches Mittel der letzten drei vergangenen Wirtschaftsjahre dar.

171 Zur Bestimmung des für die Ermittlung des „künftig nachhaltig zu erzielenden Jahresertrags" maßgeblichen Durchschnittsertrags sind die jährlichen Gewinne i. S. des Einkommensteuerrechts (Betriebsergebnis, § 202 BewG) heranzuziehen. Für die Bewertung von Freiberuflerpraxen bzw. jener Unternehmen, die keine Bilanzen erstellen müssen, sondern ihren steuerpflichtigen Gewinn anhand einer Einnahmen-Überschussrechnung ermitteln dürfen, ist diese zu Grunde zu legen. Ergebnisse aus Sonderbilanzen und Ergänzungsbilanzen bleiben unberücksichtigt.

172 Die Steuerbilanzgewinne bzw. die durch Einnahmen-Überschussrechnung ermittelten Gewinne sind in einem weiteren Schritt um bestimmte Aufwendungen und Erträge zu bereinigen; es handelt sich dabei um einmalige Aufwendungen und Erträge, die zu korrigieren sind. Diese sind im Regelfall für die künftige Jahresertragermittlung nicht relevant, weil sie sich vermutlich nicht wiederholen werden (einmalig sind) oder jedenfalls den künftig nachhaltig erzielbaren Jahresertrag nicht beeinflussen. Zur Vermeidung von Doppelerfassungen müssen außerdem Aufwendungen und Erträge aus dem gesondert zu bewertenden nicht betriebsnotwendigen Betriebsvermögen, Beteiligungen an anderen Gesellschaften und dem jungen Betriebsvermögen neutralisiert werden.

173 Demgemäß sind die Ergebnisse der steuerlichen Gewinnermittlung nach § 202 Abs. 1 i. V. m. R B 202 Abs. 3 ErbStR 2011 wie folgt zu korrigieren:

TAB. 6:	Korrekturschritte zum maßgeblichen Jahresertrag
	Steuerbilanzergebnis nach § 5 Abs. 1 Satz 1 EStG (Bilanzen der Jahre 01–03 vor dem Bewertungsstichtag)
+	Investitionsabzugsbeträge, soweit sie den Gewinn gemindert haben, Sonderabschreibungen oder erhöhte Absetzungen, Bewertungsabschläge, Zuführungen zu steuerfreien Rücklagen sowie Teilwertabschreibungen. Es sind nur die normalen Absetzungen für Abnutzung zu berücksichtigen. Diese sind nach den Anschaffungs- oder Herstellungskosten bei gleichmäßiger Verteilung über die gesamte betriebsgewöhnliche Nutzungsdauer zu bemessen. Die normalen Absetzungen für Abnutzung sind auch dann anzusetzen, wenn für die Absetzungen in der Steuerbilanz vom Restwert auszugehen ist, der nach Inanspruchnahme der Sonderabschreibungen oder erhöhten Absetzungen verblieben ist.

4 Bewertung von Betriebsvermögen

+	Absetzungen auf den Geschäfts- oder Firmenwert oder auf firmenwertähnliche Wirtschaftsgüter
+	einmalige Veräußerungsverluste sowie außerordentliche Aufwendungen
+	im Gewinn nicht enthaltene Investitionszulagen, soweit in Zukunft mit weiteren zulagebegünstigten Investitionen in gleichem Umfang gerechnet werden kann
+	der Ertragsteueraufwand (Körperschaftsteuer, Zuschlagsteuern und Gewerbesteuer)
+	Aufwendungen im Zusammenhang mit nicht betriebsnotwendigem Vermögen (§ 200 Abs. 2 BewG) sowie im Zusammenhang mit innerhalb von zwei Jahren vor dem Bewertungsstichtag eingelegten Wirtschaftsgütern (§ 200 Abs. 4 BewG), weil die entsprechenden Wirtschaftsgüter bereits mit dem gemeinen Wert angesetzt werden.
−	gewinnerhöhende Auflösungsbeträge steuerfreier Rücklagen sowie Gewinne aus der Anwendung des § 6 Abs. 1 Nr. 1 Satz 4 und Nr. 2 Satz 3 des Einkommensteuergesetzes
−	einmalige Veräußerungsgewinne sowie außerordentliche Erträge
−	im Gewinn enthaltene Investitionszulagen, soweit in Zukunft nicht mit weiteren zulagebegünstigten Investitionen in gleichem Umfang gerechnet werden kann
−	ein angemessener Unternehmerlohn, soweit in der bisherigen Ergebnisrechnung kein solcher berücksichtigt worden ist
−	Erträge aus der Erstattung von Ertragsteuern (Körperschaftsteuer, Zuschlagsteuern und Gewerbesteuer)
−	Erträge, die im Zusammenhang stehen mit separat zu bewertendem nicht betriebsnotwendigen Vermögen, Beteiligungen an anderen Gesellschaften und dem jungen Betriebsvermögen
+/−	Aufwendungen (Hinzurechnung) oder Erträge (Kürzung) im Zusammenhang mit wirtschaftlich nicht begründeten Vermögensminderungen oder Vermögensmehrungen (siehe unten)
=	Betriebsergebnis (vorläufig)
−	Pauschalabschlag 30 % des Betriebsergebnisses zur Abgeltung des Ertragsteueraufwandes des Unternehmens. Zur Korrektur des Ertragsteueraufwandes ist das Betriebsergebnis schließlich noch um 30 % zu mindern
=	Um den Ertragsteueraufwand bereinigtes Betriebsergebnis
	Korrigierte und um den Ertragsteueraufwand bereinigte Betriebsergebnisse der letzten drei Jahre dividiert durch drei
=	Für die Erbschaft- und Schenkungsteuer maßgeblicher Jahresertrag

Dem Ansatz eines „angemessenen Unternehmerlohns" kommt entscheidende Bedeutung bei der Steuerwertermittlung von Unternehmen zu. Dies gilt besonders für kleine und mittelständische Unternehmen, Freiberuflerpraxen. Ein

174

um 100 000 € niedrigerer Unternehmerlohn erhöht bei einem Kapitalisierungsfaktor für 2012 von 14,41 den steuerlichen Unternehmenswert um (70 % von 100 000 = 70 000 × 14,41 =) 1 009 700 €. Umgekehrt senkt ein entsprechend höherer Unternehmerlohn den Steuerwert entsprechend. Bei der Ermittlung eines angemessenen Unternehmerlohns sind die Grundsätze zu beachten, die bei der ertragsteuerlichen Behandlung der verdeckten Gewinnausschüttung angewandt werden (R B 202 Abs. 3 Nr. 2 Buchst. d ErbStR 2011). Ergibt sich danach für den ehemaligen GmbH-Geschäftsführer und Erblasser ein unangemessenes Gehalt und ist dieses als verdeckte Gewinnausschüttung dem Betriebsergebnis wieder hinzuzurechnen, muss das überhöhte Gehalt aus dem privaten Nachlass des Erblassers ausgesondert werden. Andernfalls wäre es doppelt im Nachlass erfasst.

175 Maßgeblich für die Bestimmung des angemessenen Unternehmerlohns sind im Regelfall übliche Gehaltsvergleichsstudien.[1] Soweit branchenspezifische Datensammlungen zu Geschäftsführergehältern in einem Fremdvergleich vorliegen, können diese in geeigneter Weise berücksichtigt werden. Die Finanzverwaltung lässt auch die Ableitung des angemessenen Unternehmerlohns aus an leitende Angestellte des Unternehmens gezahlten Bruttogehältern zu. Erhalten geschäftsführende Gesellschafter von Personengesellschaften wirtschaftlich begründete Tätigkeitsvergütungen als Vorabanteile aus dem Gewinn, sind sie als Unternehmerlohn abzuziehen, soweit sie nach Art und Umfang angemessen sind. Der Steuerbilanzgewinn ist aber auch zu korrigieren um verdeckte Gewinnausschüttungen, verdeckte Einlagen oder überhöhte Gehaltsvereinbarungen oder sonstige Leistungen von Gesellschaftern einer Personengesellschaft.

176 Einen weiteren Korrekturposten bilden sonstige wirtschaftlich nicht begründete Vermögensminderungen oder -erhöhungen mit Einfluss auf den zukünftig nachhaltig zu erzielenden Jahresertrag und gesellschaftsrechtlichem Bezug (§ 202 Abs. 1 Nr. 3 BewG, R B 202 Abs. 3 Nr. 3 ErbStR 2011), soweit diese in obiger Aufzählung nicht enthalten sind. Diese Korrekturvorschrift zielt auf unter Familienangehörigen vereinbarte überzogene Ansprüche auf Leistungen des Unternehmens ab, z. B. auf Lohn und/oder Gehalt.

177 Die Finanzverwaltung führt in den Einkommensteuer-Richtlinien folgende Beispiele für eine wirtschaftlich nicht begründete Vermögensminderung auf (H B 202 ErbStH 2011):

---

1 OFD Karlsruhe, Verf. v. 17. 4. 2001 S 2742A St 331.

4 Bewertung von Betriebsvermögen

- Eine Gesellschaft zahlt an den Gesellschafter-Geschäftsführer einen überhöhten Unternehmerlohn.
- Eine natürliche Person überlässt der Gesellschaft, an der sie oder eine ihr nahe stehende Person beteiligt ist, ein Grundstück zu einer zu niedrigen Miete.

In beiden Fällen sind die Betriebsergebnisse um die Differenz des Tatsächlichen zum Üblichen entsprechend zu korrigieren.

HINWEISE

- Die Vergangenheitsorientierung des vereinfachten Ertragswertverfahrens ist bedenklich und führt besonders dann zu unzutreffenden Ergebnissen, wenn die Ertragsaussichten schlechter sind als die Geschäftslage der vergangenen drei Jahre. Das Bild wird noch dadurch verschärft, dass die „Ertragsaussichten" (welche in Wirklichkeit zukunftsorientiert sein sollten) aus dem ungewichteten arithmetischen Mittel der Betriebsergebnisse der vergangenen drei Jahre abgeleitet werden und damit vergangenheitsbezogen sind. Der für die Kapitalisierung maßgebliche Basiszinssatz spiegelt hingegen Zukunftserwartungen wider. Diese Kombination kann in Einzelfällen zu unzutreffend hohen Bewertungsergebnissen führen.
- Bei Unternehmensveränderungen, z. B. bei Aufnahme neuer Geschäftsfelder oder Aufgabe alter, ist bei Ermittlung des Durchschnittsertrags von einem verkürzten Zeitraum auszugehen. Maßgebend ist der Zeitraum ab dem Beginn der nachhaltigen Veränderungen. Entsprechendes gilt für neu gegründete Unternehmen, die am Bewertungsstichtag noch nicht drei Jahre bestanden haben.[1]
- Bei Gesellschaften, die z. B. durch Umwandlung aus einer Personengesellschaft oder einer Einzelfirma oder im Rahmen einer Betriebsaufspaltung aus einem bestehenden Unternehmen entstanden sind, sind der Ermittlung des Durchschnittsertrags die früheren Betriebsergebnisse des Vorgängerunternehmens zu Grunde zu legen.
- Den Nachweis über offensichtlich unzutreffende Bewertungsergebnisse muss der Erwerber führen. Will der Steuerpflichtige von dem im vereinfachten Ertragswertverfahren ermittelten Wert abweichen, trägt er die Feststellungslast für die Ermittlung eines abweichenden Werts. Gemäß R B 199.1 Abs. 5 ErbStR 2011 kann er die Ergebnisse widerlegen durch:
    - Vorliegen zeitnaher Verkäufe, wenn diese nach dem Bewertungsstichtag liegen;
    - Vorliegen von Verkäufen, die mehr als ein Jahr vor dem Bewertungsstichtag liegen;
    - Erbauseinandersetzungen, bei denen die Verteilung der Erbmasse Rückschlüsse auf den gemeinen Wert zulässt.
- Neben dem Unternehmerlohn kann auch fiktiver Lohnaufwand für bislang unentgeltlich tätige Familienangehörige des Eigentümers berücksichtigt werden (R B 202 Abs. 3 Nr. 2 Buchst. d ErbStR 2011).

---

[1] Vgl. Gesetzesbegründung zu § 201 Abs. 3 BewG, BT-Drucks. 16/11107 S. 27.

4.5.2.2.2.2 Der maßgebliche Kapitalisierungsfaktor

178 Der nach obigem Schema errechnete durchschnittliche Jahresertrag ist in einem weiteren Rechenschritt mit einem Kapitalisierungsfaktor zu multiplizieren. Als Kapitalisierungsfaktor dient der reziproke Wert (Kehrwert)[1] des nach dem Bewertungsrecht festgelegten Kapitalisierungszinssatzes (§ 203 Abs. 3 BewG). Der Kapitalisierungszinssatz setzt sich aus zwei Komponenten zusammen:[2]

- dem variablen Basiszinssatz und
- einem pauschalen Risikozuschlag von 4,5 %.

179 Der Basiszinssatz leitet sich aus der langfristig erzielbaren Rendite öffentlicher Anleihen ab. Das Gesetz stellt dabei auf den Zinssatz ab, den die Deutsche Bundesbank anhand der Zinsstrukturdaten jeweils zum ersten Werktag des Jahres errechnet. Der Basiszinssatz als Vergleichsgröße wird dabei vor Berücksichtigung der persönlichen Steuerbelastung des Unternehmers/Anteilsinhabers zu Grunde gelegt. Diese besteht hier in gleicher Höhe wie bei anderen Vermögensanlagen, die der Abgeltungssteuer unterliegen, z. B. öffentlichen Anleihen, aus denen auch der Basiszinssatz abgeleitet wird. Das Bundesfinanzministerium gibt alljährlich den maßgeblichen Basiszinssatz bekannt. Für die Jahre 2007 bis 2012 ergeben sich unter Berücksichtigung der vom BMF veröffentlichten Zinssätze folgende Bewertungsfaktoren:[3]

TAB. 7:	Kapitalisierungszinsen und -faktoren			
Jahr	Risikoloser Zins	Risikoprämie	Kapitalisierungszins (x)	Kapitalisierungsfaktor: 1/x
2007	4,02 %	4,5 %	8,52 %	11,74
2008	4,58 %	4,5 %	9,08 %	11,01
2009	3,61 %	4,5 %	8,11 %	12,33
2010	3,98 %	4,5 %	8,48 %	11,79
2011	3,43 %	4,5 %	7,93 %	12,61
2012	2,44 %	4,5 %	6,94 %	14,41

180 Der pauschale Zuschlag von 4,5 % (Risikoprämie) soll zur pauschalen Korrektur der neben dem Unternehmerrisiko vorhandenen anderen Korrekturposten dienen, z. B. Fungibilitätszuschlag, Wachstumsabschlag oder inhaberabhängige

---

[1] Reziprok = 1 : Kapitalisierungszinssatz × 100.
[2] § 203 Abs. 1 BewG.
[3] Vgl. BMF-Schreiben v. 2. 1. 2012, BStBl 2012 I S. 13.

Faktoren. Branchenspezifische Faktoren werden in dem hier geregelten typisierenden Verfahren durch einen Beta-Faktor von 1,0 berücksichtigt.

Als Summe des vom BMF für 2012 bekannt gegebenen Basiszins von 2,44 % und dem Risikozuschlag von weiteren 4,5 % ergibt sich für 2012 ein Kapitalisierungszinssatz von 6,94 %. Der maßgebliche Kapitalisierungsfaktor beträgt danach 1 / 6,94 * 100 = 14,41. Damit wird ein in 2012 übertragener Gewerbebetrieb als wirtschaftliche Einheit des Betriebsvermögens bei Anwendung des vereinfachten Ertragswertverfahrens mindestens mit dem 14,41fachen seines Jahresgewinns bewertet.

> **HINWEIS:**
> Der Kapitalisierungsfaktor gilt nur für das vereinfachte Ertragswertverfahren, nicht im individuellen „normalen" Ertragswertverfahren. Er gilt nicht, wenn der gemeine Wert unter Berücksichtigung der Ertragsaussichten in einer anderen anerkannten, auch im gewöhnlichen Geschäftsverkehr für nichtsteuerliche Zwecke üblichen Methode ermittelt wird (R B 203 ErbStR 2011).

4.5.2.2.3 Nettowert des nicht betriebsnotwendigen Vermögens

Der nachhaltig erzielbare Jahresertrag errechnet sich dabei allein aus dem betriebsnotwendigen Vermögen. Ist nicht betriebsnotwendiges bzw. betriebsneutrales Vermögen vorhanden, ist dieses dem Ertragswert des betriebsnotwendigen Vermögens hinzuzuaddieren. Hinzuzuaddieren ist der Nettowert der sich aus dem gemeinen Wert des betriebsnotwendigen Vermögens abzüglich der damit in wirtschaftlichen Zusammenhang stehenden Schulden ergibt (Nettowert).

Als betriebsneutrales Vermögen anzusehen sind Wirtschaftsgüter und mit diesen in wirtschaftlichem Zusammenhang stehende Schulden, die aus dem Unternehmen herausgelöst werden können, ohne die eigentliche Unternehmenstätigkeit zu beeinträchtigen.[1] Nach Auffassung der Finanzverwaltung gehören zum nicht betriebsnotwendigen Vermögen diejenigen Wirtschaftsgüter, „die sich ohne Beeinträchtigung der eigentlichen Unternehmenstätigkeit aus dem Unternehmen herauslösen lassen, ohne dass die operative Geschäftstätigkeit eingeschränkt wird" (R B 200 Abs. 2 Satz 2 ErbStR 2011).

Klassische Beispiele für nicht betriebsnotwendige oder neutrale Vermögen sind:

▶ Grundstücke, insbesondere Mietwohngrundstücke,

---

1 § 200 Abs. 2 BewG.

- Gebäude,
- Kunstgegenstände,
- Beteiligungen rein zur Geldanlage,
- überschüssige Geldmittel und
- sonstiges Betriebsvermögen, das mit der Unternehmenstätigkeit nichts zu tun hat.

184 Die mit betriebsneutralem Vermögen erwirtschafteten Erträge und Aufwendungen sind aus dem Ertragswert des betriebsnotwendigen Vermögens herauszurechnen und zusätzlich zu dem Ertragswert gesondert – mit dem gemeinen Wert – zu erfassen. Hinzuzuaddieren ist der gemeine Wert des nicht betriebsnotwendigen Vermögens abzüglich der damit in wirtschaftlichem Zusammenhang stehenden Schulden (Nettowert).

> **HINWEIS:**
> - Der gemeine Wert des betriebsneutralen Vermögens ist um die Steuern, die auf die stillen Reserven bei einer Veräußerung anfallen, zu mindern. Dies ergibt sich zwar nicht aus dem Gesetz, ist jedoch aus dem Gedanken heraus vertretbar, dass betriebsneutrales Vermögen auch veräußert werden kann, ohne Einfluss auf den operativen Teil zu haben.

4.5.2.2.4 Beteiligungen an anderen Gesellschaften

185 Sind Beteiligungen im Vermögen des zu bewertenden Unternehmens enthalten, ist eine eigenständige Wertermittlung für diese Beteiligungen erforderlich (§ 200 Abs. 3 BewG, R B 200 Abs. 3 ErbStR 2011). Das gilt sowohl für Anteile an einer Kapitalgesellschaft als auch für Beteiligungen an einer Personengesellschaft und für alle mit den Beteiligungen zusammenhängenden Aufwendungen und Erträge. Auf eine Mindestbeteiligungsquote kommt es nicht an.[1] Die mit den Anteilen an einer Kapitalgesellschaft in wirtschaftlichem Zusammenhang stehenden Schulden sind nach Auffassung der Finanzverwaltung nicht gesondert zu berücksichtigen, da die mit diesen im Zusammenhang stehenden Aufwendungen beim nachhaltigen Jahresertrag mindernd erfasst sind (R B 200 Abs. 3 Satz 8 ErbStR 2011). Nichts anderes lässt die Finanzverwaltung für Beteiligungen an einer Personengesellschaft gelten. Mit diesen in wirtschaftlichem Zusammenhang stehenden Schulden sind bereits über das Sonderbetriebsvermögen im Wert der Beteiligung erfasst (§ 97 Abs. 1a BewG), so dass die Finanzverwaltung insoweit keine Korrekturen zulässt (R B 200 Abs. 3 Satz 7 ErbStR 2011). Finanzierungsaufwendungen im Zusammenhang mit die-

---

[1] R B 200 Abs. 3 Satz 2 ErbStR 2011.

sen Schulden sind zusammen mit anderen Aufwendungen und Erträgen mit dieser Beteiligung zu korrigieren.

Dem Ertragswert des betriebsnotwendigen Vermögens hinzuzuaddieren ist der gemeine Wert der Beteiligungen an Personen- und Kapitalgesellschaften (Tochterunternehmen). Für die Wertermittlung kann sowohl das vereinfachte Ertragswertverfahren, ein allgemein anerkanntes Ertragswertverfahren als auch eine andere anerkannte Methode angewendet werden (R B 200 Abs. 3 Satz 11 ErbStR 2011). Bei Anwendung des vereinfachten Ertragswertverfahrens errechnet sich der gemeine Wert analog aus dem Jahresertrag multipliziert mit dem maßgeblichen Kapitalisierungsfaktor von 14,41 (für 2012). 186

HINWEISE:

▶ Mit dem Gebot der jeweils gesonderten Wertermittlung für das Unternehmen und den vorhandenen betriebsnotwendigen Beteiligungen weicht das vereinfachte Ertragswertverfahren ganz wesentlich von der betriebswirtschaftlichen Praxis der konsolidierten Betrachtungsweise ab. In vielen Fällen kann dies zu erhöhten Steuerwerten führen, die den Unternehmenserben benachteiligen können. Hinterlässt Erblasser E beispielsweise einen 50%igen Geschäftsanteil an einer GmbH, welche ihrerseits eine Tochter-GmbH mit 100%iger Beteiligung hält, und ist die Tochter-GmbH mit dem Vertrieb der von der GmbH-Mutter hergestellten Güter betraut, würde sich im Fall, in dem die Mutter einen Gewinn von 100 macht, die Tochter einen Verlust in derselben Höhe, konsolidiert ein Ertragswert der GmbH und damit des Geschäftsanteils von Null ergeben. Nach der gebotenen Aufsplittungstheorie des Gesetzes[1] ist aber der Gewinn der Mutter zu kapitalisieren und die Beteiligung an der Tochter-GmbH wäre separat zu bewerten und mit Null auszuweisen. Der steuerliche Ertragswert der GmbH-Gruppe läge dann bei 100, der Ertragswert des Geschäftsanteils entsprechend bei 50. Der Erbe des Anteils müsste 50 versteuern, obwohl er Anteile an einer offensichtlich unrentablen GmbH erhalten hat.

▶ Auf eine gesonderte Ermittlung des gemeinen Werts von Beteiligungen an anderen Gesellschaften kann in Fällen von geringer Bedeutung verzichtet werden. Die Finanzverwaltung sieht einen solchen Fall dann, wenn der „Verwaltungsaufwand der Beteiligten außer Verhältnis zur steuerlichen Auswirkung steht und der festzustellende Wert unbestritten ist". In diesen Fällen kann aus Vereinfachungsgründen die durchschnittliche Bruttoausschüttung der letzten drei Jahre als durchschnittlicher Jahresertrag multipliziert mit dem Kapitalisierungsfaktor angesetzt werden; mindestens ist der Steuerbilanzwert der Beteiligung anzusetzen (R B 200 Abs. 4 ErbStR 2011).

4.5.2.2.5 Nettowert des jungen Betriebsvermögens

Gesondert bewertet und dem Ertragswert des betriebsnotwendigen Vermögens hinzuzuaddieren sind der gemeine Wert solcher Wirtschaftsgüter, die 187

---

[1] § 200 Abs. 3 BewG.

innerhalb von zwei Jahren vor dem Bewertungsstichtag in das zu bewertende Unternehmen eingelegt wurden. Letztere unterliegen nicht den für das Unternehmen geltenden Verschonungsregelungen.[1]

Die Finanzverwaltung nennt in H B 200 ErbStH 2011 folgende Beispiele für das Entstehen von jungem Betriebsvermögen:

1. Bis zum Jahr 01 bestand eine Betriebsaufspaltung. Im Jahr 02 wird das Betriebsgrundstück der Besitzgesellschaft in die Betriebsgesellschaft eingelegt. Im Jahr 03 werden die Anteile an der ehemaligen Betriebsgesellschaft übertragen und die Anteile sind zu bewerten. Das Betriebsgrundstück ist als junges Betriebsvermögen zu behandeln.

2. Im Jahr vor der Zuwendung des Betriebs wird ein Grundstück eingelegt, das als Parkplatz für den betrieblichen Fuhrpark genutzt wird. Das Betriebsgrundstück ist als junges Betriebsvermögen zu behandeln.

188 Mit jungem Betriebsvermögen zusammenhängende Erträge und Aufwendungen müssen bei der Ermittlung des Jahresertrags für das betriebsnotwendige Vermögen ausgeschieden (korrigiert) und gesondert hinzuaddiert werden. Hinzuzuaddieren sind die jeweiligen Nettowerte, also die positiven Werte abzüglich der damit in wirtschaftlichem Zusammenhang stehenden Schulden.

HINWEIS:
Aus steuerlichen Gründen erweist es sich oftmals als sinnvoll, das junge Verwaltungsvermögen in eine Tochtergesellschaft einzubringen.

4.6 Der Substanzwert oder Liquidationswert als Mindestwert

4.6.1 Allgemeines

189 Werden Anteile an Kapitalgesellschaften oder sonstiges Betriebsvermögen übertragen, ist für die Ermittlung des steuerpflichtigen Erwerbs bei der Erbschaft- und Schenkungsteuer als Steuerwert mindestens die „Summe der gemeinen Werte (Verkehrs-/Marktwerte, Anm. des Autors) der zum Betriebsvermögen gehörenden Wirtschaftsgüter und sonstigen aktiven Ansätze abzüglich der zum Betriebsvermögen gehörenden Schulden und sonstigen Abzüge" anzusetzen (Mindestwert, § 11 Abs. 2 Satz 3 BewG). Als Mindestwert ist grundsätzlich der „Substanzwert" anzusetzen (Ausnahme: Liquidationswert, siehe Rdn. 190). Der Substanzwert als Mindestwert ist anzusetzen, wenn als Bewertungsmethode das (normale oder vereinfachte) Ertragswertverfahren oder an-

---

1 Vgl. Rdn. 581 ff.

dere nichtsteuerliche Methoden zur Erlangung eines Gutachterwertes verwendet wurden; nicht aber bei Ableitung des Unternehmenswertes aus dem Börsenkurs oder aus tatsächlichen Verkäufen unter fremden Dritten (für Kapitalgesellschaftsanteile vgl. R B 11.3 Abs. 1 ErbStR 2011). Der Substanzwert soll stets jener „Mindestwert" sein, „den ein Steuerpflichtiger am Markt erzielen könnte".[1]

Als „besondere Ausprägung" des Substanzwertes sieht der Gesetzgeber den Liquidationswert. „Steht fest, dass die Gesellschaft nicht weiter betrieben werden soll, ist der Liquidationswert die Untergrenze".[2] Liquidationswert und Substanzwert unterscheiden sich im Wesentlichen dadurch, dass der Liquidationswert die Liquidationskosten enthält, der Substanzwert hingegen nicht. In Abhängigkeit von der für das Unternehmen zu erwartenden Zukunftsperspektive wird in der Unternehmensbewertung daher auch zwischen dem „reproduktionsorientierten" Substanzwert (bei Fortführung des Unternehmens) und dem „liquidationswertorientierten" Substanzwert (bei Betriebsaufgabe) unterschieden.[3] Welcher Wert als Mindestwert anzusetzen ist, (Substanzwert oder der Liquidationswert) hängt davon ab, ob eine Liquidation zum Zeitpunkt der Bewertung (Todestag oder Schenkung) beabsichtigt ist.

190

HINWEIS:

Die Mindestwertbegrenzung macht zunächst die Berechnung des Ertragswertes erforderlich, ehe anschließend zu prüfen ist, ob dieser den Substanzwert oder Liquidationswert als Wertuntergrenze unterschreitet. Eine überschlagmäßige Ermittlung durch Saldierung aller Aktiva und Passiva dürfte hier zwar ausreichen. Das Erfordernis der Abgabe einer Vermögensaufstellung durch den Erwerber (vgl. R B 109.2 Abs. 4 ErbStR 2011) dürfte jedoch bereits die exakte Feststellung aller Wirtschaftsgüter erforderlich machen.

Der Ansatz des Substanzwertes als Mindestwert ist ausgeschlossen, wenn der Unternehmenswert (gemeine Wert) aus tatsächlichen Verkäufen unter fremden Dritten im gewöhnlichen Geschäftsverkehr abgeleitet werden kann (R B 11.3 ErbStR 2011).

4.6.2 Substanzwert bei Übertragung von Anteilen an Kapitalgesellschaften

Bei Übertragung von Anteilen an Kapitalgesellschaften ist als Ausgangswert für die Berechnung des Substanzwertes das Gesamtvermögen der Kapitalgesellschaft mit dem zum Bewertungsstichtag (= bei Erwerben von Todes wegen der Todeszeitpunkt bzw. bei Schenkungen der Zeitpunkt der Ausführung der

191

---

[1] Vgl. Gesetzesbegründung zu § 11 Abs. 2 BewG.
[2] Vgl. Gesetzesbegründung zu § 11 Abs. 2 BewG.
[3] Vgl. Kussmaul/Pfirmann/Hell/Meyering, Die Bewertung von Unternehmensvermögen nach dem ErbStRG und Unternehmensbewertung, BB 2008 S. 472.

Zuwendung) maßgeblichen gemeinen Wert zugrunde zu legen. Ausgangswert ist damit eine Steuerbilanz auf den Bewertungsstichtag. Wird eine solche erstellt, gilt es im zweiten Schritt, die Steuerbilanzwerte durch die gemeinen Werte der Wirtschaftsgüter zu ersetzen (vgl. R B 11.3 ErbStR 2011).

192 Erfolgte auf den Bewertungsstichtag keine Bilanzierung, kann alternativ die dem Bewertungsstichtag vorangegangene Steuerbilanz, entsprechend berichtigt und korrigiert um die gemeinen Werte der Bilanzansätze, zugrunde gelegt werden. Der für den Bewertungsstichtag maßgebliche Wert des Vermögens der Kapitalgesellschaft ist dann unter Vornahme folgender Korrekturen fortzuschreiben (R B 11.4 Abs. 3 ErbStR 2011):

„1. Hinzurechnung des Gewinns bzw. Abrechnung des Verlustes, der auf den Zeitraum vom letzten Bilanzstichtag vor dem Bewertungsstichtag bis zum Bewertungsstichtag entfällt. Auszugehen ist dabei vom Gewinn laut Steuerbilanz. Der Gewinn oder Verlust ist zu korrigieren, soweit darin Abschreibungen (Normal-AfA, erhöhte AfA, Sonderabschreibungen, Teilwertabschreibungen) oder Aufwendungen auf betrieblichen Grundbesitz (Grund und Boden, Betriebsgebäude, Außenanlagen, sonstige wesentliche Bestandteile und Zubehör) enthalten sind, die das Ergebnis gemindert haben, mit dem Wertansatz der Betriebsgrundstücke aber abgegolten sind. Gewinn oder Verlust und Abschreibungen oder andere Aufwendungen bis zum Bewertungsstichtag sind, soweit dies nicht im Einzelfall zu unangemessenen Ergebnissen führt, zeitanteilig aus den entsprechenden Jahresbeträgen zu berechnen;

2. Berücksichtigung von Vermögensänderungen infolge Veräußerung oder Erwerb von Anlagevermögen, insbesondere von Betriebsgrundstücken, Wertpapieren, Anteilen und Genussscheinen von Kapitalgesellschaften und Beteiligungen an Personengesellschaften, soweit sie sich nicht bereits nach Nummer 1 ausgewirkt haben;

3. Vermögensabfluss durch Gewinnausschüttungen;

4. Vermögenszuführungen oder -abflüsse infolge von Kapitalerhöhungen oder Kapitalherabsetzungen;

5. Vermögenszuführungen durch verdeckte Einlagen."

Sämtliche in der fortgeschriebenen Steuerbilanz ersetzten (gemeinen) Werte und Korrekturen (nach den Punkten 1 bis 5) müssen selbstverständlich auch in der von der Kapitalgesellschaft (nicht vom Erben/Erwerber) abzugebenden Vermögensaufstellung ihren Niederschlag finden. Eine Vermögensaufstellung ist als Anlage zur Feststellungserklärung abzugeben. Aus dieser müssen sich die für die Ermittlung des Substanzwertes erforderlichen Angaben entnehmen lassen (R B 11.4 Abs. 4 ErbStR 2011, § 153 Abs. 3 BewG).

4.6.3 Substanzwert bei Übertragung von sonstigem Betriebsvermögen

Bei Übertragung von Betriebsvermögen[1] ist der Substanzwert als Mindestwert nach R B 109.2 ErbStR 2011 zu ermitteln; er macht insoweit eine umfassende Einzelbewertung aller Wirtschaftsgüter erforderlich. Die Finanzverwaltung legt in R B 109.2 ErbStR 2011 folgende Abfolge fest:

193

1. Es sind alle Wirtschaftsgüter einzubeziehen, die zum Betriebsvermögen gehören, und zwar ungeachtet dessen, ob für sie ein handels- bzw. steuerrechtliches Aktivierungs- oder Passivierungsverbot besteht (R B 11.3 Abs. 2 i.V. m. Abs. 3 Satz 2 ErbStR 2011). Bei Einzelunternehmen, Personengesellschaften und Kapitalgesellschaften richtet sich der Umfang des Betriebsvermögens gemäß R B 11.3 Abs. 3 des Erlasses nach der Zugehörigkeit der Wirtschaftsgüter zum ertragsteuerlichen Betriebsvermögen am Bewertungsstichtag. Damit ist Ausgangspunkt für die Ermittlung eine auf den Bewertungsstichtag (Todestag, Zeitpunkt der Vermögensübertragung) aufgestellte Steuerbilanz.

2. Wurde eine solche nicht angefertigt, ist die am Schluss des letzten dem Bewertungsstichtag vorangehende Jahresbilanz heranzuziehen, welche wie folgt zu korrigieren ist: Als Korrekturen kommen insbesondere in Betracht (R B 109.2 Abs. 3 ErbStR 2011):

„1. Hinzurechnung des Gewinns und der Einlagen sowie Abrechnung des Verlustes und der Entnahmen, die auf den Zeitraum vom letzten Abschlusszeitpunkt vor dem Bewertungsstichtag bis zum Bewertungsstichtag entfallen;

2. Hinzurechnung von Abschreibungen (Normal-AfA, erhöhte AfA, Sonderabschreibungen, Teilwertabschreibungen) auf betrieblichen Grundbesitz (Grund und Boden, Betriebsgebäude, Außenanlagen, sonstige wesentliche Bestandteile und Zubehör), die das Ergebnis gemindert haben, mit dem Wertansatz der Betriebsgrundstücke aber abgegolten sind, sowie Abzug entsprechender Teilwertzuschreibungen;

3. Berücksichtigung von Vermögensänderungen infolge Veräußerung oder Erwerb von Anlagevermögen, insbesondere von Betriebsgrundstücken, Wertpapieren, Anteilen und Genussscheinen von Kapitalgesellschaften und

---

[1] Zum Begriff vgl. oben Rdn. 77.

Beteiligungen an Personengesellschaften, soweit sie sich nicht bereits nach Nummer 1 ausgewirkt haben."

Gewinn oder Verlust und Aufwendungen i. S. der Nr. 2 (also Abschreibungen) bis zum Bewertungsstichtag sind, soweit dies nicht im Einzelfall zu unangemessenen Ergebnissen führt, zeitanteilig aus den entsprechenden Jahresbeträgen zu berechnen.

Selbst geschaffene oder entgeltlich erworbene immaterielle Wirtschaftsgüter (z. B. Patente, Lizenzen, Warenzeichen, Markenrechte, Konzessionen, Bierlieferrechte) sind bei der Ermittlung des Substanzwerts zu berücksichtigen. Der Firmen- oder Geschäftswert oder der Praxiswert ist nicht anzusetzen unabhängig davon, ob er selbst geschaffen oder entgeltlich erworben wurde (R B 95 Abs. 1 ErbStR 2011).

4.6.4 Zusammenfassende Übersicht

194

TAB. 8: Ansatz der wichtigsten Bilanzposten	
Immaterielle Wirtschaftsgüter	Gemeiner Wert
Schulden und sonstige Abzüge	Gemeiner Wert
Grundbesitz	Mit dem auf den Bewertungsstichtag festgestellten Wert
Beteiligungen	Mit dem auf den Bewertungsstichtag festgestellten Wert
Erfindungen, Urheberrechte	Kapitalisierte Werte aus den in wiederkehrenden Leistungen bestehenden Gegenleistungen
Bewegliches abnutzbares Anlagevermögen	Gemeiner Wert, aus Vereinfachungsgründen können mindestens 30 % der Anschaffungs- oder Herstellkosten angesetzt werden, soweit dies nicht zu unzutreffenden Ergebnissen führt (R B 11.3 Abs. 7 ErbStR 2011)
Wirtschaftsgüter des Umlaufvermögens	Wiederbeschaffungs-/Wiederherstellkosten

4.7 Anteilswertermittlung und Aufteilung des gemeinen Wertes des Betriebsvermögens bei Anteilen an Gesellschaften mit beschränkter Haftung

195 Für die Bewertung von Anteilen an Gesellschaften mit beschränkter Haftung hilft den Erben/Erwerbern nachfolgendes Schema:

TAB. 9:	Hierarchie der maßgeblichen Steuerwerte
1. Kaufpreis (bei Veräußerungen < 1 Jahr)	
Alternativ	
2. Ertragswertverfahren (oder anderes im gewöhnlichen Geschäftsverkehr übliches Verfahren)	
3. Substanzwert = Mindestwert	

Grundsätzlich hat die Anteilswertermittlung stets unter „Berücksichtigung der tatsächlichen Verhältnisse und der Wertverhältnisse zum Bewertungsstichtag" zu erfolgen (§ 157 Abs. 4 BewG). Vorrangig für die Bestimmung des steuerlichen Wertes von Anteilen an einer GmbH ist der Kaufpreis aus Veräußerungen, die weniger als ein Jahr zurückliegen. Der Kaufpreis muss sich dabei aus Verhandlungen unter fremden Dritten gebildet haben. So genannte „interfamiliäre" Kaufpreise scheiden auch dann aus, wenn sie den Maßstäben wie unter fremden Dritten entsprechen würden. Kann auf einen geeigneten Kaufpreis mangels Verkäufe nicht zurückgegriffen werden, ist der gemeine Wert eines GmbH-Anteils 196

▶ „unter Berücksichtigung der Ertragsaussichten der Kapitalgesellschaft
▶ oder einer anderen anerkannten, auch im gewöhnlichen Geschäftsverkehr für nichtsteuerliche Zwecke üblichen Methode zu ermitteln".[1]

Anzuwenden ist dabei jene Methode, die ein Erwerber der Bemessung des Kaufpreises zu Grunde legen würde. Der Mindestwert (Substanzwert) des Unternehmens darf dabei auch hier nicht unterschritten werden.[2]

Der maßgebliche Steuerwert (gemeine Wert) eines Anteils an einer GmbH bzw. einer Kapitalgesellschaft bestimmt sich „nach dem Verhältnis des Anteils am Nennkapital (Grund- oder Stammkapital) der Gesellschaft zum gemeinen Wert des Betriebsvermögens der Kapitalgesellschaft im Bewertungsstichtag".[3] Sofern sich die Beteiligung am Vermögen und am Gewinn der Gesellschaft auf Grund einer ausdrücklichen Vereinbarung der Gesellschafter nach der jeweiligen Höhe des eingezahlten Nennkapitals richtet, bezieht sich der gemeine Wert nur auf das tatsächlich eingezahlte Nennkapital. 197

Der Anteilswert errechnet sich in zwei Stufen: 198

1. Es ist zunächst der gemeine Wert des gesamten Betriebsvermögens der Kapitalgesellschaft zu ermitteln.

---

[1] § 11 Abs. 2 BewG.
[2] Vgl. oben Rdn. 189.
[3] § 97 Abs. 1b BewG.

2. Der ermittelte gemeine Wert ist im zweiten Schritt nach dem Verhältnis des übergegangenen bzw. übertragenen Anteils am Nennkapital (Grund-Stammkapital) der Gesellschaft zum gemeinen Wert des Betriebsvermögens der Kapitalgesellschaft am Bewertungsstichtag aufzuteilen.

> **HINWEIS:**
>
> Unterbeteiligungen an einem GmbH-Anteil können im Rahmen der vorweggenommenen Erbfolge zur Nutzung der persönlichen Freibeträge nach dem Zehn-Jahres-Rhythmus begründet werden. Dadurch kann der designierte Unternehmensnachfolger zu Lebzeiten besonders steuerschonend an der Gesellschaft beteiligt werden. Eine Stimmbündelung, die bei nur einem Gesellschafter als Repräsentant des Familienstammes besteht, braucht dadurch nicht aufgegeben werden. Die Einräumung einer Unterbeteiligung kann darüber hinaus außerhalb des Handelsregisters erfolgen.

4.8 Anteilswertermittlung und Aufteilung des gemeinen Wertes des Betriebsvermögens unter Mitgesellschaftern bei Personengesellschaften

199 Die steuerliche Bewertung von Anteilen an Personengesellschaften (darunter fallen u. a. Anteile an: Kommanditgesellschaften, offene Handelsgesellschaften, gewerblich geprägte Personengesellschaften und Gesellschaften selbstständig tätiger Freiberufler (Nichtgewerbetreibende i. S. von § 15 Abs. 1 Nr. 2 Abs. 3 und § 18 Abs. 4 Satz 2 EStG) hat stets unter „Berücksichtigung der tatsächlichen Verhältnisse und der Wertverhältnisse zum Bewertungsstichtag" zu erfolgen.[1] Für die Anteilswertermittlung sieht das Bewertungsgesetz eine Vereinfachung in der Weise vor, dass nur das Gesamthandsvermögen der Gesellschaft in die steuerliche Bewertung einzubeziehen ist. Wirtschaftsgüter, die mehreren zur gesamten Hand zustehen, werden den Gesellschaftern anteilig zugerechnet (R B 97.3 Abs. 1 ErbStR 2011, § 39 Abs. 2 Nr. 2 AO, § 3 BewG). Sonderbetriebsvermögen ist ausschließlich jenem Gesellschafter zuzurechnen, dem es gehört.

200 Es ist der gemeine Wert zu ermitteln und das Sonderbetriebsvermögen ist dem betreffenden Gesellschafter hinzuzurechnen (§ 97 Abs. 1a Nr. 2 BewG, R B 97.2 Satz 5 ErbStR 2011). Da für Zwecke der Erbschaft- oder Schenkungsteuer nur der Gesellschaftsanteil bewertet werden muss, der Gegenstand des Erwerbs ist, ist der ermittelte Ertragswert für das Gesamthandsvermögen der Personengesellschaft gemäß § 97 Abs. 1a Nr. 1 Buchst. a und b BewG wie folgt aufzuteilen (R B 97.3 Abs. 2 ErbStR 2011, § 109 Abs. 2 i. V. m. § 11 Abs. 2 BewG):

---

1 § 157 Abs. 5 BewG.

- Die Kapitalkonten aus der Gesamthandsbilanz sind dem jeweiligen Gesellschafter vorweg zuzurechnen; zum Kapitalkonto rechnen u. a. neben dem Festkapital auch der Anteil an einer gesamthänderischen Rücklage und die variablen Kapitalkonten, soweit es sich dabei ertragsteuerrechtlich um Eigenkapital der Gesellschaft handelt.
- Der verbleibende Ertragswert ist nach dem für die Gesellschaft maßgebenden Gewinnverteilungsschlüssel auf die Gesellschafter aufzuteilen. Dabei dürfen Vorabgewinnanteile nicht berücksichtigt werden.
- Im nächsten Schritt ist für die Wirtschaftsgüter und Schulden des Sonderbetriebsvermögens des übertragenden Gesellschafters der gemeine Wert zu ermitteln. Die Wirtschaftsgüter und Schulden des Sonderbetriebsvermögens sind bei dem jeweiligen Gesellschafter mit dem gemeinen Wert anzusetzen.

Die Summe aus dem wie oben dargestellten aufgeteilten anteiligen Ertragswert und dem gemeinen Wert des Sonderbetriebsvermögens ergibt schließlich den maßgeblichen gemeinen Wert des Anteils des Gesellschafters.

BEISPIEL (H B 97.3 ErbStH 2011): Aufteilung des Werts des Betriebsvermögens

Wert des Gesamthandsvermögens zum Bewertungsstichtag	12 000 000 €
Kapitalkonten lt. Gesamthandsbilanz der Personengesellschaft	9 000 000 €

Davon entfallen auf A 5 000 000 €, auf B 1 000 000 €
und auf C 3 000 000 €,
Gewinn- und Verlustverteilung A, B und C je 1/3
Der Gesellschafter A verpachtet an die Personengesellschaft ein Grundstück mit dem gemeinen Wert von 1 500 000 €!
Zu bewerten ist der Anteil des Gesellschafters A.

Gesellschafter		A	B/C
Wert des Gesamthandsvermögens abzgl. Kapitalkonten	12 000 000 €		
lt. Gesamthandsbilanz	9 000 000 €	5 000 000 €	4 000 000 €
Unterschiedsbetrag	3 000 000 €	1 000 000 €	2 000 000 €
Anteil am Wert des Gesamthandsvermögens		6 000 000 €	6 000 000 €
Zzgl. Wert des Sonderbetriebsvermögens		1 500 000 €	
Anteil am Wert des Betriebsvermögens		7 500 000 €	

> **HINWEISE:**
> - Bei der Ertragswertermittlung müssen die in der Buchhaltung für die Gesamthandsgemeinschaft verbuchten Aufwands- und Ertragsposten im Zusammenhang mit dem Sonderbetriebsvermögen (z. B. Miet- und Pachtzahlungen an den ausscheidenden Gesellschafter) bei der Ertragswertermittlung berücksichtigt werden. Andernfalls kann es zu einer doppelten Erfassung des Sonderbetriebsvermögens kommen.
> - Auch ist vor einer geplanten Übertragung eines Gesellschaftsanteils zu prüfen, ob Steuervorteile durch eine disquotale Gewinnverteilung kurzfristig geschaffen werden können, etwa indem dem Gesellschafter, der seine Anteile übertragen will, geraume Zeit vorher ein niedrigerer Gewinnanteil zugesprochen wird, als dieser seinen Anteilen entspricht.
> - Das Kapital etwaiger Ergänzungsbilanzen der Gesellschafter ist nicht zu berücksichtigen. Die Ergänzungsbilanzen werden weder bei der Ermittlung des Unternehmenswerts berücksichtigt noch gewähren diese zusätzliche Entnahmerechte.[1]

4.9 Schuldenabzug in wirtschaftlichem Zusammenhang mit Anteilen an Personen- oder Kapitalgesellschaften

201 Werden Personen- oder Kapitalgesellschaftsanteile vererbt bzw. verschenkt, sind Darlehensverbindlichkeiten im Zusammenhang mit dem Erwerb der Anteile nach neuem Recht zwar grundsätzlich abzugsfähig. Der Saldierungsbetrag beschränkt sich allerdings auf den steuerpflichtigen Teil. Liegen die Voraussetzungen für ein steuerbegünstigtes Betriebsvermögen vor, beträgt der Darlehensabzug nur 15 %; 85 % sind nicht abzugsfähig.

202 Der anteilige Schuldenabzug war auch im alten Recht enthalten. War der Steuerwert eines GmbH-Anteils nach „altem" Recht zu ermitteln, konnte ein Bankdarlehen, welches zur Finanzierung des Anteils aufgenommen wurde, bei Inanspruchnahme der „alten" Steuervergünstigungen lediglich zu 65 % abgezogen werden.

203 Eine wesentliche Verschlechterung für Erben und Erwerber von Unternehmensbeteiligungen ist jedoch im Wegfall des Wahlrechts zu sehen. Nach altem Recht war es möglich, auf die Steuervergünstigungen zu verzichten. In diesem Fall war das Anschaffungsdarlehen voll abzugsfähig und es konnten zum Teil hohe Negativerwerbe generiert werden. Der Negativbetrag konnte, sofern die Übertragung mit weiteren Erwerben in einem Zug erfolgte, mit den positiven Werten des übrigen Vermögens ausgeglichen werden. Das übrige Vermögen war danach ebenfalls steuerfrei vererbbar.

---

1 Vgl. BT-Drucks. 16/11107 S. 16.

Nach neuem Recht muss zur Bewertung von Gesellschaftsanteilen zunächst der Gesamtsteuerwert des Unternehmens ermittelt werden. Die Steuerbefreiung für Betriebsvermögen ist zwingend anwendbar; ein Wahlrecht zur Schuldensaldierung gibt es nicht mehr. Dadurch entstehen negative Steuerwerte im Zusammenhang mit der Übertragung von Gesellschaftsanteilen entweder gar nicht mehr oder nur noch in geringerem Umfang.

BEISPIEL: ▶ Angenommen der Ertragswert einer Kommanditgesellschaft sei 500. Ein KG-Gesellschafter mit einem Anteil von 50 % verstirbt. Sein KG-Anteil wäre mit 250 zu bewerten und mit 15 % = 37,5 steuerpflichtig. Hat der verstorbene KG-Gesellschafter den Anteil mit 300 fremdfinanziert, können die Erben davon nur 15 % = 45 abziehen. Der negative Steuerwert der Anteilsübertragung beträgt nur noch 7,5. Nach altem Recht hätten die Erben bei Verzicht auf die Steuerbefreiungen einen negativen Steuerwert von (250 – 300) = ./. 50 generieren und übriges Vermögen in derselben Höhe steuerfrei vereinnahmen können.

4.10 Ausländisches Betriebsvermögen

Für ausländisches Betriebsvermögen sieht das Erbschaftsteuerrecht (§ 12 Abs. 7 ErbStG) eine getrennte Bewertung nach den gemeinen Werten vor (§ 31 BewG). In der Vergangenheit galten damit zwischen dem Inlandsvermögen (Steuerwerten) und dem Auslandsvermögen (Verkehrswerte) getrennte Verfahren. Nach dem ErbStRG 2009 gelten jedoch einheitliche Bewertungsmaßstäbe (für In- und Auslandsvermögen gemeine Werte, d. h. Verkehrswerte).

Gleichwohl kommt es bei vorhandenem ausländischen Betriebsvermögen zu einer Durchbrechung der Rechtsformneutralität. Denn während im Rahmen der Bewertung von Anteilen an Kapitalgesellschaften Auslands-Betriebsvermögen Teile der wirtschaftlichen Einheit sind (und damit im Gesamtwert der Anteile, z. B. Börsenwert oder Kaufpreis usw. enthalten sind), kann es bei Personengesellschaften durch ggf. getrennte Bewertungsverfahren zu abweichenden Ergebnissen kommen. Zwar bildet auch das Auslandsvermögen einer Personengesellschaft Teil der wirtschaftlichen Einheit, für die das Gesamtbewertungsgebot gilt. Dennoch können sich unterschiedliche Bewertungsergebnisse ergeben.

Für die Bewertung von Anteilen an ausländischen Kapitalgesellschaften oder ausländischem Betriebsvermögen kann das vereinfachte Ertragswertverfahren angewendet werden. Die Ermittlung der Bewertungsgrundlagen hat in der jeweiligen Landeswährung zu erfolgen. Der in dieser Währung ermittelte Ertragswert ist mit dem für den Bewertungsstichtag festgestellten Devisenkurs in Euro umzurechnen. Für die Gewinnermittlung können die im jeweiligen

Land geltenden Gewinnermittlungsvorschriften angewendet werden, sofern diese die erforderlichen Korrekturen[1] zulassen (R B 199.2 ErbStR 2011).

> **HINWEIS:**
> Auch der für inländisches Betriebsvermögen maßgebende Kapitalisierungsfaktor kann angewendet werden, wenn sich daraus kein offensichtlich unzutreffendes Ergebnis ergibt. Der Kapitalisierungsfaktor beträgt für 2012 14,41.

4.11 Zusammenfassende Übersicht

TAB. 10: Hierarchie der Bewertungsarten

Rangfolge*	Bewertungsart	Rechtsgrundlage
1	Kurswerte/Verkaufspreise	§ 11 Abs. 1, 2 BewG
2	Gutachten	§ 11 Abs. 2 BewG, IDW S 1
3	Sonstige übliche Bewertungsmethoden	§ 11 Abs. 2 BewG
4	Vereinfachtes Ertragswertverfahren	§§ 199 ff. BewG, § 11 Abs. 2 BewG
5	Mindestwertermittlung (Substanzwertermittlung)	§ 11 Abs. 2 BewG

*Die Rangfolge kann aus dem Gesetz nicht unmittelbar abgeleitet werden, entspricht jedoch der Bewertungspraxis. Die gesetzliche Festschreibung des vereinfachten Ertragswertverfahrens lässt aber eine Vorrangstellung dieses Verfahrens bei der Finanzverwaltung vermuten.

5 Bewertung von Grundbesitz für die Erbschaft- und Schenkungsteuer

5.1 Allgemeines

Die Bewertungsverfahren für Grundbesitz wurden im Zuge der Reform des Erbschaftsteuer- und Bewertungsrechts umfassend reformiert und den Vorgaben des Bundesverfassungsgerichts entsprechend neu geregelt. Die „neuen" Grundstückswerte spiegeln im Allgemeinen den „gemeinen Wert" eines Grundstücks wider (§ 9 Abs. 2 Satz 1 i. V. m. § 177 BewG).

Die neuen Bewertungsverfahren lehnen sich demzufolge an die zur Verkehrswertermittlung von Grundstücken anerkannten Verfahren an. Zur Bestimmung der richtigen Bewertungsmethode ist die Feststellung der richtigen

---

1 Vgl. im Einzelnen § 202 BewG und Rdn. 173, Tab. 6.

5 Bewertung von Grundbesitz

Grundstücksart maßgebend. Unterschiedliche Bewertungsmethoden ergeben sich im Einzelnen für:

- unbebaute Grundstücke,
- bebaute Grundstücke und Wohnungs- und Teileigentum,
- Grundstücke im Zustand der Bebauung,
- Erbbaurechte und Gebäude auf fremdem Grund und Boden.

Ergeben sich bei der Ermittlung des Grundbesitzwerts (Bodenwertes) Euro-Beträge mit Nachkommastellen, dürfen diese grundsätzlich jeweils in der für den Steuerpflichtigen günstigsten Weise auf volle Euro-Beträge auf- bzw. abgerundet werden (R B 179.3 ErbStR 2011).

210

HINWEIS:

Im Einzelnen ist zu unterscheiden zwischen folgenden fünf unterschiedlichen Grundstückswerten:

- dem allgemeinen Verkehrswert,
- dem einkommensteuerlicher Wert (Buchwert, welcher in Grundstücks- und Gebäudewert aufzuteilen ist),
- dem Einheitswert (der weiterhin für die Grundsteuer maßgeblich ist),
- dem Grundbesitzwert nach dem Grunderwerbsteuergesetz (§ 8 Abs. 2 GrEStG),
- den neuen Erbschaftsteuer- und Schenkungsteuerwerten
- sowie dem Brandversicherungswert.

5.2 Unbebaute Grundstücke

Unbebaute Grundstücke sind solche, auf denen sich keine benutzbaren Gebäude befinden (§ 178 Abs. 1 Satz 1 BewG, R B 178 Abs. 1 ErbStR 2011). Benutzbarkeit bedeutet hier Bezugsfertigkeit, bzw. diese beginnt mit der Bezugsfertigkeit (§ 178 Abs. 2 Satz 2 BewG). Kann der Bezug eines Gebäudes „zugemutet werden", ist das unbebaute Grundstück ab diesem Zeitpunkt kein solches mehr. Die Abnahme des bezugsfertigen Gebäudes durch die Baubehörde ist nicht entscheidend.

211

Als unbebaute Grundstücke gelten auch Grundstücke mit vorhandenen Gebäuden, die dem Verfall preisgegeben sind bzw. in denen kein benutzbarer Raum mehr vorhanden ist (§ 178 Abs. 2 Satz 2 BewG). Weggefallen mit der Erbschaftsteuerreform 2008 ist die Qualifizierung eines Grundstücks als unbebautes Grundstück, wenn sich darauf ein Gebäude nur mit einer unbedeutenden Nutzung (= Jahresmiete weniger als 1 % vom Grundstückswert) befindet.

212

Solche Grundstücke gelten seit dem 1.1.2009 als bebaute Grundstücke und sind entsprechend zu bewerten.[1]

213 Der Wert unbebauter Grundstücke ist im sog. „Vergleichswertverfahren" zu ermitteln; maßgebend ist der tatsächliche Zustand des Grundstücks im Besteuerungszeitpunkt. Als Vergleichswerte dienen hierbei Bodenrichtwerte. Der Bodenrichtwert ist ein qm-Preis, der auf Basis von Kaufpreissammlungen der Gutachterausschüsse ermittelt wird und einen für jedes Gemeindegebiet durchschnittlichen Lagewert für erschließungsbeitragspflichtiges oder erschließungsbeitragsfreies Bauland darstellt (§ 196 Abs. 1 BauGB). Bodenrichtwerte werden maßgeblich geprägt von der sog. Geschossflächenzahl (das ist eine Verhältniszahl der Gebäudewohn- und Nutzfläche zur Grundstücksfläche), der Nutzungsart und der Grundstückstiefe.

214 Maßgebend für die Bewertung eines unbebauten Grundstücks ist stets der Bodenrichtwert eines Referenzgrundstücks. Dieses Referenzgrundstück wird selten mit dem zu bewertenden Grundstück identisch sein; die Bodenrichtwerte sind deshalb entsprechend zu korrigieren.

BEISPIEL: Geschossflächenzahl

Die Geschossflächenzahl stellt ein Maß für die bauliche Nutzung eines Grundstücks dar. Die GFZ gibt an, wie viel Quadratmeter Geschossfläche je Quadratmeter Grundstücksfläche zulässig ist. Wird nun in der Bodenrichtwertkarte zu den Bodenrichtwerten eine Geschossflächenzahl angegeben, muss – falls die GFZ mit der GFZ des betreffenden Grundstücks nicht übereinstimmt – der Bodenwert für das Grundstück nach folgender Formel korrigiert werden:

$$\text{Bodenwert/qm} = \frac{\text{UK GFZ zu bew. Grundstück}}{\text{UK GFZ Bodenrichtwertgrundstück}} \times \text{BRW}$$

UK GFZ = Umrechnungskoeffizient für die Geschossflächenzahl
BRW = Bodenrichtwert

Die Umrechnungskoeffizienten werden meist örtlich bestimmt und sind erhältlich. Liegen keine Umrechnungskoeffizienten vor, gelten nachfolgende Werte (R B 179.2 ErbStR 2011):

TAB. 11: Umrechnungskoeffizienten			
Geschossflächenzahl	Umrechnungskoeffizient	Geschossflächenzahl	Umrechnungskoeffizient
0,4	0,66	1,5	1,24
0,5	0,72	1,6	1,28
0,6	0,78	1,7	1,32

---

1 Vgl. nachfolgend Rdn. 218.

0,7	0,84	1,8	1,36
0,8	0,90	1,9	1,41
0,9	0,95	2,0	1,45
1,0	1,00	2,1	1,49
1,1	1,05	2,2	1,53
1,2	1,10	2,3	1,57
1,3	1,14	2,4	1,61
1,4	1,19		

BEISPIEL: ▶ Der Bodenrichtwert eines Grundstücks beträgt 300 €/qm bei einer Geschossflächenzahl (GFZ) von 0,8. Das zu bewertende Grundstück hat eine tatsächliche Geschossflächenzahl von 0,6. Die Umrechnungskoeffizienten laut Tabelle betragen 0,78 (GFZ 0,6) und 0,90 (GFZ 0,8) Nach o. g. Formel beträgt der Bodenwert für das zu bewertende Grundstück mit einer GFZ von 0,6

= 0,78 (Umrechnungskoeffizient bei GFZ 0,6)

0,90 (Umrechnungskoeffizient bei GFZ 0,8 × 300 €/qm = 260 €/qm

BEISPIEL: ▶ Vorderland/Hinterland

Sofern der Bodenrichtwert in Abhängigkeit von der Grundstückstiefe ermittelt ist, muss die Grundstücksfläche in Vorder- und Hinterland aufgeteilt werden. Die Grundstückfläche ist nach ihrer Tiefe in Zonen zu gliedern, deren Abgrenzung sich nach den Vorgaben des Gutachterausschusses richtet.

215 Sind keine Bodenrichtwerte vorhanden, müssen die Werte aus vergleichbaren Flächen abgeleitet werden und können um 20 % ermäßigt werden (§ 145 Abs. 3 Satz 4 BewG). Dies gilt unabhängig von den Gründen, aus denen die Gutachterausschüsse keine Bodenrichtwerte errechnen bzw. ermitteln.

216 Bauerwartungsland kann abweichend als landwirtschaftliche Nutzfläche dem Grundvermögen zugerechnet werden, wenn es in einem Bebauungsplan als Bauland festgesetzt ist, ihre sofortige Bebauung möglich ist und die Bebauung innerhalb des Plangebiets in benachbarten Bereichen begonnen hat oder schon durchgeführt ist (§ 69 Abs. 3 Satz 1 BewG). Bei solchen baureifen Grundstücken ist der für die allgemeine Abgrenzung maßgebliche subjektive Wille des Landwirts, die Fläche als Anbaugebiet zu nutzen, unerheblich.

217 Existiert kein rechtsverbindlicher Bebauungsplan für das Wiesen- und Ackerland und stellt der Betrieb die Existenzgrundlage des Betriebsinhabers dar, dürfen landwirtschaftliche Nutzflächen nur dann als Grundvermögen bewertet werden, wenn mit großer Wahrscheinlichkeit anzunehmen ist, dass sie spätestens nach zwei Jahren anderen als land- und forstwirtschaftlichen Zwecken dienen werden (§ 69 Abs. 2 BewG). In allen übrigen Fällen fallen Nutzflä-

chen unter die wirtschaftliche Einheit „Grundvermögen" nur dann, wenn sie mit großer Wahrscheinlichkeit in absehbarer Zeit (darunter ist ein Zeitraum von bis zu sechs Jahren zu verstehen) anderen als landwirtschaftlichen Zwecken dienen werden.[1]

HINWEISE:
- ► land- und forstwirtschaftliches Vermögen gehört zum sog. „begünstigten Vermögen", Grundvermögen hingegen nicht. Der Erbe/Erwerber profitiert, wenn er Bauerwartungsland dem land- und forstwirtschaftlichen Vermögen hinzuzurechnen versucht.
- ► Zur Minderung des Steuerwerts eines unbebauten Grundstücks können sich Grundstückseigentümer nicht auf besondere Gegebenheiten wie Lärm usw. berufen. Eine Berücksichtigung wertmindernder Umstände (wie Immissionen allgemein) sieht das neue Bewertungsrecht nicht mehr vor. Der bis 31.12.2008 gewährte pauschale Abschlag von 20 % auf den Bodenwert findet keine Anwendung mehr.

5.3 Bebaute Grundstücke

5.3.1 Allgemeines

218 Bebaute Grundstücke sind solche, auf denen sich benutzbare Gebäude befinden (§ 180 Abs. 1 Satz 1 BewG, R B 180 Abs. 1 ErbStR 2011). „Benutzbar" ist ein Gebäude dann, wenn es bezugsfertig ist. Im Besteuerungszeitpunkt müssen alle wesentlichen Bauarbeiten abgeschlossen sein. Geringfügige Restarbeiten, die üblicherweise vor dem tatsächlichen Bezug durchgeführt werden (z. B. Malerarbeiten, Verlegen des Bodenbelags), schließen die Bezugsfertigkeit nicht aus. Auch auf die Abnahme durch die Bauaufsichtsbehörde kommt es nicht an.

5.3.2 Grundstücksarten

219 Das Bewertungsrecht (§ 181 BewG) unterscheidet innerhalb der bebauten Grundstücke zwischen folgenden Grundstücksarten (R B 181.1 Abs. 1 ErbStR 2011):
- ► Einfamilienhäuser, Zweifamilienhäuser
- ► Mietwohngrundstücke,
- ► Wohnungs- und Teileigentum,
- ► Geschäftsgrundstücke,
- ► gemischt genutzte Grundstücke,
- ► sonstige bebaute Grundstücke.

---
1 § 69 Abs. 1 BewG.

Als Ein- und Zweifamilienhäuser werden Wohngrundstücke bezeichnet, die bis zu zwei Wohnungen enthalten und nicht als Wohnungseigentum gelten. Ein Grundstück gilt auch dann als Ein- oder Zweifamilienhaus, wenn es zu weniger als 50 %, berechnet nach der Wohn- oder Nutzfläche, zu anderen als Wohnzwecken mitbenutzt und dadurch die Eigenart als Ein- oder Zweifamilienhaus nicht wesentlich beeinträchtigt wird.[1]

220

Unter Mietwohngrundstücken verstehen die Finanzbehörden Grundstücke, die zu mehr als 80 %, berechnet nach der Wohn- oder Nutzfläche, Wohnzwecken dienen, und nicht Ein- und Zweifamilienhäuser oder Wohnungseigentum sind. Mietwohngrundstücke sind also Wohnanlagen mit mehr als zwei Wohnungen.

Als Wohnungseigentum wird das Sondereigentum an einer Wohnung i.V.m. dem Miteigentumsanteil an dem gemeinschaftlichen Eigentum bezeichnet, zu dem es gehört. Alle Eigentumswohnungen stellen Wohnungseigentum dar. Jedes Wohneigentum gilt als Grundstück (R B 181.2 Abs. 1 Satz 1 ErbStR 2011).

221

Als Wohnung gilt jede „Zusammenfassung einer Mehrheit von Räumen, die in ihrer Gesamtheit so beschaffen sein müssen, dass die Führung eines selbstständigen Haushalts möglich ist" (§ 181 Abs. 9 BewG). Die Zusammenfassung einer Mehrheit von Räumen muss eine von anderen Wohnungen oder Räumen, insbesondere Wohnräumen, baulich getrennte, in sich abgeschlossene Wohneinheit bilden und einen selbstständigen Zugang haben. Außerdem ist nach dem neuen Bewertungsrecht erforderlich, dass die für die Führung eines selbstständigen Haushalts notwendigen Nebenräume (Küche, Bad oder Dusche, Toilette) vorhanden sind. Die Wohnfläche muss mindestens 23 qm betragen.

222

Teileigentum ist das Sondereigentum an nicht zu Wohnzwecken dienenden Räumen eines Gebäudes i.V.m. dem Miteigentum an dem gemeinschaftlichen Eigentum, zu dem es gehört (§ 181 Abs. 4 u. 5 BewG). Teileigentum ist beispielsweise ein Büroraum, ein Lagerraum oder ein Ladengeschäft, sofern Miteigentumsanteil an den übrigen Einrichtungen (Zufahrt, Treppenhaus usw.) besteht. Wie jedes Grundstück bildet auch jedes Wohnungs- und Teileigentum eine wirtschaftliche Einheit, für das zur Berechnung des steuerpflichtigen Erwerbs bei der Erbschaft- und Schenkungsteuer ein Grundstückswert festzusetzen ist. Jedes Wohneigentum und jedes Teileigentum bildet sozusagen ein separat zu bewertendes Grundstück (R B 181.2 Abs. 1 Satz 1 ErbStR 2011).

223

---

1 § 181 Abs. 2 BewG.

224 Geschäftsgrundstücke sind Grundstücke, die zu mehr als 80 % eigenen oder fremden betrieblichen oder öffentlichen Zwecken dienen. Der Anteil der betrieblichen Nutzung berechnet sich im Verhältnis der Wohn- und Nutzfläche (§ 181 Abs. 6 BewG).

225 Als gemischt genutzte Grundstücke gelten Grundstücke, die teils Wohnzwecken und teils eigenen oder fremden betrieblichen oder öffentlichen Zwecken dienen und nicht unter eine der oben genannten Kategorien fallen.

226 Schließlich fallen unter sonstige bebaute Grundstücke solche Grundstücke, die nicht unter eine der oben genannten Kategorien fallen, weil sie weder Wohnzwecken noch betrieblichen oder öffentlichen Zwecken dienen (§ 181 Abs. 7, 8 BewG). Beispiele für sonstige bebaute Grundstücke sind Clubhäuser, Vereinshäuser, Turnhallen, Jagdhütten, Wochenendhäuser, die nicht ganzjährig bewohnbar sind.

Maßgeblich für die Abgrenzung der Grundstücksarten ist die Wohn- und Nutzfläche, berechnet nach den Vorschriften der Wohnflächenverordnung.

HINWEIS:

Bei Festlegung der Grundstücksart muss stets auf die gesamte wirtschaftliche Einheit abgestellt werden. Dies gilt auch, wenn sich auf einem Grundstück mehrere Gebäude oder Gebäudeteile unterschiedlicher Bauart oder Nutzung befinden (R B 181.1 Abs. 2 ErbStR 2011). Auf die Art der einzelnen Gebäude kommt es nicht an; entscheidend sind die jeweiligen Wohn- und Nutzflächen. Dies kann bei Geschäftsgrundstücken, auf denen sich auch das private Wohnhaus des Geschäftseigentümers/Unternehmers befindet, dazu führen, dass das Geschäftsgrundstück nicht als solches, sondern als gemischt genutztes Grundstück anzusehen ist, für welches dann u.U. ein anderes Bewertungsverfahren zu verwenden ist. Geschäftsgrundstücke sind nur solche Grundstücke, die zu mehr als 80 % betrieblichen Zwecken dienen. Hat die Werkstatt eine Fläche von 500 qm und das Einfamilienhaus des Unternehmers eine Wohnfläche von 300 qm, beträgt das Verhältnis der gewerblichen Nutzung zur Nutzung zu Wohnzwecken 500/800 = 62,5 %. Das sind weniger als 80 %, so dass das Grundstück gemischt genutzt ist und das Grundstück wegen dem Einfamilienhaus nach dem Sachwert zu bewerten ist (R B 182 Abs. 5 ErbStR 2011).

5.3.3 Bewertung und Bewertungsverfahren
5.3.3.1 Übersicht (R B 182 ErbStR 2011)

TAB. 12:	Bewertungsverfahren
Verfahren	Zuordnung/Anwendungsbereich
Vergleichswertverfahren	Wohnungseigentum, Teileigentum Ein- und Zweifamilienhäuser, sofern der Gutachterausschuss entsprechende Vergleichspreise oder Vergleichsfaktoren ermittelt hat
Ertragswertverfahren	Geschäftsgrundstücke gemischt genutzte Grundstücke, für die sich auf dem örtlichen Grundstücksmarkt eine übliche Miete ermitteln lässt Mietwohngrundstücke
Sachwertverfahren	sonstige bebaute Grundstücke; Auffangverfahren für ▶ das Wohneigentum, das Teileigentum und für Ein- und Zweifamilienhäuser, wenn das Vergleichswertverfahren mangels Vergleichspreisen oder Vergleichsfaktoren nicht anwendbar ist; ▶ Geschäftsgrundstücke und gemischt genutzte Grundstücke, für die sich auf dem örtlichen Grundstücksmarkt keine übliche Miete ermitteln lässt; ▶ wenn sich auf einem Grundstück nicht nur Gebäude oder Gebäudeteile befinden, die im Ertragswertverfahren zu bewerten sind.

227

5.3.3.2 Vergleichswertverfahren

Beim Vergleichswertverfahren wird der Marktwert eines Grundstücks aus Kaufpreisen von anderen Grundstücken abgeleitet. Dieses Bewertungsverfahren eignet sich daher nur bei Grundstücken, die mit vergleichbaren bzw. gleichartigen Gebäuden bebaut sind und bei denen sich der Grundstücksmarkt an Vergleichswerten orientiert. Das neue Bewertungsrecht sieht das Vergleichswertverfahren für die Bewertung von Wohnungseigentum, Teileigentum sowie für Ein- und Zweifamilienhäuser vor (§ 182 Abs. 2 BewG).

228

Das Vergleichswertverfahren unterteilt sich in:

▶ Das Vergleichspreisverfahren

Bewertungsgrundlage für das Vergleichspreisverfahren bilden „Kaufpreise von Grundstücken", „die hinsichtlich der ihren Wert beeinflussenden Merkmale mit dem zu bewertenden Grundstück hinreichend übereinstimmen (Vergleichsgrundstücke)" (§ 183 Abs. 1 Satz 1 BewG). Eine hinreichende Übereinstimmung der Zustandsmerkmale eines Vergleichsgrundstücks liegt nach Auffassung der Finanzverwaltung vor, wenn sie insbesondere hinsichtlich ihrer

- Lage,
- Art und Maß der baulichen Nutzung,
- Größe,
- ihres Erschließungszustands und
- des Alters des Gebäudes

mit dem zu bewertenden Grundstück weitgehend übereinstimmen bzw. die Abweichungen in sachgerechter Weise berücksichtigt werden können. (R B 183 Abs. 2 Satz 2 ErbStR 2011). Abweichungen können in sachgerechter Weise berücksichtigt werden durch Zu- oder Abschläge nach Vorgabe des örtlichen Gutachterausschusses für Grundstückswerte. Stehen vom örtlichen Gutachterausschuss zur Berücksichtigung dieser Abweichungen keine Anpassungsfaktoren (z. B. Indexreihen oder Umrechnungskoeffizienten) zur Verfügung, nimmt die Finanzverwaltung eine hinreichende Übereinstimmung noch an, „wenn die wertbeeinflussenden Merkmale des zu bewertenden Grundstücks, wie z. B. die Wohn-/Nutzfläche des Gebäudes, die Grundstücksgröße oder das Alter des Gebäudes, um höchstens jeweils 20 % vom Vergleichsgrundstück abweichen" (R B 183 Abs. 4 ErbStR 2011).

229 Als geeigneten Kaufpreis sieht das Gesetz vorrangig die von den Gutachterausschüssen mitgeteilten Vergleichspreise vor. Alternativ bzw. in Ermangelung geeigneter Kaufpreise wird die Finanzverwaltung auch auf eigene Unterlagen und Statistiken vergleichbarer Grundstücksveräußerungsgeschäfte zurückgreifen. Die Finanzämter werden über sämtliche Grundstücksveräußerungsgeschäfte informiert. Nach § 34 ErbStG sind Gerichte, Standesämter und Notare verpflichtet, alle ausgeführten Beurkundungen, Zeugnisse und sonstige Anordnungen, die für die Festsetzung einer Erbschaftsteuer von Bedeutung sein können, der jeweiligen Erbschaftsteuerstelle anzuzeigen.

230 Besonderheiten und wertbeeinflussende Belastungen „privatrechtlicher und öffentlich-rechtlicher Art" fließen in die Berechnung nicht ein (§ 183 Abs. 3 BewG). So werden grundstücksbezogene Lasten wie u. a. Wegerechte, Wohn- und Nießbrauchsrechte oder langfristige Miet- und Pachtverträge, welche bei einer Verkehrswertermittlung für bebaute Grundstücke sehr wohl ihren Niederschlag finden, bei der steuerlichen Wertermittlung der wirtschaftlichen Einheit des Grundstücks nicht berücksichtigt. Gerade der Verkehrswert von Eigentumswohnungen sowie von Ein- und Zweifamilienhäusern wird im besonderen Maße durch die Ausstattung des Objekts geprägt. Die Vergleichspreise der Gutachterausschüsse berücksichtigen zwar wertbeeinflussende Faktoren wie Lage, Größe der Wohnanlage, das Vorhandensein von Balkonen und Gärten oder Kfz-Stellplätzen, nicht aber die Ausstattung bzw. diese nur mittelbar

über das Baujahr. So ist bei Ein- und Zweifamilienhäusern, die individuell gebaut sind, eine Vergleichbarkeit nur bedingt möglich. Auch einschränkende Rechte wie Grunddienstbarkeiten, Wegerechte usw. finden keine Berücksichtigung, ebenso wenig auch die Möglichkeiten weiterer Baumaßnahmen z. B. eines Dachgeschossausbaus.

▶ Das Vergleichsfaktorverfahren

Für die Bewertung von Grundstücken können alternativ oder mangels geeigneter Vergleichspreise auch Vergleichsfaktoren herangezogen werden. Als geeignete Vergleichsfaktoren sieht der Gesetzgeber die von „den Gutachterausschüssen für geeignete Bezugseinheiten, insbesondere Flächeneinheiten des Gebäudes", ermittelte und mitgeteilte Vergleichsfaktoren, wobei der Bodenwert gesondert zu berücksichtigen ist, wenn sich die Vergleichsfaktoren nur auf das Gebäude beziehen (§ 183 Abs. 2 BewG). Geeignete Vergleichsfaktoren sind z. B. Durchschnittsertragswerte oder Durchschnittspreise je qm Wohn-/Nutzfläche. Der Steuerwert eines zu bewertenden Grundstücks errechnet sich unter Anwendung von Vergleichsfaktoren nach folgender Gleichung:

Grundbesitzwert = Vergleichsfaktor in €/qm × Wohn-/Nutzfläche

5.3.3.3 Ertragswertverfahren

ABB. 5:	Ablaufschema Ertragswertverfahren (H B 184 ErbStH 2011)
Rohertrag (Jahresmiete oder übliche Miete)	
./.	
Bewirtschaftungskosten	
=	
Reinertrag des Grundstücks	
./.	
Bodenwertverzinsung (Bodenwert × Liegenschaftszinssatz)	Bodenrichtwert (ggf. angepasster Bodenwert)
=	×
Gebäudereinertrag (>= 0)	Grundstücksfläche
×	=
Vervielfältiger (Anlage 21 zum BewG abgedruckt in Anhang 7)	Bodenwert (als Mindestwert)
= Gebäudeertragswert (>= 0)	
Ertragswert = Grundbesitzwert	

233 Das Ertragswertverfahren findet Anwendung für bebaute Grundstücke, bei denen der nachhaltig erzielbare Ertrag für die Werteinschätzung am Grundstücksmarkt im Vordergrund steht (typische Renditeobjekte). Das Ertragswertverfahren kommt daher zur Anwendung bei Mietwohngrundstücken, Geschäftsgrundstücken und gemischt genutzten Grundstücken, für die sich auf dem örtlichen Grundstücksmarkt eine übliche Miete ermitteln lässt (§ 182 Abs. 3 BewG).

Das Ertragswertverfahren gliedert sich in drei Stufen (§ 184 BewG):

1. Stufe: Ermittlung des Bodenwertes nach Maßgabe der für die Bewertung unbebauter Grundstücke geltenden Regelungen

2. Stufe: Ermittlung des Gebäudeertragswertes

3. Stufe: Mindestwertermittlung

Die Gebäudeertragswertermittlung setzt folgende drei Rechengrößen voraus:

- ▶ Rohertrag des Grundstücks,
- ▶ Bewirtschaftungskosten,
- ▶ Bodenwertverzinsung bzw. Liegenschaftszinssatz.

Bei übergroßen Grundstücken ist es zudem erforderlich, bestimmte Teilflächen herauszurechnen.

234 Als Rohertrag bezeichnet wird jenes Entgelt, welches für die Nutzung des bebauten Grundstücks nach den im maßgeblichen Bewertungszeitpunkt geltenden Vereinbarungen für den Zeitraum von zwölf Monaten zu zahlen ist, also jenes Entgelt, das der Mieter oder Pächter für die Benutzung des bebauten Grundstücks nach den am Bewertungsstichtag geltenden vertraglichen Vereinbarungen, umgerechnet auf zwölf Monate, zu zahlen hat (R B 186.1 Abs. 1 ErbStR 2011). Umlagen zählen nicht zum Rohertrag (§ 186 Abs. 1 BewG).

Neben der vertraglich vereinbarten Miete rechnen zum Entgelt gemäß R B 186.1 Abs. 2 Satz 2 ErbStR 2011 auch:

- ▶ Mieteinnahmen für Stellplätze,
- ▶ Mieteinnahmen für Nebengebäude, z. B. für Garagen,
- ▶ Vergütungen für außergewöhnliche Nebenleistungen des Vermieters, die nicht die Raumnutzung betreffen, aber neben der Raumnutzung auf Grund des Mietvertrags gewährt werden (z. B. Reklamenutzung sowie für das Aufstellen von Automaten),
- ▶ Vergütungen für Nebenleistungen, die zwar die Raumnutzung betreffen, jedoch nur einzelnen Mietern zugutekommen (z. B. zusätzliche Mieteinnah-

men für die Verkabelung des Gebäudes zwecks Datenfernübertragung, für den Einbau einer Klimaanlage oder für die Nutzung eines Schwimmbads),
- Untermietzuschläge,
- Baukostenzuschüsse und Mietvorauszahlungen, soweit sie auf die Miete anzurechnen sind,
- Zahlungen des Mieters an Dritte für den Eigentümer, soweit es sich nicht um Betriebskosten i. S. des § 27 der II. BV oder § 2 der Betriebskostenverordnung (BetrKV) handelt (z. B. Erschließungskosten),
- Leistungen des Mieters, die nicht in Geld bestehen, soweit sie nicht gleichzeitig als Betriebskosten zu berücksichtigen wären (z. B. die Übernahme der Grundstücksverwaltung),
- um Neben- und Betriebskosten bereinigte Leasing-Raten, soweit sie auf die Überlassung des Grundstücks entfallen.

Nicht in das Entgelt einzubeziehen sind insbesondere 235
- Umlagen, die zur Deckung der Betriebskosten gezahlt werden,
- Einnahmen für die Überlassung von Maschinen und Betriebsvorrichtungen,
- Einnahmen für die Überlassung von Einrichtungsgegenständen (z. B. bei möblierten Wohnungen, Ferienwohnungen, Studentenwohnheimen),
- Dienstleistungen, die nicht die Grundstücksnutzung betreffen (Reinigungsdienste),
- Zuzahlungen Dritter außerhalb des Mietverhältnisses (z. B. bei Bauherrengemeinschaften Zahlungen des Mietgarantiegebers),
- Aufwendungszuschüsse im öffentlich geförderten Wohnungsbau,
- die Umsatzsteuer.

Maßgeblich ist nicht, was der (frühere) Eigentümer vom Nutzer tatsächlich erhalten bzw. vereinnahmt hat, sondern was der Eigentümer auf Grund vertraglicher Vereinbarungen hätte erhalten müssen (Sollmiete). Säumige Mieter mindern so nicht den steuerlichen Ertragswert eines zu vererbenden Grundstücks, wohl aber den tatsächlichen Verkehrswert (da ein Gutachter von der nachhaltig erzielbaren Miete nach § 17 Abs. 1 der WertV auszugehen hat. Für eigengenutzte Grundstücke oder solche, die zum vorübergehenden Gebrauch unentgeltlich überlassen worden sind, oder für Grundstücke, die an Mieter (im Regelfall handelt es sich hier um Angehörige) zu einem um mehr als 20 % verbilligten Mietpreis überlassen worden sind, ist der übliche Mietpreis anzusetzen. Die übliche Miete ist dabei „in Anlehnung an die Miete zu schätzen, die für Räume gleicher oder ähnlicher Art, Lage und Ausstattung regelmäßig ge- 236 zahlt wird", ohne Berücksichtigung von Betriebskosten (§ 186 Abs. 2 Satz 2 BewG).

237 Vom Rohertrag sind Bewirtschaftungskosten abzuziehen. Bewirtschaftungskosten sind die „bei gewöhnlicher Bewirtschaftung nachhaltig entstehenden Verwaltungskosten, Betriebskosten, Instandhaltungskosten und das Mietausfallwagnis (§ 187 Abs. 1 BewG). Bei der Bemessung der Bewirtschaftungskosten setzen die Finanzämter auf Erfahrungssätze der Gutachterausschüsse, welche allerdings nicht in allen Fällen vorhanden sind. Stehen keine geeigneten Erfahrungssätze zur Verfügung, stehen den Finanzbehörden pauschalierte Bewirtschaftungskostensätze für die Bewertung zur Verfügung (vgl. Anlage 23 BewG).[1]

238 Die Differenz aus Rohertrag und Bewirtschaftungskosten ergibt den Reinertrag der gesamten Immobilie. Dieser entspricht jedoch noch nicht dem Gebäudereinertrag! Nachdem zu jedem Gebäude auch ein Bodenanteil dazugehört und der Bodenwert wie gesehen vom Gebäudewert abzutrennen und gesondert zu ermitteln ist, ist es konsequent, bei der Gebäudewertermittlung auf den Gebäudereinertrag abzustellen. Es ist folglich im nächsten Rechenschritt jener „Ertrag" auszusondern, der auf den Bodenwert entfällt – nämlich die Bodenwertverzinsung. Letztere wird anhand des sog. Liegenschaftszinssatzes ermittelt.

239 „Der Liegenschaftszinssatz ist der Zinssatz, mit dem der Verkehrswert von Grundstücken im Durchschnitt marktüblich verzinst wird" (§ 188 Abs. 1 BewG). Vorrangig anzuwenden sind dabei die von den Gutachterausschüssen ermittelten örtlichen Liegenschaftszinssätze (§ 188 Abs. 2 Satz 1 BewG). Sofern von den Gutachterausschüssen keine geeigneten Liegenschaftszinssätze ermittelt werden, gelten folgende Pauschalsätze (§ 188 Abs. 2 BewG):

TAB. 13:	Liegenschaftszinssätze, Pauschalsätze nach BewG
Grundstücksart	Liegenschaftszinssatz in %
Mietwohngrundstück	5
Gemischt genutzte Grundstücke – Gewerbeanteil bis 50 % – Gewerbeanteil über 50 %	 5,5 6,0
Geschäftsgrundstücke	6,5

---

1 Anlage 23 abgedruckt in Anhang 6.

240 Regelmäßig mit Schwierigkeiten behaftet sein dürfte jene Regelung aus dem Gesetz, wonach bei der Berechnung des Liegenschaftsverzinsungsbetrages die Bodenwerte jener Teilflächen nicht zu berücksichtigen sind, welche eine eigenständige bzw. zusätzliche Nutzung oder Verwertung zulassen oder ermöglichen. Dies ist nach § 185 Abs 2 BewG regelmäßig dann zwingend zu beachten, wenn das Grundstück wesentlich größer ist, „als es einer den Gebäuden angemessenen Nutzung entspricht". Ist das Grundstück wesentlich größer als es einer den Gebäuden angemessenen Nutzung entspricht, und ist eine zusätzliche Nutzung oder Verwertung der Teilfläche als selbstständig verwertbare Teilfläche zulässig und möglich, ist diese Teilfläche bei der Berechnung des Bodenwertverzinsungsbetrages nicht zu berücksichtigen (§ 185 Abs. 2 Satz 3 BewG). Damit ist bei der Ermittlung des Betrags der Bodenwertverzinsung nur die der jeweiligen Bebauung zurechenbare Grundstücksfläche anzusetzen. Diese zurechenbare Grundstücksfläche entspricht regelmäßig der bebauten Fläche einschließlich der sog. Umgriffsfläche. Nach Auffassung der Finanzverwaltung ist es nicht entscheidend, ob die selbstständig nutzbaren Teilflächen baulich nutzbar sind (R B 185.1 Abs. 3 ErbStR 2011). Die selbstständig nutzbare Teilfläche muss hinreichend groß und so gestaltet sein, dass eine entsprechende Nutzung möglich ist.

241 Aus der Differenz zwischen Reinertrag des Grundstücks und der Bodenwertverzinsung errechnet sich im nächsten Schritt der Gebäudereinertrag. Dieser bildet die Vorstufe zur Berechnung des Gebäudeertragswertes. Der Gebäudeertragswert errechnet sich durch Multiplikation des Gebäudereinertrages mit dem maßgeblichen Vervielfältiger aus der Anlage 21 zum BewG.[1] Der maßgebliche Vervielfältiger ergibt sich aus dem Liegenschaftszinssatz und der Restnutzungsdauer des Gebäudes.

242 Die maßgebliche Restnutzungsdauer bestimmt sich nach dem tatsächlichen Alter zur wirtschaftlichen Gesamtnutzungsdauer. Die Restnutzungsdauer errechnet sich nach § 185 Abs. 3 BewG aus der Differenz zwischen der wirtschaftlichen Gesamtnutzungsdauer gemäß Anlage 22 zum BewG und dem Baujahr bzw. Alter am Bewertungsstichtag.[2] Nach der Anlage beträgt die wirtschaftliche Gesamtnutzungsdauer bei Ein- und Zweifamilienhäusern, Mietwohngrundstücken und Wohnungseigentum z. B. 80 Jahre, bei gemischt genutzten Grundstücken zwischen 40 und 70 Jahren. Das Gesetz geht dabei von einer Mindestrestnutzungsdauer von 30 % der wirtschaftlichen Gesamtnut-

---

[1] Die Vervielfältiger sind in Anhang 7 abgedruckt.
[2] Anlage 22 abgedruckt in Anhang 10.

zungsdauer aus,[1] d. h., ein z. B. 70 Jahre altes Wohnhaus wäre mit einer Mindestrestnutzungsdauer von (30 % × 80 Jahre =) 24 Jahren anzusetzen. Diese Mindestnutzungsdauerregelung soll dem Umstand Rechnung tragen, dass auch ältere Gebäude bei laufender Instandhaltung nicht wertlos sind; sie macht auch gerade bei älteren Gebäuden die Prüfung entbehrlich, ob die Restnutzungsdauer infolge baulicher Maßnahmen wesentlich verlängert wurde.

243 Veränderungen am Gebäude oder besondere Umstände, die die wirtschaftliche Gesamtnutzungsdauer des Gebäudes verlängern oder verkürzen, sind zu berücksichtigen (§ 185 Abs. 3 Satz 4 BewG). Wurde beispielsweise die Nutzbarkeit eines Gebäudes durch umfassende Sanierungsmaßnahmen wesentlich verlängert, ist regelmäßig von einem späteren Baujahr – einem fiktiven Baujahr – auszugehen, das der Verlängerung der Nutzungsdauer durch die (Kern-)Sanierungsmaßnahmen entspricht. Fiktive Baujahre kommen insbesondere bei generalsanierten, denkmalgeschützten Gebäuden zum Tragen.

244 Der maßgebliche Ertragswert (Steuerwert) für das bebaute Grundstück ergibt sich schließlich aus der Addition von Bodenwert und Gebäudeertragswert. Ist der Gebäudeertragswert negativ oder null, ist mindestens der Bodenwert anzusetzen; dieser bildet insoweit den „Mindestwert" (§ 184 Abs. 3 Satz 2 BewG). Der Mindestwert kommt überall dort zum Tragen, wo nach Abzug einer (höheren) Bodenwertverzinsung kein Gebäudereinertrag mehr verbleibt.

HINWEIS:

Ist der Mindestwert maßgeblich und soll dieser noch durch ein Verkehrswertgutachten widerlegt und nach unten korrigiert werden, ist das Verkehrswertgutachten für das bebaute Grundstück (für die wirtschaftliche Einheit) zu erstellen, nicht nur für den Bodenwert (als Mindestwert). Der mittels Verkehrswertgutachten für das bebaute Grundstück ermittelte Verkehrswert muss niedriger sein als der Mindestwert (Bodenwert).

---

1 § 185 Abs. 3 Satz 5 BewG.

5.3.3.4 Sachwertverfahren

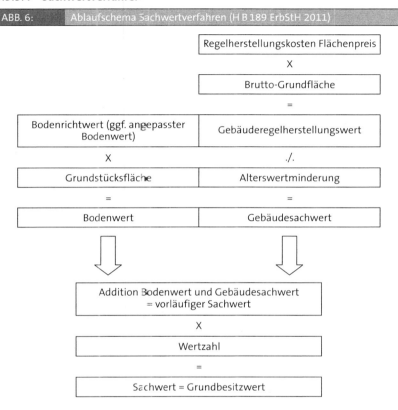

ABB. 6: Ablaufschema Sachwertverfahren (H B 189 ErbStH 2011)   245

Das Sachwertverfahren kommt für bebaute Grundstücke in Betracht, bei denen es für die Werteinschätzung am Grundstücksmarkt nicht in erster Linie auf den Ertrag ankommt, sondern die Herstellungskosten im gewöhnlichen Geschäftsverkehr wertbestimmend sind. Im Sachwertverfahren sind daher zu bewerten (§ 182 Abs. 4 i.V. m. § 189 BewG):

- ▶ Wohnungseigentum,
- ▶ Teileigentum,
- ▶ Ein- und Zweifamilienhäuser, soweit ein Vergleichswert nicht vorliegt,
- ▶ Geschäftsgrundstücke und gemischt genutzte Grundstücke, für die sich auf dem örtlichen Grundstücksmarkt keine übliche Miete ermitteln lässt,
- ▶ und sonstige bebaute Grundstücke.

Das Sachwertverfahren ist für alle selbst genutzten Immobilien das maßgebliche Bewertungsverfahren.

246 Der Grundbesitzwert beim Sachwertverfahren errechnet sich aus dem Gebäudesachwert und dem Bodenwert. Der Gebäudesachwert ist getrennt vom Bodenwert auf der Grundlage von gewöhnlichen Herstellungskosten zu bemessen (R B 189 Satz 1 ErbStR 2011).

247 Der Gebäudesachwert berechnet sich auf Basis der Herstellungskosten. Bemessungsgrundlage bilden dabei nicht die tatsächlichen Herstellungskosten (also das, was der Erblasser/Übergeber als Bauherr tatsächlich aufgewendet hat), sondern die gewöhnlichen Herstellungskosten, die sog. Regelherstellungskosten.

248 Die Regelherstellungskosten sind nicht die tatsächlichen, sondern die gewöhnlichen Herstellungskosten je Quadratmeter Brutto-Grundfläche. Der Steuergesetzgeber hat diese aus den Normalherstellungskosten 2000 (NHK 2000) abgeleitet. Die Regelherstellungskosten werden unterteilt nach Grundstücksarten, Gebäudeklassen, Baujahrsgruppen und Ausstattungsstandards (R B 190.1 Abs. 1 ErbStR 2011). Der Steuergesetzgeber übernahm damit eine Linie der für die zivilrechtliche Verkehrswertermittlung maßgeblichen „Verordnung über Grundsätze für die Ermittlung der Verkehrswerte von Grundstücken" (Wertermittlungsverordnung – WertV –),[1] welche ebenfalls von den Normalherstellungskosten (NHK) ausgeht.

249 Die Bestimmung der Steuerwerte für bebaute Grundstücke im Sachwertverfahren erfolgt gemäß § 189 BewG in folgenden vier Stufen:

1. Stufe: Ermittlung des Bodenwertes.

Hierbei ist das für unbebaute Grundstücke maßgebliche Bewertungsverfahren anzuwenden (R B 189 Satz 2 ErbStR 2011).

2. Stufe: Ermittlung des Gebäudesachwertes

Die Berechnung des Gebäudesachwertes setzt wiederum die Ermittlung folgender drei Rechengrößen voraus:

▶ Flächenpreis (Regelherstellungskosten nach Anlage 24 zum BewG[2])
▶ Brutto-Grundfläche des Gebäudes

---

[1] WertV vom 6.12.1988 (BGBl 1988 I S. 2209), geändert durch Gesetz zur Änderung des Baugesetzbuchs und zur Neuregelung des Rechts der Raumordnung (Bau- und Raumordnungsgesetz 1998 – BauROG) vom 18.8.1997 (BGBl 1997 I S. 2081).
[2] Anlage 24 abgedruckt in Anhang 8.

▶ Baujahr

Der Gebäudesachwert ermittelt sich aus der Multiplikation der in Anlage 24 zum BewG (vgl. Anhang 8) enthaltenen Regelherstellungskosten mit der Brutto-Grundfläche des Gebäudes. Die in der Anlage 24 genannten Regelherstellungskosten basieren dabei auf dem Zahlenmaterial aus dem Preisstand IV. Quartal 2010.[1]   250

Zur Berechnung des steuerlichen Grundstückswerts stehen Regelherstellungskosten für folgende Gebäudeklassen zur Verfügung: 251

▶ Ein- und Zweifamilienhäuser für eine typisierende Gesamtnutzungsdauer von 80 Jahren,

▶ Wohnungseigentum (die Regelherstellungskosten für Wohnungseigentum entstammen den Normalherstellungskosten für den Geschosswohnungsbau) für eine typisierende Gesamtnutzungsdauer von 80 Jahren,

▶ Geschäftsgrundstücke, gemischt genutzte Grundstücke und sonstige bebaute Grundstücke für eine typisierende Gesamtnutzungsdauer zwischen 40 und 70 Jahren,

▶ Kleingaragen und Carports für eine typisierende Nutzungsdauer von 50 Jahren,

▶ Teileigentum, wobei Teileigentum in Abhängigkeit von der baulichen Gestaltung den vorstehenden Gebäudeklassen zuzuordnen ist.

Bei der Ermittlung der Gebäudeklasse ist auf das gesamte Gebäude oder einen baulich selbstständig abgrenzbaren Teil eines Gebäudes (Gebäudeteil) abzustellen. Entscheidend für die Einstufung ist allein das durch die Hauptnutzung des Gebäudes/Gebäudeteils entstandene Gesamtgepräge. Zur Hauptnutzung gehörende übliche Nebenräume (z. B. Lager- und Verwaltungsräume bei Warenhäusern) sind nach Auffassung der Finanzverwaltung entsprechend dem Gesamtgepräge der Hauptnutzung zuzurechnen (R B 190.2 Abs. 1 ErbStR 2011). Regelherstellungskosten aus Gebäudeklassen, die nicht aufgeführt sind, sind aus den Regelherstellungskosten vergleichbarer Gebäudeklassen abzuleiten. Zu diesem Zweck ist nach Auffassung der Finanzverwaltung auf die Gebäudeklasse abzustellen, die mit der Hauptnutzung des Gebäudes die größten Übereinstimmungen aufweist. Von einem Gebäude mit Keller geht die Finanzverwaltung bei einer zu mehr als 50 % der bebauten Fläche unterkellerten Fläche aus. Entsprechend ist von einem Gebäude mit ausgebautem Dach-   252

---

1 Anlage 24 i. d. F. des Beitragsrichtlinie-Umsetzungsgesetzes v. 7.12.2011, gemäß § 205 Abs. 4 BewG anzuwenden auf Bewertungsstichtage nach dem 31.12.2011.

geschoss auszugehen, wenn dies zu mehr als 50% ausgebaut ist (R B 190.2 Abs. 3 ErbStR 2011).

253 Hinsichtlich der Feststellung der Ausstattungsstandards sind von Gesetzes wegen drei Ausstattungsstandards vorgegeben (einfach/mittel/gehoben).[1] Dabei ist zur Ermittlung der für ein Gebäude oder Gebäudeteil maßgeblichen Regelherstellungskosten der Ausstattungsstandard eines jeden Bauwerksteils des Gebäudes oder Gebäudeteils entsprechend mit den Flächenpreisen zu addieren und die Gesamtsumme durch die Anzahl der Bauwerksteile zu dividieren (R B 190.4 Satz 2 ErbStR 2011).

254 Zur Bewertung stehen zehn verschiedene Bauwerksteile zur Verfügung: Fassade, Fenster, Dächer, Sanitärinstallation, Innenwandbekleidung der Nassräume, Bodenbeläge, Innentüren, Heizung, Elektroinstallation, sonstige Einbauten. Ist ein Bauwerksteil bei einem Gebäude oder Gebäudeteil nicht vorhanden, bleibt dieser Bauwerksteil nach Auffassung der Finanzverwaltung unberücksichtigt und die Anzahl der Bauwerksteile wird entsprechend reduziert (z. B. Einfamilienhaus ohne sonstige Einbauten, vgl. R B 190.4 Satz 4 ErbStR 2011).

255 Die Brutto-Grundfläche (BGF), auf die sich die Regelherstellungskosten beziehen, besteht aus der Summe der Grundflächen aller Grundrissebenen eines Bauwerkes; sie ermittelt sich aus der Summe aller Netto-Grundflächen und der Konstruktions-Grundfläche. Konstruktive und gestalterische Vor- und Rücksprünge, Bekleidungen, Putz, Außenschalen usw. sind hinzuzurechnen (R B 190.6 Abs. 1 ErbStR 2011, Anlage 24 zum BewG).[2] Nicht dazu zählen hingegen nicht nutzbare Dachflächen, Flächen, die ausschließlich der Wartung, Inspektion und Instandsetzung von Baukonstruktionen und technischen Anlagen dienen, z. B. nicht nutzbare Dachflächen, fest installierte Dachleitern und -stege. Ebenfalls unberücksichtigt bleiben: konstruktive und gestalterische Vor- und Rücksprünge, Fuß-Sockelleisten, Schrammborde und Unterschneidungen sowie vorstehende Teile von Fenster- und Türbekleidungen.

HINWEIS:
Je niedriger die Brutto-Grundfläche, desto niedriger ist der Gebäuderegelherstellungswert.

256 Die Regelherstellungskosten werden laufend „nach Maßgabe marktüblicher gewöhnlicher Herstellungskosten und des vom Statistischen Bundesamt veröffentlichten Baupreisindex" aktualisiert (§ 190 Abs. 1 BewG). Durch die stän-

---

1 Anlage 24 zum BewG, abgedruckt in Anhang 8.
2 Anlage 24 zum BewG, abgedruckt in Anhang 8.

dige Aktualisierung der Regelherstellungskosten soll ein Festschreiben der Wertverhältnisse vermieden und den verfassungsrechtlichen Vorgaben entsprechend Grundvermögen mit Gegenwartswerten erfasst werden. Baunebenkosten wurden der Einfachheit halber in die Regelherstellungskosten pauschal eingerechnet. Auf eine Regionalisierung der Regelherstellungskosten wurde aus Vereinfachungsgründen verzichtet.

Der sich aus der Multiplikation der Regelherstellungskosten und der Brutto-Grundfläche ergebende Gebäuderegelherstellungswert ist dem Alter des Gebäudes entsprechend anzupassen (§ 190 Abs. 2 BewG). Vom Gebäudewert ist eine Alterswertminderung in Abzug zu bringen (R B 190.7 Abs. 1 Satz 1 ErbStR 2011). Die Alterswertminderung bestimmt sich nach dem „Verhältnis des Alters des Gebäudes am Bewertungsstichtag zur wirtschaftlichen Gesamtnutzungsdauer, welche in Anlage 22 zum BewG[1] für bestimmte Objekte vorgegeben sind (§ 190 Abs. 2 Satz 2 BewG).   257

Der Berechnung werden objektbezogene typisierte wirtschaftliche Nutzungsjahre gegenübergestellt. Wurden in der Vergangenheit durchgreifende Instandhaltungsmaßnahmen oder Modernisierungen durchgeführt, die zu einer wesentlichen Verlängerung der restlichen Nutzungsdauer des Gebäudes führen, ist bei der Berechnung der Alterswertminderung von einem späteren – fiktiven – Baujahr auszugehen.   258

Die Finanzverwaltung geht von einem fiktiven späteren Baujahr aus, wenn in den letzten zehn Jahren durchgreifende Modernisierungen vorgenommen wurden, die nach einem von der Finanzverwaltung vorgegebenen Punktesystem eine überwiegende oder umfassende Modernisierung ergeben. Tabellen für die Modernisierungselemente und den Modernisierungsgrad, abhängig vom Gebäudealter, hat die Finanzverwaltung in R B 190.7 Abs. 3 ErbStR 2011 veröffentlicht.[2] Das fiktive Baujahr ergibt sich aus der Summe der Punkte für die Modernisierungselemente und dem Gebäudealter.   259

HINWEIS:

Bei einer Summe von Punkten zwischen 11 und 15 ist eine überwiegende Modernisierung, bei einer Punktezahl von über 15 ist eine umfassende Modernisierung anzunehmen. Dabei sind nur solche Maßnahmen zu berücksichtigen, die innerhalb der letzten zehn Jahre durchgeführt worden sind. Keine Verschiebung des Baujahres erfolgt, wenn weniger als elf Punkte erreicht werden.

---

1 Vgl. Anhang 10.
2 Tabellen abgedruckt in Anhang 1.

> **BEISPIEL:** Am 1.11.2012 wird ein Gebäude mit Baujahr 1952 (= 60 Jahre) übertragen. Es wurden folgende Modernisierungsmaßnahmen durchgeführt:
>
> | Baumaßnahmen | Jahr der Durchführung | Punkte |
> |---|---|---|
> | Dacherneuerung | 1992 | 3 |
> | Einbau von Bädern | 2002 | 3 |
> | Modernisierung des Innenausbaus | 2003 | 3 |
> | Verbesserung des Leitungssystems | 2007 | 2 |
> | Wärmedämmung | 2011 | 2 |
>
> Die Summe der berücksichtigungsfähigen Modernisierungsmaßnahmen beträgt 11. Die Dacherneuerung zählt nicht dazu, da diese nicht innerhalb der letzten zehn Jahre durchgeführt worden ist. Es ist insoweit von einer überwiegenden Modernisierung auszugehen. Das für die erbschaftsteuerliche Bewertung maßgebliche Baujahr verschiebt sich um 15 Jahre (vgl. Tabelle Anhang 1) auf 1967. Die Anzahl der Jahre, für die sich das Baujahr nach hinten verschiebt, errechnet sich aus dem tatsächlichen Gebäudealter, der typisierten wirtschaftlichen Gesamtnutzungsdauer von 80 Jahren und der aus der Tabelle (vgl. Anhang 1) errechneten Modernisierungspunktezahl. Die Alterswertminderung beträgt 45/80 = 56,25 %.

> **HINWEIS:**
>
> Im Fall einer Schenkung sollte hier mit der Übertragung noch bis 2013 gewartet werden. Dann zählt der Einbau von Bädern nicht mehr mit, da diese Maßnahme in 2013 bereits über zehn Jahre zurückliegt. Für die Schenkungsteuer wäre dann von dem tatsächlichen Baujahr 1950 auszugehen. Dadurch ergibt sich eine höhere Alterswertminderung und ein niedrigerer Steuerwert (allerdings ist hier die Mindestgrenze zu beachten).

260 Als Mindestgrenze für den nach Abzug der Alterswertminderung verbleibenden Gebäudewert sind stets 40 % der Gebäuderegelherstellungskosten anzusetzen, so dass die Alterswertminderung maximal 60 % des Gebäuderegelherstellungswertes betragen darf (§ 190 Abs. 2 Satz 3 BewG). Im obigen Beispiel wäre ohne die Verschiebung des Baujahres der Mindestrestwert von 40 % des Gebäuderegelherstellungswertes anzusetzen gewesen (§ 190 Abs. 2 Satz 4 BewG, da Alterswertminderung von 60/80 = 75 % betragen würde).

261 Eine Besonderheit besteht bei Grundstücken mit mehreren Gebäuden bzw. Gebäudeteilen. Befinden sich auf einem Grundstück mehrere Gebäude oder Gebäudeteile von einer gewissen Selbstständigkeit und mit verschiedenen Bauarten und werden diese auch unterschiedlich genutzt, muss jedes Gebäude und jeder Gebäudeteil separat bewertet werden (R B 190.8 ErbStR 2011).

BEISPIEL: Auf einem Grundstück befinden sich ein Einfamilienhaus und eine Doppelgarage. Haus und Garage sind getrennt zu bewerten, die Summe aus den beiden Gebäudesachwerten ergibt den Gebäudewert.

3. Stufe: Ermittlung des vorläufigen Sachwertes (Addition Bodenwert und Gebäudesachwert)

262 Der um die Alterswertminderung reduzierte Gebäuderegelherstellungswert ergibt schließlich den Gebäudesachwert, der in Addition mit dem Bodenwert den vorläufigen Sachwert bildet.

4. Stufe: Marktanpassung. Multiplikation mit Wertzahl

263 Die Ermittlung des Grundbesitzwertes (Steuerwertes) ist durch Multiplikation des vorläufigen Sachwertes mit den von den Gutachterausschüssen für das Sachwertverfahren abgeleiteten Sachwertfaktoren (Marktanpassungsfaktoren) zu multiplizieren. Die Finanzverwaltung hält dabei Sachwertfaktoren als geeignet, bei denen die Ableitung der Sachwertfaktoren weitgehend in demselben Modell erfolgt ist wie die Bewertung. Hat der örtliche Gutachterausschuss bei der Ableitung der Sachwertfaktoren z. B. die NHK 2000 mittels eines Regionalisierungs- oder Ortsgrößenfaktors umgerechnet, sind die Sachwertfaktoren für das typisierte Sachwertverfahren nicht geeignet (R B 191 Abs. 2 ErbStR 2011). Stehen keine vom Gutachterausschuss veröffentlichten Zahlen zur Verfügung, stellt die Finanzverwaltung in der Anlage 25 zum BewG[1] alternative Wertzahlen bereit. Bei Anwendung dieser Wertzahlen ist auf den Bodenrichtwert ohne Wertkorrekturen abzustellen.

264 Dieser letzte Rechenschritt dient der Anpassung an die aktuellen Marktgegebenheiten und entspricht im Wesentlichen der in der für die zivilrechtliche Verkehrswertermittlung maßgeblichen Wertermittlungsverordnung (WertV) vorgesehenen Anpassung zur „Berücksichtigung der Lage auf dem Grundstücksmarkt".[2]

HINWEISE:

▶ Abweichend von der für die zivilrechtliche Verkehrswertermittlung maßgeblichen Wertermittlungsverordnung wurde bei der Ermittlung der Regelherstellungskosten der für die Normalherstellungskosten verwendete Gebäudeklassenkatalog stark zusammengefasst. Auf die Unterscheidungsmerkmale in den einzelnen Gebäudeklassen ist der Gesetzgeber nur unzureichend und oberflächlich eingegangen (summenmäßige Zusammenfassung der Baujahrgruppen bis 1945 und nur drei Ausstattungsstandards: einfach, mittel und gehoben).

---

1 Wertzahlen abgedruckt in Anhang 9.
2 § 7 Abs. 1 Satz 2 WertV.

▶ Die Anwendung der typisierten Wertzahlen kann zu dem Ergebnis führen, dass ein höherer vorläufiger Sachwert einen niedrigeren Grundbesitzwert ergibt, so dass u. U. höhere Ausstattungsstandards (welche die Finanzverwaltung im Regelfall annehmen wird) zu einem niedrigeren Grundbesitzwert führen können.[1]

▶ Der Wert der Außenanlagen ist regelmäßig mit dem Grundbesitzwert abgegolten. Ausnahmen gelten für besonders werthaltige Außenanlagen. Besonders werthaltige Außenanlagen liegen vor und sind gesondert zu berücksichtigen, wenn ihre Sachwerte in der Summe 10 % des Gebäudesachwerts übersteigen. Besonders werthaltige Außenanlagen sind u. a. anzunehmen bei Einfriedungen über 500 lfd. Meter, Wege- und Platzbefestigungen über 1 000 qm, Freitreppen, Rampen, Stützmauern oder Schwimmbecken. Nicht genannt sind z. B. Tennisplätze, aufwendige Teichanlagen usw. Zur Berechnung hat die Finanzverwaltung verbindliche Werte herausgegeben, welche entsprechend zu berücksichtigen sind (R B 190.5 ErbStR 2011). Die Finanzverwaltung hat sich allerdings nicht darüber geäußert, wann von besonders werthaltigen Außenanlagen auszugehen ist.

▶ Zu einer Verschiebung des Baujahres durch überwiegende bzw. umfassende Modernisierungsmaßnahmen dürfte es wegen der Zehn-Jahres-Grenze in häufigen Fällen kommen.

▶ Eine Verkürzung der wirtschaftlichen Gesamtnutzungsdauer des zu bewertenden Gebäudes akzeptiert die Finanzverwaltung sowohl bei der Bewertung im Ertragswert- als auch im Sachwertverfahren nur in besonders gelagerten Einzelfällen (wie z. B. bei bestehender Abbruchverpflichtung). Baumängel und Bauschäden sieht die Finanzverwaltung hingegen nicht als Verkürzungsgrund (R B 185.3 Abs. 5 ErbStR 2011). Daher lohnt in diesen Fällen besonders der Nachweis eines niedrigeren Verkehrswertes.[2]

5.4 Grundstücke mit im Bau befindlichen Gebäuden

265 Ein Grundstück im Zustand der Bebauung liegt vor, wenn mit den Bauarbeiten begonnen wurde. Die Schwelle vom unbebauten zum bebauten Grundstück ist in dem Augenblick überschritten, sobald mit den Abgrabungsarbeiten oder mit der Einbringung von Baustoffen zur planmäßigen Errichtung eines Gebäudes begonnen worden ist und Gebäude und Gebäudeteile noch nicht bezugsfertig sind (§ 196 Abs. 1 Satz 1 BewG, R B 196.1 Abs. 1 ErbStR 2011).

266 Ein Grundstück gilt mit Beginn der Bauarbeiten als Grundstück im Zustand der Bebauung und bleibt es so lange, bis das darauf errichtete Gebäude bezugsfertig ist. Ein Grundstück befindet sich auch dann im Zustand der Bebauung,

---

1 Beispiel in Krause/Grootens, Die neue Grundbesitzbewertung nach dem ErbStRG, NWB-EV 2009 S. 295.
2 Vgl. Rdn. 292.

wenn durch An-, Aus- oder Umbauten an einem bereits vorhandenen Gebäude neuer Wohn- oder Gewerberaum geschaffen wird. Modernisierungsmaßnahmen erfüllen diese Voraussetzung regelmäßig nicht (R B 196.1 Abs. 1 Satz 5 ErbStR 2011).

Der maßgebliche Steuerwert für Grundstücke im Zustand der Bebauung ermittelt sich, indem dem Wert des bislang unbebauten Grundstücks die am Bewertungsstichtag entstandenen Herstellungskosten des im Bau befindlichen Gebäudes hinzugerechnet wird (§ 196 Abs. 2 BewG). Die Steuerwertermittlung von im Bau befindlichen Grundstücken vollzieht sich also dergestalt, dass in einem ersten Schritt der Wert des ursprünglichen Grundstücks ermittelt wird und zu diesem Wert ein dem Grad der Bezugsfertigkeit entsprechender Wertanteil für im Bau befindliche Gebäude oder Gebäudeteile hinzugerechnet wird (R B 196.2 Abs. 1 Satz 2 ErbStR 2011). 267

Im Einzelnen ist zu unterscheiden, ob sich auf dem Grundstück zu Beginn der Baumaßnahme außer dem im Bau befindlichen Gebäude keine anderen bezugsfertigen Gebäude befunden haben oder ob auf dem Grundstück bereits vor Beginn der Baumaßnahme bezugsfertige Gebäude oder Gebäudeteile vorhanden waren. Ist Ersteres der Fall, handelt es sich um die Errichtung eines Gebäudes auf einem unbebauten Grundstück. Das Grundstück ist zunächst als unbebautes zu bewerten. Anschließend ist dem Wert des Grundstücks im unbebauten Zustand der Betrag hinzuzurechnen, der dem dem Fertigstellungsgrad entsprechenden Gebäudewert im Besteuerungszeitpunkt gleichkommt. Der dem Fertigstellungsgrad im Besteuerungszeitpunkt entsprechende Gebäudewert wird aus dem Steuerwert des fertig bebauten Grundstücks ermittelt, welches ins Verhältnis der vom Beginn der Baumaßnahme bis zum Besteuerungszeitpunkt angefallenen Herstellungskosten zu den gesamten Herstellungskosten gesetzt wird. 268

Waren auf dem Grundstück bereits vor Beginn der Baumaßnahme bezugsfertige Gebäude oder Gebäudeteile vorhanden, errechnet sich der Wert des Grundstücks im Zustand der Bebauung aus dem Wert des Grundstücks vor Beginn der Baumaßnahme (also dem Wert, den das Grundstück mit dem Gebäude ursprünglich hatte) zuzüglich eines dem Grad der Bezugsfertigkeit entsprechenden Wertanteils für im Bau befindliche Gebäude oder Gebäudeteile (Bauteile). Dieser Wertanteil berechnet sich dem Fertigstellungsgrad entsprechend (wie oben). Der maßgebliche Grundstückswert ergibt sich schließlich aus der Summe von Grundstückswert vor Beginn der Baumaßnahme zuzüglich des dem Fertigstellungsgrad entsprechenden Gebäude(anbau)wertes. 269

BEISPIEL: ▶ Ein 1 500 qm großes und mit einem Dreifamilienhaus bebautes Grundstück, für das sich aus der Bodenrichtwertkarte ein Richtwert von 200 €/qm ergibt, wird um weitere zwei Wohneinheiten aufgestockt. Beginn der Baumaßnahme war der 1. 4. 2012. Am 1. 11. 2012 wird das Grundstück übertragen. An Herstellungskosten sind bis zur Schenkung 150 000 € entstanden. Der Beschenkte wendet nach dem Erwerb noch weitere 300 000 € zur Fertigstellung der Baumaßnahme auf, so dass sich der Fertigstellungsgrad im Besteuerungszeitpunkt auf 1/3 beläuft. Die durchschnittliche Jahresmiete für das ursprüngliche Dreifamilienhaus (Baujahr 1997) beträgt 30 000 €. Für die beiden weiteren Wohneinheiten werden Mieteinnahmen von jährlich 10 000 € angesetzt. Die Baumaßnahmen werden in 2013 abgeschlossen sein.

Wert des bebauten Grundstücks nach Beendigung der Baumaßnahme		Beträge in €
Bodenwert		300 000
Gebäudeertragswert Altbau		
Rohertrag = Jahresmiete	30 000	
./. Bewirtschaftungskosten (tatsächl. Aufwendungen)	2 000	
Reinertrag	28 000	
Bodenwertverzinsung	10 000	
(2/3 Bodenfläche = 200 000 x 5 %)	18 000	
Gebäudereinertrag		
Vervielfältiger 17,16		
Gebäudeertragswert Altbau	308 880	
Gebäudeertragswert Neubau		
Übl. Miete für Neubauwhg. (Rohertrag)	10 000	
./. Bewirtschaftungskosten	500	
Reinertrag = Gebäudereinertrag	9 500	
Bodenwertverzinsung (1/3 anteilige Grundstücksfläche = 100 000 x 5 %)	5 000	
Gebäudereinertrag	4 500	
Gebäudeertragswert bei Vervielfältiger 17,16	77 220	
Gebäudeertragwert Summe (308 880 + 77 220)		386 100
Grundstückswert nach Baumaßnahme		586 100

Wert des bebauten Grundstücks vor Beginn der Baumaßnahme (nach Ertragswertverfahren)		
Bodenwert		300 000
Rohertrag = Jahresmiete	30 000	
./. Bewirtschaftungskosten tats. Aufwendungen	2 000	
Reinertrag	28 000	
Bodenwertverzinsung (= 300 000 × 5 %)	15 000	
Gebäudereinertrag	13 000	
Gebäudeertragswert (Gebäudereinertrag multipliziert mit Vervielfältiger Anlage 21 BewG = 17,16 bei 5 %/40 Jahre Rest-Nutzungsdauer		223 080
Anzusetzender Grundstückswert vor Beginn der Baumaßnahme		523 080
Gebäudewert für die beiden Neuwohnungen nach Fertigstellungsgrad		
Gebäudeertragswert der Neuwohnungen	77 220	
Entsprechend dem Fertigstellungsgrad im Besteuerungszeitpunkt sind anzusetzen (1/3 v. 77 220)		25 740
Grundstückswert einschließlich der sich im Bau befindlichen Wohnungen		548 820
Maßgeblicher Grundstückswert		548 820

HINWEIS:

▶ Soweit Herstellungskosten für das Gebäude im Zeitpunkt des Erwerbs bereits entstanden, aber noch nicht bezahlt sind, dürfen diese vom Erben als Nachlassverbindlichkeit steuermindernd abgezogen werden.

5.5 Grundstücke im Erbbaurecht

5.5.1 Allgemeines

Das Erbbaurecht ist das veräußerliche und vererbliche Recht an einem Grundstück, auf oder unter der Oberfläche des Grundstücks ein Bauwerk zu haben. Das belastete Grundstück ist das Grundstück, an dem das Erbbaurecht bestellt ist. Bei mit einem Erbbaurecht belasteten Grundstück begründet das Erbbaurecht und das belastete Grundstück jeweils eine selbstständige wirtschaftliche Einheit (R B 192.1 Abs. 1 ErbStR 2011). Beide wirtschaftliche Einheiten sind gesondert zu ermitteln (§ 192 BewG). Beim Erbbaugrundstück knüpft die Erbschaftsteuer an jenen wirtschaftlichen Vorteil an, die ein Erbbauberechtigter (als Erblasser oder Überträger) dadurch erzielt, dass er das Grundstück nutzen

270

kann, ohne zum erstmaligen Nutzungszeitpunkt den vollen Kaufpreis aufwenden zu müssen. Um diesen wirtschaftlichen Vorteil ist der Erbe eines Erbbauberechtigten bzw. der Beschenkte im Fall einer lebzeitigen Übertragung bereichert. Das Erbbaurecht ist umso höher zu bewerten (und der steuerpflichtige Erwerb entsprechend höher), je höher der Grundstückswert ist und je weniger der Erbbauberechtigte an Erbbauzinsen entrichten muss.

Schließlich kommt es für die steuerliche Wertermittlung noch darauf an, ob der Erbbauverpflichtete bei Vertragsende für die Übernahme eines vom Erbbauberechtigten errichteten Gebäudes eine Entschädigung zahlen muss oder ob das Gebäude entschädigungslos übergeht. Ein Gebäudewertanteil des Erbbaugrundstücks ergibt sich nur dann, wenn bei Beendigung des Erbbaurechts durch Zeitablauf der verbleibende Gebäudewert nicht oder nur teilweise zu entschädigen ist (R B 194 Abs. 5 ErbStR 2011). Soweit bei Ablauf des Erbbaurechts der verbleibende Gebäudewert nicht oder nur teilweise zu entschädigen ist, ist der Gebäudewertanteil des Erbbaurechts um den Gebäudewertanteil des Erbbaugrundstücks zu mindern (§ 194 Abs. 4 BewG, R B 194 Abs. 5 und 6 ErbStR 2011).

HINWEIS:

Erbbaurecht und belastetes Grundstück bleiben auch dann als selbstständige wirtschaftliche Einheiten bestehen, wenn der Eigentümer des belasteten Grundstücks das Erbbaurecht oder der Erbbauberechtigte das belastete Grundstück (sog. „Eigentümererbbaurecht") erwirbt. (R B 192.1 Abs. 1 Satz 4 ErbStR 2011).

5.5.2 Wertermittlungsmethoden und Verfahrensschritte

271 Die Ermittlung der Steuerwerte für Grundstücke im Erbbaurecht erfolgt im Wesentlichen nach den Grundsätzen der „Richtlinien für die Ermittlung der Verkehrswerte (Marktwerte) von Grundstücken 2006" (WertR 06).[1] Die WertR 06 bestimmt, dass „das Erbbaurecht und das Erbbaugrundstück (das mit einem Erbbaurecht belastete Grundstück) selbstständige Gegenstände der Wertermittlung" sind.[2] Dementsprechend sind – je nachdem ob Erblasser/Überträger der Erbbauberechtigte oder der Erbbauverpflichtete ist – separat zu ermitteln (§ 192 BewG, R B 192.2 ErbStR 2011):

▶ Die Steuerwerte für das Erbbaurecht (für Erben/Erwerber des Erbbauberechtigten)

---

1 Vom 1.3.2006, BAnz. Nummer 108a 2006 S. 1, dort Tz. 4.3.2.
2 WertR 06, Grundsätze Tz. 4.3.1.

▶ Die Steuerwerte für das erbbaubelastete Grundstück (Erbbaugrundstück für Erben/Erwerber vom Erbbauverpflichteten).

Die einzelnen Verfahrensschritte zur steuerlichen Wertermittlung des Erbbaurechts und des Erbbaugrundstücks sind sehr komplex. Es gilt, die einzelnen Rechenschritte herauszufiltern und zu strukturieren. Nachfolgende Übersichten sollen dabei Hilfestellung leisten.

5.5.3 Bewertung des Erbbaurechts

ABB. 7: Bewertungsschema Erbbaurecht   272

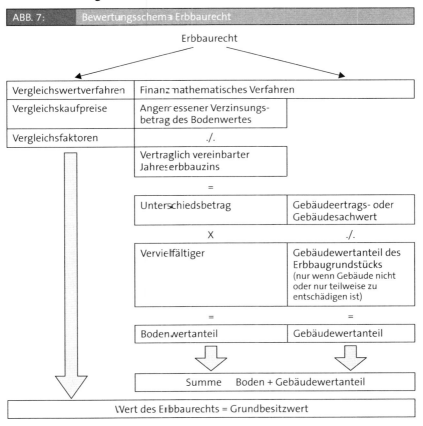

▶ Vergleichswertverfahren

273 Die Ermittlung des Steuerwertes für das Erbbaurecht gestaltet sich am einfachsten, wenn für das Erbbaurecht Vergleichskaufpreise vorliegen oder der Wert aus von Kaufpreisen ableitbaren Vergleichsfaktoren ermittelt werden kann (Vergleichswertverfahren). Für die Anwendung dieses Verfahrens müssen allerdings Vergleichsobjekte vorliegen. Vergleichsobjekte sollen nach dem Willen des Gesetzgebers[1] möglichst:

- ▶ Innerhalb der gleichen Grundstücksart vorliegen,
- ▶ mit annähernd gleich hohen Erbbauzinsen,
- ▶ in Gebieten mit annähernd gleichem Bodenniveau,
- ▶ mit annähernd gleicher Restlaufzeit
- ▶ und mit annähernd gleichen Möglichkeiten der Anpassung der Erbbauzinsen

ausgewählt werden.

Dementsprechend verlangt die Finanzverwaltung, dass Grundstücksart und Bebauung, der Erbbauzinssatz, der Bodenrichtwert sowie die Restlaufzeit des Erbbaurechts nicht erheblich abweichen (R B 193 Abs. 1 Satz 3 ErbStR 2011).

▶ Finanzmathematisches Verfahren

274 Kann das Vergleichswertverfahren mangels geeigneter Werte nicht angewendet werden, ist im finanzmathematischen Verfahren die Wertermittlung getrennt nach Bodenwertanteil und Gebäudewertanteil durchzuführen (§ 193 Abs. 2 BewG, R B 193 Abs. 2 Satz 1 ErbStR 2011). Diesem aus der WertR 06 entnommenen Verfahren liegt die Überlegung zu Grunde, dass sich der Wert des Erbbaurechts aus einem Boden- und Gebäudewertanteil zusammensetzt. Der Wert des Erbbaurechts ermittelt sich demzufolge aus der Summe von Bodenwertanteil und Gebäudewertanteil.

Boden- und Gebäudewertanteil sind wie folgt zu ermitteln:

- ▶ Bodenwertanteil:

Der Bodenwert errechnet sich nach Maßgabe des § 193 Abs. 3 BewG aus der Differenz zwischen:

- ▶ „dem angemessenen Verzinsungsbetrag des Bodenwerts des unbelasteten Grundstücks" am Bewertungsstichtag. Dieser errechnet sich durch Anwendung des maßgeblichen Liegenschaftszinssatzes, welcher durch die Gut-

---

[1] Vgl. BT-Drucks. 16/11107 S. 24, in Anlehnung an Tz. 4.3.2.1 der WertR 06.

achterausschüsse ermittelt und veröffentlicht wird. Alternativ gelten gemäß § 193 Abs. 4 BewG folgende – typisierte – Zinssätze:

TAB. 14: Liegenschaftszinssätze nach § 193 Abs. 4 Satz 2 BewG	
Grundstücksart	Zinssatz
Ein-/Zweifamilienhäuser und Wohnungseigentum in solchen	3,00
Übrige Mietwohngrundstücke und Wohnungseigentum	5,00
sonstige bebaute Grundstücke	5,50
Gemischt genutzte Grundstücke	
▶ mit einem gewerblichen Anteil bis 50 %	5,50
▶ mit einem gewerblichen Anteil von mehr als 50 %	6,00

▶ und dem „vertraglich vereinbarten und erzielbaren jährlichen Erbbauzins".

Die Differenz stellt den wirtschaftlichen Vorteil des Erbbauberechtigten dar, den dieser dadurch erlangt, dass er entsprechend den Regelungen im Erbbauvertrag über die Restlaufzeit der Vertragsvereinbarung nicht den vollen Bodenwertverzinsungsbetrag leisten muss. Der Unterschiedsbetrag ist in einem nächsten Schritt über die Restlaufzeit mit dem maßgeblichen Vervielfältiger aus der Anlage 21 zum BewG (vgl. Anhang 7) zu kapitalisieren. Der Bodenwertanteil ergibt sich folglich aus dem kapitalisierten Unterschiedsbetrag zwischen dem angemessenen Verzinsungsbetrag des Bodenwerts des unbelasteten Grundstücks und dem vertraglich vereinbarten jährlichen Erbbauzins am Bewertungsstichtag (R B 193 Abs. 3 ErbStR 2011). Der angemessene Verzinsungsbetrag ergibt sich aus der Multiplikation des Bodenwerts für das Grundstück (§ 179 BewG) und des Liegenschaftszinssatzes. Stehen Liegenschaftszinssätze der Gutachterausschüsse nicht zur Verfügung, sind die vom Gesetzgeber vorgegebenen Zinssätze maßgebend (vgl. § 193 Abs. 4 Satz 2 BewG). Maßgebender Erbbauzins ist der am Bewertungsstichtag zu zahlende Erbbauzins, umgerechnet auf einen Jahresbetrag. Dabei ist stets auf die vertraglichen Vereinbarungen abzustellen; auf den gezahlten Erbbauzins kommt es nicht an (R B 193 Abs. 4, 5 ErbStR 2011).

275

BEISPIEL: ▶ Auf einem Erbbaugrundstück befindet sich ein Einfamilienhaus Das Erbbaugrundstück umfasst eine Fläche von 1 000 qm. Der Bodenrichtwert (BRW) beträgt 100 €/qm und der Erbbauzins 1 000 €/Jahr. Für das Erbbaurecht ergibt sich folgender Bodenwertanteil:

Grundstücksfläche × BRW × Liegenschaftszins (1 000 qm × 100 × 3 %)	3 000 €
Abzüglich vertraglich vereinbarter jährlicher Erbbauzins	1 000 €
Differenzbetrag	2 000 €
Differenzbetrag × Vervielfältiger (Anlage 21 zum BewG, Restlaufzeit 20 Jahre bei typ. Liegenschaftszins von 3 %) = 2 000 × 14,88	29 760 €

Bodenwertanteil	29 760 €
▶ Gebäudewertanteil	
▶ Der Gebäudewertanteil ermittelt sich aus:	
▶ Wert des Gebäudes (Gebäudeertrags- oder Gebäudesachwert,[1]	
▶ ·/. ggf. Gebäudewertanteil des Erbbaugrundstücks	
▶ = Gebäudewertanteil	

276 Der Gebäudewertanteil eines Erbbaurechts entspricht dem Gebäudeertragswert (§ 185 BewG, sofern das Ertragswertverfahren anzuwenden ist) bzw. dem Gebäudesachwert (§ 190 BewG bei Anwendung des Sachwertverfahrens). Ein Gebäudewertanteil am Erbbaurecht ist vorhanden, sofern der Erbbauberechtigte das Grundstück selbst bebaut hat oder bei Bestellung des Erbbaurechts bereits ein benutzbares Gebäude vorhanden war.

Der Gebäudewertanteil am Erbbaurecht entspricht dem Ertrags- bzw. Sachwert, sofern:

▶ der Grundstückseigentümer dem Erbbauberechtigten bei Ablauf des Erbbaurechtsvertrags eine Entschädigung zu zahlen hat, die sich nach dem Verkehrswertanteil des Gebäudes bemisst– dies ist der Regelfall.[2]

▶ die Restnutzungsdauer des Gebäudes die Restlaufzeit des Erbbaurechts nicht übersteigt.

277 Übersteigt hingegen die Restnutzungsdauer des vom Erbbauberechtigten errichteten Gebäudes die Restlaufzeit des Erbbaurechts und ist das Gebäude nicht oder nur teilweise zu entschädigen, ergibt sich eine Minderung des errechneten Werts des Gebäudes. Dem Gebäudeertrags- bzw. Sachwert wäre in diesem Fall ein „Gebäudewertanteil des Erbbaugrundstücks" abzuziehen (§ 194 Abs. 4 BewG).

BEISPIEL:

Gebäudesachwert (ermittelt nach dem Sachwertverfahren)	100 000 €
·/. Gebäudewertanteil des Erbbaugrundstücks (Gebäude soll voll entschädigungslos übergehen)	
100 000 € × Abzinsungsfaktor Anlage 26 zum BewG[3] bei Restlaufzeit Erbbaurecht 20 Jahre und typ. Liegenschaftszins 3 % = 0,5537	55 370 €
Um den Gebäudewertanteil des Erbbaugrundstücks bereinigter Gebäudesachwert	44 630 €

---

1 Siehe oben Rdn. 232, 249.
2 § 27 ErbbauVO.
3 Anlage 26 abgedruckt in Anhang 11.

5 Bewertung von Grundbesitz

Es vermindert sich dadurch der Gebäudewertanteil entsprechend, damit auch der Wert des Erbbaurechts (Grundbesitzwert) und infolge der zu versteuernde Erwerb.

HINWEISE:

- ▶ Mit der Bewertung des Erbbaurechts (§ 193 BewG) ist die Verpflichtung zur Zahlung des Erbbauzinses mit abgegolten. Die Erbbauzinsverbindlichkeit darf nicht zu negativen Grundbesitzwerten führen (§ 192 Satz 2 BewG).[1]
- ▶ In die Berechnungen für den Gebäudewertanteil fließen durch die Anwendung des Ertrags- bzw. Sachwertverfahrens automatisch die Regelungen über die Mindest-Restnutzungsdauer nach § 185 Abs. 3 BewG sowie über den Mindest-Gebäudewert (Mindestgrenze für den Gebäudewert von 40 % der Regelherstellungskosten, § 190 Abs. 2 Satz 4 BewG), auch in die Berechnung des Gebäudewertanteils ein. Auch hier unterstellen die Finanzbehörden, dass das Gebäude zum Zeitpunkt der Übertragung noch einen entsprechenden Wert hat. Besitzt das Gebäude nur noch einen geringen Wert, sollte vom Erben/Erwerber ein niedrigerer Marktwert für den Gebäudeanteil nachgewiesen werden.
- ▶ Die Finanzverwaltung berücksichtigt wertbeeinflussende Umstände – beispielsweise vom Üblichen abweichende Auswirkungen vertraglicher Vereinbarungen, insbesondere die Berücksichtigung von fehlenden Wertsicherungsklauseln oder der Ausschluss einer Anpassung des Erbbaurechtsvertrags – sowie die Anwendung von Marktanpassungsfaktoren nicht. Für den Steuerpflichtigen stellt sich daher die Frage eines ggf. zusätzlichen Verkehrswertnachweises durch ein Sachverständigengutachten.

---

1 I. d. F. des Beitreibungsrichtlinie-Umsetzungsgesetzes v. 7.12.2011.

5.5.4 Bewertung des Erbbaugrundstücks

ABB. 8: Bewertungsschema Erbbaugrundstücke

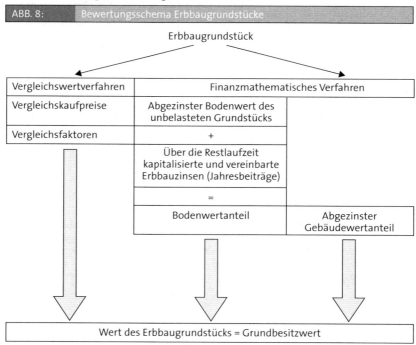

279 ▶ **Allgemeines**

Erben bzw. Erwerber eines Erbbaugrundstücks versteuern den Steuerwert für das mit dem Erbbaurecht belastete Grundstück. Die steuerpflichtige Bereicherung richtet sich dabei in erster Linie nach dem Marktwert des Grundstücks, vermindert um die Erbbaubelastung. Werterhöhend – und damit auch steuererhöhend – wirkt sich dabei aus, ob und ggf. zu welchem Anteil der Erbbauverpflichtete das vom Erbbauberechtigten errichtete Gebäude bei Vertragsende entschädigungslos übernehmen kann und welchen Wert (Restnutzungsdauer) das Gebäude bei Ablauf des Erbbauvertrages voraussichtlich haben wird (sog. abgezinster Gebäudewertanteil).

280 ▶ **Vergleichswertverfahren**

Als vorrangige Berechnungsmethode gilt auch hier wieder das Vergleichswertverfahren, was wie bereits erörtert den Rückgriff auf geeignete Vergleichskaufpreise oder den aus Kaufpreisen abgeleiteten Vergleichsfaktoren bedingt (§ 194 Abs. 1 BewG).

In Anlehnung an die WertR 06 müssen Vergleichsobjekte folgende Voraussetzungen erfüllen:
- „innerhalb der gleichen Grundstücksart
- mit annähernd gleich hohen Erbbauzinsen,
- in Gebieten mit annähernd gleichem Bodenwertniveau,
- mit annähernd gleicher Restlaufzeit,
- mit annähernd gleichen Möglichkeiten der Anpassung der Erbbauzinsen."

Die Finanzverwaltung lässt Vergleichspreise zu, die für Grundstücke ermittelt wurden, die nach der Grundstücksart übereinstimmen und hinsichtlich der Bebauung, der Erbbauzinssätze, der Bodenrichtwerte sowie der Restlaufzeit des Erbbaurechts nicht erheblich abweichen. Auch eine Wertermittlung durch Anwendung von aus Kaufpreisen abgeleiteten Vergleichsfaktoren auf den Wert des unbelasteten Grundstücks akzeptiert die Finanzverwaltung (R B 194 Abs. 1 Sätze 2 u. 3 ErbStR 2011). Für die Wahl eines aus Kaufpreisen abgeleiteten Vergleichsfaktors gelten dieselben Kriterien für die Vergleichsobjekte wie für die Heranziehung der Vergleichspreise. Passende Vergleichsobjekte oder Vergleichsfaktoren dürften danach nur in seltenen Fällen vorliegen. Im Regelfall wird der Erwerber daher auf das finanzmathematische Verfahren zurückgreifen müssen.

- **Finanzmathematisches Verfahren**

Das finanzmathematische Verfahren basiert wie oben bereits dargestellt auf der Überlegung, dass sich der Wert des Erbbaugrundstücks aus einem Bodenwertanteil und einem Gebäudewertanteil zusammensetzt. Der Bodenwert ergibt sich aus zwei Rechenschritten:

281

1. Es ist zunächst der Bodenwert des Erbbaugrundstücks als unbelastetes Grundstück zu ermitteln. Der Bodenwertanteil ergibt sich aus dem abgezinsten Bodenwert und dem kapitalisierten vertraglich vereinbarten jährlichen Erbbauzins (R B 194 Abs. 3 ErbStR 2011). Der maßgebliche Abzinsungsfaktor ist in Abhängigkeit vom Zinssatz, der sich abhängig von der Grundstücksart ergibt, und der Restlaufzeit des Erbbaurechts aus der Anlage 26 zum BewG (vgl. Anhang 11) zu entnehmen. Der für die jeweilige Gebäudeart maßgebliche Zinssatz ist primär aus den von den örtlichen Gutachterausschüssen ermittelten Liegenschaftszinssätzen abzuleiten. Fehlt es an geeigneten Liegenschaftszinssätzen der Gutachterausschüsse, sind

jene vom Gesetzgeber vorgegebenen Zinssätze heranzuziehen (§ 193 Abs. 4 Satz 2 BewG, siehe oben Rdn. 274, Tabelle 14: (Liegenschaftszinssätze nach § 193 Abs. 4 Satz 2 BewG).

2. Es sind die über die Restlaufzeit anfallenden jährlichen Erbbauzinsen zu kapitalisieren und dem in Schritt 1 ermittelten abgezinsten Bodenwert hinzuzurechnen. Der maßgebliche Kapitalisierungsfaktor ergibt sich aus Anlage 21 zum BewG.[1] Ist kein Erbbauzins zu zahlen, stellt der abgezinste Bodenwert den Bodenwertanteil dar.

282 Bei der Berechnung des kapitalisierten Erbbauzinses stellt die Finanzverwaltung auf die tatsächlich zum Bewertungsstichtag vereinbarten Erbbauzinsen ab. So ist bei der steuerlichen Bewertung stets auf die vertraglichen Vereinbarungen abzustellen; auf den gezahlten Erbbauzins kommt es nicht an (R B 194 Abs. 4 Satz 3 ErbStR 2011). Im Gegensatz dazu stellen die WertR 06 auf die „erzielbaren" Erbbauzinsen ab, so dass ein Gutachter diese Werte heranziehen wird.[2]

Dem Steuerbeteiligten bringt die Verwaltungspraxis jedoch dann Vorteile, wenn die erzielbaren Erbbauzinsen höher wären als die vereinbarten. Die Modifizierung der Finanzverwaltung ist hier konsequent, denn der Erbe/Erwerber eines erbbaubelasteten Grundstücks kann nur um dasjenige bereichert sein, was er tatsächlich erhält (nämlich die tatsächlichen Erbbauzinsen).

BEISPIEL:

Bodenwert abgezinst: = 1 000 qm × 100 € BRW × Abzinsungsfaktor bei Restlaufzeit Erbbaurecht 20 Jahre und typ. Liegenschaftszins 3 %
Anlage 26 zum BewG
= 1 000 × 100 × 0,5537 =   55 370 €
+ kapitalisierter Erbbauzins (jährlich)
1 000 € × Vervielfältiger aus Anlage 21 zum BewG bei Restlaufzeit
Erbbaurecht 20 Jahre = 14,88   14 880 €
Bodenwertanteil   70 250 €

283 Dem Bodenwertanteil addiert sich gemäß § 194 Abs. 2 Satz 2 BewG ein Gebäudewertanteil (voll oder anteilig) hinzu, wenn dem Erbbauverpflichteten das Gebäude ganz oder teilweise entschädigungslos zufällt. Darüber hinaus setzt ein Gebäudewert voraus, dass das vom Erbbauberechtigten errichtete Gebäude gemessen am Zeitpunkt des Vertragsablaufs noch eine Restnutzungsdauer aufweist, d. h., die Restnutzungsdauer des Gebäudes also die Restlaufzeit des

---

1 Vgl. Anhang 7.
2 Vgl. WertR 06 Tz. 4.3.3.2.1.

Erbbaurechts übersteigt. Übersteigt die Restnutzungsdauer des Gebäudes die Restlaufzeit des Erbbauvertrages hingegen nicht, fällt kein Gebäudewert an.

Gleiches gilt, wenn der Erbbauverpflichtete nach § 27 ErbbauVO verpflichtet ist, eine Entschädigung für den sog. „Heimfall" zu zahlen, deren Höhe sich nach dem Marktwert des Gebäudes zum Zeitpunkt des Heimfalls richtet. Dies ist konsequent, da die Erben/Erwerber eines Erbbaugrundstücks den Erbbauvertrag unverändert übernehmen müssen und im Fall einer geringeren Restnutzungsdauer ein wertloses Gebäude „erben" oder bei einer zu leistenden Entschädigung in Höhe des tatsächlichen Verkehrswertes keine „Bereicherung" erfahren, die mit Erbschaft- bzw. Schenkungsteuer belegt werden könnte. 284

Mit Erbschaft-/Schenkungsteuer belegt ist also nur jener Gebäudewertanteil, der dem Eigentümer des Erbbaugrundstücks bei Beendigung des Erbbaurechts entschädigungslos zufließt (R B 194 Abs. 5 Satz 2 ErbStR 2011). Ist danach ein Gebäudewertanteil zu ermitteln, ist das Ertragswert- bzw. das Sachwertverfahren anzuwenden mit der Maßgabe, dass allerdings nicht der Gebäudewert zum Zeitpunkt der Grundstücksübertragung gilt, sondern der Ertrags- bzw. Sachwert zum Zeitpunkt des Ablaufs des Erbbaurechts. Dieser errechnet sich durch entsprechende Abzinsung des Gebäudewertanteils, abgerundet auf volle Jahre der Restlaufzeit des Erbbaurechts (R B 194 Abs. 6 ErbStR 2011). Das Bewertungsgesetz stellt hierfür in Anlage 26 verbindliche Abzinsungsfaktoren unter Berücksichtigung fester Liegenschaftszinssätze (siehe oben Rdn. 274, Tabelle 14) und der Restlaufzeit des Erbbaurechts zur Verfügung. 285

BEISPIEL:

Gebäudesachwert (ermittelt nach dem Sachwertverfahren)	100 000 €
./. Gebäudewertanteil des Erbbaugrundstücks (Gebäude soll voll entschädigungslos übergehen)	
100 000 € × Abzinsungsfaktor Anlage 26 BewG (bei Restlaufzeit Erbbaurecht 20 Jahre bei restlicher Gebäudenutzungsdauer von mehr als 20 Jahren und typ. Liegenschaftszins 3 % = 0,5537	55 370 €
Abgezinster Gebäudewertanteil	44 630 €
Grundbesitzwert des Erbbaugrundstücks:	
Bodenwertanteil	70 250 €
+ Gebäudewertanteil	44 630 €
Grundbesitzwert	114 880 €

HINWEIS:

Wertbeeinflussende Umstände – beispielsweise vom Üblichen abweichende Auswirkungen vertraglicher Vereinbarungen, insbesondere die Berücksichtigung von fehlenden Wertsicherungsklauseln oder der Ausschluss einer Anpassung des Erbbaurechtsvertrags – sowie die Anwendung von Marktanpassungsfaktoren berücksichtigt die Finanzverwaltung in ihrer Bewertung nicht (R B 194 Abs. 7 ErbStR 2011).

5.5.5 Sonderfälle

286 Restlaufzeit des Erbbaurechts beträgt weniger als ein Jahr

Beträgt die Restlaufzeit des Erbbaurechts weniger als ein Jahr, ist:

- ▶ für den Bodenwertanteil als Abzinsungsfaktor der Faktor 1 anzusetzen (R B 194 Abs. 3 Satz 6 ErbStR 2011);
- ▶ für den zu zahlenden Erbbauzins ein Vervielfältiger von 0 anzusetzen. Der Erbbauzinsanspruch ist also im Ergebnis nicht zu berücksichtigen.

Der Wert für das Erbbaugrundstück ergibt sich in diesem Fall aus dem mit dem Faktor 1 abgezinsten Bodenwertanteil. Im Ergebnis ist der unbelastete Bodenwert als Wert des Erbbaugrundstücks ggf. zuzüglich eines eventuellen Gebäudewertanteils anzusetzen und zu versteuern, wenn das Gebäude entschädigungslos an den Erbbauverpflichteten übergeht bzw. von diesem nur teilweise zu entschädigen ist. Der Gebäudewertanteil ist in diesem Fall nicht zu verzinsen.

HINWEISE:

- ▶ Ist bei einer Vertragslaufzeit des Erbbaurechts von unter einem Jahr ein Abfindungsanspruch für das Gebäude ausgeschlossen, kann das Erbbaugrundstück wie ein unbelastetes bebautes Grundstück bewertet werden. Es ist danach als solches auch zu versteuern.
- ▶ Bei Anwendung des Sachwertverfahrens für die Gebäudewertermittlung ergeben sich zum Sachwertverfahren für unbelastete Grundstücke Unterschiede bei besonders werthaltigen Außenanlagen und der Wertzahl. Diese Regelungen sind bei der Ermittlung des Erbbaurechts und des Erbbaugrundstücks nicht anzuwenden.
- ▶ Bei Anwendung des Ertragswertverfahrens können sich bei der Wertermittlung für Grundstücke im Erbbaurecht auch negative Gebäudeertragswerte ergeben, da die Mindestwertregelung (bei der Bewertung im Ertragswertverfahren ist mindestens der Bodenwert anzusetzen)[1] in Erbbaurechtsfällen keine Anwendung findet.

287 ▶ **Erbbaurecht bei negativem Grundbesitzwert**

Ein Erbbaurecht kann für einen Erbbauberechtigten bzw. dessen Erben nicht nur ein Vorteil sein. Liegt der zu zahlende Erbbauzins über dem sich unter Anwendung der maßgeblichen Liegenschaftszinssätze ergebenden angemesse-

---

1 § 184 Abs. 3 Satz 2 BewG.

nen Verzinsung des Bodenwertes, etwa weil es in der Zwischenzeit zu einem Verfall der Bodenpreise gekommen ist, ist der Erbbauberechtigte bzw. dessen Erbe nicht etwa bereichert. Im Gegenteil, das Erbbaurecht stellt eine Belastung dar. Der hohe Erbbauzins führt dazu, dass die Grundstückserträge des Erbbaurechtsnehmers bzw. dessen Erben aufgezehrt werden und/oder sich ein Verlust ergibt.

Negative Grundbesitzwerte konnten bislang mit anderem erworbenen positiven Vermögen verrechnet werden, so dass sich für den Erben/Beschenkten insoweit keine steuerliche Überbelastung ergeben hat. Vielfach konnte ein belastendes und wertloses Erbbaurecht auch dazu genutzt werden, anderes Vermögen steuerfrei zu übertragen. Mit Ergänzung der Vorschrift des § 192 BewG um einen Satz 2 durch das Beitreibungsrichtlinie-Umsetzungsgesetz wurden negative Grundbesitzwerte allerdings von Gesetzes wegen ausgeschlossen. § 192 Satz 2 2. Halbsatz BewG bestimmt, dass „hiernach ermittelte Grundbesitzwerte ... nicht weniger als 0 Euro betragen" dürfen. Auch in den ErbStR 2011 findet sich in R B 193 der Hinweis, wonach ein sich aus der Differenz zwischen der angemessenen Verzinsung des Bodenwerts und des zu zahlenden Erbbauzinses ergebender negativer Wert für die weitere Berechnung auch zu Grunde zu legen ist, wenn er negativ ist, nicht mehr. Für Bewertungsstichtage nach dem 13.12.2011 können somit keine negativen Grundbesitzwerte mehr zu Grunde gelegt werden.

HINWEISE:

- Die Bewertung des Erbbaurechtsgrundstücks (§ 194 BewG) schließt das Recht auf den Erbbauzins mit ein.
- Ein Erbbaurecht setzt nicht immer einen positiven Bodenwert voraus. Es ergibt sich kein Wert für den Boden, wenn der erzielbare Erbbauzins einer angemessenen Verzinsung entspricht. Übersteigt der zu zahlende Erbbauzins sogar die angemessene Verzinsung, wirkt der Bodenanteil wert- und damit auch steuermindernd!
- Der Bodenwertanteil kann auch negativ sein, nämlich dann, wenn die Grundstückspreise seit dem Vertragsabschluss gesunken sind und der zum Bewertungsstichtag zu erwartende Erbbauzins niedriger ist.
- Die nach § 193 Abs. 4 BewG zu Grunde zu legenden Liegenschaftszinssätze für Ein- und Zweifamilienhäuser von 3 % wirken sich in vielen Gegenden nachteilig für den Erben/Erwerber aus. Es zahlt sich in vielen Fällen aus, die geeigneten Liegenschaftszinssätze bei den örtlichen Gutachterausschüssen zu erfragen.
- Liegt der tatsächliche Erbbauzins unter der angemessenen Verzinsung des Bodenwerts des unbelasteten Grundstücks, ergibt sich eine Wertminderung für das Erbbaugrundstück, welche auch steuerlich zu berücksichtigen ist.

5.6 Gebäude auf fremdem Grund und Boden

288 Ein Gebäude auf fremdem Grund und Boden liegt vor, wenn ein anderer als der Eigentümer des Grund und Bodens darauf ein Gebäude errichtet hat und ihm das Gebäude auch steuerlich zuzurechnen ist. Dies setzt eindeutige vertragliche Vereinbarungen voraus, nach denen der Errichter des Gebäudes die tatsächliche Herrschaft ausübt und den bürgerlich-rechtlichen Eigentümer (den Grundbesitzer) auf Dauer von der Einwirkung auf das Gebäude ausschließen kann. Eine Zurechnung des Gebäudes auf den Gebäudeerrichter setzt außerdem voraus, dass das Gebäude ein Scheinbestandteil des Grund und Bodens ist[1] oder dem Gebäudeerrichter (der Nutzungsberechtigte) für den Fall seines Auszugs (Nutzungsbeendigung) ein Entschädigungsanspruch in Höhe des Verkehrswertes gegenüber dem Eigentümer des Grund und Bodens zusteht.[2]

289 Gebäude auf fremdem Grund und Boden bilden nach der bewertungsrechtlichen Definition ein eigenes Grundstück, wenn keine Eigentümeridentität zwischen dem Besitzer des Grund und Bodens und des Gebäudes besteht.[3] Dementsprechend bestimmt § 195 BewG, dass „die Werte für die wirtschaftliche Einheit des Gebäudes auf fremdem Grund und Boden und die wirtschaftliche Einheit des belasteten Grundstücks gesondert zu ermitteln" sind. Zu bewerten sind somit als selbstständige wirtschaftliche Einheiten sowohl ein Gebäude auf fremdem Grund und Boden als auch das (mit dem Gebäude auf fremdem Grund und Boden) belastete Grundstück (R B 195.1 Abs. 1 ErbStR 2011).

290 ▶ **Bodenwert**

Erben bzw. Erwerber eines mit einem fremden Gebäude belasteten Grundstücks sind um jenen (Geld-)Wert bereichert, den ein Käufer für den Grund und Boden zahlen würde. Dieser würde für das Objekt nur den auf den Bewertungsstichtag (Todestag/Tag der Schenkung) abgezinsten Bodenwert zuzüglich der kapitalisierten Nutzungsentgelte zahlen. Aus der Summe aus abgezinstem Bodenwert zzgl. kapitalisiertem Nutzungsentgelt errechnet sich die Erbschaft-/Schenkungsteuer.

---

1 § 95 BGB.
2 Vgl. Bericht des Finanzausschusses, BT-Drucks. 16/11107 S. 25 zu § 195 Abs. 1 BewG.
3 § 70 Abs. 3 BewG.

Der Bodenwert errechnet sich nach folgenden Schritten:

1. Schritt: Ermittlung des Bodenwertes als unbebautes Grundstück und anschließende Abzinsung des Bodenwerts in Abhängigkeit von der Restlaufzeit des Nutzungsrechts. Die Abzinsung des Bodenwertes erfolgt gemäß Faktor aus Anlage 26 zum BewG.[1]
2. Schritt: Kapitalisierung des im Bewertungsstichtag zu zahlenden Nutzungsentgelts (Jahresbetrags) nach der Restvertragslaufzeit (Restnutzungsdauer) durch Multiplikation mit dem Vervielfältiger aus Anlage 21 zum BewG (vgl. Anhang 7).
3. Schritt: Addition der ermittelten Werte zum Bodenwert (Grundbesitzwert).

▶ **Gebäudewert**

Die Ermittlung des Gebäudewertes erfolgt in Abhängigkeit von der Art des bebauten Grundstücks nach dem Ertragswert- bzw. Sachwertverfahren. Sofern der Gebäudenutzer verpflichtet ist, das Gebäude nach Ende der Nutzungsdauer wieder zu beseitigen, gelten obige Verfahren in folgender modifizierter Form (§ 195 Abs. 2 BewG, R B 195.2 Abs. 1 ErbStR 2011):

▶ Ertragswertverfahren:

Der Gebäudereinertrag ist mit dem Vervielfältiger aus Anlage 21 zum BewG zu kapitalisieren, der sich aus der am Bewertungsstichtag (Todestag/Übertragungstag) verbleibenden Nutzungsdauer ergibt.

Eine Mindestrestnutzungsdauer für das Gebäude ist nicht anzusetzen.

▶ Sachwertverfahren:

Der vom Gebäuderegelherstellungswert abziehbare Alterswertminderungsbetrag ist nach dem Verhältnis des Alters des Gebäudes am Bewertungsstichtag und der daraus resultierenden Restnutzungsdauer zur tatsächlichen Gesamtnutzungsdauer zu berechnen, die sich aus dem befristeten Nutzungsrecht für das Gebäude am fremden Grundstück ergibt.

Ein Mindestgebäudewert[2] ist nicht anzusetzen.

HINWEIS:

▶ Im Regelfall wird der Käufer eines Gebäudes auf fremdem Grund und Boden von dem Gebäudewert ein zu zahlendes Nutzungsentgelt für den Grund und Boden in Abzug bringen, soweit dieses den tatsächlichen Nutzungsvorteil des Grund und Bo-

---

1 Abgedruckt Anhang 11.
2 40 % des Gebäuderegelherstellungswertes, vgl. § 190 Abs. 2 Satz 4 BewG.

dens übersteigt. Die bewertungsrechtlichen Vorschriften berücksichtigen diesen Aspekt jedoch nicht.[1] Je nach vertraglicher Vereinbarung können sich hier Steuerwerte ergeben, die höher sind als ein im Fall einer Veräußerung erzielbarer Marktpreis.

5.7 Tabellarische Zusammenfassung

TAB. 15: Bewertung von Grundbesitz

Grundstücksart	Maßgeblicher Steuerwert	Bewertungsverfahren
Grundsätzlicher Wert für alle Grundstücksarten	Gemeiner Wert (Verkehrswert)	Vergleichswertverfahren
unbebaute Grundstücke	Bodenrichtwert	
bebaute Grundstücke		
▶ als Ein- und Zweifamilienhäuser		
– wenn Vergleichswert ermittelbar	Vergleichswert	Vergleichswertverfahren
– wenn Vergleichswert nicht ermittelbar	Sachwert	Sachwertverfahren
▶ als Mietwohngrundstück	Ertragswert	Ertragswertverfahren
▶ Wohnungs- und Teileigentum		
– wenn Vergleichswert vorhanden	Vergleichswert	Vergleichswertverfahren
– wenn Vergleichswert nicht ermittelbar	Sachwert	Sachwertverfahren
▶ als Geschäftsgrundstück		
– wenn übliche Miete ermittelbar	Ertragswert	Ertragswertverfahren
– wenn übliche Miete nicht ermittelbar	Sachwert	Sachwertverfahren
Gemischt genutzte Grundstücke		
– wenn übliche Miete ermittelbar	Ertragswert	Ertragswertverfahren
– wenn übliche Miete nicht ermittelbar	Sachwert	Sachwertverfahren

---

1 „Die Verpflichtung zur Zahlung des Nutzungsentgelts für den Grund und Boden wird nicht berücksichtigt, weil dieser bei einer typisierenden Betrachtung in wirtschaftlich gleicher Höhe ein Nutzungsvorteil gegenübersteht", vgl. Begründung zu § 195 Abs. 2 in BT-Drucks. 16/11107 S. 25.

Sonstige bebaute Grundstücke	Sachwert	Sachwertverfahren
Grundstücke im Erbbaurecht	Erbbaurecht: Summe aus Bodenwert und Gebäudewertanteil Erbbaugrundstück:	Vergleichswertverfahren Finanzmathematische Verfahren
Grundstücke im Zustand der Bebauung	Bodenrichtwert zzgl. bisher angefallene Bau(Herstell)kosten	Vergleichswertverfahren Ertragswertverfahren Sachwertverfahren

5.8 Nachweis eines niedrigeren Verkehrswerts

5.8.1 Allgemeines

Der Steuergesetzgeber hat Erben bzw. Erwerbern die schon bisher bestandene Möglichkeit des Nachweises eines niedrigeren Verkehrswertes auch im neuen Erbschaftsteuer- und Bewertungsrecht belassen, § 198 BewG n. F. bestimmt hierzu: „Weist der Steuerpflichtige nach, dass der gemeine Wert der wirtschaftlichen Einheit [gemeint ist der Marktwert oder Verkehrswert, Anm. des Autors] am Bewertungsstichtag niedriger ist als der nach den §§ 179, 182 bis 196 ermittelte Wert [d.h. der gemäß den Ausführungen in den obigen Abschnitten ermittelten Steuerwerte für das Grundvermögen, Anm. d. Autors], so ist dieser Wert anzusetzen".

292

Dieser als „Öffnungsklausel" bezeichneten Vorschrift kommt durch die seit 1.1.2009 geltende neue steuerliche Grundstückswertermittlung große Bedeutung zu, da sich die steuerlichen Bewertungsvorschriften zwar an die für Immobilienwertermittlungen üblichen Verfahren anlehnen, diesen aber nicht in allen Schritten folgen. Für den Erben/Erwerber von Grundvermögen ergeben sich überall dort effiziente Steuersparpotenziale, wo steuerliche Wertermittlungsvorschriften von den Grundsätzen für die Ermittlung der Verkehrswerte von Grundstücken (Wertermittlungsverordnung – WertV) zu Ungunsten abweichen.

Die Finanzverwaltung hat die Möglichkeiten des Nachweises eines niedrigeren Verkehrswertes in R B 198 ErbStR 2011 näher bestimmt und erkennt als „nachweisfähiges" Gutachten ein solches des örtlich zuständigen Gutachterausschusses oder eines Sachverständigen für die Bewertung von Grundstücken an. Ein solches Gutachten ist für die Feststellung des Grundbesitzwerts nicht bindend, sondern unterliegt der Beweiswürdigung durch das Finanzamt (R B 198 Abs. 3 ErbStR 2011).

293

294 Dem Erben/Erwerber obliegt stets die „Nachweislast" für einen geringeren gemeinen Wert. An diese Beweisführung knüpft die Rechtsprechung hohe Anforderungen. Am einfachsten gelingt die Beweisführung mit einem vorhandenen geeigneten Kaufpreis. Die Finanzverwaltung erkennt hierbei einen im gewöhnlichen Geschäftsverkehr (und nicht unter nahen Verwandten) innerhalb eines Jahres vor oder nach dem Bewertungsstichtag zu Stande gekommenen Kaufpreis über das zu bewertende Grundstück als Nachweis an. Selbst wenn ein Kaufpreis außerhalb dieses Zeitraums im gewöhnlichen Geschäftsverkehr zu Stande gekommen ist und sich die maßgeblichen Verhältnisse hierfür gegenüber den Verhältnissen zum Bewertungsstichtag nicht geändert haben, kann auch dieser als Nachweis des niedrigeren gemeinen Werts dienen. Seitens der Finanzverwaltung bestehen „keine Bedenken, diesen Wert regelmäßig ohne Wertkorrekturen als Grundbesitzwert festzustellen" (R B 198 Abs. 4 ErbStR 2011).

295 Bei der Nachweisführung dürfen sämtliche wertbeeinflussenden Umstände[1] zur Ermittlung des gemeinen Werts (Verkehrswerts) von Grundstücken berücksichtigt werden. Die Finanzverwaltung zählt hierzu u. a. die den Wert beeinflussenden Rechte und Belastungen privatrechtlicher und öffentlich-rechtlicher Art, wie z. B. Grunddienstbarkeiten und persönliche Nutzungsrechte (R B 198 Abs. 3 Sätze 5, 6 ErbStR 2011).

Öffentlich-rechtliche Belastungen können u. a. begründet sein:

▶ im Bauordnungsrecht

▶ im Abgabenrecht

▶ im Denkmalrecht

▶ im Landschafts- und Gewässerschutzrecht

296 Der Bundesfinanzhof hat entschieden, dass es für die Beweisführung nicht genügt, „wenn der Steuerpflichtige lediglich die Einholung eines Sachverständigengutachtens durch das Gericht beantragt oder ein nicht vom örtlich zuständigen Gutachterausschuss oder einem Sachverständigen für die Bewertung von Grundstücken erstattetes Gutachten vorlegt".[2] Nach der Rechtsprechung genügt es weiterhin nicht, dass als Grundbesitzwert nur ein Teil des vom Steuerpflichtigen nachgewiesenen niedrigeren gemeinen Werts festgestellt wird.[3] Dieser Auffassung hat sich die Finanzverwaltung angeschlossen und verlangt

---

1 U. a. hoher Energieverbrauch durch schlechte Isolierung, schlechte Aussichts- und Besonnungslage, schlechter Schnitt der Räume, billige Baumaterialen usw.
2 BFH, Urt. v. 4. 4. 2005 II B 43/04.
3 BFH, Urt. v. 12. 1. 2006 II B 59/05.

einen Nachweis für die jeweils gesamte zu übertragende wirtschaftliche Einheit. Es genügt also nicht, Verkehrswertgutachten nur für Teile der zu bewertenden wirtschaftlichen Einheit anzubieten (R B 198 Abs. 2 ErbStR 2011). Einzelnachweise von einzelnen Bewertungsgrundlagen sind daher nicht geeignet (Ausnahme: Nachweis der üblichen Miete (R B 198 Abs. 3 Satz 7 ErbStR 2011)).

Auch eigene Berechnungen werden als Nachweis nicht anerkannt, auch dann nicht, wenn diese vor einem Sachverständigen für zutreffend gehalten werden. „Die Überprüfung der vom Steuerpflichtigen angestellten Berechnungen durch einen Sachverständigen steht unter Nachweisgesichtspunkten einer eigenen Wertermittlung durch diesen Sachverständigen nicht gleich."[1]

297

HINWEISE:

- Dass die nach den oben dargestellten neuen steuerlichen Wertermittlungsvorschriften zu ermittelnden Steuerwerte für das Grundvermögen „in besonders gelagerten Fällen über den gemeinen Wert eines Grundstücks hinausgehen", gibt der Steuergesetzgeber auch offen zu.[2] Von der Möglichkeit des Nachweises eines niedrigeren Verkehrswertes sollte dann Gebrauch gemacht werden, wenn sich der errechnete Steuerwert nach Expertenmeinungen (z. B. durch erfahrene Immobilienmakler) nicht erzielen lässt oder eine bzw. mehrere der nachfolgend dargestellten wertmindernden Faktoren zutreffen können.

- Besonders wenn das Vergleichswertverfahren für die Bewertung eines Grundstücks Anwendung findet, werden wertmindernde Umstände bzw. den Wert beeinflussende Belastungen privatrechtlicher oder öffentlich-rechtlicher Art nicht berücksichtigt (§ 183 Abs. 3 BewG). Gerade bei solchen mit diesem Verfahren zu bewertenden Grundstücken erscheint der Nachweis eines niedrigeren gemeinen Wertes sinnvoll.

- Die Kosten für ein Sachverständigengutachten zur Ermittlung des gemeinen Wertes beim Grundbesitz sind im vollen Umfang abzugsfähig, wenn sie im Rahmen der Verpflichtung zur Abgabe der Feststellungserklärung angefallen sind. Sie unterliegen nicht der Kürzung nach § 10 Abs. 6 ErbStG. Entstehen die Kosten erst in einem sich an die Wertfeststellung anschließenden Rechtsbehelfsverfahren, einem finanzgerichtlichen Verfahren oder einem Verfahren, in dem die Änderung der Wertfeststellung beantragt wird, können sie nicht abgezogen werden (vgl. gleich lautende Ländererlasse v. 16. 3. 2012).

- Abzuraten ist von der Übernahme der Gutachterkosten durch den Schenker. Denn die Finanzverwaltung sieht hier unabhängig davon, ob die Kosten abzugsfähig sind oder nicht, eine zusätzliche steuerpflichtige Zuwendung (vgl. gleich lautende Ländererlasse v. 16. 3. 2012).

---

1 Leitsatz, BFH, Urt. v. 31. 8. 2006 II B 115/05, BFH/NV 2007 S. 11.
2 Vgl. BT-Drucks. 16/11107 zu § 198 BewG.

5.8.2 Unbebaute Grundstücke

298 ▶ **Altlasten**

Ganz erheblich wertmindernd können sich Altlasten auswirken; diese können den Verkehrswert eines Grundstücks auch auf Null drücken. Mit Inkrafttreten des neuen „Gesetz zum Schutz vor schädlichen Bodenveränderungen und zur Sanierung von Altlasten" (Bundes-Bodenschutzgesetz) zum 1.3.1999 wurde erstmals ein bundesweit einheitliches Gesetzeswerk geschaffen, das insbesondere für Grundstückseigentümer drastische Verschärfungen mit sich führte. Bei der Übertragung von mit Altlasten behafteten Grundstücken stellt sich die Frage nach einem steuerlichen Grundstückswert und einer Bereicherung des Erwerbers im Regelfall nicht mehr. Liegen Altlasten vor, können die Länderbehörden von den Verpflichteten Sanierungsuntersuchungen, die Aufstellung eines Sanierungsplans sowie die anschließende Sanierung nach jeweiligem Länderrecht verlangen. Sanierungspflichtige nach dem Gesetz sind in erster Linie der Verursacher als Handlungsstörer sowie der Besitzer oder der Grundstückseigentümer als „Zustandsstörer". Darüber hinaus haftet für Verunreinigungen auch der Gesamtrechtsnachfolger des Verursachers oder der Verkäufer. Die Finanzverwaltung berücksichtigt Altlasten von Amts wegen nicht. Vielmehr muss sich der Erbe/Erwerber darauf berufen.

▶ **Baumschutzverordnungen**

Durch Baumschutzverordnungen können sich zum Teil erhebliche Wertminderungen für ein unbebautes Grundstück ergeben. Dies berücksichtigt das steuerrechtliche Bewertungsverfahren nicht.

299 ▶ **Eingeschränkte Planungsfreiheit**

Das steuerliche Ertragswertverfahren berücksichtigt bei der Berechnung des Bodenwertes eine infolge der gegebenen Bebauung vorhandene eingeschränkte Planungsfreiheit nicht. Die Planungsfreiheit ist so lange eingeschränkt, als das Grundstück durch das bestehende Gebäude nicht verändert werden kann. So erreicht ein mit denkmalgeschützten Gebäuden bebautes Grundstück wegen der eingeschränkten oder praktisch nicht vorhandenen (Neu-)Bebaubarkeit im Regelfall nicht einen Verkehrswert wie ein vergleichbares unbebautes Grundstück mit voller Planungsfreiheit. Die steuerliche Bewertung berücksichtigt diesen Aspekt bei der Bodenwertermittlung jedoch nicht, sondern legt allgemeine Bodenrichtwerte zu Grunde.

▶ **Ungeeignete Bodenrichtwerte** 300

Einen wesentlichen Knackpunkt bei der steuerlichen Grundstücksbewertung bilden die Bodenrichtwerte. Maßgebend für die Bewertung eines unbebauten Grundstücks sind hier stets die Bodenrichtwerte von Referenzgrundstücken bzw. diverser Grundstücke, die in einem vom Gutachterausschuss in so genannten Bodenrichtwertkarten festgelegten Zonenbereich liegen. Dieses Referenzgrundstück wird selten mit dem zu bewertenden Grundstück identisch sein. Die Bodenrichtwerte sind deshalb entsprechend zu korrigieren.

▰ **BEISPIEL GESCHOSSFLÄCHENZAHL:** ▶ Die Geschossflächenzahl stellt ein Maß für die bauliche Nutzung eines Grundstücks dar. Die GFZ gibt an, wie viel Quadratmeter Geschossfläche je Quadratmeter Grundstücksfläche zulässig ist. Wird nun in der Bodenrichtwertkarte zu den Bodenrichtwerten eine Geschossflächenzahl angegeben, muss – falls die GFZ mit der GFZ des betreffenden Grundstücks nicht übereinstimmt, der Bodenwert für das Grundstück nach folgender Formel korrigiert werden:

$$\text{Bodenwert/qm} = \frac{\text{UK GFZ zu bew. Grundstück}}{\text{UK GFZ Bodenrichtwertgrundstück}} \times \text{BRW} \quad ^1$$

Die Umrechnungskoeffizienten werden meist örtlich bestimmt und sind bei den Gutachterausschüssen erhältlich. Die Umrechnungskoeffizienten sind den Bewertungsstellen der Finanzämter vom zuständigen Gutachterausschuss zusammen mit den Bodenrichtwerten mitzuteilen (R B 179.2 Abs. 2 Satz 2 ErbStR 2011).

Wie sich unterschiedliche Geschossflächenzahlen auf den Grundstückswert und damit auch auf die zu zahlende Erbschaftsteuer auswirken, sei an folgendem Beispiel eines Grundstücks in der Stadt München erklärt:

Ein Baugrundstück liegt in einem Zonenbereich, für den der Gutachterausschuss einen Bodenrichtwert von 950 €/qm Grundstücksfläche bei einer Geschossflächenzahl von 0,5 zu Grunde gelegt hat. Wird ein Grundstück in der Größe von 1 000 qm aus diesem Zonenbereich verschenkt oder vererbt, wird das Finanzamt automatisch einen Steuerwert von 950 000 € rechnen. Ist für das maßgebliche Erbgrundstück aber nur eine Geschossflächenzahl von 0,35 zulässig, ermäßigt sich der Verkehrswert unter Berücksichtigung des Umrechnungsfaktors des Gutachterausschusses für München von 0,451 für eine GFZ von 0,35 wie folgt:

$$\frac{950 \times 0{,}451}{0{,}578} = 741{,}26 \text{ €/qm}$$

---

[1] UK GFZ = Umrechnungskoeffizient für die Geschossflächenzahl.

Der Grundstückssteuerwert würde sich in dem Beispiel von 950 000 € auf 741 000 € vermindern, die Erbschaftsteuer bei einem Erwerber der Steuerklasse II damit von 285 000 € auf 222 300 €, also um mehr als 60 000 € verringern.

301 ▶ **Keine geeigneten Bodenrichtwerte vorhanden**

Sind keine geeigneten Bodenrichtwerte für Grundstücke vorhanden, müssen diese aus den Werten vergleichbarer Flächen abgeleitet werden und können lediglich um 20 % ermäßigt werden. . Letzteres ist insbesondere für Rohbauland und für Bauerwartungsland unzureichend. In der Praxis kann dies zu falschen Ergebnissen führen.

302 ▶ **Vorderland und Hinterland**

Sofern der Bodenrichtwert in Abhängigkeit von der Grundstückstiefe ermittelt ist, muss die Grundstücksfläche in Vorder- und Hinterland aufgeteilt werden. Die Grundstückfläche ist nach ihrer Tiefe in Zonen zu gliedern, deren Abgrenzung sich nach den Vorgaben des Gutachterausschusses richtet.

5.8.3 Bebaute Grundstücke

303 ▶ **Alterswertminderung**

Während die für die Verkehrswertermittlung maßgebliche Wertermittlungsverordnung mit zunehmendem Alter verändernde Alterswertminderungen vorsieht (§ 23 Abs. 1 WertV), sieht der Steuergesetzgeber aus Vereinfachungsgründen davon ab. Außerdem führt jene steuerliche Regelung, wonach die Alterswertminderung nur maximal 60 % der Gebäuderegelherstellungskosten betragen darf, in vielen Fällen nicht zu einem realitätsnahen Steuerwert. Besonders für ältere Gebäude bietet sich daher ein Verkehrswertgutachten an.

304 ▶ **Baumängel und Bauschäden**

Die Finanzverwaltung erkennt Baumängel und Bauschäden als wesentlichen Grund für eine Verkürzung der Restnutzungsdauer nicht an. Dies gilt sowohl für das Ertragswertverfahren als auch für das Sachwertverfahren. Wertminderungen für Baumängel und Bauschäden müssen daher im Rahmen eines Verkehrswertgutachtens geltend gemacht werden.

305 ▶ **Bewirtschaftungskosten**

Erwerber (oder Schenker) von vermieteten Immobilien mit hohen Bewirtschaftungskosten – z. B. bei vermieteten Denkmalimmobilien (die Bewirtschaftungskosten können hier unter Umständen einen Ertrag übersteigen) sollten die „Öffnungsklausel" in Anspruch nehmen und einen niedrigeren Verkehrswert nachweisen. Denn in der steuerlichen Wertermittlung werden Bewirtschaftungskosten im Ertragswertverfahren (z. B. bei einer vermieteten Denkmalimmobilie) nur im Rahmen der vorgegebenen Pauschsätze[1] berücksichtigt. Dies erfolgt außerdem unter Berücksichtigung einer Mindest-Restnutzungsdauer (§ 185 Abs. 3 Satz 5 BewG, R B 187 Abs. 2 Satz 5 ErbStR 2011). Dadurch kann sich ein von den tatsächlichen Gegebenheiten erheblich abweichender – zu niedriger – Ansatz ergeben. Durch die anschließende Kapitalisierung des – viel zu hohen Gebäudereinertrags – kann damit ein viel zu hoher Steuerwert entstehen.

> **BEISPIEL:** Die wirtschaftliche Nutzungsdauer eines Mietwohngrundstücks beträgt 80 Jahre. Bei einer Mindestrestnutzungsdauer von 30 % betrüge die Mindestrestnutzungsdauer eines 70 Jahre alten Hauses auch noch 24 Jahre, die pauschalierten Bewirtschaftungskosten beliefen sich nach Anlage 23 zum BewG auf 27 % des Rohertrages.
>
> Liegen die tatsächlichen Kosten höher, lohnt ein Verkehrswertnachweis.

▶ Problematik der vorgegebenen Liegenschaftszinssätze 306

Der Liegenschaftszins soll die marktübliche Renditeerwartung bzw. den Zinssatz einer alternativen Anlage widerspiegeln. Als solcher errechnet sich der Liegenschaftszinssatz aus den Mieteinnahmen und dem aktuellen Kapitalzinssatz. Während es für ererbtes oder geschenktes Bargeld in ganz Deutschland kaum nennenswerte Unterschiede zwischen den Zinssätzen gibt, differiert die Verzinsung von Grundvermögen – ausgedrückt durch den Liegenschaftszinssatz – bei Immobilien je nach Lage erheblich. Die steuerliche Wertermittlung erfolgt unter Vorgabe starrer Liegenschaftszinssätze. Die von den Gutachterausschüssen veröffentlichten Liegenschaftszinssätze, welche Gegenstand einer Verkehrswertermittlung nach der WertV bilden, haben hingegen bestimmte Bandbreiten.

> **HINWEIS:**
>
> Niedrige Zinssätze führen bei der Abzinsung der Ertragserwartungen zu einem höheren Barwert und damit auch zu einem höheren Steuerwert und als Folge zu einer höheren Erbschaft- oder Schenkungsteuer. Erben/Erwerber sollten sich bei den von den Gutachterausschüssen vorgegebenen Liegenschaftszinssätzen daher stets an der oberen Bandbreite orientieren. Je höher der Liegenschaftszins, desto höher ist die Bodenwertverzinsung, desto niedriger ist folglich der Gebäudereinertrag.

---

1 Anlage 23 zum BewG abgedruckt in Anhang 6.

307 ▶ **Grundstücke mit abrissreifen Gebäuden**

Bei einem Grundstück mit einem abrissreifen Gebäude würde sich der Verkehrswert nach zivilrechtlichen Gesichtspunkten bzw. aus Sicht des Käufers unter Abzug der Abrisskosten errechnen. Diesbezügliche Bewertungsabschläge berücksichtigt das steuerliche Bewertungsverfahren aber nicht. In der WertV hingegen werden Abrisskosten als Freilegungskosten berücksichtigt (§ 20 Abs. 1 WertV).

308 ▶ **Liquidation**

Liegt der Gebäudeertrag so niedrig, dass eigentlich nur noch der unbebaute Grund und Boden werthaltig ist und sich daher die Liquidation des Gebäudes anbietet, liegt der Verkehrswert des Grundstücks im Regelfall unter dem nach Maßgabe des neuen Bewertungsrechts zu ermittelnden Ertragswert, der sich aus den beiden Komponenten Bodenwert und Gebäudeertragswert zusammensetzt, wobei das Steuerrecht bei Errechnung des Gebäudeertragswertes eine − in solchen Fällen nicht vorhandene − Restnutzungsdauer von mindestens 30 % der wirtschaftlichen Gesamtnutzungsdauer unterstellt.

309 ▶ **Hohe strukturelle Kaufkraftunterschiede**

Die vom Gesetzgeber vorgesehenen pauschalierten Wertansätze berücksichtigen Kaufkraftunterschiede nicht.

310 ▶ **Regelherstellungskosten (RHK 2010) und Mindestwert**

Bei der Ermittlung der maßgeblichen Regelherstellungskosten 2010 (abgeleitet aus den Normalherstellungskosten 2000 der Wertermittlungsverordnung) wurde vonseiten des Gesetzgebers auf eine Regionalisierung ganz verzichtet. Dies wirkt sich besonders für jene Erben und Erwerber negativ aus, die Grundstücke aus günstigen Wohngegenden und Randgebieten übernehmen. Für solche Grundstücke (mit im Regelfall niedrigen Baukosten) wird es häufig zu einer Überbewertung kommen.

Des Weiteren wurden bei der Ermittlung der Regelherstellungskosten 2010 (RHK 2010) die Gebäudeklassen aus der WertV stark vereinfacht. Die Anlage 24 zum BewG[1] fasst ältere Gebäude mit Baujahren bis 1945 in einer Gruppe zusammen. Es gibt ferner nur drei Ausstattungsstandards: einfach, mittel und gehoben. Lücken in den Normalherstellungskosten 2000 der WertV wurden durch eigene Ermittlungen der Finanzverwaltung ersetzt. Problematisch ist

---

1 Abgedruckt in Anhang 8.

der Ansatz der Finanzverwaltung auch überall dort, wo die Normalherstellungskosten 2000 innerhalb einer Gebäudeklasse stark differenzieren (z. B. bei der Deckenhöhe).

Des Weiteren ist bei der steuerlichen Wertermittlung im Sachwertverfahren eine Mindestgrenze für den Gebäudewert von 40 % der Regelherstellungskosten anzusetzen. Der Gesetzgeber verkauft dem Steuerpflichtigen diese „Mindestrestwertregelung" so, dass „auch ein älteres Gebäude, das laufend instand gehalten wird, einen Wert hat" und durch diese Mindestwertregelung in vielen Fällen die Prüfung, ob die restliche Lebensdauer des Gebäudes infolge baulicher Maßnahmen wesentlich verlängert würde, entfallen würde. Dabei wird verschwiegen, dass nicht jedes Gebäude, auch wenn es ein wenig renoviert worden ist, noch einen Marktwert besitzt!

▶ **Marktanpassungs-Wertzahlen** 311

Zur Anpassung an die Lage auf dem Grundstücksmarkt sieht das steuerliche Bewertungsrecht in der Anlage 25[1] pauschalierte Wertzahlen vor, die aufgruppiert sind nach Ein- und Zweifamilienhäusern und Wohneigentum sowie Geschäftsgrundstücken, gemischt genutzten Grundstücken und Teileigentum. Diese stark vereinfachten Wertgruppenzahlen werden den Wertverhältnissen besonders bei Gewerbegrundstücken, welche sich in zentraler Lage in Ballungszentren und in Zonenrandgebieten befinden, keinesfalls gerecht. So wird es besonders bei hochwertigen Geschäftsgrundstücken zu einer stark pauschalierten Angleichung an den gemeinen Wert (Verkehrswert) kommen. Wesentliche Wertfaktoren wie Gebäudealter, regionale Gegebenheiten, Besonderheiten usw. bleiben unberücksichtigt. Es lohnt in solchen Fällen vielfach, ein Verkehrswertgutachten mit differenzierteren Wertzahlen erstellen zu lassen bzw. den nach dem Steuerrecht errechneten „vorläufigen Sachwert" mit geeigneteren Wertzahlen aus der WertV zu multiplizieren.

▶ **Sollmiete** 312

Kommt das Ertragswertverfahren für die Wertermittlung eines Grundstücks in Betracht, ist nach steuerlichen Gesichtspunkten die Sollmiete als Grundlage für den Rohertrag heranzuziehen. In vielen Fällen ist die Sollmiete aber langfristig nicht erzielbar. Ein Gutachter geht regelmäßig von der nachhaltig erzielbaren Miete nach § 17 WertV aus. Ein Verkehrswertnachweis lohnt daher in allen Fällen, in denen die tatsächlich nachhaltig erzielbare Miete geringer ist als die von der Finanzverwaltung verwendete Sollmiete.

---

[1] Abgedruckt in Anhang 9.

5.8.4 Grundstücke im Erbbaurecht

313 Bedeutende Unterschiede zwischen dem Steuerwert und dem Verkehrswert können sich besonders bei erbbaurechtbelasteten Grundstücken ergeben. Liegen besondere vertragliche Vereinbarungen vor (z. B. die Berücksichtigung einer fehlenden Wertsicherungsklausel oder Ausschluss einer Anpassung), die erheblich vom Üblichen abweichen, werden diese bei der zivilrechtlichen Verkehrswertermittlung in der Regel zusätzlich zum Marktanpassungsfaktor berücksichtigt (Zu- bzw. Abschläge wegen besonderer vertraglicher Vereinbarungen). Im steuerlichen Bewertungsverfahren bleiben solche Vereinbarungen im Regelfall außer Acht.

Des Weiteren fließen in die Berechnungen für den Gebäudewertanteil durch die Anwendung des Ertrags- bzw. Sachwertverfahrens automatisch die Regelungen über die Mindest-Restnutzungsdauer sowie über den Mindest-Gebäudewert (Mindestgrenze für den Gebäudewert von 40 % der Regelherstellungskosten gemäß § 190 Abs. 2 Satz 4 BewG) ein.

5.8.5 Unentgeltliche Nutzungsrechte

314 Nutzungsrechte wie Nießbrauchs- oder Wohnrechte an einem Übertragungsgegenstand, beispielsweise eines Grundstücks, können entweder bereits im steuerlichen Wertermittlungsverfahren unmittelbar berücksichtigt werden oder alternativ mit ihrem Kapitalwert als Nachlassverbindlichkeiten im Rahmen der Berechnung des steuerpflichtigen Erwerbs bereicherungsmindernd – nach der Saldierungsmethode – abgezogen werden. Der mit dem ErbStRG 2009 neu eingefügte Satz 6 in § 10 Abs. 6 ErbStG räumt dem Steuerpflichtigen insoweit ein Wahlrecht ein. Auch die Finanzverwaltung erkennt die Berücksichtigung wertbeeinflussender Rechte und Belastungen privatrechtlicher und öffentlich-rechtlicher Art, wie z. B. Grunddienstbarkeiten und persönliche Nutzungsrechte, an (R B 198 Abs. 3 Satz 6 ErbStR 2011).

315 Der Steuerpflichtige kann den Kapitalwert des Nießbrauchsrechts entweder bereits bei der Bewertung des Übertragungsgegenstandes oder wahlweise als Nachlassverbindlichkeit behandeln. Sollen Nutzungsrechte als Nachlassverbindlichkeit abgezogen werden, ist beim Erwerb von Todes wegen der Kapitalwert des Nutzungsrechts als „Erbfallschuld" abzugsfähig. Bei Schenkungen wirkt sich ein Nießbrauchsrecht auf einen Übertragungsgegenstand dadurch bereicherungsmindernd (und damit auch steuermindernd) aus, dass es bei der Berechnung der Bemessungsgrundlage für die Auflagenschenkung vom Steuerwert des Gegenstandes mit ihrem kapitalisierten Wert als Gegenleistung des Beschenkten zum Abzug gelangt.

Erfolgt eine Berücksichtigung des Nießbrauchsrechts bereits bei Ermittlung des gemeinen Wertes des Übertragungsgegenstandes, setzt dies allerdings voraus, dass der Kapitalwert des Nießbrauchsrechts bei der Berechnung des steuerpflichtigen Erwerbs nicht nochmals bereicherungsmindernd geltend gemacht wird (§ 10 Abs. 6 Satz 6).

HINWEISE:

- Der Berücksichtigung von Nießbrauchs- bzw. Nutzungslasten auf einem Grundstück bereits bei der Ermittlung des Steuerwerts (Grundbesitzwertes) ist im Regelfall der Vorzug zu geben. Denn auf Ebene der Grundstücksbewertung gilt die „Deckelung" von 1/18,6 des steuerlichen Werts des Wirtschaftsgutes nicht, die eine Verzinsung von 5,5 % annimmt. Soweit eine höhere Verzinsung durch höhere Miet- oder Pachterträge des übergebenen Grundstücks gegeben ist, kann eine höhere Nießbrauchsbelastung steuermindernd geltend gemacht werden. Letzteres trifft besonders auf solche Grundstücke zu, die auf Grund niedriger Abschreibungen auf den Gebäudeteil und nur geringer laufender Kosten einen höheren Ertrag erzielen, als dies durchschnittlich der Fall ist.

- Die Berücksichtigung von Nießbrauchslasten bereits im Bewertungsverfahren ist auch dann günstiger, wenn ein Nießbrauchsrecht zu Gunsten des überlebenden Ehegatten eingeräumt werden soll. Während das Steuerrecht aufschiebend bedingte Lasten nicht berücksichtigt (§ 6 BewG), kann ein Sachverständiger bei der Grundstücksbewertung bereits ein zu Gunsten des überlebenden Ehegatten (des Ehegatten mit der längeren Lebensdauer) eingeräumtes Nießbrauchsrecht wertmindernd berücksichtigen.

(einstweilen frei) 316–330

Teil III: Wie der Fiskus Erbschaften und Schenkungen besteuert

331 **Vorbemerkung**

Deutsche Erbschaftsteuer wird in Form einer Erbanfallsteuer erhoben. Erfasst wird allein der außerordentliche Vermögenszuwachs beim Erwerber, d. h., die deutsche Erbschaft- und Schenkungsteuer zielt allein auf die Bereicherung des Erben oder Beschenkten ab und nicht – wie die im angloamerikanischen Rechtskreis übliche Nachlasssteuer[1] – auf den ungeteilten Nachlass als solchen.

Die Erhebung von Erbschaft- und Schenkungsteuer knüpft an vier Kriterien an; auf mindestens eines dieser vier Komponenten müssen Gestaltungen zur Optimierung der Steuerbelastung einwirken. Diese vier Kriterien sind:

- ▶ die subjektive (persönliche) Steuerpflicht,
- ▶ der steuerpflichtige Erwerbsvorgang,
- ▶ der steuerpflichtige Erwerb (die Bereicherung) und
- ▶ der Steuersatz.

Der Steuersatz richtet sich zum einen nach der Verwandtschaftsnähe, was durch eine Gruppierung der „Empfänger" in drei Steuerklassen zum Ausdruck kommt, und zum anderen – innerhalb der drei Steuerklassen – nach der durch die Höhe des steuerpflichtigen Erwerbs entstandenen „besonderen steuerlichen Leistungsfähigkeit". Praktisch ausgedrückt bedeutet dies, dass – je nach Art des Erwerbsvorgangs – die Erbschaft- oder die Schenkungsteuer mit zunehmender Bereicherung und zunehmender Entfernung der Verwandtschaftsnähe zum Erblasser (Schenker) prozentual ansteigt. Die Bereicherung, an der sich die Erbschaft- und Schenkungsteuer primär bemisst, wird aus der Summe der Steuerwerte aller Einzelgegenstände berechnet.

1 Die persönliche Steuerpflicht

1.1 Allgemeines

332 Bei der Erhebung von Erbschaft- und Schenkungsteuer knüpft das Gesetz zuallererst an die persönliche Steuerpflicht an. Erst wenn das Vorliegen einer per-

---

1 Im Gegensatz zur Erbanfallsteuer unterwirft die Nachlasssteuer den gesamten ungeteilten Nachlass einem einheitlichen Steuersatz, bevor der Nachlass auf die Erben aufgeteilt wird und ohne Berücksichtigung, auf wie viele „Köpfe" das Vermögen zu verteilen ist.

sönlichen Steuerpflicht bejaht werden kann, treten die weiteren drei Bestimmungsgründe für die Erbschaftsteuererhebung in Erscheinung: der Erwerbsvorgang, der steuerpflichtige Erwerb und der Steuersatz.

Die persönliche Steuerpflicht unterteilt sich in:

- ▶ die unbeschränkte Steuerpflicht, der der gesamte Erwerb unterliegt, und
- ▶ die beschränkte Steuerpflicht, welche nur bestimmte Vermögensgegenstände, nämlich das Inlandsvermögen bzw. – wenn das Außensteuerrecht zum Tragen kommt – das erweiterte Inlandsvermögen erfasst.

Während die unbeschränkte Steuerpflicht personenbezogen ist (es genügt hier bereits die unbeschränkte Steuerpflicht des Erblassers/Schenkers oder des Erwerbers), haftet die beschränkte Steuerpflicht am Vermögensgegenstand selbst und den Nutzungsrechten daran. Anders ausgedrückt: Wird (erweitertes) Inlandsvermögen übertragen, fällt die Steuer an, ungeachtet dessen, ob Erblasser/Schenker und Erwerber der Steuerpflicht überhaupt unterliegen.

HINWEIS:

Der Unterscheidung zwischen unbeschränkter und beschränkter Steuerpflicht kommt in der Praxis erhebliche Bedeutung zu. So gelten bei unbeschränkter Steuerpflicht höhere Freibeträge. Des Weiteren werden bei beschränkter Steuerpflicht nur die zum Inlandsvermögen gehörenden Vermögensgegenstände besteuert und nicht der gesamte Erwerb.

1.2 Unbeschränkte Steuerpflicht natürlicher und juristischer Personen

1.2.1 Natürliche Personen

1.2.1.1 Persönliche Voraussetzungen

Unbeschränkte Erbschaftsteuerpflicht ist gegeben, wenn entweder der Erblasser mit letztem Wohnsitz in Deutschland verstorben ist oder der Erbe im Zeitpunkt der Entstehung der Steuerschuld (vgl. § 9 ErbStG) ein Inländer ist. Unbeschränkte Schenkungsteuerpflicht ist gegeben, wenn der Schenker im Zeitpunkt der Schenkung oder der Beschenkte im Zeitpunkt der Entstehung der Steuerschuld Inländer ist (§ 2 Abs. 1 Nr. 1 ErbStG). Die Betonung ist hier auf das Wörtchen „oder" zu legen, drückt es doch aus, dass das Gesetz das Vorliegen eines Tatbestandes genügen lässt. Ist der Erblasser (Schenker) ein Inländer, kommen die Umstände auf der Seite des Erwerbers nicht mehr in Betracht. Unbeschränkte Steuerpflicht tritt immer ein, auch wenn der Erwerber (Erbe, Vermächtnisnehmer, Beschenkte) kein Inländer ist. Die Frage nach der Inlän-

333

334 Unbeschränkt steuerpflichtiger Inländer ist, wer in Deutschland seinen Wohnsitz oder gewöhnlichen Aufenthalt hat (§ 2 Abs. 1 Nr. 1 Buchst. a ErbStG). Auf die Staatsangehörigkeit kommt es dabei nicht an. Was unter „Wohnsitz" oder „gewöhnlichem Aufenthalt" zu verstehen ist, ergibt sich aus den §§ 8 und 9 AO. Zur Begründung einer Steuerpflicht muss danach zunächst einmal eine Wohnung vorhanden sein und es müssen Umstände vorliegen, die darauf schließen lassen, dass diese Wohnung durch den Inhaber beibehalten und als solche auch genutzt wird. Auf Ausstattung und Art der Wohnung und der Tatsache, dass die Wohnung dem Steuerpflichtigen gar nicht gehört, kommt es nicht an. Ein Wohnsitz i. S. des § 8 AO setzt auch nicht voraus, dass der Steuerpflichtige von dort aus seiner täglichen Arbeit nachgeht. Ebenso wenig ist es erforderlich, dass der Steuerpflichtige sich während einer Mindestzahl von Tagen oder Wochen im Jahr in der Wohnung aufhält.[1]

vorstehender Text beginnt mit: dereigenschaft des Erwerbers stellt sich daher erst, wenn diese auf Seiten des Gebers zu verneinen ist.

335 Die Voraussetzungen für das Innehaben eines inländischen Wohnsitzes sind ausschließlich nach den tatsächlichen und wirtschaftlichen Gesichtspunkten zu beurteilen. Der BFH hatte im Urteil vom 26. 2. 1986 die Erbin eines seit 1960 in Liechtenstein wohnhaften Erblassers als unbeschränkt steuerpflichtig angesehen, weil der Erblasser im Haus der Erbin, das in Deutschland belegen war, infolge schwerer Krankheit verstarb.[2] In einem anderen Fall hatte der BFH in einer nur während der Jagdzeiten im Frühjahr und im Herbst zur Unterkunft benutzten Doppelhaushälfte einen inländischen Wohnsitz erkannt. Dies führte zur Besteuerung des Nachlasses eines Anfang 1979 verstorbenen und seit 1960 in Liechtenstein wohnhaften Erblassers.[3] Demhingegen hat ein ausländisches Kind, das Erbe seiner in Deutschland lebenden Eltern wird, jedoch im Heimatland bei Verwandten untergebracht ist, dort die Schule besucht und sich nur während der Schulferien in der Wohnung seiner Eltern im Inland aufgehalten hat, bei den Eltern im Inland keinen Wohnsitz.[4]

336 Den gewöhnlichen Aufenthalt hat jemand dort, „wo er sich unter Umständen aufhält, die erkennen lassen, dass er an diesem Ort oder in diesem Gebiet nicht nur vorübergehend verweilt" (§ 9 Satz 1 AO). Als Aufenthalt kommt

---

[1] BFH, Urt. v. 19. 3. 1997 I R 69/96, BStBl 1997 II S. 447.
[2] II R 200/82, BFH/NV 1987 S. 301. Eine Rückkehr nach Liechtenstein war infolge des desolaten Gesundheitszustandes nicht möglich. Der Erblasser hatte sich über sieben Monate in der Wohnung der Erbin und Steuerpflichtigen aufgehalten.
[3] BFH, Urt. v. 23. 11. 1988 II R 139/87, BStBl 1989 II S. 182.
[4] BFH, Urt. v. 10. 8. 1998 VI B 21/98, BFH/NV 1999 S. 285.

grundsätzlich jede körperliche Anwesenheit in Betracht. Der gewöhnliche Aufenthalt setzt nicht das Innehaben einer Wohnung voraus.

Im Unterschied zum Wohnsitz, den ein Steuerpflichtiger an mehreren Orten gleichzeitig haben kann, weil es bei ihm nicht auf das ständige Nutzen einer Wohnung oder gar einer Mindestwohnzeit ankommt, kann eine Person ihren gewöhnlichen Aufenthalt nur an einem Ort haben: Denn es kann sich niemand gleichzeitig an zwei Orten aufhalten, und zwar so aufhalten, „dass darin nicht nur ein vorübergehendes Verweilen zu sehen ist". 337

Grundsätzlich spricht eine Verweildauer von mehr als sechs Monaten dafür, dass diese nicht vorübergehend ist. Dementsprechend ist nach § 9 Satz 2 AO ein zeitlich zusammenhängender Aufenthalt von mehr als sechs Monaten Dauer als „gewöhnlich" anzusehen. Die Sechs-Monats-Grenze gilt allerdings primär der Vermeidung von Auslegungsschwierigkeiten und ist kein Garant für Steuerfreiheit. Denn für den tatsächlichen Aufenthalt kommt es auf eine Mindestdauer nicht an. Vielmehr ist nach dem Willen des Gesetzgebers auf die Aufenthaltsumstände abzustellen. Kurzfristige Unterbrechungen bleiben außer Acht; jedoch können mehrere oder gar viele kurzfristige Unterbrechungen einen Aufenthalt zu einem nicht mehr zusammenhängenden machen.

Deutschen Staatsbürgern kann es in aller Regel egal sein, ob ein längerer Auslandsaufenthalt als „gewöhnlicher" angesehen werden kann oder nicht. Denn deutsche Staatsangehörige (hier kommt es auf die Staatsangehörigkeit an), die sich nicht länger als fünf Jahre dauernd im Ausland aufgehalten haben, ohne im Inland einen Wohnsitz zu haben, werden Inländern gleichgestellt (§ 2 Abs. 1 Nr. 1 Buchst. b ErbStG). Diese „Fünfjahresfrist-Besteuerung" wird als erweiterte unbeschränkte Steuerpflicht oder schlicht als „Wegzugsbesteuerung" bezeichnet. Sie ist der alleinige Grund, weshalb ein „Wegzug" erbschaftsteuerrechtlich – wenn überhaupt – erst interessant wird, wenn er schon länger als fünf Jahre zurückliegt.

Der Einschränkung „wenn überhaupt" liegt hierbei die Überlegung zu Grunde, dass ein Wegzug mit Wegfall der unbeschränkten Steuerpflicht sowohl beim Erblasser/Schenker als auch beim Erben/Beschenkten auch den Wegfall der Freibeträge bedingt. Des Weiteren führt das Verstreichen der Fünfjahresfrist nicht in allen Fällen zum Wegfall der unbeschränkten Steuerpflicht: Steht nämlich ein deutscher Staatsbürger während seines Auslandsaufenthalts zu einer inländischen juristischen Person des öffentlichen Rechts in einem Dienstverhältnis und bezieht er dafür Arbeitslohn aus einer inländischen öffentlichen Kasse, bleibt er Inländer; und zwar auch dann, wenn sich der permanente Aus- 338 landsaufenthalt bereits über mehr als fünf Jahre erstreckt (§ 2 Abs. 1 Nr. 1 Buchst. c ErbStG).

339 Bei sonstigen ins Ausland versetzten Arbeitnehmern ist – widerlegbar – zu vermuten, dass diese einen Wohnsitz im Inland haben, wenn sie eine Wohnung im Inland beibehalten, deren Benutzung ihnen jederzeit möglich ist und die so ausgestattet ist, dass sie jederzeit als Bleibe dienen kann. Das Innehaben eines Wohnsitzes im Inland kann aber z. B. dadurch widerlegt werden, dass die Wohnung vermietet wird oder dass die Familie des ins Ausland versetzten Bediensteten kurzfristig nachzieht, der Bedienstete am neuen Tätigkeitsort einer uneingeschränkten Residenzpflicht unterliegt und deswegen seinen Wohnsitz im Inland aufgegeben hat.[1]

HINWEIS:
Vermögen kann durch einen vorhergehenden und u. U. sehr lange zurückliegenden Wohnsitzwechsel des Schenkers nicht steuerfrei übertragen werden, wenn der Beschenkte in Deutschland ansässig geblieben ist. Wenn schon Schenkungsteuer durch Wohnsitzverlagerung gespart werden soll, dann müssen schon Schenker und Beschenkter – also u. U. alle Familienangehörigen – ihren Wohnsitz verlagert haben, und zwar für länger als fünf Jahre vom Zeitpunkt der Schenkung an zurückgerechnet.

1.2.1.2 Zeitpunkte der Prüfung der unbeschränkten Steuerpflicht

340 Hier ist zunächst zu unterscheiden, ob sich die Prüfung nach der Steuerpflicht des Erblassers (Schenkers) oder des Erwerbers richten soll. Wie oben festgestellt, ergibt sich die Notwendigkeit der Prüfung der Inländereigenschaft auf Seiten des Erwerbers erst, wenn der Erblasser (Schenker) zum Zeitpunkt seines Todes bzw. zum Zeitpunkt der Ausführung der Schenkung kein Inländer war.

341 Bei der Prüfung der unbeschränkten Steuerpflicht des Gebers kommt es auf die Verhältnisse im Zeitpunkt seines Todes oder im Zeitpunkt der Ausführung der Schenkung an. Trifft nun tatsächlich zu, dass der Geber zu den maßgeblichen Zeitpunkten kein Inländer war, und ist infolgedessen im zweiten Schritt die Inländereigenschaft des Erwerbers zu prüfen, ist bei diesem auf den Zeitpunkt der Entstehung der Steuerschuld abzustellen.

342 Erbschaftsteuer entsteht mit dem Tod des Erblassers, die Schenkungsteuer mit dem Zeitpunkt der Ausführung der Zuwendung (§ 9 Abs. 1 Nrn. 1 und 2 ErbStG). Im Regelfall ergeben sich keine zeitlichen Unterschiede. In Ausnahmefällen kann es aber vorkommen, dass dem Erwerber der Erwerb nicht mit dem Tode des Erblassers oder mit dem Zeitpunkt der Ausführung der Schenkung

---

[1] BFH, Urt. v. 17. 5. 1995 I R 8/94, BStBl 1996 II S. 2; BB 1995 S. 2518.

zuzurechnen ist, sondern zu einem viel späteren Zeitpunkt. Dies ist dann der Fall, wenn Vermögen aufschiebend bedingt erworben wird.

Ein Erb- oder Schenkungsgegenstand wird „aufschiebend bedingt" erworben, wenn der Erwerb vom Eintritt einer Bedingung abhängt. Das Rechtsgeschäft (bei der Schenkung) ist insoweit „schwebend unwirksam" und erlangt erst mit Eintritt der Bedingung Rechtskraft. Steuerlich werden solche Güter erst berücksichtigt, wenn diese Bedingung eingetreten ist (§ 4 BewG). So wird beispielsweise Erbschaft- und Schenkungsteuer erst „mit dem Zeitpunkt des Eintritts der Bedingung oder des Ereignisses" fällig (§ 9 Abs. 1 Nr. 1 Buchst. a ErbStG).

343

Die Tatsache, dass bei der Prüfung der Steuerpflicht des Erwerbers ausschließlich auf den Zeitpunkt der Entstehung der Steuerpflicht abzustellen ist, kann sich i. V. m. einem aufschiebend bedingten Erwerb u. U. sehr negativ auswirken, wenn der Erwerber zu diesem Zeitpunkt die unbeschränkte Steuerpflicht erlangt hat.

344

BEISPIEL: ▶ Der französische Schriftsteller S hat für seine Tochter ein aufschiebend bedingtes Vermächtnis ausgesetzt und dieses von ihrer Verheiratung abhängig gemacht. Die Tochter hat kurze Zeit vor ihrer Verheiratung mit einem Deutschen ihren Wohnsitz von Paris nach Köln verlegt. Das Vermächtnis unterliegt in vollem Umfang der Erbschaftsteuer; denn bei Eintritt der Bedingung, d. h. im Zeitpunkt der Entstehung der Steuerschuld, war das Kind unbeschränkt steuerpflichtig.

HINWEIS:
Wurzelt die Steuerpflicht nicht bereits in der Inländereigenschaft des Erblassers (Schenkers), können Begünstigte bei aufschiebend bedingten Erwerben Steuerfreiheit dadurch erlangen, dass sie die Bedingung erst eintreten lassen, nachdem ihre unbeschränkte Steuerpflicht im Inland geendet hat.

1.2.2 Körperschaften, Personenvereinigungen und Vermögensmassen

Unbeschränkt steuerpflichtig sind alle Körperschaften, Personenvereinigungen und Vermögensmassen, die ihre Geschäftsleitung oder ihren Sitz im Inland haben (§ 2 Abs. 1 Nr. 1 ErbStG). Zu den Personenvereinigungen und Vermögensmassen zählen alle rechtsfähigen und nichtrechtsfähigen Vereinigungen, Anstalten, Zweckvermögen usw., die den Körperschaften gleichstehen und auch unter das Körperschaftsteuerrecht fallen. Auch Stiftungen gehören dazu.[1]

345

Was unter Geschäftsleitung oder Sitz zu verstehen ist, ergibt sich wiederum aus der Abgabenordnung. Geschäftsleitung ist gemäß § 10 AO „der Mittel-

346

---

1 Zu den Stiftungen vgl. Teil X.

punkt der geschäftlichen Oberleitung". Einen Sitz hat eine Körperschaft, Personenvereinigung oder Vermögensmasse an dem Ort, der durch Gesetz, Gesellschaftsvertrag, Satzung, Stiftungsgeschäft oder dergleichen bestimmt ist (§ 11 AO). Beim „Sitz" kommt es also im Gegensatz zur Geschäftsleitung oder dem bei natürlichen Personen maßgebenden Wohnsitz nicht auf die tatsächlichen Verhältnisse an, sondern auf rechtliche Konstruktionen; also auf das, was im Gesellschaftsvertrag vereinbart ist.

347 Die Gesellschaft mit beschränkter Haftung (GmbH) ist selbstständiges Steuersubjekt und Erwerberin i. S. des § 20 Abs. 1 ErbStG. Ist die GmbH Zuwendungsempfänger, unterliegt, sofern die Leistung nicht aus gesellschaftsrechtlichen Gründen erbracht wird, die Wertsteigerung des Gesellschaftsvermögens der Schenkungsteuer, dann aber nicht bei der juristischen Person GmbH, sondern bei den Gesellschaftern. Also nicht die GmbH, sondern die Gesellschafter gelten hier als bereichert.

348 Offene Handelsgesellschaften, Kommanditgesellschaften oder Gesellschaften des bürgerlichen Rechts sind keine Körperschaften, sondern Personengesellschaften oder Gesamthandsgemeinschaften (§ 718 BGB) und daher nicht erbschaft- und schenkungsteuerpflichtig. Erwirbt eine OHG oder KG, ist der Erwerb nicht steuerfrei: Es findet vielmehr ein Durchgriff auf die Gesellschafter statt, die Steuersubjekte i. S. des § 2 Abs. 1 Nr. 1 ErbStG darstellen und im Wert der Bereicherung der Steuerpflicht unterliegen.[1] Es erweist sich stets als sinnvoller, Schenkungen an Gesellschafter von Personengesellschaften auf direktem Weg zu vollziehen. Soll eine OHG, KG oder GbR bedacht werden, geht die Zuwendung in die Gesamthand über; die Gesellschafter können über die Zuwendung nicht einzeln verfügen. Dennoch darf aber die Steuer nicht aus dem Gesellschafts- bzw. Gesamthandsvermögen heraus finanziert werden. Die Gesellschafter müssen die Steuer zunächst aus privaten Mitteln bestreiten.

1.3 Beschränkte Steuerpflicht

349 Sind sowohl der Erblasser (Schenker) als auch der Erbe (Beschenkte) zu den maßgeblichen Zeitpunkten keine Inländer, würde im Grunde keine Steuerpflicht entstehen. Kommt aber Inlandsvermögen zur Übertragung, knüpft die Steuerpflicht dort an (§ 2 Abs. 1 Nr. 3 ErbStG).

> **BEISPIEL:** A aus Amerika überträgt seinem in der Schweiz wohnhaften Enkel ein Grundstück in Deutschland. Der Vorgang betrifft inländisches Grundvermögen als Inlandsvermögen und unterliegt der beschränkten Steuerpflicht.

---

[1] BFH, Urt. v. 14. 9. 1994 II R 95/92, BStBl 1995 II S. 81; ZEV 1995 S. 74.

Für die beschränkte Steuerpflicht müssen drei Voraussetzungen gegeben sein: 350
- Der Erblasser (Schenker) darf seinen Wohnsitz oder gewöhnlichen Aufenthalt nicht im Inland haben;
- Der Erwerber (Erbe, Vermächtnisnehmer, Beschenkte) muss im Ausland ansässig sein und darf keinen Zweitwohnsitz im Inland haben;
- Es muss Inlandsvermögen zum Erwerb gelangen.[1]

HINWEIS:

Die Steuerpflicht erstreckt sich beim Inlandsvermögen allerdings nur auf solche Wirtschaftsgüter, die auch bei unbeschränkter Steuerpflicht einem Erwerb zuzurechnen sind. Steuerfrei sind deshalb auch beim Inlandsvermögen die Wirtschaftsgüter, die nach den Vorschriften des Erbschaftsteuer- und Schenkungsteuergesetzes nicht zur Besteuerung herangezogen würden.

2 Überblick über die steuerpflichtigen Erwerbsvorgänge

Steuerpflichtige Erwerbsvorgänge, die der Erbschaft- und Schenkungsteuer unterliegen, sind: 351
- Erwerbe von Todes wegen,
- Schenkungen unter Lebenden,
- Zweckzuwendungen,
- Vermögensübertragungen auf Stiftungen, sofern diese wesentlich im Interesse einer Familie oder bestimmter Familien errichtet sind, bei Errichtung und in Zeitabständen von je 30 Jahren,
- Vermögensübertragungen auf eine Vermögensmasse ausländischen Rechts, wenn diese auf die Bindung von Vermögen gerichtet ist,
- Vermögenswerte, die infolge der Aufhebung einer Stiftung, eines Vereins oder einer Vermögensmasse ausländischen Rechts erworben werden,
- Leistungen an eine Kapitalgesellschaft, soweit diese zu einer Werterhöhung der Anteile führt.

Zwischen der Erbschaft- und der Schenkungsteuer bestehen bis auf die nachfolgend genannten Punkte und der Tatsache, dass die Erbschaftsteuer bei Übertragungen zu Lebzeiten als Schenkungsteuer erhoben wird, keine Unterschiede. Dies ist auch erwünscht, denn es wäre volkswirtschaftlich nicht zu 352

---

1 Weitere Ausführungen zum Inlandsvermögen vgl. unten Teil IX Rdn. 1104.

vertreten, lebzeitige Vermögensübertragungen durch eine stärkere Besteuerung unattraktiv zu machen.

353 Nicht auf Schenkungen anzuwenden sind insbesondere die Vorschriften (R E 1.1 ErbStR 2011)
- ▶ zum Abzug der Nachlassverbindlichkeiten (§ 10 Abs. 1 Satz 2 ErbStG),
- ▶ zum Pauschbetrag für Erbfallkosten (§ 10 Abs. 5 Nr. 3 Satz 2 ErbStG),
- ▶ zum Erwerb eines Familienheims von Todes wegen (§ 13 Abs. 1 Nr. 4b und 4c ErbStG),
- ▶ zum Rückfall von Vermögensgegenständen an die Eltern (§ 13 Abs. 1 Nr. 10 ErbStG),
- ▶ zur Steuerklasse der Eltern bei Erwerben von Todes wegen (§ 15 Abs. 1 ErbStG Steuerklasse I Nr. 4) oder zu Erwerben auf Grund gemeinschaftlicher Testamente von Ehegatten oder Lebenspartnern i. S. des Lebenspartnerschaftsgesetzes (§ 15 Abs. 3 ErbStG),
- ▶ zum besonderen Versorgungsfreibetrag für den überlebenden Ehegatten oder Lebenspartner i. S. des Lebenspartnerschaftsgesetzes oder die Kinder des Erblassers (§ 17 ErbStG). Der Versorgungsfreibetrag nach § 17 ErbStG kann ausnahmsweise bei einem nach § 7 Abs. 1 Nr. 5 ErbStG steuerbaren Erwerb gewährt werden, wenn ein Ehegatte oder Lebenspartner i. S. des Lebenspartnerschaftsgesetzes als Abfindung für seinen Erbverzicht und aufschiebend bedingt bis zum Tod des anderen Ehegatten oder Lebenspartners i. S. des Lebenspartnerschaftsgesetzes ein Leibrentenstammrecht erwirbt,
- ▶ zur Haftung von Kreditinstituten (§ 20 Abs. 6 Satz 2 ErbStG) oder
- ▶ zur Steuerermäßigung bei mehrfachem Erwerb desselben Vermögens (§ 27 ErbStG).

354 Praktisch kann es zudem in bestimmten Fällen nur zur Besteuerung eines Erwerbs von Todes wegen kommen. Sind mit diesen Fällen Begünstigungen verknüpft, können diese nur für die Erbschaftsteuer, nicht aber auch für die Schenkungsteuer anwendbar sein. Man denke hier u. a. an das Berliner Testament, an den Versorgungsfreibetrag nach § 17 ErbStG, welcher nur dem überlebenden und nicht dem beschenkten Ehegatten eingeräumt wird, oder an den „Dreißigsten" (§ 13 Abs. 1 Nr. 4 ErbStG).

355 Der Erwerb von Todes wegen ist in § 3 ErbStG näher geregelt. Die dort aufgeführten Fälle, die im Einzelnen noch dargestellt werden, sind abschließend. Wer Wege findet, um Vermögen von Todes wegen auf andere Personen zu übertragen, welche sich nicht unter die dort aufgeführten Tatbestände einordnen lassen, kann nicht zur Erbschaftsteuer herangezogen werden.

356 Der Katalog der steuerpflichtigen Erwerbe von Todes wegen wurde in den vergangenen Jahren erheblich ausgeweitet, ein letztes Steuerschlupfloch wurde mit dem Erbschaftsteuerreformgesetz 2009 geschlossen: die Zurückweisung des Erwerbes von Leistungen aus einer Lebensversicherung. Sozusagen als letzte „Notbremse" auf dem Weg zu einer mittleren Steuerkatastrophe was es z. B. einer hoch besteuerten Lebensgefährtin eines Erblassers möglich, die Versicherungsleistung zurückzuweisen und stattdessen von den gesetzlichen Erben eine Abfindung zu verlangen. Wurden die Vertragsleistungen aus einem Lebensversicherungsvertrag bislang zurückgewiesen, galt das Recht sodann als nicht erworben (§ 333 BGB). War kein Ersatzbegünstigter benannt, fiel die Lebensversicherung an den Versicherungsnehmer zurück (§ 168 VVG) mit der Folge, dass die Versicherungsleistung dem Nachlass zuzurechnen und dort – im Regelfall von den nahestehenden gesetzlichen Erben zu einem günstigeren Steuersatz – besteuert wurde.

357 Die Zurückweisung der Versicherungsleistung gegen Abfindung löste bislang keinen eigenständigen Besteuerungstatbestand aus. Seit dem 1. 1. 2009 gilt allerdings ein im Zuge der Erbschaftsteuerreform 2008 geänderter § 3 Abs. 2 Nr. 4 ErbStG. Dieser umfasst als steuerpflichtigen Erwerb von Todes wegen auch „was als Abfindung ... für die Zurückweisung eines Rechts aus einem Vertrag des Erblassers zugunsten Dritter auf den Todesfall ... gewährt wird." Damit war dieses Steuerschlupfloch zum 1. 1. 2009 geschlossen; effizienten Gestaltungsmöglichkeiten mit Lebensversicherungen, welche in Teil V näher dargestellt sind,[1] kommt somit künftig besondere Bedeutung zu.

358 Bei der Schenkung unter Lebenden konnte schon bislang keine bestehende Gesetzeslücke zur Ausarbeitung besonderer Gestaltungsmöglichkeiten inspirieren. Was als Schenkung i. S. des Gesetzes gilt, ergibt sich aus § 7 ErbStG. Und dieser ist im Gegensatz zu § 3 ErbStG nicht abschließend. Jede unentgeltliche Zuwendung – gleich welcher Art – ist hier erfasst, sofern sie zu einer Entreicherung beim Schenker und einer Bereicherung des Beschenkten führt und die Ent-/Bereicherung von beiden Parteien gewollt ist.

359 Die Einräumung eines Dauerwohnrechts ist keine freigebige Zuwendung i. S. des § 7 ErbStG. Freigebige Zuwendungen können bei Gebrauchs- oder Nutzungsüberlassungen nur dann gegeben sein, wenn sie zu einer Entreicherung beim Überlasser und einer Bereicherung beim Berechtigten führen. Dies ist bei Einräumung eines Dauerwohnrechts aber nicht der Fall.

---

1 Vgl. Rdn. 804 ff.

360 Von einer entreichernden Vermögenshingabe kann nur gesprochen werden, wenn der Zuwendende den Vermögensgegenstand ohne die Nutzungsüberlassung anderweitig (zum eigenen Gebrauch oder zur entgeltlichen Fremdnutzung) verwendet hätte. Dabei ist – da die Entreicherung bei einer Zuwendung, die auf Kosten des Zuwendenden erfolgen muss, eindeutig auch einen subjektbezogenen Zuschnitt hat – in erster Linie darauf abzustellen, welche konkreten Verwendungsabsichten der Zuwendende infolge der Nutzungsüberlassung aufgeben musste und ob er überhaupt konkrete Verwendungsabsichten hatte. Wer von seinem Nutzungsrecht als Eigentümer bislang keinen Gebrauch macht und auch künftig keinen Gebrauch machen will, kann dadurch, dass er den Vermögensgegenstand auf Zeit einem Dritten unentgeltlich zur Nutzung überlässt, keine Vermögenseinbuße erleiden.[1]

361 Zweckzuwendungen sind Zuwendungen, die ebenfalls von Todes wegen oder unter Lebenden erfolgen, jedoch nicht an eine bestimmte Person oder an einen bestimmten Personenkreis fallen, sondern einem bestimmten Zweck dienen oder unbestimmte Personenkreise begünstigen sollen, welche sich nicht namentlich erfassen lassen. Ein bestimmter Erwerber (Erbe, Vermächtnisnehmer, Beschenkte), welcher unmittelbar aus der Zuwendung bereichert ist (und Steuern zahlen müsste), fehlt hier. Jedenfalls kann ein Treuhänder, dem man solche Vermögenswerte in aller Regel überträgt, nicht als bereichert angesehen werden, weil er ja das Vermögen nicht für eigene Zwecke verwenden darf. Dies ist auch der Grund, weshalb Zweckzuwendungen als solche besteuert werden und unter § 1 Abs. 1 Nr. 3 i.V. m. § 8 ErbStG als eigener steuerpflichtiger Vorgang aufgeführt sind.[2]

362 Letzten Besteuerungstatbestand im Katalog der steuerpflichtigen Vorgänge bildet die Ersatzerbschaftsteuer für Familienstiftungen. Weil eine Familienstiftung nicht „stirbt", können Vermögenswerte – solange sie Stiftungsvermögen darstellen – über Generationen hinweg steuerfrei weitervererbt werden. Mit der sog. Ersatzerbschaftsteuer für inländische Familienstiftungen will der Fiskus dies größtenteils verhindern. Die Ersatzerbschaftsteuer wird alle 30 Jahre erhoben, schlägt allerdings im Verhältnis gemildert zu Buche, weil im Ergebnis zwei Erben unterstellt werden, die nicht in jeder Familie vorhanden sein dürften. Außerdem kann die Ersatzerbschaftsteuer in 30 Jahresraten bezahlt (verrentet) werden, allerdings unter Verrechnung eines Zinssatzes von 5,5 % (§ 24 ErbStG).

---

[1] Gebel in Troll/Gebel/Jülicher, ErbStG, § 7 Tz. 28.
[2] Sofern mit Zweckzuwendungen wohltätige Ziele verfolgt werden, sind solche Zuwendungen nach § 13 Nr. 15 oder 17 ErbStG von der Steuer befreit.

Des Weiteren finden bei Vorliegen der entsprechenden Voraussetzungen auch jene Steuerbefreiungen, die für Betriebsvermögen gelten (Verschonungsregelungen nach § 13a ErbStG), auch für die Ersatzerbschaftsteuer Anwendung. Die Ersatzerbschaftsteuer kann schließlich durch Errichtung mehrerer Stiftungen gemildert werden (Kappung hoher Progressionsstufen und Vervielfachung der Freibeträge).

363

HINWEIS:

Steuerpflichtigen kann keine Steuerumgehungsabsicht vorgeworfen werden, wenn allein aus erbschaftsteuerlichen Gründen für die Gestaltung eines Rechtsgeschäfts ein nach bürgerlichem Recht zulässiger Weg gewählt wird. Dieser Weg muss nur so vernünftig sein, dass diesen auch fremde Dritte so beschreiten würden.

3 Die steuerpflichtigen Erwerbsvorgänge im Einzelnen

3.1 Erwerbe von Todes wegen

3.1.1 Allgemeines

§ 3 Abs. 1 ErbStG erfasst die in der Praxis am häufigsten vorkommenden Grundtatbestände. Nach dieser Vorschrift gilt als unmittelbarer Erwerb von Todes wegen der Erwerb durch Erbanfall, auf Grund eines Erbersatzanspruches, durch Vermächtnis bzw. durch Schenkung auf den Todesfall. Die vom Erblasser kraft Gesetzes unterstellten fiktiven Erwerbe erfasst der zweite Absatz des § 3 ErbStG. Fiktive Erwerbe, auch „Surrogaterwerbe" genannt, stellen die sog. Ergänzungs- und Ersatztatbestände dar.

364

Unmittelbare Erwerbe sind:

365

- ▶ der Erwerb durch Erbanfall (§ 1922 BGB; § 3 Abs. 1 Nr. 1 ErbStG);
- ▶ der Erwerb durch Vermächtnis und sonstige Erwerbe, auf die die Vermächtnisvorschriften Anwendung finden (§§ 2147 ff. BGB; § 3 Abs. 1 Nrn. 1 und 3 ErbStG);
- ▶ die geltend gemachten Pflichtteils- und Erbersatzansprüche (§§ 1934a ff. BGB, §§ 2303 ff. BGB; § 3 Abs. 1 Nr. 1 ErbStG);
- ▶ der Erwerb durch Schenkungen auf den Todesfall (§ 2301 BGB; § 3 Abs. 1 Nr. 2 ErbStG);
- ▶ alle Vermögensvorteile, die Dritten aus einem vom Erblasser geschlossenen Vertrag bei dessen Tod unmittelbar zufallen (§ 3 Abs. 1 Nr. 4 ErbStG).

366 Ein steuerpflichtiger Erwerb von Todes wegen liegt indessen auch dort vor, wo man einen solchen keinesfalls vermuten würde. So führt das Ausscheiden eines Mitgesellschafters durch Tod unter Abfindung seiner Erben zu Buchwerten bei den in der Gesellschaft verbliebenen Gesellschaftern zu einem steuerpflichtigen Erwerb von Todes wegen.

367 Fiktive vom Erblasser als zugewendet geltende Erwerbe sind:

- ► Vermögensübertragungen auf eine Stiftung (§ 3 Abs. 2 Nr. 1 Satz 1 ErbStG);[1]
- ► die Bildung oder Ausstattung einer Vermögensmasse ausländischen Rechts (§ 3 Abs. 2 Nr. 1 Satz 2 ErbStG);
- ► Erwerbe durch Erfüllung einer vom Erblasser angeordneten Auflage oder Bedingung, sofern keine Zweckzuwendung vorliegt (§ 3 Abs. 2 Nr. 2 ErbStG);
- ► Vermögensvorteile, die dadurch erlangt werden, dass bei Genehmigung einer Zuwendung des Erblassers Leistungen an andere Personen angeordnet oder zur Erlangung der Genehmigung freiwillig übernommen werden (§ 3 Abs. 2 Nr. 3 ErbStG);
- ► Abfindungen, die für einen Erbverzicht oder den Verzicht auf einen Pflichtteilsanspruch gewährt werden, sowie Abfindungen für die Ausschlagung einer Erbschaft oder eines Vermächtnisses oder Abfindungen, die für die Zurückweisung von Ansprüchen aus Lebensversicherungen gewährt werden, oder an Stelle eines (unmittelbaren) Erwerbs von Todes wegen gewährt werden (§ 3 Abs. 2 Nr. 4 ErbStG);
- ► Abfindungen für den Verzicht auf ein aufschiebend bedingtes, betagtes oder befristetes Vermächtnis (§ 3 Abs. 2 Nr. 5 ErbStG);
- ► Entgelte für die Übertragung einer Nacherbenanwartschaft (§ 3 Abs. 2 Nr. 6 ErbStG);
- ► Herausgabeansprüche nach § 2287 BGB (§ 3 Abs. 2 Nr. 7 ErbStG).

368 Im Rahmen der zuletzt aufgezählten Ergänzungs- und Ersatztatbestände handelt es sich bei den Steuertatbeständen der Nrn. 1 bis 3 und 7 ebenfalls um Erwerbe, die von Todes wegen ausgelöst werden, jedoch nicht in Abs. 1 erfasst sind. Die Tatbestände der Nrn. 4 bis 6 regeln dagegen solche Erwerbe, die infolge rechtserheblicher Dispositionen des Erben entweder nicht eintreten konnten oder rückwirkend entfallen sind.[2]

---

1 Vgl. Teil X Rdn. 1163 ff.
2 Gebel in Troll/Gebel/Jülicher, ErbStG, § 3 Tz. 316.

Die Steuerschuld entsteht bei Erwerbsvorgängen von Todes wegen grundsätzlich mit dem Tod des Erblassers (§ 9 Abs. 1 Nr. 1 ErbStG). Zu diesem Zeitpunkt erlangt der Erbe auch die Verfügungsmacht am Nachlass (§§ 1922, 1942 BGB). Die die Steuerpflicht begründende Bereicherung (also das Ereignis, an das das Gesetz die Leistungspflicht knüpft; § 38 AO) tritt dann tatsächlich ein.

HINWEIS:

Verzichtet ein zur gesetzlichen Erbfolge Berufener auf seinen künftigen Erb- und Pflichtteil und erhält er hierfür an Stelle eines Einmalbetrages der Höhe nach begrenzte wiederkehrende Zahlungen, sind diese bei ihm nicht als wiederkehrende Leistungen nach § 22 Nr. 1 Satz 1 bei der Einkommensteuer steuerpflichtig. Von der Einkommensteuer erfasst wird nur erwirtschaftetes Einkommen, nicht aber die Umschichtung privaten Vermögens.[1]

3.1.2 Der Erwerb durch Erbanfall

Nach § 1922 BGB geht mit dem Tod einer Person (Erbfall) deren Vermögen (Erbschaft) als Ganzes auf eine oder mehrere andere Personen (Erben) über. Dieser Vermögenserwerb durch Erbanfall wird durch den Tod einer natürlichen Person ausgelöst; er ist der hauptsächliche Steuergegenstand des § 3 Abs. 1 Nr. 1 ErbStG. Steuertatbestand ist der Erwerb „durch Erbanfall" und nicht der Erwerb „auf Grund" eines Erbfalls. Maßgeblich ist also nicht das Ergebnis der Abwicklung eines Erbfalls. Der Erbe erbt das hinterlassene Vermögen gewissermaßen, wie es steht und liegt. Der Erwerb von Todes wegen schließt danach aus (sieht man vom Verschaffungsvermächtnis nach §§ 2169 Abs. 1, 2170 Abs. 1 BGB ab), dass der Erwerber etwas anderes erwirbt als der Erblasser hatte. 369

Geht Vermögen an mehrere Personen über (jede Person ist dann Miterbe einer Erbengemeinschaft), kann jeder Miterbe seiner Erbquote entsprechend über den Nachlass verfügen. In solchem Umfang stellt der Vorgang bei jeder Person einen eigenen Steuertatbestand dar. 370

Der (Mit-)Erbe übernimmt die Vermögenswerte grundsätzlich so, wie sie der Erblasser hinterlassen hat. Dementsprechend bemisst sich auch die Erbschaftsteuer. Es ist für die Höhe der Steuerschuld, die dem einzelnen Miterben aus dem gemeinsamen Erwerb erwächst, unerheblich, „welche Nachlassgegenstände ihm bei der nachfolgenden Erbauseinandersetzung – auch wenn diese durch Realteilung auf Grund eines Auseinandersetzungsvertrages erfolgt – zu- 371

---

1 BFH, Urt. v. 20.10.1999 X R 132/95, BStBl 2000 II S. 82.

372 Maßgebend für die Besteuerung sind ausschließlich die Verhältnisse der Erbteile – die Erbquoten (§ 2047 Abs. 1 BGB). Durch Erbquoten wird festgelegt, mit welchem Anteil ein Erbe am nach Berichtigung der Nachlassverbindlichkeiten verbleibenden Überschuss beteiligt sein soll. Entscheidend sind jeweils:

- ► bei gesetzlicher Erbfolge die gesetzlichen Erbquoten,
- ► bei testamentarischer Erbfolge die vom Erblasser festgelegten Erbquoten,
- ► bei einem Gerichtsstreit die gerichtlich festgestellten Erbquoten
- ► sowie die vereinbarten Erbquoten beim Erbvergleich.[2]

373 Teilungsanordnungen (§ 2048 BGB), in denen der Erblasser testamentarisch festsetzt, welche Gegenstände einem Miterben aus dem Nachlass zukommen sollen und wie der Wert der einzelnen Nachlassgegenstände auszugleichen ist (z. B. dass der Sohn das Haus und die Tochter die Wertpapiere erhalten soll, der Sohn aber für den Mehrwert des Hauses eine Ausgleichszahlung an seine Schwester leisten muss), machen erbrechtlich Sinn, weil sie durch klare Aufteilungsmaßstäbe jeglichen Streitigkeiten innerhalb einer Erbengemeinschaft[3] entgegenwirken und die ihr innewohnende Gefahr der Zerschlagung von Vermögen entschärft. Erbschaftsteuerrechtlich sind Teilungsanordnungen aber unbeachtlich.

374 Nach Auffassung der Finanzverwaltung wirken Teilungsanordnungen wie eine „freie Erbauseinandersetzung" für die Ermittlung des Anteils des einzelnen Erben am Nachlass. Folge ist, dass der nach den steuerlichen Bewertungsvorschriften ermittelte Reinwert des Nachlasses den Erben folglich auch bei Teilungsanordnungen nach Maßgabe der Erbanteile zuzurechnen ist (R E 3.1 Abs. 1 ErbStR 2011).

375 Deshalb gilt: Der zugeteilte Gegenstand wird hier der Erbquote des Miterben wertmäßig zugerechnet. Dasselbe trifft auch für evtl. nachträglich auftretenden Erbauseinandersetzungen zu.

BEISPIEL: ► Erblasser E ordnet an, dass seine beiden Kinder, Sohn S und Tochter T, zu gleichen Teilen erben sollen, der Sohn das Haus, die Tochter T die Wertpapiere erhält. Haus und Wertpapiere haben etwa denselben Verkehrswert. Nachdem Teilungs-

---

[1] Gebel in Troll/Gebel/Jülicher, ErbStG, § 3 Tz. 112.
[2] Gebel in Troll/Gebel/Jülicher, ErbStG, § 3 Tz. 123.
[3] Bei Erbengemeinschaften gehört allen alles; jeder Erbe hat volles Mitsprache- und Mitverwaltungsrecht und jeder regiert dem anderen hinein. Außerdem kann jedes Mitglied die Gemeinschaft auseinandersprengen.

anordnungen steuerlich unbeachtlich sind, versteuert der Sohn nicht „nur" das Haus und die Tochter nicht „nur" die Wertpapiere. Sohn und Tochter versteuern jeweils (ohne Berücksichtigung von Freibeträgen) die Hälfte vom Steuerwert des Gesamtnachlasses, also 750 000 €.

Anders kann es jedoch sein, wenn im Testament nur bestimmt ist, dass ein Kind das Grundstück und das andere Kind das Geldvermögen erben soll. Die letztwillige Verfügung kann dann als Erbeinsetzung auszulegen sein. Ist ein Wertausgleich nicht vorgesehen, richten sich die Erbanteile nach den Verkehrswerten der den Kindern jeweils zugewiesenen Gegenstände im Verhältnis zum Verkehrswert des Gesamtnachlasses. 376

BEISPIEL: ▶ Erblasser E bestimmt in seinem Testament, dass der Sohn das Grundstück und die Tochter das Geldvermögen bekommen soll. Weitere Bestimmungen enthält das Testament nicht; insbesondere keine Ausgleichspflichten für den Verkehrswertunterschied zwischen dem Grundstück und dem Geldvermögen. Das Grundstück hat einen Verkehrswert und Steuerwert von 1,2 Mio. €, das Geldvermögen beläuft sich auf 900 000 €. Es errechnet sich daraus ein:

Erbanteil für den Sohn (1 200 000 zu 2 100 000) = 0,5714

Erbanteil für die Tochter (900 000 zu 2 100 000) = 0,4285

Analog versteuert der Sohn 0,57 vom Steuerwert des Nachlasses

(1 200 000 + 900 000) = 2,1 Mio. €, davon 0,5714 =	1 200 000 €*
Analog versteuert die Tochter 0,4285 von 2,1 Mio. € =	900 000 €*

*jeweils ohne Berücksichtigung von Freibeträgen

Ist begünstigtes Vermögen Teil des Nachlasses (z. B. Betriebsvermögen, Kunstgegenstände oder ein Mietwohngrunstück, für welches ein 10%iger Abschlag vom Steuerwert gilt), so tritt hinsichtlich der Steuervergünstigungen ein Begünstigungstransfer ein, d. h., die Begünstigung geht auf denjenigen Erben über, die die begünstigten Vermögenswerte im Rahmen der Nachlassteilung erhalten (vgl. § 13 Abs. 1 Nr. 4b, 4c Satz 3 und 4, § 13a Abs. 2, § 13b Abs. 3, § 13c Abs. 2 ErbStG). Die Bemessungsgrundlage für die Erbschaftsteuer ändert sich also für die das steuerbegünstigte Erbvermögen abgebenden Erben, da diese die Steuervergünstigungen verlieren. Zu einer Änderung der Zuordnung der Erwerbsgegenstände bei einzelnen Erben kommt es steuerrechtlich nicht (R E 3.1 ErbStR 2011). Das kann u. a. den Nachteil haben, dass der zu gleichen Teilen weichende Erbe ggf. Schulden, die auf dem Vermögensgegenstand lasten, dessen Erbteil er hergibt, nicht mehr abziehen kann und damit u. U. mehr versteuern muss, als er eigentlich bekommt. Dies kann z. B. der Fall sein, wenn das Grundstück, das ein Erbe infolge der Teilung übernimmt, mit einer Hypothek belastet ist. 377

378 Die Teilungsanordnung ist nicht zu verwechseln mit einem Vorausvermächtnis. Ein Vorausvermächtnis (§ 2150 BGB) liegt vor, wenn einem Erben zusätzlich zu seinem Erbteil ein Vermögensvorteil (Nachlassgegenstand) zugewendet werden soll, den er sich im Unterschied zur Teilungsanordnung nicht auf seine Erbquote (seinen Erbteil) anrechnen lassen muss. Die Erbengemeinschaft muss dem betreffenden Miterben in Erfüllung der Vermächtnisanordnung den bestimmten Nachlassgegenstand überlassen.

379 Die genaue Abgrenzung zwischen Teilungsanordnung und Vorausvermächtnis bereitet in der Praxis insofern Probleme, als oftmals anhand der vom Erblasser getroffenen Aufteilung nicht festgestellt werden kann, ob der Erblasser eine Wertverschiebung bei den Erbquoten wollte, d. h., ob er jemandem einen Vermögensvorteil zukommen lassen wollte oder nicht. Sprechen die Umstände dafür, dass der Erblasser einen Miterben zusätzlich zu seinem Erbteil bereichern wollte, liegt ein Vorausvermächtnis vor. Ist dies nicht der Fall, ja ist der stärker begünstigte Miterbe sogar zum Wertausgleich verpflichtet, ist die vom Erblasser getroffene Aufteilung als Teilungsanordnung zu werten.

380 Erbe (Erwerber) kann jeder sein, der im Zeitpunkt des Erbfalls lebt (§ 1923 Abs. 1 BGB). Auch eine juristische Person kann Erbe sein, wenn sie zurzeit des Erbfalls schon gegründet und noch nicht aufgelöst ist. Fallen Zuwendungen von Todes wegen Personengesellschaften zu, schlägt die Steuerpflicht auf die Gesellschafter bzw. Gesamthänder durch, und zwar unabhängig von der Frage, ob zivilrechtlich ggf. die Gesamthand Erbin oder Beschenkte ist.

381 Schlägt ein Alleinerbe die Erbschaft aus, wird dieser so behandelt, als würde er nicht leben. Sein Erbteil fällt demjenigen zu, welcher berufen sein würde, wenn der Ausschlagende zurzeit des Erbfalls nicht gelebt hätte. Schlägt beispielsweise die Tochter des Erblassers die Erbschaft zu Gunsten ihrer drei Kinder aus, beerben diese den Großvater direkt. Ganz nebenbei ist hier eine Verdreifachung der Steuerfreibeträge entstanden.[1]

382 Schlägt ein Miterbe die Erbschaft aus, werden entweder die Erbteile der übrigen Miterben erhöht (als besondere Erbteile bei gesetzlicher Erbfolge, § 1935 BGB) oder der Erbteil des Ausschlagenden fällt den verbleibenden Erben nach dem Verhältnis ihrer Erbteile zu (wenn mehrere Erben in der Weise eingesetzt sind, dass sie die gesetzliche Erbfolge ausschließen, § 2094 Abs. 1 Satz 1 BGB). Der Erbanfall ist hier mit dem Erbfall erfolgt (§ 1953 Abs. 2 BGB). Dementsprechend entsteht auch die Erbschaftsteuer rückwirkend.

---

[1] Zu den Gestaltungsmöglichkeiten i. V. m. der Ausschlagung vgl. Teil V Rdn. 776.

3 Die steuerpflichtigen Erwerbsvorgänge im Einzelnen

> **HINWEISE:**
>
> Die qualifizierte Nachfolgeklausel, die bestimmt, dass nur einer von mehreren Miterben eines Personengesellschaftsanteils in die Personengesellschaft eintreten kann, stellt eine Sonderform der dinglich wirkenden Teilungsanordnung dar und ist grundsätzlich erbschaftsteuerlich unbeachtlich.
>
> Steuererstattungsansprüche eines Erblassers gegenüber dem Finanzamt beispielsweise für Umsatzsteuer (Vorsteuererstattungsanspruch) oder Einkommensteuer sind nur dann Bestandteil des Nachlasses und somit erbschaftsteuerpflichtig, wenn sie rechtlich entstanden sind (§ 10 Abs. 1 Satz 3 ErbStG). Maßgeblich ist der Zeitpunkt der Entstehung des materiell-rechtlichen Anspruchs. Dieser ist dann gegeben, wenn der Erblasser Steuern ohne rechtlicher Grund geleistet hat, sprich zu viel an Steuern bezahlt hat (§ 37 Abs. 2 AO). Auf die tatsächliche Steuerfestsetzung oder den Zeitpunkt der Rückzahlung durch die Finanzverwaltung kommt es nicht an.[1]
>
> In das nach § 31 Abs. 2 ErbStG zu erstellende Verzeichnis der zum Nachlass gehörenden Gegenstände müssen solche Steuererstattungsansprüche aufgenommen werden.

3.1.3 Vermächtnisse und vermächtnisgleiche Erwerbe

383 Dem Erwerb durch Erbanfall gleichgestellt werden Vermächtnisse und vermächtnisgleiche Erwerbe. Ein Vermächtnis liegt vor, wenn der Erblasser einer bestimmten Person oder bestimmten Personen einen Vermögensvorteil zukommen lassen will, ohne diese als Erbe(n) einzusetzen (§ 1939 BGB).

384 Der Vermächtnisnehmer ist mittelbarer Einzelrechtsnachfolger. Als Steuerschuldner kommt der Vermächtnisnehmer als der Erwerber in Betracht (§ 20 Abs. 1 ErbStG).

385 Der Vermächtnisnehmer hat den Erben gegenüber ein Forderungsrecht, welche je nach Art des Vermächtnisses entweder auf die Herausgabe eines Nachlassgegenstandes gerichtet sein kann oder aber auch andere Ansprüche dem/den Erben gegenüber beinhalten kann (§ 2147 BGB). Das Vermächtnis beschränkt sich so im Gegensatz zur Erbschaft nur auf einzelne Vermögensgegenstände, die entweder zum Nachlass gehören oder erst beschafft werden müssen. Letzteres ist bei Verschaffungsvermächtnissen (§ 2169 Abs. 1 BGB) der Fall. Besteuerungsgrundlage für den vom Erben zu verschaffenden Gegenstand ist der gemeine Wert (Verkehrswert) des zu beschaffenden Gegenstandes.

386 Ein Vermächtnis kann auch auf Zahlung einer bestimmten Geldsumme gerichtet sein (Geldvermächtnis, § 2174 BGB). Hat der Erblasser ein Geldvermächtnis ausgesetzt, ist Besteuerungsgrundlage die Geldforderung. Wie der beschwerte

---

1 Vgl. auch FinMin Baden-Württemberg v. 27. 11. 1998 3 - S 3224/11.

Erbe den Vermächtnisnehmer letztlich abfindet (ob als Geld- oder als Sachleistung), ist nach Ansicht des BFH[1] unerheblich.[2]

387 Den Regelfall einer Vermögensübertragung stellen Sachvermächtnisse dar. Ein Sachvermächtnis oder auch Stückvermächtnis liegt vor, wenn ein bestimmter Gegenstand aus dem Nachlass vermacht wird, der zum Zeitpunkt des Erbfalls zum Nachlass gehört. Bei Sachvermächtnissen setzt die Finanzverwaltung regelmäßig den für diesen Gegenstand maßgeblichen Steuerwert als Bemessungsgrundlage für den steuerpflichtigen Erwerb an. Der BFH hat allerdings im Urteil vom 2. 7. 2004 II R 9/02[3] diese allgemeine Rechtspraxis, wonach der Sachleistungsanspruch des Vermächtnisnehmers mit den Steuerwerten des Gegenstandes zu bewerten ist, in Frage gestellt. Der BFH zielte hier allerdings auf jene niedrigeren Steuerwerte für den Grundbesitz ab, welche im Urteilsfall noch gegolten haben, seit 2009 aber im Zuge der Erbschaftsteuerreform 2009 beseitigt worden sind.

388 Wahlvermächtnisse (hier ordnet der Erblasser an, dass der Bedachte von mehreren Gegenständen nur den einen oder anderen bekommen soll, § 2154 BGB) können Sachvermächtnissen gleichgestellt werden. Für die Besteuerung des Vermächtnisnehmers von Bedeutung ist der Steuerwert des Vermächtnisgegenstandes, für den sich der Bedachte entscheidet. Bei Gattungsvermächtnissen (das Gattungsvermächtnis erstreckt sich im Unterschied zum Wahlvermächtnis nicht auf mehrere verschiedene, sondern auf gleichartige Gegenstände, § 2155 BGB), ist hingegen als Bemessungsgrundlage für die Besteuerung der Vermächtnisanspruch maßgeblich, nicht der Steuerwert der zu leistenden Sache. Dies gilt unabhängig davon, ob sich die vermachten – nur der Gattung nach bestimmten Gegenstände – im Nachlass befinden oder nicht.

389 Schließlich seien noch Kaufrechtsvermächtnisse erwähnt. Bei einem solchen wird dem Vermächtnisnehmer eingeräumt, einen Nachlassgegenstand zu einem unter dem Marktwert (Verkehrswert) liegenden Preis zu erwerben. Bewertungs- und Besteuerungsgegenstand ist danach nicht dieser betreffende Nachlassgegenstand, sondern das Kaufrecht. Besteht das Kaufrechtsvermächtnis lediglich darin, einen Nachlassgegenstand zum tatsächlichen Marktwert

---

1 BFH, Urt. v. 25. 10. 1995 II R 5/92, BStBl 1996 II S. 97; Urt. v. 21. 6. 1995 II R 62/93, BStBl 1995 II S. 783.
2 Will der Vermächtnisnehmer einen bestimmten Gegenstand aus dem Nachlass und nur diesen versteuern, kann er auf seinen Geldanspruch ausdrücklich verzichten und vom Erben als Abfindung für den Verzicht den Gegenstand verlangen. Dann wäre nämlich nur das zu versteuern, was als Abfindung für den Vermächtnisverzicht gewährt worden ist.
3 BStBl 2004 II S. 1039.

zu kaufen, hat das Kaufrecht keinen messbaren Wert. In diesem Fall ist der Nachlassgegenstand (die Kaufsache) lediglich bei(m) (den) Erben mit dem entsprechenden Steuerwert anzusetzen; der Vermächtniserwerb bleibt insoweit steuerlich ohne Belang. Erbschaftsteuerlich von Bedeutung wird das Kaufrecht erst, wenn der vom Erblasser bestimmte Kaufpreis deutlich niedriger als der Verkehrswert der Kaufsache ist. Das Erwerbsrecht des Vermächtnisnehmers ist insoweit mit dem Differenzbetrag zwischen dem Verkehrswert des Kaufgegenstandes und dem niedrigeren Kaufrechtspreis zu bewerten und erbschaftsteuerpflichtig. Die Steuerbefreiungen für Betriebsvermögen (Verschonungsabschlag und Abzugsbetrag) gelten auch bei einem Kaufrechtsvermächtnis.[1] In Höhe des beim Vermächtnisnehmer zu erfassenden Wertes kann der Erbe korrespondierend eine Nachlassverbindlichkeit ansetzen.[2]

390 Da Vermächtnisse als Erbeinsetzung anzusehen sind und demzufolge zu den Erwerben von Todes wegen gehören (auch wenn der Vermächtnisnehmer nicht als Erbe zu bezeichnen ist, § 2087 BGB), entsteht die Erbschaftsteuer bereits mit dem Tod des Erblassers. Das Erbschaftsteuerrecht macht damit nicht den Vermächtnisanfall zum Anknüpfungspunkt der Besteuerung, sondern ausschließlich den Erwerb durch Vermächtnis. Und der Erwerb ist am Tag eingetreten, an dem der Erblasser verstorben ist. Wann das Vermächtnis beim Vermächtnisnehmer tatsächlich ankommt, ist für den Besteuerungszeitpunkt unerheblich.

391 Das Erbschaftsteuerrecht setzt dabei an das bürgerliche Recht an. Nach BGB wird der Vermächtnisnehmer Erwerber im Todesfall. Auf den Zeitpunkt der tatsächlichen Besitzergreifung kommt es ebenso wenig an wie auf den Umstand, wann der Erwerber von seinem Erbe Kenntnis erlangt.

392 Auf den Todestag ist der Forderungsanspruch folglich zu bewerten (§ 11 ErbStG); dies trotz der Tatsache, dass der steuerrelevante Vermögensübergang im Regelfall nicht schon mit dem Tod des Erblassers vollzogen ist, sondern vielmehr erst in dem Zeitpunkt, in dem das Vermächtnis vom Beschwerten (Erben) erfüllt worden ist. Das Forderungsrecht ist mit dem gemeinen Wert des diesem zu Grunde liegenden Gegenstandes anzusetzen (§ 12 Abs. 1 ErbStG i.V.m. § 9 BewG). Vermächtnisgegenstände fließen insoweit als wertbestimmende Faktoren in die Bewertungsrechnung ein. Rentenvermächtnisse und Nießbrauchsvermächtnisse – beides Vermächtnisse, die auf ein einheitliches

---

1 FinMin Baden-Württemberg v. 22.12.2009 3 S 3812a/20.
2 Auffassung der Finanzverwaltung FinMin Baden-Württemberg v. 26.1.1993, DStZ 1993 S. 192; vgl. Messner, ZEV 1999 S. 327.

Recht gerichtet sind – werden hingegen zum Kapitalwert besteuert, der sich nach Maßgabe des Bewertungsrechts berechnet (§§ 13 bis 16 BewG).[1]

393 Zu den vermächtnisgleichen Erwerben i. S. des § 3 Abs. 1 Nr. 3 ErbStG gehört insbesondere der Voraus des überlebenden Ehegatten (§ 1932 BGB) und der Dreißigste (§ 1969 BGB). Zum Voraus zählen die zum ehelichen Haushalt gehörenden Gegenstände und die Hochzeitsgeschenke. Der überlebende Ehegatte erhält diesen Voraus zusätzlich zu seinem Erbteil, um auch nach dem Tod des anderen noch einen angemessenen Haushalt führen zu können. Der Dreißigste steht unterhaltsberechtigten Familienangehörigen des Erblassers zu, die zur Zeit seines Todes zum Hausstand gehörten. Die Angehörigen haben gegenüber den Erben Anspruch auf Unterhalt und Benutzung der Wohnung und der Haushaltsgegenstände bis zu 30 Tagen nach Eintritt des Erbfalls. In beiden Fällen handelt es sich um eine Erbfallschuld nach § 1967 Abs. 2 BGB, welche vom Nachlass vorab abzuziehen ist (§ 2046 BGB). Der Dreißigste ist nach § 13 Nr. 4 ErbStG steuerfrei. Hausrat ist nach § 13 Abs. 1 Nr. 1a ErbStG beim Erwerb durch Personen der Steuerklasse I bis zu 41 000 € und beim Erwerb durch Personen der Steuerklassen II und III bis zu 12 000 € von der Steuer befreit.

HINWEISE:

▶ Sofern ein formunwirksames Vermächtnis angeordnet wird, entsteht die Steuer nicht mit dem Tod des Erblassers, sondern erst mit der Erfüllung des Vermächtnisses (BFH v. 28. 3. 2008 II R 25/05, im Fall handelte es sich um ein Verschaffungsvermächtnis).

▶ Wurde einem Dritten ein Vermächtnisgegenstand ausgesetzt, hat dieser nicht nur Anspruch auf den Gegenstand, sondern auch auf die Herausgabe der seit dem Erbfall erzielten Einkünfte (§ 2184 BGB). Die Finanzverwaltung vertritt hier die Auffassung, dass diese Geldzuflüsse vom Erbfall bis zur Herausgabe an den Vermächtnisnehmer dem Erben zuzurechnen sind, denn dieser wird bis zur Vermächtniserfüllung als der Träger der Einkunftsquelle angesehen. Sollen in diesem Zusammenhang die Erben nicht benachteiligt werden (denn diese müssten Steuern für Einnahmen zahlen, die sie später wieder herausgeben müssen), sollte im Testament vorgesehen sein, dass die Erben in solchen Fällen nur zur Herausgabe der Einnahmen nach Steuern verpflichtet werden.

▶ In der Praxis spielt für Erbfälle ab 2009 die Unterscheidung zwischen dem steuerlichen Ansatz des steuerlichen Grundbesitzwertes und dem Nominalbetrag des Vermächtnisforderungsanspruchs nur noch bei Mietwohngrundstücken eine Rolle, für die ein Verschonungsabschlag in Höhe von 10 % (§ 13c ErbStG) zu gewähren ist.[2]

---

1 Vgl. Rdn. 115.
2 Näheres zum Verschonungsabschlag bei Mietwohngrundstücken vgl. Rdn. 579.

Nachfolgende Übersicht fasst die Erkenntnisse aus obigem Abschnitt bezogen auf Mietwohngrundstücke nochmals zusammen:

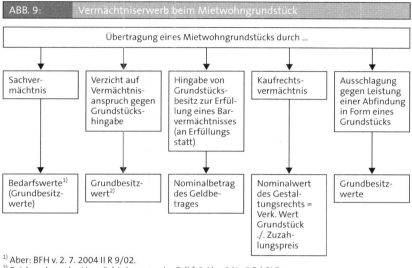

ABB. 9: Vermächtniserwerb beim Mietwohngrundstück

[1]) Aber: BFH v. 2. 7. 2004 II R 9/02.
[2]) Bei Annahme des Vermächtnisses nur im Fall § 3 Abs. 2 Nr. 5 ErbStG (aufschiebend bedingte Vermächtnisse).

3.1.4 Pflichtteils-, Pflichtteilsergänzungs- und Erbersatzansprüche

3.1.4.1 Allgemeines

Abkömmlingen, den Eltern und dem Ehegatten des Erblassers stehen Pflichtteilsrechte am Nachlass zu, wenn sie vom Erblasser von der Erbfolge ausgeschlossen worden sind (§ 2303 BGB). Nicht pflichtteilsberechtigt sind Großeltern, Geschwister oder sonstige Personen. Der Pflichtteil beträgt die Hälfte des gesetzlichen Erbteils. Erben beispielsweise die drei Söhne A, B und C, ist C aber auf den Pflichtteil gesetzt, erhält Letzterer statt ⅓ nur ⅙. A und B dagegen erben jeweils ½ vom nach Abzug des Pflichtteils noch verbleibenden Nachlasswert.

394

Macht der Erblasser einem Pflichtteilsberechtigten Auflagen mit der Folge, dass der Erbteil nichts mehr wert ist, gelten solche Anordnungen nach § 2306 BGB als nicht gegeben. Pflichtteile könnten auch mit einem Vermächtnis beschwert oder durch Einsetzung eines Nacherben vermindert werden. Solche Einschränkungen sind unbeachtlich, solange die Nachlasszuwendung die Hälf-

395

te des gesetzlichen Erbteils (also den Pflichtteil) nicht übersteigt. Ergänzend zum Pflichtteil können auch Pflichtteilsergänzungsansprüche bestehen. Ein Pflichtteilsergänzungsanspruch richtet sich gegen vom Erblasser an bevorzugte Erben oder Dritte gemachte Zuwendungen, die keine Anstandsschenkungen (§ 2330 BGB) waren und beim Erbfall noch nicht mindestens zehn Jahre zurückliegen (§ 2325 BGB).

3.1.4.2 Neuregelungen im Pflichtteilsrecht durch das Gesetz zur Änderung des Erb- und Verjährungsrechts

396 Die gesetzlichen Rahmenbedingungen bei Pflichtteilsergänzungsansprüchen wurden durch das am 1.1.2010 in Kraft getretene Gesetz zur Änderung des Erb- und Verjährungsrechts[1] modifiziert. Unverändert werden Schenkungen an Dritte – ausgenommen der Ehepartner und eingetragene Lebenspartner –, die vom Erblasser innerhalb der letzten zehn Jahre vor seinem Tod durchgeführt worden sind, für die Bemessung des Pflichtteilsergänzungsanspruches herangezogen. Nach neuem Recht werden jedoch Schenkungen immer weniger berücksichtigt, je länger sie zurückliegen.[2]

> **BEISPIEL:** Schenkungen im ersten Jahr vor dem Erbfall werden in voller Höhe berücksichtigt. Schenkungen, die zwei Jahre vor dem Erbfall erfolgten, werden nur noch zu 9/10 berücksichtigt. Schenkungen, die bereits vor drei Jahren vor dem Erbfall durchgeführt worden sind, fließen nur noch zu 80 % in die Bemessungsgrundlage ein.
>
> Die Regelung gilt ab dem 1.1.2010, aber auch für Altfälle, bei denen die Schenkungen vor dem 1.1.2010 erfolgten, der Erbfall aber erst danach eingetreten ist.

397 Wird ein Pflichtteilsberechtigter zwar nicht enterbt, sondern wird diesem ein nur sehr geringer Erbteil zugesprochen, bestimmt § 2305 BGB, dass dieser wenigstens seinen Pflichtteil erhalten soll. Hierzu kann der Berechtigte einen sog. Pflichtteilsrestanspruch oder Zusatzpflichtteil geltend machen, der der Differenz zwischen der Hälfte des gesetzlichen Erbteils – also des Pflichtteils – und dem jeweils tatsächlich zugewiesenen Nachlassvermögen entspricht.

398 Unverändert schwierig gestaltet sich eine Pflichtteilsentziehung auch unter der neuen Gesetzesreform. Die Pflichtteilsentziehungsgründe wurden reformiert. Entfallen durch die Gesetzesänderung ist der Entziehungsgrund „ehrloser und unsittlicher Lebenswandel" eines Abkömmlings. Als weiterer Pflichtteilsentziehungsgrund gilt die rechtskräftige Verurteilung wegen einer vor-

---

[1] Vom 29.9.2009, BGBl 2009 I S. 3142.
[2] Im Gegensatz dazu galt nach altem Recht das „Alles-oder-Nichts-Prinzip". Lebte der Schenker nach der Schenkung nicht mindestens noch zehn Jahre, musste die Schenkung bei Berechnung des Pflichtteilsergänzungsanspruches voll berücksichtigt werden.

sätzlichen Straftat zu einer Freiheitsstrafe von mehr als einem Jahr, wenn dies für den Erblasser „unzumutbar" ist (§ 2333 Abs. 1 Nr. 5 BGB). Gleiches gilt nach neuem Recht, wenn wegen einer ähnlichen vorsätzlichen Tat die Unterbringung in einem psychiatrischen Krankenhaus oder in einer Entziehungsanstalt rechtskräftig angeordnet wird. Weitere Voraussetzung ist eine Anzeige des Kindes bei der Polizei durch die Eltern, was aber nur bei total zerrütteten Familienverhältnissen praktisch der Fall sein dürfte.

Als weiterer Pflichtteilsentziehungsgrund gilt die Verletzung der gesetzlichen Unterhaltspflicht gegenüber dem Erblasser oder – wie schon bisher – wenn der Erbe dem Erblasser oder einer ihm sehr nahe stehenden Person nach dem Leben trachtet. Der Kreis der dem Erblasser nahe stehenden Personen wurde durch die Erbrechtsreform ebenfalls erweitert. War bisher Pflichtteilshinterziehungsgrund nur die Tötungsabsicht oder ein Verbrechen oder ein schweres vorsätzliches Vorgehen gegenüber dem Erblasser, seinen Ehegatten, den eingetragenen Lebenspartner und gegenüber den Kindern, so berechtigt zum Pflichtteilsentzug künftig auch ein solches Fehlverhalten gegenüber den Stief- oder Pflegekindern und wohl auch gegenüber einer langjährigen Lebensgefährtin des Erblassers. 399

3.1.4.3 Steuerliche Bewertung

Der Pflichtteil stellt eine Geldforderung dar und ist vom Erben zu verlangen (§ 2303 Abs. 1 BGB). Das Erfordernis, dass der Pflichtteil verlangt werden muss, berücksichtigt das ErbStG in der Weise, dass es nur geltend gemachte Pflichtteilsansprüche der Besteuerung unterwirft (§ 3 Abs. 1 Nr. 1 i.V.m. § 9 Abs. 1 Nr. 1 Buchst. b ErbStG). Das Steuerrecht wendet sich hier von dem für Erbschaften geltenden Anfallprinzip ab, wonach es bezüglich der Steuerentstehung und der Wertermittlung strikt auf den Erbfall ankommt, und zwar ungeachtet dessen, ob die Vermögensmehrung tatsächlich schon mit dem Erbfall eingetreten ist. 400

Es bleibt dem Berechtigten die Wahl, die Steuerpflicht zu einem ihm genehmen Zeitpunkt entstehen zu lassen. Liegt die letzte Schenkung des Erblassers an den Pflichtteilsberechtigten z. B. neun Jahre zurück, so dass die Zehnjahresfrist des § 14 ErbStG noch beachtet werden muss, kann mit der Geltendmachung des Pflichtteils so lange gewartet werden, bis die Zehnjahresfrist verstrichen ist. Analog kann der beschwerte Erbe die Pflichtteilslast erst dann als Nachlassverbindlichkeit abziehen, wenn sie auch geltend gemacht wurde (§ 10 Abs. 5 Nr. 2 ErbStG). Zu beachten ist allerdings, dass Pflichtteilsansprüche 401 nach drei Jahren seit Kenntnis des Erbfalls (und des Anspruchs daraus) verjähren (§ 2332 BGB).

402 Pflichtteils(ergänzungs)ansprüche sind nach § 12 BewG mit dem Nennwert der auf eine Geldleistung gerichteten Ansprüche anzusetzen (§ 12 Abs. 1 ErbStG).[1] Der Nennwert gilt auch, wenn die Pflichtteilsverbindlichkeit durch einen mit einem niedrigeren Steuerwert bewerteten Gegenstand, beispielsweise mit einem Grundstück aus dem Nachlass, an Erfüllungs statt bedient wird. Denn die Hingabe eines Grundstücks aus dem Nachlass zur Abgeltung der Pflichtteilsansprüche ändert nichts daran, dass das Pflichtteilsrecht zivilrechtlich als Geldanspruch ausgestaltet ist. Der Pflichtteilsberechtigte steht in keiner Rechtsbeziehung zu den Nachlassgegenständen, auf Grund derer er die Eigentumsübertragung einzelner Gegenstände verlangen könnte. Erwerbsgegenstand des Pflichtteilsberechtigten ist und bleibt daher der Geldanspruch, unabhängig davon, wie und durch welche Leistung der Anspruch bedient wird.[2]

Steuerpflicht tritt – zwar nicht aus einem Surrogaterwerb von Todes wegen – jedoch in Erfüllung einer freigebigen Zuwendung (§ 7 Abs. 1 Nr. 1 ErbStG) außerdem ein, wenn der Pflichtteilsberechtigte gegen Zahlung eines Geldbetrages auf seinen zukünftigen Pflichtteil verzichtet. Die Steuerklasse richtet sich im Fall eines Verzichts auf den zukünftigen Pflichtteil gegen Zahlung einer Abfindung nach dem verwandtschaftlichen Verhältnis des Zuwendungsempfängers (Verzichtenden) zum künftigen Erblasser, und nicht nach dem Verhältnis der Vertragsparteien. Schließen – was der häufigste Fall ist – Geschwister untereinander Pflichtteilsverzichtsverträge ab, kommt danach für die Besteuerung der freigebigen Zuwendung der (meist höhere) Freibetrag des Abgefundenen zum künftigen Erblasser (im Regelfall ein Elternteil) in Betracht.

3.1.4.4 Besonderheiten bei noch nicht vollständig abgeschlossenen Grundstückskaufverträgen

403 Bei offenen Grundstückskaufverträgen stellt sich für die Erben des Verkäufers und die Erben des Käufers die Frage, auf welcher Seite das kaufvertragsgegenständliche Grundstück anzusetzen ist. Für im Todeszeitpunkt von Verkäufer oder Käufer noch nicht vollständig abgeschlossene Grundstückskaufverträge gelten für die Erbschaftsteuer grundsätzlich die Prinzipien des Zivilrechts. Die Regelungen über das wirtschaftliche Eigentum nach § 39 AO finden insoweit

---

[1] Zum Nennwert vgl. Rdn. 99.
[2] BFH, Urt. v. 7. 10. 1998 II R 52/96, ZEV 1999 S. 35.

keine Anwendung, was im Ergebnis bedeutet, dass das Eigentum an einem Grundstück erst mit der Eintragung in das Grundbuch auf den Erwerber übergeht.

So kommt es auch für die Zurechnung von Grundvermögen (noch) zum Vermögen des Verkäufers oder (schon) zum Vermögen des Käufers allein auf den Zeitpunkt der Eintragung im Grundbuch an. Ist die Eintragung im Todeszeitpunkt des Veräußerers noch nicht vollzogen, wird das Grundstück den Erben nach dem Veräußerer zugerechnet. Dies gilt unabhängig davon, ob bereits von der Bewertungsstelle eine Zurechnungsfortschreibung auf den Käufer durchgeführt worden ist. 404

BEISPIEL: Erblasser V veräußerte das Grundstück mit notariell beurkundetem Kaufvertrag vom 1.9.2012 an K für den Kaufpreis von 1 Mio. €. K zahlt in je zwei Raten am 1.12.2012 und am 1.3.2012. Mit Entrichtung der ersten Rate wird der Besitzwechselübergang vereinbart. Nach Zahlung der zweiten Rate erfolgt die Auflassung. Das Belegenheitsfinanzamt führt auf den 1.1.2013 eine Zurechnungsfortschreibung auf K durch. Grundbucheintragung erfolgte schließlich am 17.5.2013.

V verstirbt

▶ am 10.1.2013

▶ am 10.4.2013

Todestag: 10.1.2013

Das Grundstück ist den Erben zu V zuzurechnen, weil das Grundstück zu diesem Zeitpunkt noch nicht auf K übergegangen ist. Daran ändert weder die Tatsache etwas, dass die Bewertungsstelle bereits eine Zurechnungsfortschreibung durchgeführt hat, noch, dass B bereits am 1.12.2012 die erste Rate gezahlt hat. Die Anzahlung des K wird im Regelfall im Kapitalvermögen des Nachlasses des V vorhanden sein. Die Anzahlung gehört ebenso zum Nachlass wie der noch nicht erfüllte Anspruch auf Gegenleistung (der Kaufpreis), soweit dieser am Todestag noch valutiert. Der Anspruch auf Gegenleistung ist von den Erben mit den restlichen noch geschuldeten 500 000 € anzusetzen. Zugleich ist als Nachlassverbindlichkeit die noch nicht erfüllte Sachleistungsverpflichtung zur Verschaffung des Eigentums mit dem gemeinen Wert anzusetzen, hier also mit 1 Mio. €. Zu versteuern haben die Erben des V per saldo den Steuerwert des Grundstücks.

Todestag: 10.4.2013

Stirbt V erst am 10.4.2013, ist zu diesem Zeitpunkt schon die zweite Kaufpreisrate geleistet und auch die Auflassung erklärt. Die Eintragung des Besitzwechsels in das Grundbuch war zu diesem Zeitpunkt aber noch nicht erfolgt, so dass das Grundstück auch hier wieder den Erben zu V mit dem Steuerwert zuzurechnen ist. Dem Wertzuwachs mit Kapitalvermögen infolge der vollständigen Kaufpreiszahlung steht hier als Nachlassverbindlichkeit die noch nicht erfüllte Sachleistungsverpflichtung gegenüber. Beide Positionen heben sich damit auf, so dass den Erben per saldo auch hier wieder der Steuerwert des Grundstücks verbleibt, den sie zu versteuern haben.

405 Wäre nicht der Verkäufer, sondern der Käufer vor Eintragung des Eigentümerwechsels in das Grundbuch verstorben, würde das Grundstück nicht in den Nachlass des K fallen, auch wenn ihm die Bewertungsstelle das Grundstück im Rahmen der Zurechnungsfortschreibung bereits zugerechnet hat. Stirbt K vor Zahlung der zweiten Kaufpreisrate, gehört zum Nachlass des K der noch nicht erfüllte Sachleistungsanspruch auf Verschaffung des Eigentums an dem Grundstück, zu bewerten mit dem gemeinen Wert in Höhe von 1 Mio. €. Dieser Forderung steht die noch ausstehende zweite Ratenzahlung als Verbindlichkeit mit 500 000 € gegenüber sowie der bereits mit der ersten Rate vollzogene Vermögensabfluss von 500 000 €. Verstirbt der Käufer nach vollständiger Zahlung des Grundstücks aber noch vor der Grundbucheintragung, versteuern die Erben des Käufers einen mit dem gemeinen Wert (Verkehrswert) anzusetzenden Sachleistungsanspruch auf Verschaffung des Grundstücks. Damit wird der vor dem Todesfall eingetretene Vermögensabfluss wieder ausgeglichen.

HINWEISE:

▶ Ein Grundstück zählt auch dann noch zum Nachlass der Verkäufers, wenn der Käufer bereits vor dem Tod des Verkäufers die Kaufpreiszahlung geleistet hat, ohne dass die Zahlung fällig gewesen wäre.[1]

▶ Für Grundstücksschenkungen gelten andere Regelungen! Weil die Finanzverwaltung regelmäßig an einer möglichst zeitnahen Erhebung der Schenkungsteuer interessiert ist, betrachten die Erbschaftsteuerfinanzämter eine Grundstücksschenkung schon dann als ausgeführt, wenn die Vertragsparteien die für die Eintragung der Rechtsänderung in das Grundbuch erforderlichen Erklärungen abgegeben haben, so dass der Beschenkte in der Lage ist, beim Grundbuchamt die Eintragung der Rechtsänderung zu bewirken. Der Zeitpunkt der Grundstücksschenkung richtet sich also danach, wann Auflassung und Eintragungsbewilligung vorliegen. Damit entsteht bei Grundstücksübertragungen die Schenkungsteuer sozusagen schon nach dem Notartermin, vorausgesetzt allerdings, der Beschenkte kann von der Eintragungsbewilligung jederzeit Gebrauch machen. Nur dann kommt es auf die tatsächliche Grundbucheintragung nicht an.

▶ Anders liegt der Fall aber, wenn der Beschenkte von der Eintragungsbewilligung erst zu einem späteren Zeitpunkt (z. B. Tod des Schenkers) Gebrauch machen kann, etwa durch Vorlage einer Sterbeurkunde. In diesem Fall gilt die Schenkung auch erst mit dem Tod des Schenkers als ausgeführt und ist erst zu diesem Zeitpunkt steuerpflichtig.[2]

---

1 BFH, Urt. v. 15. 10. 1997 II R 68/95, BStBl 1997 II S. 820.
2 BFH, Urt. v. 2. 2. 2005 II R 26/02, BStBl 2005 II S. 312.

3.1.4.5 Exkurs zum zivilrechtlichen Pflichtteilsrecht

3.1.4.5.1 Warum „böse" Kinder trotz Strafklausel mehr vom Nachlassvermögen erhalten, wenn sie den Pflichtteil fordern

Das Berliner Testament ist ein gemeinschaftliches Testament unter Ehegatten, bei dem sich beide gegenseitig als Erben einsetzen (§ 2269 BGB). Das Berliner Testament wird etwa so formuliert: „Wir setzen uns gegenseitig zu Alleinerben ein. Schlusserben nach dem Tode des Letztlebenden von uns sollen unsere beiden gemeinsamen Kinder K 1 und K 2 zu gleichen Teilen sein".[1]

406

Das Berliner Testament soll bewirken, dass beim Tod eines Ehegatten zunächst der andere das Familienvermögen erhält und erst wenn dieser verstorben ist, die Kinder oder sonstige Dritte am beiderseitigen Nachlass partizipieren. Diese Erbfolge kann auf zwei Wegen erreicht werden: Jeder Ehegatte setzt den anderen als Vorerben ein und die Kinder zu Nacherben oder die Ehegatten setzen sich gegenseitig als Vollerben ein und die Kinder als Schlusserben.

407

Die Vorerben-Alternative gleicht dem Trennungsprinzip, da hier die Kinder nur die Nacherben des Nachlasses des erstverstorbenen Ehegatten werden. Beim Tod des letztlebenden Ehegatten erhalten die Kinder zwei getrennte Vermögensmassen (deshalb Trennungsprinzip), nämlich einmal die Vorerbschaft des erstverstorbenen Ehegatten (als Nacherben) und einmal das Vermögen des letztverstorbenen Elternteils (als Vollerben).[2]

Bei der Vollerben-Alternative übernimmt der überlebende Ehegatte das Vermögen des Erstverstorbenen voll. Erst mit dem Tod des überlebenden Ehegatten geht das Vermögen an die Kinder oder Dritte über, und zwar dann in Einheit mit dem Vermögen des Letztverstorbenen. Diese Alternative wird Einheitsprinzip genannt, weil hier die Vermögensteile beider Ehegatten zu einer Einheit verschmelzen und sodann an die Kinder (Dritte) „einheitlich" übergehen. Die Kinder werden dann nicht „Nacherben" des zuerst verstorbenen Ehegatten und der überlebende Ehegatte unterliegt nicht den Beschränkungen eines Vorerben. Die Kinder sind Schlusserben und Erben des zuletzt verstorbenen Elternteils. Die Kinder bzw. der Schlusserbe erlangt bei der Vollerben-Alternative beim Tod der erstversterbenden Ehegatten kein Anwartschaftsrecht

408

---

[1] Rohlfing, Erbrecht in der anwaltlichen Praxis, Bonn, S. 155.
[2] Dem Trennungsprinzip sollte stets der Vorzug gegeben werden. Denn es entstehen beim Tod des erstversterbenden Ehegatten keine Pflichtteilsansprüche der Abkömmlinge, es sei denn, diese schlagen die Nacherbschaft aus. Zum anderen erlangen beim Trennungsprinzip die Abkömmlinge als Nacherben ein gesetzlich geschütztes Anwartschaftsrecht.

als Nacherbe. Das Einheitsprinzip wird kraft Gesetzes unterstellt, sofern sich aus dem Willen der Eheleute nichts anderes ergibt (§ 2269 Abs. 1 BGB).

Untersucht man die Auswirkungen des Berliner Testaments im Einheitsprinzip auf die Abkömmlinge eines Ehepaares, so ist zunächst festzuhalten, dass diese beim Tod des erstversterbenden Elternteils nichts erhalten; sie werden sozusagen testamentarisch enterbt. Was ihnen verbleibt, ist nur die Hoffnung, das Vermögen nach dem Tod des zweiten Elternteils zu erhalten.

409 Doch was ist, wenn die überlebende Mutter – die ja Vollerbin geworden ist – das Vermögen einem verschwenderischen Freund zuwendet? Den Abkömmlingen bleibt hier nur die Möglichkeit offen, in kluger Voraussicht bereits beim Tod des ersten Elternteiles den Pflichtteil zu fordern, oder später zu hoffen, von dem Beschenkten im Rahmen des § 2287 BGB wieder etwas zurückfordern zu können.[1]

Macht ein „böses" Kind seinen Pflichtteil schon im ersten Erbgang geltend, gerät der überlebende Elternteil oftmals in Liquiditätsschwierigkeiten. Denn der Pflichtteil verkörpert wie gesehen einen Geldanspruch, der meistens nur durch Veräußerung von Nachlassgegenständen erfüllt werden kann.

Mit „Strafklauseln" oder „Verwirkungsklauseln" versucht man daher, die Schlusserben (beim Einheitsprinzip!) von der Geltendmachung ihres Pflichtteils abzuhalten. Solche Verwirkungsklauseln sehen vor, dass derjenige unter den Abkömmlingen, der beim ersten Todesfall seinen Pflichtteil fordert, beim Tod des überlebenden Ehegatten auch nur diesen erhalten soll.

410 Solche Strafklauseln verhindern allerdings niemals, dass der „böse" enterbte Abkömmling zweimal am Nachlass teilnimmt. Bedenkt man darüber hinaus, dass dem braven Kind sowohl beim Einheitsprinzip als auch beim Trennungsprinzip das Erbvermögen erst beim Tod des letztversterbenden Elternteils zufließt und dem „bösen" dagegen sofort, kommt man, wenn man die Erbschaftsansprüche mit dem Bar- oder Kapitalwert beurteilt, zu dem Ergebnis, dass das böse Kind – Strafklausel hin oder her – immer besser gestellt ist als das brave Kind.

BEISPIEL: M und F, in Zugewinngemeinschaft lebend, haben sich im Wege des Berliner Testaments als gegenseitige Alleinerben eingesetzt. Schlusserbe sollen die ehelichen Kinder S und T werden (Einheitsprinzip). Nun stirbt M überraschend in 2010.

---

1 Zu § 2287 BGB vgl. Rdn. 368.

Er hinterlässt ein Vermögen von 1 Mio. €. Vollerbin wird F. Sie ist zu diesem Zeitpunkt 62 Jahre alt.

Für die beiden Kinder S und T stellt sich im Zeitpunkt des Todes von M die Frage, was denn im gegenwärtigen Zeitpunkt mehr wert sei: der Pflichtteil oder die Anwartschaft auf das volle Vermögen des M nach dem Tod der F. Nach der Sterbetafel 2005/2007 (vgl. Anhang 5) hat F – im Zeitpunkt des Todes von M 62 Jahre alt – noch eine durchschnittliche Lebenserwartung von knapp 23 Jahren, so dass es statistisch gesehen mindestens noch dieses Zeitraumes bedarf, um an das Erbvermögen heranzukommen.

Der Pflichtteil könnte dagegen sofort gefordert werden. Der Pflichtteil beträgt die Hälfte des gesetzlichen Erbteils. Im vorgegebenen Fall würde S eine Erbquote von $1/4$ zustehen. Der Pflichtteil beträgt demzufolge $1/8$ aus dem von M hinterlassenen Vermögen. Das wären 125 000 €. Unterstellt man nun einen für Langfristanlagen geltenden Zinssatz von 8 %, kommt man bei einer Laufzeit von mindestens 20 Jahren und einem Abzinsungsfaktor von 0,2145 zu dem Ergebnis, dass seine hälftige Million, die S beim Tod seiner Mutter zu erwarten hätte, im Zeitpunkt des Todes des ersten Elternteils eigentlich nur 107 274 € wert ist. S fährt also mit seiner Pflichtteilsforderung in Höhe von 125 000 € genau gesagt um 17 726 € besser.

An diesem Ergebnis ändert sich auch nichts, wenn man das Beispiel weiter verfolgt: Nehmen wir an, M und F haben in ihrem Testament eine Strafklausel vereinbart, die S – der ja den Pflichtteil gefordert hat – auch beim Tod der F auf den Pflichtteil setzt. Nehmen wir weiter an, F stirbt tatsächlich nach 20 Jahren, also im Alter von 82.

411

Nach der gesetzlichen Erbfolge ist S neben T am Nachlass der F zur Hälfte beteiligt. Das wäre bei einem unverändert gebliebenen Familiengesamtvermögen eine halbe Million. Nun ist es aber so, dass F das Vermögen des M nicht ungeschmälert, sondern um den Pflichtteil des S, also reduziert um 125 000 € erhalten hat, also sind beim Tod der F nur noch 875 000 € da.

Spätestens hier wird auch der braven T klar, dass sie mit dem Aussitzen des Erbanspruchs den vorweg verlangten Pflichtteil des S zur Hälfte mitfinanziert hat (die andere Hälfte trägt S, da er nach dem Tod der F auch zur Hälfte Miterbe wird). S erhält nun $1/4$ von $7/8$ des ursprünglichen Nachlasses, also $1/4$ von 875 000 € = 218 750 €. Rechnet man den vorweg vereinnahmten Pflichtteil hinzu, kommt man auf 343 750 €.

Vergleicht man nun das Pflichterbe des S mit dem Erbe der T (sie erhält $3/4$ von $7/8$ des ursprünglichen Nachlasses = 656 250 €), mögen die 343 750 € wenig erscheinen. Das Bild sieht aber dann anders aus, wenn man bedenkt, dass dem S die erste Tranche (125 000 €) schon vor 20 Jahren zugeflossen ist und er bei einem Zinssatz von 8 % aus den 125 000 € runde 582 612 €[1] machen konnte. Dann nämlich hat S insgesamt mit 801 362 € am Familienvermögen profitiert. Hätte er beim Tod des M seinen Pflichtteil nicht gefordert, hätte er dagegen nur seine halbe Million erhalten. S steht also mit dem Pflichtteil gut 300 000 € besser da als ohne. Und selbst wenn F noch mal eine Million an eigenem Vermögen hinterlässt oder sich das Familienvermögen durch Wertsteigerungen verdoppelt hätte, wäre S mit dem Pflichtteil noch um 50 000 € besser gestellt.[2] Zudem hatte er zu Lebzeiten der F im Vergleich zur T ein nur geringeres Risiko der Verwirtschaftung des Familienvermögens durch F tragen müssen.

▶ **Fazit:**

Es ist daher anzunehmen, dass Strafklauseln im Berliner Testament bei bösen Kindern nichts bewirken, es sei denn, der Letztversterbende hinterlässt ein im Verhältnis zum Erstversterbenden viel größeres Vermögen, an dem das böse Kind dann nur mit dem geringen Pflichtteil partizipieren könnte, oder es werden Geldvermächtnisse an die braven Kinder ausgesetzt, welche beim Tod des Längerlebenden aus dem Vermögen des Erstverstorbenen gezahlt werden sollen.[3]

3.1.4.5.2 Ein Nießbrauchsvorbehalt hemmt die Verjährung von Pflichtteilsergänzungsansprüchen

412   Der Fall: Mutter M setzt ihre Tochter T zur Alleinerbin ein und übergeht hierbei den Bruder und Sohn S, bzw. setzt diesen auf den Pflichtteil. 15 Jahre vor ihrem Tod übertrug die Mutter ihrer Tochter ein Miet- und Geschäftshaus sowie das von ihr bewohnte Einfamilienhaus. Über die beiden Grundstücke hatte sich die Erblasserin den Nießbrauch vorbehalten. Ferner stand der Mutter ein Recht zum Rücktritt zu, falls die Tochter vor ihr versterben sollte oder den Grundbesitz zu Lebzeiten der M ohne Zustimmung veräußert oder belastet. Der Anspruch auf Rückauflassung wurde durch Vormerkung gesichert. Dies alles spielte sich 1973 ab.

Als die Mutter 1988 verstarb, ging der Sohn vor den BGH und meinte, ihm stehe ein Pflichtteilsergänzungsanspruch zu, weil die Erblasserin die Grundstücke

---

1 Aufzinsungsfaktor 8 %, 20 Jahre = 4,660957, ohne Berücksichtigung von Steuern.
2 S erhält hier bei einem Gesamtnachlass von 1,875 Mio. € (2 Mio. € abzüglich Pflichtteil) einen Pflichtteil in Höhe von $1/4$ = 468 750 €, ergibt zusammen mit dem aufgezinsten Pflichtteil 1 051 362 €. Dem stünde ein Erbteil von $1/2$ am Gesamtnachlass vom 2 Mio. € = 1 Mio. € gegenüber.
3 Marko, Erbrecht und Testamentsgestaltung, Freiburg 1996, Rdn. 106.

wirtschaftlich betrachtet nicht schon mehr als zehn Jahre vor ihrem Tod aus ihrem Vermögen ausgegliedert habe. Der hintergangene Bruder wollte die Grundstücke dem Nachlass hinzugerechnet wissen.

S bekam vor dem BGH in der Hinsicht Recht, dass eine im Grunde ergänzungspflichtige Schenkung nicht nur dann gemäß § 2325 Abs. 3 Halbsatz 1 BGB unberücksichtigt bleibt, wenn der Erblasser seine Rechtsstellung als Eigentümer endgültig aufgibt. Der Erblasser muss vielmehr auch darauf verzichten, den verschenkten Gegenstand – sei es auf Grund vorbehaltener dinglicher Rechte oder durch Vereinbarung schuldrechtlicher Ansprüche – im Wesentlichen weiterhin zu nutzen. Nachdem sich die Mutter bei der Schenkung der beiden Grundstücke den Nießbrauch uneingeschränkt vorbehalten hat, gab sie den „Genuss" des verschenkten Gegenstandes nicht auf.[1]

Der Gesetzgeber wollte nach Ansicht der BGH-Richter von dem fiktiven Nachlass, aus dem der Pflichtteilsergänzungsanspruch berechnet wird, nur solche Schenkungen ausnehmen, deren Folgen der Erblasser längere Zeit hindurch zu tragen und in die er sich daher einzugewöhnen hatte. Darin sah der Gesetzgeber eine gewisse Sicherheit vor „böslichen" Schenkungen, durch die Pflichtteilsberechtigte benachteiligt werden sollen.

Deshalb gilt eine Schenkung nicht i. S. von § 2325 Abs. 3 Halbsatz 1 BGB geleistet, wenn der Erblasser den Genuss des verschenkten Gegenstands nach der Schenkung nicht auch tatsächlich zur Gänze entbehren musste. Dies gilt auch künftig, da das Gesetz zur Änderung des Erb- und Verjährungsrechts[2] keinerlei gegenteilige Regelungen enthielt. Das durch das Gesetz neu eingeführte Abschmelzungsmodell (siehe oben) findet daher auf Immobilienübertragungen gegen Nießbrauchsvorbehalt keine Anwendung. Ebenfalls unverändert bleibt die Tatsache, dass die Verjährungsfrist für Pflichtteilsergänzungsansprüche bei Schenkungen unter Ehegatten nicht mit der Schenkung zu laufen beginnt, sondern gemäß § 2325 Abs. 3 BGB erst mit Auflösung der Ehe.

▶ **Fazit:**

Der Schenker (Erblasser) muss den „Genuss" am verschenkten Gegenstand wirklich entbehrt haben, um Pflichtteilsergänzungsansprüche zu vereiteln. Ein Nießbrauchsvorbehalt versagt Pflichtteilsansprüche zwar nicht, mindert sie aber zumindest. Denn die Höhe der gemäß § 2325 Abs. 2 Satz 2 BGB zu berechnenden Pflichtteilsergänzungsansprüche bemessen sich nach dem den Wert

---

1 BGH, Urt. v. 27. 4. 1994 IV ZR 132/93, NJW 1994 S. 1791; ZEV 1994 S. 233.
2 Das Gesetz wurde am 2. 7. 2009 vom Deutschen Bundestag verabschiedet und soll für Erbfälle ab dem 1. 1. 2010 gelten.

des Nießbrauchsrechts übersteigenden wirtschaftlichen Wert des Gegenstands im Zeitpunkt der Schenkung. Zu fragen ist also immer, wie viel z. B. ein Grundstück im Zeitpunkt der Schenkung wert gewesen ist, wenn es in Geld umgesetzt worden wäre. Hierbei kommt es auch auf die Aussicht des Beschenkten an, die uneingeschränkte Nutzung im Erbfall zu erlangen.

Nur einen so ermittelten Restwert hat der Schenker (Erblasser) im Zeitpunkt der Schenkung wirtschaftlich aus seinem Vermögen ausgegliedert. Kann das Nießbrauchsrecht infolge hoher (statistischer) Lebenserwartung entsprechend hoch kapitalisiert werden, reduziert sich der Wert der Zuwendung und damit auch der Pflichtteilsergänzungsanspruch gegen Null.

> **HINWEIS:**
> Pflichtteilsergänzungsansprüche unliebsamer Abkömmlinge können auch durch Vereinbarung der Gütertrennung gemindert werden. Durch Beendigung der Zugewinngemeinschaft und Vereinbarung der Gütertrennung entsteht eine gesetzliche Ausgleichsforderung des einen Ehegatten hinsichtlich des Zugewinns des anderen Ehegatten (§ 1378 BGB). Dieser Ausgleichsanspruch ist steuerfrei.[1] Nachteil der Gütertrennung ist aber, dass sich die Pflichtteilsquote des unliebsamen Erben erhöht, weshalb man in der Praxis im Allgemeinen nach Vollzug des Ausgleichs wieder Zugewinngemeinschaft vereinbart. Dieser Lösungsweg ist allerdings vom BGH nicht abgesegnet, daher risikobehaftet. Er kann gewählt werden, wenn der den Ausgleich leistende Ehegatte nur ein Kind hat. Dann erhöht sich nämlich die Pflichtteilsquote durch Vereinbarung der Gütertrennung nicht. Bei zwei Kindern erhöht sich die Pflichtteilsquote eines übergangenen Kindes von $^1/_8$ auf $^1/_6$. Für den Fall, dass der BGH das Schaukeln von Zugewinngemeinschaft zur Gütertrennung und zurück einmal versagen sollte, ist in einer Kontrollrechnung zu prüfen, ob die Vermögensverschiebung zwischen Ehegatten die höhere Pflichtteilsquote noch kompensiert.

3.1.5 Schenkungen auf den Todesfall

3.1.5.1 Allgemeines

413 Als Schenkung auf den Todesfall gilt ein Schenkungsversprechen, das an eine Überlebensbedingung geknüpft ist (der Beschenkte also den Schenker überlebt). Im Gegensatz zum Erwerb von Todes wegen basiert die Schenkung auf den Todesfall (auch Schenkung von Todes wegen genannt) nicht auf einer letztwilligen Verfügung, sondern auf einem lebzeitigen Rechtsgeschäft.

Die Schenkung auf den Todesfall unterscheidet sich von der unentgeltlichen freigebigen Zuwendung unter Lebenden, welche nach § 7 ErbStG der Besteuerung unterliegt, dadurch, dass der Erwerbszeitpunkt auf den Todesfall gerich-

---

1 Vgl. Rdn. 481.

tet ist. So wird die Verpflichtung des Schenkers zur Herausgabe des Schenkungsgegenstandes bei einer Schenkung auf den Todesfall erst wirksam, wenn er vor dem Beschenkten stirbt. Das bedeutet gleichzeitig, dass der Schenker bei Schenkungen auf den Todesfall an die Abrede zu Lebzeiten nicht gebunden ist.[1]

Im Übrigen müssen für Schenkungen auf den Todesfall dieselben Merkmale wie für Schenkungen unter Lebenden gelten. Die Schenkung auf den Todesfall muss de facto eine Vermögensmehrung beim Bedachten und eine Vermögensminderung beim Schenker, kurz gesagt: eine Vermögensverschiebung herbeiführen, die sich allerdings erst mit dem Tod des Zuwendenden verwirklicht. Die Schenkung muss objektiv unentgeltlich sein, darf also auf keinerlei Gegenleistung beruhen. Ist die Schenkung teilentgeltlich, entspricht sie insoweit einer gemischten Schenkung bzw. einer Schenkung unter Leistungsauflage. Dies wäre beispielsweise der Fall, wenn der Beschenkte dem Schenker für das Schenkungsversprechen zu Lebzeiten Zuwendungen macht, etwa monatliche Zahlungen leistet für ein Anwesen, das er zugesprochen bekommen hat. Gegenleistungen im Zusammenhang mit Schenkungen auf den Todesfall können als Nachlassverbindlichkeit abgezogen werden.

HINWEIS:

Bei der Schenkung auf den Todesfall ist zwischen den zwei vertraglichen Komponenten Verpflichtungsgeschäft und Erfüllungsgeschäft zu unterscheiden. Bezieht sich die Überlebensbedingung allein auf die Schenkungsabrede (das Verpflichtungsgeschäft), hat der Beschenkte im Todesfall nur einen Forderungsanspruch gegen die Erben des Schenkers. Schließt die Überlebensklausel dagegen auch das Erfüllungsgeschäft ein bzw. ist dieses bereits zu Stande gekommen, geht das Verschenkte bei Eintritt der Überlebensbedingung am Nachlass vorbei direkt in den Besitz des Beschenkten (aufschiebend bedingter Erwerb) bzw. – verbleibt diesem endgültig, sofern das Erfüllungsgeschäft bereits auflösend bedingt vollzogen war. War das Erfüllungsgeschäft aufschiebend bedingt, tritt die Steuerpflicht jetzt mit Eintritt der Überlebensbedingung ein; war es auflösend bedingt, kommt es im Todeszeitpunkt zu keiner steuerlichen Belastung mehr, da Schenkungsteuer bereits entrichtet war.

3.1.5.2 Fiktive Schenkungen auf den Todesfall bei der Gesellschafternachfolge

Unter Personengesellschaftern ist vielfach vereinbart, dass beim Tod eines Gesellschafters dessen Gesellschaftsanteil den übrigen Gesellschaftern zufällt,

414

---

1 Anders bei einer Schenkung unter Lebenden, die unter einer aufschiebenden Bedingung auf den Tod des Schenkers befristet ist; hier kann der Schenker zwar über die Sache noch selbst verfügen, macht sich aber ggf. schadensersatzpflichtig.

und nicht den Erben (Fortsetzungsklausel, §§ 736, 738 BGB). Bei der Fortsetzungsklausel wächst sozusagen der Anteil am Gesellschaftsvermögen des ausscheidenden Gesellschafters den übrigen Gesellschaftern zu (Anwachsungserwerb). Die überlebenden Gesellschafter erwerben hier unmittelbar, der Anteil fällt nicht in den Nachlass des ausscheidenden Gesellschafters.

Anteilsübergänge im Wege der Anwachsung geschehen nicht etwa dadurch, dass Vermögen un- oder teilentgeltlich übergeht, was als Kriterium für eine steuerpflichtige Schenkung (auf den Todesfall) gilt. Es kommt hier ja nur zur Berichtigung der Wertanteile der übrigen Gesellschafter. Theoretisch könnte der Gesetzgeber solche Anteilsübertragungen so gar nicht besteuern, würde er hier nicht einen Kunstgriff anwenden. Ein solcher Kunstgriff ist – wie durch die Verwendung des Wortes „gilt" verdeutlicht wird – in einer Fiktion des § 3 Abs. 1 Nr. 2 Satz 2 ErbStG zu sehen.[1] Die Vorschrift besagt: „Es gilt der durch den Tod eines Gesellschafters ausgelöste Übergang des Anteils (oder eines Teils eines Anteils) als Schenkung auf den Todesfall, soweit der Steuerwert dieses Anteils zum Todeszeitpunkt Abfindungsansprüche Dritter übersteigt".[2] § 3 Abs. 1 Nr. 2 Satz 2 ErbStG fingiert den sog. Anwachsungserwerb als Schenkung auf den Todesfall, der sich bei Personengesellschaften regelmäßig ergibt, wenn eine Fortsetzungsklausel vereinbart ist oder die Gesellschaft nach § 131 HGB von Gesetzes wegen fortgeführt wird. Der steuerpflichtige Anwachsungserwerb errechnet sich dabei aus der Differenz zwischen dem Steuerwert des Gesellschaftsanteils des verstorbenen Gesellschafters und der Abfindungsansprüche, die die Erben gegenüber der Gesellschaft haben.

Die Abfindungsansprüche der Erben eines verstorbenen Gesellschafters belaufen sich meist auf den Buchwert, so dass im Rahmen des § 3 Abs. 1 Nr. 2 Satz 2 ErbStG im Regelfall die Differenz zwischen dem Steuerwert und dem Buchwert von den übrigbleibenden Gesellschaftern anteilmäßig zu versteuern ist.[3]

BEISPIEL: Gesellschafter der A OHG sind A, B und C zu je einem Drittel. A verstirbt. Der Gesellschaftsanteil des A mit einem mittels Ertragswertverfahren ermittelten Steuerwert von 300 000 € wächst den Gesellschaftern B und C zu gleichen Teilen zu. Diese haben an die Erben des A eine Abfindung in Höhe von 200 000 € zu zahlen (Buchwert). Den die Abfindungszahlung übersteigenden Betrag zum Steuerwert müssen B und C nun im Rahmen des § 3 Abs. 1 Nr. 2 Satz 2 ErbStG mit jeweils 50 000 € versteuern.

---

1 Für Schenkungen unter Lebenden gilt eine Parallelvorschrift in § 7 Abs. 7 ErbStG, vgl. hierzu Teil VII Rdn. 963 ff.
2 Gebel in Troll/Gebel/Jülicher, ErbStG, § 3 Tz. 259.
3 Für Erwerbe im Rahmen der Anwachsung finden die Vergünstigungsregelungen § 13a, § 19a ErbStG Anwendung.

Eine Anwachsung von Gesellschaftsvermögen in der für Personengesellschaften beschriebenen Art gibt es bei Kapitalgesellschaften nicht. Soll bei Kapitalgesellschaften der Eintritt unliebsamer Rechtsnachfolger verhindert werden, so kann dies durch vertraglich vereinbarte Einziehung (Amortisation) der Anteile eines verstorbenen Gesellschafters geschehen. Folge der Einziehung des Gesellschaftsanteils ist, dass dieser untergeht und sich das bestehende Gesellschaftsvermögen auf die übrig gebliebenen Anteile verteilt. Rechnerisch ist das Gesellschaftsvermögen, das sich ja nur um die an die Erben des verstorbenen Gesellschafters zu zahlende Mindestabfindung verringert hat (aber nicht um den Vermögensteil, den der untergegangene Gesellschaftsanteil verkörperte), somit höher. Diese „Werterhöhung" könnte allerdings – würde der Gesetzgeber nicht auch hier fingieren – nicht der Erbschaftsteuer unterworfen werden, da ein untergegangener Geschäftsanteil nicht übergehen kann und reine rechnerische Veränderungen im Gesellschaftskapital nicht zu Vermögensbewegungen (vom Erblasser zu Erben) führen können, welche als Anteilsübergang in physischer Form gewertet werden könnten. Um sicherzustellen, dass mit dem Untergang des Gesellschaftsanteils nicht auch die Steuern untergehen, hat der Gesetzgeber in § 3 Abs. 1 Nr. 2 Satz 3 ErbStG den in Satz 2 behandelten Sondertatbestand der fiktiven Besteuerung auch auf die Einziehung von Gesellschaftsanteilen an Kapitalgesellschaften beim Tod eines Gesellschafters übertragen. Der Fiskus verzichtet also auch hier auf das Erfordernis eines substanziellen Vermögensübergangs. Als Schenkung auf den Todesfall gilt auch eine durch Einziehung des Gesellschaftsanteils eines verstorbenen Gesellschafters bewirkte Werterhöhung der Geschäftsanteile der verbleibenden Gesellschafter.

415

HINWEIS:

Nur die Differenz zwischen dem Wert des untergehenden Anteils und der Abfindung erhöht den Wert der verbleibenden Anteile und unterliegt einer Besteuerung.

3.1.6 Vermögensvorteile durch vom Erblasser geschlossene Verträge

Vermögensvorteile, die ein Erblasser bestimmten Personen zukommen lassen will, müssen nicht unbedingt aus Zuwendungen herstammen, die dieser selbst erbracht hat. Der Erblasser kann auch Dritte vertraglich mit der gewünschten Vermögenshingabe beauftragen. Solche Drittpersonen können beispielsweise Versicherungsgesellschaften sein. § 3 Abs. 1 Nr. 4 ErbStG bestimmt, dass als Erwerb von Todes wegen jeder Vermögensvorteil gilt, der auf Grund eines vom Erblasser geschlossenen Vertrags bei dessen Tod von einem Dritten unmittelbar erworben wird.

416

417 § 3 Abs. 1 Nr. 4 ErbStG besteuert in erster Linie Zuwendungen aus Lebensversicherungen, oder Bezüge aus einer privaten Renten(lebens)versicherung, wenn sie nicht an den Versicherungsnehmer, sondern nach dessen Tod an Dritte ausgezahlt werden.[1] Während Hinterbliebenenbezüge aus der gesetzlichen Rentenversicherung, Hinterbliebenenbezüge, die auf Tarifvertrag, Betriebsordnung, Betriebsvereinbarung, betriebliche Übung oder dem Gleichbehandlungsgrundsatz beruhen oder Versorgungsbezüge nach dem Beamtenversorgungsgesetz nicht besteuert werden, obwohl es sich hier dem Grunde nach um einen Vermögensvorteil handeln würde, der aus einem vom Erblasser geschlossenen Vertrag herrührt, sieht der BFH bei einem Leistungsbezug aus einer vom Erblasser zur Befreiung von der Pflichtversicherung in der gesetzlichen Rentenversicherung abgeschlossenen Lebensversicherung einen Besteuerungstatbestand nach § 3 Abs. 1 Nr. 4 ErbStG. Dass und ob die Lebensversicherung aus der familienrechtlichen Pflicht des Erblassers, für die Alterssicherung des überlebenden Ehegatten zu sorgen, herrührt, ist unbeachtlich. Letzteres schließt die Unentgeltlichkeit der Zuwendung nicht aus.[2]

HINWEIS:

Mit den ErbStR 2011 hat die Finanzverwaltung ihre bisherige Sichtweise aufgegeben, wonach eine Steuerpflicht aus Lebensversicherungsleistungen bestand, auch wenn der Empfänger der Leistung (als bezugsberechtigter Dritter) die Versicherungsprämien gezahlt hat (in der Zahlung der Versicherungsprämien sah die Finanzverwaltung außerdem eine Schenkung gegenüber dem Versicherungsnehmer als gegeben, so dass es zu einer doppelten Erfassung der Prämien bei der Erbschaftsteuer kam). Hat ein Bezugsberechtigter eines Lebensversicherungsvertrags die Prämien ganz oder teilweise gezahlt, ist die Versicherungsleistung nach dem Verhältnis der vom Versicherungsnehmer/Erblasser gezahlten Versicherungsbeiträge zu den insgesamt gezahlten Versicherungsbeiträgen aufzuteilen; nur dieser Teil unterliegt der Erbschaftsteuer (R E 3.7 Abs. 2 ErbStR 2011). Der Bezugsberechtigte trägt allerdings die Beweislast hinsichtlich der von ihm gezahlten Versicherungsbeiträge.

3.1.7 Ergänzungs- und Ersatztatbestände des Erwerbs von Todes wegen

3.1.7.1 Erwerb durch Erfüllung von Auflagen und Bedingungen

418 Ein Erblasser kann durch Testament den Erben oder einen Vermächtnisnehmer zu einer Leistung verpflichten, ohne einem anderen das Recht zuzuwenden, diese Leistung zu verlangen. Liegt eine solche Ausgangssituation vor, handelt

---

[1] Zur Erbschaftsbesteuerung und zu Gestaltungsmöglichkeiten bei Kapitallebens- und Rentenversicherungsverträgen vgl. Rdn. 804 ff.
[2] BFH, Urt. v. 24. 10. 2001 II R 10/00, BStBl 2002 II S. 153, BFH/NV 2002 S. 648.

es sich um eine Auflage (§ 1940 BGB). Der Erblasser kann aber auch einen Erben nur unter einer bestimmten Bedingung am Nachlass beteiligen.

Auflagen und Bedingungen lösen, wenn sie aus der Verpflichtung bestehen, bestimmte Personen aus dem Nachlass zu begünstigen, regelmäßig steuerpflichtige Vermögenszuwächse nach § 3 Abs. 2 Nr. 2 ErbStG aus. Auflagen und Bedingungen, die das Ziel verfolgen, bestimmte Personen zu begünstigen, laufen im Ergebnis auf ein Vermächtnis hinaus. Gegenüber dem Vermächtnisnehmer genießt ein Begünstigter durch Auflage oder Bedingung allerdings den Vorteil, dass er nicht schon – wie der Vermächtnisnehmer – mit dem Tod des Erblassers, sondern erst „mit dem Zeitpunkt der Vollziehung der Auflage oder der Erfüllung der Bedingung" zum Steuerschuldner wird (§ 9 Abs. 1 Nr. 1 Buchst. d ErbStG). 419

HINWEIS:
Die Steuer bemisst sich nach dem, was als Auflage geleistet wird bzw. zur Erfüllung der Bedingung zu leisten ist. Als Maßstab gilt die nach Steuerwerten festgesetzte Bereicherung des Begünstigten. Ist Begünstigter einer Auflage zugleich der Beschwerte selbst, ist die Auflage steuerneutral, d. h. weder als Auflage nach § 3 Abs. 2 Nr. 2 ErbStG zu versteuern noch als Nachlassverbindlichkeit abziehbar (§ 10 Abs. 9 ErbStG).

3.1.7.2 Ausschlagung gegen Abfindung

Bereits im Zusammenhang mit der Besteuerung von Pflichtteilsansprüchen aufgegriffen wurde der Alternativfall der Ausschlagung gegen Abfindung. Zwar gilt bei einer Ausschlagung der Erbanfall an den Ausschlagenden als nicht erfolgt (§ 1953 BGB), der Bedachte kommt also nicht unmittelbar in den Genuss des Erbvermögens. Schlägt er aber gegen Abfindung aus, erlangt er daraus einen mittelbaren Vermögensvorteil, welcher nach § 3 Abs. 2 Nrn. 4 und 5 ErbStG der Besteuerung unterliegt. Denn hätte er nicht geerbt, hätte er nichts ausschlagen können und hätte auch keine Abfindung bekommen. 420

Steuerpflichtig ist, „was als Abfindung für einen Verzicht auf den entstandenen Pflichtteilsanspruch oder für die Ausschlagung einer Erbschaft, eines Erbersatzanspruchs oder eines Vermächtnisses oder für die Zurückweisung eines Rechts aus einem Vertrag des Erblassers zugunsten Dritter auf den Todesfall oder anstelle eines anderen ... [als Erwerb von Todes wegen steuerpflichtigen, Anm. des Autors] Erwerbs gewährt wird" (Nr. 4[1]) oder „was als Abfindung für ein aufschiebend bedingtes, betagtes oder befristetes Vermächtnis, für das die Aus- 421

---

1 Parallelvorschrift zu § 3 Abs. 2 Nr. 4 ErbStG ist § 7 Abs. 1 Nr. 5 ErbStG: Als Schenkung gilt, was als Abfindung für einen vor dem Tod des Erblassers ausgesprochenen Erbverzicht gewährt wird, vgl. Rdn. 442.

schlagungsfrist abgelaufen ist, vor dem Zeitpunkt des Eintritts der Bedingung oder des Ereignisses gewährt wird" (Nr. 5). Den steuerpflichtigen Erwerb bildet hierbei der Steuerwert der Abfindung bzw. der Steuerwert des als Abfindung hingegebenen Gegenstands. Wird die Erbschaft oder das Vermächtnis gegen Hingabe eines Grundstücks ausgeschlagen, gilt der nach Maßgabe der §§ 176 ff. BewG zu ermittelnde steuerliche Grundbesitzwert als Besteuerungsgrundlage.[1]

422 Die Steuerschuld entsteht mit dem Zeitpunkt des Verzichts oder der Ausschlagung bzw. – beim aufschiebend bedingten, betagten oder befristeten Vermächtnis – mit dem Zeitpunkt der Vereinbarung über die Abfindung (§ 9 Abs. 1 Nr. 1 Buchst. f und g ErbStG). Auf den tatsächlichen Entrichtungszeitpunkt der Abfindung kommt es nicht an.

423 Hat der Erbe die Ausschlagungsfrist verstreichen lassen (eine Ausschlagung muss binnen sechs Wochen erfolgen, § 1944 Abs. 1 BGB), gilt die Erbschaft als angenommen und die Steuerschuld bereits als entstanden (§ 9 Abs. 1 Nr. 1 ErbStG). Schlägt er anschließend zu Gunsten eines anderen Miterben aus, ist die Ausschlagung als Verfügung des Erben über die Erbschaft zu werten.

424 Für die Besteuerung ist es schließlich unerheblich, wer die Abfindung zahlt. Der leistende Erbe kann die Abfindung als Nachlassverbindlichkeit steuermindernd abziehen (§ 10 Abs. 5 Nr. 3 ErbStG); dies sogar dann, wenn nicht er, sondern ein Dritter die Abfindung gezahlt hat.[2] Zur steueroptimalen Erbfolgeplanung durch Erbverzicht oder Ausschlagung vgl. Teil V Rdn. 776.

425 Von der Ausschlagung einer bereits angenommenen oder als angenommen geltenden Erbschaft ist strikt abzuraten. Gegebenenfalls entsteht hier neben dem Erwerb von Todes wegen noch ein zweiter steuerpflichtiger Erwerb: eine Schenkung unter Lebenden. Dies nämlich dann, wenn der durch die nachträgliche Ausschlagung begünstigte Miterbe für den Vermögenserwerb keine wertentsprechende Gegenleistung erbringt.

> **HINWEIS:**
>
> Wer auf sein künftiges Erbe verzichtet und zum Ausgleich dafür eine bestimmte Anzahl von Jahren regelmäßig einen festen Geldbetrag bekommt, braucht diese Zahlungen nicht als wiederkehrende Leistungen zu versteuern. Grundsätzlich handelt es sich bei einer Umschichtung privaten Vermögens nicht um Einkünfte i. S. des Einkommensteuergesetzes, wenn diese einmalig erfolgt. Allein die Regelmäßigkeit der Zahlungen begründet nicht die Steuerbarkeit als sonstige Einkünfte.[3]

---

1 Zur Ermittlung der steuerlichen Grundbesitzwerte vgl. Rdn. 208.
2 Gebel in Troll/Gebel/Jülicher, a. a. O., § 3 Tz. 338. Hier kann dann allerdings eine steuerpflichtige Schenkung des Dritten an den Erben vorliegen, sofern dieser keine Gegenleistung erbringt.
3 BFH, Urt. v. 20. 10. 1999 X R 132/95, BStBl 2000 II S. 82.

3.2 Schenkungen unter Lebenden

3.2.1 Allgemeines

Eine Schenkung ist eine Zuwendung, durch die jemand aus seinem Vermögen einen anderen bereichert. Voraussetzung ist, dass sich beide Teile darüber einig sind, dass die Zuwendung unentgeltlich erfolgt (§ 516 Abs. 1 BGB). Keine Schenkung liegt dagegen vor, „wenn jemand zum Vorteil eines anderen einen Vermögenserwerb unterlässt oder auf ein angefallenes, noch nicht endgültig erworbenes Recht verzichtet" (§ 517 BGB). 426

Eine Schenkung gilt als vollzogen, sobald der Beschenkte die Verfügungsbefugnis über die Zuwendung erhält. Die Schenkung ist dann auch steuerlich anzuerkennen. Ist der Zuwendungsvorgang vollzogen und ist es zu einer Verminderung des Vermögens des Schenkers gekommen, entsteht die Steuerschuld (§ 9 Abs. 1 Nr. 2 ErbStG) und es ist auch die steuerliche Bewertung des zugewendeten Vermögens vorzunehmen (§ 11 ErbStG). 427

Praktisch ist es kaum denkbar einen schenkweisen Vermögensübertrag zu konstruieren, der nicht unter § 7 ErbStG fällt. Es reicht ja bereits, wenn beim Bedachten eine Bereicherung eintritt – in welcher Form auch immer –, beim Schenker der Wille zur Unentgeltlichkeit vorhanden war und sich beide Parteien darüber einig waren, dass die Zuwendung nicht als Entgelt für bereits Geleistetes gedacht sein soll. Dies ist z. B. schon in der Einräumung einer Gesamtgläubigerstellung erfüllt. Unerheblich ist, ob der Begünstigte von dem eingeräumten Recht tatsächlich Gebrauch macht, allein seine zivilrechtliche Rechtsstellung ist entscheidend.[1] 428

Des Weiteren führen von einem Schenker eingeräumte Forderungsrechte aller Art bereits zu einem steuerpflichtigen Erwerb. Sofern die Forderungsrechte auf die Übereignung von Grundvermögen gerichtet sind, kommt es auf einen grundbuchrechtlichen Vollzug nicht an. Versprechungsabreden, nach denen ein Begünstigter einen frei verfügbaren Anspruch auf eine bestimmte Leistung erhält, lösen demnach bereits zu dem Zeitpunkt Steuern aus, zu dem das entsprechende Forderungsrecht begründet wird. Im Gegensatz dazu sind aufschiebend bedingte Ansprüche erst dann zu versteuern, wenn es zum tatsächlichen Erwerb der versprochenen Leistungen gekommen ist, also die aufschiebend bedingte Auflage oder Bedingung eingetreten bzw. erfüllt worden ist. 429

---

1 FG München, Urt. v. 20.11.2002 4 K 5773/00.

430 Ein dem Grunde frei verfügbarer Übereignungsanspruch beispielsweise auf ein Grundstück kann nicht durch die Vertragsformulierung „soweit der Bedachte (Begünstigte) es wünscht" zu einem aufschiebend bedingten Anspruch umfunktioniert werden mit der Folge, dass die Schenkungsteuer erst mit der Erklärung des Willens seitens des Begünstigten und Vollzug des Forderungsanspruchs durch Inempfangnahme der Zuwendungsgegenstände fällig würde.[1]

431 Die Steuerpflicht für Schenkungen lässt sich nicht dadurch ausschließen, dass eine Zuwendung zur Belohnung (als Ausdruck der Dankbarkeit) oder unter einer Auflage gemacht (sofern diese allerdings nicht in Geld veranschlagt werden kann) oder in die Form eines lästigen Vertrags[2] gekleidet wird (§ 7 Abs. 4 ErbStG). Eine sog. verdeckte Schenkung ist eine in einen Vertrag gekleidete Schenkung, bei dem einer Leistung keine vergleichbare Gegenleistung gegenübersteht.

BEISPIEL: ▶ Der einem neuen Gesellschafter zugewendete Geschäftsanteil ist mehr wert als seine Einlage – oder umgekehrt: Der ausscheidende Gesellschafter erhält eine Abfindung, die unter dem Steuerwert des Anteils liegt.

432 Auch Sachschenkungen unterliegen der Schenkungsteuerpflicht, und zwar auch dann, „wenn sie unter freiem Widerrufsvorbehalt stehen. Denn mit dem Vollzug einer Sachschenkung durch Übereignung des Schenkungsgegenstandes ist dieser aus dem Vermögen des Zuwendenden ausgeschieden und in das Vermögen des Zuwendungsempfängers übergegangen".[3] Auch hier hat letztlich eine Vermögensverschiebung stattgefunden. Ob diese „von sicherem Bestand ist, berührt den Umstand der Bereicherung des Zuwendungsempfängers auf Kosten des Zuwendenden nicht".[4]

433 Das Gesetz spricht allgemein vom Geber und vom Bedachten. Geber ist hierbei der Schenker, Bedachter der Beschenkte. Da sich die Besteuerung nach der Steuerklasse vollzieht, welche für das Verwandtschaftsverhältnis zwischen Geber und Bedachten maßgeblich ist, kann es zweckmäßig sein, die richtigen Geber und Bedachten auszuwählen bzw. für die richtigen Geber und Bedachten zu plädieren. Wird beispielsweise eine Schenkung erst nach dem Tod des Gebers ausgeführt, weil er zwischenzeitlich verstorben und die Erben das Schen-

---

1 BFH, Urt. v. 20. 1. 2005 II R 20/03, DStR 2005 S. 736.
2 Ein „lästiger Vertrag" ist im Ergebnis eine verdeckte Schenkung. Ein lästiger Vertrag liegt vor, wenn sich Leistungen und Gegenleistungen gegenüberstehen, sich aber wertmäßig nicht ausgleichen.
3 BFH, Urt. v. 13. 9. 1989 II R 67/86, BStBl 1989 II S. 1034.
4 Ebendort.

kungsversprechen erfüllen müssen, ist es wichtig zu wissen, dass hier für die Festsetzung der Schenkungsteuer gleichwohl das Verhältnis des Schenkers zum Beschenkten maßgebend bleibt.[1]

Machen Eltern ihren Kindern diverse Zuwendungen, ist grundsätzlich von zwei Gebern auszugehen. Hierbei wird – sofern sich aus den Umständen nichts anderes ergibt – unterstellt, dass die Zuwendung von Vater und Mutter zu gleichen Teilen geleistet wird. Dies hat für die Beteiligten die angenehme Folge, dass die Erbschaft- und Schenkungsteuerfreibeträge zweimal in Anspruch genommen werden können und sich die Steuerprogression entsprechend verringert. 434

Dies gilt allerdings nicht, wenn der Abkömmling nur von einem Ehegatten abstammt. Schenkungen der Eltern an die Kinder sind grundsätzlich zu empfehlen und auch risikolos. Stirbt das Kind vor den Eltern und fällt das ursprünglich verschenkte Vermögen an diese von Todes wegen wieder zurück, ist dieser Vorgang steuerfrei (§ 13 Abs. 1 Nr. 10 ErbStG). 435

Fällt einer Personengesellschaft Vermögen durch Schenkung zu, ist nicht etwa die Personengesellschaft Bedachte. Es sind vielmehr die Gesellschafter als bereichert anzusehen. Die Gesellschafter einer Personengesellschaft gelten als Erwerber, und zwar unabhängig von der Frage, ob die Personengesellschaft ggf. zivilrechtlich als Beschenkte gilt.[2] 436

Anders ist es bei Kapitalgesellschaften: Führt beispielsweise die Übertragung von Betriebsvermögen einer KG auf eine GmbH zur Wertsteigerung bei den GmbH-Anteilen, kann darin keine Schenkung an die GmbH-Gesellschafter (den ehemaligen Angestellten der KG) gesehen werden.[3] Zuwendungen an eine GmbH und eine dadurch eintretende Werterhöhung bei den Geschäftsanteilen stellen im Regelfall keine Zuwendung an die Gesellschafter dar.[4] 437

HINWEIS:
Das Fehlen einer ausdrücklich vereinbarten Gegenleistung allein erlaubt nicht den Schluss, dass sich die Parteien über die Unentgeltlichkeit einig waren. Übergeben die Eltern in „Vorwegnahme der Erbfolge" ein Hausgrundstück, lässt sich allein aus diesem Hinweis nicht die Unentgeltlichkeit der Übergabe entnehmen.[5] Im Urteilsfall hatte der BGH eine unentgeltliche Übergabe – und damit eine Schenkung – an den einzigen Sohn (Bedachten) verneint, weil dieser mit Übergabe des Hausgrundstücks sowohl Pfle-

---

1 BFH, Urt. v. 14. 7. 1982 II R 16/81, BStBl 1983 II S. 19.
2 BFH, Urt. v. 14. 9. 1994 II R 95/92, BStBl 1995 II S. 81.
3 BFH, Urt. v. 19. 6. 1996 II R 83/92, BStBl 1996 II S. 616; DStR 1996 S. 1563.
4 BFH, Urt. v. 25. 10. 1995 I R 67/93, BStBl 1996 II S. 160; vgl. aber Teil VII Rdn. 963 ff.
5 BGH, Urt. v. 1. 2. 1995 IV ZR 36/94.

geleistungen den Eltern (den Schenkern) gegenüber als auch die Instandhaltung des Hauses und des Gartens übernahm. Die klagende Stadt, welche den Eltern gegenüber Sozialhilfe leisten musste und den Beschenkten aus übergeleitetem Recht auf Rückerstattung eines Geschenks wegen Verarmung der Schenker in Anspruch nehmen wollte, hatte keinen Erfolg. Der BGH meint dazu: Übergabeverträge bestimmen häufig zusätzlich zu der Übertragung von Vermögensgegenständen des Übergebers, dass auch den Übernehmer Verpflichtungen treffen; dabei kann es sich aber auch um Verpflichtungen zur Pflege des Übergebers etwa i. S. eines Altenteils handeln. Derartige Gegenleistungen aus dem Vermögen des Übernehmers sind entgeltlich.

3.2.2 Die freigebige Zuwendung als steuerpflichtige Schenkung

438 Steuerpflichtig ist jede freigebige Zuwendung unter Lebenden, „soweit der Bedachte durch sie auf Kosten des Zuwendenden bereichert wird" (§ 7 Abs. 1 Nr. 1 ErbStG). Für die Annahme einer freigebigen Zuwendung nach dieser Vorschrift muss Folgendes gegeben sein:

Es muss ein wertmäßiger Gegenstand unentgeltlich zugewendet werden. Dabei muss es zu einer Vermögensverschiebung kommen, und zwar

- ▶ beim Geber zu einem Mittelabfluss (Entreicherung) und
- ▶ beim Beschenkten zu einem Mittelzufluss (zu einer Bereicherung);
- ▶ der Zuwendende muss den Willen zur Unentgeltlichkeit gehabt haben (Bereicherungswille).

439 Bereicherung kann jede Vermögensvermehrung und jede Minderung von Schulden oder Belastungen beim Bedachten sein. Maßgebend ist allein der Umfang der Bereicherung beim Bedachten. Bespart ein Elternteil für ein minderjähriges Kind ein Sparbuch oder einen Sparvertrag, ist hierin noch keine Schenkung zu sehen, solange der Elternteil als alleiniger Verfügungsberechtigter im Besitz des Sparbuchs (Sparvertrags) ist. Sobald aber das Sparbuch an den Abkömmling übergeben wurde und dieser über das Guthaben verfügen kann, ist eine freigebige Zuwendung anzunehmen.

440 Eine Bereicherung muss nicht notwendigerweise nur bei einer Schenkung auftreten. Sie kann vielmehr in jedem gegenseitigen Vertrag versteckt sein, bei dem der Leistung keine wertgleiche Gegenleistung gegenübersteht. Zuwendungsgegenstand muss nicht notwendigerweise ein Wertgegenstand, Geld oder Ähnliches sein. Gegenstand einer freigebigen Zuwendung kann auch die „Gewährung eines Vermögensgebrauchs (einer Nutzungsmöglichkeit)" sein.[1] So tritt bei einem mit Auflagen oder Ansprüchen beschwerten Beschenkten

---

[1] BFH, Urt. v. 2. 3. 1994 II R 105/93, BFH/NV 1995 S. 70.

beispielsweise auch dann eine Bereicherung ein, wenn auf die Ansprüche verzichtet wird. Auch die Einräumung eines zinslosen Darlehens gilt als unentgeltliche Zuwendung. Gegenstand der Zuwendung ist hier die unentgeltliche Gewährung der Nutzungsmöglichkeit des als Darlehen überlassenen Kapitals. Der Verzicht auf die zum Vermögen eines Darlehensgebers gehörende Nutzungsmöglichkeit führt bei diesem – sofern sie objektiv unentgeltlich erfolgt – zu einer Vermögensminderung und beim Darlehensnehmer zu einer entsprechenden Vermögensmehrung.[1] Erhält also jemand ein zinsloses Darlehen, kann er nicht entgegenhalten, er sei nicht bereichert, weil er keinen wirklichen Geldmittelzufluss hatte, sondern sich nur Aufwendungen erspart habe und außerdem beim Darlehensgeber keine Entreicherung stattgefunden habe, da dieser ja nur auf eine Einnahmequelle verzichtet hat, den Darlehensbetrag jedoch in Raten wieder zurückerhält. Keine Bereicherung ist indessen gegeben, wenn der Bedachte einen Rechtsanspruch auf die Zuwendung hatte, z. B. in Form einer Forderung oder als Entlohnung für vereinbarte Dienste.

Auch die Bezahlung überhöhter Bezüge an den Ehemann als Geschäftsführer einer Einzelfirma der Ehefrau kann eine (gemischt) freigebige Zuwendung der Ehefrau und Firmeninhaberin darstellen. Bewertungsmaßstab ist die für vergleichbare Tätigkeiten üblicherweise gewährte Vergütung. Weiter kommt es darauf an, nach welchen Gesichtspunkten und von welcher Ausgangslage die Höhe der Gesamtvergütung von den Beteiligten festgelegt worden ist sowie welche außerdienstlichen, insbesondere persönlichen Beziehungen zwischen ihnen bestehen. Auch aus der Ernsthaftigkeit, mit der die Beteiligten die vertraglichen Vereinbarungen durchführen, können sich Hinweise für die Ausgewogenheit oder Unausgewogenheit der Leistungen ergeben. In dem vom FG Nürnberg[2] entschiedenen Fall war streitig, ob ertragsteuerlich als überhöhte Bezüge behandelte Zahlungen an den Kläger als Geschäftsführer einer Einzelhandelsfirma seiner Ehefrau freigebige Zuwendungen darstellen. Die Richter bejahten dies angesichts der Unangemessenheit der Höhe der Bezüge und werteten dies schenkungsteuerrechtlich als gemischt freigebige Zuwendung. 441

Die Bereicherung des Bedachten ist in aller Regel identisch mit dem Vermögensabfluss auf Seiten des Gebers. Das muss aber nicht ausnahmslos so sein. Hat der Schenker die mit der Übertragung eines Grundstücks anfallenden Nebenkosten übernommen, können diese nicht dem Beschenkten als zusätzliche Bereicherung hinzugerechnet werden. Die Nebenkosten schmälern aber 442

---

1 Vgl. BFH, a. a. O.
2 Urt. v. 24. 6. 2004 IV 192/2003.

sehr wohl das Vermögen des Schenkers. Hat der Beschenkte die auf dem Grundstück lastenden Hypotheken übernommen, kann er mit dem Grundstück nicht in voller Höhe als bereichert gelten. Gleichwohl aber fließt das Grundstück als Ganzes aus dem Vermögen des Schenkers ab. Diese Aspekte werden im Zusammenhang mit der gemischten Schenkung und der Auflagenschenkung nochmals aufgegriffen.[1]

Ein Erbverzicht stellt keinen Steuertatbestand dar, weil er keine Schenkung ist (§ 517 BGB). Erhalten die Verwandten oder der Ehegatte des Erblassers[2] für ihren Verzicht aber eine Abfindung, unterliegt diese Zuwendung der Besteuerung nach § 7 Abs. 1 Nr. 5 ErbStG. Abfindungen für die Ausschlagung der Erbschaft oder für den Verzicht auf den Pflichtteil werden auch von § 3 Abs. 2 Nr. 4 ErbStG erfasst. Unter § 7 Abs. 1 Nr. 5 ErbStG fallen allerdings diejenigen Abfindungen, die gezahlt werden, damit der Berechtigte bereits vor dem Tod des Erblassers auf sein Erbe verzichtet.[3]

443 Ein Bereicherungswille, d. h. der Wille zur Unentgeltlichkeit, liegt vor, „wenn sich der Zuwendende der Unentgeltlichkeit der Zuwendung derart bewusst ist, dass er seine Leistung ohne Verpflichtung und ohne rechtlichen Zusammenhang mit einer Gegenleistung erbringt".[4] Der Schenker muss also wissen, „dass seine Vermögenshingabe weder mit einer Gegenleistung (oder einem Gemeinschaftszweck) rechtlich verknüpft ist noch der Erfüllung einer aus anderem Rechtsgrund bestehenden Verbindlichkeit dient".[5]

444 Nicht erforderlich ist, dass der Zuwendende in Bereicherungsabsicht gehandelt hat. Einer Besteuerung steht deshalb nicht entgegen, dass eine Zuwendung unter dem Motiv oder der Hoffnung gemacht wurde, der Empfänger würde sich seinerseits revanchieren. Der Zuwendende darf also mit seinem Geschenk auch durchaus eigennützige Ziele verfolgen.

445 Die Eingehung einer Bürgschaftsverpflichtung als solche stellt grundsätzlich keine freigebige Zuwendung an den (Haupt-)Schuldner dar, weil durch sie lediglich die Forderung des Gläubigers gegen den Schuldner durch Übernahme

---

1 Vgl. Rdn. 452.
2 Verwandte sowie der Ehegatte des Erblassers können durch Vertrag mit dem Erblasser auf ihr gesetzliches Erbrecht verzichten (§ 2346 Abs. 1 Satz 1 BGB). Der Erbverzicht ist ein notariell zu beurkundender Vertrag zwischen dem Erblasser und seinem Ehegatten oder seinen Erbberechtigten (§ 2348 BGB). Der Verzichtende wird daraufhin von der Erbfolge ausgeschlossen und so behandelt, als würde er nicht mehr leben (§ 2346 Abs. 1 Satz 2 BGB).
3 Für Abfindungen für die Ausschlagung eines Vermächtnisses nach dem Erbfall gilt § 3 Abs. 2 Nr. 5 ErbStG.
4 BFH, Urt. v. 2. 3. 1994 II R 59/92, BStBl 1994 II S. 366.
5 Gebel in Troll/Gebel/Jülicher, ErbStG, § 7 Tz. 271.

der Hilfsschuld gesichert wird. In Ausnahmefällen kann aber die Übernahme einer Bürgschaft eine freigebige Zuwendung darstellen, wenn nach den objektiven Umständen der Schuldner von dem Bürgen endgültig von der gegen ihn (weiter-)bestehenden Forderung befreit werden sollte.[1]

Eine ausdrückliche Einigung zwischen Schenker und Beschenkten über die Unentgeltlichkeit der Zuwendung ist im Unterschied zum zivilrechtlichen Schenkungsbegriff bei der Schenkungsteuer nicht maßgeblich. So wird zwischen nahen Verwandten ein Wille zur Unentgeltlichkeit immer angenommen. Dagegen wird unter fremden Personen wie im Geschäftsleben ein Bereicherungswille nur in Ausnahmefällen unterstellt werden können. Für das Merkmal der Unentgeltlichkeit ist freilich auch Voraussetzung, dass der Zuwendende bestimmte Wertvorstellungen hat. Diese Wertvorstellungen müssen aber nicht so gefestigt sein, dass er den Wert seiner Zuwendung auf Euro und Cent genau beziffern kann. Es reicht vielmehr, wenn der Zuwendende als Laie – trotz Gegenleistung oder einer diversen Rechtspflicht – zum Ergebnis kommen muss, dass der Wert der Transaktion nicht voll ausgeglichen war und es demzufolge zu einer Un- bzw. Teilentgeltlichkeit gekommen ist. 446

In der Praxis wird die exakte Bestimmung des Zuwendungsgegenstandes nicht immer einfach sein. Für die Beteiligten mögen sich hier steuerschonende Gestaltungswege eröffnen, weil für jeden „Gegenstand" andere Bewertungsgrundsätze und damit zusammenhängend auch ein anderer Steuerwert maßgeblich ist; u.U. ist der Gegenstand sogar steuerfrei.[2] Im Einzelfall ist immer auf die wirtschaftliche Betrachtungsweise, also auf die eingangs erwähnte „Bereicherung" abzustellen. 447

Es ist Sache des Finanzamtes, eine freigebige Zuwendung zusammen mit einem Bereicherungswillen nachzuweisen. Um nicht in allen Fällen in Beweisnot zu gelangen, hat die Finanzverwaltung bestimmte Wissens- und Willensvermutungen entwickelt. Die Finanzverwaltung kann z. B. bei Vermögensübertragungen auf erbberechtigte Personen vom Willen der Unentgeltlichkeit ausgehen; aber auch unter Ehegatten. So können verdeckte Gewinnausschüttungen an einen Ehegatten, die eine GmbH auf Veranlassung des Geschäftsfüh- 448

---

[1] BFH, Urt. v. 12. 7. 2000 II R 26/98, BStB 2000 II S. 596.
[2] Z. B. bleibt Hausrat beim Erwerb durch Personen der Steuerklasse I (Kinder usw.) bis zu 41 000 € steuerfrei (§ 13 Abs. 1 Buchst. a ErbStG . Dieser Betrag gilt dabei für jeden Elternteil. Vater und Mutter können also der Tochter bei der Gründung ihres eigenen Haushalts mit bis zu 82 000 € steuerfrei unter die Arme greifen, ohne dass hiervon der Erbschaftsteuerfreibetrag berührt wird oder gar eine Zusammenrechnung mit früheren Erwerben (§ 14 ErbStG) vorzunehmen ist. Einzige Bedingung: Der Geldbetrag muss zweckgebunden geschenkt werden, also unter der Vereinbarung, hiervon Haushaltsgegenstände zu kaufen.

rers an dessen Ehefrau erfolgen und verdeckte Gewinnausschüttungen darstellen, als mittelbare freigebige Zuwendung neben der Einkommensteuer auch der Schenkungsteuer unterliegen.[1] Will der Steuerpflichtige dagegen ankämpfen, kann er das Finanzamt nicht zur Beweisführung auffordern, sondern muss seinerseits versuchen, diese Wissens- und Willensvermutung zu widerlegen.

449 Ein vom Schenker ausgesprochener Widerrufsvorbehalt schränkt die Bereicherung nicht ein. Schenkt beispielsweise die Mutter ihrem Sohn Anteile an einer Kommanditgesellschaft unter Widerrufsvorbehalt, bleibt – wirtschaftlich betrachtet – die Mutter weiterhin Kommanditistin, obwohl ja der Sohn im Handelsregister eingetragen sein mag. Dasselbe gilt, wenn die Mutter ihrer Tochter ein vermietetes Zweifamilienhaus unter Widerrufsvorbehalt überträgt. Der Eintrag der Tochter im Grundbuch allein genügt für die Feststellung nicht, ob das Verfügungsrecht über die Einkunftsquelle auch tatsächlich auf die Tochter übergegangen ist. Eine unter Widerrufsvorbehalt vollzogene Schenkung ist deshalb sogleich steuerpflichtig, obwohl wirtschaftlich gesehen der „Marionettenspieler" auch weiterhin der die Fäden ziehende Schenker bleibt.

HINWEIS:

Mit einem Lottoschein wird ein Anspruch auf den Hauptgewinn unter der aufschiebenden Bedingung erworben, dass die sechs Richtigen erraten worden sind. Tritt die Bedingung tatsächlich ein, ist der Hauptgewinn keine Schenkung. Wohl aber kann daraus eine steuerpflichtige Schenkung werden, wenn das Los vor der Ziehung verschenkt wurde. Die Schenkung ist in diesem Fall sofort vollzogen, so dass bei Eintritt der sechs Richtigen keine nachträgliche Berichtigung möglich ist.

---

1 Vgl. FG Nürnberg, Urt. v. 18. 11. 2004 IV 284/2003.

3.2.3 Formen der Schenkung

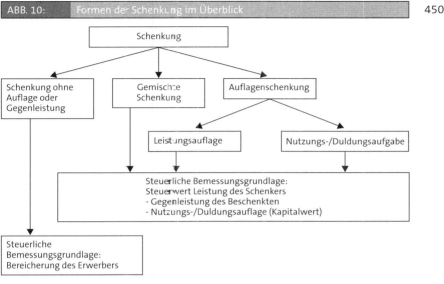

ABB. 10: Formen der Schenkung im Überblick 450

3.2.3.1 Schenkungen ohne Auflage oder Gegenleistung

Die Schenkung ohne Auflage oder Gegenleistung ist die Schenkung, die unter gewöhnlichen Umständen als solche angesehen wird. Der Schenkung stehen hier keine vom Bedachten zu erfüllende Gegenleistungen oder Auflagen entgegen. Bemessungsgrundlage ist die Bereicherung des Bedachten; sie stimmt hier mit der Entreicherung des Schenkers betragsmäßig überein. 451

3.2.3.2 Gemischte Schenkungen und Auflagenschenkungen

Wie bereits festgestellt, sind Schenkungen unter Lebenden nur dann und nur insoweit steuerpflichtig als sie beim Bedachten zu einer Bereicherung führen. Macht der Geber einem Bedachten eine Schenkung unter Auflagen, kann er insoweit – als die Aufwendungen, Auflagen, Belastungen usw. den Wert des geschenkten Gegenstandes mindern – nicht als bereichert angesehen werden. Andererseits wird die Steuerpflicht einer Schenkung aber auch nicht dadurch ausgeschlossen, dass sie zur Belohnung oder unter einer Auflage gemacht oder in die Form eines lästigen Vertrages gekleidet wird (§ 7 Abs. 4 ErbStG). 452

Stehen der Bereicherung Gegenleistungen entgegen, spricht man von einer gemischten Schenkung oder einer Auflagenschenkung. Der Unterschied zwischen einer gemischten Schenkung und einer Auflagenschenkung liegt darin, dass der Empfänger einer gemischten Schenkung eine durch die Schenkung veranlasste Gegenleistung aus eigenem Vermögen erbringt, wogegen eine Auflagenschenkung den Beschenkten zu einer Leistung verpflichtet, die er aus der Zuwendung zu erbringen hat.

453 Auflagenschenkungen gliedern sich weiter in eine Schenkung unter Leistungsauflage und einer solchen unter einer Nutzungs- oder Duldungsauflage. Bei einer Schenkung unter Leistungsauflage ist der Beschenkte wie bei der gemischten Schenkung durch eine echte Geld- oder Sachleistung beschwert. Schenkungen unter einer Nutzungs- oder Duldungsauflage unterscheiden sich von Schenkungen unter einer Leistungsauflage dadurch, dass der Beschenkte bei einer Nutzungs- oder Duldungsauflage lediglich mit einem passiven, meist zeitlich befristeten Dulden belastet ist, selbst jedoch keine eigene tatsächliche Gegenleistung erbringt.

Bei einer Nutzungs- oder Duldungsauflage ist der Schenkungsempfänger durch ein meist zeitlich befristetes Dulden belastet. Beispiele für Auflagenschenkungen unter einer Nutzungs- oder Duldungsauflage sind Nießbrauchs- und Wohnrechtsvorbehalte. In den Bereich der Leistungsauflagenschenkung fallen dagegen Schenkungen gegen Zahlung von Gleichstellungsgeldern sowie anderen Geldleistungen.

HINWEIS:
Von einer Auflage ist die unverbindliche Empfehlung des Schenkers an den Bedachten zu unterscheiden. An eine Empfehlung ist der Bedachte nur moralisch gebunden. Eine Beschwer kann insoweit nicht begründet werden. In eine Auflage gekleidete unverbindliche Empfehlungen dürfen nicht steuermindernd berücksichtigt werden.

3.2.4 Ermittlung des steuerpflichtigen Erwerbs (Bereicherung) bei Schenkungen

3.2.4.1 Schenkung ohne Auflage oder Gegenleistung

454 Erhält der Beschenkte eine Schenkung ohne jegliche Auflage oder Gegenleistung, ist der steuerpflichtige Erwerb (Bereicherung) mit dem nach Maßgabe des Bewertungsrechts anzusetzenden Steuerwert des Zuwendungsgegenstandes identisch. Der Steuerwert entspricht im Regelfall dem gemeinen Wert (Verkehrswert) des Zuwendungsgegenstandes (§ 12 Abs. 1 ErbStG, § 9 BewG).

3.2.4.2 Gemischte Schenkung und Auflagenschenkung

Handelt es sich bei dem Schenkungsgeschäft um eine gemischte Schenkung oder eine Schenkung unter einer Auflage, kann der Bedachte nur in Höhe des Differenzbetrages zwischen dem nach Maßgabe des Bewertungsrechts anzusetzenden Steuerwert des Zuwendungsgegenstandes und dem entsprechend ermittelten Wert seiner Gegenleistung als bereichert gelten. Entsprechend wird die Bereicherung ermittelt, indem von dem maßgeblichen Steuerwert der Leistung des Schenkers die Gegenleistungen des Beschenkten und die von ihm übernommenen Leistungs-, Nutzungs- und Duldungsauflagen mit ihren jeweils maßgeblichen steuerlichen Werten abgezogen werden (R E 7.4 Abs. 1 ErbStR 2011). 455

Der Steuerwert der Bereicherung bzw. der Steuerwert der freigebigen Zuwendung entspricht also jenem Betrag, um den die Zuwendung den Wert der Gegenleistung des Beschenkten übersteigt.

Hinsichtlich der richtigen Festlegung des wirtschaftlichen Zusammenhangs von Gegenleistungen, übernommenen Schulden, Leistungsauflagen, Nutzungs- und Duldungsauflagen, die im Zusammenhang mit einer gemischten Schenkung stehen, gilt dabei Folgendes (H E 7.4 Abs. 3 ErbStH 2011): 456

Gegenleistungen:

Gegenleistungen, die der Beschenkte auf Grund des Schenkungsvertrags erbringen muss, stehen in wirtschaftlichem Zusammenhang mit allen zugewendeten Gegenständen und sind auf diese nach dem Verhältnis der Steuerwerte aufzuteilen.

Schulden:

Übernimmt der Beschenkte im Rahmen der Schenkung Schulden, deren Entstehung ursächlich und unmittelbar auf Vorgängen beruht, die mit dem geschenkten Vermögensgegenstand zusammenhängen, so sind die Schulden diesem Vermögensgegenstand zuzuordnen. Die hypothekarische Sicherung der Schuld an einem Grundstück begründet eine widerlegbare Vermutung, dass ein solcher wirtschaftlicher Zusammenhang besteht. Besteht kein wirtschaftlicher Zusammenhang mit nur einem einzelnen Vermögensgegenstand, stehen die Schulden in wirtschaftlichem Zusammenhang mit allen zugewendeten Gegenständen und sind auf diese nach dem Verhältnis der Steuerwerte aufzuteilen.

Leistungsauflagen:

Bei Leistungsauflagen, die erst mit dem Erwerb begründet werden, sieht die Finanzverwaltung stets einen wirtschaftlichen Zusammenhang mit allen zugewendeten Gegenständen als gegeben. Dies gilt inbesondere bei Rentenleistungen. Diese können nicht einzelnen (nicht steuerbefreiten Gegenständen) zugerechnet werden.

Nutzungs- und Duldungsauflagen

Schenkungen unter einer Nutzungs- oder Duldungsauflage unterscheiden sich von Schenkungen unter einer Leistungsauflage dadurch, dass der Beschenkte bei einer Nutzungs- oder Duldungsauflage lediglich mit einem passiven, meist zeitlich befristeten Dulden belastet ist, selbst jedoch keine eigene tatsächliche Gegenleistung erbringt. Bei Nutzungs- und Duldungsauflagen (Nießbrauch, Wohnrecht), die erst mit dem Erwerb begründet werden, ist ein wirtschaftlicher Zusammenhang mit dem oder den Vermögensgegenständen begründet, auf die sich die Verpflichtung bezieht. Bezieht sich eine Nutzungs- oder Duldungsauflage auf alle zugewendeten Vermögensgegenstände, ist sie auf diese nach dem Verhältnis der Steuerwerte aufzuteilen.

457 Als nach Maßgabe des Bewertungsrechts anzusetzenden Steuerwert einer Nutzung oder wiederkehrenden Leistung ist der Wert heranzuziehen, der sich auf Grund des tatsächlichen Jahreswerts der Nutzung oder Leistung nach §§ 13 bis 16 BewG ergibt. Der Verkehrswert einer Nutzung und der Verkehrswert des genutzten Vermögensgegenstandes müssen bei einer zutreffenden Bewertung gemäß den bürgerlich-rechtlichen Bewertungsgrundsätzen stets in einem angemessenen Verhältnis zueinander stehen, da das Eigentum an einem Vermögensgegenstand dessen Nutzung einschließt. Fehlt es an einem angemessenen Wertverhältnis, ist entweder ein zu geringer Wert für den Vermögensgegenstand oder ein zu hoher Wert für die Nutzung angesetzt worden.

HINWEISE:

Sofern Grundvermögen Gegenstand einer gemischten Schenkung oder einer Schenkung unter Leistungsauflage ist, unterliegt der entgeltliche Teil der Grunderwerbsteuer nach § 3 Nr. 2 Satz 2 GrEStG, wenn der Erwerber mit dem Veräußerer nicht in gerader Linie verwandt ist (Befreiungstatbestand des § 3 Nr. 6 GrEStG). Den entgeltlichen Teil stellt entweder die vom Erwerber zu erbringende Gegenleistung (bei gemischten Schenkungen) oder der kapitalisierte Wert der Leistungsauflage (z. B. der Versorgungsrente) dar. Dasselbe gilt auch für Grundstücksschenkungen unter einer Nutzungs- oder Duldungsauflage. Die Bemessungsgrundlage für die GrESt ergibt sich daher regelmäßig aus dem Nennwert oder dem Kapitalwert der Gegenleistung. Fällt Grunderwerbsteuer im Zusammenhang mit einer gemischten Schenkung, einer Schenkung unter Leistungs-, Nutzungs- oder Duldungsauflage an, betrifft sie stets nur den entgeltlichen Teil der Zuwendung. Ein Abzug bei der Ermittlung des Werts des steuerpflichtigen Erwerbs ist ausgeschlossen (H E 7.4 Abs. 4 ErbStH 2011, gleich lautende Ländererlasse vom 16. 3. 2012). Trägt der Schenker die Grunderwerbsteuer im Zusammenhang mit einer gemischten Schenkung, einer Schenkung unter einer Leistungs-, Nutzungs- oder Duldungsauflage bei ganz oder teilweise steuerbefreitem Vermögen, handelt es sich um eine zusätzliche Geldschenkung. Übernimmt der Schenker die Grunderwerbsteuer bei mittelbaren Schenkungen, stellt dies zwar eine zusätzliche Bereicherung dar. Der zusätzlichen Bereicherung steht jedoch eine Bereicherungsminderung in gleicher Höhe durch die Folgekosten der Schenkung gegenüber. Die Grunderwerbsteuer kann in voller Höhe abgezogen werden.

Die Art der Gegenleistung und ihre Zuordnungsregelungen zu den betreffenden Zuwendungsgegenständen ist dann von Relevanz, wenn sich unter den Zuwendungsgegenständen solche befinden, die ganz oder teilweise steuerbefreit sind. Denn die Höhe des möglichen steuermindernden Abzugs hängt ganz entscheidend vom Umfang der Steuerpflicht des Zuwendungsgegenstandes ab, dem die Gegenleistung zuzuordnen ist. Vgl. dazu Näheres in Teil V, Der steueroptimale Schenkungsvertrag, Rdn. 881.

3.2.4.3 Mischfälle

Enthält eine Schenkung sowohl Teile der gemischten als auch solche einer Schenkung unter Nutzungs- oder Duldungsauflage, können die Gegenleistungen und die aus Auflagen bedingten Lasten ohne weitere Aufteilung steuermindernd abgezogen werden.[1]

458

> **BEISPIEL:** Zur Übertragung gelangt eine nicht zu Wohnzwecken vermietete Eigentumswohnung im Verkehrs- und Steuerwert von 500 000 €. Der darin wohnhaften Schwester des Schenkers ist ein lebenslängliches Wohnrecht einzuräumen. Der Kapitalwert bemisst sich auf 70 000 € Des Weiteren ist die restliche Hypothekenschuld in Höhe von 80 000 € vom Beschenkten noch zu tilgen.
>
> Die steuerpflichtige Bereicherung beträgt:
>
> | | |
> |---|---:|
> | Grundbesitzwert | 500 000 € |
> | ./. Gegenleistung (übernommene Hypothekenschulden) | 80 000 € |
> | ./. Duldungsauflage (Wohnrecht) | 70 000 € |
> | Bereicherung | 350 000 € |

3.2.4.4 Abzug einer Nutzungs- oder Duldungsauflage bereits beim Grundbesitzwert

In vielen Fällen überlassen Schenker und/oder Erwerber die Grundstücksbewertung nicht den Finanzbehörden, sondern machen von der Öffnungsklau-

459

---

1 R E 7.4 Abs. 1 Satz 2 ErbStR 2011.

sel Gebrauch und weisen, wie oben in Teil II Abschnitt 5.8 erläutert, den tatsächlichen Verkehrswert (gemeinen Wert) nach. In solchen Fällen wird bei der Grundstücksbewertung bereits der Kapitalwert des Wohnungs-/Nießbrauchsrechts abgezogen (sogenannte „Nettobetrachtung"). Zur Vermeidung einer Doppelberücksichtigung ist in solchen Fällen ein erneuter Abzug des Kapitalwerts der Nutzungs-/Duldungsauflage bei der Schenkungsteuerveranlagung ausgeschlossen (§ 10 Abs. 6 Satz 6 ErbStG). Das Nutzungsrecht selbst muss im Fall des Vorbehaltsnießbrauchs nicht eigenständig bewertet werden.[1]

BEISPIEL:[2] A überträgt im August 2011 B ein Mietwohngrundstück und behält sich den Nießbrauch an den Erträgen vor. Der Grundbesitzwert beträgt 380 000 € und ist bereits um den Wert des Nießbrauchs gemindert (§ 198 BewG). B übernimmt auf dem Grundstück lastende Schulden von 100 000 €.

Die Bereicherung des B beträgt

Grundbesitzwert		380 000 €
Befreiung § 13c ErbStG 10 % von 380 000 €		./. 38 000 €
Verbleiben		342 000 €
Gegenleistung in wirtschaftlichem Zusammenhang mit dem Grundstück	100 000 €	
Duldungsauflage	+ 0 €	
Summe	100 000 €	
Nicht abzugsfähig 10 % von 100 000 € =	./. 10 000 €	
Abzugsfähig	90 000 €	./. 90 000 €
Bereicherung		252 000 €

HINWEISE:

Das obige Beispiel gilt auch im Fall einer Grundstücksübertragung gegen Zuwendungsnießbrauch. Allerdings ist hier zum Zwecke der Besteuerung des Empfängers des Zuwendungsnießbrauchs das Nutzungsrecht gesondert zu bewerten.[3]

Das für die Erbschaft- oder Schenkungsteuerveranlagung zuständige Finanzamt ist darüber zu unterrichten, dass die Belastung im Rahmen der Feststellung des Grundbesitzwerts berücksichtigt wurde (vgl. H E 7.4 Abs. 1 ErbStH).

---

1 OFD Rheinland v. 17. 2. 2012 S 3104 - 2001 - St 234S 3229 - 2002 - St 242.
2 H E 7.4 ErbStH 2011.
3 OFD Rheinland v. 17. 2. 2012 S 3104 - 2001 - St 234S 3229 - 2002 - St 242; zur Nießbrauchsbewertung vgl. oben Rdn. 115 ff.

3.2.4.5 Gemischte Schenkung von ganz oder teilweise steuerbefreiten Gegenständen

Bestimmte Gegenstände wie z. B. Mietwohngrundstücke oder Kunstgegenstände[1] unterliegen einer ganzen oder teilweisen Steuerbefreiung. In diesen Fällen ist der Abzug von Gegenleistungen, Nutzungs- und Duldungsauflagen auf den steuerpflichtigen Teil beschränkt bzw. sind diese nicht abzugsfähig, soweit die Gegenstände steuerfrei sind.

460

BEISPIEL:[2] A überträgt im August 2011 B ein Mietwohngrundstück mit einem Grundbesitzwert von 750 000 €. Aus der Anschaffung resultiert noch eine Verbindlichkeit in Höhe von 150 000 €, die B übernimmt. A behält sich den Nießbrauch an den Erträgen vor. Der Kapitalwert des Nießbrauchs unter Berücksichtigung der Begrenzung nach § 16 BewG beträgt 100 000 €.

Grundbesitzwert		750 000 €
Befreiung § 13c ErbStG 10 % von 750 000 €		·/. 75 000 €
Verbleiben		675 000 €
Gegenleistung in wirtschaftlichem Zusammenhang mit dem Grundstück	150 000 €	
Nießbrauch	+ 100 000 €	
Summe	250 000 €	
Nicht abzugsfähig 10 % von 250 000 € =	·/. 25 000 €	
Abzugsfähig	225 000 €	·/. 225 000 €
Bereicherung		450 000 €

HINWEIS:
Sind mehrere Gegenstände Teil einer freigebigen Zuwendung, sind die Befreiungen bei den einzelnen Vermögensgegenständen vorzunehmen (R E 7.4 Abs. 3 ErbStR 2011).

3.2.4.6 Abzugs(Saldierungs-)verbot für „eigennützige" Auflagen (§ 10 Abs. 9 ErbStG)

Auflagenschenkungen können vielfach so gestaltet werden, dass dem Beschenkten eine Verbesserung/Veredelung des Schenkungsgegenstands zur Auflage gemacht wird. Es handelt sich in solchen Fällen regelmäßig um Auflagen, die dem Bedachten selbst zugutekommen. Für solche Fälle enthält § 10 Abs. 9 ErbStG ein Abzugsverbot. So können z. B. Aufwendungen für die Renovierung eines verschenkten Hauses gemäß § 10 Abs. 9 ErbStG nicht vom Steu-

461

---

[1] Vgl. im Einzelnen Teil III Abschnitt 4.3 Rdn. 559.
[2] Vgl. H E 7.4 Abs. 2 ErbStH 2011.

erwert des Schenkungsgegenstandes abgezogen werden.Voraussetzung ist allerdings, dass die Auflagen dem Bedachten unmittelbar zugutekommen. Kommt eine Auflage einem Erwerber indessen nur mittelbar, beispielsweise über eine Gesellschaftsbeteiligung zugute, kann die Auflagenlast sehr wohl abgezogen werden. Ist die Auflagenbegünstigte eine Kapitalgesellschaft, der Auflagenbeschwerte dagegen der Erbe als alleiniger Gesellschafter, erbt die Kapitalgesellschaft. Der Erbe kann die Belastung abziehen, obwohl diese Belastung wieder über seine Alleingesellschafterstellung über die Gesellschaft an ihn zurückfließt.

3.3 Besonderheiten bei der Vor- und Nacherbschaft

3.3.1 Begriff

462 Ein „Erblasser kann einen Erben in der Weise einsetzen, dass dieser erst Erbe wird, nachdem zunächst ein anderer Erbe geworden ist (Nacherbe) § 2100 BGB)". Dieser Nacherbe stellt auch gleichzeitig einen Ersatzerben dar (§ 2102 BGB). Wann der Nacherbe Erbe werden soll, liegt im Ermessen des Erblassers. Ist nichts bestimmt, fällt die Erbschaft dem Nacherben mit dem Tod des Vorerben an (§ 2106 Abs. 1 BGB); spätestens nach 30 Jahren wird die Nacherbeneinsetzung unwirksam. Der Erblasser kann für die Erbeinsetzung einen genauen Zeitpunkt bestimmen oder den Antritt an ein Ereignis knüpfen (beispielsweise das Erreichen der Volljährigkeit). Mit Eintritt der Nacherbfolge hört der Vorerbe auf, Erbe zu sein; das Vermögen fällt dem Nacherben zu (§ 2139 BGB). Sofern der Nacherbe im Zeitpunkt des Nacherbfalles bereits verstorben ist, treten an dessen Stelle seine Erben.

463 Von der Vor- und Nacherbschaft ist die Schlusserbschaft (§ 2265 BGB) zu unterscheiden. Bei der Schlusserbschaft setzt eine Person A (z. B. der Ehemann) eine Person B (z. B. die Ehefrau) zum Alleinerben ein. Dies geschieht i.V. m. der Erbeinsetzung einer weiteren Person C (z. B. das gemeinsame Kind von A und B) als Schlusserben. Dieser Schlusserbe ist – anders als bei der Vor- und Nacherbschaft – Erbe des Vorerben und nicht Erbe des ursprünglichen Erblassers. Der Schlusserbe wird demzufolge immer nach dem Verwandtschaftsverhältnis zum Alleinerben besteuert. Die Möglichkeit, eine Besteuerung nach dem Verwandtschaftsgrad zum ursprünglichen Erblasser (also hier zum Ehemann A) zu beantragen, ist dem Schlusserben verwehrt. Dem Nacherben dagegen steht diese „Hintertür" sehr wohl offen.

464 Vor- und Nacherbschaften werden insbesondere von kinderlosen Ehepaaren vereinbart, wenn ein Ehegatte Verwandte hat, den anderen aber höchstens der Staat beerben würde. Stirbt der verwandtenlose Ehegatte, der Vorerbe

war, geht das Vorerbvermögen nicht etwa an den Staat über, sondern fällt an die als Nacherben bestimmten Familienangehörigen des vorverstorbenen Ehegatten. Nur in solchen Ausnahmesituationen kann man über die erheblichen steuerlichen Nachteile hinwegsehen.

> **HINWEIS:**
>
> Des Weiteren kann durch Anordnung einer Vor- und Nacherbschaft verhindert werden, dass der zweite Ehepartner der überlebenden Ehefrau am vom vorverstorbenen ersten Ehemann hinterlassenen Vermögen partizipiert. Dies wäre nämlich der Fall, wenn die überlebende Ehefrau nicht nur Vorerbin, sondern Alleinerbin geworden wäre. Überlebt der zweite Ehepartner die Ehefrau, hätte er nach der gesetzlichen Erbfolge am gesamten Vermögen der Ehefrau teil (also dann auch am Vermögen ihres ersten Ehemanns). Dagegen fällt mit der Vor- und Nacherbschaftsregelung der Nachlass aus erster Ehe den Kindern aus erster Ehe ungeschmälert zu.

3.3.2 Steuerrechtliche Behandlung

Das Steuerrecht behandelt und besteuert den Vorerben wie einen Vollerben (§ 6 Abs. 1 ErbStG), ungeachtet dessen, dass bestimmte Verfügungsbeschränkungen bestehen bei Grundstücken, bei Hypothekenforderungen, Grund- und Rentenschulden sowie bei Verfügungen über einen Erbschaftsgegenstand, die im Wege der Zwangsvollstreckung oder der Arrestvollziehung oder durch den Konkursverwalter erfolgen. Auch darf der Vorerbe einen Erbschaftsgegenstand nicht einfach so verschenken. Außerdem muss der Vorerbe Geld nach den für Mündelgeld geltenden Vorschriften anlegen oder auf Verlangen des Nacherben ein Verzeichnis der zur Erbschaft gehörenden Gegenstände erstellen usw. (vgl. im Einzelnen §§ 2113 bis 2135 BGB). 465

Der Vorerbe trägt die gesamten Nutzungsaufwendungen und Kosten bezüglich der Vorerbschaft (§ 2124 BGB); er hat das Erbvermögen im ordnungsgemäßen Zustand herauszugeben (§ 2130 BGB, d. h., dass er für den Erhalt der wertmäßigen Substanz des Nachlasses haftet, nicht aber für den Erhalt konkreter Nachlassgegenstände). 466

Der Nacherbe wird erst Erbe, wenn er die Nacherbschaft antritt. Er hat vor Eintritt des Nacherbfalls nicht das Recht, beispielsweise die Erteilung eines Erbscheins an sich oder an den Vorerben zu beantragen. Die Anwartschaft des Nacherben auf das Erbe zählt nicht zum Nachlass (§ 10 Abs. 4 ErbStG). Ist der Eintritt der Nacherbfolge an ein bestimmtes Ereignis geknüpft, bleiben solche Verfügungsbeschränkungen unberücksichtigt.

Der Vorerbe zahlt Erbschaftsteuern aus Mitteln der Erbmasse (§ 20 Abs. 4 ErbStG in Anlehnung an § 2126 BGB). Er darf also Geldmittel aus der Vorerb- 467 schaft zur Zahlung der Erbschaftsteuer entnehmen. Zahlt der Vorerbe Steuern und „außerordentliche Lasten" zunächst aus eigener Tasche, hat er gegenüber dem Nacherben ein Forderungsrecht (§ 2124 Abs. 2 BGB).

> **HINWEIS:**
> Die zur Finanzierung der Erbschaftsteuer notwendigen Mittel fehlen später dem Nacherben. Die Steuerlast der Vorerbschaft drückt im Ergebnis auf den Nacherben. Diesem stehen aber unmittelbar keine Rechtsmittel gegen die Festsetzung der Erbschaftsteuer zur Verfügung, weil ja der Vorerbe Steuerschuldner ist. Ist die Steuer unzutreffend festgesetzt, wäre es Aufgabe des Vorerben, Rechtsmittel zu ergreifen. Dies scheitert aber in der Praxis daran, dass der Vorerbe die Steuer nicht selbst trägt.

3.3.3 Antritt der Nacherbfolge mit dem Tod des Vorerben

468   Geht schließlich das Vermögen mit dem Tod des Vorerben auf den Nacherben über, wird dieser steuerlich so behandelt, als hätte er direkt vom Vorerben geerbt. Bewertungsstichtag für den ursprünglich vom Erblasser stammenden Nachlass ist der Zeitpunkt der Entstehung der Steuerschuld (§ 11 ErbStG). Die Erbschaftsteuer entsteht im Zeitpunkt des Eintritts der Nacherbfolge (§ 9 Abs. 1 Nr. 1 Buchst. h ErbStG). Auf diesen Zeitpunkt hin ist die Erbschaft auch neu zu bewerten, was im Ergebnis bedeutet, dass der Nacherbe auch Vermögenszuwächse während der Vorerbschaft versteuert.

469   Der Nacherbe hat die Erbschaft als vom Vorerben stammend zu versteuern (§ 6 Abs. 1 ErbStG). Dementsprechend gilt auch die im Verhältnis zum Vorerben maßgebliche Steuerklasse. Es besteht allerdings die Möglichkeit, eine Besteuerung der Nacherbschaft im Verhältnis des Nacherben zum Erblasser zu wählen (§ 6 Abs. 2 Satz 2 ErbStG). Eine Besteuerung nach dem Verhältnis zum Erblasser bringt insbesondere dann Steuervorteile, wenn Vorerbe das ältere Kind, Nacherbe dagegen das jüngere Kind ist, da Kinder von den Eltern in Steuerklasse I, Geschwister dagegen in Steuerklasse II erben. Schließlich ist eine Antragstellung auch überall dort zu empfehlen, wo der Nacherbe während der letzten zehn Jahre Zuwendungen aus dem freien Vermögen des Vorerben erhalten hat. Hier würde es nämlich im Falle einer Versteuerung im Verhältnis zum Vorerben zu einer Zusammenrechnung nach § 14 ErbStG kommen. Bei Antragstellung kämen dagegen nur die früheren Zuwendungen des Erblassers in Betracht. Der Nacherbe hat es also selbst in der Hand, inwieweit er eine Zusammenrechnung mit früheren Erwerben vermeiden will.[1]

---

1 Zum gezielten Einsatz des Wahlrechts bei einem ausländischen Erblasser, inländischem Vorerben und ausländischen Nacherben vgl. Rdn. 875.

470 Das Wahlrecht, anstatt zum Vorerben nach dem Verhältnis zum Erblasser besteuert zu werden, ändert aber nichts an der Tatsache, dass den Nacherben im Vergleich zum Direkterben u.U. ein auf den Erwerb bezogener höherer Steuersatz trifft. Denn in aller Regel erbt der Nacherbe auch sonstiges freies Vermögen des Vorerben (z. B. der Mutter). In solchen Fällen sind beide Nachlassteile zusammenzurechnen und steuerlich als eine Einheit zu behandeln. Dies heißt allerdings nicht, dass nicht jeder Nachlassteil selbstständig zu ermitteln und zu bewerten ist (§ 6 Abs. 2 Satz 3 ErbStG).

471 Die Bildung einer „Einheit" aus beiden Nachlassteilen soll vielmehr bewirken, dass den Nacherben keine Progressionsvorteile zukommen. Ein solcher Vorteil gegenüber gewöhnlichen Erben wird durch § 6 Abs. 2 Satz 5 ErbStG verhindert, der bestimmt, dass die Steuer für jeden Erwerb nach dem Steuersatz zu erheben ist, der für den gesamten Erwerb gelten würde.

BEISPIEL: Der Vater V setzt seine Kinder S und T zu gleichberechtigten Nacherben ein. Vorerbin ist die Schwester S des V. V hinterlässt ein Vermögen im Steuerwert von 2 Mio. € und die Schwester S ein freies Vermögen im Steuerwert von 50 000 €, das ebenfalls auf S und T zu gleichen Teilen übergeht. Ein Antrag auf Besteuerung nach dem Verhältnis zum Vater V haben die Kinder S und T gestellt.

	Sohn S	Tochter T	Gesamt
Steuerwert der Nacherbschaft*	1 000 000 €	1 000 000 €	2 000 000 €
./. Freibetrag	./. 400 000 €	./. 400 000 €	./. 800 000 €
Bemessungsgrundlage	600 000 €	600 000 €	1 200 000 €
Steuerklasse	I	I	
Steuersatz, wie er in Klasse I für den Gesamterwerb von je 625 000 € (= 600 000 € zzgl. je ¹/₂ freier Erwerb von S) gelten würde, ist auch maßgeblich für den Einzelerwerb	19 %	19 %	
Steuer für Nacherbschaft (= 19 % von 600 000 €	114 000 €	114 000 €	228 000 €
Steuerwert der freien Erbschaft	25 000 €	25 000 €	25 000 €
Gesamterwerb	1 025 000 €	1 025 000 €	20 500 000 €
Steuerklasse	III	III	
Steuersatz, wie er in Klasse III für den Gesamterwerb von je 625 000 € gelten würde, ist auch maßgeblich für den Einzelerwerb	30 %	30 %	

Steuer für freie Erbschaft (= 30 % von 25 000 ./. 0)	7 500 €	7 500 €	15 000 €
gesamte Steuerbelastung	121 500 €	121 500 €	243 000 €

*Unterstellt wurde hier, dass die Nacherbschaft nicht durch eine Erbschaftsteuerschuld der Vorerbin gemindert wurde.

472 Ohne Antragstellung wäre eine Erbschaftsteuer von je 301 500 € fällig geworden. Denn das anteilige Gesamtvermögen der Tante (die Nacherbschaft eingeschlossen) i. H. v. 1 025 000 € abzüglich eines Freibetrags in Klasse III von je 20 000 € = je 1 005 000 € wäre zu einem Steuersatz von 30 % zu versteuern gewesen.

Obiges Beispiel zeigt, dass den Abkömmlingen bei der Vor- und Nacherbschaft jeweils nur ein persönlicher Freibetrag zuerkannt wird, und zwar derjenige, der für das zur Besteuerung gewählte Verwandtschaftsverhältnis gilt. Bezüglich der freien Erbschaft kommt nur insoweit ein Freibetrag in Betracht (und zwar nur der im Verhältnis zum Vorerben maßgebliche), als der für die Nacherbschaft unter Berücksichtigung des gewählten Besteuerungsverhältnisses geltende Freibetrag durch die Nacherbschaft noch nicht aufgebraucht ist.

Ist der auf die Nacherbschaft entfallende Freibetrag nicht verbraucht, kann der nicht verbrauchte Teil insoweit nicht auf das Erbverhältnis Erwerber/Vorerbe übertragen werden. Es kann also der im Verhältnis Erbe/Vorerbe geltende Freibetrag nicht um einen nicht verbrauchten Teil des anderen Freibetrages erhöht werden.[1]

> **HINWEIS:**
> Mit der Vor- und Nacherbschaftsregelung wird ein Freibetrag verschenkt. Im obigen Beispiel war der Freibetrag der Kinder für das der Nacherbfolge unterliegende Vermögen des Vaters bereits aufgebraucht, weshalb für das freie Vermögen der Tante kein Freibetrag mehr übrig blieb.

3.3.4 Antritt der Nacherbfolge zu Lebzeiten des Vorerben (Eintritt eines bestimmten Ereignisses)

473 Nun sei der Fall gegeben, dass die Nacherbschaft nicht mit dem Tod des Vorerben angetreten wird, sondern bereits zu dessen Lebzeiten. Dies kann in solchen Fällen geschehen, in denen der Erblasser den Eintritt der Nacherbschaft an ein bestimmtes Ereignis (Heirat, Geburt, Vollendung des 18. Lebensjahres usw.) geknüpft hat und das Ereignis noch zu Lebzeiten des Vorerben eingetre-

---
1 BFH, Urt. v. 2. 12. 1998 II R 43/97, ZEV 1999 S. 180.

ten ist. In solchen Fällen gilt die Vorerbfolge als auflösend bedingter, die Nacherbfolge als aufschiebend bedingter Anfall (§ 6 Abs. 3 Satz 1 ErbStG). Wird die Nacherbschaft als aufschiebend bedingter Anfall zu Lebzeiten des Vorerben angetreten, ist für die Besteuerung ausschließlich das Verwandtschaftsverhältnis zum Erblasser maßgebend; nicht dagegen dasjenige zum Vorerben.[1] Eine Wahlmöglichkeit gibt es auch dann nicht, wenn der Vorerbe vor Eintritt des Ereignisses verstorben ist und der Nachlass vorübergehend auf die Erben des Vorerben übergegangen ist.[2]

Ist der Eintritt der Nacherbschaft an ein bestimmtes Ereignis und nicht an den Tod des Vorerben gebunden, kommt eine Zusammenrechnung der Nacherbschaft mit dem freien Vermögen des Vorerben nicht in Betracht. Die Nacherbschaft und die Erbschaft über das freie Vermögen des Vorerben bilden hier jeweils separate Steuerfälle. 474

Geht der Nachlass nicht durch den Tod des Vorerben, sondern durch Eintritt eines bestimmten Ereignisses an den Nacherben über, kann der Vorerbe u.U. nur für sehr kurze Zeit an dem Erbgut bereichert gewesen sein. Es wäre daher ungerechtfertigt, den Vorerben mit der auf den Gesamterwerb gezahlten Erbschaftsteuer belastet zu lassen. Nachdem § 6 Abs. 3 ErbStG die Nacherbfolge – wenn sie nicht mit dem Tod des Vorerben angetreten wird – als aufschiebend bedingten und die Vorerbfolge als auflösend bedingten Anfall wertet, wäre hier grundsätzlich eine Berichtigung der Steuer auf den tatsächlichen Wert des Erwerbs nach § 5 Abs. 2 BewG geboten. Der Gesetzgeber kommt diesem Erfordernis nur unzureichend nach, indem er die vom Vorerben zuviel gezahlte Steuer zwar nicht erstattet, jedoch auf die vom Nacherben zu entrichtende Steuer anrechnet (§ 6 Abs. 3 Satz 2 ErbStG).

Der Anrechnungsbetrag ergibt sich aus der Differenz der vom Vorerben tatsächlich entrichteten Erbschaftsteuer und der Steuer, die bezüglich seines tatsächlichen Erwerbs zu zahlen gewesen wäre (also bezüglich dessen, was dem Vorerben aus der Erbschaft letztlich geblieben ist). Da der Vorerbe weitgehend als Nießbraucher anzusehen ist, errechnet sich die Steuer für den tatsächlichen Erwerb aus dem Kapitalwert der Nutzungen und Erträge sowie ggf. aus dem Steuerwert der entnommenen oder ihm verbleibenden Erbgegenstände. 475

---

1 BFH, Urt. v. 10.5.1972 II 78/64, BStBl 1972 II S. 765.
2 Gebel in Troll/Gebel/Jülicher, ErbStG § 6 Tz. 45.

BEISPIEL: A hat seine Lebensgefährtin zur Vorerbin ernannt. Für den Fall, dass sich die Lebensgefährtin nach seinem Tod verheiratet, soll das Kind das Vermögen als Nacherbin erhalten. Der Nachlass des A bestand aus 500 000 €. Die Lebensgefährtin entnimmt sogleich 200 000 € und verbraucht diese. Nach vier Jahren heiratet sie.

Vorerbfall

steuerlicher Bestandswert des Aktivvermögens (= Bereicherung)	500 000 €
·/. Freibetrag (Klasse III)	20 000 €
steuerpflichtiger Erwerb	480 000 €
Steuerschuld bei Steuerklasse/Steuersatz (III/30 %)	144 000 €

Nacherbfall

steuerlicher Bestandswert des ursprünglichen Aktivvermögens		500 000 €
·/. von der Lebensgefährtin verbraucht		·/. 200 000 €
·/. vom Nachlass bezahlte Erbschaftsteuer (§ 20 Abs. 4 ErbStG)		·/. 144 000 €
aus der Vorerbschaft verbleiben (= Bereicherung)		156 000 €
·/. Freibetrag (Verwandtschaftsverhältnis zum Vater)		·/. 400 000 €
steuerpflichtiger Erwerb		0 €
Steuerschuld		0 €
Steuer, die auf die tatsächliche Nutzung des Nachlasses durch die Lebensgefährtin entfällt		
entnommene Barmittel		200 000 €
Nießbrauch am übrigen Kapital (500 000 ·/. 200 000)	300 000 €	
= Jahreswert (§ 15 BewG) = 5,5 % v. 300 000 €	16 500 €	
× Faktor für 4 Jahre (§ 13 BewG), Anlage 9a zum BewG[1]	3,602	59 433 €
Bereicherung (tatsächlich)		259 433 €
·/. Freibetrag der Lebensgefährtin		·/. 20 000 €
steuerpflichtiger Erwerb (gerundet auf volle 100 €)		239 400 €
Steuerschuld bei Steuerklasse/Steuersatz (III/30 %)		71 820 €
Differenz zwischen bereits bei Antritt der Vorerbschaft bezahlter Steuer und der tatsächlich auf die Nutzung entfallenden Steuer (144 000 ·/. 71 820)		72 180 €

---

[1] Vgl. Anhang 3.

3 Die steuerpflichtigen Erwerbsvorgänge im Einzelnen

▶ **Fazit:**

Eine Erstattung der zu viel gezahlten 72 180 € erfolgt nicht. Solche Gestaltungsfehler müssen daher unbedingt erkannt und vermieden werden!

> **HINWEISE:**
>
> Ist steuerbegünstigtes Betriebsvermögen Gegenstand einer Vor- und Nacherbschaft, können sowohl der Ersterwerber (Vorerbe) als auch der Nacherbe den Verschonungsabschlag nach § 13a ErbStG sowie den Abzugsbetrag nutzen. Der Vor- und der Nacherbfall führen zu zwei getrennten Erwerbsfällen (R E 13b.1 Abs. 1 ErbStR 2011).

Die vorzeitige Übertragung des Nacherbschaftsvermögens an den Nacherben stellt keinen Erwerb durch Erbanfall, sondern eine Schenkung unter Lebenden dar (§ 7 Abs. 1 Nr. 7 ErbStG, R E 13b.1 Abs. 1 Satz 3 ErbStR 2011).

3.3.5 Freiwillige Herausgabe der Vorerbschaft zu Lebzeiten des Vorerben

Gibt der Vorerbe dem Nacherben seine Erbschaft bzw. einen Teil davon mit Rücksicht auf die angeordnete Nacherbschaft freiwillig vorzeitig heraus, gilt dies als steuerpflichtige Schenkung nach § 7 Abs. 1 Nr. 7 ErbStG. Nach dieser Vorschrift gilt als Schenkung, was ein Vorerbe dem Nacherben mit Rücksicht auf die angeordnete Nacherbschaft vor ihrem Eintritt herausgibt. 476

Hier mag man zu Recht entgegenhalten, woraus denn die Bereicherung entstammen soll, hat doch der Nacherbe sowieso schon die Erbsubstanz in Aussicht. In der Tat schenkt hier der Vorerbe dem Nacherben nicht das Erbgut, sondern die Nutzungen hieraus, so dass man primär nur an den Nießbrauch denken müsste. Dem ist aber nicht so: Die vorzeitige Herausgabe einer Erbschaft wird wirtschaftlich wie auch steuerlich dem Eintritt der Nacherbfolge gleichgestellt. Gegenstand der Schenkung ist der Wert der dem Nacherben vorzeitig überlassenen Erbschaft. 477

Für die Besteuerung gilt von Gesetzes wegen das Verwandtschaftsverhältnis des Vorerben zum Nacherben. Analog dem § 6 Abs. 2 ErbStG besteht auch hier die Möglichkeit, die Versteuerung nach dem Verhältnis des Nacherben zum Erblasser zu beantragen (§ 7 Abs. 2 ErbStG).

> **HINWEIS:**
>
> Tritt die Nacherbfolge nicht durch den Tod des Vorerben ein, weil der Vorerbe das Nachlassvermögen schon zu Lebzeiten im Rahmen einer Schenkung ganz oder teilweise herausgibt, besteht zwar ein Wahlrecht bezüglich des günstigeren Verwandtschaftsverhältnisses. Es findet aber keine Anrechnung einer ggf. vom Vorerben zu viel gezahlten Erbschaftsteuer auf die Schenkungsteuer des Nacherben statt, weil § 7 Abs. 2 ErbStG § 6 Abs. 3 Satz 2 ErbStG nicht für anwendbar erklärt.

3.4 Besonderheiten bei Zuwendungen unter Ehegatten und Lebenspartnern i. S. des Lebenspartnerschaftsgesetzes

3.4.1 Grundzüge des gesetzlichen Erbrechts des Ehegatten und des Lebenspartners

478 Der überlebende Ehegatte ist neben den Verwandten der ersten Ordnung zu einem Viertel erbberechtigt, unabhängig davon, wie viele Abkömmlinge vorhanden sind. Neben Verwandten der zweiten Ordnung oder neben Großeltern erhält der Ehegatte die Hälfte (§ 1931 BGB). Der überlebende Lebenspartner des Erblassers ist neben Verwandten der ersten Ordnung zu einem Viertel, neben Verwandten der zweiten Ordnung oder neben Großeltern zur Hälfte der Erbschaft gesetzlicher Erbe (§ 10 LPartG).[1] Treffen mit Großeltern Abkömmlinge von Großeltern zusammen, so erhält der Lebenspartner auch von der anderen Hälfte den Anteil, der nach § 1926 des Bürgerlichen Gesetzbuchs den Abkömmlingen zufallen würde.

479 Hat der überlebende Ehegatte bzw. Lebenspartner mit dem Erblasser in Zugewinngemeinschaft gelebt,[2] erhöht sich sein gesetzlicher Erbteil um ein Viertel, so dass er neben den Abkömmlingen die Hälfte, neben den Eltern, Geschwistern oder Großeltern drei Viertel vom Nachlass erhält. Die Erhöhung der Erbquote um ein Viertel soll einen erbrechtlichen Zugewinnausgleich bewirken. Ein solcher pauschaler Zugewinnausgleich wird unabhängig davon gewährt, ob überhaupt ein Zugewinn erzielt wurde (§ 1371 Abs. 1 BGB).

BEISPIEL:

	Ehemann (Lebenspartner)	Ehefrau (Lebenspartner)
Anfangsvermögen	100	0
Endvermögen	100	0
der Ehefrau (dem Lebenspartner) steht nach der erbrechtlichen Lösung zu		50

---

1 Gesetz über die Eingetragene Lebenspartnerschaft vom 16. 2. 2001 (BGBl 2001 I S. 266), zuletzt geändert durch: Gesetz zur Reform des Verfahrens in Familiensachen und in den Angelegenheiten der freiwilligen Gerichtsbarkeit (FGG-Reformgesetz – FGG-RG) vom 17. 12. 2008 (BGBl 2008 I S. 2586).

2 Die Lebenspartner leben im Güterstand der Zugewinngemeinschaft, wenn sie nicht durch Lebenspartnerschaftsvertrag (§ 7 LPartG) etwas anderes vereinbaren. Die für Ehegatten geltenden Regelungen in § 1363 Abs. 2 und die §§ 1364 bis 1390 des Bürgerlichen Gesetzbuchs gelten auch für den Lebenspartner entsprechend, demzufolge ebenso der steuerfreie Zugewinnausgleich.

Lebte der Ehegatte (Lebenspartner) mit dem Erblasser in Gütertrennung, so erbt dieser nur ¼. Nur bei einem oder zwei vorhandenen Kindern erbt der in Gütertrennung lebende Ehepartner (Lebenspartner) zu gleichen Teilen (neben einem Kind die Hälfte, neben zwei Kindern ein Drittel; § 1931 Abs. 4 BGB). Im Fall der Gütergemeinschaft gelten die Vorschriften für die Zugewinngemeinschaft entsprechend. Der überlebende Ehegatte (Lebenspartner) erhält hier allerdings eine weitergehende Beteiligung, und zwar am Gesamtgut, das während der Ehe (der Lebenspartnerschaft) gebildet wurde (§ 1416 BGB). Ihm steht daraus nämlich die Hälfte des Überschusses zu (§ 1476 BGB). Die andere Hälfte gehört in den Nachlass. Dem überlebenden Ehegatten (Lebenspartner) steht hieraus wiederum ein Viertel zu 480

3.4.2 Der steuerfreie Zugewinnausgleich

Zugewinn ist „der Betrag, um den das Endvermögen eines Ehegatten das Anfangsvermögen übersteigt" (§ 1373 BGB). Charakteristisch für die eheliche Zugewinngemeinschaft ist, dass der Zugewinn bei Beendigung der ehelichen Gemeinschaft zwischen den Beteiligten auszugleichen ist, und zwar entweder nach Maßgabe des § 1371 BGB (im Todesfall) oder nach § 1372 BGB (in anderen Fällen, insbesondere durch Scheidung). 481

Das Erbschaftsteuerrecht begünstigt den gesetzlichen Güterstand der Zugewinngemeinschaft, weil es den Zugewinnausgleich nicht dem steuerpflichtigen Erwerb zurechnet. Ein überlebender Ehegatte/Lebenspartner erhält den Zugewinnausgleich steuerfrei; und zwar nach § 5 Abs. 1 ErbStG, wenn er Erbe wird, und nach § 5 Abs. 2 ErbStG in allen anderen Fällen (z. B. bei Ausschlagung der Erbschaft). Der steuerfreie Zugewinnausgleich wird dem überlebenden Ehegatten/Lebenspartner neben seinem persönlichen Freibetrag und dem Versorgungsfreibetrag (§§ 16, 17 ErbStG) gewährt. Folglich führt die Beerbung des verstorbenen Ehegatten/Lebenspartners beim überlebenden Ehegatten/Lebenspartner nur noch insoweit zur Steuerpflicht, als diese den Zugewinnausgleich, den persönlichen Freibetrag und den Versorgungsfreibetrag übersteigt. 482

Voraussetzung für einen steuerfreien Zugewinnausgleich ist, dass die Zugewinngemeinschaft auch tatsächlich beendet wird. Einen so genannten fliegenden Zugewinnausgleich, bei dem die Ehepartner den Zugewinn ausgleichen, ohne allerdings den Zugewinn tatsächlich zu beenden, erkennt die Finanzverwaltung nach wie vor nicht an. Die Finanzverwaltung hält die Regelungen über den Zugewinnausgleich nicht für anwendbar, „wenn Ehegatten durch Ehevertrag den während des bisherigen Bestehens des Güterstands der Zugewinngemeinschaft entstandenen Zugewinn ausgleichen, ohne den Güterstand 483 zu beenden, so dass von Gesetzes wegen keine Ausgleichsforderung entstanden ist (R E 5.2 Abs. 3 ErbStR 2011).

Hingegen ist der durch eine ehevertragliche Beendigung des Güterstandes der Zugewinngemeinschaft entstehende Ausgleichsanspruch auch dann keine steuerpflichtige freigebige Zuwendung i. S. von § 7 Abs. 1 ErbStG, sondern eine gemäß § 5 Abs. 2 ErbStG nicht steuerbare Ausgleichsforderung, wenn auf die Beendigung des Güterstandes der Zugewinngemeinschaft – der Güterstand muss also auch hier zunächst beendet worden sein – mit Beginn des nächsten Tages dessen Neubegründung erfolgt (Güterstandsschaukel).[1] Bestehen für dieses Vorgehen plausible außersteuerliche Gründe – im entschiedenen Fall eine mögliche zukünftige Haftungsinanspruchnahme eines Ehegatten –, liegt auch kein Gestaltungsmissbrauch vor.[2]

Steuerfrei sind auch Ausgleichsforderungen, die infolge einer rückwirkenden Vereinbarung der Zugewinngemeinschaft entstehen. Aus der rückwirkenden Vereinbarung der Zugewinngemeinschaft allein ergibt sich keine erhöhte güterrechtliche Ausgleichsforderung (R E 5.2 Abs. 2 Satz 4 ErbStR 2011).

484 Der steuerfreie Zugewinnausgleich i. S. des § 5 ErbStG errechnet sich nach dem güterrechtlichen Ausgleich. Der güterrechtliche Zugewinnausgleich wird im Gegensatz zum pauschalierten erbrechtlichen Zugewinnausgleich unter Zugrundelegung der jeweiligen Anfangs- und Endvermögen exakt berechnet, und zwar nach Maßgabe der §§ 1373 ff. BGB (der güterrechtliche Zugewinnausgleich wird deshalb auch oft als rechnerischer Zugewinnausgleich bezeichnet). Beim rechnerischen Zugewinnausgleich erhält derjenige Ehegatte/Lebenspartner, der den geringeren Zugewinn erzielt hat, eine Ausgleichsforderung, und zwar in Höhe der Hälfte des Überschusses, also in Höhe der Hälfte des Betrages, um den der Zugewinn des einen Ehegatten/Lebenspartners den Zugewinn des anderen übersteigt (§ 1378 Abs. 1 BGB).

485 Das Erbschaftsteuerrecht stellt also denjenigen Ausgleichsbetrag steuerfrei, den der überlebende Ehegatte/Lebenspartner nach § 1371 Abs. 2 BGB als zivilrechtliche Ausgleichsforderung geltend machen könnte, wenn er nicht Erbe geworden wäre. Der Ausgleichsbetrag, den § 5 ErbStG von der Steuerpflicht freistellt, ist der tatsächlich zustehende Ausgleichsbetrag, der sich nach den Vorschriften der §§ 1373 bis 1383 und 1390 BGB ergibt. Dieser ist wie im Fall einer Scheidung fiktiv zu berechnen.

---

[1] Zum Gestaltungsinstrument der Güterstandsschaukel vgl. Rdn. 751.
[2] Vgl. auch BFH v. 17. 7. 2005 II R 29/02; H E 5.2 ErbStH 2011 (Vertragliche Beendigung der Zugewinngemeinschaft mit anschließender Neugründung).

Das Steuerrecht folgt dabei nicht in allen Punkten den zivilrechtlichen Grundsätzen für die güterrechtliche Abwicklung nach § 1371 Abs. 2 BGB. Es gelten folgende Ausnahmen: 486

▶ § 5 Abs. 1 Satz 2 ErbStG: Bei Auflösung der Zugewinngemeinschaft durch Tod bleiben güterrechtliche Vereinbarungen unberücksichtigt (dies wirkt sich insbesondere bei rückwirkender Vereinbarung der Zugewinngemeinschaft negativ aus);

▶ § 5 Abs. 1 Satz 3 ErbStG: Die Vermutung des § 1377 Abs. 3 BGB gilt nicht. Nach § 1377 BGB kann das Anfangsvermögen von den Eheleuten/Lebenspartnern auch der Höhe nach durch Aufstellung eines entsprechenden Inventarverzeichnisses frei bestimmt werden. Wird kein Verzeichnis erstellt, wird vermutet, dass das Endvermögen des Ehegatten/Lebenspartners seinen Zugewinn darstellt (§ 1377 Abs. 3 BGB). Da hier ein Anfangsvermögen von 0 € unterstellt wird, ist der Zugewinn bei dieser Variante am größten. Eine steuerrechtliche Anerkennung der Vermutung des § 1377 Abs. 3 BGB würde im Regelfall zu einem hohen steuerfreien Zugewinnausgleich führen. Die Finanzverwaltung kann an einem solchen naturgemäß nicht interessiert sein;

▶ § 5 Abs. 1 Satz 4 ErbStG: Bei nachträglicher Vereinbarung der Zugewinngemeinschaft gilt der Tag des Vertragsabschlusses als Eintritt in den Güterstand (es wird also für die Berechnung des fiktiven steuerfreien Anspruchs auf die tatsächliche Dauer der Zugewinngemeinschaft abgestellt);

▶ § 5 Abs. 1 Satz 5 ErbStG: Es gilt höchstens der dem Steuerwert des Endvermögens entsprechende Betrag nicht als steuerpflichtiger Erwerb von Todes wegen. Gegebenenfalls höhere Verkehrswerte (wie sie ggf. zivilrechtlich zum Ausgleich kommen würden) bleiben unberücksichtigt. Ausgangspunkt für die Umrechnung der fiktiven Ausgleichsforderung in den steuerfreien Betrag bildet seit der Erbschaftsteuerreform 2009 das Endvermögen des Verstorbenen, einschließlich der Hinzurechnungen nach § 1375 Abs. 2 BGB.[1] Diese Vorschrift hat allerdings im Zuge der Anhebung der steuerlichen Grundbesitzwerte auf Verkehrswertniveau erheblich an Bedeutung verloren. Sie wirkt praktisch nicht mehr zu einer Reduzierung der steuerfreien Ausgleichsforderung.

---

1 Bislang galt der Nachlass als Bezugsgröße, vgl. auch BT-Drucks. 16/11107, Teil B zu Nummer 4 Buchstabe a Doppelbuchstabe cc.

487 Die infolge des Kaufkraftschwunds nur nominale Wertsteigerung des Anfangsvermögens eines Ehegatten während der Ehe bzw. eines Lebenspartners während einer bestehenden Lebenspartnerschaft stellt keinen steuerfreien Zugewinn dar. Das Anfangsvermögen eines Ehegatten/Lebenspartners, das ist das Vermögen, das dem Ehegatten/Lebenspartner nach Abzug der Verbindlichkeiten beim Eintritt des Güterstandes gehörte, ist also um den unechten inflationsbedingten Wertzuwachs zu bereinigen, indem das Anfangsvermögen des Ehegatten/Lebenspartners mit dem Lebenshaltungskostenindex zurzeit der Beendigung des Güterstandes multipliziert und durch die für den Zeitpunkt des Beginns des Güterstandes geltende Indexzahl dividiert wird. Je niedriger das Anfangsvermögen der beiden Ehegatten/Lebenspartner ist, desto höher fällt der steuerfreie Zugewinn aus.

488 Die Finanzverwaltung hat in den Erbschaftsteuer-Hinweisen (H E 5.1 Abs. 2) Indexzahlen für die Indexierung der Zugewinnausgleichsforderung veröffentlicht. Für die Steuerberechnung maßgebliche aktuelle Indexzahlen veröffentlicht das Statistische Bundesamt in der der Fachserie 17 Reihe 7, erscheint monatlich.

1958	1959	1960	1961	1962	1963	1964	1965	1966	1967
26,9	27,1	27,4	28,2	28,5	29,4	30,1	31,0	32,0	32,7
1968	1969	1970	1971	1972	1973	1974	1975	1976	1977
33,1	33,8	35,0	36,8	38,8	41,6	44,4	47,1	49,0	50,9
1978	1979	1980	1981	1982	1983	1984	1985	1986	1987
52,3	54,4	57,3	60,9	64,2	66,2	67,9	69,3	69,2	69,3
1988	1989	1990	1991	1992	1993	1994	1995	1996	1997
70,3	72,2	74,1	75,9	79,8	83,3	85,6	87,1	88,3	90,0
1998	1999	2000	2001	2002	2003	2004	2005	2006	2007
90,9	91,4	92,7	94,5	95,9	96,9	98,5	100	101,6	103,9
2008	2009	2010	2011	Jan 12	Feb 12	Mrz 12	Apr 12	Mai 12	Jun 12
106,6	107,0	108,2	110,7	111,5	112,3	112,6	112,8	112,6	112,5

Tabelle: Preisindex für die Lebenshaltung aller privaten Haushalte (2005 = 100)

Die Indexierung des Anfangsvermögens kann zu absolut absurden Ergebnissen führen wie nachfolgendes Beispiel zeigt:

BEISPIEL: ▶ Angenommen, die Ehe wurde 1970 geschlossen (Index 35,0) und die Zugewinngemeinschaft in 2010 (Index 108,2) beendet. Das Anfangsvermögen des verstorbenen Ehemanns betrug nominal umgerechnet 2 500 000 €.

3 Die steuerpflichtigen Erwerbsvorgänge im Einzelnen

	Verstorbener Ehemann	Ehefrau
Endvermögen	6 500 000 €	0 €
Anfangsvermögen nominal	2 500 000 €	0 €
Anfangsvermögen indexiert*	7 728 000 € (gerundet)	0 €
Zugewinn ohne Indexierung	4 000 000 €	0 €
Steuerfreier Zugewinn mit Indexierung	0 €	0 €

* 2 500 000 × 108,2 / 35,0 = 7 728 571

Weil sich nach Anwendung der Indexierungsvorschriften für den überlebenden Ehegatten kein Zugewinn mehr ergibt, muss dieser hier 6,5 Mio. € Nachlassvermögen versteuern. Ohne Indexierung wären es nur 4,5 Mio. € gewesen, da die Hälfte des Zugewinns dem überlebenden Ehegatten gemäß § 1378 Abs. 1 BGB als Ausgleichsforderung steuerfrei zugeflossen wäre. Die Indexierung kostet den überlebenden Ehegatten Mehrsteuern von 380 000 €.*

	Mit Indexierung	Ohne Indexierung
Nachlass (Vermögensanfall)	6 500 000	6 500 000
Zugewinnausgleich steuerfrei, § 5 Abs. 1 ErbStG	0,00	2 000 000
Bereicherung	6 500 000	4 500 000
Freibeträge, §§ 16 Abs. 1 Nr. 1, 17 ErbStG	756 000	756 000
Steuerpflichtiger Erwerb	5 744 000	3 744 000
Steuer bei Steuersatz 19 %, Steuerklasse I	1 091 360	711 360
Differenz (Mehrsteuern)	− 380 000	

* Rechenbeispiel gilt für Lebenspartner entsprechend nur mit der Maßgabe, dass der überlebende Lebenspartner mit dem Tarif der Steuerklasse III besteuert wird.

Der steuerfreie Zugewinnausgleich i. S. des § 5 ErbStG errechnet sich unter Berücksichtigung der Indexierung in vier Schritten:

489

1. Im ersten Schritt sind die jeweiligen Endvermögen zum Zeitpunkt der Auflösung der Zugewinngemeinschaft zu bewerten und zu ermitteln. Dabei sind alle bei der Ermittlung des Endvermögens zu berücksichtigenden Vermögensgegenstände zu bewerten und einzubeziehen, auch wenn sie nicht zum steuerpflichtigen Erwerb gehören (z. B. Hausrat). Steuerbegünstigtes Betriebsvermögen ist mit seinem Steuerwert vor Abzug des Freibetrages und des Bewertungsabschlages einzubeziehen.

2. Von den ermittelten Endvermögen sind die Anfangsvermögen anschließend jeweils um nominale Wertsteigerungen zu bereinigen (Indexierung) und vom Endvermögen zu saldieren.

3. Anschließend ist die fiktive Zugewinnausgleichsforderung aus der Differenz der beiden Endvermögen zu ermitteln.
4. Schließlich erfolgt eine Verhältniskürzung in Relation der Verkehrswerte zu den Steuerwerten.

BEISPIEL: Erblasser und Ehegatte E ist im Juni 2012 verstorben und hinterlässt einen Nachlass im Verkehrswert von 2,5 Mio. €. Der Steuerwert des Nachlasses soll infolge kleiner Bewertungsdifferenzen beim Grundvermögen 2,49 Mio. € betragen. Das Anfangsvermögen des verstorbenen Ehegatten betrug nominal – umgerechnet in Euro – 100 000 €. Die überlebende Ehefrau F hatte im Zeitpunkt der Eheschließung ein Anfangsvermögen von umgerechnet 50 000 € und ein Endvermögen von 200 000 €. Die Ehe wurde 1970 geschlossen.

	Ehemann M		Ehefrau F	
Endvermögen (Verkehrswert)	2 500 000 €		200 000 €	
Anfangsvermögen nominal	100 000 €		50 000 €	
Anfangsvermögen indexiert	$\frac{100\,000 \times 108,2}{35,0}$	309 000 €	$\frac{50\,000 \times 108,2}{35,0}$	154 000 €
Zugewinn Inflationsbereinigt		2 191 000 €		46 000 €
Zugewinnausgleich zivilrechtlich	= ½ (2 191 000 – 46 000) = 1 072 500 €			
Verhältnisrechnung Steuerwerte/ Verkehrswerte Nachlassvermögen	$\frac{1\,072\,500 \times 2\,490\,000}{2\,500\,000} = 1\,068\,210\,€$			
Erbschaftsteuerfreier Erwerb 1 068 210 €				

HINWEISE:

▶ Bei der Berechnung des Zugewinnausgleichs nach der güterrechtlichen Lösung müssen frühere Schenkungen und unbenannte Zuwendungen zwischen den Ehegatten/Lebenspartnern auf die Ausgleichsforderung angerechnet werden, sofern es keine Gelegenheits- oder Anstandsschenkungen waren (§ 1380 Abs. 1 BGB). Bereits gezahlte Schenkungsteuern sind zu erstatten (§ 29 Abs. 1 Nr. 3 ErbStG).

▶ Wird ein bisher erzielter Zugewinn unter Ehegatten/Lebenspartnern freiwillig ausgeglichen, ohne den gesetzlichen Güterstand zu beenden, und musste die dadurch begründete Ausgleichsforderung als steuerbare unentgeltliche Zuwendung gemäß § 7 Abs. 1 Nr. 1 ErbStG versteuert werden, erlischt gemäß § 29 Abs. 1 Nr. 3 ErbStG die Steuer mit Wirkung für die Vergangenheit, wenn der Güterstand später durch Tod eines Ehegatten/Lebenspartners oder zu Lebzeiten beendet und die im Weg des vorweggenommenen Zugewinnausgleichs erhaltene Zuwendung auf die Ausgleichsforderung angerechnet wird (§ 1380 Abs. 1 BGB).[1] Der Steuererstattungsanspruch gilt sowohl in Fällen des § 5 Abs. 1 ErbStG als auch in Fällen des § 5 Abs. 2 ErbStG und steht dem überlebenden Ehegatten/Lebenspartner auch dann zu, wenn der Letzterwerb infolge der Freibeträge steuerfrei war.[2]

▶ Ein rückwirkendes Erlöschen der Schenkungsteuer für eine Zuwendung an den ausgleichsberechtigten Ehegatten/Lebenspartner setzt allerdings die Feststellung bzw. den Nachweis voraus, dass die Zuwendung ganz oder zum Teil auf die Ausgleichsforderung bei Beendigung der Zugewinngemeinschaft angerechnet worden ist. Ein solcher Nachweis ist dann nicht erfüllt, wenn es in der zu erstellenden Gesamtübersicht zur Vermögensaufteilung zu diversen Unstimmigkeiten kommt, etwa indem unterschiedliche Barwerte für Darlehensforderungen ausgewiesen werden oder Angaben über Guthaben oder Verbindlichkeiten zu diversen Konten fehlen, auf denen ausgleichspflichtige Zuwendungen, für die die Schenkungsteuer erlassen werden soll, geflossen sein sollen.[3]

3.4.3 Zugewinngemeinschaft im Vergleich zur Gütertrennung

Die Steuervorteile, die der gesetzliche Güterstand der Zugewinngemeinschaft beiden Ehegatten/Lebenspartnern bringt (Ausschöpfung des hohen Freibetrags durch höhere Erbquoten für den überlebenden Ehegatten und der steuerfreie Zugewinnausgleich), kompensieren sich mit den Vorteilen der Gütertrennung in aller Regel nicht, wie folgendes Beispiel zeigt:

490

BEISPIEL: ▶ Erblasser E verstirbt im Alter von 50 Jahren und hinterlässt seiner Ehefrau F und seinen beiden Kindern einen Nachlass im Verkehrswert (der in diesem Beispiel gleich dem Steuerwert sein soll) von 2,8 Mio. €. Der inflationsbereinigte Zugewinn des E beträgt 2,4 Mio. €. Die Eheleute haben vereinbart:

Zugewinngemeinschaft: Bei der Zugewinngemeinschaft erbt F insgesamt die Hälfte des Nachlasses (gesetzlicher Erbteil zzgl. des erbrechtlichen Zugewinnausgleichs in Höhe des Nachlassviertels) = 1,4 Mio. €. Davon sind als Zugewinnausgleich 1,2 Mio. € steuerfrei (die Hälfte des inflationsbereinigten Zugewinns, unterstellt, die F hatte keinen Zugewinn erzielt). Bringt man noch den persönlichen Ehegattenfreibetrag von 500 000 € zum Abzug, fällt keine Steuer an, auch wenn der Versorgungsfreibetrag nach § 17 ErbStG bereits verbraucht sein sollte.

Gütertrennung: Hier erbt F mit den beiden Kindern zu gleichen Teilen. Die Erbquote der F beträgt also $1/3$ von 2,8 Mio. € = 933 300 €. Hiervon kann nur der persönliche Ehegattenfreibetrag in Höhe von 500 000 € zum Abzug gelangen (wieder unterstellt, dass der Versorgungsfreibetrag nach § 17 ErbStG verbraucht ist), so dass ein steuerpflichtiger Erwerb von 433 300 € verbleibt.

---

1 FinMin Baden-Württemberg, Erl v. 29. 7. 1997 S 3804/4, DStR 1997 S. 1331.
2 Gebel in Troll/Gebel/Jülicher, ErbStG § 5 Tz. 63.
3 Vgl. FG Nürnberg, Urt. v. 18. 11. 2004 IV 284/2003.

491 Unternehmer oder Freiberufler neigen – oftmals auch durch den Gesellschaftsvertrag gezwungen – überwiegend zur Gütertrennung, weil Ausgleichsforderungen bei Beendigung des Güterstandes zu Liquiditätsschwierigkeiten führen können, ganz zu schweigen von der Schwierigkeit, die richtigen Verkehrswerte für das Betriebsvermögen zu finden. Vielfach wird auch verkannt, dass es sich beim gesetzlichen Güterstand bis zu einem gewissen Grad auch um Gütertrennung handelt, denn das Vermögen des Mannes und das Vermögen der Frau werden nicht gemeinschaftliches Vermögen (§ 1363 Abs. 2 Satz 1 BGB).

Im Wesentlichen unterscheidet sich der gesetzliche Güterstand vom vertraglichen Güterstand der Gütertrennung nur dadurch, dass

▶ ein Ehegatte über ihm gehörende Gegenstände des ehelichen Haushalts nur verfügen kann bzw. sich zu einer solchen Verfügung nur verpflichten kann, wenn der andere Ehegatte einwilligt (§ 1369 BGB);

▶ ein Ehegatte nur mit Einwilligung des anderen Ehegatten über sein Vermögen im Ganzen verfügen kann (§ 1365 BGB);

▶ bei Beendigung des Güterstandes, entweder durch Tod oder auf andere Weise (§§ 1371, 1372 BGB) der Zugewinn auszugleichen ist.

492 Die Charakteristiken der Zugewinngemeinschaft sind allerdings nicht zwingendes Recht. Sie können durch Abfassung eines Ehevertrages modifiziert werden. Wird der gesetzliche Güterstand beispielsweise durch Ausschluss der Zustimmungserfordernis nach § 1365 BGB oder durch Ausschluss des Zugewinnausgleichs nach §§ 1371, 1372 abgeändert, spricht man von der sog. modifizierten Zugewinngemeinschaft. Im Rahmen einer solchen kann ein Zugewinnausgleich nur für den Todesfall vorgesehen und in allen anderen Fällen – z. B. bei einer Scheidung – ausgeschlossen sein oder es wird vereinbart, dass das vom Ehegatten gehaltene Betriebsvermögen bei der Berechnung des Zugewinnausgleichs unberücksichtigt bleiben soll. Und weil sowohl § 5 Abs. 1 Satz 2 ErbStG als auch die Finanzverwaltung die Nichtsteuerbarkeit des Zugewinnausgleichs auch hinsichtlich einer durch Ehevertrag (§ 1408 BGB) oder Vertrag im Zusammenhang mit einer Ehescheidung (§ 1378 Abs. 3 Satz 2 BGB) modifizierten Ausgleichsforderung als Ausfluss der bürgerlich-rechtlichen Gestaltungsfreiheit der Ehegatten bei der Ausgestaltung des Zugewinnausgleichs anerkennen,[1] bleibt dem überlebenden Ehegatten der steuerfreie Zugewinnausgleich trotz Modifizierung erhalten.

---

1 Vgl. R E 5.2 Abs. 2 ErbStR 2011.

> **BEISPIEL:**
>
> | | Ehegatte | Ehefrau |
> |---|---|---|
> | Anfangsvermögen | 100 (Betriebsvermögen) | 0 |
> | Endvermögen | 200 (Betriebsvermögen) | 0 |
> | Zugewinn | | 100 |
>
> Obwohl der Ehefrau zivilrechtlich nichts aus dem Zugewinn zusteht, kann sie steuerrechtlich 50 steuerfrei vereinnahmen.

> **HINWEISE:**
>
> Die modifizierte Zugewinngemeinschaft kann im Extremfall eine Gütertrennung fingieren, wenn nämlich alle drei genannten Kriterien vertraglich ausgeschlossen werden. Es ist deshalb fallweise genau zu prüfen, ob man die steuerlichen Nachteile der Gütertrennung angesichts der vielseitigen Gestaltungsmöglichkeiten bei einer modifizierten Zugewinngemeinschaft tragen möchte.
>
> Soweit durch solche Vereinbarungen einem Ehegatten für den Fall der Beendigung der Zugewinngemeinschaft eine erhöhte güterrechtliche Ausgleichsforderung verschafft wird, sieht die Finanzverwaltung darin „eine steuerpflichtige Schenkung auf den Todesfall (§ 3 Abs. 1 Nr. 2 Satz 1 ErbStG) bzw. eine Schenkung unter Lebenden (§ 7 Abs. 1 Nr. 1 ErbStG)", wenn mit den Vereinbarungen in erster Linie nicht güterrechtliche, sondern erbrechtliche Wirkungen herbeigeführt werden sollen (R E 5.2 Abs. 2 ErbStR 2011).

3.4.4 Rückwirkende Vereinbarung der Zugewinngemeinschaft

Spätestens in dem Zeitpunkt, in dem man sich über die Steuernachteile der Gütertrennung klar geworden ist, wird man sich fragen, ob die Steuervorteile der Zugewinngemeinschaft nicht mit rückwirkender Vereinbarung einer solchen wieder erreicht werden können. Es läge hier selbstverständlich im Bestreben der Eheleute, den gesetzlichen Güterstand auf den Tag der Eheschließung vorzudatieren, um den steuerfreien Zugewinnausgleich größer werden zu lassen. Denn das Vermögen nimmt ja in aller Regel im Lauf der Ehejahre zu. 493

Zivilrechtlich ist die nachträgliche Vereinbarung einer Zugewinngemeinschaft auf einen früheren Zeitpunkt, beispielsweise auf den Tag der Eheschließung möglich, weil § 1374 BGB, der das Anfangsvermögen bestimmt, „nachgiebiges Recht" enthält. Den für den Eintritt des Güterstandes maßgeblichen Zeitpunkt legt das BGB nicht ausdrücklich fest, d. h., es stellt nicht auf das Abschlussdatum des Ehevertrages ab (und somit bei der Ermittlung des Zugewinns nicht auf die tatsächliche Dauer der Zugewinngemeinschaft). Die rückwirkende Vereinbarung einer Zugewinngemeinschaft entfaltet erbschaftsteuerrechtlich allerdings keine Wirkung. § 5 Abs. 1 Satz 2 ErbStG bestimmt hierzu, dass „bei der Berechnung dieses Betrages" (gemeint ist hier der steuerfreie Zugewinnausgleich) „von den Vorschriften der §§ 1373 bis 1383 und 1390 des Bürgerlichen Gesetzbuches abweichende güterrechtliche Vereinbarungen unberücksichtigt 494 bleiben". § 5 Abs. 1 Satz 4 bestimmt darüber hinaus, dass bei Vereinbarung der Zugewinngemeinschaft durch Ehevertrag der Tag des Vertragsabschlusses als Eintritt des Güterstandes gilt. So ist für die Berechnung der Ausgleichsforderung auf die tatsächliche Dauer der Zugewinngemeinschaft abzustellen, abweichende ehevertragliche Vereinbarungen bleiben hierbei unberücksichtigt (R E 5.1 Abs. 2 ErbStR 2011).

Eine abweichende güterrechtliche Vereinbarung stellt auch der Ausschluss des Zugewinns im Scheidungsfall (modifizierte Zugewinngemeinschaft) dar. Da auch diese Vereinbarung steuerlich nach § 5 Abs. 1 Satz 2 ErbStG unberücksichtigt bleibt, kann die modifizierte Zugewinngemeinschaft gewählt werden, ohne den steuerfreien Zugewinnausgleich zu verlieren.

Hinweise:

Steuerrechtlich kann also immer nur der nach Vertragsabschluss erzielte Zugewinn in Höhe des tatsächlichen Rechtsanspruchs steuerfrei zum Ausgleich kommen. Eine als Schenkung auf den Todesfall oder als Schenkung unter Lebenden zu wertende erhöhte güterrechtliche Ausgleichsforderung sieht die Finanzverwaltung u. a. in einer Vereinbarung eines vor dem Zeitpunkt des Vertragsschlusses liegenden Beginns des Güterstandes der Zugewinngemeinschaft oder eines abweichenden Anfangsvermögens als gegeben.

Wird der Zugewinnausgleich bei fortbestehender Zugewinngemeinschaft vorzeitig beendet, ist die dadurch begründete Ausgleichsforderung als steuerbare unentgeltliche Zuwendung gemäß § 7 Abs. 1 Nr. 1 ErbStG steuerpflichtig (H E 5.2 ErbStH 2011).

3.4.5 Der Übergang von der Zugewinngemeinschaft zur Gütergemeinschaft

495 Bei einem Übergang von der Zugewinn- in die Gütergemeinschaft geht das Gesetz stets davon aus, dass die Bereicherung des weniger vermögenden Ehegatten/Lebenspartners subjektiv unentgeltlich erfolgt. Dementsprechend begründet die Vereinbarung einer Gütergemeinschaft stets eine steuerpflichtige Schenkung nach § 7 Abs. 1 Nr. 4 ErbStG. Auf ein bestimmtes Motiv, etwa ein güterrechtliches,[1] kommt es nicht an.

496 Der Steuerpflicht entgeht man auch dadurch nicht, dass Güter zunächst als Vorbehaltsgut ausgewiesen werden und erst später – in der Gütergemeinschaft – dem anderen Ehegatten/Lebenspartner übertragen werden. Obwohl

---

1 Zivilrechtlich kommt eine Schenkung des reicheren an den ärmeren Ehegatten nur in Betracht, wenn der Vereinbarung das güterrechtliche Motiv fehlt.

sich solche nachträglichen Übereignungen in einen Ehevertrag kleiden lassen und sie so für den vermögenderen Ehegatten/Lebenspartner zur Pflicht gemacht werden können, sind solche nachträglichen Vermögenswidmungen als Schenkungen i. S. des § 7 Abs. 1 Nr. 1 ErbStG zu werten.

Haben die Eheleute/Lebenspartner vorher in Zugewinngemeinschaft gelebt, kann es wegen der mit der Beendigung der Zugewinngemeinschaft entstehenden Ausgleichspflicht des vermögenderen Ehegatten/Lebenspartners nur insoweit zu einer Bereicherung des weniger vermögenden Ehegatten/Lebenspartners kommen, als die Ausgleichsforderung, welche von diesem Ehegatten/Lebenspartner in das Gesamtgut eingebracht wird, niedriger ist als der Vermögenszuwachs, den der weniger vermögendere Ehegatte/Lebenspartner durch die Gütergemeinschaft erfährt. Dies ist im Regelfall dann gegeben, wenn die Anfangsvermögen beider Ehegatten/Lebenspartner (die nicht auszugleichen sind) stark differieren, weil sie eben zu Anfang bereits unterschiedlich hoch waren oder Zuerwerbe bei einem Ehegatten/Lebenspartner während des gesetzlichen Güterstandes angefallen sind (Erbschaften oder Schenkungen). 497

Wird die Gütergemeinschaft nach dem Tod des erstversterbenden Ehegatten/Lebenspartners mit den Abkömmlingen fortgesetzt (fortgesetzte Gütergemeinschaft),[1] unterliegt der Eintritt der Abkömmlinge in die fortgesetzte Gütergemeinschaft (Gesamthandsgemeinschaft) der Erbschaftsteuer nach § 4 Abs. 1 ErbStG. Die Vorschrift stellt insoweit unstreitig, dass der auf die Kinder übergehende Anteil am Gesamtgut fiktiv so zu behandeln ist, wie wenn dieser ausschließlich den anteilsberechtigten Abkömmlingen angefallen wäre. Eine Besteuerungsfiktion ist hier deshalb notwendig, weil der Anteil des verstorbenen Ehegatten/Lebenspartners am Gesamtgut gemäß § 1483 Abs. 1 Satz 3 BGB nicht zum Nachlass gehört, eine Besteuerung daher nicht durchführbar wäre. 498

Gleiches gilt, wenn ein anteilsberechtigter Abkömmling verstirbt. Auch in diesem Fall gehört sein Anteil am Gesamtgut zivilrechtlich nicht zu seinem Nachlass (§ 1490 BGB). Der Steuerfiskus bedient sich daher wiederum einer Fiktion, indem er in § 4 Abs. 2 ErbStG bestimmt, dass „beim Tode eines anteilsberech-

---

1 Gemäß § 1483 BGB kann bestimmt werden, dass das Gesamtgut des zuerst versterbenden Ehegatten oder Lebenspartners nicht auseinandergesetzt, sondern die Gesamthandsgemeinschaft, bestehend aus dem Gesamtgut vom überlebenden Ehegatten/Lebenspartner zusammen mit den Kindern, „unter Wahrung der Identität der Gesamthandsgemeinschaft" fortgeführt wird (fortgesetzte Gütergemeinschaft).

tigten Abkömmlings" dessen Anteil am Gesamtgut „zu seinem Nachlass" gehört. Damit tritt Erbschaftsteuerpflicht ein.

HINWEISE:

► Keine Vermutungen bestehen dafür, dass Zuwendungen an nur einen Ehegatten/Lebenspartner von Todes wegen oder unter Lebenden gleichzeitig auch für den anderen Ehegatten/Lebenspartner mitbestimmt sind. Das gilt auch dann, wenn die Ehegatten/Lebenspartner in Gütergemeinschaft leben und die Zuwendung in das Gesamtgut fällt.[1]

► Steuerpflichtige Schenkungen der Ehegatten/Lebenspartner aus dem Gesamtgut sind stets als anteilige freigebige Zuwendungen beider Ehegatten/Lebenspartner zu behandeln.

► Im Ergebnis ist die Gütergemeinschaft stets mit Steuernachteilen verbunden. Es sollte daher bei der modifizierten Zugewinngemeinschaft bleiben.

3.4.6 Wenn der überlebende Ehegatte (Lebenspartner) die Erbschaft ausschlägt

499 Schlägt der überlebende Ehegatte (Lebenspartner) die Erbschaft aus, gilt der Erbanfall an diesen als nicht erfolgt (§ 1953 Abs. 1 BGB). Das heißt aber nicht, dass der betreffende überlebende Ehegatte (Lebenspartner) „leer" ausgehen muss. Der überlebende Ehegatte (Lebenspartner) erhält bei Ausschlagung der Erbschaft den Zugewinnausgleich und den „kleinen" Pflichtteil (§ 1371 Abs. 3 i.V.m. § 1371 Abs. 2 letzter Halbsatz BGB). Der überlebende Ehegatte (Lebenspartner) erhält bei Ausschlagung der Erbschaft den güterrechtlichen Zugewinn, also denjenigen nach § 1371 Abs. 2 BGB, der sich nach den Vorschriften der §§ 1373 bis 1383, 1390 BGB errechnet und auf den auch das Steuerrecht in § 5 ErbStG Bezug nimmt, zusammen mit dem kleinen Pflichtteil. Der „kleine" Pflichtteil ist der Pflichtteil, der sich nach dem nicht erhöhten gesetzlichen Erbteil des Ehegatten bemisst. Der nicht erhöhte gesetzliche Erbteil beträgt nach § 1931 Abs. 1 BGB ein Viertel, der Pflichtteil (er beträgt nach § 2303 Abs. 1 Satz 2 BGB immer die Hälfte des Wertes des gesetzlichen Erbteils) daraus ein Achtel.

BEISPIEL: ► Hinterlässt A ein Vermögen von 1 Mio. € und war ein Anfangsvermögen von 100 000 € vorhanden, erhält Ehefrau E beim Tod des A, wenn sie selbst keinen Zugewinn erzielt hat und die Erbschaft ausschlägt:

► einen Zugewinnausgleich in Höhe der Hälfte des Zugewinns von 900 000 € (1 000 000 ·/. 100 000) = 450 000 € und

---

[1] Der andere Ehegatte erwirbt hier auf Grund einer gesetzlichen Vorschrift (§ 1416 BGB), so dass insoweit auch zwischen den Ehegatten keine Schenkung vorliegt.

► den kleinen Pflichtteil in Höhe von einem Achtel des Nettonachlasses von 550 000 € (Nachlass ./. Zugewinnausgleich) = 68 750 €.

Die Ehefrau erhält vom Nachlass des A insgesamt 518 750 €. Hätte sie dagegen die Erbschaft angenommen, hätte sie nur 500 000 € erhalten, nämlich die Hälfte des Nachlasses ($1/4$ als gesetzlichen Erbteil nach § 1931 Abs. 1 BGB und $1/4$ als Zugewinnausgleich nach § 1371 Abs. 1 BGB).

An diesem Beispiel ist ersichtlich, dass der erbrechtliche Zugewinnausgleich – pauschaliert in Höhe des Nachlassviertels – für den überlebenden Ehegatten auch nachteilig sein kann und schon deshalb die Überlegung lohnt, die Erbschaft beim Güterstand der Zugewinngemeinschaft auszuschlagen. Die Ausschlagung ist immer vorteilhafter, wenn nach langen Ehejahren fast das gesamte Vermögen des verstorbenen Ehegatten zum Ausgleich gelangt.

Im Idealfall hat der überlebende Ehegatte (Lebenspartner) wie im Beispiel keinen Zugewinn erzielt. Denn in diesem Fall beträgt der güterrechtliche – also der tatsächlich zu errechnende – Zugewinnausgleich bereits die Hälfte des vom verstorbenen Ehegatten hinterlassenen Nettovermögens.[1] Und das ist genau die Hälfte, die dem überlebenden Ehegatten beim pauschalierten Zugewinnausgleich über das Nachlassviertel und sein gesetzliches Viertel zusteht. Zusätzlich dazu bleibt dem Ehegatten (Lebenspartner) immer noch sein Pflichtteils-Achtel am Vermögen, das nach Abzug des Zugewinnausgleichs verbleibt. Im obigen Beispiel betrug der Vermögensvorteil 18 750 €.

500

HINWEIS:
Ausschlagung und Geltendmachung des güterrechtlichen Zugewinnausgleichs hat auch noch einen anderen Nebeneffekt, nämlich denjenigen, dass, wenn der Nachlass bei der Ermittlung des als Ausgleichsforderung steuerfreien Betrages mit einem höheren Wert als dem Steuerwert angesetzt ist (das ist bei Grundstücken der Fall), eine Beschränkung des steuerfreien Ausgleichs auf die Steuerwerte des Nachlasses, wie in § 5 Abs. 1 Satz 5 ErbStG gefordert, nicht gilt.

3.4.7 Unbenannte (ehebezogene) Zuwendungen

Schenken sich Ehegatten bzw. Lebenspartner, die im gesetzlichen Güterstand oder in Gütertrennung leben, gegenseitig etwas, ist zu unterscheiden zwischen:

501

► allgemeinen Schenkungen, die wie Schenkungen der Besteuerung unterliegen, und
► den unbenannten (ehebezogenen) Zuwendungen.

---

1 Vermögen abzüglich aller Nachlassverbindlichkeiten.

"Unbenannte Zuwendungen" waren ursprünglich geschaffen worden, um Vermögensverhältnisse bei Scheidungen entsprechend regeln zu können. Unbenannte Zuwendungen sind solche ehebedingte Schenkungen, bei denen „der Leistung die Vorstellung oder Erwartung des zuwendenden Ehegatten (Lebenspartner) zu Grunde liegt, dass die Ehe Bestand haben werde, oder wenn die Zuwendung (sonst) um der Ehe willen oder als Beitrag zur Verwirklichung oder Ausgestaltung, Erhaltung oder Sicherung der ehelichen Lebensgemeinschaft erbracht wird und darin ihre Geschäftsgrundlage hat".[1] Eine ehebezogene Zuwendung liegt beispielsweise vor, wenn der Ehefrau zum 25. Hochzeitsjubiläum ein Wertpapierdepot als Dank für die Mithilfe am Aufbau des Familienunternehmens übertragen wird.

502 Aus der Notwendigkeit und Zweckmäßigkeit solcher ehebedingter Zuwendungen lässt sich schon die Besonderheit dieser Art von Schenkungen erkennen: Es fehlt hier regelmäßig am Willen des Zuwendenden zur Unentgeltlichkeit. Da Voraussetzung für die Besteuerung nach § 7 ErbStG u. a. der Wille des Zuwendenden zur Unentgeltlichkeit ist (nicht erforderlich ist dagegen eine Bereicherungsabsicht oder ein Wille zur schenkweisen Zuwendung), dürften unbenannte Zuwendungen schenkungsteuerfrei sein, wenn ein Ehegatte (Lebenspartner) dem anderen als Dank für erbrachte Leistungen im Rahmen des Familienhaushalts etwas schenkt.

503 Die höchstrichterliche Zivilrechtsprechung (der BGH) behandelt solche unbenannten Zuwendungen als objektiv unentgeltliche Vorgänge, die im Erbrecht grundsätzlich wie eine Schenkung zu behandeln sind.[2] Dieser Entscheidung ist der BFH im Urteil vom 2. 3. 1994[3] gefolgt, wenn er annimmt, dass eine Gegenleistung für eine von einem Ehegatten (Lebenspartner) an den anderen gemachte Zuwendung (und damit Ausschluss der Unentgeltlichkeit und Eintritt der Entgeltlichkeit) nicht schon darin gesehen werden kann, dass der (die) Beschenkte in der Vergangenheit als auch in Zukunft „den gemeinsamen Haushalt führe, die gemeinsamen Kinder betreue und ihren Ehemann bei dessen geschäftlichen Aktivitäten unterstütze. Denn solche unentgeltlichen Tätigkeiten ... können schon deshalb keine Gegenleistungen für eine Zuwendung des anderen Ehegatten (Lebenspartner) sein, weil es sich dabei um ohnehin dem anderen Ehegatten (Lebenspartner) geschuldete Beiträge zum Familienunter-

---

[1] BGH, NJW 1992, 564.
[2] BGH, Urt. v. 27. 11. 1991 IV ZR 164/90, NJW 1992 S. 564; dies gilt im Übrigen auch für den Nießbrauch an einem Wohnhausgrundstück. Gegen die Betrachtung des Nießbrauchs als unbenannte Zuwendung spricht nicht, dass der Erblasser beabsichtigte, die Nießbrauchsbegünstigte für die Zukunft abzusichern (BGH, Urt. v. 27. 9. 1995 IV ZR 217/93, ZEV 1996 S. 25).
[3] II R 59/92, BStBl 1994 II S. 366 und II R 125/89, BFH/NV 1995 S. 341.

halt handelt, die nach § 1360b BGB im Zweifel auch dann nicht zu vergüten sind, wenn sie über das übliche Maß hinausgehen".[1]

504 Schenkungen aus ehebezogenen Motivationsgründen bilden, so der BFH,[2] keinen Rechtsgrund i. S. des Vertragsrechts für einen eigenständigen Rechtsanspruch (was gegen eine freigebige Zuwendung sprechen würde). Niemand ist deshalb zur Übertragung von Teilen seines Vermögens oder von Nutzungsvorteilen (beispielsweise durch zinslose Darlehen) an den anderen Ehegatten (Lebenspartner) verpflichtet, weil eine Ehe besteht.

3.4.8 Begründung von Gemeinschaftskonten (Oder-Konten) als freigebige schenkungsteuerpflichtige Zuwendung

505 Das Oder-Konto ist ein Gemeinschaftskonto, bei dem jeder Verfügungsberechtigte einzeln und vollumfänglich über das Kontoguthaben verfügen kann. Oder-Konten werden im Regelfall von Ehegatten eingerichtet. Ehemann und Ehefrau sind hier einzeln verfügungsberechtigt.

506 Die Errichtung eines Oder-Kontos mittels allein vom Ehemann stammenden Geldern stellt in Höhe der Hälfte des Einlagebetrages eine freigebige Zuwendung i. S. des § 7 Abs. 1 Nr. 1 ErbStG dar. Die Finanzrichter des FG Hessen[3] sahen in der Einzelverfügungsberechtigung eines Oder-Kontos eine Schenkung hinsichtlich des hälftigen Guthabenbetrags, weil die Ehefrau durch die Umwandlung im Innenverhältnis einen hälftigen Anteil an den ausschließlich vom anderen Ehegatten (dem bisherigen Kontoinhaber) stammenden Geldern erhält.

507 Zwar werden solche durch Eröffnung eines gemeinschaftlichen Oder-Kontos getätigte Zuwendungen die für Ehegatten geltenden persönlichen Freibeträge nur in Ausnahmefällen überschreiten. Doch ist in diesem Zusammenhang mit einer verstärkten Kontrolle des Fiskus zu rechnen. So hat die Oberfinanzdirektion Koblenz die Finanzämter ihres Bezirks bereits vor mehreren Jahren dringend auf die Mitwirkungsverpflichtung der Veranlagungsstellen und Außenprüfungsdienste hinsichtlich schenkungsteuerpflichtiger Vorgänge zwischen Ehegatten hingewiesen und die vermehrte Anfertigung von Kontrollmitteilungen an die Erbschaftsteuerstelle über derartige Vorgänge angemahnt. Insbesondere sei dabei das erforderliche Augenmerk für die Fälle zu schärfen, in

---

1 So auch im Anschluss BFH, Urt. v. 30. 3 1994 II R 105/93, BFH/NV 1995 S. 70.
2 Urt. v. 30. 3. 1994 II R 105/93, BFH/NV 1995 S. 70, im Urteilsfall ging es um Anleihen im Nennwert von umgerechnet 512 291 €.
3 Hessisches FG, Urt. v. 26. 7. 2001 1 K 2651/00, DStRE 2002 S. 1023. Die Richter sahen in der Umwandlung eines Einzelkontos in ein Oder-Konto einen schenkungsteuerpflichtigen Vorgang.

denen Steuerpflichtige ihren nicht einzahlenden Ehegatten die gemeinschaftliche Verfügungsmöglichkeit über Bankkonten und -depots eingeräumt haben.[1]

HINWEISE:

- ▶ Ehegatten sollten kein auf einen Ehegatten lautendes bestehendes Einzelkonto in ein Oder-Konto umwandeln, wenn im Zeitpunkt der Umwandlung ein größeres Guthaben vorhanden ist.
- ▶ Eine Steuerpflicht lässt sich auch dadurch verhindern, dass sich die Ehegatten auf einen von der hälftigen Beteiligung gemäß § 430 BGB abweichend vereinbarten Teilungsmaßstab berufen. Der Anteil des anderen Ehegatten kann dabei unter seinem Schenkungsteuerfreibetrag (oder Restfreibetrag) festgelegt werden; eine stillschweigende abweichende Vereinbarung genügt, um den Fiskus leer ausgehen zu lassen.
- ▶ Anstelle der Einrichtung eines Oder-Kontos sollte dem anderen Ehegatten lediglich Kontovollmacht erteilt werden.
- ▶ Die Auflösung bereits bestehender und auf diese Weise errichteter Oder-Konten kann einen ebensolchen steuerpflichtigen Vorgang darstellen (steuerpflichtige Rückschenkung), wenn das Kontoguthaben abweichend von der von der Finanzverwaltung angewandten „Halbteilungsvermutung" aufgeteilt wird.
- ▶ Betroffene Ehegatten können sich auf die – vom obigen Grundsatz abweichende – Rechtsprechung des Bundesfinanzhofes berufen. Nach dem Urteil vom 18.11.2004[2] stellt eine Leistung, die der Empfänger an den Übertragenden zurückzugewähren hat, keine Bereicherung dar. Ist Geld übertragen worden und hat der übertragende Ehegatte (Lebenspartner) einen Anspruch auf Herausgabe, steht dieser Anspruch einer Bereicherung des Empfängers trotz Vermischung mit dessen eigenem Geld entgegen. In ständiger Rechtsprechung sieht der BFH bei der Eröffnung von Oder-Konten nur dann einen steuerpflichtigen Vermögensübergang, wenn und soweit der andere Ehegatte (Lebenspartner) den dem Einzahlenden zustehenden Teil des Bankguthabens endgültig behalten darf und er über den Gesamtbetrag im Innenverhältnis tatsächlich frei verfügen kann.[3]
- ▶ Außerdem trägt nach BFH-Rechtsprechung die Finanzverwaltung stets die Feststellungslast für Tatsachen, die zur Annahme einer freigebigen Zuwendung erforderlich sind. Dies gilt selbstverständlich auch dafür, dass der nicht einzahlende Ehegatte im Verhältnis zum einzahlenden Ehegatten tatsächlich und rechtlich frei zur Hälfte über das eingezahlte Guthaben verfügen kann. Gibt es allerdings hinreichend deutliche objektive Anhaltspunkte dafür, dass beide Ehegatten entsprechend der Auslegungsregel des § 430 BGB zu gleichen Anteilen am Kontoguthaben beteiligt sind, trägt der zur Schenkungsteuer herangezogene Ehegatte die Feststellungslast dafür, dass im Innenverhältnis nur der einzahlende Ehegatte berechtigt sein soll.[4]

---

1 OFD Koblenz v. 19.2.2002 S 3900 A – St 535.
2 II B 176/03 (NV), BFH/NV 2005 S. 355.
3 BFH, Urt. v. 25.1.2001 II R 39/98, ZEV 2001 S. 326.
4 BFH, Urt. v. 23.11.2011 II R 33/10.

3.4.9 Missbräuchliche Vermögensverlagerungen auf Grund güterrechtlicher Vereinbarungen

Ehegatten sind zwar vor und während der Ehe frei, darüber zu entscheiden, wie und ob der während der Ehe hinzugewonnene Vermögensanteil untereinander verteilt oder ausgeglichen werden soll. Diese sog. modifizierte Zugewinngemeinschaft kann im Extremfall den Zugewinnausgleich auch ganz ausschließen oder den gesamten Zugewinn einem einzigen Ehegatten zuordnen.   508

Individuelle Vereinbarung hinsichtlich des Zugewinnausgleichs sind erbschaftsteuerlich unbeachtlich (berühren also die Steuerfreiheit des Zugewinnausgleichs nicht), so lange die Ehegatten auch tatsächlich Vereinbarungen über den während der Ehe erwirtschafteten Zugewinn treffen.

Der steuerfreie Zugewinnausgleich wird jedoch auch ganz gerne als „Steuersparmodell" dergestalt genutzt, dass Vermögensverlagerungen vom einen auf den anderen Ehegatten stattfinden sollen, die unter normalen Umständen steuerpflichtige freigebige Zuwendungen wären.   509

Wird der Rahmen güterrechtlicher Vereinbarungen überschritten, etwa indem von der Höhe des tatsächlichen Zugewinnausgleichsanspruchs völlig losgelöste Ansprüche für den Fall der Beendigung des Güterstandes vereinbart werden, sieht die Finanzverwaltung die bei Beendigung des Güterstandes eintretende objektive Bereicherung des begünstigten Ehegatten unter dem Gesichtspunkt des Gestaltungsmissbrauchs entweder als steuerpflichtige Schenkung auf den Todesfall nach § 3 Abs. 1 Nr. 2 ErbStG, wenn die Zugewinngemeinschaft mit dem Tod eines Ehegatten endet, oder als Schenkung unter Lebenden nach § 7 Abs. 1 Nr. 1 ErbStG an, wenn die Zugewinngemeinschaft zu Lebzeiten beider Ehegatten beendet wird.   510

> **HINWEISE:**
>
> Solche erhöhten güterrechtlichen Ausgleichsforderungen kommen insbesondere dann in Betracht, wenn:
>
> ▶ für den Zugewinnausgleich auch Zeiträume vor der Eheschließung einbezogen werden,
>
> ▶ Wirtschaftsgüter, die zum Anfangsvermögen gehören, nicht berücksichtigt werden sollen,
>
> ▶ Ausgleichsansprüche eingeräumt werden, die den tatsächlichen Zugewinn deutlich überschreiten.
>
> Sind die zivilrechtlichen Folgen solcher auf missbräuchliche Vermögensverlagerungen hindeutenden Vereinbarungen tatsächlich nicht gewollt, sollte aus erbschaftsteuerlichen Gründen ebenfalls darauf verzichtet werden.

3.4.10 Steuerfalle: Zahlung gegen Verzicht auf nacheheliche Unterhaltszahlungen

511 Auf nachehelichen Unterhaltsverzicht gerichtete Abfindungszahlungen eines Ehegatten stellen eine steuerpflichtige freigebige Zuwendung dar. Dieses schmerzliche Schicksal traf ein Ehepaar, welches vor ihrer Eheschließung für den Fall der Scheidung einen Unterhaltsverzicht gegen Abfindungszahlung vereinbarte. Die Beteiligten schlossen vor der Eheschließung einen notariell beurkundeten Ehevertrag ab. Darin vereinbarten sie Gütertrennung, den Ausschluss des Versorgungsausgleichs im Fall einer Scheidung und trafen Regelungen zur Unterhaltspflicht für die Zeit nach einer Scheidung. Für den teilweisen Verzicht der Ehefrau auf nachehelichen Unterhalt gewährte der Ehemann als Gegenleistung unter der aufschiebenden Bedingung der Eheschließung und fällig im Zeitpunkt der Eheschließung eine Zuwendung. Das Finanzamt unterwarf diese Zuwendung der Schenkungsteuer.

512 Ein solcher vor der Eheschließung für den Fall einer Scheidung erklärter Verzicht eines Ehegatten auf Teile eines möglichen nachehelichen Unterhalts betrifft keinen in Geld bewertbaren Vermögenswert, sondern allenfalls eine bloße Erwerbschance und ist nicht geeignet, als Gegenleistung für eine Zahlung des anderen Ehegatten die Freigebigkeit der Zuwendung auszuschließen. Bei Abschluss des Ehevertrags und ebenso bei Zahlung der Abfindung nach der Eheschließung bestand nämlich kein Unterhaltsanspruch der Ehefrau auf nachehelichen Unterhalt, und zwar auch nicht in Form einer bedingten Forderung. Unbeschadet der Möglichkeit, die Unterhaltspflicht für die Zeit nach der Scheidung bereits durch Vereinbarung während oder vor der Ehe zu regeln (§ 1585c BGB), entsteht ein nachehelicher Unterhaltsanspruch erst mit der Scheidung (§§ 1569 ff. BGB). Zudem setzt der Anspruch zum einen voraus, dass die Ehefrau nach der Scheidung nicht selbst für ihren Unterhalt sorgen kann, und zum anderen muss eine entsprechende Leistungsfähigkeit ihres Ehemannes gegeben sein.

▶ **Fazit:**

Die Abfindungszahlung unterlag als freigebige Zuwendung der Schenkungsteuer.[1] Das Vermögen der Ehefrau wurde durch die Abfindungszahlung auf Kosten ihres Ehemannes bereichert. Die Abfindungszahlung erfolgte unentgeltlich.

---

1 FG Nürnberg v. 28. 5. 2003 IV 422/2001.

3.5 Besonderheiten bei Leistungen von Gesellschaftern und Dritten an eine Kapitalgesellschaft (fiktive Schenkungen an (Mit-)Gesellschafter von Kapitalgesellschaften)

Übersicht

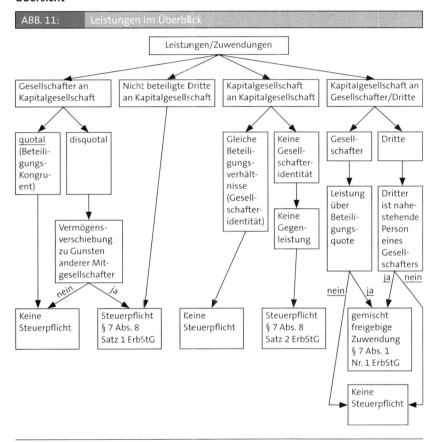

ABB. 11: Leistungen im Überblick

Vorbemerkung

Leistungen an eine Kapitalgesellschaft führen regelmäßig zu einer Mehrung des Vermögens bei den Mitgesellschaftern. Denn durch die Zuwendungen erhöht sich im Regelfall der Gesellschaftsanteil, wenn auch zivilrechtlich und nach wirtschaftlicher Betrachtungsweise Zuwendungen in das Gesellschafts-

513

vermögen bzw. das Einkommen daraus der Kapitalgesellschaft selbst und nicht dem oder den anderen Gesellschaftern zuzurechnen sind. Aus diesem Grund verneinte der Bundesfinanzhof in ständiger Rechtsprechung bei Zuwendungen an Kapitalgesellschaften durch einen Gesellschafter ohne eine dessen Wert entsprechende Gegenleistung eine Bereicherung bzw. eine freigebige Zuwendung an die übrigen Gesellschafter.[1] Der BFH begründete dies u. a. mit der rechtlichen Eigenständigkeit des Gesellschaftsvermögens einer GmbH und wendete sich damit gegen die Verwaltungsauffassung.

Der Gesetzgeber hat daher im Beitreibungsrichtlinie-Umsetzungsgesetz vom 7.12.2011[2] die Verwaltungsauffassung in das Erbschaftsteuergesetz übernommen. Die neue Vorschrift des § 7 Abs. 8 ErbStG stellt ein klassisches Nichtanwendungsgesetz hinsichtlich der höchstrichterlichen Rechtsprechung dar – eine typische Fiktionsnorm, die sich über zivilrechtliche Grundsätze hinwegsetzt und bei Leistungen an eine Kapitalgesellschaft eine steuerpflichtige Schenkung an den/die (Mit-)Gesellschafter fingiert.

Die neue Vorschrift des § 7 Abs. 8 ErbStG lautet:

„Als Schenkung gilt auch die Werterhöhung von Anteilen an einer Kapitalgesellschaft, die eine an der Gesellschaft unmittelbar oder mittelbar beteiligte natürliche Person oder Stiftung (Bedachte) durch die Leistung einer anderen Person (Zuwendender) an die Gesellschaft erlangt. Freigebig sind auch Zuwendungen zwischen Kapitalgesellschaften, soweit sie in der Absicht getätigt werden, Gesellschafter zu bereichern, und soweit an diesen Gesellschaften nicht unmittelbar oder mittelbar dieselben Gesellschafter zu gleichen Anteilen beteiligt sind. Die Sätze 1 und 2 gelten außer für Kapitalgesellschaften auch für Genossenschaften."

HINWEIS:

Die Vorschrift ist gegenüber der allgemeinen Rechtsnorm der freigebigen Zuwendung nach § 7 Abs. 1 ErbStG (vgl. oben Rdn. 438) vorrangig. Bei Vorliegen der Voraussetzungen für die Besteuerung eines fiktiven Anteilserwerbs durch Ausscheiden eines Gesellschafters (§ 7 Abs. 7 ErbStG, vgl. unten Rdn. 972) geht diese Besteuerungsnorm der obigen Fiktionsnorm vor.[3]

Die Fiktionsnorm findet für alle Erwerbe Anwendung, für die die Schenkungsteuer nach dem 13.12.2011 entstanden ist.

---

[1] BFH, Urt. v. 25.10.1995 II R 67/93, BStBl 1996 II S. 160; Urt. v. 9.12.2009 II R 28/08, DStR 2010 S. 925.
[2] BGBl 2011 I S. 2592.
[3] Vgl. Ansicht der Finanzverwaltung im gleich lautenden Ländererlass v. 14.3.2012, BStBl 2012 I S. 331, Tz. 1.4.

3.5.1 Leistungen eines Gesellschafters an die Kapitalgesellschaft

Beabsichtigt der Gesellschafter einer Kapitalgesellschaft, deren Vermögen durch eine Zuwendung zu erhöhen, dient diese Leistung dem Gesellschaftszweck und hat ihren Rechtsgrund in der allgemeinen mitgliedschaftlichen Zweckförderungspflicht. So dienen Zuschüsse eines Gesellschafters an die Gesellschaft der Erreichung des Gesellschaftszwecks. Solche Zuschüsse stellen ebenso wie die Stammeinlage eine Vermögensumschichtung dar. Der Gesellschafter ersetzt mit einem Zuschuss wie bei einem Ersterwerb lediglich einen Vermögensgegenstand durch einen anderen. Die Gesellschaft erhält etwas, ohne eine Gegenleistung dafür zu bieten. Ebenso können Gesellschafter verdeckte Einlagen leisten oder als Vermieter, Darlehensgeber, Verkäufer usw. Leistungen an die Kapitalgesellschaft erbringen.

514

Um solche Leistungen Gegenstand einer schenkungsteuerpflichtigen freigebigen Zuwendung werden zu lassen, bestimmt § 7 Abs. 8 Satz 1 ErbStG, dass als Schenkung gilt „die Werterhöhung von Anteilen an einer Kapitalgesellschaft, die eine an der Gesellschaft unmittelbar oder mittelbar beteiligte natürliche Person oder Stiftung (Bedachte) durch die Leistung einer anderen Person (Zuwendender) an die Gesellschaft erlangt". Für die Anwendung der Vorschrift und der Besteuerung der fiktiven Bereicherung bei den Mitgesellschaftern ist es unerheblich, ob der leistende Gesellschafter im Hinblick auf die übrigen Gesellschafter in einer Bereicherungsabsicht[1] gehandelt hat und/oder ob die übrigen Mitgesellschafter Kenntnis von der Leistung/Zuwendung an die Kapitalgesellschaft hatten. Damit knüpft die Fiktionsnorm allein an das objektive Tatbestandsmerkmal der Werterhöhung der Anteile an. Völlig außer Acht gelassen werden damit sämtliche für freigebige Zuwendungen geltenden Voraussetzungen, nämlich des Bewusstseins der Unentgeltlichkeit beim Zuwendenden (vgl im Einzelnen oben Rdr. 438). Stattdessen fingiert § 7 Abs. 8 Satz 1 ErbStG in Höhe des überproportionalen Teils der Leistung eine Bereicherungsabsicht. Erforderlich ist allerdings ein kausaler Zusammenhang (Beteiligungskongruenz) zwischen der Leistung des Gesellschafters und einer dadurch bewirkten Wertsteigerung der Anteile der übrigen Gesellschafter. Die Finanzverwaltung trägt hier die Feststellungslast (es handelt sich insoweit um ein tatbestandsbegründendes Merkmal).

515

---

1 Vgl. auch Ansicht der Finanzverwaltung im gleich lautenden Ländererlass v. 14.3.2012, BStBl 2012 I S. 331, Tz. 4.2: „§ 7 Abs. 8 Satz 2 ErbStG stellt im Gegensatz zu Satz 1 der Vorschrift auf den Willen zur Unentgeltlichkeit ab."

516 Von der Fiktionsnorm des § 7 Abs. 8 Satz 1 ErbStG erfasst werden sollen nach der Gesetzesbegründung[1] außerdem nur:

Überproportionale (disquotale) offene oder verdeckte Einlagen (Verletzung der Beteiligungskongruenz), wenn sie zu einer endgültigen Vermögensverschiebung zu Gunsten der Mitgesellschafter führen.

517 Als steuerrelevante Leistung i. S. des § 7 Abs. 8 Satz 1 ErbStG können daher nur solche rechtsgeschäftliche oder tatsächliche Handlungen gelten, die bei Leistenden zu einer Entreicherung führen, welche nicht durch eine Gegenleistung seitens der Kapitalgesellschaft oder der Mitgesellschafter usw. ausgeglichen wird. Unter Vorgabe dieser beiden Voraussetzungen erfährt die Vorschrift eine maßgebliche teleologische Reduktion und dürfte das Anwendungsfeld entsprechend beschränken (zur vollständigen Vermeidung vgl. Teil V Rdn. 818).

Hinsichtlich des Erfordernisses, dass Leistungen eines Gesellschafters nicht durch gleichwertige Gegenleistungen seitens der Kapitalgesellschaft oder der Mitgesellschafter usw. ausgeglichen werden, verlangt die Finanzverwaltung, im Rahmen einer Gesamtbetrachtung festzustellen, ob ggf. gegenseitige Leistungsbeziehungen vorliegen, die zu keiner steuerbaren Leistung i. S. des § 7 Abs. 8 Satz 1 ErbStG führen. In dieser Gesamtbetrachtung sind nicht nur Leistungen der anderen Gesellschafter an die Gesellschaft zu berücksichtigen, sondern auch Leistungen der Gesellschafter untereinander, durch die die Werterhöhung ausgeglichen wird. Die Finanzverwaltung bestätigt indes, dass, soweit man im Rahmen der Gesamtbetrachtung zu dem Ergebnis kommt, dass die „anderen Gesellschafter in einem zeitlichen und sachlichen Zusammenhang Leistungen an die Gesellschaft erbringen, die insgesamt zu einer den Beteiligungsverhältnissen entsprechenden Werterhöhung der Anteile aller Gesellschafter führen", eine steuerbare Leistung nicht gegeben ist.[2] Bezüglich der Gesamtbetrachtung empfiehlt sich stets eine aussagekräftige Dokumentation aller Leistungen und Gegenleistungen der Gesellschafter an die Kapitalgesellschaft.[3]

Beide Voraussetzungen würden indes z. B. im (tunlichst zu vermeidenden!) Fall einer Kapitalerhöhung (Ausstattung der Gesellschaft mit neuem Kapital) gegeben sein, wenn diese nicht durch alle Gesellschafter ihren Beteiligungsquoten entsprechend erfolgt ist. Hier wären disquotale Einlagen durch einzelne Gesellschafter getätigt worden, die zu einer endgültigen Vermögensverschie-

---

1 BR-Drucks. 253/11 S. 35.
2 Gleich lautender Länderlass v. 14. 3. 2012, BStBl 2012 I S. 331, Tz. 3.3.3 bis 3.3.5.
3 Siehe hierzu auch Gestaltungshinweise in Teil V Rdn. 822.

bung zu Gunsten der anderen Mitgesellschafter führen, die entweder keine Einlagen oder nur geringe getätigt haben.

Abgesehen von diesem klaren Anwendungsfall der Besteuerungsvorschrift muss in jedem Fall im Rahmen einer Gesamtbetrachtung grundsätzlich geprüft werden, ob die betreffende Gesellschafterzuwendung in einem rechtlichen, sachlichen oder wirtschaftlichen Zusammenhang mit den maßgeblichen Leistungen des Mitgesellschafters oder der Kapitalgesellschaft steht oder nicht. Nur wenn man hier zu dem Ergebnis kommt, dass die Gesellschafterzuwendung ohne Gegenleistungen erfolgte, zu einer endgültigen Vermögensverschiebung zu Gunsten der anderen Mitgesellschafter führt und auch gegen die Beteiligungskongruenz verstößt (der Gesellschafter also über sein Beteiligungsverhältnis hinaus geleistet hat), wäre eine Schenkungsteuerpflicht anzunehmen. 518

Während nach überwiegender Literaturauffassung Gebrauchs- und Nutzungsvorteile (wobei sich der Nachweis eines kausalen Zusammenhangs bei Nutzungsüberlassungen in der Praxis selten führen lassen dürfte), zinslose Darlehen oder diverse Arbeits- oder Dienstleistungen nur „eingeschränkt für steuerbare Leistungen an die Gesellschafter geeignet" sind,[1] zählt die Finanzverwaltung Sacheinlagen und Nutzungseinlagen generell für Leistungen i. S. der Vorschrift.[2] Der Verzicht auf Anwartschaften oder diverse Erwerbsaussichten genügt allerdings nicht für eine „Leistung" i. S. des § 7 Abs. 8 Satz 1 ErbStG. 519

Vom der Gesetzesbegründung her ausgeschlossen ist die Anwendung der fiktiven Schenkungsteuer in Sanierungsfällen. Fordert ein Gesellschafter oder ein Dritter (zu den Leistungen Dritter siehe unten) angesichts einer abzuwendenden Insolvenz eine Forderung nicht mehr ein, würde zwar dem Gesetzeswortlaut entsprechend eine freigebige Zuwendung gegenüber den anderen Gesellschaftern gegeben sein, Denn das Motiv des Forderungsverzichts wäre unerheblich. Fälle der Sanierung finanziell angeschlagener Kapitalgesellschaften wurden allerdings im Gesetzgebungsverfahren von der Anwendung der Vorschrift ausgeschlossen.[3] Die Finanzverwaltung vertritt hingegen die Auffassung, dass, wenn Gesellschafter, z. B. zu Sanierungszwecken, auf Forderungen 520

---

1 Gebel in Troll/Gebel/Jülicher, ErbStG, 44. EL Mrz 2012, § 7 Rdn. 415.
2 Gleich lautender Ländererlass v. 14. 3. 2012, BStBl 2012 I S. 331, Tz. 3.3.1.
3 Vgl. BT-Drucks. 17/7524 S. 6: „Die Koalitionsfraktionen betonten, werde einer Gesellschaft aus wirtschaftlichen Gründen – z. B. zur Abwendung einer Schieflage – von einem Gesellschafter eine Leistung gewährt, gelte dies nicht als eine Bereicherung eines Mitgesellschafters im Sinne der Neuregelung. Ausgeschlossen werden sollten lediglich echte Missbrauchsfälle. Beobachtet werden müsse die Gefahr der Erfassung von Sanierungsfällen."

gegen die Gesellschaft verzichten wollen, das Verhältnis der Nennbeträge der Forderungen aber von den Beteiligungsquoten abweicht, keine Bedenken bestehen gegen einen vorgeschalteten Forderungsverkauf, bei dem der verzichtende Gläubiger (Gesellschafter oder Dritter) in einem ersten Schritt einen Teil seiner Forderung zum Verkehrswert an die (Mit-)Gesellschafter verkauft und die Gesellschafter dann in einem zweiten Schritt beteiligungsproportional auf ihre Forderungen verzichten. Damit sieht die Finanzverwaltung in solchen Sanierungsfällen sehr wohl eine Besteuerung der Mitgesellschafter gegeben.[1] Dies führt in der Praxis zu erheblichen Schwierigkeiten dahingehend, dass der sanierende Gesellschafter nun auch als Schenker für die Schenkungsteuern seiner Mitgesellschafter (welche u.U. bereits zahlungsunfähig sind) haftet.

In Fällen eines Forderungsverzichts unter Besserungsvorbehalt sieht die Finanzverwaltung allerdings keinen steuerbaren Vorgang, „weil der Gläubiger einer wertlosen Forderung nichts aus seinem Vermögen hergibt, sondern lediglich uneinbringbare Werte gegen Erwerbsaussichten umschichtet". Es mangelt insoweit an einer Vermögensverschiebung von dem Verzichtenden an die Mitgesellschafter.[2]

Von der Fiktionsnorm betroffen sein können auch Steuerausländer, wenn der zuwendende Gesellschafter ein Steuerinländer ist oder eine Beteiligung an der Kapitalgesellschaft von mindestens 10 % gegeben ist (Inlandsvermögen i.S. des § 121 Nr. 4 BewG).[3]

> **HINWEISE:**
>
> Gesellschafter sollten die Problematik der Schenkungsteuerpflicht ihrer Leistungen nach § 7 Abs. 8 ErbStG insbesondere in folgenden Fällen in die Gestaltungsüberlegungen einbeziehen:
>
> ▶ bei allen Nutzungseinlagen und Arbeitsleistungen;
>
> ▶ offenen/verdeckten Einlagen;
>
> ▶ bei Einlagen zu Buchwerten oder Einbringung zu Buch- oder Zwischenwerten;
>
> ▶ bei disquotalen (überproportionalen) Kapitalerhöhungen gegen zu geringes oder zu hohes Aufgeld;
>
> ▶ bei Verzicht auf ein Bezugsrecht;
>
> ▶ bei Einziehung eines Anteils mit Zustimmung des Gesellschafters gegen eine den wirklichen Wert des Anteils nicht deckende Abfindung; oder

---

1 Gleich lautender Ländererlass v. 14.3.2012, BStBl 2012 I S. 331, Tz. 3.3.6.
2 Gleich lautender Ländererlass, a.a.O., Tz. 3.3.7.
3 Zum Inlandsvermögen vgl. Teil IX Rdn. 1104.

- bei Übergang des Anteils eines Gesellschafters auf die Gesellschaft beim Erwerb eigener Anteile, im Rahmen einer Kaduzierung oder eines Austritts bzw. einer Ausschließung des Gesellschafters.

3.5.2 Leistungen Dritter an die Kapitalgesellschaft

Erbringt ein nicht an der Gesellschaft beteiligter Dritter an die Gesellschaft eine unentgeltliche Leistung, stellte sich in der Vergangenheit die zentrale Frage,

- ob eine Zuwendung an eine, mehrere oder alle Gesellschafter vorliegt, die zur Abkürzung des Leistungsweges unmittelbar an die Gesellschaft erbracht wird, oder
- ob es sich um eine Zuwendung an die Gesellschaft selbst handelt.

Auf diese zentrale Frage kommt es seit Inkrafttreten der Fiktionsnorm des § 7 Abs. 8 Satz 1 ErbStG nicht mehr an. Denn nach der neuen Gesetzesnorm unterliegen Leistungen von Dritten (Nichtgesellschafter) an eine Kapitalgesellschaft grundsätzlich der Schenkungsteuer, ungeachtet dessen, welcher Zweck mit der Zuwendung erreicht werden sollte.

521

HINWEIS:

Bemessungsgrundlage ist jeweils die Werterhöhung des Anteils/der Anteile bei den Gesellschaftern. Eine Begrenzung auf den Wert der Zuwendung (Höchstwert, vgl. unten Rdn. 522) ist nicht vorgesehen. Denn im Anwendungsbereich des § 7 Abs. 8 Satz 1 ErbStG erfolgt keine betragsmäßige Begrenzung der Besteuerungsgrundlage hinsichtlich einer bestehenden Beteiligungsidentität.

3.5.3 Leistungen zwischen Kapitalgesellschaften

Die Vorschrift des § 7 Abs. 8 ErbStG erfasst in Satz 2 auch „Zuwendungen zwischen Kapitalgesellschaften, soweit sie in der Absicht getätigt werden, Gesellschafter zu bereichern, und soweit an diesen Gesellschaften nicht unmittelbar oder mittelbar dieselben Gesellschafter zu gleichen Anteilen beteiligt sind."

522

Sowohl vom Gesetzeswortlaut als auch auf Basis der Auslegung der Rechtsnorm durch die Finanzverwaltung[1] sind an eine Steuerbarkeit von Leistungen zwischen Kapitalgesellschaften höhere Anforderungen gesetzt als an die Steuerbarkeit von Leistungen der Gesellschafter an die Kapitalgesellschaft. Zur Verwirklichung des Steuertatbestandes des Satzes 2 kommt es im Wesentlichen auf drei Faktoren an:

---

1 Vgl. gleich lautender Ländererlass v. 14.3.2012, BStBl 2012 I S. 331, Tz. 4.2: „§ 7 Abs. 8 Satz 2 ErbStG stellt im Gegensatz zu Satz 1 der Vorschrift auf den Willen zur Unentgeltlichkeit ab."

► Es liegt keine Beteiligungsidentität unter den Gesellschaftern der leistenden und der empfangenden Kapitalgesellschaft vor (Gesellschafteridentität).

► Es fehlt an einer Gegenleistung der anderen Kapitalgesellschaft, die die Zuwendung erhalten hat (unterstellte Bereicherungsabsicht der leistenden Kapitalgesellschaft).

► Auf Seiten der leistenden Kapitalgesellschaft muss der Willen zur Unentgeltlichkeit gegeben sein.[1]

BEISPIEL 1: ► A hält alle Teile der A-GmbH. Zusammen mit Sohn S ist A an der AS-GmbH zu 40 % beteiligt. Die restlichen 60 % hält S. A lässt der A-GmbH zum halben Marktpreis (Preisdifferenz des Kaufpreises zum Verkehrswert liegt bei über 25 %) ein Grundstück an die AS-GmbH veräußern. Eine Gegenleistung (Kompensation) der AS-GmbH für den günstigen Kaufpreis erfolgte nicht, ist auch nicht vereinbart bzw. dokumentiert.

Die Grundstücksveräußerung unterliegt der Schenkungsteuer. Bemessungsgrundlage für den steuerpflichtigen Erwerb ist die Höhe der Differenz zwischen Kaufpreis und Verkehrswert. Die Differenz ist entsprechend der Beteiligung des Sohnes S an der AS-GmbH zu 60 % schenkungsteuerpflichtig.

Entspricht die Werterhöhung des Gesellschaftsanteils wertmäßig nicht der Zuwendung (was in den meisten Fällen der Fall sein dürfte), werden hinsichtlich der wertmäßigen Erfassung der Zuwendung unter Berücksichtigung der Gesellschafteridentität in der Literatur zwei Auslegungen vertreten.[2]

Der Wert bestimmt sich nach der Quote, mit der die Schenkung besteuert werden kann. Bei einer Gesellschafteridentität von 40 % wären danach 60 % der Anteilswertsteigerung steuerpflichtig.

Der Wert ist auf den der Zuwendung begrenzt (Höchstwert). Bei einer Gesellschafteridentität von 40 % wären danach 60 % des Wertes der Zuwendung steuerpflichtig.

BEISPIEL 2:[3] ► Gesellschafter A und B halten über die ihnen jeweils vollumfänglich gehörende A- bzw. B-GmbH jeweils 60 %/ 40 % an der AB-GmbH. Letztere gewährt der A-GmbH eine verdeckte Gewinnausschüttung von 100, veranlasst durch den Gesellschafter B.

Der Zuwendende ist die AB-GmbH, Bedachter ist die A-GmbH, indirekt aber A. Es liegt der klassische Fall des § 7 Abs. 8 Satz 2 vor, gäbe es die A-GmbH nicht, der Fall des § 7 Abs. 8 Satz 1 ErbStG. Vorteil der Zwischenschaltung der A-GmbH ist, dass eine Schenkung im Umfang der Gesellschafteridentität (Beteiligungsidentität, hier sind es, was den Endbereicherten A anbelangt, 60 % der Zuwendung, weil der Endbereicherte A über die A-GmbH 60 % an der AB-GmbH (der zuwendenden Gesellschaft) hält.

---

1 Vgl. gleich lautender Ländererlass v. 14. 3. 2012, a. a. O., Tz. 4.2.
2 Vgl. Korezkij, Schenkungen unter Beteiligung von Kapitalgesellschaften, DStR 2012 S. 163 ff.
3 Beispiel in Anlehnung an Korezkij, a. a. O., Tz. 3.2.

Der Wert des Anteils an der A-GmbH steigt dabei um: 50 %
40 %
30 %
0 %

In Anlehnung an Korezkij sowie die o. g. beiden möglichen Auslegungen (siehe oben 1. Und 2.) ergibt sich folgende Lösung:

Auslegung 1 (Quote): Schenkungsteuerpflichtig wären 40 % der Wertsteigerung von 50/40/30 oder 0, also 20/16/12 und 0.

Auslegung 2 (Höchstwert): Schenkungsteuerpflichtig wären 100 % der Anteilswertsteigerung, also maximal 40 (auch im Fall a und Fall b) und 30 bei Fall c, 0 bei Fall d.

Wegen des zwischengeschalteten Beteiligungsverhältnisses der A-GmbH an der AB-GmbH, welches bereits in einer geminderten Wertsteigerung bei der A-GmbH ihren Niederschlag findet, ist im Beispielfall allerdings nur Auslegung 2 denkbar. Der Steuertarif bemisst sich analog § 15 Abs. 4 Satz 1 ErbStG nach dem Verwandtschaftsverhältnis zwischen B (Zuwendender) und A (Bereicherter).

HINWEIS:

War die verdeckte Gewinnausschüttung nicht durch den B, sondern durch den A veranlasst, unterbleibt eine Schenkungsbesteuerung.

Nicht gesetzlich definiert ist außerdem, wer innerhalb der leistenden Kapitalgesellschaft eine Bereicherungsabsicht haben muss und zu wessen Gunsten. Es kann der Geschäftsführer, der Gesellschafter, der Buchhalter eine Bereicherungsabsicht haben zu Gunsten der an der bereicherten Kapitalgesellschaft unmittelbar beteiligten Gesellschafter oder ggf. zu Gunsten der hinter einer beteiligten Kapitalgesellschaft stehenden natürlichen Personen (mittelbare Beteiligte). In allen Fällen aber obliegt die Feststellung der Bereicherungsabsicht eines Steuerpflichtigen gegenüber anderen Beteiligten der Finanzverwaltung. Die Feststellungen der Finanzverwaltung zu widerlegen, dürfte in vielen Fällen gelingen, z. B. durch eine aussagekräftige Dokumentation der Gründe für die Leistungen der Kapitalgesellschaft an eine andere.[1]

HINWEISE:

Erfolgt zur Abwendung einer Insolvenz ein Darlehensverzicht durch ein Kapitalgesellschaft zu Gunsten einer Kapitalgesellschaft der Beteiligungsquote entsprechend (beteiligungskongruent), fehlt es regelmäßig an der Absicht, die anderen Gesellschafter zu bereichern. Es ist aber in jedem Fall auf die Gesellschafteridentität (Beteiligungsidentität) bei den beiden Kapitalgesellschaften (der gebenden und der nehmenden) zu achten. Sofern möglich, sollte hier außerdem besser nur auf die Darlehensverzinsung verzichtet werden statt auf das Darlehen (vgl. Gestaltungshinweise in Teil V Rdn. 820.

Forderungsverzichte einer nicht beteiligungsidentischen Kapitalgesellschaft können jeweils die Steuerpflicht auslösen.

---

[1] Zu den Vermeidungsstrategien vgl. Teil V Abschnitt 8, Rdn. 818 ff.

3.5.4 Bemessungsgrundlage für die steuerbaren Werterhöhungen, Steuertarif und Steuerentstehung (maßgeblicher Stichtag)

523 Bemessungsgrundlage für disquotale (überproportionale) Zuwendungen i. S. des § 7 Abs. 8 ErbStG, welche zu einer endgültigen Vermögensverschiebung zu Gunsten der übrigen Gesellschafter führen, ist die Werterhöhung der Anteile der übrigen Mitgesellschafter. Die Werterhöhung drückt sich regelmäßig in einer Wertdifferenz aus. Diese ist dadurch zu ermitteln, dass der Wert des Geschäftsanteils nach bewertungsrechtlichen Vorschriften vor und nach der Zuwendung ermittelt und die Differenz aus den beiden Werten herausgerechnet wird.[1] In den wenigsten Fällen wird die Wertdifferenz dabei genau der Leistung des Gesellschafters entsprechen; dieser Ausnahmefall stellt vielmehr den „Höchstbesteuerungsfall" dar. Da die Werterhöhung der Anteile durch die Leistung kausal veranlasst sein muss, kann sie nicht höher sein als der gemeine Wert der bewirkten Leistung des Zuwendenden.[2] Umgekehrt kann sich in bestimmten Fällen auch gar keine Wertdifferenz ergeben. Bei Zuwendungen eines Gesellschafters an seine Kapitalgesellschaft, an der mehrere Mitgesellschafter beteiligt sind, ist die Zuwendung entsprechend auf mehrere Gesellschafter aufzuteilen.

524 Kommt es zu einer Einlage von Wirtschaftsgütern (bilanzierungsfähige!) durch einen Gesellschafter in die Gesellschaft, wird die Werterhöhung insgesamt im Regelfall identisch sein mit dem Verkehrswert (gemeinen Wert) des eingelegten Wirtschaftsgutes. Dies insbesondere, wenn zur Unternehmensbewertung das vereinfachte Ertragswertverfahren zur Anwendung kommt, da in diesem Fall innerhalb von zwei Jahren eingelegte Wirtschaftsgüter (dürfte hierbei regelmäßig der Fall sein) mit ihrem eigenständigen, zu ermittelnden gemeinen Wert anzusetzen sind (§ 200 Abs. 4 BewG).

Der Steuertarif bestimmt sich nach den verwandtschaftlichen Beziehungen zwischen dem Gesellschafter bzw. dem leistenden Dritten und den übrigen Mitgesellschaftern (§ 15 Abs. 4 ErbStG). Eine Zuwendung der Gesellschaft an die übrigen Gesellschafter mit der Konsequenz, dass Steuerklasse III zur Anwendung kommen würde, wird nach dem Gesetzeswortlaut nicht fingiert. Bei Familiengesellschaften kommt daher regelmäßig die günstige Steuerklasse I zur Anwendung.

---

1 Ähnlich wie bei Personengesellschaften BFH v. 6.3.2002 II R 85/99, BFH/NV 2002 S. 1030; vgl. hierzu auch Korezkij, DStR 2012 S. 163 ff.
2 Vgl. gleich lautender Ländererlass v. 14.3.2012, BStBl 2012 I S. 331, Tz. 3.4.2.

Die Schenkungsteuer entsteht jeweils mit der Leistung des Gesellschafters, welche die wertsteigernde Wirkung gegenüber den Miteigentümeranteilen auslöst (§ 9 Abs. 1 Nr. 2 ErbStG). Maßgeblich ist daher im Rahmen der Gesamtbetrachtung derjenige Lebenssachverhalt bzw. derjenige Vorgang, der am maßgeblichen Stichtag vorgelegen hat oder in Aussicht ist. Insbesondere kommt es auf diverse Absprachen zwischen den Gesellschaftern sowie die stetige Praxis der Gesellschafter untereinander an.

525

HINWEIS:

Die Finanzverwaltung sieht auch eine steuerbare Bereicherung bei bloßer Verbesserung der Ertragsaussichten als gegeben.[1]

Bei mehrstufigen Beteiligungsketten oberhalb der begünstigten Kapitalgesellschaft kommt es auf die Werterhöhung der vom betreffenden Gesellschafter unmittelbar gehaltenen Beteiligung an. In vielen Fällen kann die Wertsteigerung an der untersten Stufe im Zuge der Beteiligungskette bis zur obersten letzten Stufe (der unmittelbaren Beteiligung) verpuffen. Eine Steuerpflicht kann dann nicht mehr begründet werden.

Begünstigungen für Betriebsvermögen nach §§ 13a, 13b ErbStG dürfen bei der Berechnung der maßgeblichen Bemessungsgrundlage nicht berücksichtigt werden[2] (zu den Begünstigungen für Betriebsvermögen vgl. unten Rdn. 581).

Um die Schenkungsteuer auf solche Zuwendungen gar nicht erst entstehen zu lassen, werden in Teil V Rdn. 818 ff. diverse Gestaltungstipps aufgezeigt.

3.5.5 Leistungen der Kapitalgesellschaft an Gesellschafter und/oder Dritte

3.5.5.1 Allgemeines

Die Schenkungsteuerbarkeit von Leistungen der Gesellschaft an ihre Gesellschafter und/oder Dritte ist nicht wie in den in Rdn. 513 ff. genannten Fällen nach § 7 Abs. 8 ErbStG zu prüfen, sondern nach dem Grundtatbestand des § 7 Abs. 1 Nr. 1 ErbStG, also nach den für freigebige Zuwendungen allgemein geltenden Grundsätzen.[3] Danach muss für einen die Schenkungsteuer auslösenden Tatbestand durch die Leistung der Kapitalgesellschaft eintreten:

526

► Eine Entreicherung beim Geber,
► eine Bereicherung beim Beschenkten (Mitgesellschafter, dessen Angehörigen, Dritten).

Außerdem muss beim Zuwendenden (der Kapitalgesellschaft) der Wille zur Unentgeltlichkeit erkennbar sein.

---

1 Gleich lautender Ländererlass v. 14. 3. 2012, a. a. O., Tz. 3.4.1.
2 Gleich lautender Ländererlass v. 14. 3. 2012, a. a. O., Tz. 3.5.
3 Vgl. hierzu oben Teil III Rdn. 438.

3.5.5.2 Leistungen an Gesellschafter

527 Zuwendungen der Kapitalgesellschaft an Gesellschafter erfolgen im Regelfall mittels überhöhter Vergütungen in Form

- ► überhöhter Gewinnzuweisungen,
- ► der Erbringung von direkten Zuwendungen bzw. unentgeltlicher oder verbilligter Leistungen an den Gesellschafter.

Überhöhte Gewinnvergütungen zu Gunsten eines Gesellschafters lassen sich regelmäßig nur realisieren, wenn ein Gesellschafter auf seinen ganzen Gewinnanteil oder einen Teil davon verzichtet. Verzichtet ein Gesellschafter zu Gunsten eines Mitgesellschafters auf einen bereits entstandenen Gewinnanspruch, liegt regelmäßig eine freigebige Zuwendung des Verzichtenden zu Gunsten des Mitgesellschafters vor.[1] Dasselbe gilt, wenn ein Gesellschafter einem vom gesetzlichen Verteilungsmaßstab abweichenden Gewinnverteilungsschlüssel zustimmt.

528 Direkte Zuwendungen oder unentgeltliche bzw. verbilligte Leistungen der Kapitalgesellschaft an einen oder mehrere Gesellschafter führen regelmäßig zu einer Entreicherung der übrigen Gesellschafter, die von den Leistungen nicht profitieren, und damit zu einer Verringerung des Gesellschaftsvermögens. Eine steuerpflichtige Schenkung liegt hier von Seiten der nicht begünstigten Mitgesellschafter an die begünstigten Mitgesellschafter nicht vor (bei Leistungen der Kapitalgesellschaft fehlt es wie gesehen an einer Rechtsnorm vergleichbar mit dem § 7 Abs. 8 ErbStG; Letzterer findet hier keine Anwendung).

Die Finanzverwaltung nimmt allerdings bei direkten Zuwendungen bzw. unentgeltlichen oder verbilligten Leistungen der Kapitalgesellschaft an einen oder mehrere Gesellschafter eine gemischt freigebige Zuwendung an und teilt nicht die Auffassung, dass es sich dabei um Leistungen aus dem Gesellschaftsverhältnis, die der Erfüllung des Gesellschaftszwecks dienen, und damit nicht um freigebige Zuwendungen handelt (vgl. Rdn. 6.2 der gleich lautenden Erlasse der obersten Finanzbehörden der Länder v. 20.10.2010:[2] „Zahlt eine Kapitalgesellschaft einem Gesellschafter überhöhte Vergütungen, führt das über die gesellschaftsrechtliche Beteiligungsquote hinaus Verteilte zu einer Bereicherung des Gesellschafters auf Kosten der Gesellschaft. Es liegt eine gemisch-

---

1 Vgl. Tz. 2.6.4. Gleich lautende Erlasse der obersten Finanzbehörden der Länder v. 14.3.2012, BStBl 2012 I S. 331.
2 BStBl 2010 I S. 1207.

te freigebige Zuwendung im Verhältnis der Kapitalgesellschaft zum Gesellschafter vor.").[1]

3.5.5.3 Leistungen an Dritte

Kommt es zu Zuwendungen an nicht an der Gesellschaft beteiligte Dritte (Nichtgesellschafter), sieht auch die Finanzverwaltung regelmäßig keine steuerpflichtige freigebige Zuwendung der/des Gesellschafter(s) an den begünstigten Dritten.

529

Handelt es sich bei dem Dritten aber um eine einem Gesellschafter nahe stehende Person, nimmt die Finanzverwaltung in den gleich lautenden Erlassen der obersten Finanzbehörden der Länder v. 20.10.2010 eine gemischte freigebige Zuwendung im Verhältnis der Kapitalgesellschaft zu einem Gesellschafter nahe stehenden Drittperson an.

HINWEIS:
Hinsichtlich des subjektiven Tatbestands der freigebigen Zuwendung reicht bei Unausgewogenheit gegenseitiger Verträge regelmäßig das Bewusstsein des einseitig benachteiligten Vertragspartners über den Mehrwert seiner Leistung aus; auf die Kenntnis des genauen Ausmaßes des Wertunterschieds kommt es nach Auffassung der Finanzverwaltung nicht an.

4 Der steuerpflichtige Erwerb (die Bereicherung) als Bemessungsgrundlage für die Erbschaft- und Schenkungsteuer

4.1 Begriff

Der steuerpflichtige Erwerb stellt neben der subjektiven Steuerpflicht und dem steuerpflichtigen Vorgang das dritte der vier Kriterien dar, an die das Erbschaft-/Schenkungsteuerrecht die Steuerbelastung knüpft. Auf die vierte und letzte Komponente – den Steuersatz – wird im Rahmen der Steuerberechnung näher eingegangen.

530

Als steuerpflichtiger Erwerb gilt nicht etwa der Tod des Erblassers als solcher oder die schenkweise Übertragung von Vermögen selbst, sondern die aus diesen Vorgängen resultierende Bereicherung. Dies kann natürlich – wie es § 10

---

1 Wobei die Finanzverwaltung ihre Ansicht auch wieder relativiert, wenn alle Gesellschafter von der Gesellschaft gleichermaßen bedacht wurden, vgl. gleich lautende Erlasse der obersten Finanzbehörden der Länder v. 20.10.2010, a.a.O., Beispiel 2 zu Tz. 6.2.

Abs. 1 Satz 1 ErbStG richtig ausdrückt – nur insoweit gelten, als die Bereicherung nicht steuerfrei ist.

531 Eine Bereicherung kann steuerfrei sein, weil sie ausschließlich aus steuerfreien Gegenständen besteht. Hier sieht das Gesetz für solche Sachen zwar an sich eine Besteuerung vor, wendet diese aber durch Ausnahmevorschriften ab (vgl. § 13 ErbStG). Man spricht hier von einer Steuerbefreiung im engeren Sinn. Den Steuerbefreiungen für Aktivposten stehen dabei immer Abzugsverbote für Passivposten gegenüber, so dass Aktiv- oder Passivposten der steuerfreien Gegenstände in die Berechnung des steuerpflichtigen Erwerbs gar nicht erst einfließen.[1]

532 Werden mehrere Vermögensgegenstände im Wege einer Schenkung übertragen, sind unabhängig davon, ob die Gegenstände zu einer oder zu mehreren Vermögensarten[2] gehören, die steuerlichen Einzelwerte zu einem einheitlichen Steuerwert der Gesamtschenkung zusammenzufassen (R E 7.4 Abs. 3 Satz 1 ErbStR 2011). Sofern Steuerbefreiungen gegeben sind, sind diese direkt bei dem einzelnen begünstigten Vermögen vorzunehmen. Abzugsfähige Gegenleistungen müssen entsprechend der für den Vermögensgegenstand, dem sie zuzuordnen sind, geltenden Steuerbefreiung gekürzt werden.[3] Die Bereicherung entspricht dem Betrag, der sich ergibt, wenn von dem Steuerwert des Gesamterwerbs, soweit er positiv ist und der Besteuerung unterliegt, die abzugsfähigen und mit ihrem Steuerwert ermittelten Nachlassverbindlichkeiten abgezogen werden (§ 10 Abs. 1 Satz 2 ErbStG), wobei die Steuerwerte des Aktivvermögens sowie der Verbindlichkeiten sich stets nach den Vorschriften des Bewertungsgesetzes errechnen (§ 12 Abs. 1 ErbStG).[4] Der Differenzbetrag stellt – soweit keine Freibeträge zum Abzug gebracht werden – den steuerpflichtigen Erwerb dar.

533 Freibeträge sollen Steuerbefreiungen in bestimmten Grenzen erwirken. Freibeträge[5] sind Instrumente zur Milderung von Erbschaft- und Schenkungsteuer. Eine Milderung, ggf. sogar eine Neutralisierung wird dadurch erreicht, dass bei Ermittlung des steuerpflichtigen Erwerbs ein das Brutto-Aktivvermögen verminderender Abzugsposten in Höhe des Freibetrags gebildet werden darf.

---

1 Vgl. Rdn. 552.
2 Zu Vermögensarten vgl. oben Teil II Abschnitt 1.2, Rdn. 60.
3 Hinsichtlich der wirtschaftlichen Zuordnung vgl. H E 7.3 Abs. 3 ErbStH 2011 sowie Ausführungen unter Rdn. 452.
4 Grundzüge des BewG vgl. Teil II Rdn. 54 ff.
5 Vgl. Rdn. 661.

Obige Bereicherungsdefinition und Rechtsgrundlage des § 10 Abs. 1 Satz 2 ErbStG gilt nur für Erwerbe von Todes wegen. Für Schenkungen unter Lebenden fehlt eine entsprechende Bestimmung. Ob und in welchem Umfang bei Schenkungen eine steuerpflichtige Bereicherung vorliegt, ist zunächst anhand der Verkehrswerte der Zuwendungsgegenstände und der ggf. vom Bedachten zu erfüllenden Zahlungen, Gegenleistung und Auflagen zu beurteilen.

Auch Aufwendungsersparnisse können zu einer steuerpflichtigen Bereicherung führen, so etwa, wenn jemand ein zinsloses oder unter Kapitalmarktniveau zu verzinsendes Darlehen in Anspruch nimmt. Eine Bereicherung liegt in aller Regel auch bei solchen gegenseitigen Leistungsverpflichtungen vor, die nicht auf den ersten Blick als Schenkung zu erkennen sind, weil sie etwa in einen lästigen Vertrag gekleidet sind oder der Beschenkte dem Schenker eine Gegenleistung zu erbringen hat. Steht der Leistung des Schenkers eine gleichwertige Gegenleistung des Empfängers gegenüber, liegt kein schenkungsteuerpflichtiger Vorgang vor. In allen anderen Fällen handelt es sich um eine verdeckte oder um eine gemischte Schenkung.

534

Schließlich ist der sich aus der nicht steuerfreien Bereicherung ergebende steuerpflichtige Erwerb auf volle 100 € abzurunden (§ 10 Abs. 1 Satz 4 ErbStG). Nachfolgende Übersicht stellt in Anlehnung an die Erbschaftsteuer-Richtlinien 2011 (R E 10.1 ErbStR 2011) die Berechnung des steuerpflichtigen Erwerbs tabellarisch dar:

TAB. 16: Rechnungsschema zur Ermittlung des steuerpflichtigen Erwerbs

1. Steuerwert des Wirtschaftsteils des land- und forstwirtschaftlichen Vermögens
   - − Befreiungen nach § 13 Abs. 1 Nr. 2 und 3 ErbStG
   - + Steuerwert des Betriebsvermögens
   - − Befreiungen nach § 13 Abs. 1 Nr. 2 und 3 ErbStG
   - + Steuerwert der Anteile an Kapitalgesellschaften

   Zwischensumme
   - − Befreiung nach § 13a ErbStG
   - + Steuerwert des Wohnteils und der Betriebswohnungen des land- und forstwirtschaftlichen Vermögens
   - − Befreiungen nach § 13 Abs. 1 Nr. 2, 3, 4b und 4c ErbStG
   - − Befreiung nach § 13c ErbStG
   - + Steuerwert des Grundvermögens
   - − Befreiungen nach § 13 Abs. 1 Nr. 2, 3, 4a bis 4c ErbStG
   - − Befreiung nach § 13c ErbStG
   - + Steuerwert des übrigen Vermögens
   - − Befreiungen nach § 13 Abs. 1 Nr. 1 und 2 ErbStG
   - = Vermögensanfall nach Steuerwerten

2.	Steuerwert der Nachlassverbindlichkeiten, soweit nicht vom Abzug ausgeschlossen, mindestens Pauschbetrag für Erbfallkosten (einmal je Erbfall)
=	abzugsfähige Nachlassverbindlichkeiten
3.	Vermögensanfall nach Steuerwerten (1.)
−	abzugsfähige Nachlassverbindlichkeiten (2.)
−	weitere Befreiungen nach § 13 ErbStG
=	Bereicherung des Erwerbers
4.	Bereicherung des Erwerbers (3.)
−	ggf. steuerfreier Zugewinnausgleich, § 5 Abs. 1 ErbStG
+	ggf. hinzuzurechnende Vorerwerbe, § 14 ErbStG
−	persönlicher Freibetrag, § 16 ErbStG
−	besonderer Versorgungsfreibetrag, § 17 ErbStG
=	steuerpflichtiger Erwerb (abzurunden auf volle hundert Euro)

HINWEISE:

▶ Auch Wertsteigerungen an einem übertragenen Vermögen, welche auf die Mitwirkung des Erwerbers zurückzuführen sind, unterliegen der Schenkungsteuer.[1] Es ist daher zu vermeiden, etwas zur Wertsteigerung eines Vermögensgegenstandes beizutragen, den der Leistende in absehbarer Zeit geschenkt bzw. vererbt bekommt.

▶ Zum steuerpflichtigen Erwerb zählen auch Einkommensteuererstattungsansprüche des Erblassers. Zu versteuern sind allerdings nur solche aus Veranlagungszeiträumen, die vor dem Todeszeitpunkt des Erblassers endeten.[2] Auf ihre Durchsetzbarkeit (Festsetzung in einem Steuerbescheid) zum Todeszeitpunkt kommt es nicht an (R E 10.3 Abs. 2 ErbStR 2011). Einkommensteuererstattungsansprüche aus dem Veranlagungszeitraum, in der den Todeszeitpunkt des Erblassers fällt, entstehen hingegen erst mit Ablauf des Kalenderjahrs und zählen daher nicht zum steuerpflichtigen Erwerb nach § 10 Abs. 1 ErbStG (R E 10.3 Abs. 3 ErbStR 2011). Entsprechendes gilt für Erstattungszinsen, soweit diese auf den Zeitraum vom Beginn des Zinslaufs bis zum Todestag des Erblassers entfallen.

4.2 Abziehbare Erwerbsnebenkosten und Nachlassverbindlichkeiten

4.2.1 Allgemeines

535 Erwerbsnebenkosten sind alle Kosten, die im Zusammenhang mit der Ausführung der Zuwendung zwangsläufig entstehen. Die Finanzverwaltung führt hier als Beispiel auf:[3]

---

[1] BFH, Urt. v. 5. 2. 2003 II R 84/00, ZEV 2004 S. 128.
[2] Vgl. BFH, Urt. v. 16. 1. 2008 II R 30/06, BStBl 2006 II S. 626. Der BFH hat entschieden, dass Einkommensteuererstattungsansprüche stets mit Ablauf des jeweiligen Kalenderjahres entstehen.
[3] Vgl. gleich lautende Ländererlasse v. 16. 3. 2012, o. Az.

- allgemeine Erwerbsnebenkosten (Kosten der Rechtsänderung, z. B. Kosten für Notar- oder Handelsregister),
- Steuer- und Rechtsberatung im Vorfeld der Schenkung,
- Kosten zur Erstellung der Steuer- bzw. Feststellungserklärung,
- Kosten für Rechtsbehelfsverfahren oder Finanzgerichtsverfahren im Steuerfestsetzungs- bzw. Feststellungsverfahren,
- Kosten eines Gutachters für die Ermittlung des gemeinen Werts von Grundbesitz,
- Betriebsvermögen oder nicht notierten Anteilen an Kapitalgesellschaften,
- Grunderwerbsteuer.[1]

Nachlassverbindlichkeit ist jede rechtliche Verpflichtung zur Leistung aus dem Nachlass. Kommen auf den Erben solche rechtlichen Verpflichtungen zu, kann er nicht in Höhe des Vermögensübergangs als bereichert gelten. Der Steuerwert des Vermögensübergangs ist so um die Nachlassverbindlichkeiten zu kürzen (zu saldieren). Besteuert wird letztlich nur der netto eingetretene Vermögenszufluss.

Nachlassverbindlichkeiten sind zu unterscheiden in: Erblasserschulden und Erbfallschulden. Erblasserschulden sind alle zu Lebzeiten des Erblassers entstandenen vertraglichen, außervertraglichen oder gesetzlichen Verpflichtungen, die

- im Zeitpunkt seines Todes noch nicht erloschen sind
- oder kraft § 10 Abs. 3 ErbStG als nicht erloschen gelten,
- nicht bereits bei der Berechnung des Steuerwerts des Aktivvermögens berücksichtigt wurden, wie dies etwa beim Betriebsvermögen regelmäßig der Fall ist (betriebliche Schulden, § 10 Abs. 5 Nr. 1 ErbStG),
- und die für den Erben eine tatsächliche wirtschaftliche Belastung darstellen, weil die vom Erblasser herrührende Schuld rechtlich besteht und er sie tatsächlich trägt.

Die Leistung des Erben aus dem Nachlass darf nicht auf bloßes Dulden ausgerichtet sein. So müssen die Erben z. B. von den Gläubigern eines Hypothekendarlehens tatsächlich in Anspruch genommen werden, um einen Steuerabzug zu bewirken. Keine wirtschaftliche Belastung – und damit auch keine Abzugsfähigkeit – ist beispielsweise bei Steuerschulden des Erblassers gege-

---

1 Zur steuerlichen Behandlung der Grunderwerbsteuer vgl. oben Hinweis Rdn. 457.

ben, welche das Finanzamt nicht einfordern kann, z. B. weil der Erblasser überwiegend Auslandsvermögen hatte und im Inland steuerlich nicht geführt war.

> **HINWEIS:**
> Leistet ein Beschenkter z. B. Zahlungen auf Pflichtteilsergänzungsansprüche zur Abwendung der Herausgabe des geschenkten Gegenstandes (§ 2329 Abs. 2 BGB), kann der Beschenkte diese Zahlungen wie „Nachlassverbindlichkeiten" gemäß § 10 Abs. 5 Nr. 2 und 3 ErbStG vom Wert der schenkweisen Zuwendung in vollem Umfang abziehen (Saldierung). Somit fließt die Geldzahlung noch nachträglich als Abzugsposten in die Bemessungsgrundlage für die Berechnung der – bereits gezahlten – Schenkungsteuer ein. Voraussetzung ist jedoch, dass der Beschenkte in seiner Eigenschaft als Beschenkter zahlt! Zahlt der Beschenkte als Erbe (weil er zugleich auch Erbe ist!), kann er Zahlungen zur Abwendung einer Geltendmachung von Pflichtteilsergänzungsansprüchen nur vom Aktivnachlass als Nachlassverbindlichkeit abziehen. Ist der Bruttonachlass überschuldet oder fällt nach Abzug der persönlichen Freibeträge keine Steuer mehr an, läuft die Pflichtteilszahlung steuerlich ins Leere, obwohl der Erbe und Beschenkte auf den dem Erbfall vorgehenden Schenkungsvorgang unter Umständen Schenkungsteuer zahlen musste. In solchen Fällen sollte der Erbe gegenüber den Finanzbehörden deutlich machen, dass er als Beschenkter die Zahlungen zur Abwendung des Herausgabeanspruches geleistet hat. Diesen Nachweis kann er führen, wenn er als Erbe zur Zahlung des Pflichtteils nicht verpflichtet ist, etwa weil kein Nachlass vorhanden oder überschuldet war, er die Dürftigkeitseinrede erhoben hat (§ 1990 BGB) bzw. dem Erben nicht einmal sein eigener Pflichtteil und Pflichtteilsergänzungsanspruch verblieben ist.

4.2.2 Abzugsfähige Erwerbsnebenkosten im Zusammenhang mit Schenkungen

4.2.2.1 Gleich lautende Ländererlasse

536 Während die steuerliche Behandlung von Nachlassverbindlichkeiten gesetzlich geregelt ist (§ 10 Abs. 5 ErbStG, vgl. anschließend Rdn. 540 ff.), fehlt für die Abzugsfähigkeit von Erwerbsnebenkosten im Zusammenhang mit Schenkungen eine entsprechende gesetzliche Regelung. Die Finanzverwaltung hat daher in den gleich lautenden Ländererlassen v. 16. 3. 2012 die steuerliche Berücksichtigung der Kosten, die im Zusammenhang mit Schenkungen entstehen, einheitlich geregelt.

4.2.2.2 Allgemeine Erwerbsnebenkosten

537 Unter die allgemeinen Erwerbsnebenkosten fallen alle Kosten der Rechtsänderung, die erst durch die Schenkung entstehen (z. B. Aufwendungen für Notar, Grundbuch oder Handelsregister). Trägt der Beschenkte die Erwerbsnebenkosten, können diese bei einer Vollschenkung (ohne Gegenleistungen des Beschenkten) in vollem Umfang vom Steuerwert der Zuwendung abgezogen

werden. Gleiches gilt im Prinzip für mittelbare Schenkungen, gemischte Schenkungen sowie für Schenkungen unter Leistungs-, Nutzungs- oder Duldungsauflagen: Hier dürfen die Kosten zwar lediglich vom Steuerwert der tatsächlichen Zuwendung (bei mittelbaren Schenkungen) bzw. von der Nettobereicherung (bei den gemischten Schenkungen und den Schenkungen unter Leistungs-, Nutzungs- oder Duldungsauflage) abgezogen werden, sind aber dennoch in vollem Umfang abzugsfähig.

BEISPIEL: (aus gleich lautende Ländererlasse v. 16. 3. 2012)

Der Schenker übereignet dem Beschenkten ein zu gewerblichen Zwecken vermietetes Grundstück mit einem Grundbesitzwert von 500 000 €. Die Nebenkosten betragen 8 000 €. Der Beschenkte zahlt eine Gegenleistung von 100 000 €. Der Beschenkte hat (500 000 € − 100 000 € =) 400 000 € zu versteuern und kann die Nebenkosten in voller Höhe abziehen. Die Bereicherung des Beschenkten beträgt (400 000 € − 8 000 € =) 392 000 €.

Trägt hingegen der Schenker die Erwerbsnebenkosten, sieht die Finanzverwaltung darin eine zusätzliche Schenkung, die die Bereicherung des Beschenkten entsprechend erhöht. Eine zusätzliche (schenkungsteuerpflichtige) Bereicherung tritt allerdings nicht ein, da der zusätzlichen Bereicherung eine Entreicherung durch die Folgekosten der Schenkung gegenübersteht. Das gilt nicht nur, wenn der Schenker dem Beschenkten einen Geldbetrag in Höhe der Erwerbsnebenkosten zuwendet, damit dieser sie zahlen kann, sondern auch dann, wenn der Schenker selbst (in Abkürzung des Zahlungswegs) die Erwerbsnebenkosten begleicht.

BEISPIEL: (aus gleich lautende Ländererlasse v. 16. 3. 2012)

Der Schenker übereignet dem Beschenkten ein unbebautes Grundstück mit einem Grundbesitzwert von 300 000 € Die allgemeinen Erwerbsnebenkosten betragen 8 000 €. Trägt der Schenker − durch Geldzuwendung oder durch eigene Zahlung − die Erwerbsnebenkosten, beträgt der Gesamtwert der Zuwendungen (300 000 € + 8 000 € =) 308 000 €. Die Bereicherung des Beschenkten beträgt (308 000 € − 8 000 € =) 300 000 €.

HINWEISE:

Aus obigem Beispiel wird deutlich, dass der Erwerber offiziell stets die Erwerbsnebenkosten tragen sollte. Denn nur dann wirken sich die Erwerbsnebenkosten bereicherungsmindernd und damit auch steuermindernd aus.

Die Erwerbsnebenkosten können bei Vollschenkungen stets voll abgezogen werden und unterliegen keiner Kürzung nach § 10 Abs. 6 ErbStG, auch nicht wenn sie im Zusammenhang mit Vermögensgegenständen entstehen, für die eine Steuerbefreiung nach §§ 13, 13a oder 13c ErbStG zur Anwendung kommt. Dies gilt auch für gemischte Schenkungen und Schenkungen unter einer Leistungs-, Nutzungs- oder Duldungsauflage und unabhängig davon, ob der Schenker oder der Erwerber die Nebenkosten trägt.[1]

---

1 Vgl. gleich lautende Ländererlasse v. 16. 3. 2012, Tz. 1.1.5.

4.2.2.3 Steuer- und Rechtsberatungskosten im Zusammenhang mit Schenkungen

538 Im Vorfeld der Schenkung angefallene Kosten stehen nach Auffassung der Finanzverwaltung nicht im unmittelbaren Zusammenhang mit dem schenkweise zugewendeten Vermögen und sind deshalb nicht abziehbar (R E 7.4 Abs. 4 Satz 2 ErbStR 2011 sowie gleich lautende Ländererlasse v 16. 3. 2012). Steuerlich abziehbar sind hingegen die Kosten für die Erstellung von Schenkungsteuererklärungen sowie von Feststellungserklärungen nach § 157 i.V.m. § 151 BewG. Die Kosten unterliegen keiner Kürzung.

> **BEISPIEL:**[1] A überträgt im August 2011 dem Neffen B ein Mietwohngrundstück mit einem Grundbesitzwert von 750 000 €. Aus der Anschaffung resultiert noch eine Verbindlichkeit in Höhe von 150 000 €, die B übernimmt. A behält sich den Nießbrauch an den Erträgen vor. Der Kapitalwert des Nießbrauchs unter Berücksichtigung der Begrenzung nach § 16 BewG beträgt 100 000 €. Die Erwerbsnebenkosten (für Notar, Grundbuch) belaufen sich auf 5 500 €, die Grunderwerbsteuer auf 8 750 €. An Steuerberatungskosten für die Schenkungsteuererklärung sind 2 000 € angefallen.

Grundbesitzwert	750 000 €	
Befreiung § 13c ErbStG 10% von 750 000 €	·/. 75 000 €	
Verbleiben	675 000 €	
Gegenleistung in wirtschaftlichem Zusammenhang mit dem Grundstück	150 000 €	
Nießbrauch	+ 100 000 €	
Summe	250 000 €	
Nicht abzugsfähig 10% von 250 000 € =	·/. 25 000 €	
Abzugsfähig	225 000 €	·/. 225 000 €
Verbleiben		450 000 €
Abzugsfähige Erwerbsnebenkosten (ohne Grunderwerbsteuer)	5 500 €	
Steuerberatungskosten	+ 2 000 €	
Summe (keine Kürzung)	7 500 €	·/. 7 500 €
Bereicherung		442 500 €

---

1 Vgl. H E 7.4 Abs. 4 ErbStH 2011.

HINWEISE:

Von einer Übernahme der im Vorfeld der Schenkung angefallenen Steuer- und Rechtsberatungskosten durch den Schenker ist abzuraten. Die Finanzverwaltung sieht in der Übernahme der Kosten durch den Schenker eine zusätzliche (schenkungsteuerpflichtige) Zuwendung, wenn der Beschenkte diese zu tragen hätte. Übernimmt der Schenker die Steuer- und Rechtsberatungskosten für die Steuer- und Feststellungserklärungen, handelt es sich um eine zusätzliche Schenkung, die die Bereicherung des Beschenkten entsprechend erhöht. Da die Kosten aber in vollem Umfang abzugsfähig sind, wirken sich diese „bereicherungsneutral" aus, jedoch nicht „steuermindernd". Daher sollten auch Steuer- und Rechtsberatungskosten für die Steuer- und Feststellungserklärungen vom Beschenkten getragen werden

Kosten für das Rechtsbehelfsverfahren oder finanzgerichtliche Verfahren bzw. Verfahren zur Änderung der Steuerfestsetzung oder Wertfeststellung sind nicht abziehbar, da es sich hierbei um Rechtsverfolgungskosten zur Abwehr der Entrichtung der eigenen Schenkungsteuer handelt, die unter das Abzugsverbot des § 10 Abs. 8 ErbStG fallen.

4.2.3 Abzugsfähige Erblasserschulden beim Erwerb von Todes wegen

4.2.3.1 Steuerschulden

Einkommensteuerschulden, die in der Person des Erblassers entstanden sind und nach § 45 AO auf die Erben übergehen, können als Erblasserschulden vom Nachlass abgezogen werden, sofern nach Anrechnung von Steuerabzugsbeträgen und Vorauszahlungen des Erblassers noch eine Steuerschuld besteht. Als Erblasserschuld abziehbar sind auch hinterzogene Steuern des Erblassers, für die der Erbe ebenfalls haftet.

539

Als Nachlassverbindlichkeit abziehbar sind Steuerschulden aus Veranlagungszeiträumen, die vor dem Todeszeitpunkt des Erblassers endeten. Diese gelten als mit Ablauf des jeweiligen Kalenderjahres entstanden und können unabhängig davon, ob sie am Todeszeitpunkt des Erblassers bereits festgesetzt waren oder nicht, mit dem materiellrechtlich zutreffenden Wert als Nachlassverbindlichkeiten nach § 10 Abs. 5 Nr. 1 ErbStG abzugsfähig sein (R E 10.8 Abs. 2 ErbStR 2011).

Steuerschulden, die erst im Sterbejahr entstanden sind, ließ die Finanzverwaltung bislang nicht zum Abzug als Nachlassverbindlichkeiten zu, da dieser erst mit Ablauf des Kalenderjahrs als entstanden gelten (R E 10.8 Abs. 3 ErbStR 2011). Dies entsprach auch der bisherigen Finanzgericht-Rechtsprechung. Der BFH ist jedoch im Juli 2012 in einem Urteil sowohl von der Verwaltungsauffassung als auch von seiner eigenen Rechtsprechung abgewichen und hat entschieden, dass die auf den Erben entsprechend seiner Erbquote entfallenden Zahlungen für die vom Erblasser herrührende Einkommensteuer des Todesjahres, einschließlich Kirchensteuer und Solidaritätszuschlag, als Nachlassverbindlichkeiten abzugsfähig sind.[1] Der BFH führte als Begründung auf, dass zu den abzugsfähigen Nachlassverbindlichkeiten nicht nur die Steuerschulden gehören, die zum Zeitpunkt des Erbfalls bereits rechtlich entstanden waren. Zu den Nachlassverbindlichkeiten zählen auch „Steuerverbindlichkeiten, die der Erblasser als Steuerpflichtiger durch die Verwirklichung von Steuertatbeständen begründet hat und die mit dem Ablauf des Todesjahres entstehen".

Vom Erblasser bereits geleistete Einkommensteuer-Vorauszahlungen, die jeweils mit Beginn des Kalendervierteljahres, in dem der Erblasser verstorben ist, zu entrichten waren können als Nachlassverbindlichkeiten abgezogen werden (R E 10.8 Abs. 4 ErbStR 2011). Abzugsfähig sind auch darauf zu zahlende Zinsen, soweit diese auf den Zeitraum vom Beginn des Zinslaufs bis zum Todestag des Erblassers entfallen (R E 10.8 Abs. 5 ErbStR 2011). Keine Erblasserschuld ist hingegen die Einkommensteuerschuld, die nach dem Erbfall in der Person des Erben entsteht. Dies gilt insbesondere für solche Steuern, die auf Sachverhalte zurückzuführen sind, die der Erblasser bereits verwirklicht hat, welche aber noch nicht zur Realisierung der Einkünfte geführt haben und dadurch den Erblasser nicht mehr mit Steuern belastet haben.

Nach § 24 Nr. 2 EStG gehören zu den steuerbaren Einkünften auch Einkünfte aus einer ehemaligen einkommensteuerpflichtigen Tätigkeit, und zwar auch dann, wenn sie dem Steuerpflichtigen als Rechtsnachfolger zufließen. Hinterlässt ein Erblasser, der seinen Gewinn durch sog. „Einnahmen-Überschussrechnung" ermittelt hat, Forderungen, die im Zeitpunkt des Todes noch nicht beglichen und versteuert waren, zahlt der Erbe hierauf Einkommensteuer und – mangels Abzugsfähigkeit als Nachlassverbindlichkeit – auch Erbschaftsteuer. Solche Doppelbelastungen versucht der Gesetzgeber allerdings mit dem im Rahmen des ErbStRG 2009 neu eingefügten § 35b EStG zu mildern, in dem er auf Antrag die tarifliche Einkommensteuer, die auf mit Erbschaftsteuer belastete Einkünfte entfallen, um einen bestimmten Prozentsatz ermäßigt. Näheres dazu in Teil IV Rdn. 731 ff.

> **HINWEISE:**
>
> Die Nichtabzugsfähigkeit von Steuerschulden, die im Todesjahr entstehen, führt zu einer Doppelbelastung mit Einkommen- und Erbschaftsteuern. Gegen die Auffassung der Finanzverwaltung, welche im Übrigen der Rechtsprechung entspricht,[2] ist derzeit eine Verfassungsbeschwerde anhängig.[3]

---

1 Urteil v. 4. 7. 2012 II R 15/11, DStR 2012 S. 1698, Nr. 34.
2 Vgl. BFH v. 17. 2. 2010 II R 23/09.
3 Az. BVerfG 1 BvR 1432/10.

Die vom überlebenden Ehegatten bei Zusammenveranlagung für den verstorbenen Ehegatten regelmäßig mitbezahlten Steuern können von dem überlebenden Ehegatten nicht als Nachlassverbindlichkeit abgezogen werden. Der BFH begründet dies aus dem beiderseitigen Willen (konkludentes Verhalten) der Eheleute, wonach die von beiden geschuldeten Einkommensteuern stets allein von demselben Ehegatten zu zahlen sind. Durch die jahrelange Übung ist davon auszugehen, dass die Ehegatten von einem Ausgleich nach § 426 Abs. 1 BGB absehen wollten. Im Fall versuchte ein Rechtsanwalt, für seine Ehefrau im Rahmen der Zusammenveranlagung gezahlte Einkommensteuern als Nachlassverbindlichkeit abzusetzen.[1]

Ein rechtliches Bestehen kann im Einzelfall nachgewiesen werden, wenn der überlebende Ehegatte (Lebenspartner) dem konkludenten Verhalten entgegen eine anderslautende Vereinbarung mit dem verstorbenen Ehegatten vorlegen kann, wonach bezüglich der gemeinsam geschuldeten, aber von ihm gezahlten Steuern ein interner Ausgleich habe erfolgen sollen. Eine solche schriftliche Vereinbarung kann im Einzelfall Erbschaftsteuern sparen!

4.2.3.2 Pflegeleistungen

Erblasserschulden können auch durch von diesem empfangene Unterhalts- und Pflegeleistungen entstanden sein. Als Pflegekosten können z. B. Fahrtkosten, der Ersatz von Auslagen für Strom, die Besorgung der Wäsche oder auch Wohnungskosten in Betracht kommen. Nicht selten erbringen nahe Angehörige solche Leistungen zwar unentgeltlich, aber mit der Absicht, im Erbfall entlohnt zu werden. Das Finanzamt wird in solchen Fällen nach § 13 Abs. 1 Nr. 9 ErbStG einen Freibetrag von 20 000 € ansetzen.

540

Möchte man höhere Kosten geltend machen, ist es in jedem Fall notwendig zu prüfen, ob sich der Erbe gegenüber dem Erblasser in Form eines Vertrages verpflichtet hat, Dienste zu leisten oder sonst für ihn tätig zu werden. Macht der Erbe – wie in einem vom BFH entschiedenen Fall – Fahrtkosten als Nachlassverbindlichkeiten nach § 10 Abs. 5 Nr. 1 ErbStG zum Abzug geltend, die im Zusammenhang mit der Pflege und Versorgung des Erblassers entstanden sind, so ist für deren Abzug Voraussetzung, „dass ein Dienst- bzw. Geschäftsbesorgungsverhältnis bestanden hatte, das nach den Umständen nicht unentgeltlich sein sollte".[2]

Voraussetzung für den Abzug von Pflegeleistungen als Erblasserschulden ist also, dass der Erwerb bürgerlich-rechtlich als Dienstleistungsvergütung zu beurteilen ist.[3] Es müssen zwischen dem Erben und dem Erblasser dienstvertrag-

---

1 BFH, Urt. v. 15. 1. 2003 II R 23/01, BStB 2003 II S. 267.
2 BFH, Urt. v. 28. 6. 1995 II R 80/94, BStB 1995 II S. 784.
3 BFH, Urt. v. 9. 11. 1994 II R 110/91, BStBl 1995 II S. 62.

liche Beziehungen bestanden haben, die über bloße Gefälligkeitsverhältnisse hinausgehen. Solche dienstvertraglichen Beziehungen kommen aber allein durch das Versprechen einer Erbeinsetzung nicht in Betracht.[1] Verspricht der Erblasser, jemanden als Entgelt für Dienstleistungen durch eine letztwillige Verfügung zu bedenken, kann dies aber einen Vergütungsanspruch des Dienstverpflichteten (Erben) gemäß § 612 Abs. 1 und 2 BGB hervorrufen.[2] Ein solcher Anspruch ist aus den Umständen zu entnehmen, dass die Dienstleistung nicht unentgeltlich erfolgen sollte (weil ein bloßes derartiges Versprechen nach § 2302 BGB ungültig wäre).[3]

Ist eine Pflege gegen Erbeinsetzung vereinbart und besteht ein Anspruch auf angemessene Vergütung, kommt ein Freibetrag nach § 13 Abs. 1 Nr. 9 ErbStG nicht in Betracht.[4] Insoweit geht der Abzug von Erblasserschulden in Form von Aufwendungen der Erben für Unterhalt oder Pflege der Freibetragsregelung nach § 13 Abs. 1 Nr. 9 ErbStG vor.[5]

Dienstleistungen der Ehefrau des Erben bleiben stets unberücksichtigt, weil es in aller Regel nur um den steuerpflichtigen Erwerb des Erben selbst geht und es an der rechtlichen Anspruchserlangung der Schwiegertochter als „Dritte" fehlt. Wollte die Ehefrau des Erben Pflegeleistungen geltend machen, müsste sie gegen den Erben, also ihren Ehemann, nicht nur eine Anspruchsgrundlage haben – denkbar wäre ein unentgeltliches Auftragsverhältnis (§§ 662, 670 BGB), ein Geschäftsbesorgungsvertrag nach § 675 BGB oder Ansprüche aus ungerechtfertigter Bereicherung nach §§ 812 ff. BGB –, sondern solche Forderun-

---

1 Ebendort.
2 Gemäß § 612 BGB gilt eine Vergütung als stillschweigend vereinbart, wenn die Dienstleistung den Umständen nach nur gegen eine Vergütung zu erwarten ist. Ist die Höhe der Vergütung nicht bestimmt, ist die übliche Vergütung als vereinbart anzusehen.
3 Nach § 2302 BGB ist ein Vertrag, durch den sich jemand verpflichtet, eine Verfügung von Todes wegen zu errichten oder nicht zu errichten, aufzuheben oder nicht aufzuheben, nichtig.
4 BFH, Urt. v. 28. 6. 1995 II R 80/94, BStBl 1995 II S. 784.
5 BFH, Urt. v. 28. 6. 1995 II R 80/94, BStBl 1995 II S. 784; Urt. v. 9. 11. 1994 II R 110/91, BStBl 1995 II S. 62.

gen gegen den Erben auch geltend machen.[1] Es ist also eher steuerschädlich, wenn sich der Erbe auf Pflegeleistungen stützt, die seine Ehefrau erbracht hat. Denn um diese ist sein Abzugsvolumen vermindert.

HINWEIS:

Werden Angehörige unentgeltlich gepflegt, und geschieht dies des Nachlasses wegen, sollte ein Dienst- bzw. Geschäftsbesorgungsvertrag vereinbart werden. Dann können alle angefallenen Kosten vom zu versteuernden Nachlass nach § 10 Abs. 5 Nr. 1 ErbStG abgezogen werden und nicht lediglich die Pauschale des § 13 Abs. 1 Nr. 9 ErbStG in Höhe von 20 000 €.

4.2.3.3 Rückzahlungsansprüche aus an den Erblasser gewährten Darlehen

Bei der Frage, ob Rückzahlungsansprüche aus zwischen dem Erblasser und seinen Kindern vereinbarten Darlehen als Nachlassverbindlichkeiten geltend gemacht werden können, sind die einkommensteuerrechtlichen Grundsätze des Fremdvergleichs bei Darlehensverträgen zwischen nahen Angehörigen nicht anwendbar, da der Fremdvergleich auf die für die Einkünfteermittlung im Einkommensteuerrecht erforderliche Abgrenzung zwischen Aufwendungen für den privaten Lebensbereich und Aufwendungen für den beruflich-betrieblichen Bereich abzielt und folglich für die Ermittlung der durch einen erbschaftsteuerpflichtigen Erwerb eingetretenen Bereicherung nicht geeignet ist.[2] Es sind daher Nachlassverbindlichkeiten, welche als Darlehen einem Erblasser gewährt wurden, ungeachtet dessen abzugsfähig, dass die Geldmittel ursprünglich vom Erblasser selbst herstammten. Es kommt allein darauf an, ob die als Nachlassverbindlichkeiten geltend gemachten Darlehensschulden im Zeitpunkt des Erbfalls nach bürgerlich-rechtlichen Grundsätzen bestanden haben und mit welchem Wert sie zum Bewertungsstichtag anzusetzen sind.

541

In einem vom BFH[3] entschiedenen Fall hatten die Erben, die alle bereits als deutsche Staatsangehörige seit länger als fünf Jahren in der Schweiz ansässig und somit nach § 2 Abs. 1 Nr. 1 Buchst. b ErbStG nicht mehr als „Inländer" der unbeschränkten Steuerpflicht (Wegzugsbesteuerung) unterliegend sind, im Zusammenhang mit einem inländischen Grundvermögen, das Inlandsvermögen i. S. des § 121 BewG war und im Rahmen des § 2 Abs. 1 Nr. 3 ErbStG als

---

1 BFH, Urt. v. 9.11.1994 II R 110/91, BStBl 1995 II S. 62.
2 BFH, Urt. v. 25.10.1995 II R 45/92, BStBl 1996 II S. 11. Die Ertragsteuerrechtsprechung geht nämlich davon aus, dass Gestaltungen, bei denen Kindern Geldbeträge zugewendet werden, die sie umgehend wieder als Darlehen zurückzuzahlen haben, auf einen erst zukünftigen Vermögenstransfer angelegt sind und den Kindern deswegen nicht selbst und gegenwärtig Kapital zur Nutzung überlassen wurde.
3 Ebendort.

solches der beschränkten Steuerpflicht unterlag, Nachlassverbindlichkeiten in Höhe von fast 14 Mio. € für ein Darlehen gegengerechnet, das die Erben an den Erblasser, der ebenfalls Schweizer war, gewährt hatten. Das Finanzamt verwehrte dagegen den Abzug des an den Erblasser gewährten Darlehensbetrags, weil die Darlehensvereinbarungen einem Drittvergleich aus folgenden Gründen nicht Stand hielten: die über eine Dauer von zehn Jahren abgeschlossenen Darlehensverträge waren nicht kündbar und es wurde auf Sicherheiten verzichtet.

4.2.3.4 Schwebende Geschäfte

542 Hatte ein bilanzierender Gewerbetreibender oder Freiberufler zu Lebzeiten noch einen Vertrag abgeschlossen, mit deren Erfüllung im Zeitpunkt des Todes weder von ihm noch von der Gegenpartei begonnen wurde, liegt ein schwebendes Geschäft vor. Schwebende Geschäfte sind gegenseitige Verträge, die noch nicht erfüllt sind. Der Schwebezustand wird erst beendet, wenn die Sach- oder Dienstleistungsverpflichtung erbracht ist. Obwohl schwebende Geschäfte Forderungen und Schulden begründen, werden sie in der Steuerbilanz nicht erfasst, weil einerseits davon ausgegangen wird, dass sie sich gleichwertig gegenüberstehen[1] und andererseits die Bewertungsvorschriften für die Handelsbilanz (die bis auf wenige Ausnahmen maßgebend für die Steuerbilanz ist) eine Einzelbewertung der Vermögensgegenstände und Schulden zum Abschlussstichtag zwingend vorschreiben (§ 252 HGB). Schwebende Geschäfte werden also bei der Ermittlung des steuerpflichtigen Erwerbs nicht berücksichtigt.[2] Das Ergebnis eines schwebenden Geschäfts ist also erst zu erfassen, wenn das Geschäft abgewickelt ist.

4.2.3.5 Aufschiebend bedingte Ansprüche oder Verbindlichkeiten des Erblassers

543 Aufschiebend bedingte Ansprüche oder Verbindlichkeiten des Erblassers gehören zum Nachlass bzw. zu den Nachlassverbindlichkeiten. Dass die Ansprüche (Verbindlichkeiten) im Todeszeitpunkt gar nicht bekannt waren, ändert an dieser Tatsache nichts. Aufschiebend bedingte Ansprüche oder Verbindlichkeiten bleiben zunächst außer Ansatz. Tritt die Bedingung ein, so dass die Erben die Forderung realisieren können bzw. leisten müssen, führt dies zu einem eigenen Steuerfall.

---

1 BFH, Urt. v. 6.12.1989 II R 103/86, BStBl 1990 II S. 434; Urt. v. 6.3.1990 II R 63/87, BStBl 1990 II S. 504.
2 BFH, Urt. v. 10.4.1991 II R 118/86, BStBl 1991 II S. 620.

4.2.4 Abzugsfähige Erbfallschulden im Einzelnen

Erbfallschulden entstehen im Unterschied zu den Erblasserschulden nicht schon zu Lebzeiten des Erblassers, sondern anlässlich des Erbfalls. Von den Erbfallschulden zu unterscheiden sind die Nachlasserbenschulden, die zu den Eigenverbindlichkeiten des Erben gehören. Nachlasserbenschulden können vom Erwerb nicht abgezogen werden; sie sind Aufwendungen im Zusammenhang mit der Verwaltung und/oder Verwertung des Nachlasses. Abziehbar ist hingegen alles, was die Bereicherung des Erben mindert. § 10 Abs. 5 Nr. 2 ErbStG nennt als Beispiel Verbindlichkeiten aus Vermächtnissen, aus Auflagen und geltend gemachten Pflichtteilen. Nicht abzugsfähig sind Zahlungen des Vorerben zur Ablösung des Nacherbenrechts.[1]

544

Voraussetzung für den Abzug der Erbfallschulden ist die Inanspruchnahme des oder der Erben und eine mit dieser im Zusammenhang stehende wirtschaftliche Belastung. So können z. B. Verbindlichkeiten aus Vermächtnissen oder Pflichtteilslasten nur abgezogen werden, wenn der Vermächtnisnehmer seine Forderungen geltend macht. Die Verbindlichkeit ist dann sofort vom Gesamterwerb abzugsfähig, auch wenn der Zeitpunkt der Fälligkeit oder Erfüllung weit hinter dem Erbfall liegt. Analog entsteht auch beim Vermächtnisnehmer die Steuerschuld schon mit dem Erbfall (§ 9 Abs. 1 Nr. 1 ErbStG). Zu den einzelnen abziehbaren Vermächtnislasten vgl. nachfolgende Übersichtstabelle:

TAB. 17:	Vermächtnislast als Nachlassverbindlichkeit
Vermächtnisart	als Nachlassverbindlichkeit abzugsfähig ist
Sachvermächtnis	Steuerwert des nachlasszugehörigen Vermächtnisgegenstands
Verschaffungsvermächtnis, Gattungsvermächtnis	Leistungsanspruch (gemeiner Wert)
Geldsummenvermächtnis	Geldbetrag (Nennwert)
Geldwertvermächtnis mit Verkaufsauflage	Wert des zu veräußernden Gegenstands zum Todestag
Renten-/Nießbrauchsvermächtnisse	Kapitalwert der Leistung/Nutzungsrecht
Kaufrechtsvermächtnis	Erwerbsrecht des Vermächtnisnehmers
Aufschiebend bedingte Vermächtnisse	Vermächtnislast bleibt zunächst außer Ansatz

Verbindlichkeiten für Auflagen sind wie Vermächtnisse sofort abziehbar. Im Unterschied zum Vermächtnis entsteht die Steuerschuld bei einer Auflage

---

[1] BFH, Urt. v. 23. 8. 1995 II R 88/92, BStBl 1996 II S. 137.

nicht schon im Erbfall, sondern erst mit dem Zeitpunkt der Vollziehung der Auflage (§ 9 Abs. 1 Nr. 1 Buchst. d ErbStG). Es kann daher zwischen dem Steuerabzug und der Veranlagung des Auflagebegünstigten bei Vollziehung der Auflage ein längerer Zeitraum liegen; dem abzugsberechtigten Erben entsteht die wirtschaftliche Belastung u. U. erst später. In solchen Fällen ist der Steuerabzugsbetrag entsprechend abzuzinsen. Aufschiebend bedingte Auflagen bleiben wiederum zunächst außer Betracht.

4.2.5 Erwerbsaufwendungen und Kosten für die Abwicklung und Verteilung des Nachlasses

545 Neben den Erblasser- und Erbfallschulden sind Erwerbsaufwendungen und Kosten für die Abwicklung und Verteilung des Nachlasses abziehbar (§ 10 Abs. 5 Nr. 3 ErbStG). Erwerbsaufwendungen sind u. a. die Bestattungskosten,[1] die Kosten für ein angemessenes Grabdenkmal, die Kosten für die übliche Grabpflege sowie die sonstigen Kosten, die dem Erwerber unmittelbar im Zusammenhang mit der Abwicklung, Regelung und Verteilung des Nachlasses oder mit der Erlangung des Erwerbs entstehen. Hiervon streng zu unterscheiden sind die Kosten für die Nachlassverwaltung und Nachlassverwertung. Diese Kosten sind nicht abzugsfähig, es sei denn, der Nachlass muss zum Zwecke der Erbauseinandersetzung verkauft werden. Die Kosten der Nachlassverwaltung sind in § 10 Abs. 5 Nr. 3 Satz 3 ErbStG ausdrücklich von einer Abzugsfähigkeit ausgenommen.

Zu den abziehbaren in unmittelbarem Zusammenhang mit der Abwicklung und Verteilung des Nachlasses stehenden sonstigen Kosten gehören alle Aufwendungen, die einem Erben im Zuge des Erwerbs entstehen. Hierzu gehören die Gebühren für die Testamentseröffnung, die Kosten für die Erteilung des Erbscheins, Kosten der Erbauseinandersetzung, Kosten für eine etwaige Testamentsvollstreckung,[2] Kosten für die Führung eines mit dem Nachlass zusammenhängenden Rechtsstreits, Kosten für die Veräußerung von ererbtem Wertpapiervermögen, sofern die Veräußerung notwendig ist, um die vom Erblasser angeordneten Geldvermächtnisse zu erfüllen.[3] Kosten für die Inbesitznahme

---

[1] Auch Leistungen aus einer Kapitallebensversicherung, die dem Steuerpflichtigen anlässlich des Todes eines nahen Angehörigen außerhalb des Nachlasses zufließen, sind auf die als außergewöhnliche Belastung anzuerkennenden Beerdigungskosten anzurechnen (BFH, Urt. v. 22. 2. 1996 III R 7/94, BStBl 1996 II S. 413).

[2] Dazu gehören nur die Konstitutionsgebühr für die Inbesitznahme des Nachlasses, die Abwicklungsgebühr als Regelvergütung sowie die Auseinandersetzungsgebühr für die Durchführung der Erbauseinandersetzung (Gebel in Troll/Gebel/Jülicher, ErbStG, § 10 Tz. 225).

[3] BFH, Urt. v. 28. 6. 1995 II R 89/92, BStBl 1995 II S. 786.

des Erwerbs können anfallen im Zusammenhang mit einem Rechtsstreit, den ein Erbe gegen einen Dritten wegen der Herausgabe von Nachlassgegenständen führen muss, oder im Zusammenhang mit einem Rechtsstreit, den der Vermächtnisnehmer gegen den Erben anstrebt, um an die Vermächtnisgegenstände zu gelangen.

Voraussetzung für die Abzugsfähigkeit von Erwerbsaufwendungen und Erbabwicklungskosten ist, dass diese erst nach dem Erbfall bzw. nach Inempfangnahme des Erbteils entstehen. Sofern die Voraussetzungen gegeben sind, sind auch solche Aufwendungen abziehbar, die dem Erben bereits vor dem Erbfall entstanden sind wie z. B. Zahlungen, die der Erbe an den Erblasser geleistet hat, um von diesem als Erbe eingesetzt zu werden. Die Kosten müssen nicht notwendigerweise vom Erben geltend gemacht werden. Sie können unter Nachweis von jedem abgezogen werden, der einen steuerpflichtigen Erwerb i. S. des § 3 ErbStG gemacht hat. Ohne Nachweis ist ein Abzug bis zu einem Betrag von 10 300 € möglich (§ 10 Abs. 5 Nr. 3 Satz 2 ErbStG). 546

HINWEISE:

▶ Kosten, die erst dann entstehen, wenn der Erwerb bezogen auf den Einzelerwerber feststeht und vollzogen ist, fallen nicht unter die abziehbaren Erwerbsaufwendungen des § 10 Abs. 5 Nr. 3 ErbStG.[1]

▶ Die bei einer gemischten Schenkung oder Schenkung unter Auflage anfallende Grunderwerbsteuer ist vom Abzug ausgeschlossen (H E 7.4 Abs. 4 ErbStH 2011).

4.2.6 Nicht abzugsfähige Schulden und Lasten

4.2.6.1 Allgemeines

Nicht alle Schulden und Lasten, die zu einer Erlösschmälerung führen, können vom Nachlass in Abzug gebracht werden. So verlangt es das sog. Verbundprinzip, dass Schulden und Lasten nur unter der Voraussetzung abgezogen werden können, wenn sie in wirtschaftlichem Zusammenhang mit Vermögensgegenständen stehen, die der Besteuerung unterliegen. „Verbundprinzip" beinhaltet, dass Steuerbefreiungen für Aktivposten mit Abzugsverboten für Passivposten korrespondieren müssen. 547

Folgerichtig bestimmt § 10 Abs. 6 ErbStG, dass Schulden und Lasten nicht abzugsfähig sind, wenn sie in wirtschaftlichem Zusammenhang mit Vermögensgegenständen stehen, die nicht der Besteuerung unterliegen. Die Vorschrift

---

1 Vgl. FG Köln, Urt. v. 7. 6. 1990 9 K 5033/89, EFG 1991 S. 198, und FG München, Urt. v. 27. 2. 1991 4 K 1888/89, UVR 1991 S. 215.

teilt das Abzugsverbot dabei in vier Gruppen ein. Es ist danach zu unterscheiden zwischen Schulden und Lasten, die im Zusammenhang stehen mit:
- steuerbefreitem Vermögen,
- mit teilweise steuerbefreitem Vermögen,
- mit Wirtschaftsgütern, die bei der deutschen Erbschaftsteuer auf Grund eines DBAs nicht zum Ansatz kommen,
- steuerpflichtigem Inlandsvermögen i. S. des § 121 BewG.

Erlösschmälerungen können überhaupt nicht abgezogen werden, wenn sie in wirtschaftlichem Zusammenhang mit steuerbefreiten Vermögensgegenständen stehen. So fallen Aufwendungen, die in Zusammenhang mit Gegenständen entstanden sind, die nach § 13 ErbStG steuerfrei sind,[1] z. B. für Kulturgüter usw., steuerlich gesehen unter den Tisch. Dasselbe gilt auch für Kosten, die einem Erben für die Erlangung von nicht steuerbaren Anwartschaften oder bloßen Erwerbsaussichten entstanden sind.

Den Steuerabzug versagt hat der BFH[2] auch für Aufwendungen, die dem Vorerben zur Ablösung des Nacherbenrechts[3] entstehen, weil Zahlungen für die Übertragung von Nacherbenrechten nicht den Erwerb des Vorerben durch Erbanfall betreffen. Solche Zahlungen sind durch einen Vermögensübergang ausgelöst, der sich aber nicht zwischen dem Erblasser und dem Vorerben abspielt, sondern zwischen dem Vorerben und dem Nacherben stattgefunden hat.

548 Für den Fall, dass Doppelbesteuerungsabkommen bestehen, stellt § 10 Abs. 6 Satz 2 ErbStG sicher, dass Schulden und Lasten nur für solche Vermögensgegenstände abgezogen werden dürfen, die in wirtschaftlichem Zusammenhang mit in Deutschland zu versteuernden Vermögensgegenständen stehen. Hiermit fallen Aufwendungen i. V. m. ausländischem Grundbesitz aus der Abzugsfähigkeit heraus, da Doppelbesteuerungsabkommen im Regelfall eine Besteuerung von Immobilien nach dem Belegenheitsprinzip vorsehen, also demjenigen Staat das Besteuerungsrecht einräumen, in dessen Territorium die Immobilie steht. Für den Abzug von Schulden und Lasten enthalten die meisten Doppelbesteuerungsabkommen einschlägige Regelungen; diese DBA-Regelungen gehen § 10 Abs. 6 Satz 2 ErbStG vor. Nach den meisten DBAs können Nachlassverbindlichkeiten vom Steuerwert desjenigen Gegenstandes direkt abgezogen werden, auf den sie entfallen. Nicht zuordenbare Nachlassverbindlich-

---

1 Vgl. Rdn. 559 ff.
2 Urt. v. 23. 8. 1995 II R 88/92, BStBl 1996 II S. 137 und ZEV 1996 S. 77.
3 Die Rechtsstellung des Nacherben bildet in ihrer Gesamtheit ein Anwartschaftsrecht, das veräußert und nach § 2108 Abs. 2 BGB vererbt werden kann.

keiten teilen sich die Vertragsstaaten im Verhältnis der Werte des steuerpflichtigen Vermögens auf.

Unterliegt der Erwerbsgegenstand selbst einer Steuerpflicht (das steuerpflichtige Inlandsvermögen), beschränkt sich der Abzug von Schulden und Lasten analog dem Verbundprinzip auf diese mit dem Inlandsvermögen in wirtschaftlichem Zusammenhang stehenden Aufwendungen. Ein solcher wirtschaftlicher Zusammenhang wird in erster Linie durch schuldbegründende Vorgänge hergestellt, „die der Anschaffung oder Herstellung eines Vermögensgegenstandes des Inlandsvermögens – also einer Substanzmehrung – dienen."[1]   549

Erbschaftsteuern – auch ausländische – sind nicht abzugsfähig (§ 10 Abs. 8 ErbStG). Die Erbschaftsteuer trifft nicht den Nachlass als solchen, sondern den einzelnen Erwerber als Person bezogen auf die von ihm erworbene Bereicherung. Es handelt sich hier also nicht um Schulden, die noch zu Lebzeiten des Erblassers entstanden sind, sondern um solche, die dem Erben entstehen. Die Erbschaftsteuer ist höchstens dann abzugsfähig, wenn sie bereits für den Erblasser im Rahmen eines anderen Erbfalls erhoben worden ist und im Rahmen des Nachlasses als Erblasserschuld auf den Erben übergegangen ist.   550

HINWEISE:

▶ Prozesskosten, die ein Vermächtnisnehmer auf Grund eines erst ein Jahr nach Übergabe von Vermächtnisgegenständen eingeleiteten Zivilrechtsstreits gegen den Kläger auf Überlassung weiterer Nachlassgegenstände aufwenden musste, sind keine unmittelbar im Zusammenhang mit der Abwicklung, Regelung oder Verteilung des Nachlasses oder mit der Erlangung des Erwerbs entstandenen Kosten und nicht nach § 10 Abs. 5 Nr. 3 ErbStG abzugsfähig, weil die Zivilklage nicht im zeitlichen Zusammenhang mit dem Erwerb steht![2]

▶ Ebenfalls nicht als Nachlassverbindlichkeiten nach § 10 Abs. 5 Nr. 3 ErbStG abziehbar sind die Kosten zur Feststellung von Verkehrswerten im Zusammenhang mit der Übertragung von Grundvermögen. Dies betrifft insbesondere Kosten für die Verkehrswertermittlung, Gerichtsgebühren, die Beratungskosten eines Architekten usw.[3] Die mit der Verkehrswertermittlung entstandenen Kosten stehen vielmehr in einem engen Zusammenhang mit der Festsetzung der Erbschaftsteuer, die als solche ebenfalls nicht abziehbar ist (§ 10 Abs. 8 ErbStG). Kosten für die Verkehrswertermittlung von Grundstücken fallen seit Inkrafttreten der neuen Vorschriften für die Bewertung von Grundbesitz[4] regelmäßig an, da die neuen verkehrswertnahen Grundbesitzwerte in stärkerem Maße den im Fall einer Veräußerung tatsächlich erzielbaren Verkehrswert überschreiten als die vor der Erbschaftsteuerreform 2008

---

1 Gebel in Troll/Gebel/Jülicher, ErbStG, § 10 Tz. 255.
2 FG Nürnberg, Urt. v. 18. 3. 1999 IV 184/98, EFG 1999 S. 661.
3 FG Nürnberg, Urt. v. 21.11 2002 IV 350/2001, DStRE 2003 S. 677.
4 §§ 157 ff. BewG, vgl. Rdn. 208 ff.

maßgeblichen Bedarfswerte, welche im Regelfall nur ca. 60 % der Verkehrswerte erreichten.

4.2.6.2 Schulden und Lasten i. V. m. zu Wohnzwecken vermieteten Grundstücken

551 Zu Wohnzwecken vermietete Grundstücke sind bei der Berechnung des steuerpflichtigen Erwerbs nur mit 90 % ihres Steuerwerts (Grundstückswerts) anzusetzen. Korrespondierend hierzu können Schulden und Lasten (insbesondere Nießbrauchslasten, Hypothekenverbindlichkeiten) nur zu 90 % wertmindernd angesetzt werden (§ 10 Abs. 6 Satz 5 ErbStG).

4.2.6.3 Schuldenabzug bei teilweise befreiten Vermögensgegenständen

552 Schulden und Lasten, die mit teilweise befreiten Vermögensgegenständen in wirtschaftlichem Zusammenhang stehen, sind nur mit dem Betrag abzugsfähig, der dem steuerpflichtigen Teil entspricht (§ 10 Abs. 6 Sätze 1 bis 3 ErbStG). Damit wird ein negativer Steuerwert bzw. ein Steuerwert von null verhindert.

Teilweise befreite Vermögensgegenstände sind u. a. Kunstgegenstände, Kunstsammlungen, wissenschaftliche Sammlungen, Bibliotheken oder Archive, deren Erhalt im öffentlichen Interesse liegt. Sie bleiben nach § 13 Abs. 1 Nr. 2a ErbStG zu 60 % ihres Wertes steuerfrei. Dementsprechend können auch 60 % der Schulden und Lasten als Nachlassverbindlichkeit abgezogen werden (Verbundprinzip!).

HINWEIS:

Besonders bei Grundbesitztümern, die der Denkmalspflege unterstellt sind, kann ein Verzicht auf die Steuerbefreiung bares Geld bedeuten. Bei einem Verzicht auf Steuerbefreiung tritt das Abzugsverbot des § 10 Abs. 6 ErbStG nicht in Kraft, so dass Schulden voll zum Ansatz gebracht werden können, wenn das Objekt überschuldet ist.

Außerdem kann bei Verzicht auf die Steuerbefreiung für denkmalgeschützte Bauten eine sog. Überlast geltend gemacht werden, die als Eigentümer durch außergewöhnliche Unterhalts- und Instandhaltungskosten entsteht. Nach den Erbschaftsteuer-Richtlinien 2003 ließen die Finanzämter für solche Instandhaltungskosten bereits bei Übertragung den 18,6fachen Jahreswert zum Abzug zu, der sich aus jährlichen Pauschalsätzen von 1,15 bis 2,30 € pro Kubikmeter umbauter Raum errechnet.

4.2.6.4 Schuldenabzug in wirtschaftlichem Zusammenhang mit begünstigtem Betriebsvermögen und Anteilen an Kapitalgesellschaften

Schulden und Lasten, die mit nach § 13a ErbStG von der Erbschaftsteuer befreitem betrieblichen Vermögen im Zusammenhang stehen, sind nur in dem Umfang abzugsfähig, als es dem Verhältnis des nach Anwendung des § 13a ErbStG anzusetzenden Werts dieses Vermögens zu dem Wert vor Anwendung des § 13a ErbStG entspricht.[1]

553

BEISPIEL: Übertragung von Unternehmensanteilen unter Übernahme einer Restschuld von 600 000 €. Die Schulden stammen aus einer Fremdfinanzierung des Schenkers zum Kauf der Anteile.

Gemeiner Wert der Anteile vor Anwendung § 13a ErbStG (Verkehrswert)	1 200 000 €
./. Verschonungsabschlag § 13a ErbStG (85 %)	./. 1 020 000 €
Zwischensumme/nicht begünstigtes Betriebsvermögen	180 000 €
./. Abzugsbetrag § 13a Abs. 2 ErbStG	./. 135 000 €
Gemeiner Wert der Anteile nach Anwendung des § 13a ErbStG	45 000 €
die abzugsfähigen Schulden betragen: $600\,000 \times \dfrac{45\,000}{1\,200\,000} =$	22 500 €

HINWEIS:
Der Wahlverzicht auf Anwendung der Steuerbegünstigungen für Betriebsvermögen wurde durch das ErbStRG 2009 in Fällen des überschuldeten Betriebsvermögens abgeschafft.[2]

4.2.7 Saldierungsverbot bei der Zuwendung von Anteilen an vermögensverwaltenden Personengesellschaften nach § 10 Abs. 1 Satz 4 ErbStG

Ein steuerzahlerfreundliches Urteil des BFH aus dem Jahre 1995 ermöglichte es Vater und Sohn, eine Steuerlast von ursprünglich knapp 30 000 DM auf ganze 55 DM zu reduzieren.[3] Der BFH entschied, dass Schulden bei Übertragung von Gesellschaftsanteilen stets „im Bündel" mit dem Gesellschaftsvermögen übergehen und dass es sich hier nicht um eine Schuldübernahme, sondern um einen Schuldübergang handelt. Vater und Sohn gründeten 1984 eine Gesellschaft bürgerlichen Rechts (GbR), deren alleiniger Gegenstand der Erwerb und

554

---

1 Zu § 13a ErbStG, vgl. Rdn. 581 ff.
2 Wegfall § 13a Abs. 6 ErbStG a. F.
3 BFH, Urt. v. 14. 12. 1995 II R 79/94, BStBl 1996 II S. 546.

die Bewirtschaftung eines bestimmten Grundstücks war. Die GbR war zu diesem Zeitpunkt mit knapp 300 000 DM verschuldet; die Schulden wurden mitübertragen.

555 Die obersten Finanzbehörden der Länder reagierten auf dieses Urteil zunächst mit einem Nichtanwendungserlass. Dann nahm der Gesetzgeber die Erbschaftsteuerreform 1997 zu einer Gesetzesänderung zum Anlass. Der in § 10 Abs. 1 ErbStG eingefügte Satz 3 bestimmt, dass der unmittelbare oder mittelbare Erwerb einer Beteiligung an einer solchen Vermögensverwaltungs-GbR als Erwerb der anteiligen Wirtschaftsgüter gilt, wobei unter „anteilig" ein der Beteiligung entsprechender Anteil an den zum Gesamthandsvermögen gehörenden Wirtschaftsgütern und sonstigen Besitzposten gemeint ist. Mit dem ErbStRG 2009 ist diese Vorschrift um einen Satz nach „hinten" verschoben (neue Fassung: Satz 4) sowie um einen Halbsatz erweitert worden, der die Ansicht der Finanzverwaltung nochmals darlegt: „die dabei übergehenden Schulden und Lasten der Gesellschaft sind bei der Ermittlung der Bereicherung des Erwerbers wie eine Gegenleistung zu behandeln".

556 Damit stellt die Vorschrift klar, dass Übertragungen von Anteilen an Personengesellschaften, welche keinen Gewerbebetrieb i. S. des Einkommensteuergesetzes (§ 15 Abs. 1 Nr. 2 EStG) darstellen und keine gewerblichen Einkünfte erzielen (§ 97 Abs. 1 Satz 1 Nr. 5 BewG) bzw. nicht als „gewerblich geprägte Personengesellschaft" i. S. des § 15 Abs. 3 EStG zu qualifizieren sind, als gemischte Schenkung zu behandeln sind. Den Gesellschaftern sind die einzelnen Wirtschaftsgüter und sonstigen Besitzposten des Gesamthandsvermögens und die Gesellschaftsschulden als Bruchteilseigentum zuzurechnen (R E 10.4 Abs. 1 Satz 2 ErbStR 2011). Als Gegenleistung gelten die zu übernehmenden Schulden der vermögensverwaltenden Personengesellschaft. Die Gesellschaftsschulden, für die der Erwerber einsteht, können damit nicht durch Abzug von der Summe der Besitzposten, sondern nur im Rahmen der Ermittlung der Bereicherung des Erwerbers berücksichtigt werden (R E 10.4 Abs. 2 Satz 3 ErbStR 2011).

557 Bei Erwerben von Todes wegen mag die Vorschrift wenig bekümmern, da es ja unterm Strich auf dasselbe herauskommt, wenn dem Erwerber statt dem nach dem Verhältnis der Vermögenswertanteile ermittelten Anteilswert die Summe der ebenfalls nach diesem Verhältnis bemessenen Anteile an den einzelnen Wirtschaftsgütern zugerechnet wird, zu denen auch Schulden gehören.[1] Anders sieht es aber bei lebzeitigen Übertragungen aus. Mit § 10 Abs. 1

---

1 Gebel in Troll/Gebel/Jülicher, ErbStG, § 10 Tz. 59.

Satz 3 ErbStG ist eine Schuldensaldierung hier ausgeschlossen und solche Erwerbe laufen im Ergebnis auf eine gemischte Schenkung hinaus.

HINWEIS:

Das Schuldensaldierungsverbot gilt auch für Anteile an Grundstücksgesellschaften und geschlossenen Immobilienfonds, die in der Rechtsform einer Personengesellschaft (GbR oder KG) firmieren und deren Gesellschaftsvermögen kein Betriebsvermögen ist.

4.2.8 Exkurs: Vererblichkeit von Verlustvorträgen bei der Einkommensteuer

Mit Beschluss vom 17.12.2008[1] sprach sich der Große Senat des Bundesfinanzhofs gegen die Vererblichkeit eines Verlustvortrages aus. Ein im Erbfall bestehender steuerlicher Verlust ist einkommensteuerlich nur dann noch verwertbar, wenn dieser beim Erblasser durch Rücktrag verwertet werden kann.

558

Der Beschluss ist angesichts der mit Einführung der Abgeltungsteuer ab 2009 geltenden Verschärfung der Verlustverrechnung bei den Einkünften aus Kapitalvermögen besonders auch für Kapitalanleger bzw. dessen Erben ärgerlich. Verluste aus Einkünften aus Kapitalvermögen können ab 2009 nur noch mit solchen Gewinnen aus Kapitalvermögen verrechnet werden.

HINWEISE:

- Der neuen Rechtsprechung Rechnung tragend gilt es künftig, verstärkt Maßnahmen zur Vermeidung und zum Ausgleich von Verlusten zu ergreifen. Dazu gehört es in erster Linie, die Verluste noch auf der Ebene des Erblassers, d.h. noch im Todesjahr (Veranlagungszeitraum) mit positiven Einkünften des Erblassers zu verrechnen und für diesen gleichzeitig ein möglichst hohes zu versteuerndes Einkommen zu generieren. Letzteres kann erreicht werden durch Generierung eines höheren Betriebsergebnisses unter entsprechender Nutzung von Bilanzierungs- und Abschreibungswahlrechten.
- Hat der Erblasser bisher sein zu versteuerndes Einkommen mittels einer Einnahmen-Überschussrechnung errechnet, kann durch einen Wechsel zum Bestandsvergleich infolge diverser Korrekturposten ein höheres zu versteuerndes Einkommen entstehen. Hierzu können die Erben rückwirkend zum letzten Bilanzstichtag seit dem Todesfall eine Eröffnungsbilanz erstellen und eine doppelte Buchführung einrichten.
- Gegebenenfalls aufzudeckende stille Reserven schaffen erhöhtes Abschreibungspotenzial für die Erben.
- War der Erblasser zusammen veranlagt, können in der Person des überlebenden Ehegatten zusätzliche Einkünfte ausgewiesen werden. Dabei kann der Ehegatte geeignete Maßnahmen zur Generierung höherer Einkünfte in seiner Person auch noch nach dem Erbfall treffen.

---

1 Az. GrS 2/04.

4.3 Sachliche Steuerbefreiungen

4.3.1 Steuerfreie Gegenstände

559 Steuerfreie Gegenstände sind solche Gegenstände, die an sich einen steuerbaren Erwerb begründen, jedoch auf Grund von Befreiungsvorschriften nicht der Besteuerung unterliegen.

4.3.1.1 Hausrat und andere bewegliche Gegenstände

560 Personen der Steuerklasse I, also der Ehegatte oder eingetragene Lebenspartner, die Kinder und weitere Abkömmlinge können Hausratgegenstände für insgesamt 41 000 € sowie andere bewegliche körperliche Gegenstände bis zu einem Freibetrag von 10 300 € steuerfrei erwerben (§ 13 Abs. 1 Nr. 1 Buchst. a und b ErbStG). Personen der Steuerklassen II und III erwerben Hausrat und andere bewegliche körperliche Gegenstände bis (zusammengefasst) zu 12 000 € steuerfrei (§ 13 Abs. 1 Nr. 1 Buchst. c ErbStG).

561 Begünstigte Vermögensgegenstände i. S. der Vorschrift sind insbesondere alle beweglichen Sachen in der Familienwohnung, also alles Mobiliar, was dem Zusammenleben der Familie dient. Darunter fallen auch wertvolle und größere Musikinstrumente (Klavier), die der Einrichtung dienen. Nicht begünstigt sind hingegen rein persönliche Gegenstände wie Schmuck, Arbeitsgeräte usw. Steuerbegünstigte andere bewegliche Gegenstände sind individuell genutzte Musikinstrumente, Schmuck usw. Auch ein wertvoller Kunstgegenstand kann zum Hausrat gehören, wenn dieser konkret in der Wohnung des Erblassers genutzt worden ist.

Vermögensgegenstände, die zum land- und forstwirtschaftlichen Vermögen, zum Grundvermögen oder Betriebsvermögen gehören, sowie Geld, Wertpapiere, Münzen, Edelmetalle, Edelsteine und Perlen sind weder als Hausrat noch als sonstige bewegliche Gegenstände steuerbefreit (§ 13 Abs. 1 Satz 2 ErbStG).

4.3.1.2 Grundbesitztümer, Kunstgegenstände und Sammlungen

562 Für Kunstgegenstände und Sammlungen gelten die Befreiungsvorschriften für Hausrat (sofern dazu gehörig) und anderer beweglicher Gegenstände entsprechend. Kunstgegenstände, Kunstsammlungen, wissenschaftliche Sammlungen, Bibliotheken und Archive können darüber hinaus zu 60 % oder sogar ganz steuerfrei sein. Zu 60 % steuerfrei sind diese Gegenstände nach § 13 Abs. 1 Nr. 2a ErbStG, wenn:

- die Erhaltung dieser Gegenstände wegen ihrer Bedeutung für Kunst, Geschichte oder Wissenschaft im öffentlichen Interesse liegt,
- die jährlichen Kosten i. d. R. die erzielten Einnahmen übersteigen (wobei ein einmaliger Überschuss von Einnahmen steuerunschädlich ist) und
- die Gegenstände in einem den Verhältnissen entsprechenden Umfang den Zwecken der Forschung oder der Volksbildung nutzbar gemacht sind oder werden.

HINWEIS:
Diese drei Voraussetzungen müssen kumulativ vorliegen, d. h., ist ein Merkmal nicht gegeben, tritt die Steuerbefreiung nicht ein.

563 Haben Kunstgegenstände, Kunstsammlungen, wissenschaftliche Sammlungen, Bibliotheken usw. einen entsprechenden Gegenstandswert, dürfte öffentliches Interesse stets gegeben sein. Nachdem speziell mit Kunstgegenständen im Regelfall keine Einkünfte erzielt werden können, dürften auch die jährlichen Kosten die „Einnahmen" übersteigen. Hierfür genügt bereits, dass keinerlei Einnahmen erzielt werden. Auf die Kosten und ob solche überhaupt entstanden sind, kommt es nicht an. Nutzbar machen heißt, dass die Gegenstände in einem den Verhältnissen entsprechenden Umfang der Allgemeinheit, mindestens aber den interessierten Kreisen erkennbar zugänglich sind. Das heißt nicht, dass die Gegenstände außer Haus gegeben oder in ein Museum gestellt werden müssen. Die Kunstgegenstände können auch in privaten Räumen ausgestellt sein. Gleichgültig ist ferner, ob es sich um Privatvermögen, Betriebsvermögen oder um Sonderbetriebsvermögen handelt.

564 Grundbesitz und Teile von Grundbesitz sind unter den genannten Voraussetzungen bis zu 85 % ihres Steuerwertes erbschaft- und schenkungsteuerfrei. Der Prozentsatz gilt für Erwerbe ab dem 1. 1. 2009 und unter Berechnung der Grundbesitzwerte nach den seit dem 1. 1. 2009 geltenden Vorschriften.

565 Grundbesitztümer, Kunstgegenstände, Kunstsammlungen usw. können darüber hinaus in vollem Umfang steuerfrei vererbt werden, wenn sich die Gegenstände schon seit mindestens 20 Jahren in Familienbesitz befinden oder in dem Verzeichnis national wertvollen Kulturgutes oder national wertvoller Archive eingetragen sind und von Seiten der Steuerpflichtigen die Bereitschaft besteht, die Gegenstände der Denkmalspflege zu unterstellen (§ 13 Abs. 1 Nr. 2b ErbStG). Schließlich muss der Erbe zur dauerhaften Erlangung der vollen oder teilweisen Steuerbefreiung die Gegenstände noch mindestens zehn Jahre nach dem Erwerbszeitpunkt im Eigentum halten. Weigern sich die Erben, die Kunstgegenstände zu behalten, greift der Fiskus zu, auch rückwirkend (§ 13 Abs. 1 Nr. 2 Satz 2 ErbStG). Die Steuervorteile fallen auch weg, wenn ein stän-

diger Einnahmenüberschuss verbleibt oder die Bestimmungen der Denkmalspflege missachtet werden.

> **HINWEIS:**
> Erbschaftsteuern lassen sich bereits im Vorfeld umgehen, wenn Kunst- bzw. Gemäldesammlungen in eine hierfür errichtete gemeinnützige nichtrechtsfähige Stiftung (treuhänderische Stiftung oder Unterstiftung) eingebracht werden. Diesen steuersparenden Schritt kann auch noch der Erbe oder der mit Kunst Beschenkte nachholen – und zwar bis zu 24 Monate, nachdem die Gegenstände in seinen Besitz übergegangen sind. Eventuell bereits bezahlte Erbschaftsteuern gibt es sogar zurück. Näheres zu Treuhandstiftungen in Teil X Rdn. 1195.

4.3.1.3 Weitere steuerfreie Gegenstände oder Zuwendungen

566 Von der Erbschaftsteuer freigestellt sind Zuwendungen an erwerbsunfähige Eltern, sofern der Erwerb zusammen mit dem übrigen Vermögen der Erwerber 41 000 € nicht übersteigt (§ 13 Abs. 1 Nr. 6 ErbStG).

Schenken Eltern ihren Kindern zu Lebzeiten Vermögensgegenstände und verstirbt das Kind dann vor den Eltern, erben diese nach §§ 1922 Abs. 1, 1925 Abs. 1 und 2 BGB (als gesetzliche Erben der zweiten Ordnung, sofern das Kind selbst keine Abkömmlinge hatte) auch die ursprünglich verschenkten Gegenstände wieder zurück; streng genommen ein (wiederholt) schenkung- bzw. erbschaftsteuerpflichtiger Vorgang. Die Besteuerung dieses Vermögens, z. B. eine Eigentumswohnung, würde sich sogar mit Faktor drei multiplizieren, wenn diese einem anderen Abkömmling, z. B. der Schwester des Verstorbenen weitergegeben würde (denn die Eltern erben, weil sie im Zeitpunkt des Erbfalls noch leben, nach § 1925 Abs. 2 BGB allein). Um diese Dreifachbelastung zu mildern, bestimmt § 13 Abs. 1 Nr. 10 ErbStG, dass Vermögensgegenstände steuerfrei bleiben, die Eltern oder Voreltern ihren Abkömmlingen durch Schenkung oder Übergabevertrag zugewandt hatten und die an diese Personen von Todes wegen wieder zurückfallen. Von der Steuerbefreiung des § 13 Abs. 1 Nr. 10 ErbStG sind allerdings nur die Vermögensgegenstände selbst eingeschlossen. Steuerfrei bleiben auch zwischenzeitliche Wertsteigerungen. Nicht nach § 13 Abs. 1 Nr. 10 steuerfrei auf den Schenker zurückfallen können allerdings die Früchte, die der Beschenkte zwischenzeitlich durch Einsatz von Kapital oder Arbeit aus dem Schenkungsgegenstand gezogen hat.

> **BEISPIEL:** Der Vater schenkte seinem Sohn eine Beteiligung als atypisch stiller Gesellschafter mit negativem Steuerwert. Der tatsächliche Wert betrug 2 Mio. €. In der Folgezeit erwarb der Sohn aus den Gewinnen dieser Beteiligung weitere zwei Beteiligungen. 1981 verunglückte er. Alleinerbe wurde der Vater. Nachlasswert zwischenzeitlich 11,5 Mio. €. Das Finanzamt behandelte nur die ursprüngliche atypische Be-

teilung und die Wertsteigerungen als steuerfreien Vermögensrückfall im Rahmen des § 13 Abs. 1 Nr. 10 ErbStG. Die Anteile waren auf 5,5 Mio. € gestiegen. Für die restlichen 6 Mio. € veranlagte das Finanzamt den Vater in Steuerklasse I; zu Recht, wie das BVerfG entschied.[1] Das BVerfG hielt eine Freistellung der Gewinne, die der Sohn aus der Beteiligung am Unternehmen gezogen hat, und der mit diesen Gewinnen erworbenen Beteiligungen an den beiden anderen Gesellschaften nicht für geboten.

Nach Auffassung der Finanzverwaltung kommt eine Befreiung nur in Betracht, wenn die zurückfallenden Vermögensgegenstände dieselben sind wie die seinerzeit zugewendeten Gegenstände (R E 13.6 Abs. 2 Satz 1 ErbStR 2011). Danach schließt die Finanzverwaltung eine Steuerbefreiung aus, „wenn ein Erwerb von Vermögensgegenständen erfolgt, die im Austausch der zugewendeten Gegenstände in das Vermögen des Beschenkten gelangt waren" (R E 13.6 Abs. 2 Satz 2 ErbStR 2011).

567

Eine steuerfreie Rückfallschenkung ist allerdings sehr wohl gegeben, „wenn zwischen dem zugewendeten und dem zurückfallenden Vermögensgegenstand bei objektiver Betrachtung Art- und Funktionsgleichheit besteht" (R E 13.6 Abs. 2 Satz 3 ErbStR 2011). Damit trägt die Finanzverwaltung der Bundesfinanzhof-Rechtsprechung[2] Rechnung, welche keine strikte Identität zwischen den zugewendeten und den zurückfallenden Vermögensgegenständen fordert, sondern die Tatsache genügen lässt, dass zwischen dem zugewandten und dem zurückgefallenen Gegenstand bei objektiver Betrachtung Art- und Funktionsgleichheit herrscht. Eine solche Art- und Funktionsgleichheit ist nach Meinung der Richter noch gegeben, wenn bei einer Geldforderung der Schuldner wechselt. Der BFH verneinte aber eine Art- und Funktionsgleichheit, wenn ein Grundstück zu Geld gemacht wurde oder – wie im Entscheidungsfall – eine Enteignungsentschädigungszahlung gewährt worden ist.

Ebenfalls keine Art- und Funktionsgleichheit sah der BFH hinsichtlich eines Darlehenskontos und hinsichtlich diverser Firmenbeteiligungen, die aus den Erträgen einer ursprünglich vom Vater an den danach verstorbenen Sohn übertragenen atypischen stillen KG-Beteiligung finanziert worden sind.[3]

Wertsteigerungen der geschenkten Vermögensgegenstände, die ausschließlich auf der wirtschaftlichen Entwicklung beruhen, stehen der Steuerfreiheit des Rückfalls nicht entgegen. Etwas anderes gilt, wenn der Bedachte den Wert der zugewendeten Vermögensgegenstände durch Einsatz von Kapital oder Arbeit erhöht hat. Der hierdurch entstandene Mehrwert unterliegt der Steuerpflicht.

---

[1] Urt. v. 28.10.1997 1 BvR 1644/94, ZEV 1997 S. 466.
[2] BFH, Urt. v. 22.6.1994 II R 1/92, BStBl 1994 II S. 656.
[3] Urt. v. 22.6.1994 II R 13/90, BStBl 1994 II S. 759.

Entsprechendes gilt auch für die aus dem zugewendeten Vermögensgegenstand gezogenen Früchte sowie die aus diesen Früchten erworbenen Gegenstände (R E 13.6 Abs. 2 Sätze 4 bis 6 ErbStR 2011).

568 Steuerbefreit sind auch Zuwendungen unter Lebenden zum Zwecke eines angemessenen Unterhalts oder zur Ausbildung einer Person (§ 13 Abs. 1 Nr. 12 ErbStG). Diese Befreiungsvorschrift gilt allerdings nur für Zuwendungen an nicht unterhaltsberechtigte Personen (weil Ansprüche von Unterhaltsberechtigten sowieso keinen Besteuerungstatbestand darstellen) und dort nur dann, wenn der Bedachte selbst nicht in der Lage ist, sich angemessen zu unterhalten. Weitere Voraussetzung für die Steuerfreiheit von Zuwendungen ist, dass der Zweck der Zuwendung eindeutig nachgewiesen ist und feststeht. Der Nachweis kann dabei auch durch außerhalb des Schenkungsvertrages liegende Umstände erfolgen. Die Einräumung des Nießbrauchs an Wertpapieren an ein elfjähriges Kind ist indes nicht nach § 13 Abs. 1 Nr. 12 ErbStG steuerfrei, weil hier der Zweck der Zuwendung nicht eindeutig nachgewiesen ist und feststeht.[1]

569 Zuwendungen für eine Berufsausbildung sind dagegen ungeachtet jeglicher Angemessenheit von Ausbildung oder bereitgestellter Mittel steuerfrei. Im Rahmen der Ausbildungskosten dürfen nicht nur Schulgebühren oder Lehrmittelaufwendungen übernommen werden; auch Zuschüsse zum Lebensunterhalt des Bedachten sind steuerfrei (z. B. anlässlich eines Auslandsaufenthaltes). Anzumerken ist, dass Zuwendungen zur Begründung einer Lebensstellung im bürgerlichen Recht nicht als Schenkung zählen (§ 1624 Abs. 1 BGB). Schenkt beispielsweise der Vater seinem Sohn zur Gründung eines Metzgereibetriebes ein Grundstück mit Ladengebäude, läge bürgerlich-rechtlich keine Schenkung vor und schenkungsteuerlich könnte man entgegenhalten, dass es am Bereicherungswillen des Schenkers fehlte.

Schließlich sind steuerfrei:

▶ Zuwendungen an gemeinnützige Stiftungen, näher erläutert in Teil X Rdn. 1182 ff.;

▶ Zuwendungen, die ausschließlich kirchlichen, gemeinnützigen oder mildtätigen Zwecken gewidmet sind, sofern die Verwendung zu dem bestimmten Zweck gesichert ist (§ 13 Abs. 1 Nr. 17 ErbStG);

▶ Zuwendungen an politische Parteien.

---

1 FG Baden-Württemberg, Urt. v. 22. 1. 1988 IX K 534/83.

> **HINWEIS:**
> Steuerbefreiungen nach § 13 ErbStG werden von Amts wegen berücksichtigt. Der Steuerpflichtige muss allerdings dem Finanzamt gegenüber die jeweiligen Voraussetzungen vortragen, an die das Gesetz die Steuerfreiheit knüpft.

4.3.2 Steuerfreie Übertragung von Grundvermögen

4.3.2.1 Lebzeitige Übertragung des Familienwohnheims unter Ehegatten und eingetragenen Lebenspartnern nach LPartG

Ehegatten und eingetragene Lebenspartner nach dem Gesetz über die eingetragene Lebenspartnerschaft können sich das gemeinsam genutzte Familienwohnheim zu Lebzeiten steuerfrei übertragen. Nach § 13 Abs. 1 Nr. 4a ErbStG ist die Verschaffung von Eigentum oder Miteigentum an einem zu eigenen Wohnzwecken genutzten Grundstück (das Familienwohnheim) steuerfrei. Voraussetzung ist, dass das Grundstück, in dem sich das Familienwohnheim befindet, im Inland oder einem Mitgliedstaat der Europäischen Union belegen ist.

570

Steuerfrei ist auch die Bereitstellung von Finanzmitteln zur Freistellung von Verpflichtungen im Zusammenhang mit der Anschaffung oder der Herstellung des Familienwohnheims oder Zuwendungen in Form einer Tragung nachträglicher Herstellungs- und Erhaltungsaufwendungen für das Familienwohnheim, welches im Besitz beider Ehegatten oder des anderen Ehegatten/Lebenspartners ist.

571

Voraussetzung ist, dass sich in dem Haus oder der Wohnung der Mittelpunkt des familiären Lebens befindet (R E 13.3 Abs. 2 Satz 4 ErbStR 2011). Nicht als Familienwohnheim gelten lässt die Finanzverwaltung (R E 13.3 Abs. 2 Satz 5 ErbStR 2011)

- ► die Ferienwohnung oder das Wochenendhaus,
- ► die Zweitwohnung eines Berufspendlers.

Unschädlich ist jedoch eine teilweise Nutzung zu anderen als Wohnzwecken, sofern diese Nutzung von untergeordneter Bedeutung ist (z. B. die Einrichtung eines Arbeitszimmers in der Familienwohnung). Auch eine teilweise gewerbliche oder berufliche Mitbenutzung lässt die Finanzverwaltung zu, solange die Wohnnutzung noch überwiegt, die Wohnräume die Voraussetzungen einer Wohnung erfüllen und die Eigenart als Ein- oder Zweifamilienhaus nicht wesentlich beeinträchtigt wird; die Befreiung ist in diesem Fall aber auf den eigenen Wohnzwecken dienenden Teil der Wohnung begrenzt (R E 13.3 Abs. 2 Sätze 9, 10, 11 ErbStR 2011).

572   Eine steuerbefreite Zuwendung eines Familienwohnheims liegt nach Auffassung der Finanzverwaltung (R E 13.3 Abs. 4 ErbStR 2011) vor bei

- ▶ Übertragung des Alleineigentums oder Miteigentums an dem einem Ehegatten (Lebenspartner) bereits gehörenden Grundstück als Schenkung unter Lebenden,
- ▶ Kauf oder Herstellung aus den Mitteln eines Ehegatten (Lebenspartners) unter Einräumung einer Miteigentümerstellung des anderen Ehegatten,
- ▶ Anschaffung oder Herstellung (ganz oder teilweise) durch einen Ehegatten (Lebenspartner) aus Mitteln, die allein oder überwiegend vom anderen, zuwendenden Ehegatten (Lebenspartner) stammen (mittelbare Grundstückszuwendung),
- ▶ Tilgung eines im Zusammenhang mit dem Kauf oder der Herstellung des Familienwohnheims von einem oder beiden Ehegatten (Lebenspartner) aufgenommenen Darlehens aus Mitteln des zuwendenden Ehegatten,
- ▶ Befreiung von einer Schuld des einen Ehegatten oder Lebenspartners gegenüber dem anderen Ehegatten oder Lebenspartner, die im Zusammenhang mit dem Kauf oder der Herstellung des Familienheims gegenüber dem anderen Ehegatten oder Lebenspartner eingegangen wurde,
- ▶ Begleichung nachträglicher Herstellungs- und Erhaltungsaufwendungen am Familienwohnheim aus Mitteln eines Ehegatten, wenn der andere Ehegatte (Lebenspartner) Eigentümer oder Miteigentümer ist.

Anzuwenden ist § 13 Abs. 1 Nr. 4a ErbStG insbesondere in Fällen, in denen beide Ehegatten (Lebenspartner) ein Haus auf Kredit erwerben und die Ehefrau (der Lebenspartner) schon bald nach dem Erwerb ihre Berufstätigkeit aufgibt. Dass dann der Kredit allein aus dem Einkommen des Mannes bestritten wird, stellt keinen schenkungsteuerpflichtigen Vorgang gegenüber der Ehefrau (dem Lebenspartner) dar.

Für die Inanspruchnahme der Steuerbefreiung ist keine Behaltenspflicht vorgesehen, auch auf den Güterstand der Ehegatten (Lebenspartner) kommt es nicht an. Eine Prüfung der Angemessenheit führt die Finanzverwaltung ebenfalls nicht durch. Auch eine spätere Veräußerung oder eine Nutzungsänderung ist unbeachtlich, sofern darin kein Gestaltungsmissbrauch zu sehen ist. (R E 13.3 Abs. 5 Sätze 5, 6 ErbStR 2011).

HINWEISE:

- ▶ Befreiungsschädlich wirkt sich aus, wenn das an den anderen Ehegatten (Lebenspartner) übertragene Familienwohnheim ganz oder teilweise fremd vermietet oder Personen unentgeltlich zur Nutzung überlassen wird, die keine Familienmitglieder sind! Unschädlich ist lediglich die unentgeltliche Überlassung von Wohnräumen an

weitere Verwandte, z. B. die Aufnahme von Eltern. Es ist daher in solchen Fällen zu empfehlen, das Gebäude rechtlich in mehrere Wohneinheiten aufzuteilen und nur die in der eigenen Familie genutzten Eigentumswohnungen zu übertragen.
- Ein sog. „Objektverbrauch" ist bei Zuwendungen eines Familienwohnheimes nicht gegeben. Die Steuerbefreiung kann auch für Zuwendungen im Zusammenhang mit dem gegenwärtigen Familienheim in Anspruch genommen werden, auch wenn der Empfänger früher eine steuerbegünstigte Zuwendung im Zusammenhang mit dem damaligen, inzwischen als solches aufgegebenen Familienheim erhalten hatte (R E 13.3 Abs. 5 Satz 4 ErbStR 2011).
- Eine Anrechnung des Steuerwertes des übertragenen Familienwohnheimes auf den Ehegatten-Freibetrag oder eine Zusammenrechnung mit anderen Erwerben (§ 14 ErbStG) erfolgt nicht.

4.3.2.2 Übertragung des Familienwohnheims unter Ehegatten/Lebenspartnern von Todes wegen

Mit der Erbschaftsteuerreform 2009 wurden die bisher geltenden Regelungen einer Steuerbefreiung für die lebzeitige Zuwendung eines Familienwohnheims unter Ehegatten bzw. eingetragenen Lebenspartnern (wie vorstehend dargestellt) auf Erwerbe von Todes wegen erweitert. Der Gesetzgeber begründet die Steuerfreistellung von Wohneigentum für Ehegatten und Lebenspartner mit dem „Schutz des gemeinsamen familiären Lebensraums" und dem „Ziel der Lenkung in Grundvermögen schon zu Lebzeiten des Erblassers".[1] Das Familiengebrauchsvermögen soll außerdem „krisenfest" erhalten bleiben.[2] Gemäß der neu eingefügten Vorschrift des § 13 Abs. 1 Nr. 4b ErbStG ist der Erwerb von:

573

- „Eigentum oder Miteigentum an einem im Inland
- oder in einem Mitgliedstaat der Europäischen Union
- oder einem Staat des Europäischen Wirtschaftsraums belegenen bebauten Grundstück" (darunter fallen Ein- und Zweifamilienhäuser, Mietwohngrundstücke, Wohnungs- und Teileigentum, Geschäftsgrundstücke, aber auch gemischt genutzte Grundstücke)

„durch den überlebenden Ehegatten oder den überlebenden Lebenspartner", von Todes wegen steuerfrei,

- „soweit der Erblasser darin bis zum Erbfall eine Wohnung zu eigenen Wohnzwecken genutzt hat

---
1 Vgl. BT-Drucks. 14/11107 S. 10.
2 Dto.

▶ oder bei der er aus zwingenden Gründen an einer Selbstnutzung zu eigenen Wohnzwecken gehindert war und die beim Erwerber unverzüglich zur Selbstnutzung zu eigenen Wohnzwecken bestimmt ist (Familienheim)".

574 Der steuerfreie Erwerb ist allerdings an die Voraussetzung gebunden, dass der überlebende Ehegatte (Lebenspartner) das Familienwohnheim mindestens noch zehn Jahre nach dem Erwerb selbst nutzt (sog. Nachversteuerungsvorbehalt). Ist dies nicht der Fall und ist der überlebende Ehegatte/Lebenspartner auch nicht aus zwingenden Gründen an einer Selbstnutzung zu eigenen Wohnzwecken gehindert, entfällt die Steuerbefreiung mit Wirkung für die Vergangenheit in vollem Umfang. Es tritt hier ein sog. „Fallbeileffekt" ein. Das heißt, es wird die gesamte Erbschaftsteuer nachträglich fällig, auch wenn das Familienwohnheim durch den überlebenden Ehegatten/Lebenspartner z. B. neun Jahre und elf Monate selbst genutzt worden ist.

Der Fallbeileffekt tritt hingegen nicht ein, wenn der überlebende Ehegatte bzw. der Lebenspartner aus zwingenden Gründen) an einer Selbstnutzung zu eigenen Wohnzwecken gehindert war bzw. ist. Die Finanzverwaltung sieht es als zwingenden Grund an, wenn die Pflegebedürftigkeit des überlebenden Ehegatten die Führung eines eigenen Haushalts nicht mehr zulässt; dies gilt auch, wenn der überlebende Ehegatte oder Lebenspartner bereits im Zeitpunkt des Erwerbs an der Nutzung des Objekts zu eigenen Wohnzwecken wegen der Pflegebedürftigkeit gehindert war (R E 13.4 Abs. 2 ErbStR 2011).

Nicht als zwingenden Grund erkennt die Finanzverwaltung eine berufliche Versetzung an. Erfolgt ein Umzug innerhalb der maßgeblichen Zehnjahresfrist, kommt es zu einer Nachversteuerung, ebenfalls, wenn zwingende Hinderungsgründe innerhalb des Zehnjahreszeitraums nach dem Erwerb weggefallen sind. Sofern die Nutzung zu eigenen Wohnzwecken nicht unverzüglich aufgenommen wird, droht ebenfalls die Nachversteuerung (Fallbeileffekt) (R E 13.4 Abs. 2 Satz 6 ErbStR 2011).

575 Als steuerschädlich sieht die Finanzverwaltung eine Weiterübertragung des Familienwohnheims (etwa an eines der Kinder) unter Nutzungsvorbehalt (für den überlebenden Ehegatten) an. Nach R E 13.4 Abs. 6 Satz 2 ErbStR 2011 ist eine „Weiterübertragung unter Nutzungsvorbehalt" als „Verstoß gegen den Nachversteuerungsvorbehalt anzusehen". Veränderungen am Grundstück sind hingegen unbeachtlich, wenn der Umfang der Nutzung der Wohnung als Familienheim sich nicht verringert

Der überlebende Ehegatte bzw. Lebenspartner kann die Steuerbefreiung auch dann nicht in Anspruch nehmen, wenn er das begünstigte Vermögen „auf Grund einer letztwilligen Verfügung des Erblassers oder einer rechtsgeschäftlichen Verfügung des Erblassers auf einen Dritten übertragen muss".[1] Gleiches gilt, wenn der überlebende Ehegatte/Lebenspartner im Rahmen der Teilung des Nachlasses begünstigtes Vermögen auf einen Miterben überträgt. Wird das Familienheim im Rahmen der Teilung des Nachlasses auf einen Dritten übertragen und gibt der Dritte dabei dem überlebenden Ehegatte/Lebenspartner nicht begünstigtes Vermögen hin, das er vom Erblasser erworben hat, erhöht sich insoweit der Wert des begünstigten Vermögens des Dritten um den Wert des hingegebenen Vermögens, höchstens jedoch um den Wert des übertragenen Vermögens.[2] Im Fall der Weitergabeverpflichtung steht die Steuerbefreiung nur dem übernehmenden Erwerber/Miterben zu. Anwendungsfälle für die Weitergabeverpflichtung sind u. a.:[3]

1. Sachvermächtnisse, die auf begünstigtes Vermögen gerichtet sind,
2. Vorausvermächtnisse, die auf begünstigtes Vermögen gerichtet sind,
3. ein Schenkungsversprechen auf den Todesfall oder
4. Auflagen des Erblassers, die auf die Weitergabe begünstigten Vermögens gerichtet sind.

HINWEISE:

Beruht die Weitergabeverpflichtung des Familienwohnheims auf einer Teilungsanordnung, können die übertragenden Miterben die Befreiung nicht in Anspruch nehmen; das gilt unabhängig davon, wann die Auseinandersetzungsvereinbarung geschlossen wird (R E 13.4 Abs. 5 Satz 4 ErbStR 2011). Vorsicht geboten ist allerdings bei der freien Erbauseinandersetzung, also wenn sich die Miterben untereinander einig sind, dass einer das Familienwohnheim bekommen soll. Denn bei der freien Erbauseinandersetzung setzt die Finanzverwaltung auf eine „zeitnahe" Übertragung (R E 13.4 Abs. 5 Satz 11 ErbStR 2011). Unter zeitnah versteht die Finanzverwaltung in Anlehnung an den ertragsteuerlichen Erlass zur Erbauseinandersetzung[4] eine Frist von sechs Monaten. Bei nicht „zeitnaher" Übertragung schließt die Finanzverwaltung einen Begünstigungstransfer zum Erwerber aus. Die Begünstigung bleibt dann bei den Miterben anteilig, welche aber in den seltensten Fällen das Wohnheim alle gemeinsam nutzen können. Daher droht bei nicht zeitnaher Übertragung die Versteuerung des Familienwohnheims!

Die durch das ErbStRG 2009 auch für Erwerbe von Todes wegen geltende steuerfreie Übertragung des Familienwohnheims macht sog. Berliner Testamente unter Ehegatten wieder attraktiver und weniger teuer, als der überlebende Ehepartner das auf ihn übergehende Familienwohnheim im Erwerbszeitpunkt nicht versteuern muss. Näheres zum Berliner Testament und Alternativer in Rdn. 753.

---

1 § 13 Abs. 1 Nr. 4b Satz 2 ErbStG.
2 § 13 Abs. 1 Nr. 4b Satz 4 ErbStG.
3 R E 13.4 Abs. 5 ErbStR 2011.
4 BMF v. 14. 3. 2006 IV B 2 – S 2242 7/06, BStBl 2006 I S. 253.

4.3.2.3 Steuerfreier Erwerb des Familienwohnheims durch die Kinder von Todes wegen

576 Mit dem ErbStRG 2009 wurde außerdem eine – begrenzte – Steuerfreistellung in das Gesetz eingefügt zu Gunsten der in Hausgemeinschaft mit den Eltern lebenden Kindern oder zu Gunsten von Kindern, die unverzüglich nach dem Erwerb das Familienheim selbst zu Wohnzwecken nutzen. Die – begrenzte – Freistellung für Kinder soll nach dem Willen des Gesetzgebers vor allem sicherstellen, dass die in Hausgemeinschaft lebenden Kinder das Wohneigentum nicht zur Begleichung von Erbschaftsteuerverpflichtungen veräußern müssen.

Gemäß der neu eingefügten Vorschrift des § 13 Abs. 1 Nr. 4c ErbStG ist der Erwerb „des Eigentums oder Miteigentums an einem im Inland oder in einem Mitgliedstaat der Europäischen Union oder einem Staat des Europäischen Wirtschaftsraums belegenen bebauten Grundstück" (begünstigt sind Ein- und Zweifamilienhäuser, Mietwohngrundstücke, Wohnungs- und Teileigentum, Geschäftsgrundstücke, aber auch gemischt genutzte Grundstücke) durch Kinder und durch Kinder verstorbener Kinder (Enkelkinder) von Todes wegen steuerfrei:

▶ „soweit der Erblasser darin bis zum Erbfall eine Wohnung zu eigenen Wohnzwecken genutzt hat

▶ oder bei der er aus zwingenden Gründen an einer Selbstnutzung zu eigenen Wohnzwecken gehindert war,

▶ die beim Erwerber unverzüglich zur Selbstnutzung zu eigenen Wohnzwecken bestimmt ist (Familienheim) und

▶ soweit die Wohnfläche der Wohnung 200 Quadratmeter nicht übersteigt."

577 Mit der Bindung der Steuerfreistellung an eine starre Quadratmeterzahl soll nach der Gesetzesbegründung den „regional bestehenden Unterschieden" der Grundstückswerte Rechnung getragen und die Steuerfreistellung auf eine noch angemessene Größenordnung für ein Familienheim reduziert werden. Steuerlich unbeachtlich bleibt allerdings die Grundstücksgröße. Übersteigt die Wohnfläche die 200-Quadratmeter-Grenze, fällt die Erbschaftsteuer für den übersteigenden Teil der Wohnfläche anteilig an.

BEISPIEL: ▶ (H E 13.4 ErbStH 2011)

Erblasser E hinterlässt seinen Kindern A und B je zur Hälfte ein bis dahin von ihm selbstgenutztes Einfamilienhaus mit einem Grundbesitzwert von 450 000 € und einer Wohnfläche von 300 m². Eine Grundschuld valutiert in Höhe von 90 000 €. Beide Kinder nutzen das Haus nach seinem Tod mehr als zehn Jahre.

Da auf die Wohnung des Erblassers abzustellen ist, sind insgesamt nur 200 m² Wohnfläche begünstigt (das entspricht 2/3 der Gesamtwohnfläche von 300 m²). Bei jedem Kind sind mithin von dem hälftigen Grundbesitzwert von 225 000 € nur 2/3 (= 150 000 €) befreit. Die hälftige Grundschuld ist bei jedem Kind im Umfang von 2/3 von 45 000 € = 30 000 € nach § 10 Abs. 6 Satz 3 ErbStG nicht als Nachlassverbindlichkeit abzugsfähig und im Umfang von 1/3 von 45 000 € = 15 000 € abzugsfähig.

Voraussetzung für die Steuerfreistellung ist, dass der Erblasser die Immobilie als Familienwohnheim zu eigenen Wohnzwecken genutzt hat (oder aus zwingenden Gründen, etwa wegen Pflegeheimbesuch etc., das Familienwohnheim bis zuletzt selbst nicht nutzen konnte) und das Kind/die Kinder das erworbene Vermögen zu Wohnzwecken selbst nutzen. Gibt das Kind die Selbstnutzung des Familienheimes innerhalb von zehn Jahren nach dem Erwerb auf, „fällt die Steuerbefreiung mit Wirkung für die Vergangenheit weg".[1] In diesem Fall kommt es analog den Regelungen für den überlebenden Ehegatten zu einem sog. „Fallbeileffekt", d. h., es wird die gesamte Erbschaftsteuer nachträglich fällig, auch wenn das Familienwohnheim z. B. neun Jahre selbst genutzt worden ist. Dies gilt allerdings nicht, wenn die Aufgabe der Selbstnutzung aus zwingenden Gründen erfolgt. Ist das Kind aus zwingenden Gründen an einer Selbstnutzung gehindert, fällt trotz Nichterfüllung des Zehn-Jahres-Nutzungszeitraumes keine Erbschaftsteuer an.

578

HINWEISE:

▶ Eine Selbstnutzung sieht die Finanzverwaltung auch dann, wenn das Kind als Berufspendler mehrere Wohnungen unterhält, das Familienwohnheim aber dessen Lebensmittelpunkt bildet.

▶ Die Steuerfreistellung entfällt auf Ebene der Kinder (Ersterwerber), wenn das Familienwohnheim auf Grund letztwilliger Verfügung oder rechtsgeschäftlicher Verfügung des Erblassers (z. B. Vermächtnisse, auch Vorausvermächtnisse, Schenkungen auf den Todesfall, Auflagen oder wenn sich die Erben auf Grund einer vom Erblasser verfügten Teilungsanordnung in entsprechender Weise auseinandersetzen) auf einen Dritten übertragen werden muss. Der nachfolgende Erwerber, welcher anderen Miterben ggf. andere Vermögenswerte aus demselben Nachlass für das Familienwohnheim hingibt, wird so gestellt, als hätte er das begünstigte Vermögen von Anfang an erworben. Er kann – sofern er die persönlichen Voraussetzungen als Abkömmling erfüllt – seinerseits die Steuerbefreiung in Anspruch nehmen.

4.3.3 Steuerbefreiungen für zu Wohnzwecken vermietete Grundstücke

Für zu Wohnzwecken vermietete Grundstücke, die in Deutschland oder innerhalb der EU/des EWR belegen sind und nicht dem begünstigten Betriebsver-

579

---

[1] § 13 Abs. 1 Nr. 4c ErbStG.

mögen[1] zuzuordnen sind, wurde durch das ErbStRG 2009 eine Steuerbefreiung in Höhe von 10 % auf den nach obigen Grundsätzen ermittelten Steuerwert neu eingeführt (§ 13c Abs. 1 ErbStG n. F.). Steuerbegünstigte zu Wohnzwecken vermietete Grundstücke und Grundstücksteile können sein (R E 13c Abs. 3 ErbStR 2011):

▶ Ein- und Zweifamilienhäuser,

▶ Mietwohngrundstücke,

▶ Wohnungseigentum oder entsprechende Grundstücksteile anderer Grundstücksarten.

Darin eingeschlossen sind auch Garagen, Nebenräume und Nebengebäude, die sich auf dem Grundstück befinden und mit den vermieteten Wohnungen gemeinsam genutzt werden.

Zu Wohnzwecken vermietete Grundstücke und Grundstücksteile, die der Grundstücksart „Geschäftsgrundstücke" hinzuzurechnen sind, scheiden hingegen aus, sofern das Geschäftsgrundstück bereits zum begünstigten Betriebsvermögen gehört.

Die Steuerbefreiung steht nur demjenigen Erben/Erwerber zu, der das Grundstück erhält und auch behalten kann. Ist der Erbe/Erwerber auf Grund einer testamentarischen Anordnung des Erblassers oder einer rechtsgeschäftlichen Verfügung des Schenkers verpflichtet, das Grundstück an einen Dritten weiterzuübertragen, geht die Steuerbefreiung nach § 13c Abs. 2 Satz 1 ErbStG im Rahmen des Begünstigungstransfers auf den Dritten über.

Anwendungsfälle für den Begünstigungstransfer sind (R E 13c Abs. 5 Satz 3 ErbStR 2011).

1 Sachvermächtnisse, die auf begünstigtes Vermögen gerichtet sind,

2. Vorausvermächtnisse, die auf begünstigtes Vermögen gerichtet sind,

3. ein Schenkungsversprechen auf den Todesfall oder

4. Auflagen des Erblassers oder Schenkers, die auf die Weitergabe begünstigten Vermögens gerichtet sind.

Der Begünstigungstransfer findet auch statt, wenn ein Erbe im Rahmen der Nachlassteilung eine vermietete Wohnimmobilie auf einen Miterben überträgt. Auch hier ist die Steuerbefreiung bei der Berechnung der Erbschaftsteuer des Miterben zu berücksichtigen.

---

1 Im Sinne von § 13a ErbStG, vgl. dazu Rdn. 581 ff.

Steuerliche Nachteile entstehen dem Weitergabeverpflichteten im Regelfall nicht, da er das Mietwohngrundstück als Nachlassverbindichkeit vom steuerpflichtigen Erwerb abziehen kann.

BEISPIEL: Sohn S als Alleinerbe ist auf Grund eines Sachvermächtnisses verpflichtet, die Mietwohnung 1 in Musterstraße 2, Musterstadt an den Neffen des Erblassers zu übertragen. Der Steuerwert (ohne Begünstigung) beträgt 400 000 €.

Nachlass Gesamt	
- Wertpapiere und Kontoguthaben	250 000 €
Grundstück Musterstraße 2, Musterstadt	400 000 €
Übriges Vermögen	100 000 €
Zwischensumme	750 000 €
./. Vermächtnislast (Grundstück in Musterstadt)	− 400 000 €
Bereicherung	350 000 €
Beerdigungskostenpauschale	− 10 300 €
Persönlicher Freibetrag Steuerklasse I	− 400 000 €
Steuerpflichtiger Erwerb	0 €
Erbschaftsteuer hierauf	0 €

Besteuerung des Vermächtnisnehmers

Sachvermächtnis Grundstück Musterstadt	400 000 €
Abzüglich Steuerbefreiung 10 %	− 40 000 €
Bereicherung	360 000 €
Persönlicher Freibetrag	− 20 000 €
Steuerpflichtiger Erwerb	340 000 €
Steuer bei Steuerklasse II, Steuersatz 25 %	85 000 €

Im Rahmen des sog. Begünstigungstransfers ist allerdings zu unterscheiden, ob das steuerbegünstigte Mietwohngrundstück infolge einer vom Erblasser angeordneten Teilungsanordnung oder aber im Wege der freien Erbauseinandersetzung (wenn die Miterben unter sich die Vermögenswerte aufteilen) erfolgt ist. Während der Begünstigungstransfer auf Grund einer Teilungsanordnung unabhängig davon gilt, wann die Auseinandersetzungsvereinbarung geschlossen wird (also ohne zeitliche Begrenzung und in jedem Fall, R E 13c Abs. 5 Satz 4 ErbStR 2011) gegeben ist, findet ein solcher im Fall der freien Erbauseinandersetzung nur bei „zeitnaher" Übertragung statt. Als „zeitnah" sieht die Finanzverwaltung eine Frist von sechs Monaten an – jeweils bezogen auf den Erbfall.

Geht ein begünstigtes Mietwohngrundstück nicht zeitnah auf einen Erwerber über, so verbleibt der Bewertungsabschlag allen Miterben.

HINWEISE:

Ein Nachbesteuerungsvorbehalt wie bei der Übertragung des Familienwohnheims auf den überlebenden Ehegatten oder auf die Kinder (zehnjährige Mindest-Selbstnutzung) ist bei vermieteten Wohngrundstücken nicht gegeben.

Gibt der Miterbe als Gegenleistung dem „Grundstückserben" nicht begünstigtes übriges Erbvermögen hin, erhöht sich der Wert des begünstigten Vermögens des Miterben gemäß § 13c Abs. 2 Satz 3 ErbStG um den Wert des hingegebenen nicht begünstigten Vermögens, jedoch höchstens um den Wert des übertragenen Vermögens.

Für zu Wohnzwecken vermietete Immobilien lassen sich die Grundsätze der mittelbaren Schenkung noch steuereffizient nutzen. Zu Steuerstrategien mit mittelbaren Schenkungen vgl. Teil V Rdn. 827.

4.3.4 Zusammenfassende Übersicht

TAB. 18: Steuerbefreiungen für das Grundvermögen

Steuerverschonung/ Begünstigung	Rechtsgrundlage(n)	Bedingungen/Voraussetzungen
Verschonungsabschlag für fremdvermietete Wohnungen/Gebäude	§ 13c ErbStG	Zu Wohnzwecken vermietet, im Inland, EU/EWR-Raum belegen, kein begünstigtes Betriebsvermögen
Familienwohnheim bei lebzeitiger Übertragung an Ehe-/Lebenspartner	§ 13 Abs. 1 Nr. 4a ErbStG	Nutzung zu eigenen Wohnzwecken
Wohneigentum bei Erwerb von Todes wegen durch den Ehe-/Lebenspartner	§ 13 Abs. 1 Nr. 4b ErbStG	Erblasser wohnte selbst bis zum Tod in dem Objekt Erwerber (Ehegatte) bezieht/ bewohnt die Wohnung selbst Selbstnutzung für zehn Jahre
Wohneigentum bei Erwerb durch die Kinder	§ 13 Abs. 1 Nr. 4c ErbStG	Erblasser wohnte selbst bis zum Tod in dem Objekt Kinder bewohnen/beziehen die Wohnung selbst Selbstnutzung für zehn Jahre Maximal begünstigte Größe: 200 qm
Stundungsmöglichkeiten*	§ 28 ErbStG	selbst genutztes Wohneigentum fremdvermietetes Wohneigentum Steuer nur durch Veräußerung des Objektes finanzierbar Stundung maximal zehn Jahre

*Vgl. im Detail Rdn. 712 ff.

4.3.5 Steuerbefreiung für Betriebsvermögen

4.3.5.1 Allgemeines

Betriebsvermögen genießt im Erbschaft- und Schenkungsteuerrecht besondere Steuervergünstigungen. Steuerbegünstigtes Betriebsvermögen ist solches Betriebsvermögen, das im Zeitpunkt der Steuerentstehung als solches vom Erblasser oder Schenker (der Erblasser/Schenker muss selbst von ihm stammendes Betriebsvermögen einem Erben/Begünstigten zuweisen!) auf den Erwerber übergeht und wenn der Erwerber das Vermögen als Betriebsvermögen fortführt. Dazu gehört insbesondere das einem Gewerbebetrieb dienende Vermögen, das dem Gewerbebetrieb gleichstehende Vermögen, das der Ausübung eines freien Berufes dient, sowie Betriebsvermögen in Form von Beteiligungen an Personen- oder Kapitalgesellschaften unter der Voraussetzung, dass dieses Vermögen bei der steuerlichen Gewinnermittlung zum Betriebsvermögen gehört. 581

Die Zuordnung des zur Übertragung gelangenden Vermögens zum Betriebsvermögen ist überall dort entscheidend, wo es sich um sog. gewillkürtes Betriebsvermögen handelt, also um Vermögenswerte, die zu mindestens 10 % und bis zu 50 % dem Betrieb des Erblassers/Schenkers dienen. Rechnet er solches Betriebsvermögen dem Betrieb zu, hat dies auch unmittelbare Auswirkungen auf die Erbschaft- und Schenkungsteuer. Die Zuordnungsentscheidung des Überträgers fließt ferner über die für die erbschaftsteuerliche Bestandsermittlung grundsätzlich geltende Bestandsidentität mit der Steuerbilanz in die Erbschaftsteuer ein. § 95 Abs. 1 BewG bestimmt hierzu, dass das Betriebsvermögen alle Teile eines Gewerbebetriebs i. S. des Einkommensteuergesetzes umfasst, die bei der steuerlichen Gewinnermittlung zum Betriebsvermögen gehören. 582

Die ertragsteuerliche Dreiteilung in Betriebsvermögen, gewillkürtes Betriebsvermögen und Privatvermögen gilt daher auch für die Erbschaft- und Schenkungsteuer; bis auf eine Ausnahme: Betriebsgrundstücke. Betriebsgrundstücke können bewertungsrechtlich nur dann zum Betriebsvermögen gehören, wenn sie zu mehr als der Hälfte betrieblichen Zwecken dienen. 583

Für die Überprüfung der notwendigen steuerlichen Voraussetzungen für die Steuerbefreiung ist in folgenden Schritten vorzugehen (R E 13a Abs. 2 ErbStR 2011):

1. Feststellung und Berechnung des Umfangs des Verwaltungsvermögens,
2. Ermittlung der Lohnsumme,

3. Prüfung, ob und in welcher Weise bereits gegen die Behaltensregelungen (§ 13a Abs. 5 ErbStG) verstoßen wurde (zu den Behaltensregelungen vgl. unten Rdn. 627 ff.).

Die Steuerbegünstigung gilt sowohl für Erwerbe von Todes wegen (der Erwerb durch Erbanfall) als auch für Schenkungen unter Lebenden.

TAB. 19:	Steuerbegünstigte Erwerbe von Betriebsvermögen ...
... von Todes wegen (R E 13b.1 Abs. 1 ErbStR 2011):	... durch Schenkungen unter Lebenden (RE 13b.2 Abs. 1 ErbStR 2011):
▶ Erwerbe durch Erbanfall	▶ Freigebige Zuwendung
▶ Erwerbe durch Vermächtnis, wenn der Vermächtnisnehmer begünstigtes Vermögen durch Sachvermächtnis erhält	▶ Erwerb infolge Vollziehung einer vom Schenker angeordneten Auflage/ Bedingung (gilt nicht für Weitergabeverpflichtungen)
▶ Erwerbe durch Schenkungen auf den Todesfall	▶ Bereicherung des Ehegatten bei Vereinbarung einer Gütergemeinschaft
▶ Erwerbe durch Übergang des Anteils an einer Personengesellschaft auf die überlebenden Mitgesellschafter (Anwachsungserwerb durch Fortsetzungsklausel)	▶ Abfindung für Erbverzicht, sofern der künftige Erblasser selbst die Abfindung in Form begünstigten Vermögens leistet
▶ Erwerbe begünstigter Anteile an einer Kapitalgesellschaft auf Grund gesellschaftsvertraglicher Übertragungsverpflichtung	▶ Erwerbe des Nacherben vom Vorerben mit Rücksicht auf die angeordnete Nacherbschaft vor deren Eintritt (§ 7 Abs. 1 Nr. 7 ErbStG)
▶ Erwerbe durch Vertrag zu Gunsten Dritter	▶ Erwerbe durch Stiftungsgeschäfte unter Lebenden
▶ Erwerbe infolge Vollziehung einer vom Erblasser angeordneten Auflage	▶ Vorzeitige Abfindung für aufschiebend bedingt, betagt oder befristet erworbene Ansprüche, sofern der Schenker selbst die Abfindung in Form begünstigten Vermögens leistet
▶ Übergang von Vermögen auf eine vom Erblasser angeordnete Stiftung	
	▶ Erwerbe durch Übergang des Anteils an einer Personengesellschaft auf die verbleibenden Mitgesellschafter (Anwachsungserwerb)
	▶ Erwerb begünstigter Anteile an einer Kapitalgesellschaft auf Grund gesellschaftsvertraglicher Übertragungsverpflichtung (§ 7 Abs. 7 ErbStG)

	▶ Mittelbare Schenkungen[1] von Betriebsvermögen/Beteiligungen des Schenkers (Erwerb von Betriebsvermögen, Beteiligungen an Personen/Kapitalgesellschaften vom Schenker durch Geldmittel des Schenkers)

TAB. 20: Nicht steuerbegünstigte Erwerbe von Betriebsvermögen

Tatbestand	Begründung
▶ Schenkungen unter Nießbrauchsvorbehalt	▶ Beschenkte wird dadurch kein Mitunternehmer
▶ Erwerbe, die auf eine Geldleistung gerichtet sind (Pflichtteilsansprüche)	▶ Es geht kein Betriebsvermögen über, da lediglich auf Geldforderung gerichteter Anspruch
▶ Schenkungen unter freiem Widerrufsvorbehalt	▶ Schenkung ist jederzeit wieder rückforderbar
▶ Übertragungen von Betriebsvermögen an Erfüllungs statt	▶ Der Erblasser selbst hat hier kein von ihm stammendes begünstigtes Vermögen an den Erwerber zugewiesen
▶ Erwerbe durch Verschaffungsvermächtnis	▶ Erworbenes Betriebsvermögen stammt nicht vom Erblasser
▶ Mittelbare Schenkung mit der Auflage, sich am Betriebsvermögen eines Dritten zu beteiligen[1]	▶ Es geht kein begünstigtes Vermögen vom Schenker auf den Erwerber über
▶ die Übertragung einzelner Wirtschaftsgüter eines Betriebes, wenn wesentliche Betriebsgrundlagen zurückbehalten werden (z. B. das Grundstück, auf dem der Betrieb ausgeübt wird)	▶ Betriebsvermögen nicht beim Erwerb eines ganzen Gewerbebetriebes oder Teilbetriebes erworben[2]
▶ Erwerb von in- und ausländischem Betriebsvermögen aus Nicht-EU-Staaten	▶ Befreiungsvorschrift gilt nur für inländisches Betriebsvermögen sowie Betriebsvermögen, das einer Betriebstätte in einem Mitgliedsland der EU dient

---

1 Zu mittelbaren Schenkungen vgl. Rdn. 827 ff.

HINWEISE:

► Die für die Übertragung von Betriebsvermögen geltenden Vergünstigungen werden auch bei der Bemessung der Ersatzerbschaftsteuer einer Familienstiftung gewährt, soweit zum Vermögen der Stiftung begünstigtes Vermögen gehört.[1]

► Die Verschonungsregelungen gelten auch bei einem Übernahme-/Kaufrechtsvermächtnis.

Schulden und Lasten, die mit dem begünstigten Betriebsvermögen in wirtschaftlichem Zusammenhang stehen, sind nur mit dem Betrag abzugsfähig, mit dem das Betriebsvermögen steuerpflichtig ist. Darüber hinaus können nur solche Schulden und Lasten zum Abzug gebracht werden, die nicht bereits bei der Ermittlung des Werts des begünstigten Vermögens berücksichtigt worden sind (R E 10.10 Abs. 4 ErbStR 2011).

Die Steuervergünstigungen für Betriebsvermögen können nur gewährt werden, sofern ein positiver Steuerwert des begünstigten Vermögens besteht. Dies ist insbesondere bei mehreren begünstigten Vermögen zu beachten. Sofern das auf einen Erwerber übertragene begünstigte Vermögen mehrere Gewerbebetriebe oder mehrere Arten begünstigten Vermögens (land- und forstwirtschaftliches Vermögen, Betriebsvermögen, Anteile an Kapitalgesellschaften) enthält, muss sich bei deren Addition ein positiver Steuerwert ergeben. Nur von einem insgesamt positiven Steuerwert des gesamten begünstigten Vermögens kann der Verschonungsabschlag und der Abzugsbetrag abgezogen werden (R E 13a.1 Abs. 2 Sätze 3, 4 ErbStR 2011).

4.3.5.2 Verschonungsabschlag für das Betriebsvermögen (Regelbesteuerung mit dem Regel-Verschonungsabschlag von 85 %)

584 Verschonungsabschlag heißt, dass das unternehmerische Vermögen zwar zum steuerpflichtigen Erwerb hinzuzählt, es aber mit einem Steuerwert von null zu bewerten ist . Der Verschonungsabschlag ist definiert in § 13a Abs. 1 Satz 1 ErbStG. Danach soll unternehmerisches Vermögen „insgesamt außer Ansatz" bleiben. Der „Verschonungsabschlag" kann je nach Wahl und Erfüllung der hierfür notwendigen Voraussetzungen entweder für das gesamte Betriebsvermögen oder nur für einen Teil in Höhe von 85 % (§ 13b Abs. 4 ErbStG) in Anspruch genommen werden, d. h., Betriebsvermögen bleibt entweder ganz oder nur zu 85 % außer Ansatz. Die Steuerbefreiung (Verschonungsabschlag) gilt für sämtliches nachfolgend dargestelltes begünstigtes Betriebsvermögen nach § 13b Abs. 1 Nr. 1 bis 3 ErbStG (vgl. Rdn. 590 ff.).

---

1 Zur Familienstiftung vgl. Rdn. 1163.

Die Steuerbefreiung erstreckt sich auf 85 % des begünstigten Betriebsvermögens. Dieser Prozentsatz wurde vom Gesetzgeber willkürlich festgelegt und gilt dann, wenn der Unternehmensnachfolger nicht für den 100%igen Verschonungsabschlag (mit entsprechender siebenjähriger Behaltensfrist und einer Lohnsumme von 700 %) optiert. Zweck dieser Grenze ist es, Vermögensgegenstände, die nicht ihrer Natur nach der privaten Lebensführung dienen und die der Steuerpflichtige zu „gewillkürtem" Betriebsvermögen erklären kann, von der Begünstigung pauschal auszunehmen.[1] 585

Nicht von der Begünstigung profitieren diejenigen Erben, die nach erbrechtlichen Gesichtspunkten auf Grund zivilrechtlicher Universalsukzession zwar zunächst Eigentümer/Miteigentümer geworden sind, nicht aber den Unternehmensfortführer darstellen. Die Steuerbefreiung steht dem Erben/dem Erwerber zu, der die Unternehmensfortführung tatsächlich gewährleistet, also in dessen Vermögen das Betriebsvermögen letztlich übergeht. 586

Muss ein Erbe erworbenes begünstigtes Vermögen im Rahmen der Teilung des Nachlasses auf Grund Vermächtnis oder einer Auflage des Erblassers auf einen Dritten übertragen und gibt der Dritte dabei diesem Erben nicht begünstigtes Vermögen hin, das er vom Erblasser erworben hat, erhöht sich insoweit der Wert des begünstigten Vermögens des Dritten um den Wert des hingegebenen Vermögens, höchstens jedoch um den Wert des übertragenen Vermögens.[2] Damit stellt das Gesetz den Dritten so, als hätte er von Anfang an das begünstigte Vermögen erworben. „Dritte" im obigen Sinne sind solche, die der Erblasser entweder bedacht hat oder die gesetzliche Ansprüche gegen die Erben haben und an Erfüllung statt steuerbegünstigtes Betriebsvermögen erhalten. „Dritte" können somit u. a. sein: Vermächtnisnehmer, Pflichtteilsberechtigte, durch eine Auflage des Erblassers Begünstigte sowie alle Anspruchinhaber gegen die Erben, die zur Ansprucherfüllung begünstigtes Betriebsvermögen erhalten. 587

So lässt sich beispielsweise begünstigtes Betriebsvermögen zum Ausgleich eines Geldvermächtnisses „tauschen". In den Genuss der Verschonungsregelung kommt dann der Vermächtnisnehmer.

---

[1] Vgl. Gesetzesbegründung zu § 13b Abs. 4 ErbStG.
[2] § 13b Abs. 3 ErbStG.

> **HINWEISE:**
>
> ► Auf eine vom Erblasser getroffene „Anordnung" und Aufteilung eines Freibetrags oder auf eine vom Schenker unwiderruflich getroffene Erklärung über die Inanspruchnahme von Steuervergünstigungen für das Betriebsvermögen (so wie nach altem Recht erforderlich) kommt es nicht mehr an.
>
> ► Die Verschonungsregelung findet allein auf Ebene des (Mit-)Erben bzw. des Betriebserben Anwendung und auf Ebene dieses (Mit-)Erben werden für die Steuerfestsetzung anschließend die persönlichen Freibeträge abgezogen. Damit profitieren nur solche Erben von der Verschonungsregelung, die das Betriebsvermögen tatsächlich erhalten. So kann ein Erwerber den Verschonungsabschlag und den Abzugsbetrag nicht in Anspruch nehmen, soweit er steuerbegünstigtes Betriebsvermögen auf Grund einer letztwilligen Verfügung des Erblassers oder einer rechtsgeschäftlichen Verfügung des Erblassers oder Schenkers auf einen Dritten übertragen muss. Gleiches gilt, wenn ein Erbe im Rahmen der Teilung des Nachlasses steuerbegünstigtes Betriebsvermögen auf einen Miterben überträgt.[1]
>
> ► Nach der Gesetzesbegründung gelangen aber auch solche Erben/Erwerber in den Genuss der Steuervergünstigungen für das Betriebsvermögen, die auf Grund qualifizierter Nachfolgeklauseln in Gesellschaftsverträgen oder auf Grund befolgter Teilungsanordnungen steuerbegünstigtes Betriebsvermögen erwerben.
>
> ► Lässt ein Schenker einem Bedachten eine Geldzuwendung zukommen unter der Auflage, sich mit mehr als 25 % an einer bestimmten Kapitalgesellschaft zu beteiligen, ist die Geldzuwendung nicht als mittelbare Schenkung der Kapitalanteile durch den Verschonungsabschlag begünstigt. Die Finanzverwaltung begründet dies damit, dass in diesen Fällen eine Beteiligung am Vermögen eines Dritten erfolgt und insoweit kein begünstigtes Vermögen vom Schenker übergeht. Beteiligt sich der Schenker aber zunächst selbst an der Kapitalgesellschaft zu mehr als 25 % und wendet er anschließend dem Beschenkten einen Geldbetrag mit der Auflage zu, seinen 25,1-%-Anteil an der Kapitalgesellschaft zu kaufen, liegt eine unmittelbare Beteiligung des Beschenkten am Betriebsvermögen des Schenkers vor mit der Folge, dass die Steuerbegünstigungen für die Kapitalgesellschaftsanteile auch für die Geldschenkung Anwendung finden und der Verschonungsabschlag zum Abzug kommt.

4.3.5.3 Abzugsbetrag (gleitender)

588 Nach Aufteilung des Betriebsvermögens (sofern das Verwaltungsvermögen nicht mehr als 50 % des gesamten Betriebsvermögens beträgt) in einen steuerpflichtigen und einen steuerfreien Teil (15 %/85 %) bleibt der steuerpflichtige Teil (15-%-Anteil) insoweit außer Ansatz, soweit der Wert dieses steuerpflichtigen Teils. insgesamt 150 000 € nicht übersteigt (gleitender Abzugsbetrag).[2]

---

1 § 13a Abs. 3 ErbStG.
2 § 13a Abs. 2 Satz 1 ErbStG; R E 13a.2 Abs. 1 ErbStR 2011.

Das bedeutet, dass Betriebe mit einem Gesamtwert von 1 Mio. € zur Gänze steuerfrei bleiben:
- 850 000 € sind steuerbefreit im Rahmen des Verschonungsabschlages, (vgl. oben Abschnitt 4.3.5.2 Verschonungsabschlag)
- und das nicht begünstigte Vermögen in Höhe von 150 000 € kann in voller Höhe abgezogen werden.

Soweit der 15-%-Anteil die Wertgrenze von 150 000 € übersteigt, mindert sich der Abzugsbetrag um die Hälfte des übersteigenden Betrages.[1] Dies soll heißen, dass bei einem 15-%-Anteil von 300 000 € der Abzugsbetrag nur noch 75 000 € beträgt (übersteigender Betrag= 150 000 €, davon die Hälfte = 75 000 €, Abzug vom Abzugsbetrag: 150 000 € − 75 000 € = 75 000 €). Bei einem 15-%-Anteil von 450 000 € und höher entfällt der Abzugsbetrag ganz. Somit setzt die Besteuerung des nicht steuerbefreiten 15-%-Anteils erst bei Betrieben ab einem Gesamt-Steuerwert (ermittelt wie oben dargestellt) von 3 Mio. € ein.

589

Der Abzugsbetrag von 150 000 € soll der Finanzverwaltung primär eine Wertermittlung und aufwendige Überwachung von Klein- und Kleinstbetrieben (z. B. Kleinhandel, kleinere Handwerker oder auch Betriebe der Land- und Forstwirtschaft) unterhalb des Grenzwerts ersparen.[2] Größeren Betrieben – so die Intention des Gesetzgebers – soll diese Vereinfachungsregelung jedoch nicht zukommen. Der Abzugsbetrag ist daher ab einem gemeinen Wert des Betriebsvermögens (des 15-%-Anteils) von 450 000 € auf 0 € abzuschmelzen.

BEISPIEL:

Unternehmenswert, ermittelt nach Ertragswertverfahren		1 200 000 €
Verschonungsabschlag, 85 %		1 020 000 €
= nicht begünstigtes Betriebsvermögen		180 000 €
./. Abzugsbetrag	./. 135 000 €	
Max. 150 000 € des nicht begünstigten Betrags	150 000 €	
./. Abschmelzungsbetrag (50 % des die Wertgrenze von 150 000 € übersteigenden Betrags = 180 000 € − 150 000 €	= 30 000 €	
Davon ½	= 15 000 €	
Verbleibender Abzugsbetrag (= 150 000 € − 15 000 €)	= 135 000 €	
Zu versteuernder Unternehmenswert		45 000 €

---

1 § 13a Abs. 2 Satz 2 ErbStG.
2 Gesetzesbegründung zu § 13a Abs. 2.

Der vollständige Verbrauch des Abzugsbetrags tritt für das übertragene Vermögen insgesamt ein, unabhängig davon, in welcher Höhe er sich bei der Steuerfestsetzung tatsächlich ausgewirkt hat (R E 13a.2 Abs. 2 Satz 3 ErbStR 2011).

> **BEISPIEL** Übertragung von Betriebsvermögen in 2012
>
> | | | |
> |---|---:|---:|
> | Steuerwert des Betriebs | | 800 000 € |
> | Verschonungsabschlag 85 % (Verwaltungsvermögen über 10 %) = | | 680 000 € |
> | Verbleibender Wert | | 120 000 € |
> | Abzugsbetrag | 150 000 € | |
> | ·/. Abschmelzungsbetrag | | |
> | (verbleibender Wert übersteigt 150 000 € nicht) | 0 € | |
> | Verbleibender Abzugsbetrag | | 120 000 € |
> | Zu versteuernder Unternehmenswert | | 0 € |
>
> Übertragung von Betriebsvermögen in 2014
> Berücksichtigt werden kann hier nur der Verschonungsabschlag, da der Abzugsbetrag durch die Zuwendung 2012 verbraucht ist, auch wenn dieser um 30 000 € nicht ausgeschöpft werden konnte.

HINWEISE:

► Der Abzugsbetrag kann für Erwerbe von derselben Person innerhalb von zehn Jahren nur einmal geltend gemacht werden. Die Zehnjahresfrist beginnt im Zeitpunkt der Steuerentstehung für den begünstigten Erwerb. Nach Ablauf der Zehnjahresfrist lebt der Freibetrag allerdings wieder auf und kann vom Erwerber erneut geltend gemacht werden.

► Der Abzugsbetrag ist auf den Erwerber bezogen und nicht auf das begünstigte Vermögen. Damit vervielfältigt er sich mit der Anzahl der Erwerber. Eine Verteilung des Unternehmensvermögens auf mehrere Erben, die das Unternehmen weiterführen, multipliziert den Abzugsbetrag.

► Eine Etappenschenkung mit Multiplizierung des Abzugsbetrages lässt sich mit einem Familienpool besonders effizient erreichen und individuell gestalten. Weitere Gestaltungstipps zur Steueroptimierung mit Familienpools in Rdn. 848.

4.3.5.4 Begünstigtes Betriebsvermögen und Verwaltungsvermögenstest

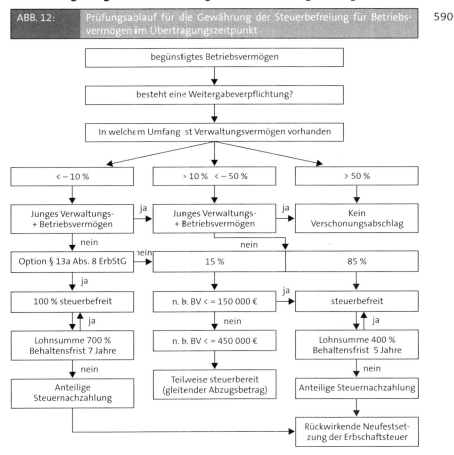

ABB. 12: Prüfungsablauf für die Gewährung der Steuerbefreiung für Betriebsvermögen im Übertragungszeitpunkt

590

4.3.5.4.1 Allgemeines

Die (vorübergehende) Gewährung der Steuerbefreiungen für das Betriebsvermögen setzt voraus, dass ein solches – begünstigungsfähiges – Betriebsvermögen auch tatsächlich übertragen worden ist. In einem ersten Schritt ist daher zu prüfen, ob dem Grunde nach begünstigtes Betriebsvermögen übertragen worden ist. Dies erfolgt unter Anwendung einkommensteuerlicher Kriterien wie bereits oben in Rdn. 581 dargestellt.

591

592 Sofern dem Grunde nach begünstigtes Betriebsvermögen übertragen worden ist, ist in einem zweiten Schritt zu prüfen, ob hierfür eine Weitergabeverpflichtung besteht. Eine solche kann bestehen auf Grund eines Testaments, etwa die Auflage, das Vermögen auf einen Dritten übertragen zu müssen. In diesem Fall sind die Verschonungsregelungen beim Erben nicht anzuwenden. Der Vermächtnisnehmer kann hier die Vergünstigungsregelungen in Anspruch nehmen. Beim Erben entsteht eine Nachlassverbindlichkeit; das Vermögen läuft bei diesem steuerneutral durch.

593 In einem dritten Schritt ist zu prüfen, ob und in welchem Umfang Verwaltungsvermögen im Betriebsvermögen enthalten ist. Bei der Übertragung von „vermögensverwaltenden" Betrieben bzw. Gesellschaften wird keine Steuerbefreiung für Betriebsvermögen gewährt, wenn ihr Betriebsvermögen jeweils zu mehr als 50 % aus Verwaltungsvermögen besteht[1] bzw. im Fall einer Optierung für einen vollständigen (100%igen) Verschonungsabschlag (Optionsverschonung) das Verwaltungsvermögen mehr als 10 % beträgt. In diesem Schritt kommt der Bewertung des Vermögens erhebliche Bedeutung zu. Denn diese Werte sind für das Überschreiten der 10-%- bzw. der 50-%-Grenze von erheblicher Bedeutung. Hintergrund dieser Regelung ist folgender:[2] Das Einkommensteuerrecht schafft Unternehmern regelmäßig die Möglichkeit, Vermögensgegenstände, die nicht ausschließlich der privaten Lebensführung dienen, zu „gewillkürtem" Betriebsvermögen zu erklären und dieses dem Betriebsvermögen zuzuordnen. Dadurch können praktisch alle Gegenstände, die üblicherweise in Form der privaten Vermögensverwaltung gehalten werden (vermietete und verpachtete Grundstücke und Gebäude, Minderbeteiligungen an Kapitalgesellschaften, Wertpapiere), auch in Form eines Gewerbebetriebs gehalten werden. Vermögen, das in erster Linie der weitgehend risikolosen Renditeerzielung dient und i. d. R. weder die Schaffung von Arbeitsplätzen noch zusätzliche volkswirtschaftliche Leistungen bewirkt, soll jedoch nicht steuerbegünstigt übertragen werden können.

594 Beträgt der Anteil des Verwaltungsvermögens am Gesamtvermögen nicht mehr 50 % und konnte die Regelverschonung zur Anwendung, ist weiter zu prüfen, ob für das nicht begünstigte Betriebsvermögen (15 % Anteil) der Abzugsbetrag gewährt werden kann. Dies ist der Fall, wenn der nicht begünstigte Anteil weniger oder gleich 150 000 € bzw. der nicht begünstigte Anteil weniger als 450 000 € beträgt. Übersteigt das nicht begünstigte Betriebsvermögen

---

1 § 13b Abs. 2 Satz 1 ErbStG.
2 Vgl. Gesetzesbegründung zu § 13b Abs. 2 ErbStG.

(der 15-%-Anteil) 450 000 €, kommt kein Abzugsbetrag mehr zum Ansatz (dieser ist dann „abgeschmolzen").

Liegen obige Voraussetzungen vor, ist in einem fünften Schritt eine ggf. mögliche Option für eine vollständige Steuerbefreiung zu prüfen. Die endgültige Gewährung der Steuerbefreiung bzw. Steuerbegünstigung ist in einem sechsten Schritt fünf bzw. sieben Jahre nach der Übertragung zu prüfen. Hierzu mehr in Rdn. 627 ff.

Die Zugehörigkeit von Vermögensgegenständen zu der wirtschaftlichen Einheit des Betriebsvermögens ist im Rahmen der Bewertung dieser wirtschaftlichen Einheit zu bestimmen. Die Vermögensart und der festgestellte Wert sind Gegenstand des Feststellungsbescheids (§ 182 Abs. 1 Satz 1 AO). Die Entscheidung, ob hieraus folgend begünstigtes Vermögen vorliegt, trifft das Erbschaftsteuerfinanzamt (R E 13b.3 ErbStR 2011). Sofern das Erbschaftsteuerfinanzamt das Vorliegen begünstigten Vermögens bejaht hat und der Anteil an Verwaltungsvermögen die genannten Prozentgrenzen nicht überschreitet, ist es zusammen mit dem übrigen Betriebsvermögen steuerbegünstigt im Rahmen der Regelverschonung. Eine Ausnahme gilt allerdings für junges Betriebsvermögen, also jenes Betriebsvermögen, welches innerhalb von zwei Jahren in das Betriebsvermögen eingelegt worden ist.[1] Dies wäre in einem vierten Schritt zu prüfen und junges Betriebsvermögen wie auch Verwaltungsvermögen ggf. auszusondern. Es ist dem Steuerwert für das übrige Betriebsvermögen gesondert hinzuzuaddieren.

4.3.5.4.2 Begünstigtes Betriebsvermögen

Begünstigt ist der Erwerb inländischen Betriebsvermögens, welches im Zeitpunkt der Steuerentstehung als solches vom Erblasser oder Schenker auf den Erwerber übergeht und in der Hand des Erwerbers inländisches Betriebsvermögen bleibt. Dazu gehören insbesondere:

▶ das einem Gewerbebetrieb dienende Vermögen (§ 95 BewG)
▶ und das dem Gewerbebetrieb gleichstehende Vermögen, das der Ausübung eines freien Berufs dient.

Abzustellen ist dabei stets auf die steuerliche Gewinnermittlung. Das übertragene Vermögen muss danach bei der steuerlichen Gewinnermittlung zum Betriebsvermögen gehören (R E 13b.5 Abs. 1 ErbStR 2011).

---

1 Vgl. auch Rdn. 619.

598 § 13b Abs. 1 ErbStG zählt hierzu auf:

1. der inländische Wirtschaftsteil des land- und forstwirtschaftlichen Vermögens mit Ausnahme der Stückländereien und selbst bewirtschaftete Grundstücke sowie entsprechendes land- und forstwirtschaftliches Vermögen, das einer Betriebsstätte in einem Mitgliedstaat der Europäischen Union oder in einem Staat des Europäischen Wirtschaftsraums dient
2. inländisches Betriebsvermögen nach der Definition der §§ 95 bis 97 des Bewertungsgesetzes beim Erwerb eines ganzen Gewerbebetriebs, eines Teilbetriebs, eines Anteils an einer:
   - Offenen Handelsgesellschaft
   - Kommanditgesellschaft
   - anderen Gesellschaft, bei der der Gesellschafter (Erblasser oder Schenker) als Mitunternehmer anzusehen ist.[1]
   - Gesellschaft, die als gewerbliches Unternehmen gilt
   - „gewerblich geprägten" Personengesellschaft[2]
   - Gesellschaft i. S. von § 18 Abs. 4 EStG
   - Anteile eines persönlich haftenden Gesellschafters einer Kommanditgesellschaft auf Aktien oder eines Anteils daran
   - Betriebsvermögen, das einer Betriebsstätte in einem Mitgliedstaat der Europäischen Union oder in einem Staat des Europäischen Wirtschaftsraums dient

599 Grundstücke oder Grundstücksteile sind Teil des begünstigten Betriebsvermögens, soweit sie bei der Bewertung des Betriebsvermögens zum Umfang der wirtschaftlichen Einheit gehören und diese Eigenschaft auf den Erwerber übergeht. Für Grundbesitz der in § 97 Abs. 1 Satz 1 Nr. 5 BewG bezeichneten inländischen Körperschaften, Personenvereinigungen und Vermögensmassen setzt die Finanzverwaltung eine Zugehörigkeit zum Betriebsvermögen kraft Rechtsform voraus. Ein zum Gesamthandsvermögen einer Personengesellschaft gehörendes Grundstück ist allerdings dann nicht begünstigt, wenn es ausschließlich oder fast ausschließlich der privaten Lebensführung eines, mehrerer oder aller Gesellschafter dient.

---

[1] Vgl. § 15 Abs. 1 Satz 1 Nr. 2 EStG.
[2] Vgl. § 15 Abs. 3 EStG. Eine gewerblich geprägte Personengesellschaft ist eine Personengesellschaft in der Rechtsform einer GmbH & Co. KG, die keine gewerbliche Tätigkeit ausübt und bei der eine GmbH als Komplementärin beteiligt ist, nur diese für die KG persönlich haftet und nur die GmbH oder Personen, die selbst nicht zugleich Gesellschafter sind, zur Geschäftsführung befugt sind.

Begünstigt ist nur der unmittelbare Übergang von Betriebsvermögen und dann auch nur im Paket. Das Betriebsvermögen muss im Zusammenhang mit dem Erwerb eines ganzen Gewerbebetriebs, eines Teilbetriebs oder einer Beteiligung an einer Personengesellschaft auf den Erwerber übergehen (R E 13b.5 Abs. 1 ErbStR 2011). Teilübertragungen eines Gewerbebetriebs oder die Übertragung einzelner Wirtschaftsgüter eines Betriebsvermögens sind nicht begünstigt. Dies gilt insbesondere, wenn der Schenker wesentliche Betriebsgrundlagen zurückbehält oder auf andere Erwerber überträgt (R E 13b.5 Abs. 3 Satz 8 ErbStR 2011).

600

Die Zurückbehandlung des Sonderbetriebsvermögens oder eine disquotale Übertragung desselben ist hingegen nicht steuerschädlich. Nach Auffassung der Finanzverwaltung ist eine begünstigte Übertragung eines Anteils an einer Personengesellschaft oder am Sonderbetriebsvermögen des Gesellschafters nicht davon abhängig, dass die Gesellschaftsanteile und das Sonderbetriebsvermögen im gleichen quotalen Umfang auf den Erwerber übergehen. Vielmehr gilt dies auch dann, wenn der Schenker sein Sonderbetriebsvermögen in geringerem Umfang überträgt oder es insgesamt zurückbehält und das zurückbehaltene Sonderbetriebsvermögen weiterhin zum Betriebsvermögen derselben Personengesellschaft gehört, sowie auch dann, wenn der Schenker sein Sonderbetriebsvermögen in größerem Umfang überträgt (R E 13b.5 Abs. 3 ErbStR 2011).

601

Anteile an Kapitalgesellschaften gehören zum begünstigten Betriebsvermögen, wenn (§ 13b Abs. 1 Nr. 3 ErbStG, R E 13b.6 Abs. 1 ErbStR 2011):

602

► sich Sitz oder Geschäftsleitung der Gesellschaft im Inland oder in einem Mitgliedstaat der Europäischen Union oder in einem Staat des Europäischen Wirtschaftsraums befinden,

► und der Erblasser oder Schenker zu diesem Zeitpunkt unmittelbar zu mehr als 25 % am Nennkapital der Kapitalgesellschaft beteiligt ist.

Befinden sich Anteile an Kapitalgesellschaften im Gesamthandsvermögen einer vermögensverwaltenden Personengesellschaft, z. B. in einem Familienpool, sollen diese nach Auffassung der Finanzverwaltung nicht als begünstigtes Betriebsvermögen gelten. „Unterbeteiligungen oder über eine andere Kapitalgesellschaft oder eine Personengesellschaft gehaltene mittelbare Beteiligungen des Erblassers oder Schenkers" sollen gemäß R E 13b.6 Abs. 2 Satz 3 ErbStR 2011 selbst nicht begünstigt sein und außerdem „bei der Prüfung seiner Beteiligungshöhe" unberücksichtigt bleiben. Damit scheiden z. B. Anteile an einer A-GmbH, welche mittelbar durch Übertragung von Anteilen an der B-GmbH &

603

Co. KG übertragen werden, aus der Begünstigungsregelung für Betriebsvermögen i. S. des § 13b ErbStG aus.[1]

604 Als maßgebliches Nennkapital sieht die Finanzverwaltung bei der GmbH den Nennbetrag des Stammkapitals und bei der AG den Nennbetrag des Grundkapitals an. Hält die Gesellschaft eigene Anteile, mindern sie das Nennkapital der Gesellschaft und erhöhen damit die Beteiligungsquote des Gesellschafters (R E 13b.6 Abs. 2 Satz 2 ErbStR 2011). Unterbeteiligungen oder mittelbare Beteiligungen des Erblassers oder Schenkers sind nicht begünstigt und zählen für die Ermittlung der maßgeblichen Beteiligungshöhe nicht dazu.

605 Werden mehrere wirtschaftliche Einheiten des Betriebsvermögens gleichzeitig übertragen, sind deren Steuerwerte vor Anwendung der Begünstigungsvorschrift zusammenzurechnen. Verschonungsabschlag und Abzugsbetrag werden so vom Wert aller begünstigten Einheiten abgezogen. Dies gilt für mehrere Gewerbebetriebe oder mehrere Arten begünstigten Vermögens (land- und forstwirtschaftliches Vermögen, Betriebsvermögen, Anteile an Kapitalgesellschaften). Der Verschonungsabschlag und der Abzugsbetrag können dann nur von einem insgesamt positiven Steuerwert des gesamten begünstigten Vermögens abgezogen werden. (R E 13a Abs. 2 Sätze 3, 4 ErbStR 2011).

Tabellarische Zusammenfassungen: Begünstigungsfähiges Betriebsvermögen bei der Übertragung von Einzelunternehmen/Personengesellschaften sowie von Anteilen an Kapitalgesellschaften (H E 13b.5 und 13b.6 ErbStH 2011)

▶ **Einzelunternehmen/Personengesellschaften**

Zum Vermögen des Einzelunternehmens/ der Personengesellschaft gehören	begünstigungsfähiges/nicht begünstigungsfähiges Betriebsvermögen
Betriebsstätte im Inland	begünstigungsfähiges Betriebsvermögen (R E 13b.5 Abs. 4 Satz 1)
Betriebsstätte in einem Mitgliedstaat der Europäischen Union oder einem Staat des Europäischen Wirtschaftsraums	begünstigungsfähiges Betriebsvermögen (R E 13b.5 Abs. 4 Satz 1)
Betriebsstätte in einem Drittstaat	nicht begünstigungsfähiges Betriebsvermögen (R E 13b.5 Abs. 4 Satz 2 und 3)
Beteiligung an einer Personengesellschaft im Inland	begünstigungsfähiges Betriebsvermögen (R E 13b.5 Abs. 4 Satz 1), auch soweit die Personengesellschaft eine Betriebsstätte in einem Drittstaat unterhält

---

[1] Gegenteilige Auffassung FG Köln, Urt. v. 16.11.2011 9 K 3087/10, DStR 2012 S. 10; weitere Erläuterungen siehe unten Teil V Hinweis Rdn. 873.

Beteiligung an einer Personengesellschaft in einem Mitgliedstaat der Europäischen Union oder einem Staat des Europäischen Wirtschaftsraums	begünstigungsfähiges Betriebsvermögen (R E 13b.5 Abs. 4 Satz 1), auch soweit die Personengesellschaft eine Betriebsstätte in einem Drittstaat unterhält
Beteiligung an einer Personengesellschaft in einem Drittstaat	begünstigungsfähiges Betriebsvermögen (R E 13b.5 Abs. 4 Satz 4), auch soweit die Personengesellschaft eine Betriebsstätte in einem Drittstaat unterhält
Anteile an einer Kapitalgesellschaft im Inland	begünstigungsfähiges Betriebsvermögen (R E 13b.5 Abs. 4 Satz 1)
Anteile an einer Kapitalgesellschaft in einem Mitgliedsstaat der Europäischen Union oder einem Staat des Europäischen Wirtschaftsraums	begünstigungsfähiges Betriebsvermögen (R E 13b.5 Abs. 4 Satz 1)
Anteile an einer Kapitalgesellschaft in einem Drittstaat	begünstigungsfähiges Betriebsvermögen (R E 13b.5 Abs. 4 Satz 4)

▶ **Anteile an Kapitalgesellschaften**

Zum Vermögen der Kapitalgesellschaft gehören	begünstigungsfähiges/nicht begünstigungsfähiges Vermögen
Betriebsstätte im Inland	begünstigungsfähiges Vermögen
Betriebsstätte in einem Mitgliedstaat der Europäischen Union oder einem Staat des Europäischen Wirtschaftsraums	begünstigungsfähiges Vermögen
Betriebsstätte in einem Drittstaat	begünstigungsfähiges Vermögen, da Sitz bzw. Geschäftsleitung der Kapitalgesellschaft im Inland, einem Mitgliedstaat der Europäischen Union oder einem Staat des Europäischen Wirtschaftsraums
Beteiligung an einer Personengesellschaft im Inland	begünstigungsfähiges Vermögen, da Sitz bzw. Geschäftsleitung der Kapitalgesellschaft im Inland, einem Mitgliedstaat der Europäischen Union oder einem Staat des Europäischen Wirtschaftsraums
Beteiligung an einer Personengesellschaft in einem Mitgliedstaat der Europäischen Union oder einem Staat des Europäischen Wirtschaftsraums	begünstigungsfähiges Vermögen, da Sitz bzw. Geschäftsleitung der Kapitalgesellschaft im Inland, einem Mitgliedstaat der Europäischen Union oder einem Staat des Europäischen Wirtschaftsraums

Beteiligung an einer Personengesellschaft in einem Drittstaat	begünstigungsfähiges Vermögen, da Sitz bzw. Geschäftsleitung der Kapitalgesellschaft im Inland, einem Mitgliedstaat der Europäischen Union oder einem Staat des Europäischen Wirtschaftsraums
Anteile an einer Kapitalgesellschaft im Inland	begünstigungsfähiges Vermögen, da Sitz bzw. Geschäftsleitung der Kapitalgesellschaft im Inland, einem Mitgliedstaat der Europäischen Union oder einem Staat des Europäischen Wirtschaftsraums
Anteile an einer Kapitalgesellschaft in einem Mitgliedsstaat der Europäischen Union oder einem Staat des Europäischen Wirtschaftsraums	begünstigungsfähiges Vermögen, da Sitz bzw. Geschäftsleitung der Kapitalgesellschaft im Inland, einem Mitgliedstaat der Europäischen Union oder einem Staat des Europäischen Wirtschaftsraums
Anteile an einer Kapitalgesellschaft in einem Drittstaat	begünstigungsfähiges Vermögen, da Sitz bzw. Geschäftsleitung der Kapitalgesellschaft im Inland, einem Mitgliedstaat der Europäischen Union oder einem Staat des Europäischen Wirtschaftsraums

HINWEISE:

▶ In vielen Fällen kann es durch die Zusammenrechnung der Werte aller übertragenen begünstigten wirtschaftlichen Einheiten des Betriebsvermögens dazu kommen, dass der Abzugsbetrag verloren geht und u. U. eine getrennte Übertragung vorteilhafter ist (zum Abzugsbetrag vgl. Rdn. 588 ff.).

▶ Auf die „Art" der Einkünfte des Unternehmens kommt es nicht an. Es spielt also keine Rolle, ob das zu übertragende Unternehmen oder Anteile daraus „aktive" oder „passive" Einkünfte erzielt. Auch ein Unternehmen, das ausschließlich operativ tätig ist, kann nicht begünstigt sein, wenn die notwendigen Voraussetzungen (siehe Rdn. 591 Schritte 1–4) nicht erfüllt sind.

▶ Wird die erforderliche unmittelbare Mindestbeteiligung nicht erreicht, kann mittels eines Poolvertrages (Poolvereinbarung) u. U. dennoch erreicht werden, dass die Anteile in die Verschonungsregelung einbezogen werden können und damit nicht zum Verwaltungsvermögen zählen (R E 13b.6 Abs. 3 Satz 1 ErbStR 2011). Näheres zur Poolvereinbarung in Teil VII Rdn. 981.

▶ Neben inländischem Betriebsvermögen ist auch entsprechendes Betriebsvermögen begünstigt, das einer Betriebsstätte in einem Mitgliedstaat der Europäischen Union oder in einem Staat des Europäischen Wirtschaftsraums dient. Nicht begünstigt ist der Erwerb ausländischen Betriebsvermögens in Drittstaaten (R E 13b.5 Abs. 4 Satz 3 ErbStR 2011). Konsequenterweise zählen Drittstaaten-Betriebsstätten eines Unternehmens auch nicht zum Verwaltungsvermögen (R E 13b.8 Abs. 2 Satz 5 ErbStR 2011).

- Zum begünstigten Betriebsvermögen gehören entsprechend dem Erlass des Bayerischen Finanzministeriums auch atypische stille Beteiligungen und atypische Unterbeteiligungen.[1]
- Zum begünstigten Betriebsvermögen zählen auch Beteiligungen an gewerblich geprägten Personengesellschaften und/oder so genannten „Cash-GmbHs". Daher ist es möglich, Barvermögen (welches nicht zum Verwaltungsvermögen zählt), in eine solche Gesellschaft einzubringen und die Anteile teilweise steuerbefreit oder bei entsprechender Optierung vollständig steuerfrei zu übertragen. Näheres hierzu in Rdn. 871.

4.3.5.4.3 Nicht begünstigtes Verwaltungsvermögen in einem Betriebsvermögen (Verwaltungsvermögenstest)

4.3.5.4.3.1 Allgemeines

Liegt dem Grunde nach begünstigtes Betriebsvermögen vor, ist im zweiten Schritt (vgl. Rdn. 590 „Übersicht Prüfungsablauf") zu prüfen, ob ein ggf. im Unternehmensvermögen enthaltenes Verwaltungsvermögen einen Anteil von 50 % (für den Regelverschonungsabschlag von 85 %) bzw. einen Anteil von 10 % (bei Option für den vollständigen 100%igen Verschonungsabschlag) übersteigt. Beträgt der Anteil am Verwaltungsvermögen für die zu untersuchende wirtschaftliche Einheit mehr als 50 %, ist das gesamte Betriebsvermögen nicht begünstigt. Überschreitet der Anteil des Verwaltungsvermögens 10 %, aber nicht 50 %, ist zwar keine Option für die vollständige Steuerbefreiung des Betriebsvermögens möglich.[2] Es kommt aber zur Regelverschonung.

606

Dem Verwaltungsvermögenstest kommt daher erhebliche Bedeutung zu. Der Anteil des Verwaltungsvermögens am gemeinen Wert des Betriebs (die 50-%-Grenze) bestimmt sich nach dem Verhältnis der Summe der gemeinen Werte der Einzelwirtschaftsgüter des Verwaltungsvermögens zum gemeinen Wert des Betriebs (§ 13b Abs. 2 Satz 4 ErbStG, R E 13b.20 ErbStR 2011). Die Quote des Verwaltungsvermögens ist jeweils für jede wirtschaftliche Einheit gesondert zu prüfen (R E 13b.8 Abs 1 Satz 2 ErbStR 2011).[3]

607

Der Verwaltungsvermögenstest ist anhand der Verhältnisse zum Besteuerungszeitpunkt durchzuführen. Dabei ist ausschließlich auf die Verhältnisse beim Erblasser oder Schenker abzustellen. Veränderungen hinsichtlich der

---

[1] FinMin Bayern, Erlass v. 23. 3. 2009, DStR 2009 S. 908.
[2] Vgl. hierzu Rdn. 657.
[3] Das Betriebsfinanzamt hat die Summe der gemeinen Werte der Einzelwirtschaftsgüter des Verwaltungsvermögens und die Summe der gemeinen Werte der Wirtschaftsgüter des jungen Verwaltungsvermögens zu ermitteln und in dem Feststellungsbescheid auszuweisen.

Quote des Verwaltungsvermögens, die nach dem Besteuerungszeitpunkt beim Erwerber eintreten, sind unbeachtlich (R E 13b.8 Abs. 2 Satz 2, 3 ErbStR 2011). Erhöht sich also innerhalb des übertragenen Vermögens die Verwaltungsvermögensquote nachträglich, hat dies keinen Einfluss auf die Verschonungsquote.

HINWEISE:

Die zuständigen Bewertungsstellen stellen die Summen der gemeinen Werte der Wirtschaftsgüter des Verwaltungsvermögens und des jungen Verwaltungsvermögens auf Anweisung der Erbschaftsteuerfinanzämter gesondert fest (§ 13b Abs. 2a ErbStG).

Wurden auf Grund eines einheitlichen Schenkungsvorgangs oder Erbfalls mehrere wirtschaftliche Einheiten des Betriebsvermögens übertragen (z. B. ein Gewerbebetrieb und ein Einzelunternehmen), ist der Verwaltungsvermögenstest für jede übertragene wirtschaftliche Einheit gesondert zu prüfen (R E 13b.8 Abs. 1 Satz 2 ErbStR 2011).

Gestaltungstipps für die Erlangung der Steuerbegünstigung bei im Betriebsvermögen enthaltenem Verwaltungsvermögen vgl. Rdn. 961.

4.3.5.4.3.2 Nicht begünstigtes Verwaltungsvermögen im Einzelnen

608 ► **Grundstücke, Grundstücksteile, grundstücksgleiche Rechte und Bauten**

Zum Verwaltungsvermögen zählen Dritten zur Nutzung überlassene Grundstücke, Grundstücksteile, grundstücksgleiche Rechte und Bauten (§ 13b Abs 2 Satz 1 Nr. 1 ErbStG). Unerheblich dabei ist, ob die Überlassung entgeltlich oder ganz bzw. teilweise unentgeltlich erfolgt (R E 13b.9 Satz 2 ErbStR 2011).

Grundstücke zählen hingegen – trotz einer Nutzungsüberlassung an Dritte – nicht zum Verwaltungsvermögen, wenn eine der folgenden Ausnahmeregelungen greift:

1. Grundstücke im Sonderbetriebsvermögen und Betriebsaufspaltung

609 Der Erblasser oder Schenker konnte sowohl im überlassenden Betrieb als auch im nutzenden Betrieb allein oder zusammen mit anderen Gesellschaftern einen einheitlichen geschäftlichen Betätigungswillen durchsetzen (vgl. R E 13b.10 Abs. 1 Satz 3 ErbStR 2011) oder der Erblasser oder Schenker hatte als Gesellschafter einer gewerblichen oder freiberuflichen Gesellschaft[1] das Grundstück der Gesellschaft zur Nutzung überlassen, und diese Rechtsstellung ist auf den Erwerber übergegangen.

---

1 Im Sinne des § 15 Abs. 1 Satz 1 Nr. 2 und Abs. 3 oder § 18 Abs. 4 EStG.

Diese Ausnahmeregelung betrifft solche Grundstücke, die ertragsteuerrechtlich als Sonderbetriebsvermögen zu behandeln sind. Eine Behandlung als Verwaltungsvermögen scheidet aus (R E 13b.10 Abs. 2 ErbStR 2011).

Ausnahme: Es erfolgt eine weitere Nutzungsüberlassung an einen weiteren Dritten. Liegt eine weitere Nutzung bei nutzenden Dritten vor, für die keine der Ausnahmen greift, st wieder schädliches Verwaltungsvermögen gegeben (Rückausnahme).

Diese Ausnahmeregelung betrifft auch solche Grundstücke, die im Rahmen einer Betriebsaufspaltung überlassen werden. Übertragen die Eltern Anteile sowohl an der das Grundstück überlassenden Gesellschaft (der Besitzgesellschaft) als auch der das Grundstück nutzenden Gesellschaft (der Betriebsgesellschaft), zählt das Grundstück nicht zum Verwaltungsvermögen. Dies gilt aber nur, soweit die Betriebsgesellschaft das Grundstück unmittelbar nutzt.

Eine Weiterüberlassung des Grundstücks durch die Betriebsgesellschaft an einen Dritten führt wiederum zum Verwaltungsvermögen (Rückausnahme, R E 13b.10 Abs. 2 Satz 2 ErbStR 2011). Durch den Einbezug der so genannten „Personengruppentheorie" sind alle Formen der Betriebsaufspaltung i. S. des Einkommensteuerrechts steuerbegünstigt.

2. Grundstücksüberlassung im Rahmen von Betriebsverpachtungen

Verpachtetes Betriebsvermögen zählt zum begünstigungsfähigen Betriebsvermögen und nicht Verwaltungsvermögen. Daher sind Grundstücke, für die eine Nutzungsüberlassung im Rahmen der Verpachtung eines ganzen Betriebs erfolgt, welche beim Verpächter zu ertragsteuerlichen Gewinneinkünften (nicht zu Einkünften aus Vermietung und Verpachtung) führt, von einer Zuordnung zum Verwaltungsvermögen ausgenommen. Die Finanzverwaltung knüpft die Ausnahmeregelung an drei Voraussetzungen: 610

„1. der Erbe, auf den der verpachtete Betrieb übergeht, bereits Pächter des Betriebs ist oder

2. bei einer Schenkung unter Lebenden der Verpächter den Pächter im Zusammenhang mit einer unbefristeten Verpachtung durch eine letztwillige Verfügung oder eine rechtsgeschäftliche Verfügung als Erben eingesetzt hat oder

3. bei einer Schenkung der Beschenkte zunächst den Betrieb noch nicht selber führen kann, weil ihm z. B. die dazu erforderliche Qualifikation noch fehlt und der Schenker im Hinblick darauf den verschenkten Betrieb für eine Übergangszeit von maximal zehn Jahren an einen Dritten verpachtet hat. Die Verpachtung darf nicht über den Zeitpunkt hinausgehen, in dem der Beschenkte das

28. Lebensjahr vollendet, wenn die Schenkung an ein minderjähriges Kind erfolgt ist" (R E 13b.11 Abs. 1 Sätze 1 bis 3 ErbStR 2011).

Die Steuerbegünstigungen gelten nicht für verpachtete Betriebe, die vor ihrer Verpachtung die Voraussetzungen als begünstigtes Vermögen nicht erfüllt haben, und auch nicht für verpachtete Betriebe, deren Hauptzweck in der Überlassung von Grundstücken, Grundstücksteilen, grundstücksgleichen Rechten und Bauten an Dritte zur Nutzung besteht. Dies gilt wiederum dann nicht (d. h. steuerschädliches Verwaltungsvermögen liegt dann nicht vor), wenn die Ausnahmeregelung für Wohnungsunternehmen greift.

3. Überlassung von Grundstücken im Konzern

611 Nicht zum Verwaltungsvermögen zählen Grundstücke, wenn der überlassende Betrieb als auch der nutzende Betrieb zu einem Konzern gehören. Dies gilt auch hier nur insoweit, als keine Nutzungsüberlassung an einen weiteren Dritten erfolgt.

4. Wohnungsunternehmen

612 Kein steuerschädliches Verwaltungsvermögen stellen Grundstücke, Grundstücksteile, grundstücksgleiche Rechte und Bauten dar, wenn der Hauptzweck des Betriebs in der Vermietung von Wohnungen besteht und dessen Erfüllung einen wirtschaftlichen Geschäftsbetrieb erfordert. Dadurch sind Wohnimmobilien aus dem steuerschädlichen Verwaltungsvermögen ausgenommen, wenn deren Überlassung im Rahmen eines in kaufmännischer Weise eingerichteten, d. h. wirtschaftlichen Geschäftsbetriebs erfolgt. Der Gesetzgeber wollte damit erreichen, dass Wohnungsunternehmen die Steuervergünstigungen nicht generell versagt bleiben.

Nach Auffassung der Finanzverwaltung besteht der Hauptzweck des Betriebs in der Vermietung von Wohnungen, wenn diese „den überwiegenden Teil der betrieblichen Tätigkeit ausmacht" (R E 13b.13 Abs. 2 Satz 1 ErbStR 2011). Die Finanzverwaltung lässt die Zuordnung zum steuerbegünstigten Betriebsvermögen auch gelten, „wenn Grundstücke oder Grundstücksteile vermietet werden, die nicht zu Wohnzwecken, sondern z. B. auch zu gewerblichen, freiberuflichen oder öffentlichen Zwecken genutzt werden" (R E 13b.13 Abs. 2 Satz 2 ErbStR 2011).

Maßstab ist die Summe der Grundbesitzwerte der zu Wohnzwecken vermieteten Grundstücke oder Grundstücksteile im Verhältnis zur Summe der Grundbesitzwerte aller vermieteten Grundstücke. Dient der Betrieb danach im Hauptzweck der Vermietung von Wohnungen, sind auch solche Grundstücke oder Grundstücksteile kein Verwaltungsvermögen, die nicht zu Wohnzwecken, sondern z. B. zu gewerblichen, freiberuflichen oder öffentlichen Zwecken genutzt werden (R E 13b.13 Abs. 2 Sätze 3, 4 ErbStR 2011).

Die Prüfung dieser Voraussetzungen ist betriebsbezogen und nicht für das gesamte auf den Erwerber übergehende Vermögen vorzunehmen.

5. Verpachtete land- und forstwirtschaftliche Grundstücke

Nicht zum Verwaltungsvermögen zählen an Dritte überlassene Grundstücke, wenn sie der land- und forstwirtschaftlichen Nutzung dienen (§ 13b Abs. 2 Satz 2 Nr. 1 Buchst. e ErbStG, R E 13b.14 ErbStR 2011).) 613

HINWEISE:

▶ Bei Wohnungsunternehmen stellt regelmäßig das Betriebsfinanzamt fest, ob eine zu berücksichtigende Grundstücksüberlassung im Rahmen eines Wohnungsunternehmens i. S. des § 13b Abs. 2 Satz 2 Nr. 1 Buchst. d ErbStG vorliegt.

▶ Liegt eine Nutzungsüberlassung an Dritte vor, die das Grundstück in steuerschädliches Verwaltungsvermögen wandelt, ist der Wert des Grundstücks aufzuteilen in einen Teil, der Dritten zur Nutzung überlassen wird, einen Teil, der dem Verwaltungsvermögen zuzuordnen ist, und einen Teil, für den eine der Ausnahmen greift und keine weitere steuerschädliche Nutzungsüberlassung an Dritte begründet ist.

6. Anteile an Kapitalgesellschaften mit einem Beteiligungsanteil von 25 % oder weniger 614

Zum Verwaltungsvermögen zählen im Unternehmensvermögen gehaltene Anteile an Kapitalgesellschaften, wenn die unmittelbare Beteiligung am Nennkapital dieser Gesellschaften 25 % oder weniger beträgt und sie nicht dem Hauptzweck des Gewerbebetriebes eines Kreditinstitutes oder eines Finanzdienstleistungsinstitutes i. S. des Kreditwesengesetzes oder eines Versicherungsunternehmens zuzurechnen sind (§ 13b Abs. 2 Satz 2 Nr. 2 ErbStG, R E 13b.15 Abs. 1 ErbStR 2011). Sofern Anteile an einer Kapitalgesellschaft zum Sonderbetriebsvermögen eines Gesellschafters einer Personengesellschaft gehören und die unmittelbare Beteiligung am Nennkapital dieser Gesellschaft 25 % oder weniger beträgt, ist der Anteil nach Auffassung der Finanzverwaltung auch dann dem Verwaltungsvermögen zuzurechnen, wenn die Summe aller zum Sonderbetriebsvermögen der Mitunternehmer gehörenden Anteile über 25 % liegt. Im Übrigen gilt das Prinzip der getrennten Prüfung, wenn Anteile teilweise zum Gesamthandsvermögen und teilweise zum Sonderbetriebsvermögen gehören. Die Finanzverwaltung schreibt vor, dass die Beteiligungsgrenzen sowohl für das Gesamthandsvermögen als auch für jedes Sonderbetriebsvermögen getrennt zu prüfen sind (R E 13b.15 Abs. 2 ErbStR 2011).

Für die Zurechnung der Beteiligung zum Verwaltungsvermögen kommt es auf die Beteiligungsgrenze und dem Ergebnis des Verwaltungsvermögenstests bei der Tochterkapitalgesellschaft an. Wird auf dieser Ebene die Voraussetzungen für Nichtverwaltungsvermögen erfüllt, gelten diese Anteile nicht als Verwaltungsvermögen, auch wenn die Beteiligung in einem Wertpapier, z. B. einer Aktie verbrieft sind (R E 13b.15 Abs. 3 ErbStR 2011).

Bei mehrstufigen Beteiligungen muss die Mindestbeteiligungsquote von mehr als 25 % auf jeder Beteiligungsebene geprüft werden.

HINWEISE:

▶ Ob diese Grenze unterschritten wird, ist nach der Summe der dem Betrieb unmittelbar zuzurechnenden Anteile und der Anteile weiterer Gesellschafter zu bestimmen, wenn die Gesellschafter untereinander verpflichtet sind, über die Anteile nur einheitlich zu verfügen oder sie ausschließlich auf andere derselben Verpflichtung unterliegende Anteilseigner zu übertragen und das Stimmrecht gegenüber nicht gebundenen Gesellschaftern nur einheitlich ausüben. Es werden also die anderen Anteile von Gesellschaftern hinzugerechnet, sofern diese in einer Poolvereinbarung (Poolvertrag) verbunden sind. Die Poolregelung gilt entsprechend (R E 13b.15 Abs. 1 Satz 2 ErbStR 2011). Die gebundenen Anteile zählen dann nicht zum Verwaltungsvermögen.

▶ Mit einem Poolvertrag können sich enorme Steuerersparnisse ergeben. Näheres in Rdn. 981.

615   7. Anteile an Kapitalgesellschaften mit einem Beteiligungsanteil von mehr als 25 % sowie Beteiligungen an Personengesellschaften

Zum Verwaltungsvermögen zählen Beteiligungen an gewerblichen Personengesellschaften und freiberuflichen Gesellschaften sowie an gewerblich geprägten Gesellschaften[1] und Beteiligungen an entsprechenden Gesellschaften im Ausland sowie Anteile an Kapitalgesellschaften mit einem Beteiligungsanteil von mehr als 25 %, wenn bei diesen Gesellschaften das Verwaltungsvermögen mehr als 50 % beträgt.

BEISPIEL:

▶ Vererbt wird ein 15-%-Kommanditanteil. Der Steuerwert der KG beträgt 200. Die KG hat in ihrem Betriebsvermögen eine GmbH-Beteiligung in Höhe von 40 %. Der GmbH-Anteil stellt nicht begünstigtes Verwaltungsvermögen dar. Wenn der GmbH-Anteil mehr als die Hälfte des gesamten KG-Betriebsvermögens ausmacht (also über 100 von 200), ist der gesamte Kommanditanteil nicht begünstigt.

▶ Für die Beurteilung, ob Beteiligungen an Kapitalgesellschaften von mehr als 25 % oder Beteiligungen an Personengesellschaften dem steuerschädlichen Verwal-

---

1 § 15 Abs. 1 Satz 1 Nr. 2 und Abs. 3 oder § 18 Abs. 4 EStG.

tungsvermögen zuzuordnen sind oder nicht, kommt es also auf die Verhältnisse auf der Ebene der Personen- oder Kapitalgesellschaft an, an der die Beteiligung besteht. Wenn bei diesen Gesellschaften das Verwaltungsvermögen mehr als 50 % beträgt, zählt die ganze Beteiligung zum Verwaltungsvermögen (R E 13b.16 Abs. 1 ErbStR 2011). Umgekehrt gilt, dass die Beteiligung zum steuerbegünstigten Betriebsvermögen zählt, wenn der Verwaltungsvermögenstest auf Ebene der beteiligten Gesellschaft positiv endet.

8. Wertpapiere und vergleichbare Forderungen

▶ **Wertpapiere** 616

Wertpapiere und vergleichbare Forderungen gehören grundsätzlich dem Verwaltungsvermögen an (§ 13b Abs. 2 Satz 2 Nr. 4 ErbStG, R E 13b.17 ErbStR 2011). Unter Wertpapieren i. S. der erbschaftsteuerrechtlichen Verschonungsvorschriften sind ausschließlich auf dem Markt gehandelte Wertpapiere zu verstehen.

TAB. 21:	Wertpapiere – Abgrenzung (H E 13b.17 ErbStH 2011)
Wertpapiere sind	Keine Wertpapiere sind
Börsengehandelte Wertpapiere	Kaufmännische Orderpapiere (§§ 363 bis 365 HGB, Wechsel, Schecks)
	andere auf Order lautende Anweisungen und Rektapapiere, auch wenn sie zivilrechtlich dem Wertpapierbegriff zugeordnet werden

▶ **Vergleichbare Forderungen** 617

Vergleichbare Forderungen i. S. dieser Vorschrift sind solche, über die keine Urkunden ausgegeben wurden, die nach dem Wertpapierhandelsgesetz aber als Wertpapiere gelten.

TAB. 22:	Vergleichbare Forderungen – Abgrenzung (H E 13b.17 ErbStH 2011)
Vergleichbare Forderungen sind	Keine vergleichbaren Forderungen sind
Pfandbriefe	Geld
Schuldbuchforderungen	Sichteinlagen
Geldmarktfonds	Sparanlagen
Festgeldfonds	Festgeldkonten
	Forderungen aus Lieferungen und Leistungen
	Forderungen an verbundene Unternehmen
	Ansprüche aus Rückdeckungsversicherungen

> **HINWEIS:**
> ► Wertpapiere und vergleichbare Forderungen gehören nicht zum Verwaltungsvermögen, wenn sie dem Hauptzweck des Gewerbebetriebs eines Kreditinstitutes oder eines Finanzdienstleistungsinstitutes dienen.
> ► Bargelder stellen keine Wertpapiere oder vergleichbare Forderungen dar. Barvermögen zählt daher nicht zum Verwaltungsvermögen. So lassen sich mit Familiengesellschaften in Form gewerblich geprägter GmbH & Co. KGs, auch „gewerblich geprägte Familienpools" genannt, Barvermögen im Rahmen der Steuerbegünstigungen für Betriebsvermögen übertragen. Die gewerblich geprägte Personengesellschaft als GmbH & Co. KG kann außerdem wegen der Schaffung neuen Abschreibungsvolumens für werthaltiges vermietetes Immobilienvermögen auch aus einkommensteuerlichen Gründen interessant sein. Soweit die Eltern das in den gemeinsamen Pool zur Vermögensnachfolge zu übertragende Grundvermögen schon länger als zehn Jahre im Privatbesitz haben und kein steuerpflichtiges privates Veräußerungsgeschäft realisiert werden muss, können Vermögensübertragungen in eine gewerblich geprägte Personengesellschaft als Veräußerungsvorgang gestaltet werden. Dies hat den Vorteil, dass als Bemessungsgrundlage für künftige Abschreibungen auf Ebene der GmbH & Co. KG der Veräußerungspreis bzw. Einlagewert (Teilwert) ohne Abzug der bisher von den Eltern vorgenommenen Abschreibungen gilt. Dadurch kann bei werthaltigem Grundvermögen regelmäßig ein höheres Abschreibungsvolumen generiert werden (so genannter AfA-Step-up). Mehr zu Steuergestaltungen mit Familienpools in Rdn. 848.

618 **9. Kunstgegenstände**

Kunstgegenstände, Kunstsammlungen, wissenschaftliche Sammlungen, Bibliotheken und Archive, Münzen, Edelmetalle und Edelsteine gehören zum Verwaltungsvermögen, wenn der Handel mit diesen Gegenständen oder deren Verarbeitung nicht der Hauptzweck des Gewerbebetriebs ist. Indiz hierfür kann die Zuordnung dieser Wirtschaftgüter zum Umlaufvermögen sein (R E 13b.18 ErbStR 2011).

619 **10. Junges Betriebs-/Verwaltungsvermögen**

Von der Steuerbegünstigung ausgeschlossen ist auch junges Verwaltungsvermögen, welches dem Betrieb im Besteuerungszeitpunkt (Todesfall oder Schenkungszeitpunkt) weniger als zwei Jahre zuzurechnen war (§ 13b Abs. 2 Satz 3 ErbStG). Hierzu gehört nach Auffassung der Finanzverwaltung nicht nur innerhalb des Zweijahreszeitraums eingelegtes Verwaltungsvermögen, sondern i. d. R. auch Verwaltungsvermögen, das innerhalb dieses Zeitraums aus betrieblichen Mitteln angeschafft oder hergestellt worden ist (R E 13b.17 Abs. 1 Satz 2 ErbStR 2011). Vermögensgegenstände wie Grundstücke usw., die seit zwei Jahren und mehr zum Betriebsvermögen gehörten, sind auch dann kein junges Verwaltungsvermögen, wenn sie beispielsweise erst innerhalb der letzten beiden Jahre fremdvermietet bzw. an Dritte zur Nutzung überlassen, vorher aber selbst genutzt wurden.

Letzteres wäre z. B. dann der Fall, wenn ein Grundstück bislang betrieblich genutzt wurde, die Eigennutzung aber z. B. fünf Monate vor der Übertragung bzw. vor dem Todesfall eingestellt wurde und das Grundstück vermietet worden ist. In diesem Fall würde das Betriebsgrundstück nicht zum jungen Verwaltungsvermögen zählen. 620

Sinn und Zweck der Ausnahme jungen Verwaltungsvermögens ist es zu verhindern, dass (nicht begünstigtes) Privatvermögen in den Betrieb kurzfristig eingelegt wird, um es dann zusammen mit begünstigtem Betriebsvermögen ebenfalls als „begünstigtes" zu übertragen. Überschreitet das Verwaltungsvermögen einschließlich des jungen Verwaltungsvermögens insgesamt den Anteil von 50 % am gemeinen Wert des Betriebs, liegt insgesamt kein begünstigtes Vermögen vor. Überschreitet das Verwaltungsvermögen einschließlich des jungen Verwaltungsvermögens insgesamt nicht den Anteil von 50 % am gemeinen Wert des Betriebs, liegt nur hinsichtlich des jungen Verwaltungsvermögens kein begünstigtes Vermögen vor (R E 13b.19 Abs. 2 ErbStR 2011). Gestaltet sich also der Verwaltungsvermögenstest positiv, so bleibt dem Betrieb die Steuerbegünstigung insgesamt erhalten. Nur das kürzlich eingelegte Vermögen ist partiell auszusondern. Der gemeine Wert des Betriebs ist um die Summe der gemeinen Werte der Einzelwirtschaftsgüter des jungen Verwaltungsvermögens ohne Abzug der damit zusammenhängenden Schulden und Lasten zu kürzen. 621

BEISPIEL:

Ertragswert Betrieb (ermittelt nach dem vereinfachten Ertragswertverfahren)	10 000 000 €
Vermietetes Betriebsgrundstück (Nutzungsüberlassung an Dritte ist anzunehmen)	1 000 000 €
Streubesitzanteile	2 400 000 €
Kunstgegenstände	800 000 €
Verwaltungsvermögen insgesamt	4 200 000 €
Anteil Verwaltungsvermögen	42 %

Insgesamt liegt begünstiges Betriebsvermögen vor (Anteil Verwaltungsvermögen liegt unter 50 %). Das Grundstück ist in den Betrieb erst vor 15 Monaten eingelegt worden. Damit ist es auszusondern und bleibt als junges Verwaltungsvermögen steuerlich nicht begünstigt. Im Ergebnis ist der Verschonungsabschlag auf einen Wert des Betriebsvermögens von 9 Mio. zu gewähren, das Betriebsgrundstück im Wert von 1 Mio. ist gesondert zu versteuern.

622 Umgekehrt gilt, dass Entnahmen aus dem Verwaltungsvermögen, um vor einer geplanten Übertragung die 50-%-Grenze zu erreichen und insgesamt die Steuerbefreiung zu erreichen, steuerunschädlich sind. Bislang gibt es keine Äußerungen seitens der Finanzverwaltung, ob bzw. bis zu welcher „Karenzfrist" eine Wiedereinlage einen Missbrauchstatbestand erfüllt.

HINWEIS:

Gehört zum Betriebsvermögen eine Beteiligung an einer Personengesellschaft oder gehören dazu Anteile an einer Kapitalgesellschaft von mehr als 25 %, ist das bei der Tochtergesellschaft vorhandene junge Verwaltungsvermögen bei dem Betrieb oder der Gesellschaft, die die Beteiligung oder die Anteile hält, nur bei der Prüfung des 50-%-Anteils zu berücksichtigen und stellt hier kein junges Verwaltungsvermögen dar (R E 13b.19 Abs. 3 ErbStR 2011).

Weitere abschließende Hinweise:

- ▶ Von der Steuerbefreiung profitiert auch ein in Betriebsaufspaltung überlassenes Betriebsvermögen sowie Sonderbetriebsvermögen.

- ▶ Fremdfinanziertes Verwaltungsvermögen wirkt sich doppelt schädlich aus. Vor einer Unternehmensübertragung sollte daher z. B. fremdfinanziertes Immobilienvermögen abgestoßen werden.

- ▶ Fremdfinanzierte Immobilien sollten daher privat gehalten werden oder es können die Schulden getilgt werden.

- ▶ Fremdfinanzierungen von Investitionen in Verwaltungsvermögen sollten erst nach der Übertragung vorgenommen werden.

- ▶ Alternativ kann die Bündelung von Verwaltungsvermögen und Schulden in eine separat errichtete Kapitalgesellschaft erfolgen. Soll diese mit übertragen werden, tritt zwar keine Steuerbegünstigung ein. Der gemeine Wert ist aber abzüglich der Verbindlichkeiten oftmals mit Null anzusetzen. Dadurch entstehen auch in diesem Fall keine Steuern, das übrige Betriebsvermögen kann aber dafür steuerbegünstigt übertragen werden.

- ▶ Für den Fall der Nichtgewährung der Steuerbegünstigungen für das Betriebsvermögen, z. B. weil der Anteil des Verwaltungsvermögens vom Betriebsstättenfinanzamt über 50 % bzw. über 10 % festgelegt worden ist, sollte der Übergabevertrag eine Widerrufsklausel enthalten. Gegebenenfalls gezahlte Steuern werden anlässlich des Widerrufs zurückgewährt (§ 29 ErbStG).

- ▶ Auch ein „Aktiv-Aktiv-Tausch" kann zu jungem Verwaltungsvermögen führen, wenn z. B. Aktien veräußert werden und aus dem Erlös andere erworben werden.

- ▶ Kein „steuerschädliches" Verwaltungsvermögen stellen dar vermietete Schiffe, Flugzeuge usw.

4.3.5.4.3.3 Ermittlung des Anteils des Verwaltungsvermögens

▶ **Bei Einzelunternehmen und Personengesellschaften** 623

Bei Einzelunternehmen und Personengesellschaften bestimmt sich der Anteil des Verwaltungsvermögens am gemeinen Wert des Betriebs nach dem „Verhältnis der Summe der gemeinen Werte der Einzelwirtschaftsgüter des Verwaltungsvermögens zum gemeinen Wert des Betriebs (§ 13b Abs. 2 Satz 4 ErbStG).

▶ **Bei einer Kapitalgesellschaft**

Für die Ermittlung des Anteils des Verwaltungsvermögens am gemeinen Wert (steuerlicher Gesamtwert) einer Kapitalgesellschaft hat der Gesetzgeber im Jahressteuergesetz 2010 eine verbindliche Verhältnisrechnung vorgegeben, welche allerdings dem Regelungsgehalt der Verhältnisrechnung für Einzelunternehmen und Personengesellschaften entspricht. Gemäß § 13b Abs. 2 Satz 6 ErbStG bestimmt sich der maßgebliche Anteil „nach dem Verhältnis der Summe der gemeinen Werte der Einzelwirtschaftsgüter des Verwaltungsvermögens zum gemeinen Wert des Betriebs".

Junges Verwaltungsvermögen 624

▶ **Bei Einzelunternehmen und Personengesellschaften**

Junges Verwaltungsvermögen ist bei erbschaft-/schenkungsteuerlich zu beurteilenden Einzelunternehmen und Personengesellschaften entsprechend der Beteiligungsquote des Gesellschafters an der Personengesellschaft bzw. bei einem Einzelunternehmen in voller Höhe entsprechend dem erbschaftsteuerlichen Transparenzprinzip zugerechnet und entsprechend von der begünstigten Besteuerung für das Betriebsvermögen ausgenommen.

▶ **Bei einer Kapitalgesellschaft (Durchreichung des jungen Verwaltungsvermögens)**

Soweit zum Vermögen der Kapitalgesellschaft junges Verwaltungsvermögen zählt, wird – analog der allgemeinen erbschaftsteuerlichen intransparenten Betrachtung von Kapitalgesellschaften bzw. in Konsequenz einer strengen Anteilsbetrachtung – der Teil des Anteilswerts nicht begünstigt, der dem Verhältnis der Summe der Werte dieser Wirtschaftsgüter zum gemeinen Wert des Betriebs der Kapitalgesellschaft entspricht (§ 13b Abs. 2 Satz 7 ErbStG). Zur Anwendung des Satzes 7 i.V. m. Satz 6 sind zwei Prüfschritte notwendig:

Prüfschritt 1: Verwaltungsvermögen aussondern und Verwaltungsvermögensquote ermitteln.

Prüfschritt 2: Sofern der Prüfschritt 1 ergibt, dass der Anteil des Verwaltungsvermögens in der beteiligten Kapitalgesellschaft 50 % oder weniger beträgt, kommt der Prüfschritt 2 zum Einsatz. Ist der Prüfschritt 1 bereits negativ (Verwaltungsvermögensquote über 50 %), muss das junge Verwaltungsvermögen aus der Begünstigung nicht mehr ausgeschieden werden, da die gesamte Beteiligung dann zum Verwaltungsvermögen zählt.

HINWEISE:

Sind Grundstücksteile des Verwaltungsvermögens enthalten, ist der ihnen entsprechende Anteil am gemeinen Wert des Grundstücks anzusetzen. Dies gilt sowohl für Einzelunternehmen/Personengesellschaften als auch für Kapitalgesellschaften.

Beispiele zur Ermittlung des Anteils des Verwaltungsvermögens sind in Teil VII Rdn. 961 ff. dargestellt.

4.3.5.4.3.4 Gesonderte Feststellung des Verwaltungsvermögens und des jungen Verwaltungsvermögens

625 Das für die Bewertung des Betriebes örtlich zuständige Finanzamt (das ist desjenige, in dessen Bezirk sich die Geschäftsleitung des Gewerbebetriebes befindet) stellt die Summe der gemeinen Werte des Verwaltungsvermögens sowie des jungen Verwaltungsvermögens gesondert fest (§ 13b Abs. 2a ErbStG).[1]

626 Die gesonderte Feststellung erfolgt, wenn diese Angaben für die Erbschaftsteuer oder eine andere Feststellung i. S. dieser Vorschrift von Bedeutung sind, auf Veranlassung des zuständigen Erbschaftsteuer- und Schenkungsteuerfinanzamtes. Die gesonderte Feststellung erfolgt auch, wenn nur ein Anteil übertragen wird.

---

[1] Diese seit dem 1.7.2011 verbindliche Feststellung löste das nachrichtliche Übermittlungsverfahren (Kontrollmitteilungen) ab.

4.3.5.4.4 Bedingungen für eine endgültige Gewährung der Steuerbefreiung für das Betriebsvermögen (Lohnsumme und schädliche Vorgänge innerhalb der Behaltensfrist)

4.3.5.4.4.1 Allgemeines

Die endgültige Gewährung der Steuerbefreiungen für betriebliches Vermögen sind an zwei Bedingungen geknüpft. Diese sind: 627

▶ Einhaltung einer bestimmten Lohnsummenhöhe.
▶ Während einer bestimmten Mindestbehaltensfrist dürfen keine nach dem Gesetz schädlichen Weiterübertragungsvorgänge erfolgen.

4.3.5.4.4.2 Lohnsummenregelung

Betriebsvermögen bleibt nur dann endgültig in Höhe des Verschonungsabschlages[1] aus der Besteuerung ausgenommen, wenn die Summe der maßgebenden jährlichen Lohnsummen des übernommenen Betriebs (bei Beteiligungen an einer Personengesellschaft oder Anteilen an einer Kapitalgesellschaft entsprechend die Lohnsumme des Betriebs der jeweiligen Gesellschaft) innerhalb von fünf Jahren nach dem Erwerb (Lohnsummenfrist) insgesamt 400 % der Ausgangslohnsumme nicht unterschreitet. Das Lohnsummenkriterium ist zwar keine starre Arbeitsplatzklausel. Sie bindet allerdings den Unternehmensnachfolger weitgehend an den Beschäftigtenstand zu Zeiten seines Vorgängers. Im Rahmen der Lohnsummenüberwachung ist auf den gesamten Fortführungszeitraum abzustellen. Eine jährliche Betrachtungsweise scheidet aus, so dass niedrige Lohnsummen in schwachen Jahren durch höhere Lohnsummen in starken Wirtschaftsjahren ausgeglichen werden können. 628

Strebt bzw. beantragt der Unternehmenserwerber die vollständige Steuerbefreiung bzw. einen 100%igen Verschonungsabschlag an (was voraussetzt, dass sich zum Zeitpunkt des Betriebsübergangs nicht mehr als 10 % Verwaltungsvermögen im Betriebsvermögen befinden),[2] darf die Lohnsumme innerhalb von sieben Jahren nicht unter 700 % der Ausgangslohnsumme sinken.

HINWEIS:

Sowohl das Erbschaftsteuergesetz als auch die ErbStR 2011 definieren den Zeitraum der Ausgangslohnsumme (siehe unten Rdn. 633). Nicht definiert ist hingegen der Beginn und das Ende des fünf- bzw. siebenjährigen Zeitraumes zur Ermittlung der Mindestlohnsumme. In der Praxis wird als Beginn der Mindestlohnsummenfrist der Tag der Übertragung des Unternehmens angesehen.

---

1 Der Abzugsbetrag ist vom Unterschreiten der Lohnsumme nicht berührt.
2 Zur 100%-Optionsverschonung vgl. Rdn. 657.

4.3.5.4.4.2.1 Mindestanzahl der Beschäftigten und Bagatellgrenze

629 Die Lohnsummenbedingung tritt nicht ein, wenn in dem Betrieb nicht mehr als 20 Beschäftigte tätig sind. Darüber hinaus verzichtet die Finanzverwaltung auf die Überwachung der Lohnsumme bei einem gemeinen Wert des übertragenen begünstigten Betriebsvermögens von bis zu 150 000 € (R E 13a.4 Abs. 1 Satz 6 ErbStR 2011). Bei der Bestimmung der Mindestanzahl der Beschäftigten ist auf die Anzahl der beschäftigten Arbeitnehmer abzustellen, die im zugewendeten Betrieb zum maßgeblichen Besteuerungszeitpunkt beschäftigt sind oder in der Gesellschaft beschäftigt sind, an der die zugewendete Beteiligung oder der zugewendete Anteil besteht.

Checkliste:

Folgende Mitarbeiter sind für die Berechnung der Bagatellgrenze einzubeziehen:

- ▶ geringfügig Beschäftigte, Beschäftigte in Mutterschutz und Elternzeit, Langzeitkranke und Auszubildende (H E 13a.4 Abs. 2 ErbStH 2011),
- ▶ der angestellte Gesellschafter-Geschäftsführer einer Kapitalgesellschaft, selbst wenn er sozialversicherungsrechtlich nicht als Arbeitnehmer behandelt wird. Ist er bei mehreren Arbeitgebern (z. B. mehreren Kapitalgesellschaften) beschäftigt, zählt er bei jedem der Arbeitgeber zu den beschäftigten Arbeitnehmern.

Folgende Mitarbeiter sind für die Berechnung der Bagatellgrenze nicht einzubeziehen:

- ▶ Der angestellte Gesellschafter-Geschäftsführer einer Personengesellschaft, auch wenn er sozialversicherungsrechtlich als Arbeitnehmer behandelt wird,
- ▶ Saison- und Leiharbeiter.

630 Auch Arbeitnehmer nachgeordneter Gesellschaften sind einzubeziehen (R E 13a.4 Abs. 2 Satz 8 ErbStR 2011). Dadurch sollen Gestaltungen vermieden werden, bei denen in Holdinggesellschaften keine Arbeitnehmer beschäftigt werden.[1]

---

[1] Scholten/Korezkij, DStR 2009 S. 254.

Tabellarische Zusammenfassungen zu berücksichtigender Beschäftigte nach Rechtsform und Sitz des Unternehmens/Ort der Beteiligung (H E 13a.4 Abs. 6 und 7 ErbStH 2011)

▶ **Übertragung von Einzelunternehmen/Personengesellschaft**

Zum Vermögen des Einzelunternehmens/der Personengesellschaft gehören	Einbeziehung der Beschäftigten sowie der Löhne und Gehälter
Betriebsstätte im Inland	Die Beschäftigten sowie die Löhne und Gehälter sind einzubeziehen.
Betriebsstätte in einem Mitgliedstaat der Europäischen Union oder einem Staat des Europäischen Wirtschaftsraums	Die Beschäftigten sowie die Löhne und Gehälter sind einzubeziehen.
Betriebsstätte in einem Drittstaat	Da es sich nicht um begünstigtes Betriebsvermögen handelt, bleiben die in der Drittlandsbetriebsstätte beschäftigten Arbeitnehmer und die gezahlten Löhne und Gehälter unberücksichtigt.
Beteiligung an einer Personengesellschaft im Inland	Die Beschäftigten der Personengesellschaft und die von ihr gezahlten Löhne und Gehälter sind unabhängig von der Beteiligungshöhe anteilig einzubeziehen.
Beteiligung an einer Personengesellschaft in einem Mitgliedstaat der Europäischen Union oder einem Staat des Europäischen Wirtschaftsraums	Die Beschäftigten der Personengesellschaft und die von ihr gezahlten Löhne und Gehälter sind unabhängig von der Beteiligungshöhe anteilig einzubeziehen.
Beteiligung an einer Personengesellschaft in einem Drittstaat	Die Beteiligung ist zwar Teil des begünstigten Betriebsvermögens. Da sich der Sitz bzw. die Geschäftsleitung der Gesellschaft jedoch in einem Drittstaat befindet, sind ihre Beschäftigten und die von ihr gezahlten Löhne und Gehälter nicht mit einzubeziehen.[1]

---

[1] Diese Regelung ist konsequent, da eine solche Betriebsstätte bei Personengesellschaften nicht zum begünstigten Vermögen zählt (§ 13b Abs. 1 Nr. 2 ErbStG, R E 13b.5 Abs. 4 Satz 3 ErbStR 2011). Begünstigungsfähig ist dagegen ausländisches Betriebsvermögen in Drittstaaten, wenn es als Beteiligung an einer Personengesellschaft oder Anteile an einer Kapitalgesellschaft Teil einer wirtschaftlichen Einheit des Betriebsvermögens im Inland oder in einem Mitgliedstaat der Europäischen Union oder in einem Staat des Europäischen Wirtschaftsraums ist.

Anteile an einer Kapitalgesellschaft im Inland	Die Beschäftigten der Kapitalgesellschaft und die von ihr gezahlten Löhne und Gehälter sind anteilig einzubeziehen, wenn im Besteuerungszeitpunkt eine mittelbare bzw. unmittelbare Beteiligung von mehr als 25 % besteht.
Anteile an einer Kapitalgesellschaft in einem Mitgliedstaat der Europäischen Union oder einem Staat des Europäischen Wirtschaftsraums	Die Beschäftigten der Kapitalgesellschaft und die von ihr gezahlten Löhne und Gehälter sind anteilig einzubeziehen, wenn im Besteuerungszeitpunkt eine mittelbare bzw. unmittelbare Beteiligung von mehr als 25 % besteht.
Anteile an einer Kapitalgesellschaft in einem Drittstaat	Die Beteiligung ist zwar Teil des begünstigten Betriebsvermögens. Da sich der Sitz bzw. die Geschäftsleitung der Gesellschaft jedoch in einem Drittstaat befindet, sind ihre Beschäftigten und die von ihr gezahlten Löhne und Gehälter nicht mit einzubeziehen.

▶ **Übertragung von Anteilen an Kapitalgesellschaften**

Zum Vermögen der Kapitalgesellschaft gehören	Einbeziehung der Beschäftigten sowie der Löhne und Gehälter
Betriebsstätte im Inland	Die Beschäftigten sowie Löhne und Gehälter sind einzubeziehen (§ 13a Abs. 1 Satz 3 ErbStG).
Betriebsstätte in einem Mitgliedstaat der Europäischen Union oder einem Staat des Europäischen Wirtschaftsraums	Die Beschäftigten sowie Löhne und Gehälter sind einzubeziehen (§ 13a Abs. 1 Satz 3 ErbStG).
Betriebsstätte in einem Drittstaat	Da sich der Sitz bzw. die Geschäftsleitung der Kapitalgesellschaft im Inland, einem Mitgliedstaat der Europäischen Union oder einem Staat des Europäischen Wirtschaftsraums befindet, liegt auch hinsichtlich der Betriebsstätte in einem Drittstaat begünstigtes Vermögen vor. Die Beschäftigten sowie Löhne und Gehälter sind einzubeziehen (§ 13a Abs. 1 Satz 3 ErbStG).
Beteiligung an einer Personengesellschaft im Inland	Die Beschäftigten der Personengesellschaft und die von ihr gezahlten Löhne und Gehälter sind unabhängig von der Beteiligungshöhe anteilig einzubeziehen (§ 13a Abs. 4 Satz 5 ErbStG, R E 13a.4 Abs. 6 ErbStR 2011).

Beteiligung an einer Personengesellschaft in einem Mitgliedstaat der Europäischen Union oder einem Staat des Europäischen Wirtschaftsraums	Die Beschäftigten der Personengesellschaft und die von ihr gezahlten Löhne und Gehälter sind unabhängig von der Beteiligungshöhe anteilig einzubeziehen (§ 13a Abs. 4 Satz 5 ErbStG, R E 13a.4 Abs. 6 ErbStR 2011).
Beteiligung an einer Personengesellschaft in einem Drittstaat	Da sich der Sitz bzw. die Geschäftsleitung der Kapitalgesellschaft im Inland, einem Mitgliedstaat der Europäischen Union oder einem Staat des Europäischen Wirtschaftsraums befindet, liegt zwar auch hinsichtlich der Beteiligung begünstigtes Vermögen vor. Die Beschäftigten der Personengesellschaft und die von ihr gezahlten Löhne und Gehälter sind jedoch nicht mit einzubeziehen, da sich ihr Sitz bzw. ihre Geschäftsleitung in einem Drittstaat befindet (§ 13a Abs. 4 Satz 5 ErbStG).
Anteile an einer Kapitalgesellschaft im Inland	Die Beschäftigten der Kapitalgesellschaft und die von ihr gezahlten Löhne und Gehälter sind anteilig einzubeziehen, wenn im Besteuerungszeitpunkt eine mittelbare bzw. unmittelbare Beteiligung von mehr als 25 % besteht (§ 13a Abs. 4 Satz 5 ErbStG, R E 13a.4 Abs. 7 ErbStR 2011).
Anteile an einer Kapitalgesellschaft in einem Mitgliedstaat der Europäischen Union oder einem Staat des Europäischen Wirtschaftsraums	Die Beschäftigten der Kapitalgesellschaft und die von ihr gezahlten Löhne und Gehälter sind anteilig einzubeziehen, wenn im Besteuerungszeitpunkt eine mittelbare bzw. unmittelbare Beteiligung von mehr als 25 % besteht (§ 13a Abs. 4 Satz 5 ErbStG, R E 13a.4 Abs. 7 ErbStR 2011).

Anteile an einer Kapitalgesellschaft in einem Drittstaat	Da sich der Sitz bzw. die Geschäftsleitung der Kapitalgesellschaft, deren Anteile übertragen werden, im Inland, einem Mitgliedstaat der Europäischen Union oder einem Staat des Europäischen Wirtschaftsraums befindet, liegt zwar auch hinsichtlich der Anteile an der Kapitalgesellschaft im Drittstaat begünstigtes Vermögen vor. Die Beschäftigten der Kapitalgesellschaft und die von ihr gezahlten Löhne und Gehälter sind jedoch nicht mit einzubeziehen, da sich ihr Sitz bzw. ihre Geschäftsleitung in einem Drittstaat befindet (§ 13a Abs. 4 Satz 5 ErbStG).

HINWEISE:

▶ Bei der Ermittlung der maßgeblichen Beteiligungsquote einer Personengesellschaft an einer Tochterkapitalgesellschaft sind Anteile an der Tochterkapitalgesellschaft sowohl im Gesamthandsvermögen der Personengesellschaft als auch im Sonderbetriebsvermögen aller beteiligten Gesellschafter zusammenzurechnen (H E 13a.4 Abs. 7 ErbStH 2011)

▶ Gehen mehrere wirtschaftliche Einheiten auf einen Erwerber über, ist die Frage des Überschreitens der Mindestarbeitnehmerzahl für jeden Gewerbebetrieb bzw. für jede Art von begünstigtem Vermögen bzw. für jede wirtschaftliche Einheit getrennt zu ermitteln (R E 13a.4 Abs. 2 Satz 5 ErbStR 2011).

▶ Für die Berechnung der maßgeblichen Arbeitnehmerzahl und für die Ermittlung der Ausgangslohnsumme gelten unterschiedliche Stichtage und Zeiträume.

4.3.5.4.4.2.2 Ausgangslohnsumme

631 Als Maßstab gilt die sog. „Ausgangslohnsumme". Ausgangslohnsumme ist die durchschnittliche Lohnsumme der letzten fünf vor dem Zeitpunkt der Entstehung der Steuer endenden Wirtschaftsjahre, also praktisch jene der letzten fünf abgelaufenen Wirtschaftsjahre. Die Ausgangslohnsumme ist für jede wirtschaftliche Einheit des begünstigten Betriebsvermögens gesondert und getrennt zu ermitteln (R E 13a.4 Abs. 3 ErbStR 2011). Der Ausgangslohnsumme ist für jedes Wirtschaftsjahr die aktuelle Lohnsumme gegenüberzustellen.

Die aktuelle Lohnsumme setzt sich wie folgt zusammen:

▶ Alle Vergütungen (Löhne und Gehälter und andere Bezüge und Vorteile), die im maßgebenden Wirtschaftsjahr an die auf den Lohn- und Gehaltslisten erfassten Beschäftigten gezahlt werden;

- alle Geld- oder Sachleistungen für die von den Beschäftigten erbrachte Arbeit, unabhängig davon, wie diese Leistungen bezeichnet werden und ob es sich um regelmäßige oder unregelmäßige Zahlungen handelt (u. a. alle Mitarbeiterbeteiligungsmodelle sowie Vermögensbildungsbeträge nach dem 5. VermBG);
- alle von den Beschäftigten zu entrichtenden Sozialbeiträge, Einkommensteuern und Zuschlagsteuern (insbesondere der Solidaritätszuschlag). Dies gilt auch dann, wenn sie vom Arbeitgeber einbehalten und an den Sozialversicherungsträger und die Steuerbehörde abgeführt werden;
- alle Sondervergütungen, Prämien, Gratifikationen, Abfindungen, Zuschüsse zu Lebenshaltungskosten, Familienzulagen, Provisionen, Teilnehmergebühren und vergleichbare Vergütungen.

Bestand in dem maßgeblichen Zeitraum für die Berechnung der Ausgangslohnsumme Kurzarbeit, ist das dem Arbeitgeber von der Bundesagentur für Arbeit ausbezahlte Kurzarbeitergeld von diesem Aufwand nicht abzuziehen, da hierfür das Saldierungsverbot des § 246 Abs. 2 HGB greift.[1] 632

Praktisch sind der Ausgangslohnsumme alle Löhne gegenüberzustellen, die das Unternehmen zahlt, das bzw. dessen Anteile übernommen werden sollen. Die Finanzverwaltung beanstandet es nicht, wenn bei inländischen Gewerbebetrieben von dem in der Gewinn- und Verlustrechnung ausgewiesenen Aufwand für Löhne und Gehälter ausgegangen wird (§ 275 Abs. 2 Nr. 6 HGB, R E 13a.4 Abs. 4 ErbStR 2011). Es sind allerdings folgende Abweichungen zu berücksichtigen: 633

- Altersvorsorge, die durch Entgeltumwandlung vom Arbeitnehmer getragen wird, ist einzubeziehen;
- der Arbeitgeberanteil zu den gesetzlichen Sozialabgaben sowie tariflich vereinbarte, vertraglich festgelegte oder freiwillige Sozialbeiträge durch den Arbeitgeber bleiben ausgenommen;
- das dem Arbeitgeber von der Bundesagentur für Arbeit ausgezahlte Kurzarbeitergeld ist von diesem Aufwand nicht abzuziehen. Die gezahlten Löhne aller Tochterunternehmen in Deutschland und aus dem EU/EWR-Raum sind in Beteiligungshöhe bei entsprechender Beteiligung einzubeziehen.

Außer Ansatz bleiben:
- Vergütungen an solche Arbeitnehmer, die nicht ausschließlich oder überwiegend in dem Betrieb tätig sind, der zur Übertragung gelangt,

---

[1] FinMin Schleswig-Holstein v. 28. 10. 2009 VI 353 – S- 3812a -001.

▶ Löhne und Gehälter, die an Arbeitnehmer in Drittstaaten (nicht EU/EWR) gezahlt werden,
▶ Leiharbeits- und Saisonarbeitsverhältnisse.

634 Gehören zum Betriebsvermögen des übertragenen Betriebs (bei Beteiligungen an einer Personengesellschaft und Anteilen an einer Kapitalgesellschaft des Betriebs der jeweiligen Gesellschaft) unmittelbar oder mittelbar:

▶ Beteiligungen an Personengesellschaften, die ihren Sitz oder ihre Geschäftsleitung im Inland, einem Mitgliedstaat der Europäischen Union oder in einem Staat des Europäischen Wirtschaftsraums haben, sind die Lohnsummen dieser Gesellschaften einzubeziehen. Dies gilt unabhängig von der Höhe der Beteiligung (R E 13a.4 Abs. 5 Satz 2, Abs. 6 Satz 1 ErbStR 2011).[1] Nicht dazu zählen Beteiligungen an Personengesellschaften mit Sitz oder Geschäftsleitung in Drittstaaten.

▶ Anteile an Kapitalgesellschaften, die ihren Sitz oder ihre Geschäftsleitung im Inland, einem Mitgliedstaat der Europäischen Union oder in einem Staat des Europäischen Wirtschaftsraums haben (Tochterunternehmen), wenn im Besteuerungszeitpunkt eine mittelbare bzw. unmittelbare Beteiligung von mehr als 25 % besteht.

635 Die Lohnsummen der in den beteiligten Unternehmen beschäftigten Mitarbeiter sind dabei nur insoweit in die Berechnung der Ausgangslohnsumme einzubeziehen, als die Beteiligungen innerhalb des gesamten maßgeblichen Fünfjahreszeitraumes zum Betriebsvermögen zählten. Zählte eine Beteiligung nicht innerhalb des gesamten maßgeblichen Fünfjahreszeitraumes zum Betriebsvermögen, sind nur die für den Zeitraum der Zugehörigkeit zum Betrieb anfallenden Lohnsummen einzubeziehen (R E 13a.4 Abs. 6 Satz 2 – für Beteiligungen an Personengesellschaften, Abs. 7 Satz 5 ErbStR 2011 – für Beteiligungen an Kapitalgesellschaften).

636 Die Berechnung des maßgeblichen Zeitraumes hat dabei taggenau zu erfolgen (R E 13a.4 Abs. 7 Satz 5 ErbStR 2011). Eine taggenaue Berechnung ist zwar in den Erbschaftsteuerrichtlinien nur für Kapitalgesellschaftsbeteiligungen vorgesehen (die Richtlinien erwähnen eine taggenaue Berechnung in R E 13a.4 Abs. 6 Satz 2 ErbStR 2011 nicht, es wäre aber konsequent, die taggenaue Berechnung auch bei Personengesellschaftsbeteiligungen anzuwenden). Bestand die Beteiligung zu keinem Zeitpunkt innerhalb des maßgeblichen Fünfjahres-

---

[1] Vor Inkrafttreten der ErbStR 2011 (alle Erwerbsfälle, für die die Steuer nach dem 2.11.2011 entsteht) war der Einbezug von Personengesellschaftsbeteiligungen in die Lohnsumme nur erforderlich, wenn die unmittelbare oder mittelbare Beteiligung mehr als 25 % betragen hat, und dann nur zu dem Anteil, zu dem die unmittelbare und mittelbare Beteiligung besteht.

zeitraums, sind die Lohnsummen der in den beteiligten Unternehmen beschäftigten Mitarbeiter nicht einzubeziehen.

> **BEISPIEL:** Die X-GmbH erwirbt zum 10.1.2013 eine 100-%-Beteiligung an der Y-GmbH. Es gelten für alle Gesellschaften kalendergleiche Wirtschaftsjahre. Zum 30.12.2012 überträgt der Alleingesellschafter der X-GmbH 60% seiner Anteile schenkweise. Die Lohnsummen der Beschäftigten in der Y-GmbH zählen nicht mit, da der für die Ausgangslohnsummenberechnung maßgebliche Zeitraum der 1.1.2008 bis 31.12.2012 ist.

Änderten sich die Beteiligungsquoten an der (den) Tochtergesellschaft(en) während des für die Ermittlung der Ausgangslohnsumme maßgeblichen Fünfjahreszeitraums (also vergangenheitsbezogen), sind die Lohnsummen der Gesellschaft(en) für den jeweiligen Zeitraum entsprechend der Beteiligungshöhe einzubeziehen. Bei Beteiligungen an Tochterkapitalgesellschaften werden dabei auch solche Zeiträume hinzugezählt, in denen die Beteiligungshöhe nicht mehr als 25% betragen hat (R E 13a.4 Abs. 6 Satz 3, Abs. 7 Satz 6 ErbStR 2011).

637

Ändern sich die Beteiligungsquoten nach dem Besteuerungszeitpunkt (also zukünftig, innerhalb des fünf- bzw. siebenjährigen Beobachtungszeitraumes), gelten für die Berechnung der entsprechenden Mindestlohnsumme die für die Berechnung der Ausgangslohnsumme maßgeblichen Grundsätze entsprechend (R E 13a.4 Abs. 8 ErbStR 2011). Dies führt im Regelfall zu dem (paradoxen) Ergebnis, dass in die Mindestlohnsummenberechnung weniger Löhne einfließen, als tatsächlich gezahlt worden sind.[1]

> **HINWEISE:**
> Zu beachten ist, dass in dem vorstehenden Beispiel Rdn. 636 zur Berechnung der maßgeblichen Beschäftigtenzahl (20-Mitarbeiter-Grenze) auf den Mitarbeiter- und Beteiligtenstand 31.12.2013 abzustellen ist. Daher zählen die Beschäftigten an der Y-GmbH vollumfänglich mit (vgl. R E 13a.4 Abs. 2 Satz 9 ErbStR 2011).

Verdeckte Gewinnausschüttungen an den Geschäftsführer oder andere Arbeitnehmer werden nicht in die Lohnsumme einbezogen (H E 13a.4 Abs. 4 ErbStH 2011). Dies führt zu folgender Konsequenz, dass die exakte Höhe der Mindestlohnsumme bzw. der Ausgangslohnsumme bei Kapitalgesellschaften mit ausreichender Sicherheit erst nach einer Betriebsprüfung feststeht, nämlich wenn der Betriebsprüfer nicht (mehr) zu der Erkenntnis kommt, dass ein Teil der Löhne als verdeckte Gewinnausschüttungen zu qualifizieren ist. Kommt es nachträglich zur Feststellung verdeckter Gewinnausschüttungen, hat dies Auswirkungen auf die Lohnsummenprüfung. Gegebenenfalls kommt es zu einer nachträglichen Festsetzung von Erbschaftsteuern. Daher sollte anstehenden

---

[1] Vgl. zur Problematik ausführlich: Korezkij, Update Unternehmensnachfolge: Neuerungen und Klarstellungen aus den ErbStR 2011 und den ErbStH 2011, DStR 2012 S. 340.

Betriebsprüfungen gerade bei neu übertragenen Betrieben besondere Beachtung zukommen.

Unternehmerlöhne, welche bei der Bewertung des Betriebsvermögens zu berücksichtigen sind, sind weder in die Ausgangslohnsumme einzurechnen noch bei der Ermittlung der tatsächlichen Mindestlohnsumme zu berücksichtigen (R E 13a.4 Abs. 8 ErbStR 2011). Somit können die Mindestlohnsummen durch den Unternehmer nicht durch Erhöhung des eigenen Unternehmerlohns beeinflusst werden.

4.3.5.4.4.2.3 Gesonderte Feststellung von Lohnsumme und der Anzahl der Beschäftigten

638   Das für die Bewertung des Betriebes örtlich zuständige Finanzamt (das ist dasjenige, in dessen Bezirk sich die Geschäftleitung des Gewerbebetriebes befindet) stellt die Ausgangslohnsumme, die Anzahl der Beschäftigten und die Summe der maßgebenden jährlichen Lohnsummen gesondert fest (§ 13a Abs. 1a ErbStG).[1] Festgesetzt werden also sowohl die Ausgangslohnsumme im Zeitpunkt vor dem begünstigten Erwerb als auch die Mindestlohnsumme nach der Behaltensfrist.

Die gesonderte Feststellung erfolgt, wenn diese Angaben für die Erbschaftsteuer oder eine andere Feststellung i. S. dieser Vorschrift von Bedeutung sind, auf Veranlassung des zuständigen Erbschaftsteuer- und Schenkungsteuerfinanzamtes.

4.3.5.4.4.2.4 Steuerliche Folgen bei Unterschreitung der Lohnsumme

639   Unterschreitet der Unternehmensübernehmer die Summe der maßgeblichen jährlichen Lohnsummen die Mindestlohnsummen (400 bzw. 700 % der Ausgangslohnsumme bei entsprechender Optierung), vermindert sich der Verschonungsabschlag entsprechend im selben prozentualen Umfang, wie die Mindestlohnsumme unterschritten wird. Ein ggf. gewährter Abzugsbetrag bleibt unberührt; ein Verstoß gegen die Lohnsummenregelung wirkt sich auf den Abzugsbetrag nicht aus (R E 13a.4 Abs. 1 Satz 7 ErbStR 2011). Dieser wird vielmehr auf Grundlage des berichtigten/korrigierten Verschonungsabschlags neu berechnet.

640   Die Lohnsummenprüfung erfolgt dabei betriebsbezogen. Wurden mehrere Arten begünstigten Vermögens (land- und forstwirtschaftliches Vermögen, Be-

---

[1] Diese seit dem 1. 7. 2011 verbindliche Feststellung löste das nachrichtliche Übermittlungsverfahren (Kontrollmitteilungen) ab.

triebsvermögen, Anteile an Kapitalgesellschaften) in einem Schenkungsvorgang übertragen oder im Todesfall geerbt, erfolgt die Berechnung zunächst bezogen auf jede wirtschaftliche Einheit gesondert. Bei der Ermittlung der maßgebenden Lohnsumme ist jedoch auf die Summe der einzeln ermittelten Lohnsummen aus allen Arten des begünstigten Betriebsvermögens abzustellen, so dass Defizite bei einer Kapitalgesellschaft mit Überschüssen aus einem Personenunternehmen oder umgekehrt ausgeglichen werden dürfen (R E 13a.4 Abs. 3 ErbStR 2011).

> **BEISPIEL:** ▶ Die Summe der jährlichen Lohnsummen in den fünf Jahren erreicht 360 % der Ausgangslohnsumme und liegt damit 40 % unter der Mindestlohnsumme von 400 %, das entspricht einer Unterschreitung von (400 % − 360 %) / 400 % = 10 % = einem Zehntel der Mindestlohnsumme. Der Verschonungsabschlag verringert sich um ein Zehntel von 85 % auf 76,5 %. Beträgt der gemeine Wert eines Betriebs im Besteuerungszeitpunkt 10 Mio. €, bleiben zunächst 8,5 Mio. € steuerfrei und 1,5 Mio. € sind zu versteuern. Wegen des Verstoßes gegen die Lohnsummenregelung bleiben dann nur noch 7,65 Mio. € steuerfrei und 2,35 Mio. € sind zu versteuern. Die zunächst gezahlte Steuer wird verrechnet.

Der Unternehmenserwerber ist verpflichtet, dem Finanzamt das Unterschreiten der Lohnsummengrenze innerhalb von sechs Monaten nach Ablauf der Fünf- bzw. Siebenjahresfrist anzuzeigen. Es gelten hierbei die allgemeinen Regelungen der Abgabenordnung, wonach ein Steuerpflichtiger verpflichtet ist, den Wegfall der Voraussetzungen für eine Steuerbefreiung, Steuerermäßigung oder sonstige Steuervergünstigung dem Finanzamt anzuzeigen. Die Anzeige hat die Wirkung einer Steuererklärung; sie hat auch dann zu erfolgen, wenn keine Steuerrelevanz gegeben ist. 641

> **HINWEISE:**
> ▶ Der Unternehmensüberträger selbst sollte auf eine Minimierung der Ausgangslohnsumme achten, d. h. notwendige Rationalisierungsmaßnahmen im Personalwesen noch selbst vornehmen. Ein Personalcheck vor der Übertragung entlastet den Übernehmer. Denn damit wird die Ausgangslohnsumme nach unten gedrückt. Die Finanzverwaltung sieht allerdings einen Gestaltungsmissbrauch dann, wenn kurzfristig im Hinblick auf die Übertragung vor der Übertragung eine Minderung der Anzahl der Beschäftigten erfolgte (R E 13a.4 Abs. 2 Satz 3 ErbStR 2011).
> ▶ Die Prüfung, ob die Mindestlohnsumme nach Ende der fünf- bzw. siebenjährigen Behaltensfrist eingehalten ist, erfolgt bei der gleichzeitigen Übertragung mehrerer betrieblicher Einheiten (z. B. GmbH und Personenunternehmen) insgesamt für alle erworbenen begünstigten wirtschaftlichen Einheiten (R E 13a.4 Abs. 3 Satz 3 ErbStR 2011), so dass eine zu niedrige Mindestlohnsumme bei der GmbH mit einem Überschuss bei dem Personenunternehmen kompensiert werden kann.
> ▶ Soweit in der Lohnsumme Löhne aus begünstigten Vermögen aus einer Betriebsstätte in einem Mitgliedstaat der Europäischen Union oder in einem Staat des Europäischen Wirtschaftsraums enthalten sind, lässt die Finanzverwaltung einen Rück-

griff auf den für inländische Besteuerungszwecke in der Gewinn- und Verlustrechnung ausgewiesenen Lohnaufwand zu (R E 13a.4 Abs. 7 ErbStR 2011).

Soweit der Wert des Betriebsvermögens 150 000 € nicht überschreitet, ist auf die Überwachung der Lohnsummenregelung zu verzichten (Bagatellregelung R E 13a.4 Abs. 1 Satz 6 ErbStR 2011).

4.3.5.4.4.3 Behaltensregelungen (Behaltensfrist)

642 Eine weitere Bedingung zur Erlangung der endgültigen Steuerfreiheit für das Betriebsvermögen ist, dass der Betrieb in seiner Vermögensstruktur nahezu unverändert für mindestens fünf Jahre fortgeführt wird. Optiert der Unternehmensnachfolger für einen 100%igen Verschonungsabschlag (Optionsverschonung), muss er den Betrieb in seiner Vermögensstruktur nahezu unverändert für mindestens sieben Jahre fortführen (sowie eine Lohnsumme von 700 % erfüllen). Dies bedeutet, dass der Unternehmensnachfolger in den maßgeblichen Zeiträumen insbesondere kein Betriebsvermögen veräußern darf. Die Frist beginnt jeweils mit dem Zeitpunkt der Steuerentstehung und endet jeweils mit Ablauf des fünften bzw. siebten Jahres (Zeitjahr). Die Schenkungsteuer entsteht z. B. bei Schenkungen mit der Ausführung der Schenkung. Wird beispielsweise am 1. 9. 2013 ein Betrieb übertragen, beginnt die Behaltensfrist, und damit auch die „Abschmelzungsperiode".[1] Die Abschmelzung erhöht sich mit jedem vollen Kalenderjahr. Soll ein übertragener Betrieb innerhalb der genannten Fristen weiterveräußert werden, was gegen die Behaltensregelungen verstößt, sollte daher auf die Vollendung eines weiteren vollen Kalenderjahres geachtet werden. Im Beispiel sind bei Veräußerung des am 1. 9. 2013 übertragenen Betriebes am 16. 8. 2016 nur 2/5 abgeschmolzen (bei fünfjähriger Behaltensfrist) bzw. 2/7 (bei siebenjähriger Behaltensfrist). Ab dem 1. 9. 2016 wären es hingegen bereits 3/5 bzw. 3/7.

643 Einen Verstoß gegen die Behaltensfristen mit entsprechender Nachversteuerung lösen die nachfolgenden fünf im Gesetz genannten Maßnahmen aus, soweit diese innerhalb der fünfjährigen bzw. der siebenjährigen Behaltensfrist (bei der Optionsverschonung) getroffen bzw. vollzogen werden; soweit heißt, dass der Verschonungsabschlag und der ggf. gewährte Abzugsbetrag mit Wirkung für die Vergangenheit zeitanteilig wegfallen (§ 13a Abs. 5 ErbStG).

644 1. Veräußerungen Gewerbebetrieb und Anteile: Als Verstoß gegen die Behaltensregelungen gilt die Veräußerung eines Gewerbebetriebs oder eines Teilbetriebs oder eines Anteils an einer gewerblichen oder freiberuflichen Gesellschaft, eines Anteils eines persönlich haftenden Gesellschafters einer Kom-

---

[1] Siehe Rdn. 652.

manditgesellschaft auf Aktien oder eines Anteils daran. Als Veräußerung gilt auch die Aufgabe des Gewerbebetriebs.

Gleiches gilt, wenn wesentliche Betriebsgrundlagen eines Gewerbebetriebs veräußert oder in das Privatvermögen überführt oder anderen betriebsfremden Zwecken zugeführt werden oder wenn Anteile an einer Kapitalgesellschaft veräußert werden, die der Veräußerer durch eine gewinnneutrale Sacheinlage erworben hat, oder der Anteil an einer gewerblichen oder freiberuflichen Gesellschaft oder ein Anteil daran veräußert wird, den der Veräußerer durch eine Einbringung in eine Personengesellschaft erworben hat. Nach Auffassung der Finanzverwaltung gilt auch die Aufgabe des Unternehmens durch Insolvenzeröffnung als steuerschädlich (R E 13a.6 Abs. 1 Satz 2 ErbStR 2011). Der Umfang der schädlichen Verfügung bemisst sich nach dem gemeinen Wert des Einzelwirtschaftsguts (z. B. Betriebsgrundstück) im – ursprünglichen – Besteuerungszeitpunkt (R E 13a Abs. 2 Satz 4 ErbStR 2011).

HINWEIS:
Bei teilweiser Veräußerung von begünstigten Anteilen an einer Gesellschaft lässt die Finanzverwaltung eine zu Gunsten der Steuerpflichtigen gegebene Reihenfolgefiktion gelten. Nach R E 13a.6 Abs. 1 Satz 4 ErbStR 2011 kann bei einer teilweisen Veräußerung eines Anteils regelmäßig davon ausgegangen werden, dass zunächst die bereits früher erworbenen Anteile veräußert werden, wenn der Erwerber begünstigter Anteile vor dem maßgebenden Besteuerungszeitpunkt an dieser Gesellschaft beteiligt war.

2. Veräußerungen land- und forstwirtschaftlicher Vermögen: Als Verstoß gegen die Behaltensregelungen gelten die Veräußerung eines Betriebs der Land- und Forstwirtschaft oder eines Teilbetriebs oder einer land- und fortswirtschaftlichen Gesellschaft. Ebenso gilt auch hier als Veräußerung die Aufgabe des Betriebs. Steuerschädlich ist auch die Veräußerung von durch eine gewinnneutrale Sacheinlage erworbenen Anteilen.

3. Überentnahmen: Als Verstoß gegen die Behaltensregelungen gilt das Tätigen von sog. „Überentnahmen" aus dem Betrieb. Als Überentnahmen gelten Entnahmen, die der Unternehmenserwerber als (neuer) Inhaber eines Gewerbebetriebs oder als (neuer) Gesellschafter oder als persönlich haftender Gesellschafter einer Kommanditgesellschaft auf Aktien bis zum Ende des letzten in die Fünf- (bei 85%iger Steuerfreiheit und Regelbesteuerung) bzw. Sieben-Jahres-Frist (bei 100%iger Steuerbefreiung bei Optionsverschonung) fallenden Wirtschaftsjahres tätigt, und die die Summe aus Einlagen und der ihm zuzurechnenden Gewinne oder Gewinnanteile seit dem Erwerb um mehr als 150 000 € übersteigen. Nach Auffassung der Finanzverwaltung gilt dies auch, wenn die Entnahmen zur Bezahlung der Erbschaftsteuer getätigt werden (R E 13a.8 Abs. 1 ErbStR 2011). Verluste bleiben dabei unberücksichtigt.

Die Überentnahmen führen rückwirkend zu einer Aberkennung der Steuervergünstigungen – nicht in voller Höhe, sondern anteilig in Höhe der Überentnahmen.

BEISPIEL[1] Unternehmer U überträgt begünstigtes Betriebsvermögen mit einem gemeinen Wert von 4 000 000 € an seinen Sohn S. Innerhalb der Behaltensfrist tätigt S Überentnahmen von 200 000 €.

Für S ergibt sich zunächst folgende Steuer:

Betriebsvermögen (begünstigt)		4 000 000 €
Verschonungsabschlag (85 %)		– 3 400 000 €
Verbleiben		600 000 €
Abzugsbetrag		– 0 €
Steuerpflichtiges Betriebsvermögen		600 000 €
Abzugsbetrag		150 000 €
Verbleibender Wert (15 %)	600 000 €	
Abzugsbetrag	– 150 000 €	
Unterschiedsbetrag	450 000 €	
davon 50 %		– 225 000 €
Verbleibender Abzugsbetrag		0 €
Persönlicher Freibetrag		– 400 000 €
Steuerpflichtiger Erwerb		200 000 €
Steuer nach Stkl. I (11 %)		22 000 €

Für S ergibt die Nachversteuerung folgende Steuer:

Betriebsvermögen	4 000 000 €	
Überentnahmen	– 200 000 €	200 000 €
Betriebsvermögen (begünstigt)	3 800 000 €	
Verschonungsabschlag (85 %)	– 3 230 000 €	
Verbleiben	570 000 €	
Abzugsbetrag	– 0 €	
Steuerpflichtiges Betriebsvermögen		+ 570 000 €
Abzugsbetrag	150 000 €	
Verbleibender Wert (15 %)	570 000 €	
Abzugsbetrag	– 150 000 €	
Unterschiedsbetrag	420 000 €	
davon 50 %	– 210 000 €	
Verbleibender Abzugsbetrag	0 €	
Persönlicher Freibetrag		– 400 000 €
Steuerpflichtiger Erwerb		370 000 €
Steuer nach Stkl. I (15 %)		55 500 €
Bisher festgesetzt		– 22 000 €
Nachsteuer		33 500 €

---

1 Vgl. H E 13a.8 ErbStH 2011.

> **HINWEISE:**
>
> Bei gleichzeitiger Übertragung mehrerer wirtschaftlicher Einheiten des Betriebsvermögens (z. B. GmbH-Anteile und Personenunternehmen/Einzelunternehmen) ist für jede wirtschaftliche Einheit gesondert zu prüfen, ob die Entnahmebegrenzung für den entsprechenden Betrieb eingehalten worden ist (R E 13a.8 Abs. 1 Satz 8 ErbStR 2011).
>
> Die Finanzverwaltung sieht es nicht als Gestaltungsmissbrauch an, wenn der Erwerber gegen Ende der fünf- bzw. siebenjährigen Behaltensfrist eine Einlage tätigt, um den Betrag von 150 000 € übersteigende Entnahmen wieder auszugleichen (R E 13a.8 Abs. 4 Satz 1 ErbStR 2011). Die Einlage ist am besten aus dem vorhandenen privaten Vermögen zu tätigen, nicht aus Kreditmitteln. Denn wird die Einlage unter Aufnahme eines Kredits geleistet, prüft die Finanzverwaltung, ob der Kredit als betriebliche Schuld oder ggf. als negatives Sonderbetriebsvermögen des Erwerbers zu behandeln ist. Sofern die Prüfung ergibt, dass der Kredit als Betriebsvermögen des Erwerbers zu behandeln ist, liegt keine Einlage vor (R E 13a.8 Abs. 4 Sätze 2, 3 ErbStR 2011).

4. Anteile an Kapitalgesellschaften: Als Verstoß gegen die Behaltensregelungen gilt die Veräußerung (ganz oder teilweise) von Anteilen an Kapitalgesellschaften. Einer steuerschädlichen Veräußerung steht gleich:

▶ Eine verdeckte Einlage von Anteilen in eine Kapitalgesellschaft. Eine verdeckte Einlage ist jede unentgeltliche Vermögenszuwendung eines Gesellschafters an seine Gesellschaft aus gesellschaftsrechtlichen Gründen gegen Gewährung von Gesellschaftsrechten.

▶ Die Auflösung der Kapitalgesellschaft.

▶ Die Herabsetzung ihres Nennkapitals, es sei denn, es handelt sich dabei nur um eine nominelle Kapitalherabsetzung zum Zweck der Sanierung oder Gesellschaft und es wird kein Kapital an Gesellschafter zurückgezahlt (R E 13a.9 Abs. 2 ErbStR 2011).

▶ Die Veräußerung wesentlicher Betriebsgrundlagen verbunden mit der Verteilung des Erlöses an die Gesellschafter.

▶ Die Übertragung des Vermögens der Kapitalgesellschaft auf eine Personengesellschaft, eine natürliche Person oder eine andere Körperschaft (Verschmelzung), soweit die durch die Umwandlung erworbenen Anteile innerhalb der Behaltensfrist veräußert werden.

Kommt es zur Einbringung eines Betriebs, Teilbetriebs oder Mitunternehmeranteils in eine Kapital- oder eine Personengesellschaft (§§ 20, 24 UmwStG) gegen Gewährung von Gesellschaftsanteilen (formwechselnde Umwandlung, Verschmelzung oder Realteilung von Personengesellschaften, soweit der Realteiler nicht nur einzelne Wirtschaftsgüter erhält), ist erst eine nachfolgende Veräußerung der dabei erworbenen Beteiligung, des erworbenen Betriebs oder der erworbenen Anteile an der Kapitalgesellschaft innerhalb der Behaltenszeit ein Verstoß gegen die Behaltensregelung (R E 13a.6 Abs. 3, R E 13a.9 Abs. 3 ErbStR 2011).

648 War der Erwerber bereits vor dem Anteilserwerb aus eigenem Vermögen an der Gesellschaft beteiligt, wird bei einer Anteilsveräußerung zu Gunsten des Gesellschafters unterstellt, dass seine aus eigenem Vermögen erworbenen Beteiligungen als zuerst veräußert gelten.

> **BEISPIEL:**[1] A ist zu 30 % an einer GmbH beteiligt. Durch Erbanfall erwirbt er eine weitere Beteiligung von 30 % an der Gesellschaft. Drei Jahre nach dem Erwerb veräußert er eine Beteiligung von 40 %.
>
> Bei dem Verkauf der Beteiligung ist aus Vereinfachungsgründen davon auszugehen, dass es sich dabei im Umfang von 30 % um die Anteile handelt, mit denen A schon vor dem Erbfall beteiligt war (kein Verstoß gegen Behaltensregelung), und im Umfang von 10 % um Anteile, die A durch Erbanfall erworben hatte (Verstoß gegen Behaltensregelung).

649 5. Aufhebung von Poolvereinbarungen: Als Verstoß gegen die Behaltensregelungen gilt die nachträgliche Aufhebung von Stimmrechtsbündelungen und/oder Verfügungsbeschränkungen mittels Poolvereinbarungen (Poolverträgen), sofern nur auf Grund dieser Maßnahmen bei einer Kapitalgesellschaftsbeteiligung eine Beteiligungsquote von über 25 % erreicht wurde. Dies gilt nur jeweils für dasjenige Poolmitglied, welches die Anteile überträgt (R E 13a.10 Abs. 2 Satz 2 ErbStR 2011). Der übertragende Gesellschafter verliert die Begünstigung auch dann, wenn er seine Anteile an Poolmitglieder überträgt (§ 13a Abs. 5 Nr. 5 ErbStG, R E 13a.10 Abs. 1 ErbStR 2011).

HINWEISE:

Die erbschaftsteuerlich relevante Poolvereinbarung geht nicht schon dann verloren, wenn innerhalb der Behaltensfrist

1. ein Gesellschafter an seinem Anteil einen Nießbrauch bestellt und das Stimmrecht beim Nießbrauchbesteller verbleibt;

2. ein Gesellschafter seinen Anteil verpfändet. Das Mitgliedschafts- und Stimmrecht geht in einem solchen Fall nicht auf den Pfandgläubiger über. Schädlich ist erst die Verwertung des Pfandguts durch den Pfandgläubiger (§ 13a Abs. 5 Satz 1 Nr. 4 ErbStG). Die verbleibenden Poolmitglieder verlieren ihre bisher gewährte Begünstigung nicht;

3. eine Vereinigung aller Anteile bei dem letzten Poolgesellschafter einer Poolgemeinschaft eintritt, weil die Anteile des vorletzten Poolgesellschafters auf ihn übergegangen sind (R E 13a.10 Abs. 1 ErbStR 2011).

---

1 Vgl. H E 13a.9 ErbStH 2011.

6. Sonstige Verstöße: Ein Verstoß gegen die Behaltensregelungen liegt nach 650
Auffassung der Finanzverwaltung auch vor, wenn begünstigtes Vermögen:
- als Abfindung für einen Verzicht auf den entstandenen Pflichtteilsanspruch oder für die Ausschlagung einer Erbschaft usw. übertragen wird (Fälle des § 3 Abs. 2 Nr. 4 ErbStG, vgl. hierzu Rdn. 420),
- zur Erfüllung anderer schuldrechtlicher Ansprüche, z. B. auf Grund eines Geldvermächtnisses, Pflichtteils- oder Zugewinnausgleichsanspruchs hingegeben wird (R E 13a.5 Abs. 3 ErbStR 2011).

Kein Verstoß gegen die Behaltensregelungen stellen hingegen dar:
- der Übergang von begünstigtem Vermögen im Wege des Übergangs von Todes wegen,
- die Weiterübertragung von Vermögen durch Schenkung unter Lebenden. Erfolgt die Zuwendung teilentgeltlich (gemischte Schenkung), gilt dies nur hinsichtlich des unentgeltlichen Teils der Zuwendung. Der entgeltliche Teil der Zuwendung stellt ungeachtet der ertragsteuerlichen Behandlung einen Verstoß gegen die Behaltensregelungen dar (R E 13a.5 Abs. 2 ErbStR 2011). Verstößt schließlich der nachfolgende Erwerber gegen die Behaltensregelungen, verliert auch der vorangegangene Erwerber die Verschonung, soweit bei ihm die Behaltenszeit noch nicht abgelaufen ist (R E 13a.12 Abs. 5 Satz 2 ErbStR 2011).
- Die Einräumung eines Nutzungsrechts an dem begünstigten Vermögen (H E 13a.5 ErbStH 2011).

- **Reinvestitionen**

Eine Nachversteuerung droht dem Unternehmensnachfolger dann nicht, 651
wenn er zwar einen Teilbetrieb oder wesentliche Betriebsgrundlagen innerhalb der jeweiligen Behaltensfrist veräußert hat, er den Veräußerungserlös aber in den Betrieb reinvestiert und der Veräußerungserlös somit innerhalb der begünstigten Vermögensart verbleibt. Von einer steuerunschädlichen Reinvestition geht die Finanzverwaltung aus, wenn der Veräußerungserlös innerhalb von sechs Monaten in der entsprechenden begünstigungsfähigen Vermögensart (land- und forstwirtschaftliches Vermögen, Betriebsvermögen oder Anteile an Kapitalgesellschaften) verbleibt (§ 13a Abs. 5 Satz 3 ErbStG). Bei dem Vermögen darf es sich zudem nicht um Verwaltungsvermögen handeln (R E 13a.11 Satz 1 ErbStR 2011).

Nach der Gesetzesbegründung fällt unter die Reinvestition neben der Anschaffung von neuen Betrieben, Betriebsteilen oder Anlagegütern, die das veräußerte Vermögen im Hinblick auf den ursprünglichen oder einen neuen Betriebszweck ersetzen, auch beispielsweise die Tilgung betrieblicher Schulden oder die Erhöhung von Liquiditätsreserven, welche nicht zum steuerschädlichen Verwaltungsvermögen gehören. Die Reinvestition muss aber stets innerhalb derselben Vermögensart erfolgen.

> **HINWEIS:**
>
> Unter Bezugnahme auf das Erfordernis „innerhalb der jeweiligen begünstigungsfähigen Vermögensart" bedeutet eine Reinvestition des Erlöses aus Kapitalgesellschaftsanteilen in Mitunternehmeranteile einer Personengesellschaft eine Nachversteuerung innerhalb der Behaltensfrist. Dass es sich in beiden Fällen um Betriebsvermögen handelt, mag den Laien in diese Falle treten lassen!

4.3.5.4.5 Nachversteuerung bei Verstoß gegen die Lohnsummenregelung und die Behaltensfristen

652 Die für die Bewertung und Feststellung des Betriebsvermögens zuständigen Finanzämter arbeiten für Zwecke der laufenden Überwachung der Lohnsummenentwicklung mit den Erbschaftsteuerfinanzämtern eng zusammen. Die Bewertungsstellen stellen die Ausgangslohnsumme, die Anzahl der Beschäftigten und die Summe der maßgebenden jährlichen Lohnsummen auf Anweisung der Erbschaftsteuerfinanzämter gesondert fest (§ 13a Abs. 1a ErbStG). Erfüllt der Unternehmensnachfolger die Behaltensfristen nicht, kommt es für die Beurteilung der steuerlichen Konsequenzen auf den Einzelfall an. Hat der Unternehmensnachfolger beispielsweise das gesamte begünstigte Betriebsvermögen innerhalb der Behaltensfrist veräußert (siehe Rdn. 644), entfällt der Abzugsbetrag in vollem Umfang. Der Verschonungsabschlag fällt hingegen rückwirkend nur anteilig weg, d. h., er bleibt für die Jahre erhalten, in denen das Betriebsvermögen im Besitz des Unternehmensnachfolgers war (R E 13a.12 Abs. 1 Satz 5 ErbStR 2011).

Wurden schädliche Maßnahmen i. S. der obigen Punkte 4 oder 5 (Rdn. 647, 649) getroffen, entfällt der Verschonungsabschlag für den Teil, der dem Verhältnis der im Zeitpunkt der schädlichen Verfügung verbleibenden Behaltensfrist einschließlich des Jahres, in dem die Verfügung erfolgt, zur gesamten Behaltensfrist entspricht. Soweit es danach zu einer Nachversteuerung kommt, können Schulden, die bisher nicht abgezogen werden konnten, weil sie mit steuerbefreitem Vermögen in wirtschaftlichem Zusammenhang standen, entsprechend steuerlich geltend gemacht werden (R E 10.10 Abs. 4 Satz 5 ErbStR 2011). Überentnahmen (Rdn. 646) führen rückwirkend zu einer Aberkennung der Steuerbegünstigungen in Höhe der Überentnahmen.

Bei einem Unterschreiten der Lohnsummenregelung entfällt der Verschonungsabschlag in dem Verhältnis, in dem die tatsächliche Lohnsumme die Mindestlohnsumme unterschreitet. Der Abzugsbetrag unterliegt bei einem Unterschreiten der Mindestlohnsumme hingegen keiner Anpassung (R E 13a.12 Abs. 2 ErbStR 2011). Betrifft die schädliche Verfügung nur einen Teil des begünstigten Vermögens, ist die Kürzung der Mindestlohnsumme nur auf diesen Teil zu beschränken.

653

Kommt es sowohl zu einem Verstoß gegen die Behaltensfrist als auch zu einer Unterschreitung der Mindestlohnsumme, etwa weil das gesamte betriebliche Vermögen vor Ablauf der fünf- bzw. siebenjährigen Behaltensfrist veräußert worden ist, ist der Verschonungsabschlag zu kürzen. Dabei sind die entfallenden Verschonungsabschläge wegen der Verfügung über das begünstigte Vermögen und wegen Unterschreitens der Mindestlohnsumme gesondert zu berechnen. Der höhere der sich hierbei ergebenden Beträge wird bei der Kürzung angesetzt (R E 13a.12 Abs. 3 Satz 2 ErbStR 2011).

654

Die für die endgültige Gewährung der Steuerbefreiungen notwendigen Voraussetzungen müssen für jede wirtschaftliche Einheit des begünstigten Betriebsvermögens gesondert geprüft werden. Das heißt, für jedes begünstigte Betriebsvermögen ist

655

1. der Umfang des Verwaltungsvermögens (§ 13b Abs. 2 ErbStG) gesondert zu prüfen,
2. die Lohnsumme (§ 13a Abs. 1 Satz 3 und 4 und Abs. 4 ErbStG) gesondert zu ermitteln,
3. zu prüfen, ob und in welcher Weise bereits gegen die Behaltensregelungen (§ 13a Abs. 5 ErbStG)

verstoßen wurde.

Betrifft die schädliche Verfügung nur einen Teil des begünstigten Vermögens, sind der Verschonungsabschlag und ggf. der Abzugsbetrag für den weiterhin begünstigten Teil des Vermögens zu gewähren (R E 13a.12 Abs. 1 Satz 6 ErbStR 2011).

Umfasst das auf einen Erwerber übertragene begünstigte Vermögen aber mehrere selbstständig zu bewertende wirtschaftliche Einheiten einer Vermögensart, z. B. mehrere Gewerbebetriebe oder mehrere Arten begünstigten Vermögens (land- und forstwirtschaftliches Vermögen, Betriebsvermögen, Anteile an Kapitalgesellschaften), sind deren Werte vor der Anwendung der Steuerbefreiungen zusammenzurechnen. Die Prüfung, ob die Mindestlohnsumme (§ 13a Abs. 1 Satz 2 ErbStG) erfüllt ist, soll dann nur insgesamt für alle erworbenen begünstigten wirtschaftlichen Einheiten erfolgen (R E 13a.1 Abs. 2 Satz 5 ErbStR 2011).[1]

656 **HINWEISE:**

▶ Wurden gleichzeitig mehrere wirtschaftliche Einheiten des Betriebsvermögens übertragen (z. B. Anteile an einer Kapitalgesellschaft, dazu noch ein Personenunternehmen/Einzelunternehmen usw.), ist die Einhaltung der Behaltensregelungen für jede wirtschaftliche Einheit gesondert zu prüfen.

▶ Zur Sicherstellung der Steuernacherhebung trifft dem Unternehmenserben bzw. Unternehmensübernehmer eine Anzeigepflicht. Die Anzeige gilt als Steuererklärung; sie hat auch dann zu erfolgen, wenn der Vorgang zu keiner Besteuerung führt. Da Lohnsumme und Behaltensfrist über die lange Überwachungsdauer hinweg leicht in Vergessenheit geraten, ist es empfehlenswert, im Gesellschaftsvertrag zu regeln, dass mindestens fünf Jahre – oder bei entsprechender Option sieben Jahre lang – auf jeder jährlichen Gesellschafterversammlung die Lohnsumme und das vorhandene Betriebsvermögen auf schädliche Verfügung sowie „Überentnahmen" überprüft werden.

▶ Lohnsummen aus Teilbetrieben (Tochterunternehmen) mit Sitz in einem Mitgliedsland der EU/des EWR sind in die Ausgangslohnsumme zu integrieren. Verlagerungen von Arbeitsplätzen aus diesem Wirtschaftsraum in Drittländer gehen zu Lasten der Lohnsumme.

▶ Wird zur Vermeidung einer Aberkennung der Steuerbegünstigungen bei Überentnahmen kurz vor Ende der Behaltensfrist eine Einlage getätigt, um die über den Betrag von 150 000 € hinausgehenden Überentnahmen wieder zu neutralisieren, liegt kein Gestaltungsmissbrauch vor (R E 13a.8 Abs. 4 Satz 1 ErbStR 2011).

▶ Analog den Bagatellregelungen zur Lohnsumme kann bei einem Vermögenswert des Betriebsvermögens von bis zu 150 000 € die Überwachung der Behaltensregelungen auf die Fälle der Veräußerung/Aufgabe des begünstigten Vermögens beschränkt werden.

4.3.5.4.6 Option für einen Verschonungsabschlag von 100 % (vollständige Befreiung des Betriebsvermögens durch Optionsverschonung)

657 Der Unternehmenserwerber kann für einen vollständigen (100%igen) Verschonungsabschlag optieren (§ 13a Abs. 8 ErbStG). Diese Erklärung ist für den Erwerber unwiderruflich und an folgende Auflagen geknüpft:

▶ Lohnsummenfrist sieben Jahre anstatt von fünf Jahren,

▶ Lohnsumme von 700 % an Stelle der maßgebenden Lohnsumme von 400 %,

---

1 Diese von der Finanzverwaltung vertretene Auffassung wird kritisch gesehen, vgl. Söffing/Thonemann, ErbStB 2009 S. 329.

- Behaltensfrist für das erworbene und steuerbegünstigte Betriebsvermögen sieben Jahre statt fünf Jahre,
- Anteil des Verwaltungsvermögens nicht mehr als 10 % (anstelle von nicht mehr als 50 %)

Die Optierung für den höheren Verschonungsabschlag kann bis zur materiellen Bestandskraft der Festsetzung der Erbschaft- oder Schenkungsteuer erklärt werden (R E 13a.13 Abs. 1 ErbStR 2011). Materielle Bestandskraft liegt zu dem Zeitpunkt vor, zu dem der Steuerbescheid unabänderlich geworden ist, etwa weil der Vorbehalt der Nachprüfung aufgehoben worden ist und/oder die vierjährige Festsetzungsverjährungsfrist abgelaufen ist. Daher können Anträge auf Optionsverschonung auch noch während einer Steuerfestsetzung unter dem Vorbehalt der Nachprüfung gestellt werden oder aber auch, solange der Ablauf der Festsetzungsverjährung gehemmt ist (z. B. solange ein Gerichtsverfahren läuft). Adressat für die Beantragung der Optionsverschonung ist das für die Erbschaft- oder Schenkungsteuer zuständige Finanzamt. Der Antrag kann nach Zugang beim Erbschaftsteuerfinanzamt nicht mehr widerrufen werden (§ 13a Abs. 8 ErbStG). Dies gilt auch für den Fall, dass der Erwerber gegen die Behaltensregelungen oder die Lohnsummenregelung des § 13a ErbStG verstößt.

658

Der Unternehmenserwerber kann den Antrag auf Optionsverschonung (§ 13a Abs. 8 ErbStG) im Erbfall insgesamt nur einheitlich für alle Arten des erworbenen begünstigten Vermögens (land- und forstwirtschaftliches Vermögen, Betriebsvermögen und Anteile an Kapitalgesellschaften) stellen. Bei Schenkungen mit einheitlichem Schenkungswillen (z. B. mehrere Betriebsübertragungen in mehreren Schenkungsverträgen und einheitlichem Schenkungswillen) gilt dies entsprechend (R E 13a.13 Abs. 1 ErbStR 2011).

659

Bei Durchführung des Verwaltungsvermögenstests ist jede wirtschaftliche Einheit gesondert zu prüfen. Werden mehrere wirtschaftliche Einheiten übertragen, kann die Verschonungsoption insgesamt nur für alle wirtschaftliche Einheiten gestellt werden.

Dabei gilt Folgendes:

- Beträgt das Verwaltungsvermögen aller übertragenen wirtschaftlichen Einheiten mehr als 10 %, geht der Antrag ins Leere. Die Finanzverwaltung gewährt dann die Regelverschonung, d. h. 85 % Verschonungsabschlag zzgl. ggf. des Abzugsbetrages, sofern die Voraussetzungen hinsichtlich der Verwaltungsvermögensgrenze von nicht mehr als 50 % für die betreffenden wirtschaftlichen Einheiten gegeben sind.

▶ Unterschreiten hingegen alle wirtschaftlichen Einheiten zusammen die 10%ige Verwaltungsvermögensgrenze, kommt die Optionsverschonung nur für diejenigen Einheiten zur Anwendung, deren Verwaltungsvermögen nicht mehr als 10 % beträgt. Für die übrigen Einheiten kommt die Regelverschonung und der Abzugsbetrag nicht in Betracht.

HINWEISE:

▶ Wird nachträglich festgestellt (z. B. im Rahmen einer Betriebsprüfung), dass die Verwaltungsvermögensgrenze für die Optionsverschonung in allen wirtschaftlichen Einheiten nicht erfüllt ist, gewährt die Finanzverwaltung unter der Voraussetzung, dass die Verwaltungsvermögensgrenze von nicht mehr als 50 % insoweit erfüllt ist, die Regelverschonung.

▶ Sind im begünstigten Vermögen Anteile an Kapitalgesellschaften von mehr als 25 % oder Beteiligungen an Personengesellschaften enthalten, gilt auch in den Fällen der Optionsverschonung die Grenze von 50 % für das Verwaltungsvermögen (R E 13a.13 Abs. 5 ErbStR 2011).

▶ Im Allgemeinen empfiehlt es sich, den Antrag erst nach Zugang aller Feststellungsbescheide und des Steuerbescheides zu stellen – bis diese bestandskräftig geworden sind. Denn aus den Bescheiden gehen die vom Finanzamt festgestellten und ermittelten Wertverhältnisse hervor, insbesondere der Anteil des Verwaltungsvermögens am gesamten unternehmerischen Vermögen.

4.3.5.4.7 Zusammenfassende Übersicht

TAB. 23: Verschonungsregelungen für Betriebsvermögen

	Verschonungsabschlag	
	Regelverschonung (85 %)	Option vollständige Verschonung (100 %)
Behaltensfrist für das begünstigte Betriebsvermögen	5 Jahre	7 Jahre
Lohnsummenfrist	5 Jahre	7 Jahre
Mindestlohnsumme	400 %	700 %
Verwaltungsvermögen darf maximal betragen (vom Gesamtvermögen)	50 %	10 %

4.4 Persönliche Steuerfreibeträge

Persönliche Steuerfreibeträge bestehen für: 661

TAB. 24:	Übersicht persönliche Steuerfreibeträge
Erwerber	Vermögen in Höhe von
Ehegatte und Lebenspartner	500 000 €
Kinder der Steuerklasse I und Kinder verstorbener Kinder dieser Steuerklasse (wenn der Enkel beim Tod der Großmutter bzw. des Großvaters an Stelle des bereits verstorbenen Vaters oder der Mutter erbt)	400 000 €
die übrigen Personen der Steuerklasse I (das sind die Enkel und Urenkel, wenn deren Eltern – also die Kinder der Großeltern – im Erwerbszeitpunkt noch leben, sowie Eltern und Voreltern, wenn sie Vermögen ihrer Kinder von Todes wegen erwerben)	200 000 €
Personen der Steuerklasse II	20 000 €
Personen der Steuerklasse III	20 000 €
Erwerber mit beschränkter Steuerpflicht (§ 2 Abs. 1 Nr. 3 ErbStG)	2 000 €

Jeder Elternteil kann dabei jedem Kind bis zu 400 000 € steuerfrei schenken oder vererben. Umgekehrt – also beim Vermögenserwerb durch Tod der Kinder – wird den Eltern ein Freibetrag von 100 000 € pro Kind gewährt.

Voraussetzung für die Inanspruchnahme der persönlichen Steuerfreibeträge ist die unbeschränkte Steuerpflicht des Erwerbers. Unterliegt der Ehegatte, das Kind oder ein anderer Erwerber in Deutschland nur der beschränkten Steuerpflicht, tritt an Stelle der o. g. Freibeträge ein Pauschalbetrag von 2 000 € (§ 16 Abs. 2 ErbStG). Des Weiteren entfällt bei beschränkter Steuerpflicht der besondere Versorgungsfreibetrag nach § 17 ErbStG.

Dem unbeschränkt steuerpflichtigen überlebenden Ehegatten oder eingetragenen Lebenspartner des Erblassers wird zusätzlich zu den persönlichen Freibeträgen ein besonderer Versorgungsfreibetrag von 256 000 € gewährt (§ 17 ErbStG).[1] Die unbeschränkt steuerpflichtigen Kinder des Erblassers erhalten einen nach Altersstufen gestaffelten Versorgungsfreibetrag von mindestens 10 300 € und höchstens 52 000 €. § 17 ErbStG soll die unterschiedliche erb-

---

[1] Kein Versorgungsfreibetrag wird grundsätzlich bei Schenkungen gewährt, aber Ausnahme siehe Hinweis unten!

schaftsteuerrechtliche Behandlung der auf Gesetz, Arbeits- oder Dienstverträgen des Erblassers beruhenden Versorgungsbezüge einerseits und der übrigen auf einem privaten Vertrag begründeten Versorgungsbezüge andererseits im Grundsatz beseitigen. Eine unterschiedliche erbschaftsteuerrechtliche Behandlung ergibt sich deshalb, weil die auf Gesetz beruhenden Versorgungsbezüge wegen des unmittelbaren Rechtsanspruchs der Hinterbliebenen nicht vom Erblasser „erworben" werden und somit keinen steuerbaren Erwerb darstellen, während die Bezüge der Hinterbliebenen auf Grund eines privaten Vertrages (z. B. eines Lebensversicherungsvertrages) nach § 3 Abs. 1 Nr. 4 ErbStG der Besteuerung unterliegen, weil sie auf einer rechtsgeschäftlichen Handlung des Erblassers beruhen.[1] So unterliegen beispielsweise vertraglich vereinbarte Versorgungsbezüge der Witwe eines GmbH-Gesellschafter-Geschäftsführers auf Grund eines Vertrages zu Gunsten Dritter auf den Todesfall grundsätzlich der Erbschaftsteuer, es sei denn, es handelt sich bei dem Geschäftsführer um einen Arbeitnehmer. Der BFH behandelt nicht alle GmbH-Geschäftsführer grundsätzlich als Arbeitnehmer; es ist jeweils auf die besondere Stellung des Gesellschafter-Geschäftsführers innerhalb der GmbH abzustellen. „Ist der Gesellschafter-Geschäftsführer kraft seiner Beteiligung an der GmbH ein herrschender Geschäftsführer, so ist die Freistellung der Hinterbliebenenbezüge von der Erbschaftsteuer nicht zu rechtfertigen".[2]

662 § 17 ErbStG gleicht dieses „Ungleichgewicht" aus (oder besser gesagt, er versucht, diese Ungleichheit zu mildern), indem er der überlebenden Ehefrau und den Kindern den Freibetrag um den Kapitalwert der steuerfreien Versorgungsbezüge kürzt. Diese Kürzung ist bei allen von der Erbschaftsteuer nicht erfassten Versorgungsleistungen unabhängig davon durchzuführen, ob diese Leistungen in lebenslänglichen Leistungen, in Leistungen auf eine bestimmte Zeit oder in einem einzigen Betrag bestehen. Dadurch soll sichergestellt sein, dass der besondere Versorgungsfreibetrag vor allem den Erwerbern steuerpflichtiger Versorgungsbezüge oder von anderem steuerpflichtigen Vermögen, das als Versorgungsgrundlage dient, zugutekommt.

---

1 Dies gilt selbst für den Leistungsbezug aus einer vom Erblasser zur Befreiung von der Pflichtversicherung in der gesetzlichen Rentenversicherung abgeschlossenen Lebensversicherung.
2 BFH, Urt. v. 13. 12. 1989 II R 23/85, BStBl 1990 II S. 322.

Nicht der Erbschaftsteuer unterliegende (und damit den Freibetrag mindernde) Versorgungsbezüge sind Zuwendungen, die auf einem Arbeits- oder Dienstvertrag des Erblassers beruhen, wie:

- Versorgungsbezüge der Hinterbliebenen von Beamten auf Grund der Beamtengesetze des Bundes und der Länder,
- Versorgungsbezüge, die den Hinterbliebenen von Angestellten und Arbeitern aus der gesetzlichen Rentenversicherung zustehen; dies gilt auch in den Fällen freiwilliger Weiter- und Höherversicherung,
- Versorgungsbezüge, die den Hinterbliebenen von Angehörigen der freien Berufe aus einer berufsständischen Pflichtversicherung zustehen,
- Versorgungsbezüge, die den Hinterbliebenen von Abgeordneten auf Grund der Diätengesetze des Bundes und der Länder zustehen,
- Hinterbliebenenbezüge, die auf Tarifvertrag, Betriebsordnung, Betriebsvereinbarung, betrieblicher Übung oder dem Gleichbehandlungsgrundsatz beruhen und
- Hinterbliebenenbezüge auf Grund eines zwischen den Erblasser und seinem Arbeitgeber geschlossenen Einzelvertrages, soweit diese angemessen sind.
- Hinterbliebenenversorgung der Beamten.

HINWEIS:

- Übersteigt der Kapitalwert der steuerpflichtigen Versorgungsbezüge den Freibetrag, ist – nur – der überschießende Betrag steuerpflichtig.
- Der Versorgungsfreibetrag nach § 17 ErbStG kann ausnahmsweise bei Abfindungszahlungen für einen Erbverzicht (steuerpflichtige Erwerbe nach § 7 Abs. 1 Nr. 5 ErbStG) gewährt werden, wenn ein Ehegatte (Lebenspartner) als Abfindung ein bis zum Tod des anderen Ehegatten aufschiebend bedingtes Leibrentenstammrecht erwirbt.

5 Die Steuerberechnung

5.1 Berechnungsschema/Übersicht

663 Die festzusetzende Erbschaft-/Schenkungsteuer ermittelt sich wie folgt:

TAB. 25: Berechnungsschema in Anlehnung an R E 10.1 Abs. 2 ErbStR 2011

1.	Tarifliche Erbschaftsteuer nach § 19 ErbStG
	– Abzugsfähige Steuer nach § 14 Abs. 1 ErbStG
	– Entlastungsbetrag nach § 19a ErbStG
	= Summe 1
2.	– Ermäßigung nach § 27 ErbStG (dabei Steuer lt. Summe 1 nach § 27 Abs. 2 ErbStG aufteilen und zusätzlich Kappungsgrenze nach § 27 Abs. 3 ErbStG beachten)
	– Anrechenbare Steuer nach § 6 Abs. 3 ErbStG
	= Summe 2
3.	– Anrechenbare Steuer nach § 21 ErbStG (dabei Steuer lt. Summe 2 nach § 21 Abs. 1 Satz 2 ErbStG aufteilen)
	= Summe 3
	mindestens Steuer nach § 14 Abs. 1 Satz 4 ErbStG
	höchstens nach § 14 Abs. 3 ErbStG begrenzte Steuer (Hälfte des Werts des weiteren Erwerbs)
	= Festzusetzende Erbschaftsteuer

5.2 Steuertarif

5.2.1 Allgemeines

664 Der Steuertarif bzw. das Besteuerungsmaß für den steuerpflichtigen Erwerb richtet sich einerseits nach der Steuerklasse des Erwerbers und innerhalb der Steuerklasse nach dem Steuersatz, welcher mit der Höhe des steuerpflichtigen Erwerbs ansteigt. Der Anstieg erfolgt hierbei nach Stufen, d. h., dass jeder Erwerb ausschließlich mit dem Steuersatz zu besteuern ist, der sich aus der betreffenden Wertstufe unter Berücksichtigung der Steuerklasse ergibt. Unterliegen 300 000 € in Steuerklasse I der Besteuerung, sind nicht etwa für die ersten 75 000 € 7 % und für die restlichen 225 000 € 11 %, sondern für die gesamten 300 000 € 11 % an Erbschaft- und Schenkungsteuer zu entrichten. In Fällen, in

denen die nächst niedrigere Stufe nur um ein paar Euro verfehlt wird, gewährt das Gesetz einen sog. Härteausgleich.[1]

5.2.2 Steuerklassen

Steuerklassen bewirken, dass die Steuerbelastung nach dem Verwandtschaftsverhältnis des Erwerbers zum Erblasser/Schenker gestaffelt wird. Die Steuersätze stimmen die Belastung des Erwerbers mit der durch die Höhe der Zuwendung entstandenen besonderen Leistungsfähigkeit ab.

665

Nach den persönlichen Verhältnissen des Erwerbers zum Erblasser oder Schenker unterscheidet das Erbschaft- und Schenkungsteuergesetz (§ 15 ErbStG) zwischen folgenden drei Steuerklassen mit den entsprechenden Freibeträgen:

TAB. 26:	Steuerklassen und persönliche Freibeträge	
Steuerklasse	Personengruppe	Persönlicher Freibetrag (Beträge in €)
I	Ehegatte und der eingetragene Lebenspartner	500 000
	Kinder und Stiefkinder	400 000
	Abkömmlinge von Kindern und Stiefkindern	200 000
	Eltern und Großeltern bei Erwerb von Todes wegen	100 000
	Erben von Betriebsvermögen, für das das Steuerklassenprivileg in Anspruch genommen werden kann, die Erben aber nicht der Steuerklasse I angehören	20 000
II	Eltern/Großeltern bei Schenkungen	20 000
	Geschwister und Geschwisterkinder	
	Stiefeltern/Schwiegereltern	
	Schwiegerkinder	
	Geschiedener Ehegatte und Lebenspartner einer aufgehobenen Lebenspartnerschaft	
III	Alle sonstigen Erwerber und die Zweckzuwendungen	20 000

Ehegatte und der eingetragene Lebenspartner gehören zur Steuerklasse I, wenn im Zeitpunkt der Entstehung der Steuer eine rechtsgültige Ehe bzw. eingetragene Lebenspartnerschaft bestanden hat. Auf die Dauer der Ehe oder auf den Güterstand bzw. auf die Dauer der Lebenspartnerschaft kommt es nicht an.

---

1 Siehe Rdn. 675.

Pflegekinder fallen anders als Adoptiv- oder Stiefkinder nicht in Steuerklasse I. Sie werden stattdessen in der ungünstigsten Steuerklasse III eingestuft. Der BFH hat hierzu entschieden, dass Pflegekinder den in § 15 Abs. 1 ErbStG genannten Kindern und Stiefkindern nicht gleichzustellen sind und diese daher nicht der Steuerklasse I zuzuordnen sind.[1]

666 Schwiegerkinder werden im Unterschied zu den eigenen Kindern nach Steuerklasse II besteuert. Darauf ist zu achten, wenn Eltern ihren verheirateten Kindern – beispielsweise zur Hochzeit – Geschenke machen. Oft wird hier das Brautpaar bedacht und dabei vergessen, dass solche Geschenke zur Hälfte in eine höhere Steuerklasse fallen, weil durch die Zuwendungen auch das Schwiegerkind bereichert wird. Schenkungsempfänger sollte daher ausschließlich das eigene Kind sein.

667 Eltern und Voreltern (also die Eltern und Großeltern der Eltern) erwerben nur von Todes wegen nach Steuerklasse I, sonst nach Steuerklasse II. Damit soll verhindert werden, dass Schenkungen zwischen Geschwistern unter Zwischenschaltung der Eltern mit günstigerer Steuerklasse – ggf. auch steuerfrei – ausgeführt werden können.

Geschwisterkinder sind Abkömmlinge ersten Grades von Geschwistern, also die leiblichen Kinder des Bruders oder der Schwester. In erster Linie denkt man hier an Nichten und Neffen (wobei diese Bezeichnung ungenau wird, wenn man auch die Abkömmlinge der Geschwister des Ehegatten als „Nichten und Neffen" bezeichnen will).

Nicht in Steuerklasse II fallen die Enkel der Geschwister. Diese sind zwar Abkömmlinge, aber keine solchen ersten Grades. Ebenso wie die Enkel der Geschwister fallen auch Verwandtschaftsverhältnisse zwischen den Kindern von Geschwistern untereinander (Vettern, Basen) oder zwischen den Kindern und den Geschwistern der Eltern (Onkel, Tanten) nicht in Steuerklasse II, sondern in Steuerklasse III.

668 In Steuerklasse III fallen alle Erwerber, die nicht in die Steuerklassen I und II eingeordnet werden können. Nach dieser Steuerklasse erwerben auch Körperschaften, Personenvereinigungen, Stiftungen und Zweckzuwendungen. Denn solche Institutionen können mit einem Erblasser oder Schenker nicht verwandt sein. Personengesellschaften können zwar gleichwohl als Personenvereinigungen betrachtet werden; es erwerben dort aber die Gesellschafter und nicht die Gesellschaft. Personengesellschaften sind also in keinem Fall erb-

---

1 BFH v. 24. 11. 2005 II B 27/05, BFH/NV 2006 S. 743.

5 Die Steuerberechnung

schaft- und schenkungsteuerpflichtig.[1] Maßgeblich ist hier diejenige Steuerklasse, die sich nach dem Verwandtschaftsverhältnis des jeweiligen Gesellschafters richtet.

Kinderlose Ehepaare, die ein Berliner Testament vereinbart haben, sollten Folgendes beachten: Nach § 15 Abs. 3 ErbStG sind die mit dem verstorbenen Ehegatten bzw. dem eingetragenen Lebenspartner näher verwandten Erben (und Vermächtnisnehmer) als seine Erben anzusehen, soweit sein Vermögen beim Tod des zuletzt verstorbenen Ehegatten noch vorhanden ist. Diese Vorschrift beruht auf der Überlegung, dass es unbillig ist, allein auf das Verwandtschaftsverhältnis zu dem zuletzt versterbenden Ehegatten/Lebenspartner abzustellen, soweit das dem Schlusserben anfallende Vermögen von dem zuerst verstorbenen Ehegatten bzw. Lebenspartner stammt und der Erbe auf Grund seines Verwandtschaftsverhältnisses zu diesem Ehegatten in eine günstigere Steuerklasse fällt; denn beim gemeinschaftlichen Testament mit Bindung des zuletzt versterbenden Ehegatten/Lebenspartners erwirbt der Schlusserbe nach dem Tod dieses Ehegatten die Erbschaft auf Grund des Willens beider Ehegatten (Lebenspartner).

Zur Anwendung kommt § 15 Abs. 3 ErbStG dann, wenn als Schlusserben die nur mit einem Ehepartner (Lebenspartner) verwandten Neffen eingesetzt werden. Ohne § 15 Abs. 3 ErbStG könnte der Erwerb nach der günstigeren Steuerklasse II nur unter der Voraussetzung besteuert werden, dass der mit dem Neffen verwandte Ehepartner (Lebenspartner) zuletzt stirbt. Tritt aber der umgekehrte Fall ein, wäre der gesamte Nachlass nach Klasse III zu besteuern. Hier greift § 15 Abs. 3 ErbStG begünstigend ein, indem er bestimmt, dass der mit dem erstverstorbenen Ehegatten bzw. Lebenspartner näher verwandte Schlusserbe als sein Erbe anzusehen ist (er also so zu stellen ist, als würde er vom erstverstorbenen Ehegatten/Lebenspartner erben), soweit es das noch vorhandene Vermögen des erstverstorbenen Ehegatten (Lebenspartners) betrifft.

669

Die Finanzverwaltung hat in R E 15.3 der ErbStR 2011 für die Anwendung der Begünstigungsvorschrift des § 15 Abs. 3 ErbStG Folgendes festgelegt:

1. „Wertsteigerungen und reine Vermögensumschichtungen des noch vorhandenen Vermögens zwischen dem Todestag des Erstversterbenden und dem des Letztversterbenden sind auf Grund des Surrogationsprinzips wie

---

[1] Vgl. Rdn. 348.

bei § 6 Absatz 2 ErbStG auch bei § 15 Absatz 3 ErbStG begünstigt. Es ist deshalb auf den Wert dieses Vermögens am Todestag des Letztversterbenden abzustellen.

2. Erträge des Vermögens zwischen dem Todestag des Erstversterbenden und dem des Letztversterbenden sind erst in der Person des Letztversterbenden entstanden und deshalb, soweit sie nicht verbraucht wurden, nicht im begünstigten Vermögen zu berücksichtigen.

3. Die Erbfallkostenpauschale nach § 10 Absatz 5 Nummer 3 ErbStG[1] muss dem begünstigten Vermögen anteilig zugeordnet werden."

670 Weitere Voraussetzung für die Anwendung dieser Steuervergünstigung ist, dass der überlebende Ehegatte (Lebenspartner) an die gemeinschaftliche Verfügung gebunden ist, was im Regelfall so ist, wenn keine expliziten Änderungs- oder Freistellungsvorbehalte vereinbart wurden. Denn Berliner Testamente können nach dem Tod eines Ehegatten von dem Überlebenden grundsätzlich nicht mehr geändert werden (dies trifft insbesondere auf die Schlusserbeneinsetzung zu, wenn diese wechselseitig war). Haben sich die Ehegatten/Lebenspartner in einem gemeinschaftlichen Testament, durch das sie sich gegenseitig als Erben einsetzen (Berliner Testament), das Recht eingeräumt, die Schlusserbenfolge sowie die Verteilung des Nachlasses zu ändern, bleibt § 15 Abs. 3 ErbStG zu Gunsten des Schlusserben insoweit anwendbar, als der überlebende Ehegatte durch eine spätere Verfügung von Todes wegen die Erbquote des Schlusserben nicht verändert hat. Denn nur wenn alles unverändert bleibt, ist die Rechtsgrundlage für die Erbschaft des Schlusserben der in dem gemeinschaftlichen Testament niedergelegte Wille beider Ehegatten (auch der des verstorbenen Ehegatten).

671 Ist es allerdings so, dass der überlebende Ehegatte/Lebenspartner von seinem Recht auf Änderung dadurch Gebrauch macht, dass er abweichend vom gemeinschaftlichen Testament einem Schlusserben, dessen Erbquote als solche unverändert bestehen bleibt, ein Vorausvermächtnis aussetzt, kann für diesen Vermächtniserwerb § 15 Abs. 3 ErbStG nicht gelten.[2] Sinn und Zweck der Vorschrift, nämlich, dass die Erbfolge nach dem niedergelegten Willen beider Ehegatten erfolgt, sind auch dann nicht erfüllt, wenn der überlebende Ehegatte ein eigenes Testament errichtet. Die Vergünstigungen sind hier auch dann ver-

---

1 Vgl. Rdn. 546.
2 BFH, Urt. v. 16. 6. 1999 II R 57/96, BStBl 1999 II S. 789.

5 Die Steuerberechnung

schenkt, wenn der überlebende Ehegatte in seinem Testament die Regelungen des Berliner Testaments nur wiederholt und den Neffen zum Alleinerben einsetzt.[1]

Neu durch das Beitreibungsrichtlinie-Umsetzungsgesetz[2] eingefügt wurde folgende Vorschrift (§ 15 Abs. 4 ErbStG): „Bei einer Schenkung durch eine Kapitalgesellschaft oder Genossenschaft ist der Besteuerung das persönliche Verhältnis des Erwerbers zu derjenigen unmittelbar oder mittelbar beteiligten natürlichen Person oder Stiftung zugrunde zu legen, durch die sie veranlasst ist. In diesem Fall gilt die Schenkung bei der Zusammenrechnung früherer Erwerbe (§ 14 ErbStG) als Vermögensvorteil, der dem Bedachten von dieser Person anfällt. Die Vorschrift greift in allen Fällen, in denen der Gesellschafter einer Kapitalgesellschaft indirekt über eine Kapitalgesellschaft (oder einer Genossenschaft) an eine diesem nahe stehende Person (in der Regel an die Kinder) eine freigebige Zuwendung vornimmt. Waren solche Vorgänge bisher in Steuerklasse III zu besteuern, weil der Erwerber im Verhältnis zur Kapitalgesellschaft nur in der Steuerklasse III veranlagt werden konnte (mangels möglichem Verwandtschaftsverhältnis mit einer Kapitalgesellschaft, dies galt bislang unabhängig davon, ob im Fall einer Direktzuwendung des veranlassenden Gesellschafters an den Erwerber die Steuerklasse I oder II anwendbar gewesen wäre), so kann nach der neuen Vorschrift eine Besteuerung nach dem persönlichen Verwandtschaftsverhältnis des Erwerbers zu jenem Gesellschafter vorgenommen werden, der die Zuwendung veranlasst hat (also letztendlich in Steuerklasse I oder II)."

672

BEISPIEL:[3] Die VO-GmbH zahlt dem S auf Veranlassung der beiden Gesellschafter ein um 1 000 000 € überhöhtes Gehalt. V ist der Vater und an der VO-GmbH mit 60 % beteiligt, O ist der Onkel des S und an der VO-GmbH mit 40 % beteiligt. S legt keine andere Veranlassung dar. Nach § 15 Abs. 4 ErbStG ist die auf die Zuwendung der VO-GmbH entfallende Steuer auf die Summe der Steuerbeträge begrenzt, die sich bei einer Schenkung des V in Höhe von 600 000 € und einer Schenkung des O in Höhe von 400 000 € ergeben hätte.

---

1 Vgl. BFH, Urt. v. 26.9.1990 II R 117/86, BStBl 1990 II S. 1067.
2 V. 7.12.2011, BGBl 2011 I S. 2592.
3 Gleich lautender Ländererlass v. 14.3.2012, BStBl 2012 I S. 331, Tz. 6.4.

> **HINWEISE:**
> Die Neuregelung des § 15 Abs. 4 ErbStG betrifft nur die Rechtsfolgen der Steuerermittlung. Die Kapitalgesellschaft bzw. Genossenschaft bleibt Zuwendende.[1]
> § 15 Abs. 3 ErbStG gilt nicht für Schenkungen. Gibt der überlebende, nicht mit dem Schlusserben verwandte Ehegatte/Lebenspartner vorzeitig Erbvermögen heraus, zahlt der Schlusserbe den Vorteil der früheren Verfügbarkeit über das Vermögen mit einer schlechteren Steuerklasse.

5.2.3 Steuersätze

673 Die Erbschaft- und Schenkungsteuer wird nach folgenden Sätzen erhoben:

TAB. 27: Steuersätze nach Steuerklassen

Wert des steuerpflichtigen Erwerbs bis einschließlich ...	Steuerklasse I	Steuerklasse II	Steuerklasse III
75 000 €	7	15	30
300 000 €	11	20	30
600 000 €	15	25	30
6 000 000 €	19	30	30
13 000 000 €	23	35	50
26 000 000 €	27	40	50
Darüber	30	43	50

674 Die Erbschaft- und Schenkungsteuer wird nach diesen sieben Wertstufen „voll" erhoben, d. h., bei steuerpflichtigen Erwerben bis 75 000 € fallen in der Steuerklasse I volle 7 % = 5 250 €, bis 600 000 € bereits 15 % = 90 000 € und bei 6 000 000 € sind es 19 % = 1 140 000 €. Werden z. B. 600 100 €, also nur 100 € mehr als der Stufenbetrag vererbt (verschenkt), würde Erbschaftsteuer (Schenkungsteuer) nach der nächsthöheren Wertstufe (= 19 % auf 600 100 €) anfallen. Dem Mehrerwerb von 100 € stünde eine Erhöhung der Steuerlast um 24 019 € gegenüber.

675 Solche extremen Belastungen verhindert der Gesetzgeber mit dem sog. Härteausgleich innerhalb des Steuertarifs. § 19 Abs. 3 ErbStG bestimmt, dass der Unterschied zwischen der Steuer, die sich nach der maßgebenden Wertstufe ergibt (im Beispiel 19 % aus 600 100 € = 114 019 €), und der Steuer, die sich berechnen würde, wenn der Erwerb die letztvorhergehende Wertstufe nicht überstiegen hätte (im Beispiel 15 % aus 600 000 € = 90 000 €), nur insoweit erhoben wird, als er bei einem Steuersatz bis zu 30 % aus der Hälfte und bei

---

1 Gleich lautender Ländererlass v. 14. 3. 2012, BStBl 2012 I S. 331, Tz. 6.2.

einem Steuersatz über 30 % aus drei Vierteln des die Wertgrenze übersteigenden steuerpflichtigen Erwerbs gedeckt werden kann.

Im Beispielfall wären also nicht exakt 114 019 €, sondern nur 90 050 € an Steuern zu zahlen, d. h 50 € mehr. Denn die Wertstufe von 600 000 € wird nur um 100 € überschritten. Davon kommt nur die Hälfte, also 50 €, zum Ansatz. Formel: Steuertarif bei letztvorhergehender Wertstufe + $^1/_2$ (stpfl. Erwerb ./. Betrag der letztvorhergehenden Wertstufe); im Beispiel: 90 000 € + $^1/_2$ (600 100 − 600 000) = 90 050 €. Anzuwenden ist diese Formel immer dann, wenn der steuerpflichtige Erwerb folgende Wertgrenzen nicht überschreitet.

Für Erwerbe, bei denen die Steuer nach dem 31. 12. 2009 entsteht oder entstanden ist, gelten folgende Grenzwerte:[1]

TAB. 28: Härteausgleich, Wertstufen

Wertgrenze Gemäß § 19 Abs. 1 ErbStG €	Härteausgleich gemäß § 19 Abs. 3 ErbStG bei Überschreiten der letztvorhergehenden Wertgrenze bis einschließlich … € in Steuerklasse		
	I	II	III
75 000	−	−	−
300 000	82 600	87 400	−
600 000	334 200	359 900	−
6 000 000	677 400	749 900	−
13 000 000	6 888 800	6 749 900	10 799 900
26 000 000	15 260 800	14 857 100	−
über 26 000 000	29 899 900	28 437 400	−

5.2.4 Tarifbegrenzung beim Erwerb von steuerbegünstigtem Betriebsvermögen

Erwirbt eine natürliche Person der Steuerklasse II oder III steuerbegünstigtes Betriebsvermögen, land- und forstwirtschaftliches Vermögen, Anteile an begünstigten Kapitalgesellschaften, ist von der tariflichen Erbschaftsteuer ein Entlastungsbetrag abzuziehen (§ 19a Abs. 1 ErbStG). Der Entlastungsbetrag ist ein Abzugsposten, der – im Unterschied zu einem Freibetrag – nicht den steuerpflichtigen Erwerb mindert, sondern der analog einer Steuervorauszahlung auf die nach tatsächlichen Verhältnissen errechnete Steuer angerechnet wird.

---

1 FinMin Baden-Württemberg v. 18. 1. 2010 3 -3825/2.

Sinn und Zweck dieses Entlastungsbetrages ist, steuerbegünstigtes Betriebsvermögen bei allen Erwerbern nahe dem Tarif der Steuerklasse I zu besteuern. Die Tarifbegrenzung kommt nur beim Erwerb durch eine natürliche Person der Steuerklasse II oder III in Betracht; das sind in der Praxis in den meisten Fällen die Geschwister oder Nichten und Neffen. Erwerbe durch juristische Personen und Vermögensmassen sind nicht begünstigt (R E 19a.1 Abs. 1 ErbStR 2011).

678 Der Entlastungsbetrag hat die Aufgabe, Unterschiedsbeträge zwischen der auf das Betriebsvermögen entfallenden Steuer nach der tatsächlichen Steuerklasse und einer auf das Betriebsvermögen entfallenden (fiktiven) Steuer nach Steuerklasse I auszugleichen.

Der Entlastungsbetrag kann notwendigerweise nur auf dasjenige Betriebsvermögen gewährt werden, das nach Anwendung der Steuerbefreiungsregelungen (Verschonungsabschlag und Abzugsbetrag[1]) als steuerpflichtiges Vermögen verbleibt. Das sind im Regelfall die restlichen 15 % des Betriebsvermögens. Wird die 100%ige Optionsverschonung in Anspruch genommen, entfällt die Tarifbegrenzung naturgemäß vollständig.

679 Der Entlastungsbetrag errechnet sich in drei Schritten:

▶ Zunächst wird die Steuer nach der tatsächlichen Steuerklasse des Erwerbers berechnet und nach dem Verhältnis des steuerbegünstigten Betriebsvermögens, das nach Anwendung des § 13a ErbStG verbleibt, zum gesamten Vermögensanfall (vor Abzug von Freibeträgen und Nachlassverbindlichkeiten) aufgeteilt.

▶ Sodann ist die Steuer zu berechnen, die anfallen würde, wenn der Erwerber zum Personenkreis der Steuerklasse I gehören würde. Die nach Steuerklasse I anfallende fiktive Steuer ist wiederum nach dem Verhältnis des Betriebsvermögens zum gesamten Vermögensanfall aufzuteilen.

▶ Der Entlastungsbetrag errechnet sich aus der Differenz der beiden Ergebnisse aus Schritt 1 und 2 (§ 19a Abs. 4 ErbStG).

BEISPIEL: ▶ Zum Nachlass gehört u. a. ein kleiner Gewerbebetrieb. Der nach dem vereinfachten Ertragswertverfahren errechnete Steuerwert beträgt 5 000 000 €. Das übrige Vermögen (Barvermögen, Aktien, Wertpapiere usw.) beläuft sich auf einen Verkehrs- und Steuerwert von 800 000 €. Der Erwerber fällt unter Steuerklasse III.

---

1 Vgl. Rdn. 584, 588.

5 Die Steuerberechnung

1. Schritt: Steuer nach tatsächlicher Steuerklasse

Gewerbebetrieb			
Steuerwert	5 000 000 €		
./. Verschonungsabschlag 85 %	./. 4 250 000 €		
Zwischensumme	750 000		
./. Abzugsbetrag	–		
Wertansatz Betriebsvermögen	750 000		
Übriges Vermögen:			
Wertansatz	800 000 €		
Stpfl. Gesamtvermögen:	1 550 000 €		
./. Freibetrag (Klasse III)	./. 20 000 €		
steuerpfl. Erwerb	1 530 000 €		
Steuer bei Steuerklasse/ Steuersatz (II/30 %)	459 000 €	auf das Betriebsvermögen entfallen: Verhältnis Betriebsvermögen/ Gesamtvermögen = $\frac{750\,000}{1\,550\,000}$ = Faktor 0,483	
		(48,3 % aus 459 000 €)	221 697 €

2. Schritt: Steuer nach Steuerklasse I

steuerpfl. Erwerb	1 530 000 €		
Steuer bei Steuerklasse/Steuersatz (I/19 %)	290 700 €	auf das Betriebsvermögen entfallen: Verhältnis Betriebsvermögen/ Gesamtvermögen	
		(48,3 % aus 290 700 €)	140 408 €

3. Schritt: Ermittlung des Entlastungsbetrags

Der Entlastungsbetrag beträgt	= 81 289 €
Festzusetzende Steuer = (459 000 € ./. 81 289 =)	= 377 711 €

Dieses Drei-Schritt-Rechenverfahren braucht in der Praxis allerdings nur bei Mischerwerben (Erwerben, die aus begünstigtem Betriebs- und nicht begünstigtem Privatvermögen bestehen) angewendet zu werden. Besteht der Erwerb ausschließlich aus Betriebsvermögen, kann die Steuer gleich nach Tarif der Steuerklasse I errechnet werden.

Der Entlastungsbetrag entfällt rückwirkend, wenn der Unternehmensübernehmer innerhalb von fünf Jahren (bzw. bei vollständiger Steuerbefreiung innerhalb von sieben Jahren) gegen den Behaltenszeitraum verstößt, in dem der Be-

680

trieb in seiner Substanz fortgeführt werden muss.[1] Ein Unterschreiten der Lohnsummenregelung ist für den Entlastungsbetrag nicht schädlich.[2]

> **HINWEISE:**
>
> ▶ Bei Ermittlung des Verhältnisses zwischen dem Wert des begünstigten Betriebsvermögens und dem Wert des Gesamterwerbs (des gesamten Vermögensanfalls) ist auch der Wert für den Gesamterwerb um die damit wirtschaftlich zusammenhängenden abzugsfähigen Schulden und Lasten zu mindern (§ 19a Abs. 3 ErbStG).[3]
>
> ▶ Die Vorschrift stellt Erwerber der Steuerklassen II und III gegenüber Kindern oder anderen Erwerbern der Steuerklasse I nicht gleich, weil Erwerbern der Steuerklassen II und III nicht dieselben persönlichen Freibeträge zustehen wie den Personengruppen der Steuerklasse I.

5.3 Berücksichtigung früherer Erwerbe

5.3.1 Allgemeines

681 „Berücksichtigung früherer Erwerbe" heißt, dass alle Erwerbe vom selben Geber auf denselben Empfänger innerhalb eines Zeitraumes von zehn Jahren zusammengerechnet werden müssen.[4] Dies bestimmt § 14 ErbStG.

Die Vorschrift soll zum einen verhindern, dass die Steuerpflicht einer größeren Schenkung durch Aufteilung in mehrere kleinere Schenkungen mit Steuerwerten jeweils unter den Freibeträgen umgangen werden kann. Des Weiteren soll § 14 ErbStG unerwünschte Steuereinsparungen im Steuertarif verhindern. Durch Aufteilung größerer Schenkungen in mehrere kleinere Zuwendungen könnte man nämlich nicht nur die Freibeträge mehrmals nutzen, sondern auch einen niedrigeren Steuersatz erwirken. Die steuerliche Berücksichtigung früherer Erwerbe soll den Steuerpflichtigen aber so stellen, als hätte er alle zusammengerechneten Erwerbe vom selben Zuwendenden in einer Einheit erworben.

682 Frühere Erwerbe sind auch dann in die Zusammenrechnung einzubeziehen, wenn sie steuerfrei waren. Die Zuwendung bleibt dabei auch steuerfrei, denn die Werte des früheren Erwerbs bleiben bei der Zusammenrechnung unverändert (§ 14 Abs. 1 Satz 1 ErbStG: „Mehrere innerhalb von zehn Jahren von der-

---

1 Zu den Behaltensregelungen vgl. im Einzelnen Rdn. 642.
2 R E 19a.3 Abs. 1 ErbStR 2011.
3 I.d.F. Gesetz zur Beschleunigung des Wirtschaftswachstums v. 18.12.2009, BStBl 2009 I S. 3950.
4 Für die Berechnung des Zehnjahreszeitraums ist jeweils der Zeitpunkt der Entstehung der Steuerschuld maßgebend. In aller Regel ist dies der Todestag des Erblassers oder – bei Schenkungen – der Zeitpunkt der Ausführung der Zuwendung (§ 9 Abs. 1 Nr. 1 u. 2 ErbStG).

selben Person anfallende Vermögensvorteile werden in der Weise zusammengerechnet, dass dem letzten Erwerb die früheren Erwerbe nach ihrem früheren Wert zugerechnet werden"). Entsprechendes gilt für den früheren Erwerb von Grundbesitz vor dem 1.1.2009. Dieser ist mit den maßgebenden früheren Grundbesitzwerten anzusetzen (R E 14.1 Abs. 2 Satz 2 ErbStR 2011). Wertänderungen in der Zwischenzeit, auch solche, die auf veränderte Bewertungsgrundlagen des Zuwendungsgegenstands zurückzuführen sind (aktuell: Erbschaftsteuerreform 2009), bleiben unberücksichtigt. Genauso unberücksichtigt bleibt eine zwischenzeitliche Veräußerung des Schenkungsgegenstandes oder ein zwischenzeitlich eingetretener Wertverfall. Denn die einzelnen Erwerbe verlieren mit der Zusammenrechnung nicht ihre Selbstständigkeit.

Mit dem Erbschaftsteuerreformgesetz 2009 erfuhr die Vorschrift eine bedeutende Änderung: Die Vorschrift wurde ergänzt um einen vierten Satz, der bestimmt, dass „die Steuer, die sich für den letzten Erwerb ohne Zusammenrechnung mit früheren Erwerben ergibt", durch den Abzug der fiktiven Steuer bzw. gezahlten Steuer für den Ersterwerb nicht unterschritten werden darf. Damit wirkt die Zusammenrechnung seit 2009 nur noch steuererhöhend, eine Steuererstattung ist ausgeschlossen (R E 14.1 Abs. 4 Satz 8 ErbStR 2011). Daher ist wie folgt vorzugehen: 683

1. Die Erwerbe innerhalb der letzten zehn Jahre sind zusammenzurechnen.

2. Die Erbschaft-/Schenkungsteuer für den Letzterwerb wird aus der Steuer für den Gesamterwerb ermittelt.

3. Die Steuer für den Gesamterwerb ist um die (fiktive) Steuer, die auf den früheren Erwerb unter Berücksichtigung der persönlichen Verhältnisse und des Steuerrechts zum Zeitpunkt des letzten Erwerbs entfällt (§ 14 Abs. 1 Satz 2 ErbStG), zu kürzen. War die tatsächlich gezahlte Steuer höher, ist diese abzuziehen (§ 14 Abs. 1 Satz 3 ErbStG).[1] Maßgeblich ist stets der Steuertarif im Zeitpunkt des letzten Erwerbs, d.h. die Rechtslage im aktuellen Vermögensübergang, also bei Letzterwerben ab 2009 das Erbschaftsteuerrecht in der Fassung des ErbStRG 2009. Was für den früheren Erwerb gegolten hat, ist nur noch hinsichtlich der Wertermittlung von Bedeutung, d.h., für frühere Grundstückserwerbe gelten die früheren „Bedarfswerte".

---

1 R E 14.1 Abs. 3 Satz 7 ErbStR 2011: „Als tatsächlich zu entrichtende Abzugsteuer ist jedoch die Steuer zu berücksichtigen, die sich nach den tatsächlichen Verhältnissen zur Zeit der Steuerentstehung für den Vorerwerb unter Berücksichtigung der geltenden Rechtsprechung und Verwaltungsauffassung zur Zeit der Steuerentstehung für den Letzterwerb ergeben hätte".

4. Die Steuer für den Letzterwerb errechnet sich nun aus der Differenz zwischen der Steuer für den Gesamterwerb und der (fiktiv errechneten) bzw. tatsächlichen Steuer (abhängig davon, welche Steuer höher ist) für den Vorerwerb.

5. Anschließend ist die Steuer für den Letzterwerb isoliert zu ermitteln, also ohne Zusammenrechnung mit den früheren Erwerben. Diese Steuer wird mit der nach den Schritten 1–4 errechneten Gesamtsteuer verglichen. Ist die Steuer für den Gesamterwerb höher, ist diese anzusetzen. Ist die – isoliert ermittelte – Steuer für den Letzterwerb höher, ist diese anzusetzen.

BEISPIEL: A schenkt seinem Sohn im Jahr 2009 500 000 € und in 2013 weitere 300 000 €. Die Steuer für den Letzterwerb (300 000 €) errechnet sich wie folgt:

Erwerb 2009		500 000 €
Erwerb 2013		300 000 €
Gesamterwerb		800 000 €
./. Freibetrag zz. des letzten Erwerbs		./. 400 000 €
Steuerpflichtiger Gesamterwerb		400 000 €
Steuerklasse/Steuersatz (I/15 %)		60 000 €
hiervon abzuziehen: Steuer für den Ersterwerb (Annahme: fiktive Steuer = tatsächlich gezahlte Steuer).		
Ersterwerb	500 000 €	
./. Freibetrag	./. 400 000 €	
Steuerpflichtiger Erwerb	100 000 €	
Steuerklasse/Steuersatz (I/11 %)	11 000 €	./. 11 000 €
Zwischensumme		49 000 €
Steuer für den Letzterwerb (Mindeststeuer, § 14 Abs. 1 Satz 4 ErbStG)		
Letzterwerb: 300 000 €		
./. Freibetrag: 400 000 €		
Steuerpflichtiger Erwerb/Schenkungsteuer		0
Die Steuer für den Gesamterwerb beträgt demnach		49 000 €

684 Sind mehr als zwei Erwerbe zusammenzurechnen, werden zunächst alle Erwerbe als ein einziger Erwerb zusammengerechnet. Die Summe aus allen Vorerwerben wird als ein einziger Erwerb behandelt und dem Letzterwerb hinzugerechnet.

BEISPIEL: A wendet seiner Lebensgefährtin (Steuerklasse III, Freibetrag 20 000 €) jährlich 20 000 € zu.

5 Die Steuerberechnung

Jahr	Zuwendung (€)	Freibetrag (€)	steuerpfl. Erwerb (€)	Steuer Gesamterwerb (€)	Steuer Vorerwerb (€)	Steuer Letzterwerb (Mindeststeuer (€)	Steuer Gesamterwerb
01	20 000	20 000	0				
02	20 000 + 20 000	20 000	20 000	6 000	0	6 000	6 000
03	20 000 + 40 000	20 000	40 000	12 000	6 000	6 000	6 000
04	20 000 + 60 000	20 000	60 000	18 000	12 000	6 000	6 000
05	20 000 + 80 000	20 000	80 000	24 000	18 000	6 000	6 000

Kommt Betriebsvermögen zur Übertragung, kann der Abzugsbetrag[1] innerhalb von zehn Jahren für von derselben Person übertragenes Betriebsvermögen nur einmal berücksichtigt werden. Dies gilt auch bei der Zusammenrechnung mit früheren Erwerben im Rahmen des § 14 ErbStG. Wird der Abzugsbetrag, der ratierlich abzuschmelzen ist, erstmals durch die Übertragung von mehreren Betriebsvermögen(teilen) innerhalb von zehn Jahren überschritten, kann dadurch nur die Besteuerung des Nacherwerbs beeinflusst werden. Der anteilig auf den Vorerwerb entfallende Abzugsbetrag kann im Nachhinein nicht mehr abgeschmolzen werden.[2]

685

Kindern möglichst frühzeitig Geldmittel zukommen zu lassen, und zwar jeweils im Abstand von mehr als zehn Jahren und jeweils unter der vollen Ausnutzung der alle zehn Jahre wieder auflebenden Freibeträge, bringt auf der Einkommensteuerseite Vorteile. Kindern steht nicht nur ein eigener Sparer-Pauschbetrag zur Verfügung, in dessen Höhe sie zusätzlich Kapitaleinkünfte steuerfrei vereinnahmen können. Durch die frühzeitige Übertragung reduziert sich auch die Schenkungsteuerbelastung, und zwar um mehr, als man zunächst anzunehmen vermag!

686

BEISPIEL: ▶ Vater V steht vor der Entscheidung, ob er seiner Tochter die Aussteuer von 500 000 € schon jetzt oder erst bei der Heirat zukommen lassen soll. Steuerberater Schlau rät ihm dabei, seiner Tochter jetzt schon kurz vor dem 10. Geburtstag 400 000 € zukommen zu lassen, dieses Geld für sie anzulegen und bei der Heirat,

---

1 Vgl. Rdn. 588.
2 Ebenso Jülicher in: Troll/Gebel/Jülicher ErbStG, § 14 Tz. 42.

spätestens aber nach zehn Jahren den Rest zu geben. Schlau stellt dabei folgende zwei Vergleichsrechnungen auf:

Zuwendungen am	Betrag (€)	Zuwendungen am	Betrag (€)
vor dem 10. Geburtstag	400 000		
·/. Freibetrag	400 000		
Steuerpflichtiger Erwerb	0		
Schenkungsteuer	0		
bei Heirat bzw. spätestens nach mehr als zehn Jahren	100 000	bei Heirat	500 000
·/. Freibetrag	400 000	·/. Freibetrag	400 000
Steuerpflichtiger Erwerb	0	steuerpflichtiger Erwerb	100 000
Schenkungsteuer	0	Steuerklasse/Steuersatz I/11 %	
		Schenkungsteuer	11 000

Die 11 000 € müsste man dem Fiskus nicht unbedingt schenken, meint Schlau. Vater V hält dagegen, dass der Betrag nicht so groß wäre, als dass er nicht in Kauf zu nehmen wäre. Schließlich trenne er sich lieber später von seinem Geld.

Doch die Steuerrechnung sieht noch ganz anders aus, wenn man berücksichtigt, dass die vor dem zehnten Geburtstag geschenkten 400 000 € nach zehn Jahren das 1,79fache wert sind, wenn man den Betrag für die Tochter mit 6 % verzinst anlegt (ganz nebenbei sei der Hinweis gestattet, dass die Tochter selbst Kapitaleinkünfte bis zu 801 € im Jahr einkommensteuerfrei vereinnahmen kann). Und wollte man die Tochter mit einer Einmalzuwendung bei Heirat bzw. spätestens nach dem 20. Geburtstag so stellen, als wenn sie schon früher (vor mehr als zehn Jahren) etwas bekommen hätte, müsste man ihr 316 000 € mehr zuwenden. Die Schenkungsteuer verdreifacht sich dadurch fast.

Zuwendung am	Betrag (€)	Zuwendung am	Betrag (€)
vor dem zehnten Geburtstag (steuerfrei)	400 000		
Anlage zu 6 %, zehn Jahre, Faktor 1,79	716 000		
bei Heirat bzw. spätestens nach mehr als zehn Jahren (wieder steuerfrei)	100 000		
steuerfrei übertragenes Gesamtvermögen	816 000	bei Heirat	816 000
		·/. Freibetrag	400 000
		steuerpflichtiger Erwerb	416 000
		Steuerklasse/Steuersatz I/15 %	
		Schenkungsteuer	62 400

Führt man dem Vater die mehr als 60 000 € vor Augen, die dem Fiskus durch ungeschickte Vermögensübertragungen gezahlt werden müssen, wird er sich sicherlich davon überzeugen, dass ein frühzeitiger Vermögensübertrag unter mehrmaliger Ausschöpfung der persönlichen Freibeträge und unter Vermeidung einer Zusammenrechnung mit früheren Erwerben vorteilhafter ist, zumal auch der Wertzuwachs des Vermögens bereits bei der Beschenkten schenkungsteuerfrei realisiert werden kann.

HINWEISE:

▶ Die Zusammenrechnung mit früheren Erwerben ändert an der ursprünglichen Steuerfestsetzung nichts. Ist die Steuer für den Vorerwerb unzutreffend festgesetzt worden (z. B. fehlerhafter Wertansatz, fehlerhafte Steuerklasse), bleibt die Festsetzung für den Vorerwerb unverändert (R E 14.1 Abs. 3 Satz 6 ErbStR 2011).

Die nach den im Zeitpunkt des letzten Erwerbs geltenden Regelungen zu berechnende (fiktive) Steuer für den Ersterwerb (im Beispiel 11 000 €) stimmt mit der im Zeitpunkt des Ersterwerbs tatsächlich gezahlten Steuer nur dann überein, wenn sich inzwischen weder bei der steuerlichen Wertermittlung, bei der Steuerklasse, bei den Freibeträgen oder den Steuersätzen etwas geändert hat. Dies ist freilich selten der Fall. Es ändern sich entweder die Bewertungsgrundlagen, Steuerklassen und Steuersätze, die Ehegatten sind inzwischen geschieden (aus Steuerklasse I wird II), das Pflegekind wurde auf Rat des Steuerberaters adoptiert (aus Steuerklasse III wird I) oder das Verlobungspaar hat inzwischen geheiratet. In solchen oder ähnlichen Fällen kann die fiktiv errechnete Steuer höher oder niedriger ausfallen als die für den Ersterwerb tatsächlich gezahlte Steuer. Daher ist stets ein Vergleich zwischen der fiktiv zu errechnenden Steuer und der tatsächlich gezahlten Steuer vorzunehmen; der jeweils höhere Betrag ist abzuziehen. Eine Steuerersparnis ergibt sich daraus aber nur, wenn der Saldo zwischen der Steuer für den Gesamterwerb und der tatsächlich (bzw. fiktiv) gezahlten Steuer höher ist als die Erbschaft-/Schenkungsteuer für den Letzterwerb. Denn diese Steuer bildet die Mindeststeuer; sie darf nicht unterschritten werden.

▶ Trotz des § 14 ErbStG können Eltern einem Kind lebenslänglich jährlich 40 000 €/Jahr steuerfrei zuwerden. Der persönliche Freibetrag in Höhe von 400 000 € würde in diesem Fall zu keiner Zeit überschritten werden; weder bei der Einzelschenkung noch – bei Zusammenrechnung – für die gesamte Zuwendung. Im Einzelfall sollte der Steuerberater genau berechnen, ob sich ein Abwarten des Zehnjahreszeitraumes zur Vermeidung der Zusammenrechnung lohnt oder ob gerade die Zusammenrechnung günstiger ist, weil steuerfreie Zuschenkungen möglich sind.

5.3.2 Wenn die Schenkungskette über einen Zeitraum von mehr als zehn Jahren hinausreicht

Wurden Schenkungen zwischen denselben Personen über einen Zeitraum von mehr als zehn Jahren getätigt, kommt es infolge der Zusammenrechnungsvorschrift des § 14 ErbStG bei derjenigen Schenkung, die sowohl im vergangenen Zehnjahreszeitraum als auch im aktuellen Zehnjahreszeitraum mit den übrigen Schenkungen zusammenzurechnen war, zu einer Überprogression. Diese

687

ergibt sich daraus, dass wie gesehen nicht jeweils die tatsächliche für die Vorerwerbe festgesetzten bzw. erhobenen Steuern abzuziehen sind, sondern die Steuern, die für die früheren Erwerbe zur Zeit des letzten Erwerbs zu erheben gewesen wären (fiktive Steuer). Wurden einem Kind in 01, in 05 und 14 Zuwendungen gemacht, fließt die 05er Schenkung sowohl in die Schenkungskette 01–11 als auch in die Schenkungskette 04–14 ein.

688 Diese Überprogression wird dadurch beseitigt, dass kein Freibetrag mehr bei der ersten Schenkung im neuen Zehnjahreszeitraum abgezogen wird. Damit wird der Rechtsprechung des BFH[1] entsprochen, derzufolge die Erbschaft- oder Schenkungsteuer für den letzten Erwerb so zu berechnen ist, dass sich der dem Erben/ Beschenkten zur Zeit des letzten Erwerbs zustehende persönliche Freibetrag tatsächlich auswirkt, soweit er nicht innerhalb von zehn Jahren vor diesem Erwerb verbraucht worden ist (R E 14.1 Abs. 3 Satz 4 Abs. 4 ErbStR 2011).

BEISPIEL: ▶ M schenkte A in 1990 800 000 €, in 1995 weitere 800 000 € und in 2009 1 000 000 €. Doppelt belastet ist hier der Erwerb 1995, zu korrigieren der diesem nachfolgende Erwerb 2009.

Erwerb 2009		
Barvermögen		1 000 000 €
Barvermögen 1995		800 000 €
Gesamt		1 800 000 €
./. persönlicher Freibetrag 2009		./. 400 000 €
Steuerpflichtiger Gesamterwerb		1 400 000 €
Steuer auf Gesamterwerb (Klasse I, 19 %)		266 000 €
Fiktive Steuer 2009 auf Vorerwerb 1995	800 000 €	
./. Freibetrag 2009, höchstens beim Erwerb 1995 verbrauchter Freibetrag = 0 €	./. 0 €	
Steuerpflichtiger Erwerb	800 000 €	
Fiktive Steuer auf Gesamterwerb (Klasse I, 19 %)	152 000 €	
Anzurechnen ist die fiktive Steuer		152 000 €
Festzusetzende Steuer 2009		114 000 €
Berechnung der Mindeststeuer, § 14 Abs. 1 Satz 4 ErbStG		
Erwerb 2009		1 000 000 €
Freibetrag 2009		./. 400 000 €
Steuerpflichtiger Erwerb		600 000 €

---

1 Vom 2. 3. 2005 II R 43/03, BStBl 2005 II S. 728.

Steuer (Klasse I, 15 %)	90 000 €
Vergleich Mindeststeuer mit festzusetzender Steuer für Gesamterwerb = Mindeststeuer niedriger	
	114 000 €

5.3.3 Wenn während des Zehnjahreszeitraumes zuerst das Nutzungsrecht, dann die Substanz übertragen wird

Eine Schenkung des Nutzungsrechts mit anschließender Übertragung des Gegenstandes kommt wirtschaftlich einer Sofortschenkung gleich, nur mit dem Vorteil, dass der Beschenkte die auf den kapitalisierten Nießbrauch erhobene Schenkungsteuer in Jahressteuerraten entrichten kann. Wird der Nießbrauch an einem Sparbuch mit einer Einlagesumme von 500 000 € verschenkt, versteuert der Beschenkte nicht die Einlage, sondern nur den Nutzwert aus 500 000 €, der mit 5,5 % kapitalisiert einen steuerpflichtigen Jahreswert von 27 500 € ergeben würde und bezogen auf eine Nutzungsdauer von zehn Jahren einen Kapitalwert von 211 750 €. Die darauf entfallende Schenkungsteuer von etwas über 23 000 € in der Steuerklasse I kann in einer Jahressteuer entrichtet werden.

689

Mit Urteil vom 7. 10. 1998[1] hat der BFH jedoch bestimmt, dass der Steuerwert des Nießbrauchs sowie der Steuerwert der Substanz auch dann separat anzusetzen sind, wenn die Summe aus den beiden Werten den Steuerwert der Substanz übersteigt. Gestaltungsmodelle dieser Art bedürfen daher der genauen Berechnung. Teuer werden kann die Zusammenrechnung von Nießbrauchs- und Substanzsteuerwert im folgenden Fall: A schenkt B ein Wohngrundstück unter Vorbehaltsnießbrauch. Nach zwei Jahren verzichtet er auf den Nießbrauch entschädigungslos. Da ein Nießbrauchsverzicht eine freigebige Zuwendung i. S. von § 7 ErbStG darstellt, fällt je nach Höhe des verbleibenden und zu versteuernden Nießbrauch-Kapitalwertes[2] eine unter Umständen höhere Schenkungsteuer an.

---

1 II R 64/96, BStBl 1999 II S. 25.
2 Zur Berechnung des Kapitalwerts vgl. Rdn. 99 ff.

6 Steuerfestsetzung und Erhebung

6.1 Die Rolle des Steuerschuldners

690 Steuerschuldner ist erstrangig der Erwerber, also der Erbe, der Vermächtnisnehmer, der Pflichtteilsberechtigte oder der Beschenkte. Erwerber kann auch eine unbeschränkt steuerpflichtige Kapitalgesellschaft sein. Solange der Nachlass noch nicht auseinandergesetzt ist, haftet der Nachlass für die Erbschaftsteuer (§ 20 Abs. 3 ErbStG). Diese „Massehaftung" macht aus dem Nachlass keinen Steuerschuldner; sie führt vielmehr zu einer gesamtschuldnerischen Haftung aller Erben einer Erbengemeinschaft bis zur Auseinandersetzung. Nach der Auseinandersetzung haftet jeder Erbe für sich, ggf. auch mit dem eigenen Vermögen. Im Regelfall aber wird sich die Erbschaft- und Schenkungsteuer aus dem zugeflossenen Vermögen heraus finanzieren lassen. Voraussetzung für die Erhebung der Steuer ist ein positiver Erwerb, so dass die – theoretisch bestehende – Haftung des Erwerbers in das eigene Vermögen hinein praktisch ausgeschlossen ist.

691 Bei einer Schenkung kann außer dem Beschenkten (Erwerber) auch der Schenker in die Pflicht genommen werden. Der Schenker kann die Schenkungsteuer zur Entlastung des Erwerbers auch von sich aus tragen, was im Übrigen einen positiven Steuerspareffekt zur Folge hat. Von Amts wegen aber wird der Schenker in aller Regel nur dann Steuerschuldner, wenn die Einziehung der Steuer beim Erwerber erfolglos war.

692 Der Steuerschuldner ist stets Beteiligter im Feststellungsverfahren (§ 154 Abs. 1 Nr. 3 BewG). Wird die Steuer für eine Schenkung unter Lebenden geschuldet, ist der Erwerber Beteiligter, es sei denn, der Schenker hat die Steuer selbst übernommen (§ 10 Abs. 2 ErbStG) oder soll als Schuldner der Steuer in Anspruch genommen werden. In diesen Fällen ist der Schenker Beteiligter am Feststellungsverfahren, wenn er die Steuer übernommen hat oder als Schuldner für die Steuer in Anspruch genommen werden soll.

6.2 Besonderheiten beim Erwerb von Renten, Nutzungen und Leistungen

6.2.1 Allgemeines

693 Ein Erbe bzw. ein Beschenkter muss nicht notwendigerweise nur mit Geld- oder Sachleistungen bereichert sein. So kann beispielsweise die Witwe als Alleinerbin neben sonstigem Vermögen auch eine monatliche oder jährliche Rente aus einem privaten Vertrag heraus erhalten, den der Erblasser für sie ab-

geschlossen hat. Ein Beispiel für den steuerpflichtigen Erwerb von Nutzungen und Leistungen stellt der Nießbrauch dar.

Renten sowie andere Nutzungen und Leistungen, die im Rahmen eines Erwerbs von Todes wegen oder einer freigebigen Zuwendung (als Schenkung) anfallen, wären grundsätzlich – gemäß den Vorschriften des Bewertungsrechts – mit ihrem Kapitalwert zu versteuern, und zwar entweder im Erbfall oder im Zeitpunkt der Ausführung der Zuwendung. Da aber Renten und Nutzungsrechte dem Erwerber nicht sofort, sondern auf die Laufzeit verteilt zufließen, käme es – würde die Erbschaftsteuer sofort erhoben – nicht selten zu Liquiditätsengpässen, weil der Erwerber eines Rentenrechts im Gegensatz zum Erwerber von Barvermögen nicht das entsprechende Vermögen unmittelbar zur freien Verfügung hat. Der Gesetzgeber hat den Empfängern von steuerpflichtigen Renten, Nutzungen und Leistungen dementsprechend die Möglichkeit eingeräumt, die Erbschaftsteuer – anstatt einmalig vom Kapitalwert – jährlich im Voraus vom Jahreswert zu entrichten (§ 23 ErbStG). Die Regelung läuft im Ergebnis auf eine Stundung hinaus, bei der Stundungszinsen in Höhe von 5,5 % berechnet werden. Die Erbschaftsteuer wird dann sozusagen zur Jahressteuer.

HINWEIS:

Für die Jahresbesteuerung bedarf es eines Antrags. Antragsberechtigt ist der Erwerber des Renten- oder Nutzungsrechts bzw. derjenige, der die Steuerlast zu tragen hat. Der Antrag sollte bereits bei Abgabe der Erbschaftsteuererklärung gestellt werden; er ist allerdings nicht fristgebunden.

6.2.2 Wann und für wen lohnt sich ein Antrag auf Jahresversteuerung?

Für die Jahressteuer spricht einmal die zusätzlich gewonnene Liquidität, die dadurch entsteht, dass die Erbschaftsteuer bei der Jahresversteuerung nicht vorfinanziert werden muss, sondern aus der Zuwendung heraus gezahlt werden kann. Andererseits ist die Sofortversteuerung für den Steuerpflichtigen vorteilhaft, wenn der Rentenberechtigte voraussichtlich länger lebt, als in den zur Berechnung des Kapitalwerts maßgeblichen Sterbetafeln ausgewiesen ist. Bei der Sofortversteuerung kommt es nämlich zu keiner Nachbesteuerung und es wird die festgesetzte Steuer sogar nachträglich noch korrigiert, wenn der Rentenberechtigte früher stirbt als in den Sterbetafeln dokumentiert. Bei der Jahresversteuerung hingegen wird die Steuer auch dann noch erhoben, wenn die statistische Lebenserwartung längst überschritten ist oder die Rente selbst inzwischen weggefallen bzw. das Wirtschaftsgut, an dem sich das Nutzungsrecht bestimmt, untergegangen ist.

694

695 Ein weiterer wirtschaftlicher Vorteil der Entrichtung der Erbschaftsteuer als Jahressteuer war die Abzugsfähigkeit der Steuer bei der Einkommensteuer im Rahmen der Sonderausgaben. Ein Sonderausgabenabzug der Erbschaftsteuer (als auch der Schenkungsteuer) als Jahressteuer kommt nach der Neuregelung des Sonderausgabenabzugs für Versorgungsleistungen durch das Jahressteuergesetz 2008 allerdings nur noch selten in Betracht. Zum einen ist eine Unterscheidung zwischen einer Rente und einer dauernden Last entfallen. Alle Arten von Versorgungsleistungen aus einer vor dem 1.1.2008 erfolgten Vermögensübertragung gegen Versorgungsleistung werden steuerlich gleich behandelt. Ferner wurden die Abzugsmöglichkeiten von Versorgungsleistungen als Sonderausgabe vom Einkommen erheblich eingeschränkt.

696 Als Sonderausgabe abziehbar sind für Erwerbe ab dem 1.1.2008 nur noch Versorgungsleistungen:[1]

▶ im Zusammenhang mit der Übertragung eines Mitunternehmeranteils an einer gewerblich tätigen oder freiberuflichen Personengesellschaft,

▶ im Zusammenhang mit der Übertragung eines Betriebs oder Teilbetriebs sowie

▶ im Zusammenhang mit der Übertragung eines mindestens 50 % betragenden Anteils an einer Gesellschaft mit beschränkter Haftung, wenn der Übergeber als Geschäftsführer tätig war und der Übernehmer diese Tätigkeit nach der Übertragung übernimmt.

Entsprechend beschränkt sich auch die Sonderausgabenabzugsmöglichkeit der Erbschaftsteuer als Jahressteuer. Als Sonderausgabe abgezogen werden kann nur eine solche Jahressteuer, die sich aus einer Bereicherung mit Nutzungen bzw. Leistungen aus einem oben genannten Wirtschaftsgut begründet.

Unabhängig davon gilt für die Erbschaftsteuer als Jahressteuer analog die Regelung, welche im Rahmen des ErbStRG 2009 eingeführt worden ist und eine Einkommensteuerermäßigung bei Belastung mit Erbschaftsteuer vorsieht (§ 35b EStG).[2] Die Einkommensteuerermäßigung gilt allerdings nur für die Erbschaftsteuer, nicht auch für die Schenkungsteuer.

HINWEIS:

Bei der Kapitalisierung der Rente bzw. des Nutzungsrechts wird mit einem Zinssatz von 5,5 % kalkuliert. Wer die Jahresversteuerung wählt und den andernfalls sofort fälligen Steuerbetrag zu besseren Konditionen als zu 5,5 % anzulegen vermag, gewinnt finanzielle Vorteile.

---

1 Siehe hierzu weiterführend Teil VI Rdn. 907.
2 Vgl. Teil IV Rdn. 731 ff.

6.2.3 Berechnung der Jahressteuer

Die Jahressteuer errechnet sich aus zwei Komponenten: zum einen aus dem im Fall einer Sofortversteuerung maßgeblichen Steuersatz und zum anderen aus dem Jahreswert. Für die Bestimmung des Steuersatzes ist zunächst der steuerpflichtige Erwerb zu bestimmen.[1] Hierbei ist die Rente, die wiederkehrende Nutzung oder Leistung mit dem Kapitalwert zum übrigen Erwerb hinzuzurechnen. Maßgeblich sind jeweils die Verhältnisse zum Erwerbszeitpunkt.

697

Der so ermittelte Steuersatz ist im zweiten Schritt auf den Jahreswert anzuwenden. Der Jahreswert kann bei Nutzungen (beim Nießbrauch) nur maximal den 18,6ten Teil des Steuerwerts des zur Nutzung überlassenen Wirtschaftsgutes betragen (§ 16 BewG).

698

BEISPIEL: Der Jahreswert eines zu Gunsten der geschiedenen Ehefrau eingeräumten Nießbrauchs an einem steuerlich mit 1,5 Mio. € bewerteten Haus würde betragen: 1 500 000 : 18,6 = 80 645 €. Hätte die Berechtigte im Zeitpunkt der Zuwendung das 60. Lebensjahr vollendet (Faktor gemäß BMF-Schreiben v. 26.9.2011 IV D 4 - S 3104/09/10001 = 13,743[2]), ergäbe sich ein Kapitalwert von 1 108 305 € (80 645 × 13,743), was zugleich der Bereicherung entspräche. Nach Abzug eines persönlichen Freibetrags von 20 000 € (Steuerklasse II; § 16 Abs. 1 Nr. 4 ErbStG) ergäbe sich ein steuerpflichtiger Erwerb in Höhe von 1 088 300 € (auf volle Hundert € nach unten gerundet), auf den ein Steuersatz von 30 % zu erheben wäre. Multipliziert man schließlich den Steuersatz mit dem Jahreswert, erhält man die Jahressteuer. Die Jahressteuer beträgt im Beispiel 24 193 €.[3]

Eine Jahressteuer wird allerdings so lange nicht erhoben, als dem Berechtigten persönliche Freibeträge auf den Vermögenserwerb zustehen und diese noch nicht ausgeschöpft sind. Die Steuer ist also erst dann zu zahlen, wenn die Freibeträge durch Verrechnung mit den Jahreswerten aufgezehrt sind (sog. Aufzehrungsmethode). Ist neben dem Rentenrecht auch sonstiges Vermögen vorhanden, das der Sofortversteuerung unterliegt, müssen die Freibeträge zuerst von dem der Sofortversteuerung unterliegenden Vermögen abgezogen werden.

BEISPIEL: Nach dem Tod des Ehemanns erhält die 66-jährige Ehefrau eine Leibrente im Kapitalwert von 1 000 000 € sowie sonstiges Vermögen in Höhe von 500 000 €. Es bestand Gütertrennung (kein steuerfreier Zugewinnausgleich). Hinsichtlich der Rente soll die Jahresversteuerung gewählt werden.

---

1 Vgl. Rdn. 530 ff.
2 Vervielfältigertabelle siehe Anhang, Anlage 5.
3 Kommt § 19 Abs. 3 ErbStG (vgl. Rdn. 675) zur Anwendung, ist zunächst der effektive Steuerbetrag zu errechnen und sodann der maßgebende Prozentsatz zu ermitteln.

Kapitalwert Rente		1 000 000 €
Sonstiges Vermögen		200 000 €
Erwerb gesamt		1 200 000 €
./. Freibetrag § 16 ErbStG	500 000 €	
./. Freibetrag § 17 ErbStG	256 000 €	./. 756 000 €
Steuerpflichtiger Erwerb		444 000 €
Steuersatz Sofortsteuer (Klasse I, 15 %)		
Sofortsteuer:		
Sonstiges Vermögen	200 000 €	
Freibeträge §§ 16, 17 ErbStG	./. 756 000 €	
Restfreibetrag	./. 556 000 €	
Steuer sofort zu zahlen		0,00 €
Jahressteuer 15 % von Jahreswert 82 088*		14 574,30 €
In den ersten (556 000 : 82 088 =) 6,77 Jahren wird die Jahressteuer mit Rücksicht auf den Restfreibetrag nicht erhoben.		
* 1 000 000 : 12,182[1]		

HINWEIS:

Neben der Aufzehrungsmethode lässt die Finanzverwaltung auf Antrag auch die Kürzungsmethode zu.[2] Bei der Kürzungsmethode wird der Jahreswert, aus dem sich die Jahressteuer berechnet, um den Prozentsatz gekürzt, der sich aus dem Verhältnis des Freibetrags zum Kapitalwert der Rente, also zum steuerpflichtigen Erwerb ergibt. Die Kürzungsmethode kann bei voraussichtlich besonders langen Renten- oder Nutzungsbezugszeiten zu einer Steuerersparnis führen.

6.2.4 Dauer und Fälligkeit der Jahresversteuerung

699 Die Erhebungsdauer der Jahressteuer richtet sich nach der Laufzeit des Renten- oder Nutzungsrechts. Bei lebenslänglichen Renten endet die Steuererhebung demgemäß mit dem Tod des Berechtigten. Die Jahressteuer ist jeweils für das nächste Jahr im Voraus zu entrichten. Der genaue Zahlungstermin ist dabei vom Zeitpunkt der Entstehung der ursprünglichen Steuerschuld abhängig. Verstirbt z. B. der Ehegatte, der seiner Frau noch zu Lebzeiten einen privaten Rentenversicherungsvertrag hatte zukommen lassen, am 1. 5., so ist Zahltag der jeweilige 1. 5. eines Jahres. Der erste Jahresbetrag ist bereits bei Steuerfestsetzung fällig.

---

1 Faktor BMF-Schreiben v. 26. 9. 2011 IV D 4 – S 3104/09/10001, vgl. Anhang 5.
2 H E 23 ErbStH 2011.

6.2.5 Ablösung der Jahressteuer

Die Jahressteuer kann jeweils zum nächsten Fälligkeitszeitpunkt mit dem Kapitalwert abgelöst werden. Die Höhe des Kapitalwerts hängt in erster Linie davon ab, wie lange die Jahresrente noch zu zahlen wäre bzw. dem Erwerber das Nutzungsrecht noch zusteht. Bei befristeten Renten- und Nutzungsrechten gilt dementsprechend die Tabelle zu § 13 Abs. 1 BewG.[1] Für auf Lebenszeit ausgerichtete Renten- und Nutzungsrechte gelten jene Vervielfältiger, die das Bundesministerium der Finanzen für den jeweiligen Bewertungsstichtag (Ablösungszeitpunkt) veröffentlicht hat.[2] Dabei ist für die Berechnung befristeter Renten- und Nutzungsrechte nach § 13 BewG auf die noch verbleibende Laufzeit abzustellen. Für die Kapitalwertermittlung nach § 14 BewG ist das Lebensalter des Berechtigten im Ablösungszeitpunkt maßgebend.

700

> **BEISPIEL:** Die unverheiratete Tochter T hat von ihrem Vater V eine lebenslängliche Rente zugesagt bekommen. T hat sich für die Jahresversteuerung entschieden. Da V am 1. 6. verstorben war und T mit dem Tod ihres Vaters die Rentenberechtigung erlangt hat, war die Jahressteuer jeweils am 1. 6. für ein Jahr im Voraus zu entrichten. T, welche im Erwerbszeitpunkt 60 Jahre alt war, zahlte eine Jahressteuer von 2 000 €. Mit Eintritt ins Rentenalter möchte T die Jahressteuer ablösen. Im Ablösezeitpunkt ist T 65 Jahre alt.

Zur Berechnung des Kapitalwerts der abzulösenden Jahressteuer ist diese mit dem Faktor 12,468 zu multiplizieren.[3] Es ergibt sich hieraus ein einmalig zu zahlender Ablösebetrag von 24 936 € (= 2 000 × 12,468).

701

Die Ablösung ist nur auf Antrag möglich. Der Antrag muss spätestens bis zum Beginn des Monats gestellt sein, der dem nächsten Jahressteuer-Fälligkeitstermin vorausgeht.

> **HINWEISE:**
>
> ▶ An eine Ablösung sollte vor allem dann gedacht werden, wenn absehbar ist, dass die Rente länger läuft, als dies nach dem statistischen Zahlenmaterial ursprünglich vorauszuberechnen war, und sich aus dem Sonderausgabenabzug keine großen einkommensteuerlichen Vorteile mehr ergeben.
>
> ▶ Liegt zwischen der Wahl der Jahresversteuerung und der Ablösung ein längerer Zeitraum, wird die Ablösung – sowohl bei der Aufzehrungs- als auch bei der Kürzungsmethode – im Regelfall zu einer im Vergleich zur Sofortversteuerung höheren Steuerbelastung führen, da die Lebenserwartung nach der zur Berechnung des Ka-

---

1 Entspricht Anlage 9a zum BewG, abgedruckt in Anhang 3.
2 vgl. BMF-Schreiben vom 26. 9. 2011, a. a. O., Anhang 5.
3 Vgl. Anhang 5, Eintrittsalter 65 Jahre.

pitalwertes zu Grunde gelegten Sterbetafel mit höherem Alter ansteigt. Die günstigere Methode wird im Regelfall die Kürzungsmethode sein. Die Unterschiede können von Fall zu Fall erheblich sein.

6.3 Wenn dasselbe Vermögen im Familienkreis mehrmals vererbt wird

702 Wird dasselbe Vermögen innerhalb eines bestimmten Zeitraumes zwischen Personen der Steuerklasse I mehrmals von Todes wegen übertragen,[1] kommt es naturgemäß zur Mehrfachbelastung des Vermögens mit Erbschaftsteuer. Dieser Mehrfachbelastung soll § 27 ErbStG entgegenwirken.

703 Der Vorschrift liegt der Gedanke zu Grunde, dass bei mehrmaligem Übergang desselben Vermögens innerhalb des engsten Familienkreises die auf dieses Vermögen entfallende Steuer ermäßigt werden soll. Es muss also für das Vermögen vor Übertragung auf einen Angehörigen der Steuerklasse I schon einmal Erbschaftsteuer von einem anderen Angehörigen der Steuerklasse I gezahlt bzw. erhoben worden sein, und zwar in den letzten zehn Jahren.

§ 27 ErbStG kommt beispielsweise zur Anwendung, wenn der Großvater sein Vermögen an den Sohn überträgt, der Sohn überraschend stirbt und die Ehefrau Erbin wird, diese aber wenig später ebenfalls verstirbt und nur das Enkelkind übrig bleibt. In solchen Fällen würde sich die beim letzten Steuerfall festgesetzte Erbschaftsteuer wie folgt ermäßigen:

TAB. 29:	Steuerermäßigungen bei mehrfachem Vermögenserwerb nach § 27 ErbStG
wenn zwischen den beiden Zeitpunkten der Entstehung der Steuer liegen	kommt es zu einer Ermäßigung um …%
nicht mehr als 1 Jahr	50
mehr als 1 Jahr, aber nicht mehr als 2 Jahre	45
mehr als 2 Jahre, aber nicht mehr als 3 Jahre	40
mehr als 3 Jahre, aber nicht mehr als 4 Jahre	35
mehr als 4 Jahre, aber nicht mehr als 5 Jahre	30
mehr als 5 Jahre, aber nicht mehr als 6 Jahre	25
mehr als 6 Jahre, aber nicht mehr als 8 Jahre	20
mehr als 8 Jahre, aber nicht mehr als 10 Jahre	10

---

[1] Und zwar nur von Todes wegen: Die Vorschrift gilt nicht bei Schenkungen (vgl. u. a. BFH, Beschl. v. 16. 7. 1997 II B 99/96, BStBl 1997 II S. 625).

6 Steuerfestsetzung und Erhebung

Die Steuerermäßigung ist sozusagen zeitabhängig gestaffelt; sie beträgt zwischen 10 % und 50 % und gilt nicht für Schenkungen.[1] Die Ermäßigung kann also nicht durch Kettenschenkungen künstlich herbeigeführt werden.[2]

704

Prinzipiell ist auf den vorhergehenden Steuerfall abzustellen, d. h., es ist nicht erforderlich, dass der letzte Erwerber zum ursprünglichen Erblasser des ersten Steuerfalls der Steuerklasse I angehört, solange dies zum vorhergehenden Erwerber der Fall ist. Erblasser und Erwerber müssen also nicht notwendigerweise – wie oben als Beispiel angeführt – dem ersten Verwandtschaftsgrad (der geraden Linie, § 1589 BGB) angehören.

Zur Berechnung der Vergünstigung ist es notwendig, die im nachfolgenden Erwerbsfall festgesetzte Steuer (also die Steuer für den Gesamterwerb) in dem Verhältnis aufzuteilen, in dem der steuerliche Wert des wiedervererbten Vermögens (des begünstigten Vermögens) zum steuerlichen Wert des Gesamterwerbs ohne Abzug von Freibeträgen steht, weil ja nur die auf das wiederholt vererbte Vermögen entfallende Steuer ermäßigt werden kann (§ 27 Abs. 2 ErbStG).

Der Steuerpflichtige muss danach jeweils feststellen, wie hoch die ursprüngliche Steuer war, die auf das wiedervererbte Vermögen entfällt und wie hoch die auf das betreffende Vermögen entfallende Steuer im aktuellen Erbfall ist. Diese beiden Werte multipliziert er mit dem jeweils in Frage kommenden Steuerermäßigungssatz.

705

Von der für das Gesamtvermögen errechneten Steuerschuld aus dem nachfolgenden Erbfall ist anschließend der jeweils kleinere Wert abzuziehen, weil ja die Ermäßigung im nachfolgenden Erbfall den Betrag nicht überschreiten darf, der sich bei Anwendung der in § 27 Abs. 1 ErbStG genannten Prozentsätze auf die Steuer ergibt, die der Vorerwerber für den Erwerb desselben Vermögens entrichtet hat (§ 27 Abs. 3 ErbStG).

BEISPIEL: Der Sohn S des Großvaters G erbt in 2005 (altes Recht!) Vermögen im Wert von 850 000 €. 2010 stirbt S. Erbe ist Enkel und Sohn A. A erbt Vermögen im steuerlichen Wert von 1,0 Mio. €; darin sind 500 000 € vom Großvater wiedervererbtes Vermögen i. S. von § 27 ErbStG enthalten.

Zwischen dem Mehrfacherwerb liegen mehr als vier Jahre, jedoch nicht mehr als fünf Jahre. Es kommt ein Ermäßigungsbetrag von 30 % in Betracht.

---

1 BFH, Beschl. v. 16. 7. 1997 I B 99/96, BStBl 1997 II S. 625.
2 Zur Kettenschenkung vgl. Rdn. 823.

Im ersten Steuerfall, dem Übergang des Vermögens von G auf S, war zu zahlen: steuerpfl. Erwerb = 645 000 € (850 000 ./. 205 000 € Freibetrag), Steuersatz 19 % = Steuerschuld = 122 550 €.

Davon entfällt auf das begünstigte Vermögen: $\dfrac{500\,000 \times 122\,550}{850\,000} = 72\,088\;€$

Die Steuer im zweiten Steuerfall, dem Übergang des Vermögens von S auf A, beträgt:
steuerpfl. Erwerb= 600 000 € (1 Mio. € ./. 400 000 € Freibetrag), Steuersatz 15 % = Steuerschuld = 90 000 €.

Davon entfällt auf das begünstigte Vermögen: $\dfrac{500\,000 \times 90\,000}{1\,000\,000} = 45\,000\;€$

Ermäßigungsbeträge nach § 27:

erster Steuerfall:	30 % von 72 088 =	21 626 €
zweiter Steuerfall:	30 % von 45 000 =	13 500 €

Weil die Ermäßigung den Betrag nicht überschreiten darf, der sich bei Anwendung des § 27 ErbStG auf die Steuer ergibt, die der Vorerwerber (hier der Sohn des Großvaters) für den Erwerb desselben Vermögens (für die an A weitervererbten 500 000 €) entrichtet hat, kann die Steuerermäßigung für A im zweiten Steuerfall, also im Übergang vom S auf den A, nicht mehr als 21 626 € betragen (Höchstwertbeschränkung § 27 Abs. 3 ErbStG).

Ergebnis: A muss statt 90 000 € (Erwerb 1 000 000 ./. 400 000 persönlicher Freibetrag = 600 000 €, davon 15 % = 90 000) nur 76 500 € (= 90 000 ./. 13 500) an Erbschaftsteuer entrichten.

706 Liegen der Vorerwerb und der Letzterwerb im Schnittpunkt „altes" und „neues" Recht (also Vorerwerb vor dem 1.1.2009 und Letzterwerb nach dem 31.12.2008) ergeben sich insbesondere Auswirkungen auf die Höchstbetragsregelung nach § 27 Abs. 3 ErbStG, da die Steuer für den Letzterwerb durch die höheren persönlichen Freibeträge im Regelfall niedriger ist. Kommt allerdings Immobilienvermögen zum mehrfachen Erwerb, ist zu beachten, dass diese Vermögenswerte ab 2009 zum Zeitpunkt des Letzterwerbs mit Verkehrswerten (gemeine Werte) anzusetzen sind. Dadurch kann der Wert des mehrfach vererbten Vermögens erheblich ansteigen. Dasselbe gilt für Unternehmensvermögen, für das seit 2009 andere Bewertungsvorschriften gelten. Die Anhebung der Werte führt insbesondere zu einer verstärkten Anwendung der Begrenzungsregelung des § 27 Abs. 3 ErbStG.

BEISPIEL: Schenker A überträgt seinem Sohn S am 1.12.2005 ein Grundstück. Der damalige Bedarfswert betrug 500.000 €. S verstirbt am 26.3.2009 und wird wiederum von seinem Sohn S II beerbt. Das Grundstück des Großvaters E, welches sich nun im Nachlass des S befindet, ist nach neuem Bewertungsrecht in 2009 mit einem Verkehrswert von 1,5 Mio. € anzusetzen. Annahme: Das Grundstück wurde vom Erblasser – Sohn S – nicht zu eigenen Wohnzwecken genutzt (§ 13 Abs. 1 Nr. 4c ErbStG findet keine Anwendung).

Vermögensübertragung in 2005 A auf S	
Bereicherung (Bedarfswert Grundstück)	500 000 €
./. persönlicher Freibetrag	./. 205 000 €
Steuerpflichtiger Erwerb	295 000 €
Schenkungsteuer (Tarif 2005 15 % StKl. I)	44 250 €
Erbfall 2009 Grundstücksübertragung auf S II	
Bereicherung (Verkehrswert Grundstück)	1 500 000 €
./. persönlicher Freibetrag	./. 400 000 €
Steuerpflichtiger Erwerb	1 100 000 €
Erbschaftsteuer (Tarif 2009; 19 % StKl. I)	209 000 €
Maßgeblicher Ermäßigungssatz (§ 27 ErbStG)	
Zeitraum zwischen Vor- und Letzterwerb	
Mindestens drei, aber weniger als vier Jahre	35 %
35 % auf Steuer 2009 = 209 000 €	73 150 €
35 % auf Steuer 2005 = 44 250 € (Höchstbetrag-Begrenzung, § 27 Abs. 3 ErbStG)	15 487 €
Maximaler Ermäßigungsbetrag	15 487 €
Erbschaftsteuer 2009 endgültig	193 513 €

6.4 Wenn der Schenker Verschenktes wieder zurückfordert oder Vermögensgegenstände von Todes wegen dem Schenker wieder zurückfallen

6.4.1 Allgemeines

Im Familienkreis oder unter Schenkern wird oftmals übersehen, dass die Rückgängigmachung einer vollzogenen Schenkung eine der Schenkungsteuer unterliegende freigebige Zuwendung ist, wenn der Empfänger keinen Rechtsanspruch für die Rückübertragung geltend machen kann. Behält sich der Schenker dagegen ein vertragliches Rückforderungsrecht vor, und kann er auf Grund dieses Rechts die Rückgabe verlangen, kosten Schenkung und Herausgabe keine Steuern. Denn muss der Beschenkte den Schenkungsgegenstand auf Grund eines Rückforderungsrechts wieder herausgeben, erlischt nach § 29 ErbStG die ursprünglich entstandene und festgesetzte Schenkungsteuer rückwirkend; sie kann vom Fiskus zurückgefordert werden. Ein Rückforderungs-

707

recht kann von Gesetzes wegen gegeben sein oder auf vertraglicher Vereinbarung beruhen (z. B. beim Widerrufsvorbehalt).

Gesetzlich verankerte Rückforderungsrechte sind:
- die Verarmung des Schenkers (§ 528 BGB),
- die Nichtvollziehung einer Auflage, sofern das Geschenk zur Erfüllung der Auflage hätte verwendet werden müssen (§ 527 BGB),
- der grobe Undank des Beschenkten durch eine schwere Verfehlung gegen den Schenker oder seine Angehörigen (§ 530 BGB),
- die Rückforderung von Geschenktem wegen Aufhebung der Verlobung (§ 1301 BGB),
- Ansprüche aus der Auflösung der Zugewinngemeinschaft (§ 1390 BGB),
- die Beeinträchtigung der Rechte des Nacherben (§ 2113 BGB),
- der einen eigenen Steuertatbestand bildende Herausgabeanspruch nach § 2287 BGB
- oder die sonstige Nichtigkeit der Schenkung.

708 Kein Rückforderungsrecht kann geltend gemacht werden, wenn dem Beschenkten die Möglichkeit der Einrede nach §§ 529, 532 BGB gegeben ist, wenn also der Schenker seine Bedürftigkeit vorsätzlich oder grob fahrlässig herbeigeführt hat oder ein Widerruf deshalb ausgeschlossen ist, weil der Schenker dem Beschenkten verziehen hat. Ebenfalls nicht unter § 29 ErbStG fällt der Rückerwerb von Todes wegen oder die Rückschenkung. Hier käme allenfalls die Steuerermäßigung nach § 27 ErbStG in Betracht.

709 Als vertraglich vereinbartes Rückforderungsrecht kommt in erster Linie ein Widerrufsvorbehalt in Betracht. Wird eine Schenkung unter Widerrufsvorbehalt getätigt, gilt die Zuwendung als unter einer auflösenden Bedingung geleistet, d. h., der Vorbehalt stellt eine auflösende Bedingung dar. Eine Rückerstattung der Schenkungsteuer ergäbe sich dann nicht nur aus § 29 ErbStG, sondern auch aus § 5 Abs. 2 BewG. Gemäß dieser Vorschrift ist eine nicht laufend veranlagte Steuer – wie es die Erbschaftsteuer ist – zu berichtigen, wenn die Bedingung eingetreten ist, der Schenker also von seinem Widerrufsvorbehalt Gebrauch gemacht hat. § 29 ErbStG und § 5 Abs. 2 BewG führen letztlich zum selben Ergebnis.

710 Ein Schenkungsvertrag kann auch rückgängig gemacht werden, wenn die Steuerfolgen dieser Vertragskonstruktion nicht oder nicht in solch schwerwiegendem Ausmaß vorhersehbar waren und Steuerfolgen im Vertrag nicht als Widerrufsgrund festgehalten wurden („Steuerklausel"). Eine Erstattung der Schenkungsteuer nach § 29 ErbStG käme hier gleichfalls in Betracht. Wendet

der Beschenkte einen bezüglich des Geschenkes bestehenden Herausgabeanspruch dadurch ab, dass er sich verpflichtet, dem Schenker Unterhalt zu zahlen (§ 528 Abs. 1 Satz 2 BGB), so kann er für den Kapitalwert der Rentenzahlungen die Erstattung der Schenkungsteuer verlangen (§ 29 Abs. 1 Nr. 2 ErbStG).

HINWEIS:

Gibt der Erwerber das Geschenkte wieder heraus, muss er wie ein Nießbraucher den Kapitalwert der Nutzungen versteuern, die ihm während seines Besitzes zugeflossen und letztlich auch verblieben sind (§ 29 Abs. 2 ErbStG).

6.4.2 Die Rückfallklausel

In der Praxis vereinbaren Eltern bei Übertragung von Vermögen auf ihre Kinder eine sog. Rückfallklausel. Auf Grundlage dieser Klausel ist entweder der Rückfall an den (die) Schenker oder an eine andere Person festgeschrieben. Rückfallklauseln stehen der steuerlichen Anerkennung einer Schenkung nicht entgegen.[1]

711

Eine Rückfallklausel sollte in jedem Schenkungsvertrag enthalten sein; sie bietet zwei wesentliche Vorteile, die im Anwendungsfall zu einer nicht unbeachtlichen Steuerersparnis führen:

- ▶ Der Rückfall an den Schenker ist schenkungsteuerfrei;
- ▶ für eine evtl. nachfolgende Vermögensweitergabe ist das Verwandtschaftsverhältnis des ursprünglichen Schenkers und nicht dasjenige zum verstorbenen Beschenkten maßgebend.

BEISPIEL: Witwe und Mutter M verschenkt einen Großteil ihres Vermögens an ihre beiden Söhne S1 und S2. Das zur Übertragung anstehende Vermögen besteht ausschließlich aus Wertpapieren (der Steuerwert des Schenkungsvermögens entspricht daher dem Kurswert). Bei einem Steuerwert von je 600 000 € und Freibeträgen in Höhe von je 400 000 € zahlen S1 und S2 jeweils 22 000 € Schenkungsteuer (Steuerklasse I, Steuersatz 11 %). 15 Jahre nach der Schenkung verstirbt S1. Der Sohn war unverheiratet und hinterließ keine Kinder. Aus dem verschenkten Wertpapiervermögen von 600 000 € sind noch 300 000 € übrig.

---

[1] BFH, Urt. v. 27. 1. 1994 IV R 114/91, BStBl 1994 II S. 635.

Annahme: Der Schenkungsvertrag enthält keine Rückfallklausel. Es tritt die gesetzliche Erbfolge ein.		
Der verstorbene Sohn wird beerbt von Mutter M und S2 je zur Hälfte.		
Mutter M	es fällt keine Schenkungsteuer an (§ 13 Abs. 1 Nr. 10 ErbStG)	
Sohn/Bruder S2		
Bereicherung (½ v. 300 000 €)	150 000 €	
./. Freibetrag (Klasse II)	20 000 €	
steuerpfl. Erwerb	130 000 €	
Steuer bei Steuerklasse/Steuersatz (II/20 %)	26 000 €	
Weiterschenkung M an S2	Schenkungsteuer entfällt, da Freibetrag höher als Bereicherung (neue persönlicher Freibetrag, weil seit letzter Schenkung mehr als zehn Jahre vergangen sind)	0 €
	Schenkungsteuerbelastung bei gesetzlicher Erbfolge	26 000 €
Annahme: Der Schenkungsvertrag enthält eine Rückfallklausel. Witwe und Mutter M schenkt das Vermögen anschließend dem überlebenden Sohn.		
Mutter M	Es fällt keine Schenkungsteuer an (§ 13 Abs. 1 Nr. 10 ErbStG).	
	Steuererstattung der Schenkungsteuer für den ursprünglichen Erwerb nach § 29 Abs. 1 Nr. 1 ErbStG	22 000 €
Weiterschenkung an Sohn S2		
Bereicherung	300 000 €	
./. Freibetrag (Klasse I)	400 000 €	
steuerpfl. Erwerb	0 €	
	Schenkungsteuerbelastung mit Rückfallklausel	0 €
	Schenkungsteuererstattung durch Rückfallklausel	22 000 €

HINWEISE:

▶ Ist vertraglich vereinbart, dass der Schenkungsgegenstand im Falle des Vorversterbens des Beschenkten nicht an den Schenker, sondern direkt an einen Dritten, beispielsweise dem Bruder oder die Schwester, übergehen soll, ist eine mögliche Erstattung der Schenkungsteuer insofern problematisch, als der Schenkungsgegenstand nicht direkt an den Schenker zurückfällt, wie es § 29 ErbStG fordert.

▶ Handelt es sich bei dem von einem verstorbenen Kind hinterlassenen Nachlass nicht um erbschaftsteuerfrei bleibendes Vermögen, das Eltern oder Voreltern ihren Abkömmlingen durch Schenkung oder Übergabevertrag zugewandt hatten und das auf die Eltern/Voreltern wieder zurückfällt (Vermögen i. S. des § 13 Abs. 1 Nr. 10 ErbStG), sollte vor einer Erbausschlagung durch die Eltern zu Gunsten übriger Kinder ein Belastungsvergleich durchgeführt werden. Schlagen die Eltern aus und geht der Nachlass direkt auf die Geschwister über, wird zwar ein steuerpflichtiger Übergang eingespart. Dem steht aber der Nachteil entgegen, dass die Eltern nach Steuerklasse I bei einem Freibetrag für von Kindern erworbene Vermögen von je 100 000 € erworben hätten, den Geschwistern hingegen in Steuerklasse II nur ein Freibetrag von jeweils 20 000 € zusteht. Im Verhältnis Eltern-Kinder gilt außerdem ein sehr viel höherer Freibetrag von 400 000 €.

6.5 Steuerstundung in Härtefällen

6.5.1 Betriebsvermögen und land- und forstwirtschaftliches Vermögen

Wurde Betriebsvermögen oder land- und forstwirtschaftliches Vermögen von Todes wegen vererbt oder verschenkt, kann die darauf entfallende Erbschaftsteuer (Schenkungsteuer) auf Antrag bis zu zehn Jahre gestundet werden, soweit dies für die Erhaltung des Betriebes notwendig ist (§ 28 Abs. 1 ErbStG).

712

Die Vorschrift verkörpert einen echten Steuerstundungsanspruch des Unternehmensnachfolgers. Die Steuerstundung setzt voraus, dass

▶ die Steuer nicht auch aus weiterem erworbenen Vermögen gezahlt werden kann oder

▶ nicht aus eigenem Vermögen aufgebracht werden kann.

Dazu muss der Erwerber auch die Möglichkeit der Kreditaufnahme ausschöpfen. Die Beweislast dafür, dass kein eigenes Vermögen vorhanden und keine Kreditaufnahme möglich ist, obliegt dem Steuerpflichtigen (R E 28 Abs. 4 ErbStR 2011).

HINWEIS:

Bei der Prüfung der Frage, ob durch die sofortige Entrichtung der Erbschaftsteuer der Betrieb gefährdet oder die Veräußerung des Grundvermögens notwendig wird, bleiben Nachlassverbindlichkeiten, z. B. Grundschulden, Pflichtteile oder Vermächtnisse, außer Betracht (R E 28 Abs. 4 Satz 6 ErbStR 2011). Dadurch bleiben weitere Lasten, die der Unternehmenserwerber außerdem noch zu tragen hat, unberücksichtigt.

6.5.2 Zu Wohnzwecken vermietete und zu eigenen Wohnzwecken genutzte Grundstücke

713 § 28 Abs. 3 ErbStG sieht eine Erbschaftsteuer-/Schenkungsteuerstundung für zu Wohnzwecken vermietete bebaute Grundstücke oder Grundstücksteile vor, die im Inland, in einem Mitgliedstaat der Europäischen Union oder in einem Staat des Europäischen Wirtschaftsraums belegen sind und nicht zum begünstigten Betriebsvermögen oder begünstigten Vermögen eines Betriebs der Land- und Forstwirtschaft i. S. des § 13a gehören. Diese mit dem ErbStRG 2009 neu eingefügte Vorschrift soll einen funktionierenden Markt auf dem Wohnungssektor erhalten, bei dem gerade das Angebot einer Vielzahl von Mietwohnungen durch private Eigentümer einen Gegenpol gegen die Marktmacht großer institutioneller Anbieter setzt, wie es in der Gesetzesbegründung heißt. Die auf vermietete Immobilienobjekte erweiterte Stundungsvorschrift war auf Grund der neuen am gemeinen Wert orientierten Wertansätze für Grundstücke geboten. Der Gesetzgeber fürchtete, dass es in vielen Fällen zur zwangsweisen Veräußerung solcher Vermögen allein zum Zwecke der Begleichung der darauf entfallenden Erbschaftsteuer kommen würde. Auch in Fällen, in denen z. B. Geschwister bereits in einem erworbenen Ein- oder Zweifamilienhaus oder Wohneigentum wohnen oder ein entsprechendes Grundstück nach dem Erwerb selbst nutzen, soll ein gesetzlicher Stundungsanspruch bestehen, wenn die Entrichtung der Erbschaftsteuer nur durch Veräußerung möglich ist. Eine Steuerstundung für zu Wohnzwecken vermietete bebaute Grundstücke oder Grundstücksteile kommt in Betracht, wenn der Erbe die Steuer nur durch Veräußerung des Grundstücks selbst aufbringen kann. Ein Rechtsanspruch auf Stundung besteht nicht, wenn der Erwerber die auf das begünstigte Vermögen entfallende Erbschaftsteuer entweder aus weiterem erworbenen Vermögen oder aus seinem vorhandenen eigenen Vermögen aufbringen kann.

714 Gehören zum Erwerb ein Ein- oder Zweifamilienhaus oder Wohneigentum, das der Erwerber nach dem Erwerb zu eigenen Wohnzwecken nutzt, gilt eine Steuerstundung unter den Voraussetzungen wie für vermietete Wohngrundstücke analog für die Dauer der Selbstnutzung. Nach Aufgabe der Selbstnutzung ist die Stundung unter den Voraussetzungen weiter zu gewähren, dass das Objekt vermietet wird. Bei Vermietung nach Beendigung der Selbstnutzung soll durch die weitere Stundung erreicht werden, dass die gestundete Erbschaftsteuer aus den Erträgen entrichtet werden kann.

HINWEISE:

▶ Wird ein zu Wohnzwecken vermietetes oder zu eigenen Wohnzwecken genutztes Grundstück im Wege einer Schenkung übertragen, endet die Steuerstundung generell.
▶ Die Stundungsregelung gilt nur für ein Grundstück.
▶ Die Steuerstundung ist in allen Fällen zinslos.

(einstweilen frei) 715–730

Teil IV: Doppelbelastung mit Erbschaft- und Einkommensteuer

731 Eine Doppelbesteuerung mit Einkommen- und Erbschaftsteuern tritt regelmäßig ein, wenn der Erwerber steuerbehaftetes Vermögen erbt (Betriebsvermögen zur Erzielung von Gewinneinkünften, Immobilien bei Vermietung und Verpachtung) und dieses Vermögen nach dem Übergang veräußert. In solchen Fällen kommt es bedingt durch die sich am „gemeinen Wert" orientierenden Bewertungsvorschriften nach der Erbschaftsteuerreform 2009 zu einer doppelten Erfassung stiller Reserven sowohl bei der Erbschaft- als auch der Einkommensteuer. Bisher wurde eine Doppelbesteuerung von Unternehmensvermögen mit Erbschaftsteuer und Einkommensteuer mit dem Ansatz der Steuerbilanzwerte als steuerpflichtiger Erwerb bei der Erbschaftsteuer weitgehend vermieden.

732 Mit Einbezug der stillen Reserven durch Anwendung der neuen verkehrswertorientierten Bewertungsmethoden für Unternehmens- und Grundvermögen bleiben solche ererbten Vermögensgegenstände auch beim Erben/Erwerber ertragsteuerbehaftet, soweit sie von diesem später veräußert werden. Der Gesetzgeber hat daher mit der Erbschaftsteuerreform 2009 im Einkommensteuergesetz eine Neuregelung aufgenommen, die eine Doppelbelastung mit Erbschaftsteuer und Einkommensteuer zwar nicht zur Gänze vermeidet, jedoch verringert.

733 Der neu in das Einkommensteuergesetz eingefügte § 35b EStG sieht eine Steuerermäßigung in solchen Fällen vor, in denen beim Erben Einkünfte tatsächlich mit Einkommensteuer belastet werden, die zuvor als Vermögen oder Bestandteil von Vermögen bereits der Erbschaftsteuer unterlagen. Konkret müssen bei der Ermittlung des einkommensteuerpflichtigen Einkommens Einkünfte einbezogen worden sein, die im Veranlagungszeitraum oder in den vorangegangenen vier Veranlagungszeiträumen als Erwerb von Todes wegen der Erbschaftsteuer unterlegen haben.

734 Zum Anwendungsbereich der Steuerermäßigung zählen beispielsweise Gewinne aus der Veräußerung oder Entnahme einzelner Wirtschaftsgüter (Aufdeckung stiller Reserven), die beim Erblasser Betriebsvermögen waren und als Betriebsvermögen auf den Erwerber übergegangen sind. Weitere von der Ermäßigungsvorschrift erfasste Steuertatbestände sind: Veräußerung oder Aufgabe eines ganzen Gewerbebetriebs, Teilbetriebs oder Mitunternehmeranteils.[1]

---

1 Vgl. § 16 EStG.

In solchen Fällen wird die tarifliche Einkommensteuer, die auf diese Einkünfte   735
entfällt, um einen bestimmten Prozentsatz ermäßigt. Der Prozentsatz bestimmt sich gemäß § 35b Satz 2 EStG nach dem „Verhältnis, in dem die festgesetzte Erbschaftsteuer zu dem Betrag steht, der sich ergibt, wenn dem steuerpflichtigen Erwerb (§ 10 Abs. 1 des Erbschaftsteuer- und Schenkungsteuergesetzes) die Freibeträge nach §§ 16 und 17 und der steuerfreie Betrag nach § 5 des Erbschaftsteuer- und Schenkungsteuergesetzes hinzugerechnet werden".

HINWEIS:

▶ Die Steuerermäßigung gibt es allerdings nicht von Amts wegen, sondern bedingt eine Antragstellung.

▶ Wird die Erbschaftsteuer als Sonderausgabe abgezogen, ist eine Steuerermäßigung allerdings ausgeschlossen.

Teil V: Gestaltungstipps zur Steueroptimierung im Erbfall und bei Schenkungen

Rückblick

736   Im vorangegangenen Teil III standen jene vier Komponenten im Mittelpunkt, die die Höhe der Erbschaft- und Schenkungsteuerbelastung bestimmen.

Im Einzelnen waren dies:

1. die persönliche Steuerpflicht,
2. der steuerpflichtige Erwerbsvorgang,
3. der steuerpflichtige Erwerb (die Bereicherung),
4. der Steuersatz.

737   Soll Vermögen der nächsten Generation möglichst steuerschonend übertragen werden, müssen Überlegungen angestellt werden, die auf eine oder mehrere der vier Komponenten einwirken. Unter Berücksichtigung der vier genannten Besteuerungselemente weist die praxisbezogene Steuerplanung folgende fünf Fragen auf:

1. Wer und was ist steuerpflichtig?
2. Welche Bemessungsgrundlagen gelten jeweils?
3. Werden Steuerfreibeträge optimal genutzt und welche zivilrechtlichen Gestaltungsspielräume gibt es, diese zu nutzen?
4. Wie hoch ist der Steuersatz?
5. Wann wird letztlich die Steuer fällig und wie kann man die Erbschaft-/Schenkungsteuer hinausschieben?

738   Gestaltungen, die zu einer minimalen Erbschaft- bzw. Schenkungsteuerbelastung führen, müssen jedoch für Schenker und Erwerber nicht zwangsläufig auch die günstigste Alternative sein. Die für alle Beteiligten günstigste Alternative kann sich vielmehr erst im Rahmen einer Gesamtsteuerplanung herauskristallisieren. Und schließlich spielen bei der Seniorgeneration auch Aspekte der optimalen Altersvorsorge eine entscheidende Rolle.

1 Optimale Steuerplanung durch sachkundige Testamentsgestaltung

1.1 Allgemeines zum Testament als Instrument zur Regelung des Erbgangs

Das Testament ist das zivilrechtliche Instrument zur steuerlichen Ausgestaltung des Erwerbsvorgangs von Todes wegen im Allgemeinen (gewillkürte Erbfolge). Man unterscheidet im Einzelnen zwischen: dem Einzeltestament (privatschriftlich und eigenhändig oder notariell errichtet und jederzeit widerrufbar), dem gemeinschaftlichen Ehegattentestament (kennzeichnend hierfür ist die wechselbezügliche Verfügung nach § 2270 BGB) und dem Erbvertrag. Das Testament bietet dem Erblasser unter Beachtung der Grenzen für die Testierfreiheit[1] die Möglichkeit, auf Erbfolge und Umgang der Erben mit dem Nachlass einzuwirken. Das eigenhändige und privatschriftliche Testament muss eigenhändig verfasst sein, eine klare Überschrift (wie z. B. Testament) enthalten sowie mit dem vollständigen Namen unterschrieben sein. Unterschriften wie „Euer Hans" oder „Euer Vater" führen i. d. R. zu Zuordnungsschwierigkeiten. Sofern das Testament über mehrere Seiten hinausgeht, empfiehlt es sich stets, die Seiten durchgehend zu numerieren. Ort und Zeitangabe wie Datum usw. sollten ebenfalls Bestandteil eines privatschriftlichen Testamentes sein.

739

Das Testament entbindet den Erblasser von den Bestimmungen der Ehegatten- und Verwandtenerbfolge; es ermöglicht, durch die konstitutive Erbeinsetzung – beispielsweise von nachrangig verwandten oder nicht verwandten Angehörigen – den Kreis der Erben über die gesetzliche Erbfolge hinaus zu erweitern, lässt umgekehrt aber auch zu, den Kreis der Erben enger abzugrenzen. Mit Hilfe des Testaments können Erbquoten verändert werden, einzelne Nachlassposten bestimmten Erben gezielt zugewiesen oder bestimmte Geschenke, Belohnungen und mildtätige Zuwendungen durch Vermächtnis ausgesetzt werden. Ein Testament bindet im Gegensatz zum Erbvertrag nicht. Der Erbvertrag sichert dem Vertragspartner eine sichere Erbenposition zu. Darüber hinausgehende Rechte und Pflichten entstehen nicht; insbesondere garantiert ein Erbvertrag nicht, dass das Vermögen, über das bei Vertragsabschluss diskutiert wurde, im Erbfall noch vorhanden ist.

740

---

[1] Verstoß gegen ein gesetzliches Verbot (§ 134 BGB) oder Sittenwidrigkeit (§ 138 Abs. 1 BGB), Pflichtteilsrecht (§§ 2303 ff. BGB).

741 Der steueroptimalen Testamentsgestaltung gehen in aller Regel drei Fragen voraus:
1. Wie würde die gesetzliche Erbfolge aussehen?
2. Welche (steuer)nachteiligen Folgen hätte die gesetzliche Erbfolge?
3. Und wie können diese Nachteile durch die sachkundige Testamentsgestaltung vermieden werden?

742 Zur letzten Frage bietet das Testament folgende Möglichkeiten:
- ▶ Veränderung der Erbquoten der Nachlassbeteiligten (der Erbe mit hoher Steuerbelastung erhält die niedrigste Erbquote);
- ▶ Ausgestaltung der Zuwendungen so, dass alle bestehenden Freibeträge voll ausgeschöpft werden können;
- ▶ optimale Ausgestaltung der Zuwendungen an Erwerber mit Vorempfängen, so dass der Steuerentstehungszeitpunkt (§ 9 Abs. 1 Nr. 1a ErbStG) über den Zehnjahreszeitraum des § 14 ErbStG hinaus verschoben werden kann bzw. – wenn der Testamentsverfasser kein Inländer war – die Wegzugsbesteuerung vermieden wird (z. B. mit einer aufschiebenden Bedingung für den Vermächtniserwerb, deren Eintritt der Bedachte selbst beeinflussen kann).[1]

743 Zur Vermeidung von Steuernachteilen ist eine klare Erbeinsetzung Voraussetzung. Die Erbeinsetzung sollte immer zu Beginn eines selbst verfassten Testaments erfolgen, und zwar namentlich unter Gebrauch der Worte „Erbe" oder „erbt" ... einen bestimmten Teil.

HINWEIS:
Sollen Vermächtnisse ausgesetzt werden, muss auf die richtige Terminologie geachtet werden. Formulierungen wie „ich vermache ..." sind problematisch. So blieb dem BayOLG[2] in einem Fall nichts anderes übrig, als sämtliche Geschwister als gesetzliche Erben einzusetzen, nachdem diese im Testament zwar „bedacht" waren, es aber an einer konkreten Erbeinsetzung fehlte. Eine ledige und kinderlose Erblasserin hatte ihrem Bruder ihr Hausgrundstück und den übrigen Geschwistern Geldvermögen vermacht. Die Frage war, ob der Bruder letztlich Alleinerbe war oder ob auch die verstorbenen Geschwister als Erben anzusehen waren. Die Kinder der vorverstorbenen Geschwister bekamen letztlich Recht und das Geld. Ob dies der Wille der Erblasserin war, sei dahingestellt.

---

1 Wäre der Testamentsverfasser ein Inländer, hätte der Wegzug keinen Sinn, weil die Wurzeln der Steuerpflicht an der Inländereigenschaft des Erblassers haften. Der Erwerber kann hierbei nichts ändern, auch wenn er Deutschland nach dem Erbfall verlässt und das Erbe erst fünf Jahre später in Empfang nimmt.
2 Beschl. v. 12.11.1996 1 Z BR 193/96, OLG-Report 1997 S. 11.

1 Optimale Steuerplanung durch sachkundige Testamentsgestaltung

1.2 Beispiele einer steueroptimalen Testamentsgestaltung

1.2.1 Gezielte Festlegung von Erbquoten

Die Erbschaftsteuer wird ausschließlich aus dem Erwerbsanteil am ungeteilten Nachlass bemessen. Nicht der Nachlass oder etwa die Teilung des Nachlasses mittels einer Teilungsanordnung, sondern der jeweilige Teilerwerb am Nachlass bestimmt die Bemessungsgrundlage (den steuerpflichtigen Erwerb). Um Erbschaftsteuer zu sparen, muss folglich die Erbquote entsprechend festgesetzt werden. Erbquoten bestimmen, mit welchem Anteil ein Erbe am Nachlass beteiligt ist.

744

Im Unterschied hierzu legt der Erblasser mittels einer Teilungsanordnung fest, welche Gegenstände jeder Erbe bekommen soll. Dass z. B. der Sohn das Haus und die Tochter die Wertpapiere erhalten soll, kann mit dem Testament zwar frei bestimmt werden. Steuerlich wirken sich solche testamentarischen Einzelzuweisungen von Nachlassgegenständen allerdings nicht aus.

745

> **BEISPIEL 1:** ▶ A lebt im gesetzlichen Güterstand der Zugewinngemeinschaft, hat zwei Kinder und vererbt Immobilienvermögen im Steuerwert von 2 Mio. €. Ehefrau E hat keinen Zugewinn erzielt. Nach der gesetzlichen Erbquotenteilung würde die Hälfte des Nachlasses an der überlebenden Ehegatten fallen, die andere Hälfte bekämen die Kinder jeweils zu gleichen Teilen. Die Kinder hätten jeweils (500 000 € ./. 400 000 € persönlicher Freibetrag =) 100 000 € zu versteuern. Das Familienvermögen würde sich um insgesamt 22 000 € verringern (jeweils 11 000 € bei Steuerklasse I, Steuersatz 11 %). Der Ehegatte erhält seinen Teil als Zugewinnausgleich steuerfrei.
>
> Da dem überlebenden Ehegatten neben dem Zugewinnausgleich noch der Ehegatten-Freibetrag und der besondere Versorgungsfreibetrag in Höhe von insgesamt (500 000 € + 256 000 € =) 756 000 € zustehen, kann die Gesamtsteuerlast erheblich gemindert werden, wenn die Kinder testamentarisch auf den Pflichtteil gesetzt werden.
>
> Bestimmt A in seinem Testament dass der Ehegatte anstatt der Hälfte $^6/_8$ erhält, wären die 1,5 Mio. € beim überlebenden Ehegatten steuerfrei, da dieser bereits 1 Mio. € als Zugewinnausgleich (§ 5 ErbStG) erhält, darüber hinaus noch einen persönlichen Freibetrag von 500 000 € (§ 16 ErbStG) sowie einen besonderen Versorgungsfreibetrag von 256 000 € (§ 17 ErbStG) erhält. Die Kinder zahlen für den Pflichtteil in Höhe von $^1/_8$ (= 250 000 €) ebenfalls keine Steuern, da diese Zuwendung innerhalb der persönlichen Freibeträge von je 400 000 € liegt.

Teil V: Gestaltungstipps zur Steueroptimierung im Erbfall und bei Schenkungen

Tabellarisch aufbereitet gestaltet sich das Beispiel wie folgt (Beträge in €):

Gesetzliche Erbfolge				Steueroptimiertes Testament			
	Ehegatte	Kind 1	Kind 2		Ehegatte	Kind 1	Kind 2
Erbteil	1 000 000	500 000	500 000	Erbteil/ Pflichtteil	1 500 000	250 000	250 000
Zugewinn-ausgleich	·/. 1 000 000	–	–	Zugewinn-ausgleich	·/. 1 000 000	–	–
Freibetrag	·/. 500 000	·/. 400 000	·/. 400 000	Freibetrag	·/. 500 000	·/. 400 000	·/. 400 000
Besonderer Versorgungsfreibetrag	·/. 256 000	–	–	Besonderer Versorgungsfreibetrag	·/. 256 000	–	–
Steuerpfl. Erwerb	–	100 000	100 000	Steuerpfl. Erwerb	–	–	–
Erbschaftsteuer	–	11 000	11 000	Erbschaftsteuer	–	–	–

BEISPIEL 2: H lebt in Gütertrennung und hat keine Kinder. Er hinterlässt den Ehegatten und eine Schwester. Der Nachlasswert beträgt 2,5 Mio. €. Der überlebende Ehegatte und die Schwester teilen sich den Nachlass zu je $1/2$.

Der Ehefrau entsteht dadurch eine Steuerbelastung von 74 100 €, welche sich wie folgt errechnet:

Zuwendung: 1,25 Mio. ·/. 500 000 € persönlicher Freibetrag ·/. 256 000 € besonderer Versorgungsfreibetrag (wegen Gütertrennung kein steuerfreier Zugewinnausgleich!) = steuerpflichtiger Erwerb in Höhe von 494 000 € Steuersatz 15 %, Steuerklasse I = Steuer v. 74 100 €.

Die Schwester zahlt an Steuern:

Zuwendung: 1,25 Mio. ·/. 20 000 € persönlicher Freibetrag = steuerpflichtiger Erwerb in Höhe von 1,23 Mio €, Steuersatz 30 %, Steuerklasse II = Steuer v. 369 000 €.

Beide Erbinnen zahlen zusammen 443 100 €.

Wird aber die Erbquote zu Gunsten der überlebenden Ehegattin um $1/4$ erhöht, ergeben sich folgende Steuerbelastungen:

Ehefrau: Bereicherung: 1 875 000 € ·/. 756 000 € Freibeträge (persönlicher + besonderer Versorgungsfreibetrag = steuerpflichtiger Erwerb: 1 119 000 €

Steuerlast bei Steuerklasse I, Steuersatz 19 % = 212 610 €.

Schwester: Bereicherung: 625 000 € ·/. 20 000 € persönlicher Freibetrag = steuerpfl. Erwerb 605 000 €

Steuerlast bei Steuerklasse II, Steuersatz 30 % Härtefallregelung = 152 500 €.

Beide Erbinnen zahlen zusammen: 365 110 €.

Steuerersparnis bei Erhöhung der Erbquote der Ehefrau um $1/4$ = 77 990 €.

BEISPIEL 3: Eine in Gütertrennung lebende kinderlose Erblasserin hinterlässt ihren Ehemann und einem Kind ihrer Schwester einen Nachlass im Wert von 1,5 Mio. €.

Nach der gesetzlichen Erbfolge würde der Nachlass zwischen dem Ehemann und der Großnichte je zur Hälfte verteilt werden. Hieraus entstünde eine Steuerbelastung des Ehemannes: Bereicherung: 750 000 ./. 756 000 € persönlicher Freibetrag und besonderer Versorgungsfreibetrag = 0 € steuerpfl. Erwerb.

Zu zahlende Erbschaftsteuer = 0 €.

Die Nichte hätte zu zahlen: Bereicherung 750 000 € ./. 20 000 €. Persönlicher Freibetrag = 730 000 € steuerpfl. Erwerb, Steuerlast bei Steuerklasse II, Steuersatz 30 % = 219 000 €.

Die Gesamtsteuerbelastung würde betragen: 219 000 €.

Bei Erhöhung der Erbquote zu Gunsten des Ehegatten von $^1/_2$ auf $^3/_4$ wäre an Steuern gespart:

Ehemann: Stpfl. Erwerb = 1 125 000 ./. 500 000 € persönlicher Freibetrag ./. 256 000 € besonderer Versorgungsfreibetrag = 369 000 €; Steuerlast bei Steuerklasse I, Steuersatz 15 % = 55 350 €;

Nichte: Stpfl. Erwerb = 375 000 ./. 20 000 € persönlicher Freibetrag = 355 000 €, Steuerlast bei Steuerklasse II, Steuersatz 25 % unter Berücksichtigung der Härtefallregelung, § 19 Abs. 3 ErbStG = 87 500 €.

Gesamtsteuerbelastung: 142 850 €; Ersparnis: 76 150 €.

HINWEIS:

Die testamentarische Änderung von Erbquoten hat auch Risiken. Angenommen, der Testator lebte mit seinem Ehegatten in kinderloser Ehe und der Ehegatte selbst hat keine Verwandte. Erbe seines Vermögens wäre der Staat (§ 1936 BGB). Der Testator selbst hat eine Schwester. Nun erhöht der Testator – um Erbschaftsteuer zu sparen – die Erbquote zu Gunsten seines Ehegatten von $^1/_2$ auf $^3/_4$. Der Testator verunglückt zusammen mit seinem Ehegatten, Letzterer überlebt um wenige Stunden. 75 % des Testatorvermögens würden an den Fiskus gehen.

1.2.2 Direkte Erbeinsetzung nachrangig Verwandter (Generation-Skipping)

In einigen Fällen mag es im Zuge einer langfristigen Steuerplanung sinnvoll sein, Vermögen der Großeltern gleich auf die Enkelkinder zu übertragen, anstatt zunächst die Kinder der Großeltern bzw. die Eltern der Enkelkinder zu bedenken, welche das Vermögen sowieso in naher Zukunft auf die Zielerwerber (die Enkelkinder) übertragen würden. Solche generationenüberspringende Zuwendungen werden als „Generation-Skipping" bezeichnet. Das Generation-Skipping ist Instrument für die steueroptimale konstitutive Erbeinsetzung nachrangiger Verwandter durch Testament. 746

Der Vorteil des Generation-Skippings liegt darin, dass durch das Überspringen einer Generation ein Steuerfall entfällt, der Erbschaftsteuer kosten würde. Des Weiteren bleiben die Erwerbe des Kindes vom Großvater und vom Vater getrennt. Hierdurch entsteht ein Progressionsvorteil: Generation-Skipping lohnt sich also besonders dann, wenn sowohl Großeltern als auch Eltern große Vermögenswerte besitzen, weil der Steuertarif sonst (wenn beide Vermögen ku- 747 muliert weitervererbt würden) stark anwächst. Das Generation-Skipping spart außerdem Steuern auf die Erträge des Großvatervermögens bis zum Tod des Vaters.

748 Diesen Vorteilen steht allerdings auch ein Nachteil gegenüber: Durch das Überspringen eines Erbgangs und der direkten Überleitung des Vermögens vom Großvater auf das Enkelkind geht der Freibetrag des Vaters als Zwischenerwerber verloren. Schließlich ist auch zu bedenken, dass das Generation-Skipping nur dann funktioniert, wenn der Vater keine Pflichtteilsrechte geltend macht.

749 Nachfolgend soll in einem Beispiel die Steuerbelastung bei indirekter Vererbung des Großvatervermögens über den Vater mit derjenigen im Fall des Direkterwerbs Großvater-Enkelkind verglichen werden. Zeitliche Aspekte, welche bei einer dynamischen Investitionsrechnung durch das Auf- und Abzinsen berücksichtigt werden, werden der Einfachheit halber außer Acht gelassen.

BEISPIEL: Indirekter Erwerb des Großvatervermögens über den Vater

Nachlassvermögen des Großvaters		2 000 000 €
Freibetrag Vater		./. 400 000 €
Steuerpflichtiger Erwerb des Vaters		1 600 000 €
Steuerbetrag bei Steuerklasse/Steuersatz (I/19 %)		304 000 €
Erwerb des Vaters nach Steuern		1 696 000 €
Eigenes Vermögen des Vaters		500 000 €
Gesamt-Nachlassvermögen des Vaters		2 196 000 €
Freibetrag des Kindes		./. 400 000 €
Steuerpflichtiger Erwerb des Kindes (gerundet)		1 796 000 €
Steuerbetrag bei Steuerklasse/Steuersatz (I/19 %)		341 250 €
Gesamterwerb des Kindes (Enkels) nach Steuern		1 854 750 €
Gesamtsteuerbelastung		
Vater	304 000 €	
Kind (Enkelkind)	341 250 €	
	645 250 €	
Direkter Erwerb des Großvatervermögens		
Nachlassvermögen des Großvaters		2 000 000 €
Freibetrag des Enkelkindes		./. 200 000 €
Steuerpflichtiger Erwerb vom Großvater		1 800 000 €
Steuerlast bei Steuerklasse/Steuersatz (I/19 %)		342 000 €
Erwerb vom Großvater nach Steuern		1 658 000 €
Nachlassvermögen des Vaters		500 000 €
Freibetrag des Kindes		./. 400 000 €

1 Optimale Steuerplanung durch sachkundige Testamentsgestaltung

Steuerpflichtiger Erwerb vom Vater		100 000 €
Steuerlast bei Steuerklasse/Steuersatz (I/7 %)		7 000 €
Erwerb vom Vater nach Steuern		493 000 €
Gesamterwerb des Kindes (Enkels) von Großvater und Vater		2 151 000 €
Gesamtsteuerbelastung		
Erwerb von Großvater	342 000 €	
Erwerb von Vater	7 000 €	
Summe	349 000 €	
Steuerersparnis/Mehrerwerb (645 250 ./. 342 000)		303 250 €

HINWEIS:

Die in den Rechenbeispielen dargestellten Unterschiede in der Steuerbelastung können noch dadurch gemildert werden, dass bei kurz aufeinanderfolgenden Mehrfacherwerben innerhalb von Personen der Steuerklasse I eine Steuerermäßigung nach Maßgabe des § 27 ErbStG eintreten kann.

1.2.3 Bewertungsvorteile schaffen mit testamentarischen Vermächtnisanordnungen

750 Vermächtnisse ermöglichen es dem Erblasser, die Steuerwerte einzelner Nachlassgegenstände individuell zu verschieben. Sollen mit einer testamentarischen Vermächtnisanordnung Steuervorteile verschafft werden, müssen Personen der Steuerklassen II und III solche Gegenstände vermacht werden, für die das Gesetz besondere Steuerbefreiungen gewährt wie z. B. vermietete Grundstücke, welche gemäß § 13c ErbStG nur zu 90 % ihres Wertes anzusetzen sind, oder solche Gegenstände, die nach § 13 ErbStG zur Gänze steuerfrei sind.[1] Eine gezielte Zuweisung solcher Nachlassgegenstände ist nur durch Vermächtnisanordnung möglich; Teilungsanordnungen sind steuerlich unbeachtlich. Es empfiehlt sich in solchen Fällen stets, den niedrig besteuerten Erben zum Alleinerben zu bestimmen und den höher besteuerten Erben mit steuerlich begünstigten Gegenständen als Vermächtnisnehmer einzusetzen.

---

1 Vgl. Rdn. 559.

2 Gestaltungen unter Ehegatten

2.1 Güterstandsschaukel

751 Mit einer sog. „Güterstandsschaukel", darunter versteht man die Beendigung der Zugewinngemeinschaft und den Übergang zur Gütertrennung und zurück, lässt sich zu Lebzeiten unter Ehegatten schenkungsteuerfrei Vermögen zu Gunsten des vermögensschwächeren Ehegatten verschieben. Die Ehegatten beenden zu diesem Zweck die Zugewinngemeinschaft. Auf Seiten des vermögensschwächeren Ehegatten entsteht ein Ausgleichsanspruch. Der Ausgleichsanspruch ist als Zugewinnausgleich schenkungsteuerfrei.[1] Der anschließende und umittelbare Wechsel aus dem Güterstand der Gütertrennung zurück in die Zugewinngemeinschaft stellt – sofern außersteuerliche Gründe vorliegen – keinen Gestaltungsmissbrauch dar. Der Bundesfinanzhof hat im Urteil v. 12. 7. 2005[2] die Güterstandsschaukel grundsätzlich anerkannt. Gemäß dem Urteil ist eine Ausgleichsforderung durch ehevertragliche Beendigung des Güterstandes der Zugewinngemeinschaft nicht als freigebige Zuwendung schenkungsteuerbar, wenn es tatsächlich zu einer güterrechtlichen Abwicklung der Zugewinngemeinschaft kommt, und zwar auch dann nicht, wenn der Güterstand der Zugewinngemeinschaft im Anschluss an die Beendigung neu begründet wird.Der Ansicht des BFH folgt auch die Finanzverwaltung in H E 5.2 ErbStH 2011: „Entsteht von Gesetzes wegen eine Ausgleichsforderung durch ehevertragliche Beendigung des Güterstandes der Zugewinngemeinschaft, ist dies nicht als freigebige Zuwendung schenkungsteuerbar, wenn es tatsächlich zu einer güterrechtlichen Abwicklung der Zugewinngemeinschaft kommt, und zwar auch dann nicht, wenn der Güterstand der Zugewinngemeinschaft im Anschluss an die Beendigung neu begründet wird."

Die Güterstandsschaukel ist auch bei bestehender modifizierter Zugewinngemeinschaft möglich, sofern ein Zugewinnausgleich nicht nur für den Todesfall, sondern auch für einen Güterstandswechsel vereinbart worden ist. Dass ein Zugewinnausgleich bei der modifizierten Zugewinngemeinschaft für den Scheidungsfall ausgeschlossen ist, ist steuerlich unbeachtlich. Gemäß R E 5.2 Abs. 2 Satz 1 ErbStR 2011 gilt die Nichtsteuerbarkeit auch hinsichtlich einer durch Ehevertrag (§ 1408 BGB) oder Vertrag im Zusammenhang mit einer Ehescheidung (§ 1378 Abs. 3 Satz 2 BGB) modifizierten Ausgleichsforderung als

---

1 Vgl. Rdn. 481.
2 II R 29/02, BStBl 2005 II S. 843.

Ausfluss der bürgerlich-rechtlichen Gestaltungsfreiheit der Ehegatten bei der Ausgestaltung des Zugewinnausgleichs.

> **HINWEISE:**
> Es darf jedoch einem Ehegatten keine erhöhte güterrechtliche Ausgleichsforderung verschafft werden. Denn in diesem Fall sieht die Finanzverwaltung eine steuerpflichtige Schenkung auf den Todesfall bzw. eine Schenkung unter Lebenden gegeben (R E 5.2 Abs. 2 Satz 2 ErbStR 2011). Zwischen der Beendigung der Zugewinngemeinschaft und ihrer Wiedervereinbarung sollte eine bestimmte Karenzfrist von mehreren Monaten liegen.

2.2 Familienheimschaukel

Die schenkungsteuerfreie Übertragung des Familienwohnheims auf den anderen Ehegatten und seit der Erbschaftsteuerreform 2009 auch auf den eingetragenen Lebenspartner[1] lässt auch die Übertragung anderer Vermögenswerte, z. B. Bargeld, zu. Hierzu überträgt der eine Ehegatte (Lebenspartner) dem anderen das Familienwohnheim bzw. seinen jeweiligen Anteil und kauft es von diesem dann zurück. Auf diese Weise lässt sich Bargeld auf den anderen Ehegatten (Lebenspartner) steuerfrei übertragen.

752

> **HINWEIS:**
> Der persönliche Steuerfreibetrag des anderen Ehegatten (Lebenspartners) wird dadurch nicht berührt.

2.3 Die Entschärfung von Steuernachteilen beim Berliner Testament

2.3.1 Die erbschaftsteuerliche Problematik auf einen Blick

Das Berliner Testament gehört, wie bereits mehrmals angesprochen, zu den steuerschädlichsten Übertragungsinstrumenten und sollte nur dann gewählt werden, wenn zwingende zivilrechtliche Gründe für ein solches Testament sprechen. Beim Berliner Testament werden Steuerfreibeträge verschenkt, die dem Schlusserben zum erstversterbenden Ehegatten zugestanden hätten. Durch die Konzentration des Vermögens auf den überlebenden Ehegatten erhöht sich außerdem die steuerliche Bemessungsgrundlage und damit auch die Steuerprogression. Das Vermögen des erstversterbenden Ehegatten wird im zweiten Erbfall nochmals der Besteuerung unterworfen (Doppelbesteuerung). Und schließlich, um die Negativliste komplett zu machen, kommt es durch

753

---

1 Vgl. hierzu Rdn. 570.

den gleichzeitigen Übergang des Vermögens des überlebenden Ehegatten zusammen mit dem Vermögen des erstverstorbenen Ehegatten zu einem hohen steuerpflichtigen Erwerb und einer hohen Steuerprogression.

> **HINWEIS:**
> Die durch das ErbStRG 2009 für Erwerbe von Todes wegen erweiterte steuerfreie Übertragung des Familienwohnheims macht das Berliner Testament unter Ehegatten wieder attraktiver und weniger teuer, als der überlebende Ehepartner das auf ihn übergehende Familienwohnheim im Erwerbszeitpunkt nicht versteuern muss.

2.3.2 Gestaltungsmöglichkeiten beim bestehenden Berliner Testament

2.3.2.1 Ausschlagung der Erbschaft durch den überlebenden Ehegatten

754 Haben die Ehegatten Zugewinngemeinschaft vereinbart, kann der überlebende Ehegatte sein Erbe nach dem Berliner Testament ausschlagen. Seine Rechtsposition verbessert sich dadurch sogar (um das Pflichtteilsachtel). Bei Ausschlagung der Erbschaft durch den überlebenden Ehegatten wäre der inflationsbereinigte Zugewinnausgleich steuerfrei. Der Zugewinnausgleich ist zwar nur ein Bargeldanspruch, der aber im Einverständnis mit den Kindern (den Schlusserben, die an Stelle des ausschlagenden Ehegatten treten) mit Sachleistungen abgegolten werden kann. So kann der überlebende Ehegatte trotzdem zu diversen Nachlassgegenständen kommen. Den kleinen Pflichtteil braucht der überlebende Ehegatte nicht geltend zu machen, sofern steuerlicherseits dadurch keine Vorteile entstehen.

Doch auch wenn die Ehegatten im Güterstand der Gütertrennung gelebt haben, kann es sich steuerlich lohnen, wenn der überlebende Ehegatte gegen Zahlung einer monatlichen Rente die Erbschaft zu Gunsten des Schlusserben ausschlägt.

> **BEISPIEL:** ▶ Der Senior und seine Ehefrau (mit dieser in Gütertrennung lebend) haben sich in einem Berliner Testament als gegenseitige Alleinerben eingesetzt und den gemeinsamen Sohn zum Schlusserben benannt. Der Senior hinterlässt ein Vermögen im Steuer(brutto)wert von 7,5 Mio. €, das allerdings noch mit Schulden in Höhe von 2 Mio. € belastet ist.
> Wäre die Erbfolge nach dem Berliner Testament vollzogen, wären von der Ehefrau an Steuern zu zahlen:
>
> | Steuerwert des Nachlasses (€) | Bereicherung (abzüglich Schulden, in €) | Freibeträge nach §§ 16, 17 ErbStG (€) | steuerpfl. Erwerb (€) | Steuersatz (%) bei Steuerklasse I | Steuerbetrag (€) |
> |---|---|---|---|---|---|
> | 7,5 Mio. | 5,5 Mio. | 756 000 | 4 794 000 | 19 | 910 860 |

Angenommen, die Ehefrau stirbt nach elf Jahren und die Schulden wären dieselben geblieben. Der Sohn hätte dann zu zahlen:

Steuerwert des Nachlasses (€)	Bereicherung (€)	Freibetrag nach § 16 ErbStG (€)	steuerpfl. Erwerb (€)	Steuersatz (%) bei Steuerklasse I	Steuerbetrag (€)
7,5 Mio.	5,5 Mio.	400 000	5,1 Mio.	19	969 000
Mutter und Sohn hätten also zusammen zu zahlen:					1 879 860

Die Ehefrau schlägt nun ihre Erbschaft aus dem Berliner Testament zu Gunsten des Sohnes gegen Zahlung einer monatlichen Rente in Höhe von 1 200 € aus (Jahreswert 14 400 €). Der Kapitalwert dieser Rente beträgt bei einem Lebensalter der Mutter von 80 Jahren (Faktor aus BMF-Schreiben v. 26. 9. 2011 IV D 4 - S 3104/09/10001, Anlage zu § 14 BewG = 7 180)[1] 103 392 €. Da dieser Kapitalwert (Steuerwert) erheblich unter den Freibeträgen nach §§ 16, 17 ErbStG liegt, fällt keine Steuer an.

Der Sohn kann die Rentenlasten steuermindernd berücksichtigen und hätte dann zu versteuern:

Steuerwert des Nachlasses (€)	Bereicherung (€)*	Freibetrag nach § 16 ErbStG (€)	steuerpfl. Erwerb (gerundet) (€)	Steuersatz (%) bei Steuerklasse I	Steuerbetrag (€)
7 500 000	5 396 608	400 000	4 996 608	19	949 355
Steuerersparnis für die Familienkasse durch Ausschlagung gegen einmalige Kapitalforderung = (1 879 860 − 949 355)					930 505
* abzüglich Schulden und Kapitalforderung der Mutter					

2.3.2.2 Ein Steuertrick: Die Ausschlagung durch die Schlusserben im Namen des überlebenden Ehegatten

Versterben beide Ehegatten binnen kurzer Zeit, genauer gesagt noch innerhalb der sechswöchigen Ausschlagungsfrist, erben die Kinder (Schlusserben) das Ausschlagungsrecht des überlebenden Ehegatten nach § 1952 BGB samt Berliner Testament mit. Üben sie das Ausschlagungsrecht im Namen des – für kurze Zeit – überlebenden Ehegatten aus, kann das Berliner Testament vollumfänglich ausgehebelt werden.

755

In einem Fall, den das Finanzgericht Düsseldorf zu entscheiden hatte,[2] starben die Eltern im Zeitabschnitt von zwei Tagen, und zwar der Vater am 2. 2. 1963 und die Mutter am 4. 2. 1963. Sie hatten sich gegenseitig zu Alleinerben eingesetzt (Berliner Testament). Nach dem Tod der Mutter schlugen die Kinder als deren gesetzliche Erben die Erbschaft der Mutter nach dem Vater aus, so dass

---

[1] Vgl. Anhang 5.
[2] Urt. v. 16. 10. 1964 III 8/53 Erb, EFG 1965 S. 183.

diese Erbschaft ebenfalls ihnen als gesetzliche Erben des Vaters zufallen konnte.

756 Das Finanzamt erkannte die Erbausschlagung nicht an und behandelte die Mutter als Alleinerbin des Vaters und die Kinder als Erben der Mutter. Die Finanzbeamten sahen in der Ausschlagung angesichts des Umstands, dass die Steuerpflichtigen im Zeitpunkt der Ausschlagung bereits Eigentümer des gesamten Vermögens der Eltern gewesen sind, einen Gestaltungsmissbrauch nach § 42 AO. Das Finanzgericht entschied, dass „ein Missbrauch einer Gestaltungsmöglichkeit nicht schon deshalb gegeben ist, weil eine rechtliche Gestaltung lediglich der Steuerersparnis wegen gewählt worden ist".

2.3.2.3 Geltendmachung von Pflichtteilsansprüchen in Absprache mit dem überlebenden Ehegatten

757 Bei Geltendmachung von Pflichtteilsansprüchen in Absprache mit dem überlebenden Ehegatten werden die persönlichen Steuerfreibeträge der Kinder zumindest zum Teil gerettet.

BEISPIEL: F ist Alleinerbin von M. Die Eltern leben in Gütertrennung. Nachlasswert 2 Mio. €. Schlusserbin ist Tochter T.

1. Erbfall: M stirbt		
Steuerwert Nachlass	2 000 000 €	
./. Freibeträge F	./. 756 000 €	
Steuerpfl. Erwerb	1 244 000 €	
Erbschaftsteuer (Kl I, 19 %)		236 360 €
2. Erbfall: F stirbt		
Steuerwert Restnachlass	2 000 000 €	
./. Freibetrag T	./. 400 000 €	
Steuerpfl. Erwerb	1 600 000 €	
Erbschaftsteuer (Kl. I, 19 %)		304 000 €
Erbschaftsteuer zusammen		540 360 €

Abwandlung: Tochter T macht im Einverständnis ihrer Mutter Pflichtteilsansprüche geltend

1. Erbfall: M stirbt	
Erbschaftsteuer Mutter	
Steuerwert Nachlass	2 000 000 €
./. Freibeträge F	./. 756 000 €
Pflichtteilsanspruch T ¼ v. 2 000 000 €	./. 500 000 €
Steuerpfl. Erwerb	744 000 €

Erbschaftsteuer (Kl. I, 19 %)	141 360 €
Erbschaftsteuer Tochter (7 % aus steuerpflichtigem Erwerb von 100 000 €)	7 000 €

2. Erbfall: F stirbt

Steuerwert Restnachlass (abzüglich Pflichtteil)	1 500 000 €	
./. Freibetrag T	./. 400 000 €	
Steuerpfl. Erwerb	1 100 000 €	
Erbschaftsteuer (Kl. I, 19 %)		209 000 €
Erbschaftsteuer zusammen		357 360 €
Erbschaftsteuerersparnis durch Pflichtteil		183 000 €

2.3.3 Gestaltungsmöglichkeiten bei der Konzipierung eines Berliner Testaments

2.3.3.1 Zugewinngemeinschaft vereinbaren

Die erbschaftsteuerfreie Zugewinnausgleichsforderung entlastet den längerlebenden Ehegatten hier besonders, da das gesamte Vermögen des vorverstorbenen Ehegatten auf ihn übergeht. 758

2.3.3.2 Geldvermächtnisse auf den Tod des erstversterbenden Ehegatten

Ein erhebliches Maß an Erbschaftsteuern kann gespart werden, wenn den Schlusserben schon im ersten Erbgang, also im Zeitpunkt des Übergangs des Vermögens auf den überlebenden Ehegatten, Geldvermächtnisse in Höhe der persönlichen Steuerfreibeträge ausgesetzt werden. 759

BEISPIEL: Ehemann E hinterlässt ein Vermögen von 5 Mio. €. Der Zugewinn der Ehefrau betrug 0 €.

Es sind zwei gemeinsame Kinder S und T vorhanden (Schlusserben), die im ersten Erbgang je ein Vermächtnis von 400 000 € erhalten.

	Erster Erbfall Erbschaftsteuer, je	Zweiter Erbfall Erbschaftsteuer, je	Erbschaftsteuer gesamt
Ohne Vermächtnisanordnung	331 360 €	399 000 €*	1 129 260 €
Mit Vermächtnisanordnung	255 360 €	323 000 €**	901 360 €
Erbschaftsteuerersparnis durch Geldvermächtnisse:			227 900 €

* ohne Vermächtnisanordnung bei gleichbl. Vermögenshöhe.
** mit Vermächtnisanordnung abzüglich Ersterwerb.

2.3.3.3 Geldvermächtnisse mit auf den Tod des überlebenden Ehegatten hinausgeschobener Erfüllung

760 Die Aussetzung von Geldvermächtnissen zu Gunsten der Schlusserben in Höhe ihrer persönlichen Freibeträge fordert regelmäßig die sofortige Auszahlung dieser Bargeldvermächtnisse durch den überlebenden Ehegatten. Mangels erforderlicher Liquidität dürfte es daher in vielen Fällen nicht möglich sein, Geldvermächtnisse zur „Rettung" der persönlichen Freibeträge der Kinder im ersten Erbgang zu vereinbaren.

761 Der ideale „Steuersparplan" wäre der, die Geldvermächtnisse auf den ersten Erbfall auszusetzen und gleichzeitig die Fälligkeit der Geldvermächtnisse auf den Tod des längerlebenden Elternteils hinauszuschieben. Damit hätte man die Steuervorteile gerettet und der längerlebende Ehegatte hätte zu Lebzeiten keine Auszahlungspflichten.

762 Zivilrechtlich ist es zweifelsohne möglich, ein Vermächtnis bereits mit dem Tod des erstversterbenden Ehegatten auszusetzen, jedoch erst später fällig zu stellen. Steuerlich entsteht jedoch wegen des § 6 Abs. 4 ErbStG kein Nutzen. Die Vorschrift stellt die beim Tode des Beschwerten fälligen Vermächtnisse den Nacherbschaften[1] gleich. Im Klartext bedeutet dies, dass die Aussetzung von Geldvermächtnissen auf den Tod des längerlebenden Ehegatten einer Vor- und Nacherbschaft gleichzusetzen wäre, was zur Folge hätte, dass sowohl der Vermögensanfall an den Vorerben (den überlebenden Ehegatten) als auch derjenige an den Nacherben (den Schlusserben des Berliner Testaments) steuerpflichtig wäre. Die Finanzverwaltung sieht einen solchen Fall insbesondere dann gegeben, wenn die Ehegatten in einem gemeinschaftlichen Testament mit gegenseitiger Erbeinsetzung bestimmen, dass ihren ansonsten zu Schlusserben eingesetzten Kindern beim Tod des erstversterbenden Elternteils Vermächtnisse zufallen sollen, die erst beim Tod des überlebenden Elternteils fällig werden. Die Vermächtnisse sind als Erwerb vom überlebenden Elternteil zu versteuern.

▶ **Fazit:**

Folglich liegt bei solchen Geldvermächtnissen weder beim Tod des erstversterbenden noch beim Tod des überlebenden Ehegatten eine die jeweilige Bereicherung durch Erbanfall mindernde Vermächtnislast vor! Entsprechendes gilt natürlich auch, wenn im Berliner Testament – um nach dem Tod des erstver-

---

[1] Zur Vor- und Nacherbschaft vgl. Rdn. 462.

sterbenden Ehegatten die Geltendmachung von Pflichtteilsansprüchen durch die zu Schlusserben eingesetzten gemeinschaftlichen Kinder zu verhindern – bestimmt wird, dass den Kindern, die den Pflichtteil nicht fordern, als Erwerb vom erstversterbenden Elternteil ein Vermächtnis im Wert des Pflichtteils zufallen soll, das erst mit dem Tod des überlebenden Elternteils fällig wird (sog. Jastrowsche Klausel).

2.3.3.4 Geldvermächtnisse mit zu einem fest bestimmten Zeitpunkt hinausgeschobener Erfüllung

Die gewünschten erbschaftsteuerlichen Vorteile, nämlich die Nutzung der persönlichen Freibeträge der Kinder im ersten Erbgang, lassen sich bei gleichzeitiger ganzer oder teilweiser Vermeidung einer Liquiditätsbelastung des überlebenden Ehegatten nur dann erreichen, wenn das Vermächtnis bereits mit dem Tod des erstversterbenden Ehegatten ausgesetzt ist, die Fälligkeit aber für einen späteren, fest bestimmten Zeitpunkt bestimmt ist, welcher sich nicht an der Lebenserwartung des längerlebenden Ehegatten orientiert (also beispielsweise einen festen Jahreszeitraum von 20 Jahren umfasst). Wird ein Vermächtnis auf einen fest bestimmten Zeitpunkt in der Zukunft vereinbart, handelt es sich um ein betagtes Vermächtnis. Beim betagten Vermächtnis besteht keine den Vermächtnisanfall verzögernde Ungewissheit. Es ist weder der Eintritt des Vermächtnisanfalls oder dessen Zeitpunkt ungewiss. Das betagte Vermächtnis gilt als ausgesetzt. Lediglich die Fälligkeit des Vermächtnisanspruchs ist bis zu einem vom Erblasser bestimmten Zeitpunkt verschoben. Solche Gestaltungen können damit den Nacherbschaften nicht gleichgestellt werden.

763

Werden betagte Vermächtnisse vereinbart, kann der überlebende Ehegatte den durch die Betagung niedrigeren abgezinsten Barwert der Vermächtnisforderung gleich im Erbfall steuermindernd gegenrechnen (abzugsfähige Erbfallschulden, § 10 Abs. 5 Nr. 2 ErbStG). Der Vermächtnisnehmer (Schlusserbe) muss dafür aber seine Erbschaftsteuer schon nach dem Tode des erstverstorbenen Ehegatten entrichten, wenn ihm auch das Geldvermächtnis zu einem u. U. sehr viel späteren Zeitpunkt zufließt.[1]

764

---

[1] Gebel in Troll/Gebel/Jülicher, ErbStG, § 3 Tz. 187.

> **HINWEIS:**
> Da betagte Vermächtnisse mit dem (abgezinsten) Barwert bei der Ermittlung des steuerpflichtigen Erwerbs gemäß § 12 Abs. 3 BewG anzusetzen sind, verringert sich ihr steuerlicher Wert umso mehr, je länger die Fälligkeit hinausgeschoben wird. Soll die Fälligkeit eines Barvermächtnisses 30 Jahre hinausgeschoben werden und soll der persönliche Freibetrag eines Kindes in Höhe von 400 000 € im ersten Erbfall voll ausgeschöpft werden, muss ein Barvermächtnis von knapp 2 Mio. € ausgesetzt werden.[1]

2.3.3.5 Aussetzung von aufschiebend bedingten oder befristeten Geldvermächtnissen

765 Bei einem aufschiebend bedingten oder befristeten Vermächtnis ist der Anfall des Vermächtnisanspruchs bis zum Eintritt der Bedingung oder eines Anfangstermins hinausgeschoben. Der Vermächtniseintritt ist im Gegensatz zum betagten Vermächtnis nicht gewiss und auch nicht fix, denn es kann zum Zeitpunkt der Aussetzung nicht garantiert werden, ob die Bedingung überhaupt eintritt.

► **Fazit:**

Die Ungewissheit führt dazu, dass der längerlebende Ehegatte den gesamten Vermögensanfall zunächst einmal versteuern muss, so dass eine Steuerwirkung erst mit Eintritt der Bedingung oder des Ereignisses erreicht werden kann.

2.3.4 Alternativen zum Berliner Testament

2.3.4.1 Barvermächtnis mit Rentenoption

766 Das Alternativmodell funktioniert wie folgt: Der längerlebende Ehegatte erhält ein Barvermächtnis mit Rentenoption. Von dieser Option macht der längerlebende Ehegatte beim Tod der Erstversterbenden Gebrauch. Das Kind wird als Alleinerbe eingesetzt; es kann das Barvermächtnis steuermindernd gegenrechnen. Der längerlebende Ehegatte erwirbt das Barvermächtnis zudem nach Abzug der Freibeträge im Regelfall zumindest bis in Höhe von 756 000 € (dem persönlichen Ehegattenfreibetrag in Höhe von 500 000 € und dem besonderen Versorgungsfreibetrag von 256 000 €) steuerfrei.

767 Der einzige Nachteil, den der überlebende Ehegatte gegenüber einer Erbeneinsetzung im Rahmen des Berliner Testaments hat, liegt in der Verfügbarkeit über das Gesamtvermögen. Der überlebende Ehegatte erwirbt bei der Barver-

---

1 Abzinsungsfaktor = 0,201, bezüglich des maßgeblichen Vervielfältigers siehe Tabelle Anhang 2.

2 Gestaltungen unter Ehegatten

mächtnisalternative einen Geldanspruch gegen den Alleinerben. Der Geldanspruch berechtigt ihn aber nicht, uneingeschränkt über das Gesamtvermögen zu verfügen.

BEISPIEL: Gegeben ist ein Berliner Testament nach der Einheitslösung (keine Vor- und Nacherbschaft). Der Nachlass des A beträgt 2 000 000 €. Alleinerbin wird Ehefrau B. Kind K wird Schlusserbe. Die Ehegatten lebten in Gütertrennung. Vermögen der B: 100 000 €.

1. Erbfall: A stirbt

Erbschaftsteuer für B

Steuerwert Nachlass	2 000 000 €	
·/. persönlicher Freibetrag	·/. 500 000 €	
·/. Versorgungsfreibetrag § 17 ErbStG	·/. 256 000 €	
Steuerpflichtiger Erwerb	1 244 000 €	
Erbschaftsteuer (Steuerklasse I, 19 %)		236 360 €

2. Erbfall: B stirbt

Erbschaftsteuer für K

Steuerwert Nachlass	2 100 000 €	
·/. persönlicher Freibetrag	·/. 400 000 €	
Steuerpflichtiger Erwerb	1 700 000 €	
Erbschaftsteuer		323 000 €
(Steuerklasse I, 19 %)		
Erbschaftsteuer zusammen		559 360 €

Abwandlung: K wird Alleinerbe. Es wird zu Gunsten des längerlebenden Ehegatten ein Barvermächtnis im Kapitalwert von 1 Mio. € ausgesetzt. Die Mutter kann dieses Barvermächtnis in eine Rentenoption umwandeln.

1. Erbfall: A stirbt

Erbschaftsteuer für K

Steuerwert Nachlass	2 000 000 €	
·/. persönlicher Freibetrag	·/. 400 000 €	
·/. Vermächtnislasten für B	·/. 1 000 000 €	
Steuerpflichtiger Erwerb	795 000 €	
Erbschaftsteuer K		151 050 €

Erbschaftsteuer für B

Steuerwert Nachlass	1 000 000 €	
·/. persönlicher Freibetrag	·/. 500 000 €	
·/. Versorgungsfreibetrag § 17 ErbStG	·/. 256 000 €	
Steuerpflichtiger Erwerb	244 000 €	

Erbschaftsteuer B (Steuerklasse I, 11 %)	26 840 €

2. Erbfall: B stirbt

Erbschaftsteuer für K

Steuerwert Nachlass	100 000 €
./. persönlicher Freibetrag	400 000 €
Steuerpflichtiger Erwerb/Erbschaftsteuer	0 €
Erbschaftsteuer gesamt	177 890 €
Erbschaftsteuerersparnis gegenüber Berliner Testament	381 470 €

2.3.4.2 Württembergisches Modell

▶ **Allgemeines**

768 Das „Württembergische Modell" basiert auf der Überlegung, dem überlebenden Ehegatten eine möglichst umfassende Nutzung des Nachlassvermögens zu ermöglichen bei gleichzeitig weitreichenden Verfügungsmöglichkeiten über das Nachlassvermögen. Zu diesem Zweck wird dem überlebenden Ehegatten vermächtnisweise ein Nießbrauch zugewandt, der sich entweder als Sachnießbrauch auf einzelne Gegenstände des Nachlasses beschränkt (z. B. nur auf das gemeinsam bewohnte Familienwohnheim) oder nur auf Erbteile der Kinder. Zugleich wird der überlebende Ehegatte als Verwaltungsvollstrecker[1] auf Lebenszeit mit der Befreiung von der Beschränkung des § 181 BGB[2] eingesetzt.

Dadurch wird für den überlebenden Ehegatten eine Art „Dispositionsnießbrauch" erreicht, da er die umfassende Nutzung des Nachlassvermögens hat und zugleich auch darüber verfügen kann. Dem Dispositionsnießbrauch schließt sich meist ein vermächtnisweise eingeräumtes Auseinandersetzungsverbot an.[3]

▶ **Vor- und Nachteile gegenüber dem Berliner Testament**

769 Der überlebende Ehegatte wird so der Rechtsstellung in einem Berliner Testament weitgehend gleichgestellt. Der erbschaftsteuerliche Vorteil der Württembergischen Vermächtnismodelle liegt darin, dass die Freibeträge der Kinder im ersten Erbfall nicht verloren gehen und in der Hand des überlebenden Ehegatten keine Vermögenskumulation stattfindet, die zu einer entsprechend

---

1 Vgl. § 2209 Satz 1 2. Alt. BGB.
2 Befreiung vom Selbstkontrahierungsverbot.
3 § 2044 Abs. 1 BGB.

2 Gestaltungen unter Ehegatten

hohen Steuerprogression im zweiten Erbfall führt. Der Nachteil gegenüber der Berliner Testamentslösung liegt darin, dass der überlebende Ehegatte keine Umverteilung der unter den Kindern als Miterben zugeflossenen Vermögenswerte vornehmen und somit nicht auf spätere Fehlentwicklungen der Kinder reagieren kann. Demgegenüber steht es dem überlebenden Ehegatten bei der Berliner Testamentslösung offen, durch die Anordnung eines freien Änderungsvorbehalts (Freistellungsklausel) eine Abänderungsmöglichkeit bezüglich der Schlusserbeneinsetzung der Kinder vorzubehalten und ggf. auch auszuüben.

▶ **Risiken**

Wirksame Einräumung des Nießbrauchs

Die Nutzung des Nachlassvermögens ist für den überlebenden Ehegatten nur gesichert, wenn der Nießbrauch auch wirksam eingeräumt ist. Dies ist nur dann der Fall, wenn der Nießbrauch dinglich wirksam begründet worden ist. Gemäß dem sachenrechtlichen Bestimmtheitsgrundsatz ist die wirksame Begründung eines Nießbrauchs an jedem einzelnen Gegenstand oder Recht durch notariell zu beurkundenden Vertrag erforderlich. 770

Abberufung des überlebenden Ehegatten als Testamentsvollstrecker

Gemäß § 2227 Abs. 1 BGB kann der überlebende Ehegatte als Testamentsvollstrecker vom Nachlassgericht auf Antrag der Kinder auch entlassen werden. Wichtige Gründe hierfür lassen sich schnell finden; so rechtfertigt bereits ein objektiv gerechtfertigtes Misstrauen der Kinder gegenüber dem überlebenden Ehegatten eine solche Entlassung. Interessengegensätze, die ein solches Misstrauen rechtfertigen, sind in jeder Erbengemeinschaft enthalten. 771

Vereinbarter Teilungsausschluss fraglich

Trotz eingeräumtem Auseinandersetzungsverbot kann ein Miterbe unter bestimmten Voraussetzungen die Aufhebung der Erbengemeinschaft verlangen, wenn hierfür wichtige Gründe vorliegen. Danach ist eine Nachlassaufteilung möglich, wenn eine ordnungsgemäße Nutzung und Verwaltung des Vermögens unmöglich geworden ist und ein Miterbe (Kind) den wichtigen Grund (die Unmöglichkeit) nicht oder nicht überwiegend herbeigeführt hat.[1] 772

---

1 BGH, Urt. v. 14.11.1994 II ZR 209/93, NJW-RR 1995 S. 267.

3 Die Bestimmung des optimalen Erwerbanfalls- und Besteuerungszeitpunktes

3.1 Ersatzerwerbe (Surrogaterwerbe)

773 Geht es um Schenkungen, fällt es nicht schwer, den optimalen Erwerbanfalls- und Besteuerungszeitpunkt zu bestimmen, weil sich der Zeitpunkt der Ausführung der Zuwendung nach Belieben vereinbaren lässt. Schwieriger wird es vielmehr bei Erwerben von Todes wegen. Denn hier entsteht die Steuerpflicht in aller Regel schon mit dem Erbfall. Gestaltungsmöglichkeiten ergeben sich aber dort, wo die Steuer nicht schon mit dem Erbfall, sondern nach dem Erbfall entsteht. Letzteres ist bei sog. Surrogaterwerben der Fall.

774 Surrogaterwerbe (Ersatzerwerbe) sind: die Abfindung für einen Pflichtteilsverzicht, die Abfindung für die Erbausschlagung, die Abfindung für die Ausschlagung eines Vermächtnisses (auch für ein aufschiebend bedingtes, betagtes oder befristetes) oder der Kaufpreis für die Nacherbenanwartschaft (§ 3 Abs. 2 Nrn. 4, 5 und 6 ErbStG). Bei Surrogaterwerben entsteht die Steuerpflicht erst mit dem Zeitpunkt des Verzichts, der Ausschlagung bzw. mit dem Zeitpunkt der Vereinbarung einer Abfindung oder – bei der Nacherbenanwartschaft – mit dem Zeitpunkt der Übertragung (§ 9 Abs. 1 Nr. 1 Buchst. f, g und i ErbStG). Unter Beachtung diverser zivilrechtlicher Ausschlussfristen (für die Ausschlagung gilt eine Frist von sechs Wochen, § 1944 BGB) kann hier der optimale Steuerzeitpunkt bestimmt werden.

HINWEIS:

Besonders die Zusammenrechnung früherer Erwerbe nach § 14 ErbStG[1] sollte bei der Bestimmung des optimalen Erwerbanfalls- und Besteuerungszeitpunktes eine zentrale Rolle spielen.

3.2 Warum Verlobte mit größeren Geschenken bis nach der Hochzeit warten sollten

775 Zwischen Ehegatten und Verlobten herrschen gravierende Unterschiede im Steuertarif.[2] Während der Ehegatte nach Steuerklasse I besteuert wird und zudem noch einen hohen persönlichen Freibetrag von 500 000 € und einen besonderen Versorgungsfreibetrag von 256 000 € beanspruchen kann, steht dem Verlobten in Steuerklasse III nur ein Freibetrag von 20 000 € zu.

---

1 Vgl. Rdn. 681.
2 Vgl. Rdn. 664.

3 Die Bestimmung des optimalen Erwerbanfalls- und Besteuerungszeitpunktes

Die Belastungsunterschiede sind dabei beträchtlich, wie folgendes Beispiel zeigt:

> **BEISPIEL:** Aus Anlass der Verlobung und um feste Heiratsabsichten zu bekunden, schenkt der Großindustrielle Johannes Reich seiner Verlobten einen Ferrari im Wert von 200 000 €. Nachdem er schon von mehreren Seiten gehört hat, dass die Kraftfahrzeugzulassungsämter bei solchen Luxuswagen Kontrollmitteilungen an die Finanzämter verschicken reicht er bei seinem Finanzamt eine Schenkungsanzeige ein. Reich war ziemlich erstaunt, als er folgenden Bescheid erhielt:
>
> | | |
> |---|---:|
> | Bereicherung | 200 000 € |
> | ./. sachliche Steuerbefreiungen | -,- |
> | ./. Zugewinn-Ausgleichsfreibetrag | -,- |
> | ./. persönliche Freibeträge | ./. 20 000 € |
> | ./. Versorgungsfreibetrag | -,- |
> | steuerpflichtiger Erwerb | 180 000 € |
> | Steuerlast nach Steuerklasse/Steuersatz III/30 % | 54 000 € |
>
> Hätte der Verlobte mit der Schenkung noch bis nach der Hochzeit gewartet, hätte sich die gesamte Schenkungsteuer vermeiden lassen. Die Anwendung von Steuerklasse III bei der Besteuerung von Schenkungen oder auch Erbschaften an Lebenspartner, mit denen man sich bereits verlobt hat, stellt auch dann keine unbillige sachliche Härte dar, wenn der Erbfall nach der Bestellung des Aufgebots eingetreten war. Mit diesem Urteil [1] nahm der BFH auch letzten Spekulationen über eine gemilderte Besteuerung von Verlobten den Wind aus den Segeln.

HINWEISE:

▶ Grundstückserwerbe zwischen Verlobten sind nicht von der Grunderwerbsteuer befreit! Die Grunderwerbsteuerbefreiungen nach § 3 Nr. 4 und Nr. 5 GrEStG beschränken sich nämlich nach höchstrichterlicher Rechtsprechung ausschließlich auf Grundstückserwerbe zwischen Partnern einer Ehe i. S. des bürgerlichen Rechts. Die Nichtgewährung einer Grunderwerbsteuerbefreiung für Grundstückserwerbe zwischen Verlobten ist auch nicht verfassungswidrig.[2]

▶ Die erbschaftsteuerlichen Privilegien von Ehegatten bei Steuerklasse und Freibetrag finden nach eindeutiger gesetzlicher Regelung auch keine Anwendung auf eingetragene gleichgeschlechtliche Lebenspartner. Diese Differenzierung verstößt weder gegen den Gleichheitssatz noch gegen die verfassungsrechtliche Garantie des Erbrechts.[3]

---

1 BFH, Urt. v. 23. 3. 1998 II R 41/96, BStBl 1998 II S. 396.
2 BFH, Urt. v. 11. 10. 2002 II B 193/01 BFH/NV 2003 S. 201.
3 FG Düsseldorf, Urt. v. 1. 12. 2003 4 V 4529/03 A (Erb), rkr., DStRE 2004 S. 414.

3.3 Steuerschonende Gestaltungen mit der Erbausschlagung

776 Jeder Erbe, der Vermögen im Rahmen einer Erbschaft erwirbt, hat auch das Recht, die Erbschaft auszuschlagen (§ 1942 BGB). Die Ausschlagung einer Erbschaft bewirkt, dass der Erbfall rückwirkend wieder aufgehoben wird; der Erbanfall gilt an den Ausschlagenden als nicht erfolgt (§ 1953 BGB). Ersatzerwerber und neuer Steuerpflichtiger ist derjenige, der berufen sein würde, wenn der Ausschlagende zur Zeit des Erbfalls nicht gelebt hätte (§ 1953 Abs. 2 Halbsatz 1 BGB). Ist eine Erbenmehrheit vorhanden, erhöhen sich durch die Ausschlagung eines Erben die Erbteile der übrigen Miterben entsprechend (§ 1935 BGB); bei der testamentarischen Erbeinsetzung wächst der Erbteil des Ausschlagenden den übrigen Miterben nach dem Verhältnis ihrer Erbteile an (§ 2094 Abs. 1 Satz 1 BGB).

Im Regelfall treten an die Stelle des Ausschlagenden dessen Abkömmlinge als in der geraden Linie nächstfolgende gesetzliche Erben ein. Bei testamentarischer Erbeinsetzung tritt an die Stelle des Ausschlagenden der vom Erblasser bestimmte Ersatzerbe. In der Ausschlagung selbst liegt im Übrigen keine Schenkung vor (§ 517 BGB), so dass kein (zweiter) Besteuerungstatbestand erfüllt wird.

777 Sinn und Zweck der Ausschlagung ist, einen steuerpflichtigen Erwerbsvorgang einzusparen. Geht Erbvermögen zuerst von Todes wegen an einen testamentarisch bestimmten Alleinerben (bei Erbschaftsannahme) und überträgt dieser anschließend das Vermögen an seine Kinder im Wege einer Schenkung, fällt zweimal Steuer an: zum einen beim Erwerb von Todes wegen (Übergang vom Erblasser an die Ehefrau) und zum anderen bei der Schenkung (Übergang des Vermögens von der Ehefrau an die Kinder). Schlägt der Alleinerbe hier fristgemäß aus (nach § 1944 BGB gilt eine Ausschlagungsfrist von sechs Wochen), gilt bürgerlich-rechtlich der Anfall der Erbschaft an den Erben als nicht erfolgt.

BEISPIEL: A setzt seine Schwester zur Alleinerbin ein. Diese schlägt zu Gunsten ihrer vier Kinder aus. Der Nachlass hat einen Steuerwert von 1 Mio. €.

Besteuerung gemäß Testament

	Steuerwert des Nachlasses (€)	Freibetrag (€)	steuerpfl. Erwerb (€)	Steuersatz (%)	Steuerbetrag (€)
Schwester (Steuerklasse II)	1 Mio.	20 000	980 000	30	294 000

418

Besteuerung nach Ausschlagung

4 Geschwisterkinder (Steuerklasse II)	je 250 000	je 20 000	je 230 000	20	4 × 46 000 = 184 000
Steuerersparnis (294 000 ./. 184 000)					110 000

Als besonders steuereffizient erweist sich die Erbausschlagung dann, wenn der an Stelle des Ausschlagenden tretende Ersatzerwerber einer günstigeren Steuerklasse unterliegt. Die Ausschlagung kann nicht zu Gunsten einer bestimmten Wunschperson erfolgen. Der Bedingung, nur zu Gunsten der einer günstigeren Besteuerung unterliegenden Person auszuschlagen, steht die in § 1947 BGB angeordnete Bedingungsfeindlichkeit entgegen.

Soll eine größtmögliche Steuerersparnis erreicht werden, muss vor der Ausschlagung sichergestellt sein, dass der an die Stelle des Ausschlagenden tretende Ersatzerwerber keiner schlechteren Steuerklasse unterliegt als der Ausschlagende selbst. Denn eine Erbausschlagung ist unwiderruflich und kann nur als Willenserklärung im Rahmen der allgemeinen Vorschriften (§§ 119 ff. BGB) angefochten werden. Der Irrtum in der nachfolgenden Person, die ggf. einer höheren Steuerklasse unterliegt, ist ein nicht anfechtbarer Motivirrtum.

Abgesehen von der Prüfung, ob der von Gesetzes wegen zu bestimmende Ersatzerwerber überhaupt die Person ist, der das Vermögen letztlich zukommen soll, ist in jedem Fall vor einer Ausschlagung ein Belastungsvergleich zwischen der Ausschlagung und einer alternativen Erbschaftsannahme mit anschließender Weiterschenkung durchzuführen. Im Allgemeinen lohnt sich die Erbausschlagung auch dann, wenn der Ersatzerwerber der schlechtesten Steuerklasse angehört. Denn der Nachteil des Wechsels zu einer ungünstigeren Steuerklasse wird im Regelfall vom Wegfall eines Besteuerungstatbestandes kompensiert.

BEISPIEL: Nachlass 5 Mio. €, Verhältnis Erblasser – Erwerber = Steuerklasse I, Verhältnis Erwerber – Ersatzerwerber = Steuerklasse II, Verhältnis Erblasser – Ersatzerwerber = Steuerklasse III. Erwerber ist die Ehefrau, Ersatzerwerber ist der Sohn der Schwester der Ehefrau (Neffe).

Alternative 1: Erbannahme und Weiterschenkung
(1) Übergang Erbvermögen v. Erblasser an Erwerber

Nachlass	5 000 000 €	
./. Freibeträge §§ 16, 17 ErbStG	./. 756 000 €	
Steuerpflichtiger Erwerb	4 244 000 €	
Steuer hierauf (Klasse I, 19 %)		806 360 €

(2) Weiterschenkung v. Erwerber an Ersatzerwerber		
Schenkungsbetrag nach Abzug von Erbschaftsteuer (Nachlass abzüglich Steuerschuld)	4 193 640 €	
./. Freibetrag	./. 20 000 €	
Steuerpflichtiger Erwerb (gerundet)	4 173 600 €	
Steuer hierauf (Klasse II, 30 %)		1 252 080 €
Gesamtbelastung		2 058 440 €
Alternative 2: Erbausschlagung durch Erwerber und Vermögensübergang direkt vom Erblasser auf den Ersatzerwerber		
Nachlass	5 000 000 €	
./. Freibetrag	./. 20 000 €	
Steuerpflichtiger Erwerb	4 980 000 €	
Steuer hierauf (Klasse III, 30 %)		1 494 000 €
Steuerersparnis durch die Erbausschlagung		+ 564 440 €

780 Wird gegen Zahlung einer Abfindung ausgeschlagen, unterliegt diese als „Surrogaterwerb" der Erbschaftsteuer nach § 3 Abs. 2 Nr. 4 ErbStG. Die Abfindung gilt hierbei als vom Erblasser zugewendet, womit für die Bestimmung der Steuerklasse das Verwandtschaftsverhältnis des Ausschlagenden zum Erblasser maßgebend ist. Eine Erbausschlagung gegen Abfindung bietet sich besonders in den Fällen an, in denen die Ausschlagung allein einen Wechsel in eine ungünstigere Steuerklasse bewirken würde. Unterliegt der Ersatzerwerber, also derjenige, der bei der Ausschlagung zum Zug kommt, der Steuerklasse III, der Erwerber, also derjenige, der ausschlägt, der Steuerklasse I, kann der Ausschlagende mit der Abfindung für einen Teil der Erbschaft eine günstigere Steuerklasse sichern. Mit einer Ausschlagung gegen Abfindung kann im wirtschaftlichen Ergebnis auch eine Teilausschlagung erreicht werden. Einer Teilausschlagung stehen ansonsten die §§ 1950 und 2180 Abs. 3 BGB entgegen. Dementsprechend kann eine Teilausschlagung auch steuerrechtlich nicht anerkannt werden.

781 Bestehen zwischen Erwerber und Ersatzerwerber unterschiedliche Steuerklassen, kann die Vereinbarung einer Abfindung selbst dann sinnvoll sein, wenn der Ausschlagende eigentlich keine Zuwendung in Anspruch nehmen will.

BEISPIEL: (Fortsetzung des obigen Beispiels)

Ein Nachlass von 5 000 000 € entsprach bei einem Freibetrag von 200 000 € einem steuerpflichtigen Erwerb von 4 980 000 €, woraus sich bei Steuerklasse III eine Steuerbelastung von knapp 1,5 Mio. € ergab. Hätte der Erwerber gegen eine Abfindung von 2 Mio. € ausgeschlagen, würde sich der Steuerfall wie folgt darstellen:

Steuerbelastung Erwerber (Ausschlagender)		
Wert der Abfindung	2 000 000 €	
./. Freibeträge §§ 16, 17 ErbStG	./. 756 000 €	
Steuerpflichtiger Erwerb	1 244 000 €	
Steuerbetrag (Klasse I, 19 %)		236 360 €
Steuerbelastung Ersatzerwerber		
Nachlasswert	5 000 000 €	
./. Abfindung an Ausschlagenden	./. 2 000 000 €	
./. Freibetrag (Klasse III)	./. 20 000 €	
Steuerpflichtiger Erwerb	2 980 000 €	
Steuerbetrag (Klasse III, 30 %)		894 000 €
Gesamtbelastung		1 130 360 €

Die Abfindung spart 363 640 € (= 1 494 000 ./. 1 130 360) an Erbschaftsteuern.

HINWEIS:

Wenn ein Vermächtnisnehmer ausschlägt, entfällt das Vermächtnis, sofern keine Ersatzperson bestimmt ist. In solchen Fällen vermindern sich auch die Nachlassverbindlichkeiten des oder der Erben um das Vermächtnis. Es kommt also auch hier zur Erhöhung der Erbschaftsteuer, und zwar rückwirkend, weil ja die Erbschaftsteuer bereits mit dem Tod des Erblassers entstanden ist.

4 Erbschaftsverträge unter Geschwistern

Es sei folgender Fall gegeben: S möchte der T – aus welchen Gründen auch immer – 150 000 € möglichst steuerfrei zukommen lassen. Zwischen den Geschwistern gilt Steuerklasse II und ein Freibetrag von 20 000 €. Schenkt S der T die 150 000 € im direkten Weg, wären 130 000 € zu versteuern und bei einem Steuersatz von 20 % 26 000 € an Schenkungsteuern zu entrichten.

Es wird stattdessen folgender Weg beschritten: Nachdem der hälftige abgezinste Anspruch der T am elterlichen Nachlassvermögen unter Berücksichtigung der voraussichtlichen Lebenserwartung der Eltern in etwa den Schenkungsbetrag ergibt, vereinbart T mit ihrem Vater gegen eine von S zu zahlende Abfindung von 150 000 € einen Erbverzicht. Dieser Vertrag wird notariell beurkundet. Die Abfindung für den Erbverzicht unterliegt der Schenkungsteuerpflicht nach § 7 Abs. 1 Nr. 5 ErbStG. Bis hierher wäre also noch nichts gewonnen.

Der Vorteil dieser Konstruktion liegt darin, dass sich die Besteuerung des Erbverzichts nach der dem Verhältnis der Verzichtenden (der T) zum künftigen

Erblasser (ihrem Vater) entsprechenden Steuerklasse richtet, auch wenn der Bruder S den Geldbetrag aufwendet.[1] Somit gelten die vom Bruder gezahlten 150 000 € steuerlich als vom Vater zugewendet. Es gilt somit Steuerklasse I und ein Freibetrag von 400 000 €. Die Schenkung von S an T ist damit steuerfrei.

5 Optimierung der persönlichen Freibeträge zwischen Eltern und Kindern

783   Eine Optimierung der persönlichen Freibeträge wird regelmäßig durch Vervielfachung der Zuwender-Empfängerverhältnisse erreicht. Das bedeutet konkret, dass:

- ▶ In allen Fällen möglichst die Zehnjahresfrist zwischen mehreren Zuwendungen an denselben Erwerber abgelaufen bzw. abgewartet werden sollte.
- ▶ Möglichst viele Zuwender-/Empfängerverhältnisse durch optimale Vermögensumschichtungen und den Einsatz von Schenkungen geschaffen werden sollten.

Je nach Fallgestaltung können Zuwendungen in Höhe von insgesamt 4 000 000 € (jeweils 1 000 000 € an ein Kind, von jedem Elternteil 500 000 €) von den Eltern an vier Kinder folgende Schenkungsteuern auslösen:

BEISPIEL 1: ▶ Ein Elternteil schenkt allein je Kind 1 000 000 €

Schenkung je Kind	1 000 000 €
Abzüglich Freibetrag	./. 400 000 €
Steuerpfl. Erwerb	600 000 €
Schenkungsteuer 15 % = 90 000 € je Kind = gesamt:	280 000 €

BEISPIEL 2: ▶ Beide Elternteile schenken je Kind 500 000 € nach vorherigem Vermögensausgleich zwischen den Ehegatten (Freibetrag bis zu 756 000 €)

	Schenkung Vater pro Kind	Schenkung Mutter pro Kind
Zuwendung	500 000 €	500 000 €
Abzüglich Freibetrag	./. 400 000 €	./. 400 000 €
Steuerpfl. Erwerb	100 000 €	100 000 €
Schenkungsteuer 11 %	11 000 €	11 000 €
Gesamtbelastung je Kind = 22 000 €, gesamt =		88 000 €

---

1 BFH, Urt. v. 25. 5. 1977 II R 136/73, BStBl 1977 II S. 733.

BEISPIEL 3: Beide Elternteile schenken im Jahr 01 einen Geldbetrag von 400 000 € und im elften Jahr (nach zehn Jahren) nochmals 100 000 €

	Schenkung Vater pro Kind	Schenkung Mutter pro Kind
Zuwendung Jahr 01	400 000 €	400 000 €
Abzüglich Freibetrag	./. 400 000 €	./. 400 000 €
Steuerpfl. Erwerb	0 €	0 €
Schenkungsteuer	0 €	0 €
Zuwendung Jahr 11	100 000 €	100 000 €
Abzüglich Freibetrag	./. 400 000 €	./. 400 000 €
Steuerpfl. Erwerb	0 €	0 €
Schenkungsteuer	0 €	0 €

▶ **Fazit:**

Eine Schenkung von insgesamt 4 000 000 € von den Eltern an ihre vier Kinder kann je nach Gestaltung folgende Schenkungsteuern auslösen:

- ▶ Alleinschenkung eines Elternteils: 280 000 €
- ▶ Schenkungen beider Elternteile: 88 000 €
- ▶ Schenkungen beider Elternteile verteilt auf mehr als zehn Jahre unter Nutzung der persönlichen Steuerfreibeträge: 0 €

6 Steuereffiziente Gestaltungen mit dem Nießbrauch

6.1 Allgemeines

Eine Sache kann in der Weise belastet werden, dass derjenige, zu dessen Gunsten die Belastung erfolgt, berechtigt ist, Nutzungen an der Sache zu ziehen. So umschreibt § 1030 BGB den Nießbrauch. Der Nießbraucher erhält nicht die Substanz, sondern den Besitz und die Erträge aus dem Nießbrauchsobjekt.

784

Besitz und Ertrag dürfte insbesondere dann genügen, wenn der Nießbrauchsberechtigte bereits fortgeschrittenen Alters ist und sich die Frage stellt, ob der Betreffende das Vermögen – für das er Steuern zahlt – überhaupt noch auszunutzen vermag. In solchen Fällen kann es günstiger sein, Steuern nur auf den Kapitalwert der Nutzung, des Nießbrauchs, zu zahlen. Schließlich gelangt der Betreffende auch so in den Genuss der laufenden Erträge, nur eben steuerlich günstiger.

785 Zivilrechtlich kann der Nießbrauch als sog. Nettonießbrauch oder Bruttonießbrauch ausgestattet sein. Im Fall eines Nettonießbrauchs trägt der Nießbraucher nur die öffentlichen und privatrechtlichen Lasten. Zu diesen zählen Zinsen diverser Hypotheken und Grundschulden oder die Lasten einer Rentenschuld. Hingegen erstreckt sich die Lastentragungspflicht beim Bruttonießbrauch auf sämtliche Lasten, die im Zusammenhang mit dem Nießbrauchsgegenstand stehen, beispielsweise die Verpflichtung, die Tilgungsraten eines hypothekenbelasteten Grundstücks zu tragen.

786 Bezogen auf die Erbschaft- und Schenkungsteuer bietet der Nießbrauch u. a. folgende wesentliche Vorteile:

1. Die Nießbrauchslast kann vom Beschwerten als Nachlassverbindlichkeit steuermindernd abgezogen werden.

2. Der Nießbrauch wird günstiger bewertet und damit auch niedriger besteuert als das Wirtschaftsgut selbst.

3. Der Nießbrauch erlischt beim Tod des Berechtigten. Dann lebt die Nutzungsbefugnis des eigentlichen Eigentümers wieder auf, ohne dass dieser Befugniswechsel irgendwelche Steuerpflichten hervorgerufen hätte.

4. Wertsteigerungen des übertragenen Vermögens werden nach Übertragung auf der Seite des Erwerbers realisiert und bleiben frei von jeglicher Erbschaft- und Schenkungsteuer.

787 Besonders die durch das ErbStRG 2009 neugeschaffene steuerliche Abzugsfähigkeit des Nießbrauch-Kapitalwertes vom Steuerwert des Zuwendungsgegenstandes bei der Vermögensübertragung gegen Vorbehaltsnießbrauch spricht für den Nießbrauchsvorbehalt. Die bereicherungsmindernde Wirkung der Last kann wie folgt errechnet werden:

> **BEISPIEL:** Der A überträgt auf Nichte B eine vermietete Eigentumswohnung unter Vorbehaltsnießbrauch. Der steuerliche Wert beträgt 350 000 €. Die Jahresmiete 12 000 €. A ist im Zeitpunkt der Übertragung 60 Jahre alt. Der Vervielfältiger beträgt (vgl. BMF Schreiben v. 26. 9. 2011 IV D 4 - S 3104/09/10001, Anhang 5) 12,665. Der 18,6te Teil des Übertragungsgegenstandes (Höchstwert) beträgt 18 817 €.

Steuerwert der Eigentumswohnung (Verkehrswert)	350 000 €
./. Nießbrauchslast (Jahreswert = 12 000 × 12,665)	151 980 €
Differenz	198 020 €
Bemessungsgrundlage § 13c/§ 10 Abs. 6 Satz 3 ErbStG (90 % von Steuerwert und Nießbrauchslast)	178 218 €
Freibetrag (Klasse II)	20 000 €
Steuerpflichtiger Erwerb (gerundet)	158 200 €
Zu zahlende Schenkungsteuer (Klasse II 20 %)	31 640 €
Vergleich: Zu zahlende Schenkungsteuer ohne Nießbrauch	59 000 €

6.2 Nießbrauch oder Versorgungsrente?

Wird Ertrag bringendes Vermögen im Rahmen einer Schenkung zu Lebzeiten übertragen, stellt sich regelmäßig die Frage hinsichtlich der Versorgung des/der Schenker nach dem Übertragungsvorgang. Denn vielfach können oder wollen die Schenker auf die laufenden Erträge aus dem Vermögen nicht verzichten. Der Vorbehaltsnießbrauch ermöglicht es, die Substanz zu übertragen und sich gleichzeitig die Erträge aus dem Schenkungsgegenstand vorzubehalten. Alternativ stellt sich aber auch die Möglichkeit dar, dem Junior das Immobilienvermögen voll zu schenken und ihn zu entgeltlichen Gegenleistungen (Versorgungsleistungen) zu verpflichten. 788

Was – allein von der Höhe des Zuwendungsbetrages gesehen – als gleichwertig erscheinen mag, hat schenkung- und ertragsteuerlich höchst unterschiedliche Auswirkungen. Die unterschiedliche schenkungsteuerliche Behandlung resultiert daraus, dass bei der Variante des Nießbrauchsvorbehalts der Jahreswert den 18,6ten Teil des Steuerwertes des Zuwendungsgegenstandes nicht überschreiten darf. Dadurch kann der Kapitalwert des Nießbrauchsrechts, den der Erwerber vom Steuerwert des zugewendeten Gegenstands abziehen kann, niedriger sein als im Fall der Versorgungsrente. 789

BEISPIEL: Vater V (68) schenkt am 15.4.2012 seinem jüngeren Sohn S (30) ein zu Wohnzwecken vermietetes Mehrfamilienhaus im Verkehrswert (= Steuerwert) von 2,0 Mio. €. Hierfür hat S aber seinem älteren Bruder B (40)

a) ein Rentenrecht (Rentenvorbehalt)

b) ein Nießbrauchsrecht (Zuwendungsnießbrauch)

einzuräumen.

B soll monatlich 7 500 € erhalten, entweder in Form einer von S zu zahlenden Rente oder – bei der Nießbrauchsalternative – durch Mieteinnahmen in gleicher Höhe. Der Jahreswert des Rentenrechts würde 7 500 × 12 = 90 000 € betragen. Der Kapitalwertfaktor (Vervielfältiger) beträgt für den Bewertungsstichtag (ab 1.1.2012)[1] 10,376. Hieraus errechnet sich ein Kapitalwert von (90 000 × 10,376 =) 933 840 €.

Bei der Nießbrauchsalternative darf der Jahreswert nach § 16 BewG den 18,6ten Teil des Steuerwerts des Mehrfamilienhauses (18,6 von 1,0 Mio. = 53 763 €) nicht übersteigen. Der Jahreswert des Nießbrauchsrechts beträgt somit 53 763 €, der Kapitalwert entsprechend (53 763 × 10,376 = 557 845) ist also niedriger.

---

[1] Vervielfältiger lt. BMF-Schreiben v. 26.9.2011 IV D 4 - S 3104/09/10001, in Anhang 5.

	Rentenalternative (€)	Nießbrauchsalternative (€)
Steuerwert der Zuwendung	2 000 000	2 000 000
Steuerbefreiung § 13c ErbStG 10 %	−200 000	−200 000
▶ Kapitalwert Rente/Nießbrauch	−933 840	−557 845
▶ Davon abzugsfähig 90 %	−840 456	502 060
Bereicherung	959 544	1 297 940
▶ Persönlicher Freibetrag	−400 000	−400 000
▶ Steuerpflichtiger Erwerb (abgerundet)	559 500	897 900
▶ Schenkungsteuer Kl I 15 %/19 %	83 925	170 601

790 Eine Übertragung von Immobilienvermögen gegen Vorbehaltsnießbrauch kann insbesondere dann angebracht sein, wenn die Elterngeneration ertragsteuerliche Abschreibungen für das Gebäude wie zuvor als Eigentümer auch nach der Übertragung in Anspruch nehmen will. Einen weiteren wesentlichen Aspekt in der Frage der Vereinbarung einer Versorgungsrente oder eines Nießbrauchs stellt der Werbungskostenabzug von größeren Instandhaltungs- und Renovierungsaufwendungen im Zusammenhang mit dem übernommenen Objekt dar. Wird eine Versorgungsrente vereinbart, ist der Werbungskostenabzug auch von größeren Instandhaltungs- und Renovierungsaufwendungen ertragsteuerlich ohne Einschränkungen möglich. Erfolgt die Übertragung − beispielsweise eines Mietshauses − gegen Vorbehaltsnießbrauch, ist die vollständige steuerliche Geltendmachung von Instandhaltungs- und Renovierungsaufwendungen hingegen gefährdet, weil der Eigentümer (der Übernehmer) keine Einkünfte aus Vermietung und Verpachtung bezieht. Damit stehen die Instandhaltungs- und Renovierungskosten in keinem Zusammenhang mit steuerpflichtigen Einkünften.

Die Nießbrauchsberechtigten (der oder die Übergeber), welche die Einkünfte letztlich erzielen und versteuern müssen, sind kraft Gesetz nicht zur Übernahme größerer Erhaltungsaufwendungen verpflichtet und können die in diesem Zusammenhang entstehenden Kosten damit auch nicht steuerlich geltend machen. Abhilfe schafft jedoch in solchen Fällen eine abweichend von § 1041 BGB erklärte Verpflichtung der Nießbrauchsberechtigten zur Übernahme aller Grundstückslasten. Vereinbarungen hierüber bedürfen keiner Form, wenn der

Nießbrauch im Zusammenhang mit der Grundstücksschenkung notariell beurkundet wurde. Fehlt es an einer Vereinbarung und werden die Reparaturaufwendungen freiwillig vom Nießbraucher getragen, liegt eine schenkungsteuerpflichtige Zuwendung vor.

Die Vorteilhaftigkeit einer Vermögensübergabe gegen Vorbehaltsnießbrauch oder Versorgungsleistung beurteilt sich wiederum anders, wenn hypothekenbelastete Grundstücke übergehen bzw. der Schenkungsgegenstand mit Verbindlichkeiten belastet ist. Soll eine zu Wohnzwecken vermietete Immobilie unter Nießbrauchsvorbehalt übertragen werden, sollten die Verbindlichkeiten beim Übergeber verbleiben, da andernfalls der Werbungskostenabzug für die Schuldzinsen gefährdet ist. Würde der Übernehmer die Verbindlichkeiten übernehmen, kann dieser mangels Einkünften die Zinszahlungen nicht steuerlich geltend machen. Der Übergeber versteuert im Gegenzug die gesamten Mieteinnahmen ohne Minderung durch die Zinslasten, da diese ja beim Übernehmer anfallen. 791

Aus dem Blickwinkel der Erbschaft- und Schenkungsteuer betrachtet bedeutet dies, dass vom Steuerwert des Zuwendungsgegenstandes nur der Kapitalwert der Nießbrauchslast abziehbar ist. Die Verbindlichkeiten wirken sich hingegen nicht steuermindernd aus, da der Übernehmer mit den Lasten im Zeitpunkt der Übertragung (noch) nicht belastet ist. Es handelt sich insoweit um aufschiebend bedingte Lasten, welche bei der Vermögensübergabe nicht berücksichtigt werden (§ 6 BewG). Eine Belastung mit Verbindlichkeiten tritt vielmehr erst dann ein, wenn die Nießbrauchslast durch Tod erlischt bzw. der Berechtigte auf sein Nutzungsrecht verzichtet. Ein Erlöschen des Nießbrauchsrechts führt – soweit damit der Übergang von Verbindlichkeiten (Hypotheken usw.) verbunden ist – zu einer gemischten Schenkung. Der ursprüngliche Schenkungsteuerbescheid wäre zu berichten (§§ 175 Abs. 1 Nr. 1 AO i.V. m. §§ 6 Abs. 2, 5 Abs. 2 BewG). 792

Erfolgt die Vermögensübergabe eines hypothekenbelasteten Grundstücks bzw. eines mit Verbindlichkeiten belasteten Schenkungsgegenstandes gegen Versorgungsleistung, können die Verbindlichkeiten sofort bereicherungsmindernd abgezogen werden. Im Gegensatz zur Übertragung unter Nießbrauchsvorbehalt übernimmt der Übernehmer die Verbindlichkeiten jedoch auch schuldrechtlich sofort. 793

BEISPIEL: Vater V schenkt seinem Sohn S ein Mehrfamilienhaus im Verkehrswert (= Steuerwert) von 1 Mio. €
  a) gegen Vorbehaltsnießbrauch
  b) gegen Versorgungsrente

Der Kapitalwert des Nießbrauchsrechts bzw. der Versorgungslast soll 200 000 € betragen. Das Mehrfamilienhaus ist mit einer – valutierten – Hypothek von 300 000 € belastet.

	Vorbehaltsnießbrauch	Versorgungsrente
Steuerwert der Zuwendung	1 000 000 €	1 000 000 €
./. Kapitalwert Nießbrauchslast/ Versorgungsleistung	200 000 €	200 000 €
./. Hypothek (Valuta)		300 000 €
Saldo	800 000 €	500 000 €
Bemessungsgrundlage für den steuerpflichtigen Erwerb nach §§ 13c, 10 Abs. 6 ErbStG = 90 %	720 000 €	450 000 €
Zu versteuern vor Abzug der persönlichen Freibeträge	720 000 €	450 000 €

Während Sohn S bei der Nießbrauchsalternative – ggf. unter Abzug persönlicher Freibeträge – eine Zuwendung in Höhe von 720 000 € versteuern muss, würde er bei der Rentenalternative nur 450 000 € versteuern müssen, übernimmt hier allerdings die gesamten Schuldenlasten, sofern nichts Abweichendes vereinbart ist. Abweichungen in der Höhe des zu versteuernden Erwerbs werden in der Praxis besonders hervorgerufen durch die Begrenzung des Jahreswerts der Nießbrauchsnutzung auf den 18,6ten Teil des Steuerwerts des Nutzungsgegenstandes. Darüber hinaus erfolgt die Bemessung der Versorgungsrente (Kapitalwert) im Regelfall unter Abzug der Schuldzinsen.

794   Bei Übergang unbelasteten Vermögens sind sowohl der Kapitalwert des Nießbrauchsrechts als auch der Kapitalwert der Versorgungsrente sofort abzugsfähig. Es sollte hier die Variante mit dem größeren Abzugsbetrag (und damit dem geringeren steuerpflichtigen Erwerb) in Erwägung gezogen werden.

Nachfolgende Tabelle stellt Entscheidungsaspekte bei der Übertragung von Vermögen gegen Nießbrauch oder Versorgungsrente gegenüber

TAB. 30:	Gegenüberstellung Nießbrauch – Versorgungsrente	
Entscheidungsaspekt	Vorbehaltsnießbrauch	Versorgungsrente
Ertragszufluss/Risiko	Erträge hängen von Vermietbarkeit und der Ertragskraft des Nießbrauchsobjekts ab	Versorgung unabhängig vom Nießbrauchsobjekt, abhängig von der persönlichen Zahlungsfähigkeit des Bedachten
Berechnung des steuerpflichtigen Erwerbs	Saldierung	Saldierung

Kapitalwert der abzugsfähigen Last	Gegebenenfalls begrenzt auf den 18,6ten Teil des Steuerwerts des Übertragungsgegenstandes	Keine Begrenzung bei Kapitalwert auf Versorgungsrente, daher abzugsfähiger Kapitalwertbetrag im Regelfall höher
Einkommensteuerliche Behandlung	Nießbrauchsberechtigter versteuert Erträge gemäß geltender Einkunftsart	Strittig: i. d. R. Einordnung als Unterhalt bei Sonderausgabenabzug Versteuerung der Rente als wiederkehrende Bezüge. Sonderausgabenabzug nur noch zulässig i. V. m. Vermögen i. S. des § 10 Abs. 1 Nr. 1a Satz 2 Buchst. a–c EStG.[1]
Abschreibungen/ Werbungskosten aus Vermietung u. Verpachtung	Verbleiben beim Nießbrauchsberechtigten, jedoch Probleme bei umfangreichen Sanierungsaufwendungen, die über die gesetzlich zu tragenden Aufwendungen hinausgehen (§ 1041 BGB), daher ausdrückliche Vereinbarung notwendig[2]	Gehen auf den Beschenkten über; Werbungskostenabzug i. V. m. Einkünften im Regelfall möglich
Verbindlichkeiten	Bei der Schenkungsteuer nicht abziehbar, verbleiben beim Nießbrauchsberechtigten	Bei der Schenkungsteuer voll abziehbar, Übernehmer übernimmt Schuldenlast

HINWEISE:

▶ Außergewöhnliche Instandhaltungskosten an einem unter Vorbehaltsnießbrauch übertragenen Vermögen, die der Übernehmer des Erbvermögens trägt, können von diesem nicht als dauernde Last abgezogen werden. Denn der Eigentümer (Vermögensübernehmer) hat nach der gesetzlichen Lastenverteilung beim Vorbehaltsnießbrauch diese Aufwendungen zu tragen. Der Vermögensübernehmer kann den Nießbraucher insoweit nicht von einer Schuld befreien, was nach BFH-Rechtsprechung Voraussetzung für die Anerkennung einer dauernden Last ist.[3]

▶ Für die Vereinbarung einer Versorgungsrente als Alternative zum Nießbrauch spricht auch die Möglichkeit des Sonderausgabenabzuges der Rentenleistung durch den Verpflichteten bei seiner Einkommensteuer. Letzteres gilt allerdings nur im Zusammenhang mit der Übertragung bestimmter Vermögen i. S. des § 10 Abs. 1 Nr. 1a EStG. Näheres in Rdn. 907.

---

1 Vgl. Rdn. 907.
2 BMF v. 24. 7. 1998 IV B 3 – S 2253-59/98, BStBl 1998 I S. 914.
3 OFD Koblenz, Vfg. v. 25. 1. 2002 St 3 – S 2221 A.

6.3 Der Nießbrauch unter Ehegatten

795 Die häufigsten Nießbrauchsvereinbarungen finden sich zwischen Ehegatten. So wird entweder ein Nießbrauch zu Gunsten beider Ehegatten vereinbart, so dass der Nießbrauch nicht erlischt, wenn ein Ehegatte verstirbt. Nachdem aber bei einem gemeinsamen Nießbrauch dieser jedem Ehegatten hälftig zusteht, steht dem überlebenden Ehegatten auch nur der hälftige Nießbrauch an dem Nießbrauchsgegenstand (z. B. Grundstück) zu. Dadurch kann sich für den überlebenden Ehegatten eine Versorgungslücke ergeben, zumal auch durch den Tod eines Ehegatten die Altersversorgung (Rente, Pension) entsprechend reduziert wird.

796 Wird ein Vorbehaltsnießbrauch zu Gunsten beider Ehegatten bestellt, und ist ein Ehegatte sehr viel jünger als der andere, sollte der Nießbrauchsvorbehalt so ausgestaltet werden, dass das Nießbrauchsrecht dem Schenker und dessen Ehegatten als Gesamtberechtigung zusteht. Dadurch fließt die höhere Lebenserwartung des jüngeren Ehepartners zu einer höheren Nießbrauchsbelastung, welche den steuerpflichtigen Erwerb umso mehr mindert. Dem stehen allerdings einkommensteuerliche Nachteile gegenüber u. a. verminderte Abschreibungsmöglichkeiten bei der Einkommensteuer, was bei weit abgeschriebenen Objekten allerdings kaum eine Rolle spielt.

> **HINWEIS:**
> ▶ Wird zunächst ein Nießbrauch nur zugunsten eines Ehegatten (derjenige, der den Nießbrauchsgegenstand übertragen hat) vereinbart und soll für den überlebenden Ehegatten ein Nießbrauchsrecht (in diesem Fall als Zuwendungsnießbrauch) erst im Zeitpunkt des Todes des anderen Ehegatten entstehen, müssen auch ertragsteuerliche Aspekte in die Erbfolgeplanung einbezogen werden!

6.4 Der Nießbrauch im Vergleich zur Vor- und Nacherbschaft

797 Der Nießbrauch zeichnet sich als Alternative zur Vor- und Nacherbschaft dadurch aus, dass die Rechtstellung eines Vorerben derjenigen eines Nießbrauchers im Wesentlichen gleich kommt. Dies gilt insbesondere dann, wenn der Erblasser den Vorerben nicht von den gesetzlichen Verfügungsbeschränkungen freigestellt hat (§§ 2113 bis 2136 BGB).[1]

798 Trotz der Tatsache, dass der Nießbraucher von Gesetzes wegen grundsätzlich kein Verfügungsrecht über den Nießbrauchsgegenstand hat,[2] erleidet ein (nicht befreiter) Vorerbe keine nennenswerten Nachteile, wenn der Nachlass

---

1 Wobei auch der befreite Vorerbe nicht von den Beschränkungen in §§ 2113 Abs. 2, 2115, 2121, 2122, 2111 BGB befreit werden kann.
2 Einschränkende Rechte ergeben sich allenfalls aus §§ 1074, 1077 und 1087 Abs. 2 BGB.

gleich den Nacherben unter Aussprechung eines Nießbrauchsvermächtnisses für den Vorerben zufällt. Der Nacherbe würde hier den gesamten Nachlass versteuern; der Vorerbe den Kapitalwert des Nießbrauchs. Im Regelfall gleicht sich die Rechnung aus, weil dasjenige, was der Vorerbe versteuern muss (den Kapitalwert des Nießbrauchs), der Nacherbe als Schuldposten steuermindernd abziehen kann.

Die Nießbrauchsalternative ist allerdings dennoch der Vor- und Nacherbschaft vorzuziehen, und zwar aus folgendem Grund: Die Vermögenssubstanz geht zu steuerlichen Werten im Zeitpunkt der Schenkung auf die Kinder über. Erfährt das Vermögen einen stetigen Wertzuwachs, wird dieser bereits bei den Kindern realisiert ohne weitere Erbschaftsteuerbelastung. Ein weiterer Vorteil der Nießbrauchsalternative ist, dass hier nur ein Steuerfall gegeben ist, dessen Steuerlast zudem auf zwei Personen (auf den Erben und den Nießbrauchsbegünstigten) aufgeteilt werden kann. Dies bedeutet doppelte Freibeträge und günstigere Steuersätze.

799

BEISPIEL: ▶ Das Vermögen des Erblassers E (Steuerwert 2 Mio. €) geht über:

(1) direkt auf Sohn S mit gleichzeitigem Nießbrauchsvermächtnis für Ehefrau M (60 Jahre);

(2) über die Mutter als Vorerbin zum Sohn als Nacherben.

Der Ehefrau M, sie lebte mit dem Erblasser in Gütertrennung, stehen an Freibeträgen zu: persönlicher Freibetrag (§ 16 Abs. 1 Nr. 1 ErbStG = 500 000 €); voller Versorgungsfreibetrag (§ 17 Abs. 1 ErbStG = 256 000 €). Dem Sohn stehen an Freibeträgen zu: Verhältnis zum Erblasser (Vater) = Klasse I = 400 000 €.

Der Jahreswert des Nießbrauchs ist mit 5,5 % des Steuerwertes anzusetzen, höchstens mit dem 18,6ten Teil des Steuerwerts des genutzten Wirtschaftsguts (§§ 15 Abs. 1, 16 BewG). 2 Mio. × 5,5 % = 110 000 €; 2 Mio. : 18,6 = 107 526 €. Der Jahreswert der Nutzung ist gemäß § 16 BewG auf den 18,6ten Teil des Steuerwerts des Wirtschaftsguts beschränkt. Anzusetzen sind also 107 526 €. Kapitalisiert auf das Leben der Mutter ergibt das einen Steuerwert für den Nießbrauch in Höhe von 1 473 106 €.

Vor- und Nacherbschaft

	Steuerpflichtiger Erwerb (€)	Steuerklasse	Steuersatz (%)	Steuerbetrag (€)	Gesamt Sohn (€)	Gesamt Mutter (€)	Gesamtbelastung (€)
Die Ehefrau versteuert:	1 244 000[(1)]	I	19	236 360		236 360	
Der Sohn versteuert	1 363 600[(2)]	I	19	259 084	259 084		
		Sohn/Mutter zahlen insgesamt:			259 084	236 360	495 444

(1) Steuerwert des Gesamtnachlasses ./. 756 000 € Freibeträge gesamt.
(2) Steuerwert des Gesamtnachlasses ./. Steuerlast der Vorerbin ./. Freibetrag i. H. v. 400 000 € (gerundeter Betrag).

Teil V: Gestaltungstipps zur Steueroptimierung im Erbfall und bei Schenkungen

Nießbrauchsalternative

	Steuerpflichtiger Erwerb (€)	Steuerklasse	Steuersatz (%)	Steuerbetrag (€)	Gesamt Sohn (€)	Gesamt Mutter (€)	Gesamtbelastung (€)
Die Ehefrau versteuert:	717 100[(1)]	I	19	136 230		136 230	
Der Sohn versteuert nach Abzug des Nießbrauchs:	126 800[(2)]	I	11	13 948	13 948		
				Sohn/Mutter zahlen insgesamt 13 948		136 230	150 178

(1) Steuerwert des Nießbrauchs = 1 473 106 ./. 756 000 € Freibeträge gesamt, gerundet auf volle 100 €

(2) 2 Mio. € Gesamtsteuerwert ./. 1 473 106 € Nießbrauchswert ./. 400 000 € Freibetrag, gerundet auf volle 100 €

ERGEBNIS: Die Steuerersparnis bei der Nießbrauchsalternative beträgt gegenüber der Vor- und Nacherbschaft 345 266 €.

6.5 Die Ausschlagung gegen Nießbrauchsabfindung

800 Eine Ausschlagung gegen Barabfindung ist oft wegen finanzieller Engpässe nicht durchführbar. Erbt beispielsweise die Ehefrau GmbH-Gesellschaftsanteile und schlägt sie zu Gunsten des gemeinsamen Sohnes gegen Abfindung aus, setzt dies voraus, dass der Ersatzerwerber die Abfindung aus Eigenmitteln finanzieren kann. Denn an einen Verkauf der Anteile an fremde Dritte dürfte bei Familienunternehmen nicht zu denken sein. Als alternatives Gestaltungsmittel wird daher vielfach die Ausschlagung gegen Nießbrauchsabfindung gewählt.

Angenommen, die Witwe L die mit ihrem Ehemann E in Gütertrennung lebte, erhält 10 % der GmbH-Geschäftsanteile. Sie möchte aber diese Anteile eigentlich gar nicht behalten, sondern sie dem gemeinsamen Sohn S übertragen, der zwischenzeitlich Gesellschafter-Geschäftsführer der GmbH ist. Andererseits aber waren die Geschäftsanteile für die Witwe als Alterssicherung vorgesehen. Die Witwe muss auch tatsächlich die Dividendenausschüttungen selbst vereinnahmen, weil sie nur eine geringe Altersrente erhält. In solchen Fällen hilft die Nießbrauchsabfindung.

BEISPIEL: Angenommen, der 10%ige GmbH-Anteil hätte einen Steuerwert von 5 Mio. € und die Ehefrau wäre im Zeitpunkt der Nießbrauchsbestellung 60 Jahre alt. Der Jahreswert des Nießbrauchs beträgt nach § 16 BewG den 18,6ten Teil des Steuerwerts, also 268 818 € (= 5 000 000 : 18,6). Dieser Jahreswert ergibt multipliziert mit dem maßgeblichen Vervielfältiger gemäß BMF-Schreiben v. 26.9.2011 (vgl. Anhang 5) einen Nießbrauch-Kapitalwert von (268 818 × 13,743 =) 3 694 366 €.

Schlägt nun die Ehefrau zu Gunsten des Sohnes gegen Nießbrauchsabfindung aus, ergäbe sich folgende steuerliche Belastung: [1]

Steuerbelastung Ehefrau		
Wert des Nießbrauchs	3 694 366 €	
./. Freibetrag § 16 ErbStG	500 000 €	
./. Freibetrag § 17 ErbStG	256 000 €	
Steuerpflichtiger Erwerb (gerundet)	2 938 300 €	
Erbschaftsteuer hierauf (Klasse I, 19 %)		558 277 €
Steuerbelastung Sohn		
Nachlasswert	5 000 000 €	
./. Nießbrauchslast Mutter	3 694 366 €	
./. Freibetrag	400 000 €	
Steuerpflichtiger Erwerb (gerundet)	905 600 €	
Erbschaftsteuer hierauf (Klasse I, 19 %)	172 064 €	172 064 €
Gesamtbelastung Mutter und Sohn (558 277 + 172 064)		730 341 €

▶ **Fazit:**

Hätte die Ehefrau die Erbschaft über die Geschäftsanteile angenommen und anschließend dem Sohn weitervererbt, wären im ersten Erbgang (Übergang der Geschäftsanteile an die Ehefrau) 806 360 € an Erbschaftsteuern fällig geworden und im zweiten Erbgang (Übergang der Geschäftsanteile an den Sohn) wiederum 874 000 €, zusammen 1 680 360 €. Die Ausschlagung gegen Nießbrauchsabfindung stellt den überlebenden Ehegatten in seiner Vermögens-/Altersabsicherung gleich und spart insgesamt rund 950 000 € an Erbschaftsteuer.

HINWEIS:

Die Steuerbefreiung für Betriebsvermögen (§ 13a ErbStG) findet in dem Beispiel keine Anwendung, da der Geschäftsanteil nicht mehr als 25 % des Nennkapitals beträgt (§ 13b Abs. 1 Nr. 3 ErbStG).

6.6 Wenn der Nießbraucher Erbe wird

Wird ein Nießbraucher zum Erben, geht das Nießbrauchsrecht zivilrechtlich gesehen durch die durch Antritt der Erbschaft eintretende Vereinigung von Recht und Pflicht unter. Steuerrechtlich bleibt das Recht aber bestehen (§ 10 Abs. 3 ErbStG[2]); es besteht parallel zur Erbschaft und „belastet" diese.

---

[1] Vgl. Tabelle Anhang 2.
[2] Die Bedeutung der Vorschrift ist Folgende: Schuldet beispielsweise der Erbe dem Erblasser 100 000 € und braucht er das Geld infolge des Todes des Erblassers nicht mehr zurückzuzahlen, gilt er als um diesen Betrag bereichert. Die Forderung gehört insoweit zum steuerpflichtigen Erwerb des Erben.

802 War der Nießbrauch lebenslänglich eingeräumt, ist er vom Steuerwert der Erbschaft abzuziehen, und zwar in Höhe des Kapitalwertes, der sich für eine Laufzeit, „gerechnet ab dem Zeitpunkt der Übertragung des Vermögens ergeben hätte",[1] d. h., es ist der Kapitalwert abzuziehen, der sich am Tag der Zuwendung zu Grunde legen lässt. Unter der Berücksichtigung eines für den überlebenden Ehegatten geltenden Versorgungsfreibetrags in Höhe von 256 000 € (§ 17 ErbStG) und eines Freibetrags in Höhe von weiteren 500 000 € (§ 16 ErbStG)[2] können überlebende Ehegatten, die vorher Nießbraucher eines Gegenstandes waren, ein um den abzugsfähigen Kapitalwert des Nießbrauchs vermindertes „Nettovermögen" von 756 000 € steuerfrei erben.

BEISPIEL: Angenommen, der Steuerwert des Vermögens beträgt 900 000 € und der Jahreswert des Nießbrauchs gemäß § 15 Abs. 1 BewG 5,5 % des Vermögens, höchstens der 18,6te Teil = rd. 48 000 €. Die Ehefrau ist bei Einräumung des Nießbrauchsrechts 40 Jahre alt und im Erbfall (im Zeitpunkt des Antritts der Erbschaft) 60 Jahre alt. Die beiden Steuerfälle würden wie folgt berechnet:

1. Steuerfall:			
steuerpflichtiger Kapitalwert des Nutzungsrechts (gerundet)	48 000 × 16,850[3]		808 800 €
2. Steuerfall:			
Steuerwert des Vermögens		900 000 €	
./. Kapitalwert des Nießbrauchs am Tage der Zuwendung	48 000 × 13,743[4]	659 664 €	
steuerpflichtiger Erwerb (gerundet)		240 336 €	240 336 €
aus 1 und 2 insgesamt zu versteuern (Gesamtsteuerwert)			1 049 136 €

Anzumerken ist, dass – obwohl der Steuerwert des Vermögens nur 900 000 € betragen hat – in beiden Steuerfällen zusammen 1,04 Mio. € zu versteuern sind. Zur Vermeidung einer höheren Besteuerung hatte der BFH bislang stets eine Deckelung von Nießbrauchs- und Substanzerwerb auf den Steuerwert des Nutzungsgegenstandes befürwortet, diesen Grundsatz aber mit Urteil vom 7. 10. 1998[5] aufgegeben.

HINWEIS:

Sind Kinder vorhanden, sollte Vermögen direkt den Kindern übertragen und dem (überlebenden) Ehegatten einen Nießbrauch eingeräumt werden.

---

1 Gebel in Troll/Gebel/Jülicher, ErbStG, § 10 Anhang R 1, Anmerkung zu RFH, Urt. v. 13. 5. 1930.
2 Sofern nicht Teile davon schon innerhalb der letzten zehn Jahre in Anspruch genommen wurden.
3 Gemäß BMF-Schreiben v. 26. 9. 2011; vgl. Anhang 5, Alter bei Antritt: 60 Jahre.
4 Gemäß BMF-Schreiben v. 26. 9. 2011; vgl. Anhang 5, Alter bei Antritt: 60 Jahre.
5 II R 64/96, BStBl 1999 II S. 25.

6.7 Der Nießbrauch zur Steueroptimierung beim Generation-Skipping

Das bereits vorgestellte Steuersparmodell des Generation-Skipping kann noch optimiert werden, wenn der Zwischengeneration ein Nießbrauch an dem dem Enkel vollumfänglich übertragenen Vermögen eingeräumt wird. Der entscheidende Nachteil des Generation-Skippings, dass nämlich ein Generationen-Freibetrag ungenutzt bleibt, kann dadurch vermieden werden.

803

> **BEISPIEL:** Der Großvater räumt dem Sohn für die dem Enkelkind direkt zu übertragende Vermögenssubstanz im Steuerwert von 2 Mio. € (besteht aus Wertpapieren und einem Mietwohngrundstück) einen Nießbrauch ein. Der Jahreswert des Nießbrauchs beträgt 40 000 €. Daraus errechnet sich ein Kapitalwert (der Sohn ist im Zeitpunkt der Schenkung 60 Jahre alt, Vervielfältiger[1] = 12,665) von 506 600 €.
>
> Die Schenkungsteuerbelastung errechnet sich beim Direkterwerb Großvater-Enkel wie folgt:

beim Enkel		
Nachlassvermögen des Großvaters	2 000 000 €	
./. Nießbrauchsbelastung für Nießbrauch Sohn/Vater	./. 506 600 €	
Bereicherung	1 493 400 €	
./. Freibetrag	./. 100 000 €	
steuerpfl. Erwerb (gerundet)	1 393 400 €	
Steuerbetrag bei Steuerklasse/Steuersatz (I/19 %)	264 746 €	
beim Sohn/Vater		
Bereicherung	506 600 €	
./. Freibetrag	./. 400 000 €	
steuerpfl. Erwerb (gerundet)	106 600 €	
Steuerbetrag bei Steuerklasse/Steuersatz (I/11 %)	11 726 €	
Gesamtsteuerbelastung des Enkels		
Erwerb v. Großvater (mit Nießbrauchsbelastung)	264 746 €	
Erwerb v. Vater (wie oben Bsp. Rdn. 749)	7 000 €	271 746 €
Steuerersparnis (349 000 ./. 271 746)		77 254 €

---

[1] Vgl. BMF-Schreiben v. 26. 9. 2011; Anhang 5.

7 Besteuerung von und Gestaltungsmöglichkeiten mit Kapital- und Rentenlebensversicherungen

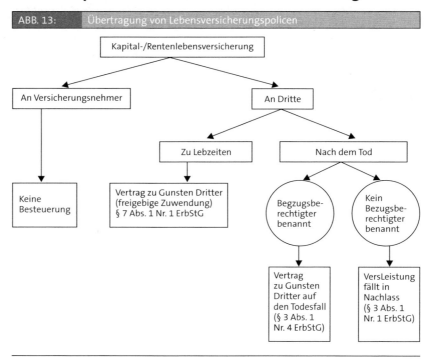

ABB. 13: Übertragung von Lebensversicherungspolicen

Vorbemerkung

804 Leistungen aus einer Kapital- bzw. Rentenlebensversicherung[1] unterliegen dann einer Erbschaft- bzw. Schenkungsbesteuerung, wenn die Auszahlung der Versicherungssumme nicht an den Versicherungsnehmer selbst, sondern an Dritte erfolgt. Je nachdem, ob der Versicherungsnehmer einen Bezugsberechtigten benannt hat, die Auszahlungen an Dritte zu Lebzeiten des Versicherungsnehmers oder nach seinem Tod erfolgen, entsteht ein Besteuerungstatbestand entweder als freigebige Zuwendung nach § 7 Abs. 1 Nr. 1 ErbStG, als

---

1 Rentenlebensversicherungen unterscheiden sich von Kapitallebensversicherungen nur in der Art der Auszahlung der Versicherungssumme. So wird die Versicherungssumme bei der Kapitallebensversicherung in einer Summe an den Versicherungsnehmer bzw. an die Begünstigten ausbezahlt. Bei der Rentenlebensversicherung hingegen wird die Versicherungssumme nicht in einem Betrag, sondern als regelmäßige wiederkehrende Leistung ausbezahlt.

Erwerb von Todes wegen nach § 3 Abs. 1 Nr. 1 ErbStG oder als Vertrag zu Gunsten Dritter auf den Todesfall nach § 3 Abs. 1 Nr. 4 ErbStG.

7.1 Zuwendungen aus Kapital- und Rentenlebensversicherungen zu Lebzeiten des Versicherungsnehmers

Bei Lebensversicherungen kann der Versicherungsnehmer regelmäßig einen Drittbegünstigten bestimmen, an den die Versicherungsleistung bei Ablauf des Versicherungsvertrages auszuzahlen ist. Durch die Einräumung eines Bezugsrechts an Drittpersonen entsteht ein Dreiecksverhältnis zwischen dem (1) Versicherungsnehmer, dem (2) Versicherungsunternehmen und dem (3) Drittbegünstigten (z. B. Familienangehörige, Geschäftspartner, gemeinnützige Stiftungen, sonstige Dritte etc.). In diesem Dreiecksverhältnis wird die Beziehung zwischen Versicherungsnehmer und dem Bezugsberechtigten als Valutaverhältnis und die Beziehung zwischen dem Versicherungsnehmer und dem Versicherungsunternehmen als Deckungsverhältnis bezeichnet. 805

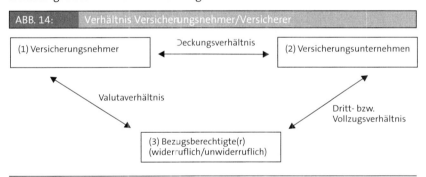

ABB. 14: Verhältnis Versicherungsnehmer/Versicherer

Bestimmt der Versicherungsnehmer nicht sich selbst, sondern einen Dritten als Bezugsberechtigten der Lebensversicherung, so handelt es sich um einen Vertrag zu Gunsten Dritter gemäß § 328 Abs. 1 BGB.[1] Im Versicherungsfall erwirbt der Bezugsberechtigte einen unmittelbaren Anspruch auf die Versicherungsleistung. Im Erbfall, d. h. Tod des Versicherungsnehmers, der gleichzeitig die versicherte Person ist, fällt die Versicherungsleistung nicht in den Nachlass (Vertrag zu Gunsten Dritter auf den Todesfall, §§ 328, 331 BGB). Neben dem Vorteil der Vermeidung langwieriger Erbauseinandersetzungen behält auch ein „Erbe" des ggf. überschuldeten „Erblasser"-Nachlasses als Begünstigter ei- 806

---

1 Vgl. auch die Auslegungsregel des § 330 BGB.

nen Anspruch auf Auszahlung der Versicherungsleistung trotz möglicher Ausschlagung des Erbes. Fällt die Versicherungsleistung nicht in den Nachlass, so entstehen weiterhin auf die Versicherungsleistung keine Erb- bzw. Pflichtteilsansprüche anderer Berechtigter.

807 Gleichwohl bleiben Pflichtteilsergänzungsansprüche gemäß §§ 2325 ff. BGB gegenüber Erben bzw. „Beschenkten" bestehen. Ist kein Begünstigter bzw. sind keine Begünstigten benannt, fällt im Erbfall die Versicherungsleistung in den Nachlass.

HINWEIS:

Die „Kunst" der Absicherung liegt nun darin, das Valutaverhältnis bzw. die Rollen des Versicherungsvertrages so zu gestalten bzw. zu besetzen, dass bei Eintritt des Versicherungsfalls bzw. bei Auszahlung der vertraglichen Leistungen keine Erbschaft- bzw. Schenkungsteuerpflicht eintritt, zusätzlich die Einkommensteuer für die Begünstigten im Erlebens- bzw. Todesfall minimiert wird und der „Nachlass" des Unternehmers direkt oder indirekt für die Begünstigten gesichert wird.

Strategiebeispiel: „Generationenmodell":[1]

Großvater G (70 Jahre) möchte einen Teil seines Vermögens zielgerichtet und unbürokratisch an sein Enkelkind E im Rahmen der persönlichen Freibeträge übertragen. Der Großvater möchte bis zu seinem Tod über den Zeitpunkt der Verfügbarkeit bestimmen können.

---

1 Strategiebeispiel in Zusammenarbeit mit der LV 1871 Private Assurance AG, Werdenbergerweg 20, FL-9490 Vaduz, Herr Markus Hetzer, Tel. 00423-23 88 300, markus.hetzer@lv1871private.com, www.lv1871private.com.

7 Gestaltungsmöglichkeiten mit Kapital- und Rentenlebensversicherungen

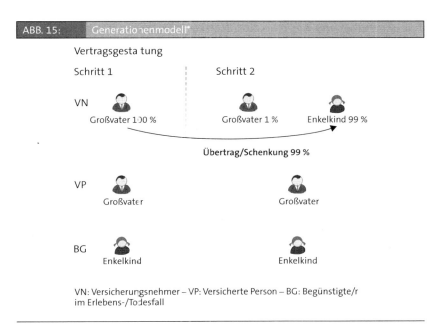

ABB. 15: Generationenmodell*

*Quelle: LV1871 Private Assurance AG, Liechtenstein

Dieses Modell erlaubt die Nutzung des persönlichen Freibetrags beim Enkel (200 000 €) jeweils pro Großelternteil. Im Ergebnis können daher durch beide Großelternteile bis zu 400 000 € direkt an jeden Enkel weitergegeben werden. Die schenkweise Weitergabe an den Enkel ist dabei für die Großeltern mit der Möglichkeit verbunden mit bis zu 1% weiter Versicherungsnehmer zu bleiben und so weiterhin die Kontrolle über die Versicherung und die Versicherungsleistung auszuüben. Im Todesfall unterliegen lediglich 1% der Versicherungsleistung der Erbschaftsteuerpflicht auf Ebene des Enkels. Liegen zwischen Schenkung des Vertrages und Versicherungsfall mehr als zehn Jahre, so können die persönlichen Freibeträge erneut genutzt werden.[1] Das „Generationenmodell" kann unter Berücksichtigung anderer persönlicher Freibeträge ebenfalls angewendet werden auf die Vermögensweitergabe zwischen Eltern und Kindern, Ehepaaren, eingetragenen Lebenspartnerschaften etc.[2]

808

---

[1] Vgl. Rdn. 661.
[2] Anmerkung: Neben der „kontrollierten" Weitergabe von Vermögen ist auch die vollständige Einkommensteuerfreiheit im Versicherungsfall auf Ebene der begünstigten Enkel gegeben.

7.2 Erwerbe aus Kapital- und Rentenlebensversicherungen von Todes wegen

809 Bei Erwerben aus Kapital- oder Rentenlebensversicherungen von Todes wegen ist zu unterscheiden, ob der Versicherungsnehmer, der die Versicherung auf sein eigenes Leben abgeschlossen hat, einen Bezugsberechtigten benannt hat oder nicht. Hat der Versicherungsnehmer keinen Bezugsberechtigten benannt, fällt die Versicherungsleistung in seinen Nachlass. Die Erben haben die Zuwendung als Erwerb von Todes wegen nach § 3 Abs. 1 Nr. 1 ErbStG zu versteuern.

Wurde hingegen ein Bezugsberechtigter benannt, wirkt die Lebensversicherungspolice wie ein Vertrag zu Gunsten Dritter auf den Todesfall. Mit dem Tod des Versicherungsnehmers entsteht auf Seiten des Bezugsberechtigten ein eigener Anspruch gegen das Versicherungsunternehmen. Dieser Anspruch fällt nicht in den Nachlass des Versicherungsnehmers, da dieser bereits zu Lebzeiten Ansprüche aus dem Versicherungsverhältnis für den Fall seines Ablebens aufgegeben hat. Der Erwerb der Versicherungsleistung ist daher nicht als Erwerb von Todes wegen, sondern als Erwerb i. S. von § 3 Abs. 1 Nr. 4 ErbStG zu qualifizieren. Es handelt sich hierbei um einen Vermögensvorteil, den der Drittbegünstigte auf Grund des vom Versicherungsnehmer und Erblasser geschlossenen Vertrages bei dessen Tode von einem Dritten (der Versicherungsgesellschaft) unmittelbar erworben hat.

Voraussetzung für eine Besteuerung der Versicherungssumme ist eine freigebige Zuwendung im Valutaverhältnis, also zwischen dem Versicherungsnehmer und dem Drittbegünstigten. Diese setzt Unentgeltlichkeit voraus.

Unentgeltlichkeit wäre nach allgemeiner Auffassung dann nicht gegeben, wenn der Bezugsberechtigte die Prämienzahlungen übernommen hat. Das Niedersächsische Finanzgericht[1] hat allerdings in einem Fall, in dem der Bezugsberechtigte der eigentliche Prämienzahler war, die Versicherungsleistung dem Nachlass des Versicherungsnehmers zugerechnet. Damit musste der Prämienzahler die gesamte Versicherungssumme als Erwerb von Todes wegen (Vermögensvorteil, der auf Grund eines vom Erblasser geschlossenen Vertrags bei dessen Tode unmittelbar erworben wird − § 3 Abs. 1 Nr. 4 ErbStG) versteuern.

---

1 Vom 16. 11. 2005 3 K 47/04.

7 Gestaltungsmöglichkeiten mit Kapital- und Rentenlebensversicherungen

> **HINWEIS:**
>
> Nach Auffassung des Niedersächsischen Finanzgerichts könnte etwas anderes gelten, „wenn der Versicherungsnehmer lediglich formal als Vertragspartner des Versicherers auftritt, während die Position des Versicherungsnehmers nach Maßgabe des Valutaverhältnisses wirtschaftlich dem Prämienzahler zukommt. Eine Steuerpflicht der Lebensversicherungsleistung be Prämienzahlung kann also vermieden werden, wenn der Prämienzahler vom Versicherungsnehmer unwiderruflich als Bezugsberechtigter eingesetzt wird. Dann nämlich würden nach Ansicht des FG alle aus dem Versicherungsvertrag resultierenden Vermögenswerte von vornherein zum Vermögen des Prämienzahlers gehören; für einen Erwerb von Todes wegen bliebe dann kein Raum.

Nach BFH-Rechtsprechung schließt auch der Umstand eine Steuerpflicht nach § 3 Abs. 1 Nr. 4 ErbStG aus, wenn die Begünstigung an einer Lebensversicherung in rechtlichem Zusammenhang mit einem zusammen mit dem Erblasser verfolgten Gemeinschaftszweck zu sehen ist. Im Streitfall ist der Erblasser zusammen mit der Bezugsberechtigten zwecks einer Firmengründung gemeinsame Darlehensverpflichtungen eingegangen. Die Bezugsberechtigte und Firmenmitbegründerin war widerrufliche Bezugsberechtigte über eine Lebensversicherung, die der Erblasser wegen des Darlehens auf Anraten der Bank abgeschlossen hatte.[1]

810

> **HINWEISE:**
>
> ▶ Zuwendungs- und Besteuerungsgegenstand ist auch hier wieder die Versicherungssumme, nicht die Bezugsberechtigung.
>
> ▶ Schließt sich an den Tod des Versicherungsnehmers (der versicherten Person) ein Ermittlungsverfahren der Versicherungsgesellschaft zur Prüfung der Leistungspflicht an, ist die Erbschaftsteuer erst mit dem Abschluss der zur Feststellung der Leistungspflicht erforderlichen Erhebungen der Versicherungsgesellschaft entstanden, nicht bereits mit dem Tod des Versicherungsnehmers (der versicherten Person). Insoweit handelt es sich um betagte Ansprüche, bei denen der Eintritt des Zeitpunktes der Fälligkeit (Abschluss der versicherungsinternen Ermittlungen) unbestimmt ist.[2]

Strategiebeispiel: „Terminierter Vermögensübertrag und Konfliktvermeidung":[3]

Vater V ist geschieden und möchte für den Fall seines Todes sein minderjähriges Kind absichern. Gleichzeitig möchte er den Zugriff auf das Vermögen be-

---

[1] BFH, Beschl. v. 4.8.1999 II B 59/99, ZEV 2000 S. 74.
[2] BFH, Urt. v. 27.8.2003 I R 58/01, DStR 2003 S. 2066.
[3] Strategiebeispiel in Zusammenarbeit mit der LV 1871 Private Assurance AG, Werdenbergerweg 20, FL-9490 Vaduz, Herr Markus Hetzer, Tel. 00423-23 88 300, markus.hetzer@lv1871private.com, www.lv1871private.com.

halten. Das Kind soll bei Tod des Vaters erst mit Volljährigkeit über das Vermögen verfügen können. Hierzu wird in den Vertrag eine Termfixklausel integriert, welche die Auszahlung der Versicherungsleistung erst bei Volljährigkeit der Tochter gewährleistet.

ABB. 16: Strategie „Terminierter Vermögensübertrag und Konfliktvermeidung"*

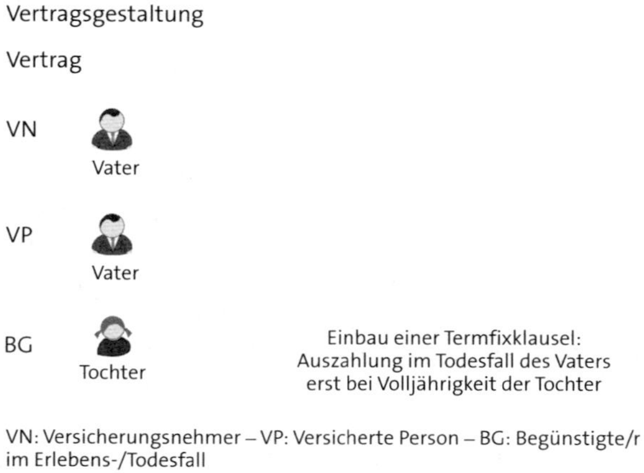

Vertragsgestaltung

Vertrag

VN — Vater

VP — Vater

BG — Tochter

Einbau einer Termfixklausel:
Auszahlung im Todesfall des Vaters
erst bei Volljährigkeit der Tochter

VN: Versicherungsnehmer – VP: Versicherte Person – BG: Begünstigte/r im Erlebens-/Todesfall

*Quelle: LV1871 Private Assurance AG

Der in zweiter Ehe verheiratete Vater setzt seine Tochter aus erster Ehe widerruflich als Begünstigte in den Vertrag ein und behält sich selbst zu Lebzeiten den Zugriff auf den Vertrag, d. h. alle Rechte zur Vertragsänderung vor. Insbesondere kann der Vater die Bezugsrechte jederzeit ändern und beispielsweise weitere Bezugsberechtigte in den Vertrag aufnehmen. Die Termfix-Klausel kann zu Lebzeiten des Vaters jederzeit geändert werden.

HINWEISE:

▶ Dieses Strategiemodell kann durch die Termfixklausel einerseits einen unerwünscht „frühen" Zufluss bei den Begünstigten vermeiden, andererseits beugt es möglichen Familienkonflikten zwischen den Angehörigen vor. Durch die Nennung der Begünstigten fließt die Versicherungsleistung zum vereinbarten Zeitpunkt direkt an die Bezugsberechtigten – ohne dass die Versicherungsleistung durch eine oftmals langwierige Erbauseinandersetzung z. B. mit der Familie der neuen Ehefrau blockiert wird.

Erbschaftsteuer entsteht bei Termifix-Versicherungen nach Auffassung der Finanzverwaltung[1] bereits beim Tod des Erblassers und nicht erst mit dem späteren Fälligkeitsbeginn. Begründung der Finanzverwaltung: Bereits beim Tod des Erblassers wird dem Berechtigten die Versicherungssumme durch das Versicherungsunternehmen zur Verfügung gestellt. Und der Berechtigte setzt den Versicherungsvertrag fort und kann darüber verfügen. Ergänzend hierzu hat der Bundesfinanzhof (BFH) mit Urteil vom 27.8.2003[2] entschieden, dass die Erbschaftsteuer für betagte Ansprüche, die zu einem bestimmten – feststehenden – Zeitpunkt fällig werden, die Erbschaftsteuer bereits im Zeitpunkt des Todes des Erblassers entsteht. Die Versicherungssumme ist allerdings gemäß BFH-Urteil bei der Berechnung des steuerpflichtigen Erwerbs mit ihrem abgezinsten Wert anzusetzen. Die persönlichen Freibeträge der Begünstigten zum Versicherungsnehmer finden Anwendung (ggf. Zusammenrechnung mit anderen Erwerben i. S. des § 14 ErbStG).[3]

7.3 Verbundene Lebensversicherungen (unter Ehegatten)

Bei einer verbundenen Lebensversicherung schließen zwei oder mehrere Personen – im Regelfall Ehegatten – eine Lebensversicherung auf das Leben des zuerst versterbenden Mitversicherungsnehmer-Ehegatten ab; die Ehegatten bilden insoweit eine Gemeinschaft. Die auf Grund des Todes des Erstversterbenden oder im Erlebensfall fällige Versicherungsleistung fällt somit zu Gunsten der Gemeinschaft an. Im Versicherungsfall erfolgt die Leistung an den überlebenden Ehegatten. Dieser erhält die Leistung in seiner Eigenschaft als Versicherungsnehmer und Bezugsberechtigter anteilig – entsprechend seinem Anteil an der Gemeinschaft. Soweit dem überlebenden Ehegatten die Versicherungssumme in der Eigenschaft als Versicherungsnehmer zufließt, unterliegt der Erwerb nicht der Erbschaftsteuer. Bei Ehegatten wird wegen der engen persönlichen Bindung und auf Grund gleichgerichteter Interessenlagen eine im Innenverhältnis vereinbarte hälftige Zahlungsverpflichtung unterstellt, was im Ergebnis bedeutet, dass unter Ehegatten die Hälfte der Versicherungsleistung immer steuerfrei vereinnahmt werden kann. Nur die übrige Versicherungssumme, die der überlebende Ehegatte als begünstigter Dritter und nicht als Versicherungsnehmer erhält, ist entweder nach § 3 Abs. 1 Nr. 4

811

---

1 Finanzministerium Baden-Württemberg v. 22.12.2009 3-S 3844/36.
2 II R 58/01, BStBl 2003 II S. 921.
3 Als weiteres wichtigstes Ergebnis bleibt neben der „terminierten" Weitergabe von Vermögen die vollständige Einkommensteuerfreiheit im Versicherungsfall auf Ebene der begünstigten Tochter gemäß § 20 Abs. 1 Nr. 6 EStG als einkommensteuerfreie Todesfallleistung.

ErbStG (bei Erwerben von Todes wegen[1]) oder nach § 7 Abs. 1 Nr. 1 ErbStG (bei Schenkungen unter Lebenden) steuerpflichtig.[2]

BEISPIEL: Erblasser E hat:
- eine eigene Lebensversicherung (Eigenversicherung) abgeschlossen und den anderen Ehegatten als Bezugsberechtigten bestimmt;
- zusammen mit seinem Ehegatten eine verbundene Lebensversicherung abgeschlossen.

Die Besteuerung der Ablaufleistung in Höhe von 4 Mio. € stellt sich wie folgt dar:

	Eigenversicherung	Verbundene Lebensversicherung
Ablaufleistung, zu versteuernde	4 000 000 €	2 000 000 €
Freibeträge	./. 756 000 €	./. 756 000 €
steuerpfl. Erwerb	3 244 000 €	1 244 000 €
Erbschaftsteuerbetrag	616 360 €	236 360 €

Die Steuerersparnis durch die verbundene Lebensversicherung beträgt bei gleichen Versicherungsleistungen 380 000 €.

7.4 Abschluss einer Lebensversicherung auf das Leben des Ehegatten

812   Die Steuerfolge des § 3 Abs. 1 Nr. 4 ErbStG kann nicht nur zur Hälfte, sondern sogar ganz vermieden werden, wenn eine Lebensversicherung auf das Leben einer anderen Person, also beispielsweise auf das Leben des Ehepartners abgeschlossen wird. Der Versicherte ist dann der andere Ehegatte. Ist kein Bezugsberechtigter benannt, erhält der Versicherungsnehmer-Ehegatte in seiner Eigenschaft die Versicherungssumme, ohne dass dieser Erwerb erbschaftsteuerpflichtig wäre.

Strategiebeispiel: Ehegatten-Absicherungs-Modell[3]

Das Ehepaar E ist kinderlos und möchte sich gegenseitig steueroptimiert absichern. Es soll keine Erbschaftsteuer anfallen.

---

1 Siehe hierzu insbesondere Ausführungen in Rdn. 364.
2 Darüber hinaus lässt sich mit diesem Modell neben der Erbschaftsteueroptimierung auch die vollständige Einkommensteuerfreiheit der Versicherungsleistung im Todesfall des Erstversterbenden erreichen, da die Leistung an den überlebenden Ehegatten gemäß § 20 Abs. 1 Nr. 6 EStG als einkommensteuerfreie Todesfallleistung qualifiziert wird.
3 Strategiebeispiel in Zusammenarbeit mit der LV 1871 Private Assurance AG, Werdenbergerweg 20, FL-9490 Vaduz, Herr Markus Hetzer, Tel. 00423-23 88 300, markus.hetzer@lv1871private.com, www.lv1871private.com.

ABB. 17:	Strategie „Ehegatten-Absicherungs-Modell"*

Vertragsgestaltung

	Vertrag 1		Vertrag 2	
VN	Ehemann		VN	Ehefrau
VP	Ehefrau		VP	Ehemann
BG	Ehemann		BG	Ehefrau

VN: Versicherungsnehmer – VP: Versicherte Person – BG: Begünstigte/r im Erlebens-/Todesfall

* Quelle: LV1871 Private Assurance AG

Ehemann und Ehefrau schließen jeweils eine eigene Lebensversicherung auf das Leben des anderen Ehegatten ab (VP). Begünstigter (BG) bleibt jeweils derjenige Ehegatte, der auch der Versicherungsnehmer ist. Die Auszahlung erfolgt im Todesfall des jeweils anderen Ehegatten erbschaftsteuerfrei.[1]

HINWEIS:

Diese Variante eignet sich insbesondere zum Aufbau von Vermögen sowie zur Familien- und Altersvorsorge- und einer gezielten Nachlassplanung. Eine Erweiterung der Vertragsgestaltung zum „Generationenvertrag" durch Einbeziehung von nahen Verwandten ist möglich. Die Ehepartner behalten über ihr Vermögen und ihren Vertrag die Kontrolle.

7.5 Abschluss einer Lebensversicherung auf das Leben des anderen Geschäftspartners

Neben Ehepartnern wollen sich in vielen Fällen auch Geschäftspartner gegenseitig für den Fall des Todes des anderen absichern. Da Geschäftspartner im Regelfall nicht verwandt sind und im Verhältnis zueinander bei der Erbschaft-

813

---

[1] Als Weiteres wichtiges Ergebnis bleibt neben der Absicherung des Partners die vollständige Einkommensteuerfreiheit der Versicherungsleistung im Todesfall des Ehepartners, da die Leistung an den überlebenden Ehegatten gemäß § 20 Abs. 1 Nr. 6 EStG als einkommensteuerfreie Todesfallleistung qualifiziert wird.

steuer die Steuerklasse III anzuwenden wäre, ist es in diesen Fällen besonders wichtig, dass die Todesfallleistung erbschaftsteuerfrei zur Auszahlung kommt.

Strategiebeispiel: „Geschäftspartner-Absicherungs-Modell" [1]

ABB. 18: „Geschäftspartner-Absicherungs-Modell"*

Vertragsgestaltung

Vertrag 1	Vertrag 2
VN Geschäftspartner 1	VN Geschäftspartner 2
VP Geschäftspartner 2	VP Geschäftspartner 1
BG Geschäftspartner 1	BG Geschäftspartner 2

VN: Versicherungsnehmer – VP: Versicherte Person – BG: Begünstigte/r im Erlebens-/Todesfall

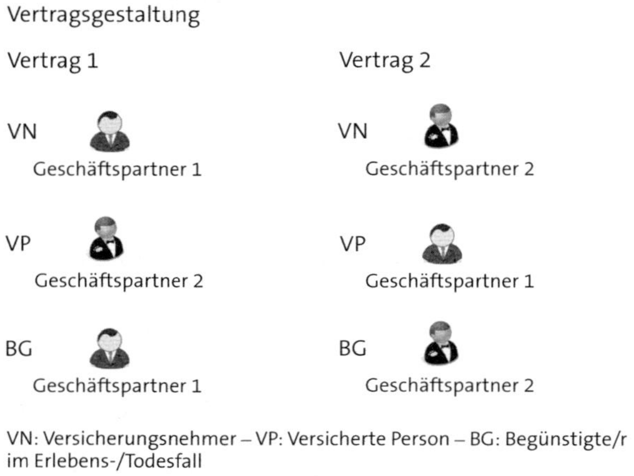

*Quelle: LV1871 Private Assurance AG

Die Ausgestaltung der Versicherungsverträge erfolgt in gleicher Weise wie bei der Absicherung unter Ehegatten. Die Geschäftspartner schließen jeweils eine Lebensversicherung als Versicherungsnehmer auf das Leben des jeweils anderen Geschäftspartners (als versicherte Person) ab.

Die erbschaftsteuerfrei auszuzahlende Todesfallleistung[2] kann verwendet werden:

- ► für den Erwerb der Geschäftsanteile von den Erben des verstorbenen Geschäftspartners
- ► zur Überbrückung von Liquiditätsrisiken und operativen Risiken.

---

1 Strategiebeispiel in Zusammenarbeit mit der LV 1871 Private Assurance AG, Werdenbergerweg 20, FL-9490 Vaduz, Herr Markus Hetzer, Tel. 00423-23 788 300, markus.hetzer@lv1871private.com, www.lv1871private.com. Weitere Gestaltungstipps vgl. Hetzer/Götzenberger, Absicherungs- und Gestaltungsstrategien mit Lebensversicherungen für Unternehmer, BB 2009 S. 2290 ff.

2 Daneben ist die Versicherungsleistung im Todesfall des Geschäftspartners vollständig einkommensteuerfrei gemäß § 20 Abs. 1 Nr. 6 EStG.

> **HINWEIS:**
>
> Darüber hinaus lässt sich mit obiger LV-Strategie für die Geschäftspartner gleichzeitig eine zusätzliche Altersvorsorge aufbauen.

7.6 Prämienschenkung

Als weitere Gestaltungsalternative bietet sich die sog. Prämienschenkung an. Bei einer Prämienschenkung setzt ein Ehegatte, der versicherte Person ist und die Prämien für die Lebensversicherung zahlt, seinen Ehepartner als Versicherungsnehmer und Bezugsberechtigten in den Versicherungsvertrag ein. Der Ehepartner zahlt dann lediglich auf die Prämien Schenkungsteuer, nicht aber auf die spätere Versicherungsleistung. 814

Die Steuerpflicht für die spätere Versicherungsleistung entfällt aber nicht bereits dadurch, dass der Bezugsberechtigte die Prämien an Stelle des Versicherungsnehmers ganz oder teilweise gezahlt hat. Das Finanzamt überprüft in derartigen Fällen anhand der zwischen dem Versprechensempfänger und dem Bezugsberechtigten getroffenen Vereinbarungen, ob die Prämienzahlung und die Zuwendung der Versicherungsleistung jeweils als zwei getrennte Zuwendungsvorgänge zu behandeln sind oder der Bezugsberechtigte im Innenverhältnis die Stellung des Versicherungsnehmers innehatte und somit Prämienzahlung und Versicherungsleistung von vornherein seiner Vermögenssphäre zuzurechnen sind.[1] Einer solchen steuerlichen Prüfung entgeht man dadurch, dass der andere Ehegatte – wie erwähnt – Versicherungsnehmer und Bezugsberechtigter gleichzeitig ist. Ist der Erwerber sowohl Versicherungsnehmer als auch Bezugsberechtigter, erfolgt von Seiten der Versicherungsgesellschaft keine Meldung an das Finanzamt (§ 33 Abs. 3 ErbStG).

> **HINWEIS:**
>
> Eine Prämienschenkung rechtsgültig zu vollziehen, heißt, dass der als Versicherungsnehmer und Bezugsberechtigter eingesetzte Ehegatte die Versicherungsprämien „aus eigener Tasche" zahlt. Es empfiehlt sich daher, die Prämienschenkung zwischenzuschalten, d. h., der Ehegatte (der Prämienschenker) muss die Beiträge zunächst dem anderen Ehegatten auf sein Konto überweisen, bevor dieser das Geld dann an die Versicherungsgesellschaft weiterleitet.

---

1 FinMin Nordrhein-Westfalen v. 26. 4. 1999 S 3802 – 17 – V A 2, DB 1999 S. 1142; FinMin Baden-Württemberg v. 6. 5. 1999 3 – S 3802/20, DStR 1999 S. 1231; FinMin Bayern v. 22. 4. 1999 34 – S 3802 – 17/3 – 9800.

7.7 Steueroptimierte Vermögensübertragung mit sofort fälligen Rentenlebensversicherungen

815 Rentenlebensversicherungen können so ausgestaltet sein, dass gegen Einzahlung eines Einmalbetrages die Rentenleistung sofort beginnt. Möchte ein Elternteil einem Kind einen Versorgungsbetrag zuwenden, kann wie folgt verfahren werden:

▶ Variante 1: Zuwendung der vorgesehenen Bargeldsumme, die das begünstigte Kind individuell am Kapitalmarkt ertragbringend anlegen kann.

▶ Variante 2: Einzahlung der vorgesehenen Bargeldsumme in eine sofort fällige Rentenlebensversicherung. Begünstigte aus der Versicherungspolice ist das Kind.

Auch wenn beide Varianten so ausgestaltet werden können, dass sie das Kind materiell gleichstellen, bestehen auf Ebene der Schenkungsteuer erhebliche Unterschiede. Während in der ersten Variante der zugewendete Bargeldbetrag Besteuerungsgegenstand ist und in voller Höhe der Schenkungsteuer zu unterwerfen ist, errechnet sich der maßgebliche Steuerwert für zugewendete Versicherungsleistungen aus dem zugewendeten Rentenstammrecht. Wird ein Rentenstammrecht zugewiesen, was der Fall ist, wenn aus der Versicherungspolice ein Dritter begünstigt werden soll, entsteht die Schenkungsteuer bereits mit dem Zeitpunkt der Zuwendung (§ 9 Abs. 1 Nr. 2 ErbStG).

Die Bemessungsgrundlage für die als wiederkehrende Leistungen zu erbringenden Rentenzahlungen (Renten) errechnet sich aus dem zu kapitalisierenden Jahreswert.[1] Je nach Ausgestaltung des Versicherungsvertrages können wiederkehrende Leistungen auf bestimmte Zeit oder lebenslänglich vereinbart sein. Der jeweils maßgebliche Kapitalisierungsfaktor ergibt sich:

▶ bei wiederkehrenden Leistungen auf bestimmte Zeit aus der Anlage 9a zu § 13 BewG[2]

▶ bei lebenslänglichen Leistungen aus der vom BMF veröffentlichten Anlage zu § 14 Abs. 1 BewG.[3]

Die Schenkungsteuer auf zugewendete Leistungen aus Rentenlebensversicherungen kann entweder vom Kapitalwert sofort oder auch jährlich im Voraus vom Jahreswert als Jahressteuer entrichtet werden.

---

1 Zum Begriff und Berechnung des Jahreswertes vgl. Rdn. 118.
2 Vgl. Anhang 3.
3 BMF v. 26. 9. 2011 IV D 4 - S 3104/09/10001 BStBl 2011 I S. 834; vgl. Anhang 5.

BEISPIEL: Eine Mutter will ihrer Tochter ein direktes laufendes Einkommen sichern. Hierzu sollen 500 000 € in eine Anlage zur laufenden Versorgung investiert werden. Die Tochter (45 Jahre) hat bereits ein Kind und lebt unverheiratet mit einem Lebensgefährten zusammen. Die Mutter will sicherstellen, dass die laufende Versorgung beim Tod der Tochter nicht dem Lebensgefährten zugute kommt, sondern je nach Wahl ihr selbst oder dem Enkelkind.

Variante 1: Die Mutter wendet der Tochter 500 000 € direkt zu, die die Tochter dann festverzinslich zur laufenden Versorgung anlegen kann. Die Tochter zahlt auf die Barzuwendung Schenkungsteuer in Höhe von 11 000 € (steuerpflichtiger Erwerb = 500 000 – 400.000 = 100 000 €, Steuerklasse I, Steuersatz 11 %). Die aus der Festzinsanlage erzielten Einkünfte stellen steuerpflichtige Einkünfte aus Kapitalvermögen dar, die die Tochter bei Überschreiten ihres Sparerfreibetrages der Einkommensteuer mit dem vollen Betrag (100 %) unterwerfen muss. Im Fall des Todes der Tochter fällt die nicht verbrauchte Barzuwendung in den Nachlass.

Variante 2: Die Mutter zahlt den vorgesehenen Bargeldbetrag in eine Rentenlebensversicherung mit Sofortrente ein und begünstigt die Tochter aus dem Vertrag. Die Rentenleistungen aus der Police sollen lebenslänglich sein. Im Fall des Todes der Tochter soll die Todesfallleistung (entspricht dem gezahlten Einmalbeitrag abzüglich der bereits ausgezahlten garantierten Renten) der Mutter (falls diese noch lebt) oder dem Enkel zufallen.

Für die oben genannte Produktlösung würde sich bei Anwendung des vom BMF im Schreiben vom 26.9.2011 (IV D 4 - S 3104/09/10001) veröffentlichten Kapitalisierungsfaktors zu § 14 BewG (lebenslängliche Rentenleistung, siehe Anhang 5) folgende Schenkungsteuer errechnen:

Garantierte Jahresrente (bei Einmalanlage 500 000 €, Rentenempfänger: 45 Jahre, weiblich; Tarif RT4O Quelle: LV1871 Private Assurance AG)

(Sofort beginnende lebenslange Rente inkl. Überschussanteilen für die Begünstigte)	23 450 €
× Kapitalisierungsfaktor	16,312
= Steuerlicher Kapitalwert	382 516 €
Bereicherung	382 516 €
./. Freibetrag	./. 400 000 €
Steuerpflichtiger Erwerb	0 €
Schenkungsteuer auf die Rentenzuwendung	0 €

Während also bei der ersten Variante, der direkten Bargeldzuwendung, Schenkungsteuer von mehr als 11 000 € anfällt, erhält die Tochter die Versorgung mittels Variante 2, der Rentenlebensversicherung mit Sofortrente, steuerfrei.

HINWEIS:
Die aus der Versicherungspolice bezogenen Rentenleistungen müssen im Gegensatz zu den aus der Anlage der Bargeldzuwendung (Variante 1) erwirtschafteten Kapitalerträgen nicht mit dem vollen Betrag, sondern nur mit dem jeweiligen Ertragsanteil der Einkommensteuer unterworfen werden, welcher sich aus der Tabelle zu § 22 Nr. 1 Satz 3

Buchst. a, Doppelbuchst. bb ergibt. Im obigen Fallbeispiel würde sich bei einem Eintrittsalter der Tochter von 45 Jahren ein Ertragsanteil von 34 % ergeben. Der Sparerfreibetrag der Tochter bleibt unberührt und steht für weitere Kapitaleinkünfte zur Verfügung.

7.8 Wichtig bei hohen Altersunterschieden: Der Versicherungsnehmerwechsel

816 Angenommen, ein 60-Jähriger hat eine Lebensversicherung abgeschlossen und als Begünstigte seine 35-jährige Partnerin eingesetzt. Würde der 60-Jährige heute versterben, müsste seine Partnerin die gesamte Versicherungsleistung als Erwerb von Todes wegen mit Steuerklasse III versteuern. Im ungünstigsten Fall würde so die Hälfte wegbesteuert. Hier ist es dringend geboten, den Versicherungsnehmer zu wechseln, d. h. die Partnerin als Versicherungsnehmerin und Bezugsberechtigte einzusetzen. Versicherte Person bleibt weiterhin der 60-Jährige. Der Versicherungsnehmerwechsel ist zwar nicht steuerfrei. Denn die Partnerin erwirbt dadurch noch nicht fällige Ansprüche aus einer Lebensversicherung, welche mit dem Rückkaufswert zu bewerten und der Schenkungsteuer zu unterwerfen sind.[1] Die Partnerin versteuert beim Versicherungsnehmerwechsel aber weniger als die Versicherungssumme im Versicherungsfall.

HINWEIS:

Voraussetzung beim Versicherungsnehmerwechsel ist, dass die Begünstigte die weitere Zahlung der Versicherungsprämien übernimmt. Nur dann beruht der spätere Erwerb der Versicherungssumme nicht mehr auf einer Zuwendung des Schenkers, da der Schenker und bisherige Versicherungsnehmer aus dem Vertrag vollständig ausgeschieden ist. Trägt hingegen der Zuwendende die Prämien weiter, wäre die Übertragung wie die Einräumung eines Bezugsrechts zu behandeln. Folglich wäre die Vertragsübertragung dann erst bei Eintritt des Versicherungsfalls nach § 3 Abs. 1 Nr. 4 ErbStG bzw. § 7 Abs. 1 Nr. 1 ErbStG mit der vollen Versicherungssumme zu besteuern; im Ergebnis wäre also nichts gewonnen!

7.9 Gestaltungsmöglichkeiten im unternehmerischen Bereich

817 Ein Unternehmer möchte seine Familie für den Fall seines Todes absichern und gleichzeitig im Konkursfall einen Teil seines Vermögens für die Familie sichern.

---

1 Rdn. 107.

7 Gestaltungsmöglichkeiten mit Kapital- und Rentenlebensversicherungen

Strategiebeispiel: Insolvenzschutz der Unternehmerfamilie [1]

ABB. 19: „Insolvenzschutz der Unternehmerfamilie"*

Vertragsgestaltung

Vertrag

VN — Unternehmer

VP — Unternehmer

Einräumung eines unwiderruflichen BZR

BG — Ehefrau, Tochter, Sohn

VN: Versicherungsnehmer – VP: Versicherte Person – BG: Begünstigte/r im Erlebens-/Todesfall

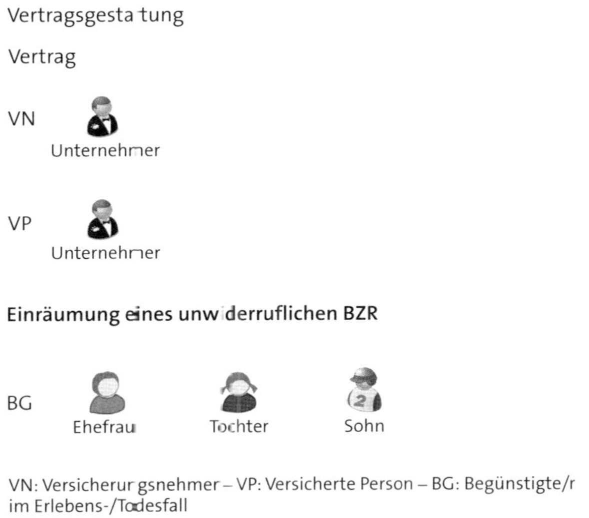

*Quelle: LV1871 Private Assurance AG

Die Strategie wird wie folgt durchgeführt: Die Familienmitglieder (Bezugsberechtigte) erwerben im Todesfall des Unternehmers sofort das Recht, über fällige Leistungen aus dem Lebensversicherungsvertrag zu verfügen. Der Vertrag wird aber auch bereits zu Lebzeiten des Unternehmers dem Vermögen der anderen Familienmitglieder zugeordnet und fällt damit in einem Insolvenzfall des Vaters nicht in die Insolvenzmasse.

Voraussetzung für die Verhinderung des Gläubigerzugriffs ist eine unwiderrufliche Bezugsberechtigung. Diese kann nur mit Zustimmung des/der Bezugsberechtigten geändert werden.

HINWEIS:

Leistungen aus dem Lebensversicherungsvertrag unterliegen hier der vollen Erbschaftsteuerpflicht nach § 3 Abs. 1 Nr. 4 ErbStG. Die Versicherungsleistung an die Familienmitglieder bei Tod des Unternehmers ist jedoch vollständig einkommensteuerfrei.

---

[1] Strategiebeispiel in Zusammenarbeit mit der LV 1871 Private Assurance AG, Werdenbergerweg 20, FL-9490 Vaduz, Herr Markus Hetzer, Tel. 00423-23 88 300, markus.hetzer@lv1871private.com, www.lv1871private.com.

8 Vermeidung der Schenkungsteuer auf Werterhöhungen von Anteilen an einer Kapitalgesellschaft

8.1 Leistung unter Vereinbarung einer Gegenleistung der Kapitalgesellschaft

818 In Teil III wurde unter Abschnitt 3.5 (Rdn. 513 ff.) die Problematik der Werterhöhung von Anteilen an einer Kapitalgesellschaft im Zusammenhang mit Leistungen eines Gesellschafters an seine Kapitalgesellschaft erörtert. Der Steuertatbestand des § 7 Abs. 8 ErbStG, nämlich die endgültige Vermögensverschiebung zu Gunsten der Mitgesellschafter, lässt sich allerdings einfach vermeiden.

Liegt am maßgeblichen Steuerstichtag, also zum Zeitpunkt der Leistung eines Gesellschafters, ein bestehender entgeltlicher Zusammenhang mit einer Gegenleistung der Kapitalgesellschaft vor oder gilt eine solche als vereinbart, etwa in Form eines entgeltlichen Austauschvertrages, dessen Erfüllung mit der Leistung an die Kapitalgesellschaft erfolgt, liegt bereits keine unentgeltliche Schenkung vor. Die Gegenleistung der Kapitalgesellschaft kann dabei bereits erbracht sein oder in naher Zukunft erfolgen. Zur Vermeidung des Steuertatbestandes reicht es, wenn am maßgeblichen Stichtag entsprechende Vereinbarungen getroffen sind, aus denen hervorgeht, dass es durch die Leistung eines Gesellschafters an seine Kapitalgesellschaft zu keiner endgültigen Vermögensverschiebung zu Gunsten der anderen (Mit-)Gesellschafter gekommen ist; dies muss freilich nachgewiesen werden können.

Die tatsächliche spätere Umsetzung der Vereinbarung ist wegen der von Gesetzes wegen gegebenen Maßgeblichkeit der Umstände am Stichtag für die Besteuerung ohne Bedeutung. Denn es können nach der Leistung eines Gesellschafters an die Kapitalgesellschaft Ereignisse eintreten, welche bestenfalls indizielle Bedeutung haben können. Die tatsächliche spätere Nichtumsetzung stellt jedenfalls kein rückwirkendes Ereignis dar, welches eine steuerliche Wirkung für die Vergangenheit entfalten würde, die eine nachträgliche Änderung des ursprünglichen Steuerbescheides i. S. des § 175 Abs. 1 Satz 1 Nr. 2 AO zur Folge hätte.

Alternativ zu einer Gegenleistung der Kapitalgesellschaft können sich auch die Mitgesellschafter zu entsprechenden Leistungen eines Gesellschafters bereit erklären. Die Vereinbarung muss spätestens zum Stichtag getroffen werden.

Die Vereinbarungen zwischen den Mitgesellschaftern und/oder der Kapitalgesellschaft dürfen allerdings nicht einen Missbrauch von rechtlichen Gestaltungsmöglichkeiten erkennen lassen.

8.2 Forderungsverzicht durch Umwandlung von Verbindlichkeiten in Eigenkapital

Verzichtet ein Gesellschafter auf Forderungen gegenüber „seiner" Kapitalgesellschaft, löst dies regelmäßig die Steuerpflicht nach § 7 Abs. 8 Satz 1 ErbStG aus. Denn ein dauerhafter Forderungsverzicht führt unzweifelhaft in einem kausalen Zusammenhang zu einer endgültigen Vermögensverschiebung zu Gunsten der anderen Gesellschafter. Sofern kein Forderungsverzicht unter Besserungsvorbehalt erwünscht oder durchsetzbar ist,[1] bieten sich alternativ folgende Gestaltungen an: 819

▶ Der Gesellschafter wandelt die Verbindlichkeit in Eigenkapital unter gleichzeitiger Erhöhung des Stammkapitals der Gesellschaft. Dadurch wird die Werterhöhung in den anderen Mitunternehmeranteilen ausgeschlossen.

▶ Alternativ zur Stammkapitalerhöhung der Gesellschaft können die Gesellschafter die Beteiligungsquoten neu ausrichten, so dass es durch den Forderungsverzicht nicht zu einer Bereicherung der anderen Mitunternehmer kommen kann.

HINWEIS:

Bei der vielfach empfohlenen Gestaltung der Art, dass ein Gesellschafter seine Forderung anteilig an die anderen Miteigentümer verkauft und alle übrigen Miteigentümer dann gemeinsam auf die Forderung verzichten, sieht die Finanzverwaltung sehr wohl einen steuerpflichtigen Vorgang.[2] Eine Steuerpflicht kann hier allerdings abgewendet werden durch eine aussagekräftige Dokumentation, die darlegt, dass die Forderung, auf die verzichtet wird, wertlos ist.

8.3 Verzicht auf Darlehenszinsen, statt auf Darlehen selbst

Ein von einem Gesellschafter ausgesprochener Darlehensverzicht führt im Regelfall zu einer Bereicherung der übrigen Gesellschafter bzw. einer Wertsteigerung der übrigen Anteile und bildet so einen klassischen Anwendungsfall des § 7 Abs. 8 Satz 1 ErbStG (Ausnahme: Der Darlehensverzicht erfolgt in der Krise oder in Sanierungsfällen, dann soll nach der Gesetzesbegründung keine Schen- 820

---

[1] Bei einem Forderungsverzicht unter Besserungsvorbehalt sieht die Finanzverwaltung keinen steuerbaren Vorgang i. S. des § 7 Abs. 8 ErbStG gegeben, vgl. gleich lautender Ländererlass v. 14.3.2012, BStBl 2012 I S. 331, Tz. 3.3.7.
[2] Gleich lautender Ländererlass v. 14.3.2012, a.a.O., Tz. 3.3.6.

kungsteuerpflicht vorliegen.¹ Eine andere Auffassung vertritt die Finanzverwaltung im gleich lautenden Ländererlass v. 14. 3. 2012.² Die Finanzverwaltung sieht in Sanierungsfällen nur bei einem Forderungsverzicht gegen Besserungsschein keine Schenkungsteuerpflicht gegeben. Dennoch empfiehlt es sich in allen möglichen Fällen, statt auf das Darlehen selbst zunächst nur auf die Darlehenszinsen zu verzichten. In der zinslosen Gewährung des Darlehens liegt im Regelfall eine unentgeltliche Nutzung vor, die nicht von der Vorschrift erfasst wird; § 7 Abs. 8 Satz 1 ErbStG bezieht nur Leistungen ein.

HINWEIS:
Die Finanzverwaltung sieht allerdings auch Nutzungseinlagen als steuerbare Leistungen i. S. von § 7 Abs. 8 Satz 1 ErbStG an.³

8.4 Geringe Wertabweichungen

821 Der Steuertatbestand des § 7 Abs. 8 ErbStG zielt auf eine unentgeltliche Vermögensmehrung bei den Anteilen der übrigen Mitgesellschafter durch Leistung eines Gesellschafters ab, für welche von der Kapitalgesellschaft keine Gegenleistung erfolgt. Erfolgt seitens der Kapitalgesellschaft zwar eine Gegenleistung, die jedoch nicht vollständig dem Verkehrswert der Leistung des Gesellschafters entspricht, stellt sich stets die Frage, ab welcher Wertgrenze von einer teilentgeltlichen Schenkung gesprochen werden kann, welche wiederum den Steuertatbestand des § 7 Abs. 8 ErbStG auslöst.

BEISPIEL: Der Gesellschafter A ist Mitgesellschafter bei der ABC GmbH mit den Miteigentümern B und C. A verkauft an die GmbH ein Grundstück aus seinem Privatbesitz zu einem Preis, der – wie die Finanzverwaltung nachträglich festgestellt hat – nur 75 % des Verkehrswertes des Grundstücks betragen hat.

Wertabweichungen von bis zu 25 % wie in dem Beispiel sind nach allgemeiner Literaturauffassung im Rahmen der üblichen Schätzungsspannweite und spiegeln noch den Verkehrswert wieder.⁴ Ein die Steuerpflicht nach § 7 Abs. 8 ErbStG auslösender Steuertatbestand zu Lasten der Mitgesellschafter B und C liegt somit nicht vor.

HINWEIS:
Dass A hingegen davon ausgegangen ist, der von ihm eingeforderte Kaufpreis sei der Verkehrswert, ist für die Besteuerung unerheblich. Denn die Vorschrift klammert den Willen zur teilweisen oder vollständigen Unentgeltlichkeit der Leistung aus; auf das Bewusstsein des Leistenden kommt es daher nicht an.

---

1 Vgl. Rdn. 520, Kahlert/Schmidt, Löst ein Forderungsverzicht zu Sanierungszwecken nach § 7 Abs. 8 ErbStG Schenkungsteuer aus?, DStR 2012 S. 1208.
2 BStBl 2012 I S. 331, Tz. 3.3.6, 3.3.7.
3 Gleich lautender Ländererlass v. 14. 3. 2012, BStBl 2012 I S. 331, Tz. 3.3.1.
4 So zutreffend van Lishaut/Ebber/Schmitz in Die Unternehmensbesteuerung 2012, 1.3.

8.5 Dokumentation der Leistungsvorgänge

Zur Vermeidung der Schenkungsteuerfiktion des § 7 Abs. 8 ErbStG gegenüber den übrigen Mitgesellschaftern ist eine umfassende und detaillierte Dokumentation der entsprechenden Leistungsvorgänge unerlässlich. Hierbei ist insbesondere darauf zu achten, dass die Dokumentation ausreichend Aufschlüsse über die am maßgeblichen Stichtag (Zeitpunkt der Leistung/Einlage des Gesellschafters) gegebenen wirtschaftlichen und rechtlichen Vorgänge, Erkenntnisse und Zusammenhänge gibt, die in der entsprechenden Leistung eines Gesellschafters eine dauerhafte und endgültige Vermögensverschiebung zu Gunsten der anderen Mitgesellschafter ausschließen.

822

9 Steuerersparnisse durch Kettenschenkungen

9.1 Allgemeines

Im Rahmen der allgemeinen Ausführungen zu Schenkungen wurde bereits betont, dass sich die Besteuerung nach der Steuerklasse vollzieht, die für das Verwandtschaftsverhältnis zwischen Geber und Bedachten maßgeblich ist und dass es u.U. zweckmäßig sein kann, die „richtigen" Geber und Bedachten auszuwählen bzw. für die „richtigen" Geber und Bedachten zu plädieren. Genau dieser Aspekt wird mit der Kettenschenkung verfolgt.

823

Die Kettenschenkung führt Vermögen vom Geber über eine Reihe von Zwischenerwerbern auf steuersparende Weise zum Zielbedachten über. Möchte beispielsweise der Vater seinem Schwiegerkind etwas zukommen lassen, müsste der Vorgang bei Direktübertragung mit Steuerklasse II besteuert werden. Wird dagegen zuerst das eigene Kind beschenkt und beschenkt dieses sodann seinen Ehegatten (also das Schwiegerkind des Gebers), kommen die Beteiligten beide Male in den Genuss der Steuerklasse I.

9.2 Wie sich mit Kettenschenkungen legal Steuern sparen lassen

Kettenschenkungen – sofern als solche erkennbar – werden von den Finanzbehörden unter Bezugnahme auf § 42 AO als Gestaltungsmissbrauch verworfen. Diese Ansicht verkennt allerdings, dass die Wahl eines zivilrechtlich zulässigen günstigen Übertragungsweges nicht von Anfang an als Gestaltungsmissbrauch gewertet werden darf. Das Gestaltungsmotiv der Ersparnis von Steuern macht eine Gestaltung jedenfalls nicht unangemessen.[1]

824

---

[1] BFH, Beschl. v. 29. 11. 1982 GrS 1/81, BStBl 1983 II S. 272.

Damit Kettenschenkungen auch dem Finanzamt gegenüber ihr Ziel erreichen, nämlich die Wertung der Schenkungen als jeweils eigenständige Steuervorgänge (Geber – Zwischenerwerber – Zielbedachter), sollte Folgendes beachtet werden:

- ▶ Die Weiterschenkung vom Zwischenerwerber muss erkennbar nach eigenem Willen und ohne Pflicht erfolgen. Der Zwischenerwerber wird steuerlicherseits ignoriert und ein Vermögensübergang direkt vom Geber zum Zielbedachten fingiert, wenn der Zwischenerwerber die Weiterschenkung auf Grund einer Auflage veranlasst hat, die ihm der Schenker gemacht hat. Bei Schenkungen unter einer Weiterschenkungsklausel ist eine Zuwendung an den Zielbedachten von demjenigen anzunehmen, der die Auflage angeordnet hat (hier also vom ursprünglichen Geber).
- ▶ Der Zwischenerwerber darf die Zuwendung nicht sofort weiterübertragen. Bei Bargeldübertragungen sollte die Durchgangsperson eine Zinsperiode abwarten und Zinsen selbst vereinnahmen, ehe sie die Mittel weiter überträgt.
- ▶ Der Betrag, den der Zwischenerwerber als Schenkung erhält, sollte nicht identisch sein mit dem Betrag, den der Zwischenerwerber nach Verstreichen der Schonfrist an den (die) Zielerwerber weiterschenkt.

825 Der BFH[1] hatte in einem Fall eine unmittelbare Vermögensübertragung des Vaters an seine Tochter bzw. einen zwischen den Eltern und der Tochter einheitlichen Schenkungsvorgang gesehen, durch den die Tochter (allein) von ihrem Vater einen Geldbetrag zur Leistung einer Einlage bei einer GbR hatte geschenkt bekommen. Dem Vorgang lag einmal ein Schenkungsvertrag zwischen den Eltern zu Grunde, in dem sich der Vater verpflichtete, seiner Ehefrau (der Mutter) einen Barbetrag (steuerfrei wegen des höheren Ehegattenfreibetrags) zu schenken, des Weiteren ein Schenkungsvertrag zwischen der Tochter und ihrem Vater über eine Geldzuwendung (wiederum steuerfrei, da genau in Höhe des zu dieser Zeit maßgebenden Freibetrags) und schließlich ein Schenkungsvertrag zwischen Mutter und Tochter, wiederum steuerfrei. Die Geldbeträge, die der Vater im ersten Vertrag seiner Ehefrau überschrieb, erhielt die zweite Tochter der Eheleute, und um den Familienfrieden zu wahren, bekam die zweite Tochter auch noch vom Vater denselben Betrag.

826 Das Familienoberhaupt hatte zwar bedacht, dass es zwischen ihm und seiner Ehefrau keine Absprachen hinsichtlich der Verwendung der empfangenen Geldzuwendungen geben dürfe (keine Auflagen wegen § 7 Abs. 1 Nr. 2 ErbStG),

---

1 Urt. v. 13. 10. 1993 II R 92/91, BStBl 1994 II S. 128.

der BFH hatte aber aus den Umständen erkannt, dass die Mutter Zuwendungen nur erhalten hat, um diese anschließend an ihre beiden Töchter weiterzugeben. Für die Tatsache, dass die Mutter lediglich als Zwischenerwerberin eingesetzt war, sprach ferner der Abschluss der Verträge in einem Zuge. So wurden diese am selben Tag abgeschlossen und trugen aufeinanderfolgende Urkundenrollennummern des amtierenden Notars und waren inhaltlich bezüglich der Geldbeträge und ihrer sofortigen Fälligkeit identisch.

10 Steuerstrategien mit mittelbaren Schenkungen

10.1 Begriff

Eine mittelbare Schenkung liegt vor, wenn jemand aus seinem Vermögen einen anderen bereichert, indem er dem anderen mit seinen Mitteln einen Gegenstand von einem Dritten verschafft, ohne zunächst selbst Eigentümer geworden zu sein.[1] In solchen Fällen ist ein hingegebener Vermögensgegenstand nur Mittel zum Erwerb des eigentlichen Zuwendungsgegenstandes und der Beschenkte kann im Verhältnis zum Schenker nicht über den hingegebenen Vermögensgegenstand (z. B. über das ihm übergebene Geld), sondern nur über den eigentlichen Zuwendungsgegenstand verfügen. Der Zuwendungsgegenstand, welcher erst angeschafft oder hergestellt werden muss, entsteht somit unmittelbar im Vermögen des Bedachten bzw. wird in sein Vermögen erworben. Der Beschenkte ist dann so zu behandeln, als hätte er vom Schenker nicht die Mittel zur Herstellung/zum Erwerb, sondern den tatsächlich und rechtlich endgültigen Zuwendungsgegenstand geschenkt erhalten.

827

Maßgebend für die Berechnung des steuerpflichtigen Erwerbs ist bei einer mittelbaren Schenkung demzufolge die tatsächliche Bereicherung bzw. die Vermögensmehrung, so wie sie sich beim Bedachten im Zeitpunkt der Zuwendung darstellt. Entscheidend ist dabei nicht das Versprechen des Zuwendenden oder dasjenige, was nach der Schenkungsabrede geschenkt sein sollte. Entscheidend ist allein die Frage, über welchen Gegenstand und wann der Bedachte nach der Schenkungsabrede im Verhältnis zum Zuwendenden frei bzw. tatsächlich und rechtlich endgültig verfügen kann. Und nach dem Steuerwert dieses Gegenstandes bemisst sich letztlich auch die Schenkungsteuer. Das Rechtsinstitut der mittelbaren Schenkung geht auf die höchstrichterliche Zivilrechtsprechung zurück, welche vom BFH übernommen wurde.[2] Mittelbare

828

---

1 BFH, Urt. v. 12. 12. 1979 II R 157/78, EStBl 1980 II S. 260.
2 Vgl. stellvertretend BGH, Urt. v. 2. 7. 1990 II ZR 243/89, BGHZ 112. 40; BFH, Urt. v. 5. 4. 1989 II R 45/86, BFH/NV 1990 S. 506; Urt. v. 26. 9. 1990 II R 50/88, BStBl 1991 II S. 32; Urt. v. 6. 3. 2002 II R 85/99, BFH/NV 2002 S. 1030.

Schenkungen basieren auf der von BGH und BFH übereinstimmenden Anerkennung, dass der Gegenstand, um den der Beschenkte bereichert wird, nicht vorher in derselben Gestalt im Vermögen des Schenkers gewesen sein muss und dass die Form der Entreicherung beim Zuwendenden nicht identisch sein muss mit der Form der Bereicherung beim Beschenkten. Die Grundsätze mittelbarer Schenkungen gelten aber nicht für Erwerbe von Todes wegen und sind nicht für Schenkungen auf den Todesfall anwendbar.[1]

HINWEIS:
Voraussetzung für eine mittelbare Schenkung ist, dass der Gegenstand genau bezeichnet ist.

10.2 Wann zweckgebundenes Schenken Steuervorteile bringt

829 Zweckgebundenes Schenken bringt überall dort Steuervorteile, wo bewertungsrechtliche Unterschiede bestehen zwischen dem tatsächlich hingegebenen Gegenstand (der Bargeldschenkung) und dem Wirtschaftsgut, das angeschafft werden soll bzw. über das tatsächlich und rechtlich endgültig verfügt werden kann. Bewertungsunterschiede zwischen Verkehrswert und Steuerwert bestehen seit der Erbschaftsteuer-Reform praktisch nur noch bei Wirtschaftsgütern, für die besondere Steuerbefreiungen gelten, z. B. für Betriebsvermögen (§ 13a ErbStG) oder auch für zu Wohnzwecken vermietete Grundstücke (§ 13c ErbStG).

BEISPIEL: V schenkt seiner Tochter

A) einen Geldbetrag in Höhe von 500 000 €;

B) einen Geldbetrag zum Kauf eines Anteils an einem geschlossenen Immobilienfonds im Verkehrswert von 500 000 € (Steuerwert 300 000 €);

C) einen Geldbetrag zum Erwerb einer Unternehmensbeteiligung (Anteile an der Personen- oder Kapitalgesellschaft) aus den Unternehmen des Schenkers (Alleingesellschafter) heraus (Verkehrswert = Steuerwert der Beteiligung/des Anteils: 500 000 €).

Die Steuer errechnet sich jeweils wie folgt:

	Alternative A	Alternative B	Alternative C
Steuerwert der Zuwendung	500 000 €	300 000 €	500 000 €
./. sachliche Steuerbefreiungen	-,-	-,-	./. 425 000 €*
./. persönliche Freibeträge	./. 400 000 €	./. 400 000 €	./. 400 000 €
steuerpflichtiger Erwerb	100 000 €	0 €	0 €
Steuerbetrag bei Steuerklasse/ Steuersatz (I/11 %)	11 000 €	0 €	0 €

*Steuerbefreiung, § 13a ErbStG, vgl. Rdn. 581.

---

1 Gebel in Troll/Gebel/Jülicher, ErbStG, § 3 Tz. 251, § 10 Tz. 270.

10.3 Hinweise für die Schenkung von zu Wohnzwecken vermieteten Grundstücken

Zu Wohnzwecken vermietete Immobilien werden wie in Rdn. 579 dargestellt bei der Berechnung des steuerpflichtigen Erwerbs (der Bereicherung) nur mit 90 % ihres Wertes angesetzt. Bargeld hingegen wird zu 100 % ihres Wertes angesetzt. Diese 10%ige Differenz lässt entsprechenden Spielraum für Gestaltungen mit dem Rechtsinstitut der mittelbaren Grundstücksschenkung von vermieteten Objekten. 830

In diesem Zusammenhang gilt es allerdings, Folgendes zu beachten: 831

▶ Genaue Bezeichnung des Mietwohngrundstücks

Macht der Schenker einem Bedachten eine Barzuwendung und bringt er diesem gegenüber lediglich zum Ausdruck, dass er „ein Mietwohngrundstück oder eine vermietete Eigentumswohnung" erwerben soll, ohne dass dabei schon feststeht, um welches Objekt es sich konkret handelt, sieht die Finanzverwaltung darin regelmäßig keine mittelbare Grundstücksschenkung, sondern eine Geldschenkung unter einer Auflage. Eine mittelbare Grundstücksschenkung akzeptiert die Finanzverwaltung nur dann als solche, wenn der Schenker den Kaufpreis für die Anschaffung eines genau bestimmten Mietwohngrundstücks zur Verfügung stellt. 832

▶ Vorwegerwerb

Eine mittelbare Schenkung liegt auch schon dann vor, wenn der Schenker den für den Kauf eines bestimmten Grundstücks vorgesehenen Geldbetrag vor dem Erwerb des Grundstücks dem Bedachten verspricht und ihm den Geldbetrag bis zur Tilgung der Kaufpreisschuld zur Verfügung stellt. Unerheblich ist, dass und ob der Bedachte bereits vor der Überlassung des Geldbetrages Eigentümer des Mietwohngrundstücks geworden ist oder nicht.[1] 833

▶ Abtretung

Ein Mietwohngrundstück kann auch auf Grund entsprechender Abreden mittelbar geschenkt werden, so etwa wenn der Schenker dem Bedachten einen ihm zustehenden Anspruch auf Übereignung des Grundstücks unentgeltlich abtritt oder ihm die Mittel für den Erwerb eines solchen Anspruchs gewährt.[2] Entscheidend für die Beurteilung einer Geldschenkung als mittelbare Schenkung ist stets, dass der Bedachte dann, wenn er im Innenverhältnis zum Schenker den erworbenen Anspruch zu erfüllen hat (also das dem Schenkungs- 834

---

1 BFH, Urt. v. 10. 11. 2004 II R 44/02, DStR 2005 S. 151.
2 BFH, Urt. v. 10. 11. 2004, a. a. O.

vorgang gegenständliche Grundstück oder den entsprechenden Gegenstand erwerben muss), er erst endgültig über diesen Gegenstand, nicht hingegen über den Anspruch tatsächlich und rechtlich frei verfügen kann.

▶ Eigentumsumschreibung

835 Bei der Beurteilung einer Geldschenkung als mittelbare (Grundstücks-)Schenkung kommt es alleine auf den Willen des Schenkers an. Die Zuwendung selbst bzw. deren Zeitpunkt ist nach diesen neuen Erkenntnissen des BFH vom 10.11.2004 für die Beurteilung einer Geldschenkung als mittelbare Sachschenkung nicht relevant. Mittelbare Grundstücksschenkungen können daher auch noch nach Umschreibung des Eigentums auf den Bedachten vollzogen werden, wenn dem Bedachten der Geldbetrag unter der Auflage geschenkt wird, diesen ausschließlich zur Tilgung des Kaufpreises zu verwenden. Voraussetzung ist aber, dass die Zusage des Schenkers, dem Bedachten den Kaufpreis für einen bestimmten Gegenstand zuzuwenden, vor dem Eigentumserwerb dieses Gegenstandes durch den Bedachten erfolgt ist. Bezogen auf die mittelbare Schenkung eines zur Vermietung vorgesehenen Wohnobjektes bedeutet dies, dass die Finanzierungszusage des Schenkers vor dem Grundstückserwerb und/oder Baubeginn, die Zuwendung selbst hingegen auch erst nach dem Grundstückskauf und/oder der Baufertigstellung erfolgen kann.

Die Finanzverwaltung stellt stets auf den Zeitpunkt der Schenkungsabrede ab. Kann dem Finanzamt nachgewiesen werden, dass zum Erwerbszeitpunkt bzw. im Fall der mittelbaren Grundstücksschenkung im Zeitpunkt des Grundstückskaufs/Baubeginns eine Schenkungszusage vorhanden war, akzeptiert die Finanzverwaltung auch die nachträgliche Zuwendung des Geldbetrages.

▶ Vorauszahlungen

836 Wendet der Schenker dem Beschenkten den zweckgebundenen Geldbetrag schon im Voraus – z. B. bei einer Schenkung zum Bau eines Hauses bereits vor Baubeginn – zinslos zu, liegt nach höchstrichterlicher Rechtsprechung darin eine weitere Schenkung in Form einer Kapitalnutzungsmöglichkeit vor, die nicht als mittelbare Grundstücksschenkung, sondern in Form einer freigebigen Zuwendung zu versteuern ist. Freilich lässt die Argumentation den Gesichtspunkt offen, dass unverzichtbares Besteuerungsmerkmal neben der Bereicherung des Beschenkten auch die Entreicherung des Zuwendenden ist. Stellt der Zuwendende Kapital im Voraus bereit, stellt sich die Frage, ob er schon allein dadurch entreichert ist; alternativ hätte der Schenker den Geldbetrag auch unverzinslich auf dem Girokonto lassen können![1]

---

1 Siehe dazu Gebel, DStR 2005 S. 358 ff.

Werden die Vermögensmittel vom Erwerber zwischenzeitlich angelegt, sind die erwirtschafteten Kapitalerträge steuerlich allein dem Bedachten zuzurechnen; sie sind im Regelfall nicht Gegenstand einer weiteren freigebigen Zuwendung. Etwas anderes kann nur gelten, wenn der Schenkungsvertrag Vereinbarungen in Form von Nutzungs- oder Fruchtziehungsvorbehalten enthält, nach denen die Kapitalerträge dem Schenker gehören sollen. Verzichtet der Schenker nachträglich auf die Kapitalerträge, löst dieser Verzicht eine weitere Schenkung aus.

Verwendet der Bedachte die ihm zurechenbaren Kapitalerträge ebenfalls zum Erwerb des Gegenstandes der mittelbaren Schenkung, handelt es sich soweit um Eigenleistung des Bedachten, die zur Annahme einer Teilschenkung führen. Zur Vermeidung solch komplizierter Ergebnisse und zusätzlicher Steuern ist es daher zu empfehlen, die mittelbare Geldschenkung zeitnah (nach Fälligkeit dem Baufortschritt des Mietwohnobjektes entsprechend) oder erst nach Fertigstellung des Gebäudes zuzuwenden!

▶ Kostenübernahme für Grundstück und Gebäude

Übernimmt der Schenker die Kosten des Erwerbs eines bestimmten unbebauten Grundstücks und der im Anschluss daran auf diesem Grundstück erfolgenden Errichtung des Mietwohngebäudes, so liegt eine einheitliche Zuwendung eines bebauten Grundstücks vor. Maßgebend ist dann der Steuerwert des bebauten Grundstücks.

Übernimmt der Schenker dagegen zwar die vollen Kosten des Erwerbs eines Grundstücks, aber nur einen Teil der Kosten der Errichtung bzw. Fertigstellung des Gebäudes, so ist vom Steuerwert des bebauten Grundstücks nur der Teil anzusetzen, der dem Verhältnis des insgesamt hingegebenen Geldbetrages zu den Gesamtkosten für Grundstückserwerb und Gebäudeerrichtung entspricht.

▶ Zinslose Hypothek

Wird ein Mietwohngrundstück gegen Einräumung einer zinslosen Hypothek übertragen, so ist als Bereicherung nicht der Verzicht auf die Zinsen anzusehen. Es handelt sich auch hier um einen Beitrag zur Finanzierung des Mietwohngrundstücks. Die Steuerbefreiung nach § 13c ErbStG ist anzuwenden.

▶ Kostenübernahme für Reparatur, Modernisierung, Renovierung

Übernimmt der Schenker die Kosten für Maßnahmen zur Reparatur, Modernisierung, Renovierung oder andere grundstücksbezogene Verwendungen an einem zu Wohnzwecken vermieteten Grundstück bzw. einem Gebäude, ist eine mittelbare Grundstücksschenkung – und somit die Steuerbefreiung nach § 13c ErbStG – nur dann anzunehmen, wenn diese Zuwendung im wirtschaftlichen

Zusammenhang mit der Zuwendung eines bestimmten Grundstücks oder Gebäudes erfolgt und somit ein einheitliches Rechtsgeschäft angenommen werden kann. Maßgebend ist jeweils die Werterhöhung im Steuerwert des Grundstücks nach Durchführung der genannten Maßnahmen, d. h., als Schenkung gilt die Differenz zwischen dem Grundstückswert des bebauten Grundstücks vor und nach der Bezugsfertigkeit des aus- oder umgebauten Gebäudes.

▶ Kostenübernahme für Gebäudeanbau

841 Eine mittelbare Grundstücksschenkung hängt weder davon ab, ob der Schenkungsgegenstand als eine selbstständige wirtschaftliche Einheit angesehen werden kann, noch von der Tatsache, ob das Zuwendungsobjekt nach der Ausführung der Zuwendung als rechtlich verselbstständigtes Wirtschaftsgut verbleibt. Daher ist es auch möglich, mittelbare Grundstücksschenkungen in Form der Finanzierung eines Anbaus an ein bereits bestehendes Mietwohngebäude des Bedachten zu vollziehen.[1] Erforderlich ist nur, dass durch eine Baumaßnahme ein selbstständig abgrenzbarer Grundstücksbestandteil entsteht und dieser ebenfalls Mietwohnzwecken dient. Die Grundsätze der mittelbaren Grundstücksschenkung können daher auch für Geldmittel zur Finanzierung eines Anbaus an ein bereits bestehendes Gebäude des Bedachten Anwendung finden, wenn die Kosten schenkweise ganz oder teilweise getragen werden.

▶ Unbedeutende Geldzuwendungen

842 Unbedeutende Geldzuwendungen – und darunter versteht die Finanzverwaltung Zuwendungen bis etwa 10 % des vom Beschenkten aufgebrachten Kaufpreises – will die Finanzverwaltung nur als Geldzuschuss verstanden wissen. Diese Geringfügigkeitsgrenze steht allerdings der Annahme einer mittelbaren Grundstücksschenkung nicht entgegen, wenn der Schenker seinen Willen, mittels eines Geldbetrages ein vom Bedachten noch zu erwerbendes Grundstück anteilig zuzuwenden, in einer Verwendungsabrede oder Verwendungsauflage klar und eindeutig geäußert hat.[2] Im Klagefall ging es um die Hingabe von Geldbeträgen zweier Tanten, die nur jeweils 8,62 % vom Kaufpreis ausmachten.

---

1 BFH, Urt. v. 13. 3. 1996 II R 51/95, BStBl 1996 II S. 548.
2 FG Rheinland-Pfalz, Urt. v. 18. 7. 1996 4 K 2896/95, ZEV 1996 S. 356.

▶ Zusammenfassende Übersicht

Schenker gibt/ wendet Kaufpreis/ Barmittel zu	Mittelbare Schenkung (Grundstücksschenkung)	Zuwendungsgegenstand	Bemessungsgrundlage für die Schenkung
Für ein genau bezeichnetes Mietwohngrundstück	Ja	Grundstück	90 % vom Steuerwert des Grundstücks
Für ein beliebiges Grundstück/ Immobilie	Nein	Bargeldbetrag	Nominalwert des Bargeldbetrages
Teil des Kaufpreises eines genau bezeichneten Grundstücks/ Mietimmobilie	Ja, sofern Kaufpreisanteil mehr als 10 % Nein, wenn Kaufpreisanteil unter 10 %	Grundstücksteil	Dem Geldbetrag entsprechender Anteil
Kaufpreis über Grundstück im Zustand der Bebauung	Ja	Grundstück im Zustand der Bebauung	90 % aus Steuerwert des Grundstücks
Für genau bezeichnetes Mietwohngrundstück und Bau eines Gebäudes	Ja	Bebautes Grundstück	90 % vom Steuerwert des bebauten Grundstücks
Für die Errichtung eines Mietwohngebäudes auf einem dem Beschenkten gehörenden Grundstück	Ja	Gebäude	90 % aus Steuerwert des bebauten Grundstücks abzüglich Steuerwert des unbebauten Grundstücks
Für Aus-, An- oder Umbauten	Ja	Teil des Grundstücks	90 % vom Mehrwert des Steuerwerts des Grundstücks
Reparatur, Renovierung, Modernisierung	Ja, sofern wirtschaftlicher Zusammenhang gegeben	Werterhöhung des Grundstücks	90 % vom Mehrwert des Steuerwerts des Grundstücks

11 Steuereffiziente Gestaltungsmöglichkeiten einer Grundstücksübertragung mittels Genossenschaftsanteilen

843 Eine Möglichkeit der steuerbegünstigten Übertragung von Immobilienvermögen eröffnet sich über Wohnbaugenossenschaften. Der Vorteil: Vererbt wird bei solchen Modellen lediglich ein Sparvertrag mit dem dazu gehörenden

Auseinandersetzungsguthaben. Bei der durchschnittlichen Zeichnungssumme der Genossenschaftsmitglieder reichen die persönlichen Freibeträge im Regelfall aus, größere Immobilienvermögen innerhalb der Familie erbschaftsteuerfrei zu vererben.

BEISPIEL: Das Übertragungsmodell sei am Beispiel des GenoSparVertrags der Genotec Wohnbaugenossenschaft aus Ludwigsburg erläutert. Der Sparer und potenzielle Erblasser wird zunächst Mitglied der Wohnbaugenossenschaft und schließt einen GenoSparVertrag ab, der auch auf einmal eingezahlt werden kann. Sobald der Spar-Vertrag zugeteilt wird, sucht sich der Sparer seine Wunschimmobilie aus. Diese wird von der Genossenschaft erworben. Der Sparer (und potenzielle Erblasser) erlangt einen notariell im Grundbuch hinterlegten Optionskaufvertrag und wird zunächst für 25 Jahre zum Mieter. In diesem Zeitraum wohnt der Erblasser als Optionskäufer in dem zu vererbenden Objekt und zahlt dafür einen dauerhaft festgeschriebenen Mietzins. Zusätzlich bildet der Optionskäufer mit einem zweckgebundenen Ansparbeitrag das Kapital, um das Immobilienobjekt zum bei Vertragsabschluss vereinbarten, festgeschriebenen Kaufpreis innerhalb der 25 Jahre erwerben zu können.

844 Während der Nutzung befindet sich der Erblasser immer in einer Sparphase, niemals in einer Kreditphase. Entgegen der Kreditaufnahme bei Banken setzt sich der Erblasser keinen Risiken wie Zinserhöhung oder gar Ablehnung bei Prolongation, in härteren Fällen einem Kreditverkauf an Hedgefonds oder einer Zwangsversteigerung aus. Der Erblasser vererbt auch keine Bankschulden.

845 Stirbt der GenoSparer, ehe er die Immobilie erworben hat, können die Genossenschaftsanteile – allerdings nur an einen Erben – vererbt werden. Das bedeutet, dass alle Rechte und Pflichten aus dem Ursprungsvertrag von dem Erben übernommen werden. Dazu zählen das Optionsrecht, die Mietzinsaufwendungen und alle notariell festgehaltenen relevanten Faktoren wie Nebenkosten oder gebildete Rücklagen bei Teileigentum von Mehrfamilienhäusern. Da die Immobilie nicht im Eigentum des Optionskäufers steht, kann diese auch nicht vererbt werden. Doch die vererbbare Auflassungsvormerkung befähigt den Erben, die Immobilie zum beurkundeten Betrag, zuzüglich der nicht umlagefähigen Nebenkosten, als Eigentum zu erwerben.

846 Wird der Vertrag an Personen vererbt, die nicht zur Familie gehören, ist die Steuerfreiheit allerdings nicht gewährleistet. Daher ist es bei Abschluss solcher Immobilien-Ansparmodelle immer von Vorteil, beim Vertragsabschluss bereits an eine Weitergabe nach dem Ableben zu denken. So sollte bei der zweckgebundenen Ansparung gleich der spätere Erbe angegeben werden – oder der Vertrag wird gleich auf den potenziellen Erben abgeschlossen.

Details und weitere Informationen: Genotec Wohnbaugenossenschaft eG, Pflugfelder Straße 22, D-71636 Ludwigsburg, Telefon (07141) 49 89-0, Telefax (07141) 49 89-299, E-Mail info@genotec-eg.de, www.genotec-eg.de.

12 Steuerstrategien bei der Schenkung von Kapitalgesellschaftsanteilen

Die Steuerbefreiungen für betriebliches Vermögen nach § 13a ErbStG gelten dann nicht, wenn Kapitalgesellschaftsanteile mittelbar in der Form übertragen werden, dass der Beschenkte vom Schenker einen Geldbetrag unter der Auflage erhält, sich an einer bestimmten Kapitalgesellschaft zu beteiligen, auch wenn das zu erwerbende Beteiligungspaket mehr als ein Viertel beträgt. In diesem Fall erfolgt eine Beteiligung am Vermögen eines Dritten. Es geht insoweit kein begünstigtes Vermögen vom Schenker über.[1]

847

Die Finanzverwaltung sieht jedoch eine begünstigte mittelbare Vermögensübertragung, wenn folgende Fallkonstellation vorliegt: Der Schenker beteiligt sich selbst an der Kapitalgesellschaft und wendet anschließend dem Beschenkten einen Geldbetrag mit der Auflage zu, seine an der Kapitalgesellschaft erworbenen Anteile zu kaufen. Damit beteiligt sich der Beschenkte unmittelbar am Betriebsvermögen des Schenkers.

Je nach Fallkonstellation würde sich folgende Steuerrechnung ergeben:

	Beschenkter kauft Beteiligung am Vermögen eines Dritten	Beschenkter kauft die Kapitalanteile des Schenkers
Nominalwert Geldschenkung	1 000 000 €	1 000 000 €
Nominalwert Kapitalgesellschaftsanteile		1 000 000 €
Steuerbefreiung zu 85 % (Verschonungsabschlag), § 13a Abs. 1 ErbStG		./. 850 000 €
Zwischensumme		150 000 €
Abzugsbetrag, § 13a Abs. 2 ErbStG		./. 150 000 €
Bereicherung	1 000 000 €	0
./. pers. Freibeträge	./. 400 000 €	./. 400 000 €
Steuerpfl. Erwerb	600 000 €	0 €
Steuer bei Steuerklasse I 19/15 %	90 000 €	0 €
Steuerersparnis bei mittelbarer Schenkung der Kapitalanteile des Schenkers		90 000 €

---

[1] BFH, Urt. v. 16. 2. 2005 II R 6/02, BStBl 2005 II S. 411.

> **HINWEIS:**
>
> Die Begünstigungen für Betriebsvermögen nach § 13a ErbStG hängen nicht von einer bestimmten Vorbesitzzeit des Schenkers bezüglich des begünstigten Betriebsvermögens ab. Zwingend erforderlich ist nur, dass der Schenker im Zeitpunkt der Schenkung (Übertragung) selbst an der Kapitalgesellschaft zur mehr als einem Viertel beteiligt war.

13 Vermögensübertragungen im Firmenmantel: Gestaltungsmöglichkeiten mit einer vermögensverwaltenden Familiengesellschaft (Familienpool)

13.1 Allgemeines

848   Anstelle der klassischen Schenkung oder Vererbung kann Vermögen auch unter Nutzung der Regelungen des Gesellschaftsrechts auf Nachkommen übertragen werden, indem es vom Übergeber in eine Gesellschaft eingebracht wird. Als Gesellschaft kommt die sog. vermögensverwaltende Familiengesellschaft in Betracht, diese wird als „Familienpool" oder auch „Familienholding" bezeichnet.[1] Die vermögensverwaltende Familiengesellschaft kann in der Rechtsform einer Personengesellschaft bürgerlichen Rechts (GbR) oder aber auch durch Eintragung ins Handelsregister in der Rechtsform einer Kommanditgesellschaft (KG) oder einer gewerblich geprägten GmbH & Co. KG (als Firmenmantel) bestehen. Welche Gesellschaftsform gewählt wird, hängt von den zu beteiligenden Personen, deren Lebensalter und der Höhe des zu übertragenden Vermögens ab.

Die Gesellschaft wird Eigentümerin des Vermögens. Gesellschafter werden neben dem Übergeber diejenigen Personen, denen die Vermögenssubstanz zukommen soll. Dies sind üblicherweise Personen aus dem engsten Familienkreis, können aber auch beliebige andere Personen sein. Künftige Übertragungen aus dem Poolvermögen können durch Änderung der jeweiligen Beteiligungsquoten an der Gesellschaft schnell und effizient vollzogen werden.

849   Der nicht gewerblich geprägte Familienpool in der Rechtsform einer Personengesellschaft bürgerlichen Rechts (GbR) oder einer Kommanditgesellschaft (KG)

---

1   Der Verfasser hat zusammen mit dem auf Gesellschaftsrecht, Immobilienrecht und Erbrecht spezialisierten Rechtsanwalt Dr. Rudolf Meindl, Partner der Kanzlei MEINDL & RIEDEL in München (www.meindl-riedel.de), die Internet-Seite „www.familienpool.info" verfasst, aus der der Leser weiterführende Informationen entnehmen kann.

eignet sich als ideales „Steuerplanungsmodell". Der gewerblich geprägte Familienpool in der Rechtsform einer GmbH & Co. KG eröffnet darüber hinaus auch Gestaltungsmöglichketen in Bezug auf die Übertragung von Geldgeschenken.[1] Der Vorteil des nicht gewerblich geprägten Familienpools liegt in der genauen „Dosierung" der Höhe der Vermögenszuwendung und einer exakten Aufsplittungsmöglichkeit der Zuwendung hinsichtlich der jeweils geltenden – durch das ErbStRG 2009 stark erhöhten – persönlichen Freibeträge. Besonders großes Grundbesitzvermögen verlangt nach einer gleitenden Übertragung. Der Familienpool ermöglicht dem Schenker hier die schrittweise Beteiligung der Kinder jeweils mit den ihnen Schenkungsteuerfreibeträgen entsprechenden Quoten. Nach Wiederaufleben der persönlichen Freibeträge nach Ablauf von zehn Jahren können die Beteiligungsquoten angepasst werden.

Mit einem Familienpool lassen sich Vermögensübertragungen auch mit Einkünfteverlagerungen auf Kinder steuersicher gestalten. Durch entsprechende Gestaltung des Gesellschaftsvertrages mittels Gewinnverteilungsschlüssel lassen sich Einnahmen aus dem Poolvermögen denjenigen Kindern zuordnen, die über eine geringe Steuerbelastung verfügen oder gar keine Steuern zahlen. Aus dem bekannten „Ehegattensplitting" kann ein „Familiensplitting" konzipiert werden. 850

13.2 Der Familienpool unter erbrechtlichen Aspekten

13.2.1 Problemstellung

Die Beratungspraxis zeigt, dass mit einer direkten Vermögensübertragung folgende Nachteile verbunden sind, welche mit einer vermögensverwaltenden Familiengesellschaft weitgehend vermieden werden können: 851

▶ Fehlende Verfügungsmacht

Nach erfolgter Direktübertragung kann der Schenker über das Vermögen nicht mehr verfügen, selbst wenn er nur Teile weggeschenkt hat. Ist etwa eine Immobilie nur zu einem Bruchteil an Kinder übertragen worden, kann der Schenker ohne deren Zustimmung diese nicht mehr veräußern oder belasten. 852

▶ Wirtschaftliche Abhängigkeit

Aus der fehlenden Verfügungsmacht heraus folgt bei Direktübertragung des Familienvermögens eine gewisse wirtschaftliche Abhängigkeit des/der Schenker(s) von den Beschenkten bezüglich Nutzung und der daraus erzielbaren Er- 853

---

[1] Vgl. Rdn. 871.

träge. Die Bestellung eines Nießbrauchs verschafft zwar Erträge, ist aber auf den konkreten Vermögenswert (z. B. Immobilie) beschränkt, schließt aber dessen Veräußerung oder Umgestaltung (z. B. Umbau) ohne Zustimmung des Eigentümers aus. Eine Zuwendung gegen dauernde Last setzt voraus, dass der Zuwendungsempfänger selbst zahlungsfähig und zahlungswillig ist.

▶ Gläubigerzugriff, Zerschlagung

854 Werden Kinder oder sonstige Begünstigte am Vermögen des/der Schenker(s) beteiligt, haftet das Vermögen auch gegenüber Gläubigern der Beschenkten, etwa im Fall deren Insolvenz oder Scheidung. Dies kann im schlimmsten Fall zur Verwertung und Zerschlagung des gesamten Vermögens führen.

▶ Pflichtteilsergänzungsansprüche

855 Lebzeitige Schenkungen können im Erbfall Pflichtteilsergänzungsansprüche übergangener Kinder auslösen, wenn Nachkommen durch Zuwendungen ungleich begünstigt wurden. Die Höhe von Pflichtteilsergänzungsansprüchen wurde zwar durch das am 1.1.2010 in Kraft getretene Gesetz zur Änderung des Erb- und Verjährungsrechts modifiziert. Unverändert werden Schenkungen an Dritte – ausgenommen der Ehepartner und eingetragene Lebenspartner –, die vom Erblasser innerhalb der letzten zehn Jahre vor seinem Tod durchgeführt worden sind, für die Bemessung des Pflichtteilsergänzungsanspruches herangezogen. Nach neuem Recht werden jedoch Schenkungen immer weniger berücksichtigt, je länger sie zurückliegen.

> **BEISPIEL:** ▶ Schenkungen im ersten Jahr vor dem Erbfall werden in voller Höhe berücksichtigt. Schenkungen, die zwei Jahre vor dem Erbfall erfolgten, werden nur noch zu 9/10 berücksichtigt. Schenkungen, die schon drei Jahre vor dem Erbfall durchgeführt worden sind, fließen nur noch zu 80 % in die Bemessungsgrundlage ein.

Dennoch: Da Pflichtteilsansprüche Zahlungsansprüche sind, die von den Erben aus dem vorhandenen Vermögen befriedigt werden müssen, können diese zu Liquiditätsproblemen und wiederum zur Verwertung des überlassenen Vermögens führen.

▶ Erbengemeinschaften

856 Zuwendungen durch Testament oder im Wege gesetzlicher Erbfolge oder sonstige auf den Todesfall abgestellte Übertragungen führen bei mehreren Begünstigten zu Erbengemeinschaften, die denselben Gefahren ausgesetzt sind, wie lebzeitige Bruchteilsgemeinschaften. Jeder der Beteiligten kann die Auseinandersetzung der Gemeinschaft erzwingen, was zur Zerschlagung und Verwertung des Vermögens führt.

Mit konventionellen Nachfolgekonzepten können die dargestellten Probleme zwar auch in gewissem Maß vermieden werden, jedoch führen diese Gestaltungsmethoden meist dazu, dass die Vermeidung eines der genannten Probleme die Eröffnung eines anderen zur Folge hat. Konventionelle Gestaltungen, seien es Rechtsgeschäfte unter Lebenden oder Verfügungen auf den Todesfall sind folglich nur zu empfehlen, wenn bestimmte oben genannte Probleme (z. B. die fehlende Verfügungsmacht zu Lebzeiten) für den Schenker keine Rolle spielen.

13.2.2 Problemlösung mit dem Familienpool

Der Familienpool vermeidet Nachteile, die konventionelle Gestaltungskonzepte und Direktübertragungen mit sich bringen. 857

▶ Vermeidung fehlender Verfügungsmacht und wirtschaftlicher Abhängigkeit durch Erhaltung vollständiger Verfügungsmacht zu Lebzeiten der/des Schenker(s)

Mit dem Familienpool können der bzw. die Übergeber (Eltern) durch entsprechende Gestaltung der Geschäftsführungsbefugnisse und Stimmrechte die vollständige Verfügungsmacht über das gesamte Familienvermögen behalten und somit einzelne Gegenstände beliebig veräußern und belasten, Ersatzbeschaffungen tätigen, weitere Immobilien anschaffen, und zwar unabhängig davon, ob die Eltern noch mehrheitlich am Kapital der Gesellschaft beteiligt sind oder schon einen Großteil des Vermögens an die Nachkommen übertragen haben. Der Vorteil der gesellschaftsrechtlichen Konstruktion liegt darin, dass Stimmrechte und Kapitalanteile unabhängig voneinander geregelt werden können. 858

Erträge aus dem Poolvermögen und deren Nutzung können durch vertragliche Regelungen dem Schenker (den Schenkern), der/die das Vermögen in den Pool einbringt/einbringen, vorbehalten werden. Auf diese Weise bleiben dem Schenker die Einnahmen aus dem Vermögen bis zu seinem Lebensende erhalten. Sollten diese Erträge zum Lebensunterhalt nicht ausreichen, ist ein Rückgriff auf die eingebrachte Vermögenssubstanz unter den gleichen Voraussetzungen möglich, wie beim Widerruf einer Schenkung. 859

Das in die Gesellschaft eingebrachte Immobilienvermögen wird gemeinschaftliches Vermögen der Eltern und der Kinder als künftige Erben. Das Vermögen wird im Pool gebündelt; Rechtsträger und verfügungsberechtigt ist die Gesamthand. Kein Gesellschafter kann allein über das Gesamthandsvermögen einzeln verfügen, und zwar auch nicht über seinen rechnerischen Bruchteil. Durch die entsprechende Ausgestaltung des Gesellschaftsvertrags können 860 aber die Eltern mit ihrer Stimmenmehrheit unabhängig von der wirtschaftlichen Kapitalbeteiligung das Vermögen verwalten und bestimmen, ob z. B. eine Immobilie veräußert oder vermietet wird.

► Gläubigerzugriff, Zerschlagung

861 Während bei konventioneller Vermögensübertragung auf mehrere Begünstigte eine Miteigentümergemeinschaft oder eine Erbengemeinschaft entsteht, ist bei der Poolkonstruktion das Familienvermögen vor Zerschlagung und wirtschaftlicher Vernichtung durch einzelne Beteiligte gesichert. Keiner der Gesellschafter (Kinder) kann die Teilungsversteigerung erzwingen. Den Kindern bzw. dem einzelnen Gesellschafter steht lediglich ein Kündigungsrecht zu, welches nur zum Ausscheiden des Betreffenden führt und das außerdem im Gesellschaftsvertrag für mehrere Jahre ausgeschlossen werden kann. Eine Zerschlagung des Vermögens droht dabei nicht, da die Abfindungskonditionen entsprechend niedrig festgelegt werden.

862 Die Poolkonstruktion reduziert auch den Gläubigerzugriff bei überschuldeten Pool-Mitgliedern (Kindern) auf Grund der gesamthänderischen Bindung allein auf schuldrechtliche Ansprüche, die dem Schuldner aus dem Poolvermögen zustehen, also auf anteilige Miet- oder Pachterträge oder auf das Auseinandersetzungsguthaben, sofern es zur Auflösung des Familienpools kommt. Letzteres kann vertraglich stark reduziert werden.

Gleiches gilt auch für den Fall einer Scheidung von Ehegatten, die an der Familiengesellschaft beteiligt sind. Im Gegensatz zur möglichen Teilungsversteigerung einer Immobilie im Miteigentum bleibt bei der Poolkonstruktion das (elterliche) Gesellschaftsvermögen unberührt. Es können individuelle Regelungen über das Ausscheiden eines Gesellschafters im Falle der Scheidung getroffen werden.

863 Mit einem Familienpool können schließlich auch Unterhaltsansprüche früherer Ehegatten des Schenkers, die sich gegen dessen Erben richten, ausgehebelt werden. Zum anderen werden sie aber auch dem Grunde nach obsolet, wenn durch Einbringung der wesentlichen Vermögenswerte kein „Nachlass" mehr zur Verfügung steht, aus dem diese Ansprüche bedient werden müssten.

864 Da der Geschäftsanteil eines Gesellschafters in dessen Todesfall nicht in seinen Nachlass fällt, besteht für die Erben auch nicht die Möglichkeit, bei angeordneten Vermächtnissen die Erbschaft nach § 2306 BGB auszuschlagen, den Pflichtteil zu verlangen und damit den Verkauf des Familienvermögens (um Liquidität für die Erfüllung der Pflichtteile zu schaffen) zu erzwingen.

▶ Vermeidung/Reduzierung von Pflichtteilsansprüchen und Pflichtteilsergänzungsansprüchen

Durch die Vereinbarung sog. „Fortsetzungsklauseln" stellt der Familienpool sicher, dass nach dem Tod eines Gesellschafters die Gesellschaft mit den verbleibenden Gesellschaftern fortgeführt werden kann. Der Gesellschaftsanteil des Verstorbenen fällt nicht in dessen Nachlass, so dass insoweit auch keine Pflichtteilsansprüche übergangener Abkömmlinge (z. B. Kinder aus erster Ehe) entstehen können. 865

Die Beteiligung von Gesellschaftern ohne Einlage ist in bestimmten Fällen auch nicht als Schenkung im zivilrechtlichen Sinn zu qualifizieren, so dass sich in bestimmten Fällen sogar Pflichtteilsergänzungsansprüche vermeiden bzw. reduzieren lassen, selbst wenn der Schenker vor Ablauf von zehn Jahren nach der Gründung verstirbt.

▶ Vermeidung von Erbengemeinschaften

Mit der Poolkonstruktion kann eine Erbengemeinschaft insgesamt vermieden werden.

Abgesehen von diesen Vorteilen lässt sich mit der Bildung eines Familienpools der Weg des Poolvermögens – anders als bei bloßer Vererbung – bis in die dritte Generation steuern. Der Schenker bestimmt mit der Gestaltung des Gesellschaftsvertrages, wer in den Pool nachrückt und wer nicht, und zwar unabhängig davon, welche testamentarischen Bestimmungen seine Kinder treffen.

HINWEIS:
Die Industrie- und Handelskammern verlangen von privaten vermögensverwaltenden Familienpools oftmals Mitgliedsbeiträge. Dies stellt im Regelfall eine Gebührenüberhebung gemäß § 352 StGB dar, da der vermögensverwaltende Pool kein Gewerbebetrieb ist.

13.3 Vermögenssicherung des Übergebers durch Nießbrauchsbestellung an Poolvermögen und/oder am Gesellschaftsanteil (Vorbehalts-/Vollrechts-/Doppelnießbrauch)

Der Elterngeneration ermöglicht ein Vorbehaltsnießbrauch, Vermögenssubstanz zu übertragen unter gleichzeitigem Vorbehalt der Erträge aus dem Schenkungsgegenstand. Auf diese Weise bleiben dem Schenker die Einnahmen aus dem Vermögen bis zu seinem Lebensende erhalten. Sollten diese Erträge zum Lebensunterhalt nicht ausreichen, ist ein Rückgriff auf die einge- 866 brachte Vermögenssubstanz unter den gleichen Voraussetzungen möglich wie beim Widerruf einer Schenkung.

Der Kapitalwert des Nießbrauchsrechts mindert den Wert der zu übertragenden Anteile an der Familiengesellschaft (KG Anteile, § 10 Abs. 1 Nr. 4 ErbStG). Duldungs- oder Nutzungsauflagen sind als bereicherungsmindernde Faktoren anzusehen, die im Wege der Saldierung zu berücksichtigen sind.[1] Bei vermieteten Familienpool-Grundstücken kommt ein Nießbrauchabzug wegen der 10%igen Steuerbefreiung nur zu 90 % in Betracht.

867 Alternativ zum Vorbehaltsnießbrauch an den in den Pool einzubringenden Sachwerten können sich die Vermögensübergeber (Elterngeneration) auch einen Nießbrauch an den zu übertragenden Anteilen an der Familienvermögensverwaltungs-KG hinsichtlich des auf die Anteile entfallenden Gewinnanteils vorbehalten. Das Nießbrauchsrecht kann als Vollrechtsnießbrauch oder Ertragsnießbrauch ausgestaltet sein.

Als für die Vermögensübergeber optimale Lösung ist ein Doppelnießbrauch zu sehen.[2] Jeder Ehegatte bzw. Vermögenseinbringer behält sich hier den Grundstücksnießbrauch vor. Dieser bleibt immer bestehen, auch wenn die Familienvermögensverwaltungs-KG mit nur noch einem Gesellschafter verbleibt und es infolgedessen zu einem Untergang der Nießbrauchsrechte an den Gesellschaftsanteilen kommt. Ein wesentlicher Vorteil des Doppelnießbrauchs ist folgender: Im Regelfall behält sich ein Ehegatte den Nießbrauch auf sein eingebrachtes Sachvermögen (im Regelfall handelt es sich dabei um ein Grundstück) auf Lebenszeit vor. Danach soll meist der andere Ehegatte den Nießbrauch erhalten (aufschiebend bedingter Erwerb). Kommt es zum Erwerb, fällt Schenkungsteuer an. Kann der überlebende Ehegatte als Ersatz noch auf sein Nießbrauchsrecht an den Anteilen der Familienvermögensverwaltungs-KG zurückgreifen, kann er auf den Nießbrauch am vom verstorbenen Ehegatten eingebrachten Vermögen verzichten. Dann kommt es zu keinem steuerpflichtigen Vorgang.

Die Nießbrauchseinräumung zu Gunsten eines Ehegatten gilt grundsätzlich als steuerpflichtige Schenkung. Schenkungssteuer wird durch den Doppelnießbrauch jedoch nicht ausgelöst, weil der andere Ehegatte, der den Nießbrauch an den KG-Anteilen erhält, keine Erträge hat, denn diese fließen gar nicht in die Familien-KG ein. Wegen des Vorbehaltsnießbrauchs an den eingebrachten

---

[1] Troll in Troll/Gebel/Jülicher, ErbStG, § 7 Tz. 160.
[2] Siehe dazu auch: Spiegelberger, Vermögensnachfolge, München 2010, Rdn. 105 ff.

Vermögenswerten werden die Erträge schon außerhalb der Familien-KG aufgefangen

> **HINWEIS:**
> ▶ Beim Doppelnießbrauch hat der gesellschaftsrechtliche Nießbrauch erst dann Bedeutung, wenn der sachenrechtliche Nießbrauch erloschen ist.

13.4 Der Familienpool als Firmenmantel

13.4.1 Allgemeines

Eine vermögensverwaltende Familiengesellschaft entfaltet aus der Tätigkeit des Haltens und Verwaltens von privatem Vermögen heraus keine gewerbliche Betätigung. Ihr kann jedoch durch folgende Ausgestaltung gewerbliche Prägung verliehen werden (vgl. § 15 Abs. 3 Nr. 2 EStG): 868

- Die Familiengesellschaft wird als GmbH & Co. KG errichtet.
- Persönlich haftende Gesellschafterin (Komplementärin) der Familien-KG ist ausschließlich die GmbH; natürliche Personen sind von einer Komplementärfunktion ausgeschlossen
- Nur die GmbH oder (familienfremde) Personen, die nicht auch Gesellschafter der KG sind, treten als Geschäftsführer für die Familien-KG auf.

Der gewerblich geprägte Familienpool gilt als Gewerbebetrieb, das Poolvermögen als Betriebsvermögen. Die GmbH ist am Vermögen nicht beteiligt. Eigentümer des Geschäftsvermögens (des Grundbesitzes) ist die KG. 869

Alle Familienmitglieder, die bei der Komplementär-GmbH Gesellschafter sind, sind zugleich Kommanditisten der KG (sog. GmbH & Co. KG im engeren Sinne). Die Beteiligungsverhältnisse an GmbH und KG können aber auch in beiden Gesellschaften abweichen. Die Eltern können hier variieren und bestimmen, inwieweit welches Kind Einfluss auf die Geschäftspolitik der KG haben soll.

> **HINWEIS:**
> Die gewerbliche Prägung entsteht schließlich durch Eintragung der KG ins Handelsregister. Für Zwecke der Erbschaft- und Schenkungsteuer tritt erst zum Zeitpunkt der Eintragung der KG im Handelsregister die gewerbliche Prägung ein. Vor der Eintragung ins Handelsregister handelt es sich um eine vermögensverwaltende Gesellschaft bürgerlichen Rechts, unabhängig davon, dass ertragsteuerlich rückwirkend von einer gewerblichen Prägung ausgegangen wird (R E 10.4 Abs. 1 Satz 3, 4 ErbStR 2011).

13.4.2 Gestaltungsmöglichkeiten mit gewerblich geprägten Familienpools (Firmenmäntel)

13.4.2.1 Einkommensteuer

870 Die gewerbliche Prägung ermöglicht die Möglichkeit, bei Übertragung von ertragbringendem Immobilienvermögen einen sog. „AfA-Step-Up" zu generieren. Soweit die Eltern das in den gemeinsamen Pool zur Vermögensnachfolge zu übertragende Grundvermögen schon länger als zehn Jahre im Privatbesitz haben und kein steuerpflichtiges privates Veräußerungsgeschäft realisiert werden muss, kann die Übertragung als Veräußerungsvorgang in einen gewerblich geprägten Familienpool gestaltet werden. Dies hat den Vorteil, dass als Bemessungsgrundlage für künftige Abschreibungen auf Ebene der GmbH & Co. KG der Veräußerungspreis bzw. Einlagewert (Teilwert) ohne Abzug bisher von den Eltern vorgenommener Abschreibungen (wie dies bei der Einlage ohne Gegenleistung der Fall wäre) gilt. Dadurch wird für werthaltiges Grundvermögen regelmäßig ein höheres Abschreibungsvolumen generiert, welches auf die zu erwartenden künftigen Erträge steuermindernd wirkt.

13.4.2.2 Cash-GmbHs

871 Vorbemerkung:

Die Länderfinanzminister haben sich im Rahmen Ihrer Empfehlungen zum Jahressteuergesetz 2013 gegen das Gestaltungsmodell der Cash-GmbHs ausgesprochen und eine entsprechende Gesetzesänderung vorgeschlagen, wonach „Wertpapiere sowie vergleichbare Forderungen, Zahlungsmittel, Sichteinlagen, Bankguthaben und andere Forderungen, soweit deren Wert nicht geringfügig ist", nicht mehr zum steuerbegünstigten Betriebsvermögen gehören sollen. Als „geringfügig" sollen nur solche Bargeldbestände angesehen werden, die 10 % des Unternehmensvermögens nicht übersteigen. Nachfolgende Ausführungen gelten daher nur vorbehaltlich einer zwischenzeitlichen Gesetzesänderung.

Mit einer GmbH oder einem gewerblich geprägten Familienpool lassen sich sämtliche für betriebliches Vermögen geltende Steuerbefreiungen nutzen, welche bereits in Rdn. 581 ausführlich erörtert worden sind. Wird ein Vermögensbestand bestehend zu weniger als die Hälfte aus Wertpapieren wie Aktien, Fonds, Anleihen usw. und bestehend zu einem überwiegenden Teil aus Bargeld, Sicht- und Spareinlagen, Festgelder in die GmbH/den Familienpool eingebracht, kann dieses im Rahmen der für Betriebsvermögen geltenden Steuerbefreiungen an Familienmitglieder oder Dritte weitergegeben werden.

Zum begünstigten Betriebsvermögen zählen insbesondere Beteiligungen an gewerblich geprägten Personengesellschaften (Familienpools) (R E 13b.5 Abs. 1 Satz 3 ErbStR 2011). Die Weitergabe des Barvermögens erfolgt durch Übertragung von Gesellschaftsanteilen

▶ Vermögenszusammensetzung

Die Zusammensetzung des in die Cash-GmbH/den gewerblich geprägten Familienpool einzubringenden Vermögens muss nach den obigen Kriterien überwiegend aus Barvermögen wie Bargeld oder Einlagen, Festgelder, Termingelder usw. bestehen. Der Anteil an Wertpapieren muss weniger als 50 % betragen. Denn die Steuerbegünstigungen für betriebliches Vermögen werden nur dann gewährt, wenn das Betriebsvermögen nicht zu mehr als 50 % aus Verwaltungsvermögen besteht (§ 13b Abs. 2 ErbStG, R E 13b.8 ErbStR 2011). Zum Verwaltungsvermögen zählen u. a. Aktien (Beteiligungen an Kapitalgesellschaften von 25 % oder weniger) oder Wertpapiere, nicht jedoch Barvermögen wie Geld, Sicht- und Spareinlagen, Festgeldkonten. Solche Geldmittel müssen daher den überwiegenden Teil des GmbH/Poolvermögens bilden.

872

▶ Sonstige Auflagen und Behaltensfristen bei 85%iger Steuerbefreiung

Darüber hinaus gelten dieselben Auflagen und Behaltensfristen wie für sonstiges Betriebsvermögen. Das heißt, der Beschenkte muss die Vermögenswerte mindestens fünf Jahre fortführen – auf der sicheren Seite ist der Beschenkte, wenn er die Assetstruktur so erhält, er also das Festgeld in Festgeld belässt (siehe Hinweis unten). Während dieser Zeit können nur die Erträge sowie bis zu einer gewissen Grenze auch Entnahmen getätigt werden. Die Entnahmen dürfen aber während dieses Zeitraumes die Summe der Einlagen und die Summe der Kapitalerträge nicht um mehr als 150 000 € übersteigen; Verluste bleiben dabei unberücksichtigt. Der Kapitalstock muss also – bis auf die Entnahmegrenze von 150 000 € erhalten bleiben.

HINWEIS:

Bei den im Poolvermögen zum Zeitpunkt der Übertragung enthaltenen Wertpapieren handelt es sich in den ersten zwei Jahren um sog. „junges Betriebs-(Verwaltungs-)Vermögen".[1] Um dieses steuerfrei übertragen zu können, muss eine Karenzfrist von zwei Jahren eingehalten werden, ehe die Anteile an der GmbH/der gewerblich geprägten Familiengesellschaft auf die Angehörigen übertragen werden.

---

1 Zum Begriff vgl. Rdn. 629.

▶ **Sonstige Auflagen und Behaltensfristen bei 100%iger Steuerbefreiung**

873 Zur Erlangung einer vollständigen Steuerbefreiung ist Voraussetzung, dass die übertragenen Vermögenswerte zu mindestens 90 % aus Bargeldern, Termineinlagen, Festgeldern bestehen und der Anteil an „Verwaltungsvermögen" (Aktien, Beteiligungen, Wertpapiere) nur weniger als 10 % beträgt. Des Weiteren muss das Vermögen mindestens sieben Jahre (statt fünf Jahre) erhalten bleiben. Die 100%ige Steuerbefreiung ist aber nur auf Antrag möglich (vgl. Rdn. 657).

HINWEIS:
Die Steuerbefreiung gilt hier für eine unbegrenzte Betragshöhe; für in dem Familienpool enthaltenen Wertpapiere (Verwaltungsvermögen) ist eine Karenzfrist von mindestens zwei Jahren einzuhalten (siehe vorstehenden Hinweis).

▶ **Steuerlicher Belastungsvergleich**

BEISPIEL: ▶ Schenker S verschenkt an K (Steuerklasse I) ein Wertpapierdepot sowie ein Festgeldkonto im Gesamtwert von 3 000 000 €. Dabei beträgt der Anteil des Guthabens auf dem Festgeldkonto 2 000 000 €, der Wert des Wertpapierdepots 1 000 000 €.

S schenkt das Gesamtvermögen:

▶ Alternative A: direkt

▶ Alternative B: über einen gewerblich geprägten Familienpool

Die Schenkungsteuer errechnet sich wie folgt (Beträge in €):

	Alternative A (Direktschenkung)	Alternative B (Schenkung über Familienpool)
Zuwendung Kapitalvermögen	3 000 000	3 000 000
Steuerbefreiung für Betriebsvermögen 85 %	-,-	− 2 550 000
Steuerpflichtiges Betriebsvermögen		450 000
Abzugsbetrag (auf null abzuschmelzen, da nicht begünstigtes Betriebsvermögen 450 000 €)	-,-	-,-
− persönlicher Freibetrag	− 400 000	− 400 000
Steuerpflichtiger Erwerb	2 600 000	50 000
Schenkungsteuer Steuerklasse I, 19 % bzw. 7 %	494 000	3 500
Steuervorteil Alternative B (Familienpool)		490 500 €

HINWEISE:

▶ Die Steuerersparnis von – im Beispiel 490 500 € – muss allerdings in Relation zu möglichen Renditeeinbußen gesehen werden, die z. B. durch niedrige Festgeldzinsen während der Mindestbehaltedauer von fünf bzw. sieben Jahren hingenommen werden müssen. Denn offen ist bislang, ob die Finanzverwaltung die Umschichtung des Barvermögens in Wertpapiervermögen als Veräußerung wesentlicher Betriebsgrundlagen wertet und unter diesen Gesichtspunkten ein Nachbesteuerungstatbestand kommen kann. Das in den Pool eingelegte Barvermögen stellt die wesentliche Betriebsgrundlage der vermögensverwaltenden Gesellschaft dar. Wird z. B. in Aktien investiert, so zählen diese zum nicht steuerbegünstigten Verwaltungsvermögen.

▶ Sollen Anteile an einer Kapitalgesellschaft, die sich im Gesamthandsvermögen einer vermögensverwaltenden Personengesellschaft (eines Familienpools) befinden, übertragen werden, ist Folgendes zu beachten:

▶ Nach Auffassung der Finanzverwaltung zählen Unterbeteiligungen oder über eine andere Kapitalgesellschaft oder eine Personengesellschaft gehaltene mittelbare Beteiligungen des Erblassers oder Schenkers nicht als begünstigte Anteile an Kapitalgesellschaften i. S. des § 13b ErbStG, so dass für diese die Begünstigungen für Betriebsvermögen keine Anwendung finden (R E 13b.6 Abs. 2 Satz 3 ErbStR 2011). Auch bei der Prüfung der 25%igen Beteiligungshöhe bleiben diese mittelbar übertragenen Anteile unberücksichtigt. Damit scheiden z. B. Anteile an Kapitalgesellschaften, die sich in einem Familienpool befinden und durch Übertragung der Anteile an der Familien-KG mittelbar übertragen werden, aus der Begünstigungsregelung für Betriebsvermögen i. S. des § 13a ErbStG aus. Betreffend die mittelbare Übertragung von Anteilen an einer Kapitalgesellschaft über eine vermögensverwaltende Personengesellschaft (Familienpool) hat sich das Finanzgericht Köln[1] gegen die Auffassung der Finanzverwaltung ausgesprochen. Im Streitfall hat das FG die Steuervergünstigung für Betriebsvermögen auch für den Fall gewährt, dass der Schenker lediglich über eine vermögensverwaltende Personengesellschaft an der von dieser Personengesellschaft gehaltenen Kapitalgesellschaft beteiligt ist. Der Senat bejahte die Streitfrage, ob der Schenker auch noch im Zeitpunkt der Schenkung an denjenigen Kapitalgesellschaften unmittelbar beteiligt gewesen ist, die im Rahmen der Übertragung der Anteile an der GmbH & Co. KG auf die Erwerber übergegangen sind. Begründung: Bei der streitgegenständlichen GmbH & Co. KG handelt es sich um eine sog. nicht unternehmerische Personengesellschaft, deren Unternehmensgegenstand kein Gewerbebetrieb ist, die also über kein Betriebsvermögen verfügt, sondern allein ihr aus Beteiligungen an Kapitalgesellschaften bestehendes Anlagevermögen verwaltet. Schenker und/oder Erwerber können sich in gleichgelagerten Fällen auf dieses Urteil berufen!

---

[1] Urt v. 16. 11. 2011 9 K 3087/10, DStR 2012 S. 10.

13.5 Zusammenfassende Übersicht: Vorteile der vermögensverwaltenden Familiengesellschaft auf einen Blick

874
- ▶ Optimale Planung von Erbschaft-/Schenkungsteuer durch frühzeitige und vollständige Nutzung von Freibeträgen und Nutzung der wieder auflebenden Freibeträge alle zehn Jahre
- ▶ Nutzung des Abzugsbetrages für steuerbegünstigtes Betriebsvermögen alle zehn Jahre
- ▶ Vermögensverlagerung auf Ehegatten zur Schaffung weiterer Freibeträge zu Gunsten gemeinsamer Kinder
- ▶ Progressionsminderungen durch mehrere Schenkungen (Übertragungen)
- ▶ Senkung der Einkommensteuerlast durch Zuordnung von Einkünften an Personen mit geringerem Steuersatz (Kinder)
- ▶ Das Poolvermögen bleibt steuerliches Privatvermögen (nur Familienpool als vermögensverwaltende Kommanditgesellschaft, nicht gewerblich geprägter Familienpool – Firmenmantel)
- ▶ Vollständige Verfügungsmacht des Schenkers zu Lebzeiten ohne Mitspracherechte der Beschenkten (Eltern verfügen als Komplementäre die volle Geschäftsführungs- und Vertretungsmacht)
- ▶ Schutz vor Zerschlagung des Vermögens durch Auseinandersetzungsversuche von Kindern und Erben
- ▶ Ausschluss unliebsamer Pflichtteilsberechtigter und Gestaltung der Erbfolge nach eigenen Vorstellungen des Schenkers
- ▶ Steuerung des Vermögens über Generationen durch Gestaltung des Gesellschaftsvertrags
- ▶ Ersparnis von Grundbuchkosten durch erstmalige Eintragung der KG in das Grundbuch; spätere Änderungen im Gesellschafterbestand führen zu keiner weiteren Eintragung (da vermögensverwaltende Kommanditgesellschaft unter ihrer Firma im Grundbuch eingetragen ist)
- ▶ Schutz vor Gläubigern des Schenkers und der Beschenkten sowie vor Unterhaltsansprüchen früherer Ehegatten des Schenkers
- ▶ Sicherung der Altersvorsorge wie bei der konventionellen Schenkung unter Nießbrauchsvorbehalt sowie Zurückbehaltung des Stimmrechts bei Nießbrauchsvorbehalt
- ▶ Langfristige Einsparung von Vollzugskosten
- ▶ Frühzeitige Beteiligung von Minderjährigen ohne Risiko

- Uneingeschränkte Geschäftsführung
- Unentziehbare Vertretungsmacht
- Umschichtungsrecht
- Realteilungsrecht
- Haftungsbeschränkung der Familienmitglieder als Kommanditisten, auch Beteiligungen Minderjähriger möglich
- 30-jähriger Kündigungsausssschluss möglich, auch bei Eintritt der Volljährigkeit
- Ausschluss des Erbrechts von Schwiegerkindern möglich und Anwachsung der Anteile innerhalb der Familie
- Abfindungszahlungen beliebig vereinbar, reduzierte Abfindungsklauseln möglich
- Einsparungen von Grundbuchgebühren bei mehrfacher (Weiter-)Übertragung von Gesellschaftsanteilen
- Grunderwerbsteuerfreiheit der Anteilsübertragung
- Abschreibungen gebühren bei Vorbehaltsnießbrauch weiterhin den Einbringenden (Eltern); diese erzielen selbst (und nicht die Gesellschaft) weiterhin Einkünfte aus Vermietung und Verpachtung
- AfA-Step-Up (nur gewerblich geprägter Familienpool – Firmenmantel)
- Nutzung der Steuerbefreiungen für Betriebsvermögen bei Übertragung von Barvermögen (nur gewerblich geprägter Familienpool – Firmenmantel)

14 Wahlrecht des Nacherben in internationalen Erbfällen gezielt einsetzen

Das bereits in Rdn. 469 dargestellte Wahlrecht des Nacherben, im Verhältnis zum Erblasser anstatt zum Vorerben besteuert zu werden (§ 6 Abs. 2 Satz 2 ErbStG), bietet besonders bei internationalen Steuersachverhalten Gestaltungsspielräume. So hat die Ausübung des Wahlrechts nicht nur Auswirkungen auf die Steuerklasse und die persönlichen Freibeträge, sondern entscheidet im Einzelfall auch über die unbeschränkte oder beschränkte Steuerpflicht. Denn dieses Wahlrecht wirkt auch gegenüber anderen Besteuerungsmerkmalen wie z. B. der unbeschränkten bzw. beschränkten Steuerpflicht.[1]

875

---

1 Vgl. auch Noll, Aktuelles Beratungs-Know-how Erbschaftsteuerrecht, DStR 2004 S. 257 ff.

> **BEISPIEL 1:** Der in Südtirol wohnhafte Erblasser E ordnet Vor- und Nacherbschaft an. Vorerbe ist Inländer, der Nacherbe wohnt ebenfalls schon länger als fünf Jahre im Ausland.
>
> Stellt der Nacherbe keinen Antrag auf eine Versteuerung im Verhältnis zum Erblasser, wird er so gestellt, als hätte er vom Vorerben geerbt. Da dieser Inländer ist, unterliegt der Erwerb der unbeschränkten Steuerpflicht, denn diese leitet sich aus der Inländereigenschaft des Vorerben ab. Stellt der Nacherbe hingegen einen Antrag nach § 6 Abs. 2 Satz 2 ErbStG, erbt er steuerfrei, sofern im Nachlass kein beschränkt steuerpflichtiges Inlandsvermögen enthalten ist.[1]

876 Andererseits – sofern der Nachlass des Erblassers ausschließlich aus Inlandsvermögen besteht – kann es für den ausländischen Nacherben auch sinnvoll sein, eine unbeschränkte Steuerpflicht herbeizuführen, um in den Genuss eines höheren persönlichen Freibetrages zu kommen.

> **BEISPIEL 2:** Wie Beispiel 1, nur dass der Nachlass des Erblassers ausschließlich aus inländischen Beteiligungen und Immobilien besteht. Für das Verwandtschaftsverhältnis Vorerbe/Nacherbe gilt Steuerklasse I.
>
> Stellt der Nacherbe keinen Antrag auf eine Versteuerung im Verhältnis zum Erblasser, kann er den zum Vorerben geltenden persönlichen Freibetrag in Höhe von 400 000 € nutzen. Um diesen Betrag mindert sich der aus Inlandsvermögen bestehende steuerpflichtige Erwerb entsprechend.

HINWEIS:

Ob und inwieweit sich das Wahlrecht auch auf Besteuerungsmerkmale wie persönliche Steuerpflicht, Anwendung von Doppelbesteuerungsabkommen oder den steuerfreien Zugewinnausgleich auswirkt, ist höchstrichterlich noch nicht geklärt. Daher ist es vorteilhaft, sämtliche mögliche Besteuerungsgrundlagen in die Entscheidungsfindung „Wahlrecht ja oder nein" einfließen zu lassen.

15 Warum der Schenker die Schenkungsteuer übernehmen sollte

15.1 Allgemeines

877 Erklärt sich der Schenker bereit, zusätzlich zur Schenkung auch noch die Schenkungsteuer zu tragen, gilt als steuerpflichtiger Erwerb nicht nur der Steuerwert der Zuwendung (der Schenkung), sondern vielmehr der Betrag, der sich bei einer Zusammenrechnung des Erwerbs mit der aus ihm errechneten Steuer ergibt (§ 10 Abs. 2 ErbStG). Die vom Schenker übernommene Schenkungsteuer stellt also eine zusätzliche Zuwendung dar und ist steuerpflichtig.

---

1 Zum steuerpflichtigen Inlandsvermögen vgl. Rdn. 349.

15 Warum der Schenker die Schenkungsteuer übernehmen sollte

So paradox es klingt: Übernimmt der Schenker die Steuer, fällt Schenkungsteuer auf die Schenkungsteuer an. Damit dürfte die Übernahme der Schenkungsteuer durch den Schenker auf den ersten Blick wohl ganz und gar nicht als Steuer sparendes Gestaltungsmodell erscheinen. Ein Großteil der Schenker lehnt deshalb die Übernahme der Schenkungsteuer ab und belässt es beim Regelfall, d. h. bei der Steuerschuldnerschaft des Empfängers.

Doch diese Denkweise ist falsch, wie folgender Fall zeigt.

BEISPIEL: A möchte seiner Lebensgefährtin zum 60. Geburtstag einen Geldbetrag von 700 000 € schenken. Zahlt die Lebensgefährtin die Steuer selbst, würde sich der Fall so darstellen:

Bereicherung	700 000 €
./. Freibetrag (Klasse III)	./. 20 000 €
steuerpflichtiger Erwerb	680 000 €
./. Steuerbetrag (Steuersatz 30 %)	204 000 €
der Lebensgefährtin verbleiben	476 000 €

Möchte A aber, dass der Lebensgefährtin echte 700 000 € verbleiben, und erklärt er deshalb, die Schenkungsteuer zu übernehmen, sieht die Rechnung so aus:

Steuerwert des Geldgeschenkes	700 000 €
+ übernommene Schenkungsteuer, bezogen auf den zugewendeten Nettobetrag	+ 204 000 €
Bereicherung	904 000 €
./. Freibetrag	./. 20 000 €
steuerpflichtiger Erwerb	884 000 €
Steuerbetrag (Steuersatz 30 %)	265 200 €

265 200 € an Schenkungsteuer müsste A also tragen, damit der Lebensgefährtin echte 700 000 € verbleiben. Hätte die Lebensgefährtin die Steuer selbst bezahlt, wären 204 000 € fällig gewesen. Wo also liegt hier die Steuerersparnis?

Die Steuerersparnis wird besonders deutlich, wenn man:

▶ sich vor Augen führt, wie viel A insgesamt hätte schenken müssen, damit der Lebensgefährtin 700 000 € geblieben wären, wenn sie selbst die Schenkungsteuer gezahlt hätte, oder

▶ darauf abstellt, was der Beschenkten bei gleichen Aufwendungen des Schenkers rein „netto" verbleibt.

Es ist also jeweils auf die Bruttoaufwendung des Schenkers oder alternativ auf die Nettobereicherung des Bedachten abzustellen. Letzteres soll hier dargestellt werden.

FORTSETZUNG DES OBIGEN BEISPIELS: Übernimmt A die Steuern, beträgt sein Gesamtaufwand (700 000 + 265 200) = 965 200 €. Hätte er der Lebensgefährtin anstatt 700 000 € diesen Betrag geschenkt und sie dafür die Steuer zahlen lassen, könnte die Rechnung überschlagsmäßig wie folgt aufgestellt werden:

Schenkungsbetrag	965 200 €
./. Freibetrag	./. 20 000 €
Steuerpflichtiger Erwerb	945 200 €
Steuerbetrag (Steuersatz 30 %)	283 560 €
verbleibender Nettobetrag (965 200 − 283 560)	681 640 €

Bei gleichem Aufwand des A wäre der Lebensgefährtin um 18 360 € (700 000 ./. 681 640) weniger geblieben, wenn sie die Schenkungsteuer gezahlt hätte. Wie kommt das?

878 Der Trick dieses Sparmodells liegt darin, dass für die Steuerermittlung zwar die zusätzliche Bereicherung des Beschenkten berücksichtigt wird, diese Bereicherung aber nicht „brutto", d. h. nach der Zuwendung einschließlich der Steuer, sondern „netto", d. h. nur nach der Zuwendung ohne Steuer berechnet wird. Der Gesetzgeber bricht eine unendliche Kette, Schenkungsteuer auf die Schenkungsteuer zahlen zu müssen, schon nach der ersten Steuer auf die Steuer ab. Es gilt nur der Betrag als Erwerb, der sich aus der Zusammenrechnung des Erwerbs mit der aus ihm errechneten Steuer ergibt (Steuer = (Erwerb + Steuer vom Erwerb) × Steuersatz). So wird in obiger Beispielrechnung von einem Schenkungsbetrag von 965 200 € ausgegangen, der die vom Schenker übernommene Schenkungsteuer bereits beinhaltet. Streng genommen hätte man aber von 983 560 € ausgehen müssen (700 000 € + 283 560 €).

Buciek[1] meint, dass § 10 Abs. 2 ErbStG nicht danach fragt, welche Summe der Schenker ohne Übernahme der Steuer dem Beschenkten hätte zuwenden müssen, damit diesem nach Abzug der (dann von ihm zu tragenden) Steuer letztlich wiederum der „netto" zugewendete Betrag verbliebe. Die Vorschrift begnügt sich vielmehr mit der Zurechnung derjenigen Steuer, die angefallen wäre, wenn der Beschenkte die tatsächlich netto erfolgte Zahlung lediglich brutto erhalten hätte. Dass die sich aus § 10 Abs. 2 ErbStG selbst ergebende Steuerbelastung das Vermögensopfer des Schenkenden zusätzlich erhöht, bleibt − anders als beispielsweise in vergleichbarer Situation im Lohnsteuerrecht − aus Vereinfachungsgründen unberücksichtigt.

---

[1] DStR 1990 S. 228.

15 Warum der Schenker die Schenkungsteuer übernehmen sollte

Nun wurde in den obigen Beispielen stets unterstellt, dass der Schenker so zahlungskräftig ist, dass er die Schenkungsteuer ohne Mühe auf seine Geldschenkung draufschlagen kann. Es kann aber auch sein, dass der Schenker nur einen bestimmten Bruttobetrag hergeben will bzw. kann. Dennoch lohnt es sich, die Schenkungsteuer zu übernehmen. 879

BEISPIEL: B möchte seiner Haushälterin zum 30-jährigen Jubiläum 50 000 € schenken, nicht mehr. Würde B der Haushälterin die 50 000 € geben und würde diese das Geschenk auch versteuern (eine Erwerbsanzeige vorausgesetzt), würde sie nach Abzug des Freibetrags von 20 000 € 30 000 € als steuerpflichtigen Erwerb zu versteuern haben, wobei ihr nach Abzug der Steuer (30 % von 30 000 € = 9 000 €) noch 41 000 € verbleiben.

Würde die Haushälterin dem B vorschlagen, ihr anstatt 50 000 € nur 41 000 € zu schenken, dafür aber die Schenkungsteuer zu übernehmen, würde die Rechnung so aussehen:

Zuwendung des B	41 000 €
·/. Freibetrag	·/. 20 000 €
Zwischensumme	21 000 €
+ Schenkungsteuer darauf (30 %, Klasse III)	6 300 €
Steuerpflichtiger Erwerb (gerundet)	27 300 €
hierauf von B zu zahlende Schenkungsteuer (30 %, Klasse III)	8 190 €
+ Zahlung an die Haushälterin	41 000 €
Gesamtaufwendungen des B	49 190 €

B spart sich per saldo 810 €.

15.2 Vermächtnis mit Steuerübernahmeklausel

BEISPIEL: Erblasser E hinterlässt seinem Kind und seiner nichtehelichen Lebenspartnerin einen Nachlass im Steuerwert von 5 Mio. €. Alleinerbe soll seine Tochter werden. Dem nichtehelichen Lebenspartner soll ein Vermächtnis von rund 1,5 Mio. € nach Steuern (also netto) zukommen. 880

Erblasser E könnte wie folgt verfahren:

Alternative 1: E setzt seiner Partnerin ein Vermächtnis in Höhe von 2 250 000 € aus. Nach Abzug des Freibetrags von 20 000 € (Steuerklasse III) verbleibt ein steuerpflichtiger Erwerb von 2 230 000 €. Daraus sind bei einem Steuersatz von 30 % 669 000 € an Erbschaftsteuer zu entrichten. Netto verbleibt der Lebenspartnerin somit 1 581 000 €.

Die Steuerlast der Tochter beträgt bei Alternative 1

Bereicherung (5 Mio. ·/. 2,25 Mio.)	2 750 000 €	
·/. Freibetrag (Klasse I)	·/. 400 000 €	
steuerpfl. Erwerb	2 350 000 €	
Steuerbetrag bei Steuerklasse/Steuersatz (I/19 %)		446 500 €
Steuerbelastung Partnerin		669 000 €
Steuerbelastung gesamt		1 115 500 €

483

Alternative 2: E setzt seiner Partnerin ein Vermächtnis von 1 581 000 € aus und verpflichtet seine Tochter, die Erbschaftsteuer zu tragen. Die Steuerlast der Partnerin beträgt somit 0 €. Die Steuerlast der Tochter errechnet sich wie folgt:

1. Schritt: Berechnung der Steuerschuld der Partnerin auf das Vermächtnis

Bereicherung	1 581 000 €	
·/. Freibetrag (Klasse III)	·/. 20 000 €	
steuerpfl. Erwerb (gerundet)	1 561 000 €	
Steuerbetrag bei Steuerklasse/Steuersatz (III/30 %)		468 300 €

2. Schritt: Berechnung der Steuerschuld für den um den Steuerbetrag erhöhten Vermächtniserwerb

Vermächtnis netto	1 581 000 €	
+ übernommene Erbschaftsteuer	+ 468 300 €	
Bereicherung	2 049 300 €	
·/. Freibetrag (Klasse III)	·/. 20 000 €	
steuerpfl. Erwerb (gerundet)	2 029 300 €	
Steuerbetrag bei Steuerklasse/Steuersatz (III/30 %)		608 790 €

3. Schritt: Berechnung der Steuerlast des Kindes nach Abzug des Vermächtnisses und der übernommenen Schenkungsteuer

Erwerb brutto	5 000 000 €	
·/. Nettovermächtnis	·/. 1 581 000 €	
·/. übernommene Erbschaftsteuer	·/. 608 790 €	
Bereicherung	2 810 210 €	
·/. Freibetrag (Klasse I)	·/. 400 000 €	
steuerpfl. Erwerb (gerundet)	2 410 200 €	
Steuerbetrag bei Steuerklasse/Steuersatz (I/19 %)		457 938 €
Gesamtbelastung	(608 790 + 457 938)	1 066 728 €

Das von E ausgesprochene Vermächtnis mit Steuerübernahmeklausel führt nicht nur dazu, dass der Tochter 2,81 Mio. € anstatt 2,75 Mio. € zufallen. Tochter und Lebenspartnerin sparen obendrein noch (1 115 500 ·/. 1 066 728) = 48 772 € an Erbschaftsteuern.

16 Der steueroptimale Schenkungsvertrag: Auflagen, Schulden und Lasten im Zusammenhang mit ganz oder teilweise steuerbefreitem Vermögen

881 Wie bereits oben Teil III Rdn. 456 dargestellt, ordnet die Finanzverwaltung bei gemischten Schenkungen die vom Beschenkten übernommenen Gegenleistungen, Schulden, Leistungsauflagen oder die dem Beschenkten auferlegten Nutzungs- und Duldungsauflagen den Schenkerleistungen wie folgt zu:

16 Der steueroptimale Schenkungsvertrag

- Gegenleistungen des Beschrenkten werden den Vermögensgegenständen zugewiesen, für die sie der Schenker erbringt.
- Leistungsauflagen werden allen Vermögensgegenständen zugeordnet.
- Nutzungs- und Duldungsauflagen werden denjenigen Vermögensgegenständen zugeordnet, auf die sich die Duldungspflichten beziehen.

Wie bereits oben unter Rdn. 552 erläutert, sind Schulden und Lasten, die mit teilweise befreiten Vermögensgegenständen in wirtschaftlichem Zusammenhang stehen, nur mit dem Betrag abzugsfähig, der dem steuerpflichtigen Teil entspricht (§ 10 Abs. 6 Sätze 1 b s 3 ErbStG). Steht danach eine Gegenleistung, eine Schuld oder eine Nutzungs- und Duldungsauflage im Zusammenhang mit einem zu 85 % oder bei entsprechender Optierung zu 100 % befreitem Betriebsvermögen oder in Zusammenhang mit einem zu 10 % befreitem Mietwohngrundstück oder mit anderen steuerfreien Gegenständen[1] (Kunstsammlungen etc.), bietet es sich an, statt einer Gegenleistung oder einer Nutzungs- oder Duldungsauflage, welche sich auf einen ganz oder teilweise steuerbefreiten Vermögensgegenstand bezieht, im Schenkungsvertrag eine entsprechende Zahlung (Leistungsauflage) zu vereinbaren, die sich dann auf alle Vermögensgegenstände bezieht.

882

BEISPIEL: A überträgt an B gegen Übernahme eines Darlehens von 500 000 €, das sich auf den übertragenen Betrieb bezieht, sowie gegen Übernahme eines Hypothekendarlehens von 300 000 € für ein Mietwohngrundstück folgende Vermögensgegenstände:

Vermögensgegenstand	Steuerwert	Gegenleistung (Darlehensvaluta)	Gesamterwerb Anteil	Steuerbefreiung	Steuerpflichtig (Steuerwert)	Gegenleistung ist abzugsfähig zu …%/Betrag
Betrieb	4 000 000 €	500 000 €	4/7	85 %	600 000 €	15%/75 000 €
Mietwohngrundstück	1 000 000 €	300 000 €	1/7	10 %	900 000 €	90%/270 000 €
Wertpapiere Barvermögen	2 000 000 €	–	2/7	-,-	2 000 000 €	Kein Abzug
Gesamt	7 000 000 €	800 000 €			3 500 000 €	345 000 €

Werden die Gegenleistungen den Vermögensgegenständen direkt zugeordnet, sind von den übernommenen 800 000 € an Gegenleistung 345 000 € steuerlich abzugsfähig.

Alternative:

Anstatt der Übernahme der einzelnen Schulden vereinbaren Schenker und Beschenkter in dem Schenkungsvertrag eine Leistungsauflage im Kapitalwert von 800 000 €,

---

[1] Zu den sachlichen Steuerbefreiungen vgl. Teil III Rdn. 559 ff.

auszahlbar in Form einer Renten-/Ratenzahlung, die den Zins-/Tilgungsraten für beide Hypothekendarlehen in etwa entspricht.

	Vermögensgegenstand	Zuordnung der Leistungsauflage nach Anteilen	Anteilige Leistungsauflage nach Beträgen	Leistungsauflage ist abzugsfähig zu %/Betrag
Leistungsauflage/ Rentenzahlung 800 000 €	Betrieb	4/7	457 142 €	15 %/68 571 €
	Mietwohngrundstück	1/7	114 285 €	90 %/102 857 €
	Wertpapiere	2/7	228 571 €	100 %/228 571 €
			800 000 €	400 000 €

Ergebnis: Während bei Übernahme der einzelnen Hypothekenschulden diese nur zu 345 000 € übernommen werden können, kann im Fall der Vereinbarung einer Leistungsauflage in gleicher Höhe diese zur Hälfte (400 000 €) von der steuerpflichtigen Bereicherung zum Abzug gebracht werden. Der Beschenkte versteuert entsprechend 55 000 € weniger.

HINWEIS:

Hinsichtlich der wirtschaftlichen Zuordnung von Gegenleistungen ist zu beachten, dass nach der BFH-Rechtsprechung[1] die Übertragung von Gesellschaftsanteilen gegen Einräumung eines obligatorischen Nutzungsrechts (Gewinnbezugsrechts) zugunsten eines vom Schenker bestimmten Dritten eine Schenkung unter Leistungsauflage darstellt (welche sich gemäß der Zuordnungsnormen der Finanzverwaltung auf alle zugewendeten Vermögensgegenstände bezieht) und nicht etwa eine Nutzungs- oder Duldungsauflage, wenn der Bedachte verpflichtet ist, die ihm auf Grund der Beteiligung zustehenden Gewinne an den Dritten auszukehren.

883–900 (einstweilen frei)

---

1 BFH v. 13. 4. 2011 II R 27/09, BStBl 2011 II S. 730.

Teil VI: Gesamtsteueroptimale Vermögensübertragung

1 Mit der Gesamtsteuerplanung auf der Suche nach dem Steueroptimum

Im vorangegangenen Teil V wurden Gestaltungshinweise zur Steueroptimierung im Bereich Erbschaft- und Schenkungsteuern aufgezeigt. Nicht in jedem Fall sinnvoll sind beispielsweise Schenkungen jeweils nur in Höhe der persönlichen Freibeträge in zehnjährigen Abständen. Wer so rechnet, verschenkt die in den unteren Steuerklassen geltenden niedrigen Progressionssätze. Außerdem gilt: Wer jedes Jahr $1/10$ schenkt, verschenkt jedes Jahr die Inflation. Denn die Erbschaftsteuer berücksichtigt die fortschreitende Entwertung des Vermögens nicht.

901

Das Steueroptimum erschöpft sich somit nicht in einer alleinigen Schenkungsteuerfreiheit. Ertragsteuerlich lohnt es sich beispielsweise nicht, Vermögen zu Lebzeiten auf den Ehegatten zu übertragen, mit dem die Zusammenveranlagung gewählt wurde. Eine sich u.U. ergebende Schenkungsteuerersparnis (wenn etwa der Ehegattenfreibetrag nach zehn Jahren erneut in Anspruch genommen werden kann) wäre hier bereits das Steueroptimum.

Dagegen mag eine Vermögensverlagerung im Rahmen der Freibeträge auf Kinder, die keine oder nur geringe eigene Einkünfte haben, sowohl bezüglich der jetzigen Schenkungsteuer als auch der später sowieso fällig werdenden Erbschaftsteuer und auch bezüglich der gegenwärtigen Einkommensteuer auf Kapitalerträge ein Steueroptimum darstellen. Voraussetzung ist hier allerdings, dass die Einkünfte den Kindern tatsächlich zufließen. Soll nach einer Schenkung von GmbH-Geschäftsanteilen die Zurechnung von Dividenden an die Kinder erfolgen, dürfen die Gewinnausschüttungen nicht weiterhin auf ein Konto des Vaters überwiesen werden und dort verbleiben, ohne dass die konkrete Verwendung der Mittel für die Kinder nachgewiesen wird. Sonst sind die Gewinnausschüttungen der GmbH steuerlich weiterhin dem Vater und nicht den Kindern zuzurechnen.[1]

902

Wird ein Immobilienobjekt mit einem nahe am Freibetrag liegenden Steuerwert an Kinder übertragen, die künftig die Mieteinkünfte vereinnahmen und versteuern, ist es offensichtlich, dass es beim Familieneinkommen zu einer Steuerersparnis kommt, und zwar sowohl auf der Schenkungsteuer- als auch

---

[1] BFH, Urt. v. 14.10.2002 VIII R 42/01, BFH/NV 2003 S. 307.

auf der Ertragsteuerseite. Zu einem Steuerfiasko kann eine solche Konstruktion aber werden, wenn das Objekt zunächst aus dem Betriebsvermögen des Vaters zu entnehmen ist und es auf der Ertragsteuerseite gilt, stille Reserven aufzudecken und zu versteuern; dies obwohl sich an den Steuerwerten und den Schenkungsteuerfreibeträgen nichts geändert hat.

903 Das Steueroptimum kristallisiert sich im Regelfall erst im Rahmen einer Gesamtsteuerbetrachtung heraus. Es ist deshalb notwendig, eine Gesamtsteuerplanung durchzuführen, bei der es gilt, den optimalen Zuwendungsbetrag zu ermitteln, bei dem die Differenz aus einer dann erwachsenden Schenkungsteuerschuld, mit ihr aber einhergehenden höheren Ertragsteuerersparnis ihr Maximum erreicht. Hierzu wäre die Aufstellung einer Funktion notwendig, die die Differenz zwischen der Schenkungsteuerschuld und der auf den Schenkungszeitpunkt abgezinsten Ertragsteuerersparnis für jeden Zuwendungsbetrag bestimmt, der zwischen den persönlichen Schenkungsteuerfreibeträgen und dem Betrag liegt, bei dem die Ertragsteuerersparnis maximal ist. Hierzu bedarf es neben der Ermittlung der Schenkungsteuerschuld, welche sich noch relativ leicht vollziehen lässt, auch der Ermittlung der jeweiligen Ertragsteuerersparnis. Die Ertragsteuerersparnis hängt von vielen Faktoren ab: von der Höhe der Einkünfte des Schenkers vor der Vermögensübertragung, von der Einkunftsart, vom Alter, Familienstand und der Höhe des bereits vor der Schenkung zu versteuernden Einkommens des Beschenkten. Zur Bestimmung des Abzinsungsfaktors bedarf es schließlich der Ermittlung des voraussichtlichen Zeitraumes, über den sich eine Ertragsteuerersparnis höchstwahrscheinlich erstreckt.

HINWEIS:
Zur Steueroptimierung des Familieneinkommens sollte stets geprüft werden, ob alle der Familie für Einkünfte aus Kapitalvermögen zur Verfügung stehenden Sparerfreibeträge sowie der Grundfreibetrag (das sog. Existenzminimum) bei allen Familienmitgliedern voll ausgenutzt werden und welche Entlastungen sich für die Familienkasse durch Übertragung von Vermögen auf Familienmitglieder ergeben würden, welche noch steuerlich Freibeträge nutzen können.

2 Übertragung von nach dem Eigenheimrentengesetz geförderten selbst genutzten Immobilien

904 Mit dem sog. Eigenheimrentengesetz unternahm der Gesetzgeber einen neuen Anlauf in Richtung einer steuerlichen Förderung der Anschaffung eigengenutzter Wohnimmobilien. Die neue Eigenheimförderung wurde in die Riester-

Förderung implementiert. Die nachgelagerte Besteuerung, welche Bestandteil des Riester-Fördersystems ist, erfolgt im Rahmen der Eigenheimförderung auf „fiktive Einnahmen", was im Allgemeinen zu großem Unverständnis führt. Ausgangsgröße für die nachgelagerte Besteuerung ist das sog. Wohnförderkonto, welches jeder Anbieter eines Eigenheimförderproduktes (z. B. die Bausparkasse) für jeden Kunden führt und in dem er bestimmte Beträge zusammenfasst, u. a. wird dem Wohnförderkonto auch eine fiktive Verzinsung hinzuaddiert. Zur nachgelagerten Besteuerung suggeriert der Gesetzgeber eine sog. fiktive Auszahlphase, die je nach Vereinbarung mit dem Anbieter des Eigenheimförderungsprodukts zwischen dem 60. und dem 68. Lebensjahr des Berechtigten beginnen muss und mit dem 85. Lebensjahr endet. Während der 17 bzw. 25 Jahren muss nun der Bestand des Wohnförderkontos gleichmäßig versteuert werden. Der Gesetzgeber hat darüber hinaus die Möglichkeit geschaffen, zwischen dem 60. und 68. Lebensjahr die Auflösung des Wohnförderkontos zu verlangen und den Auflösungsbetrag zu 70 % sofort zu versteuern. Die nachgelagerte Besteuerung zehrt anfängliche Steuervorteile im Regelfall ganz auf bzw. übertrifft diese sogar. Dies ist besonders bei niedrigeren Einkommen und niedrigeren Steuersätzen der Fall, und zwar gerade dann, wenn sich der Steuerpflichtige für die Option der Sofortversteuerung entscheidet.

Nachteilig wirkt sich die neue Eigenheimförderung regelmäßig dann aus, wenn es zu einer Strafbesteuerung kommt, etwa weil der Förderberechtigte das Wohnheim nicht mehr bis zum Ende des fiktiven Auszahlungszeitraums (bis zum 85. Lebensjahr) selbst nutzen kann, etwa weil er vorher verstorben ist. Schlimmstenfalls können die Erben gezwungen sein, die übertragene Wohnung veräußern zu müssen. 905

Liegt eine Fehlverwendung infolge der Aufgabe der Selbstnutzung durch Tod innerhalb der ersten zehn Jahre nach Beginn der Auszahlungsphase vor, kommt es zu einer Sofortversteuerung des aktuellen Wohnförderkonto-Saldos bzw. bei Option für die Sofortauflösung und Sofortversteuerung wäre nachzuversteuern das Eineinhalbfache (45 %) des verbliebenen Wohnförderkontobetrages. Wenn die Fehlverwendung zwischen dem zehnten und dem 20. Jahr nach Beginn der Auszahlungsphase eintritt, wäre nachzuversteuern das Einfache des verbliebenen Wohnförderkontobetrages.

Ist der Förderberechtigte verstorben und verheiratet gewesen, kann die Fehlverwendung mit der Konsequenz einer Strafbesteuerung dadurch vermieden werden, dass das Förderobjekt (die Wohnung/das Eigenheim) auf den überlebenden Ehegatten übergeht. Dabei ist zu fordern, dass der Ehegatte Alleineigentümer der Wohnung wird. Erbt der überlebende Ehegatte aber zusam- 906 men mit den gemeinsamen Kindern das Vermögen des verstorbenen Ehegatten (zu dessen Vermögen auch die nach dem Eigenheimgesetz geförderte Wohnung zählt), sollte im Rahmen eines familieninternen Erbausgleichs innerhalb eines Jahres dafür gesorgt werden, dass die geförderte Wohnung dem überlebenden Ehegatten zum Alleineigentum übergehen kann. Andernfalls würden auf die Erben erhebliche Steuernachzahlungen zukommen.

HINWEIS:
Da es sich dabei im Regelfall um nicht unerhebliche Beträge handelt (das zu versteuernde „fiktive" Wohnförderkonto setzt sich zusammen aus dem Altersvorsorge-Eigenheimbetrag, den Tilgungsleistungen sowie einer fiktiven Verzinsung von 2 %), ist ein noch nicht erfasster Auflösungsbetrag im Regelfall mit dem Spitzensteuersatz zu versteuern. Gehören „riestergeförderte" Wohnimmobilien zum Nachlass, lohnt eine „steueroptimale Testamentsgestaltung" in jedem Fall.

3 Einkommensteuerliche Behandlung der Vermögensübergabe gegen Versorgungsleistungen

Vorbemerkung

907 Ein wesentlicher Aspekt im Rahmen der ganzheitlichen steuerlichen Betrachtung eines Vermögensübertragungskonzeptes, welches die Zahlung von Versorgungsleistungen beinhaltet, ist die Möglichkeit des Übernehmers und Zahlungsverpflichteten, die Versorgungsleistungen an den Schenker bei der Einkommensteuer als Sonderausgabe abziehen zu können. Korrespondierend dazu ist zwar der Übergeber als Zahlungsempfänger stets verpflichtet, die Zuwendungen zu versteuern. Doch der Abzug lohnt dennoch, da beim Übergeber und Zahlungsempfänger im Regelfall ein niedrigerer persönlicher Einkommensteuersatz zur Anwendung kommt als beim Zahlungsverpflichteten.

Der Sonderausgabenabzug von Versorgungsleistungen im Zusammenhang mit einer Vermögensübertragung wurde nun in 2008[1] neu geregelt und dabei stark eingeschränkt, was den Umfang des „begünstigten" Vermögens betrifft. Nicht mehr begünstigt ist u. a. die Übertragung z. B. einer vermieteten Immobilie oder eines Ertrag bringenden Wertpapierdepots gegen Versorgungsleistungen. Zur Anwendung dieser Neuregelung hat das BMF ein umfassendes Schreiben verfasst.[2] Dieses Schreiben – allgemein als 4. Rentenerlass bezeichnet – ändert den bisherigen sog. 3. Rentenerlass[3] in wesentlichen Punkten.

---

1 Vgl. Jahressteuergesetz 2008.
2 Vom 11. 3. 2010 IV C 3 - S 2221/09/10004, BStBl 2010 I S. 227.
3 BMF-Schreiben v. 16. 9. 2004 IV C 3 –S 2255 -354/04, BStBl 2004 I S. 922.

3.1 Rechtsinstitut der „Vermögensübergabe gegen Versorgungsleistungen"

Das Rechtsinstitut der „Vermögensübergabe gegen Versorgungsleistungen" geht auf die Rechtsprechung des BFH zurück. Der BFH[1] charakterisierte einen typischen Vermögensübergabevertrag unter folgenden Annahmen: 908

- ▶ Die Vermögensübertragung erfolgt innerhalb des sog. Generationennachfolge-Verbundes und bezweckt die Vorwegnahme der künftigen Erbregelung und die wirtschaftliche Sicherung der alternden Eltern;
- ▶ Die einkommensteuerrechtliche Behandlung folgt der familien- und erbrechtlichen Natur des Vertragstypus;
- ▶ Die Rente wird nicht nach dem Wert der Gegenleistung, sondern nach dem Versorgungsbedürfnis des Berechtigten und nach der wirtschaftlichen Leistungsfähigkeit des Verpflichteten bemessen;
- ▶ Die Beteiligten lassen sich von dem Gedanken leiten, das übertragene Wirtschaftsgut in der Familie zu erhalten.

In Anlehnung an die Vorgaben der BFH-Rechtsprechung behandelte die Finanzverwaltung Vermögensübertragungen unter dem Motiv der vom BFH entwickelten Kriterien für eine Vermögensübergabe gegen Versorgungsleistungen als unentgeltlich, d. h., dass bei Übertragung bestimmter Vermögen – nach dem zwischenzeitlich überholten „dritten Rentenerlass" musste es sich bei diesen Vermögen um sog. „Ertrag bringende Wirtschaftseinheiten" handeln – weder beim Veräußerer ein einkommensteuerpflichtiger Veräußerungsgewinn anzunehmen war noch beim Erwerber einkommensteuerliche Konsequenzen entstehen konnten. 909

Das einschlägige BMF-Schreiben über die „Einkommensteuerrechtliche Behandlung von wiederkehrenden Leistungen im Zusammenhang mit einer Übertragung von Privat- und Betriebsvermögen" (Rentenerlass in dritter Fassung)[2] knüpfte die Unentgeltlichkeit an die Erfüllung der nachfolgend dargestellten Voraussetzungen:

- ▶ Gegenstand der Vermögensübergabe ist eine die Existenz des Übergebers wenigstens teilweise sichernde Wirtschaftseinheit.
- ▶ Es handelt sich um eine Vermögensübertragung kraft einzelvertraglicher Regelung unter Lebenden mit Rücksicht auf die künftige Erbfolge.

---

1 GrS 1/90, BStBl 1992 II S. 78.
2 Vom 16. 9. 2004, BStBl 2004 I S. 922.

- ▶ Empfänger des Vermögens sind die Abkömmlinge und gesetzlich erbberechtigte entfernte Verwandte des Übergebers.
- ▶ Der Vermögensübergeber behält sich in Gestalt der Versorgungsleistungen typischerweise Erträge seines Vermögens vor, die nunmehr allerdings vom Vermögensübernehmer erwirtschaftet werden müssen.
- ▶ Die wiederkehrenden Leistungen sind unabhängig vom Wert des übertragenen Vermögens nach dem Versorgungsbedürfnis des Berechtigten und nach der wirtschaftlichen Leistungsfähigkeit des Verpflichteten bemessen.
- ▶ Die Versorgungsleistungen sind zeitlich unbegrenzt auf Lebenszeit des Empfängers vereinbart.

Die Versorgungsleistungen waren außerdem für den Zahlungsverpflichteten – sofern die gesetzlichen Voraussetzungen hierfür vorlagen – in voller Höhe als Sonderausgabe abziehbar.[1] Korrespondieren hatte der Empfänger die Versorgungsleistungen in voller Höhe zu versteuern, nicht nur mit dem „Ertragsanteil".

3.2 Neuregelung des Sonderausgabenabzugs zum 1.1.2008

910 Mit dem Jahressteuergesetz 2008 wurde der Sonderausgabenabzug für Versorgungsleistungen neu geregelt und dabei das Rechtsinstitut der „Vermögensübergabe gegen Versorgungsleistungen" erheblich eingeschränkt. Eine Unterscheidung zwischen einer Rente und einer dauernden Last entfiel mit Wirkung ab 1.1.2008. Alle Arten von Versorgungsleistungen aus einer vor dem 1.1.2008 erfolgten Vermögensübertragung gegen Versorgungsleistung werden seither steuerlich gleich behandelt.

Ferner wurde § 10 Abs. 1 Nr. 1a EStG neu gefasst und die Abzugsmöglichkeiten von Versorgungsleistungen beim Zahlungsverpflichteten als Sonderausgabe erheblich eingeschränkt. Im Einzelnen ist seit dem 1.1.2008 der Sonderausgabenabzug im Rahmen einer Vermögensübertragung nur noch möglich für Versorgungsleistungen:

- ▶ im Zusammenhang mit der Übertragung eines Mitunternehmeranteils an einer gewerblich tätigen oder freiberuflichen Personengesellschaft (§ 10 Abs. 1 Nr. 1a Satz 2 Buchst. a EStG),
- ▶ im Zusammenhang mit der Übertragung eines Betriebs oder Teilbetriebs (§ 10 Abs. 1 Nr. 1a Satz 2 Buchst. b EStG),

---

[1] § 10 Abs. 1 EStG a. F.

▶ im Zusammenhang mit der Übertragung eines mindestens 50 % betragenden Anteils an einer Gesellschaft mit beschränkter Haftung, wenn der Übergeber als Geschäftsführer tätig war und der Übernehmer diese Tätigkeit nach der Übertragung übernimmt (§ 10 Abs. 1 Nr. 1a Satz 2 Buchst. c EStG). Damit sollen insbesondere Übertragungen kleiner und mittelständischer Familienunternehmen begünstigt werden.

Darüber hinaus sind als Sonderausgabe abzugsfähige Teile von Versorgungsleistungen, die auf den Wohnteil eines Betriebs der Land- und Forstwirtschaft entfallen (§ 10 Abs. 1 Nr. 1a Satz 3 EStG)

3.3 Die Vermögensübergabe gegen Versorgungsleistungen nach dem vierten Rentenerlass

3.3.1 Allgemeines

Auch im sog. „vierten Rentenerlass" hält das BMF an dem vom BFH entwickelten Rechtsinstitut der Vermögensübertragung fest. Steuerbegünstigte Versorgungsleistungen sind „wiederkehrende Leistungen, die im Zusammenhang mit einer Vermögensübertragung – in der Regel zur vorweggenommenen Erbfolge – geleistet werden" (BMF v. 11. 3. 2010, Tz. 2). Die Übertragung muss „kraft einzelvertraglicher Regelung unter Lebenden" erfolgen, jeweils mit Rücksicht auf die künftige Erbfolge. Das BMF sieht eine begünstigte Vermögensübertragung auch in Fällen einer Verfügung von Todes wegen. Dies ist dann der Fall, „wenn sie im Wege der vorweggenommenen Erbfolge zu Lebzeiten des Erblassers ebenfalls begünstigt wäre" (BMF v. 11. 3. 2010, Tz. 2).

911

> **HINWEIS:**
> Eine begünstigte Vermögensübertragung ist nach dem vierten Rentenerlass nicht ausschließlich unter Angehörigen, sondern grundsätzlich auch unter Fremden möglich (BMF v. 11. 3. 2010, Tz. 4). Familienfremde Dritte können ausnahmsweise Empfänger des Vermögens sein, wenn diese als Übernehmer ein persönliches Interesse an der lebenslangen angemessenen Versorgung des Übergebers haben oder wenn die Vertragsbedingungen allein nach dem Versorgungsbedürfnis des Übergebers und der Leistungsfähigkeit des Übernehmers vereinbart worden sind. Neben fremden Dritten kommen auch nahe stehende Dritte (z. B. Schwiegerkinder, Neffen, Nichten) in Betracht.

3.3.2 Gegenstand der Vermögensübergabe

3.3.2.1 Allgemeines

Eine begünstigte Vermögensübertragung mit einem Sonderausgabenabzug der Versorgungsleistungen setzt die Übertragung eines in Rdn. 910 genannten

912

Vermögens voraus (Vermögen i. S. des § 10 Abs. 1 Nr. 1a Buchst. a bis c, Satz 3 EStG). Hierzu zählt das BMF auch Anteile an einer gewerblich infizierten Personengesellschaft (§ 15 Abs. 3 Nr. 1 1. Alt. EStG), nicht jedoch Anteile an einer gewerblich geprägten Personengesellschaft. Zur Missbrauchsvermeidung wird ein Sonderausgabenabzug solcher Betriebsvermögen, welche im Allgemeinen durch die Rechtskonstruktion der GmbH & Co. KG erreicht werden, untersagt. Das BMF nennt auch explizit sog. Familienpools in der Rechtsform einer GmbH & Co. KG (BMF v. 11. 3. 2010, Tz. 10).[1] Begünstigt sein kann aber ein Anteil an einer Gesellschaft bürgerlichen Rechts, wenn diese originär gewerblich tätig ist, weil sie beispielsweise einen gewerblichen Grundstückshandel betreibt.

913 Die Begünstigung kann in Anspruch genommen werden bei der Übertragung des gesamten Mitunternehmeranteils (einschließlich Sonderbetriebsvermögen) oder aber auch bei der Übertragung eines Teils eines Mitunternehmeranteils, sofern die wesentlichen Betriebsgrundlagen des Sonderbetriebsvermögens quotal mit übertragen werden. Dies ist konsequent, da ein GmbH-Anteilseigner nur mindestens 50 % seines Anteils an der GmbH übertragen muss, damit die Vermögensübertragung begünstigt ist. Gleiches muss auch für den Mitunternehmer gelten. Begünstigt ist ebenfalls die unentgeltliche Aufnahme des Übernehmers in ein bestehendes Einzelunternehmen (BMF v. 11. 3. 2010, Tz. 8).

914 Als begünstigten Teilbetrieb versteht das BMF einen „mit einer gewissen Selbstständigkeit" ausgestatteten, organisch geschlossenen Teil eines Gesamtbetriebs. Er muss für sich betrachtet alle Merkmale eines Betriebs i. S. des EStG aufweisen und er muss für sich lebensfähig sein (BMF v. 11. 3. 2010, Tz. 13). Nicht erforderlich ist eine völlig selbstständige Organisation mit eigener Buchführung. Der Teilbetrieb muss jedoch bereits vor der Vermögensübertragung als solcher existiert haben.

HINWEIS:

▶ Werden Anteile an einer Gesellschaft mit beschränkter Haftung übertragen, zählt nur die Übertragung eines mindestens 50%igen Anteils an der GmbH als begünstigte Vermögensübertragung. Weitere Voraussetzungen sind, dass der Übergeber als Geschäftsführer tätig war und der Übernehmer die Geschäftsführertätigkeit nach der Übertragung übernimmt (BMF v. 11. 3. 2010, Tz. 15).

---

1 Diese üben keine gewerbliche Tätigkeit aus. Solche Transaktionen werden vielmehr dem Privatvermögen zugeordnet. Zum Rechtskonstrukt eines gewerblich geprägten Familienpools s. Rdn. 868.

▶ Nicht erforderlich ist die Übertragung des gesamten Anteils an der GmbH. Erforderlich ist nur, dass der übertragene Anteil mindestens 50 % am gesamten Stammkapital der GmbH beträgt. Eine Zusammenrechnung von Teilübertragungen ist nicht möglich. Vielmehr sind Teilübertragungen jeweils isoliert zu betrachten (BMF v. 11. 3. 2010, Tz. 16).

3.3.2.2 Betriebsverpachtung

Als begünstigt gilt auch die Übergabe von Anteilen an einer verpachteten Personengesellschaft, sofern der Betrieb mangels Betriebsaufgabeerklärung als fortgeführt gilt (BMF v. 11. 3. 2010, Tz. 11). Dies ist konsequent, da die Betriebsverpachtung im Ganzen an sich eine aktive betriebliche Tätigkeit darstellt. Eine Besonderheit bei der Betriebsverpachtung ist, dass die Beweiserleichterungen dafür, dass ausreichend Ertrag bringendes Vermögen übertragen wird, bei der Betriebsverpachtung keine Anwendung finden.

915

3.3.2.3 Ausländisches Betriebsvermögen

Das BMF äußert sich in dem Schreiben allerdings nicht zur steuerlichen Behandlung einer Übertragung von ausländischem Betriebsvermögen i. S. von § 10 Abs. 1 Nr. 1a Satz 2 EStG. Zum Sonderausgabenabzug berechtigen müssen auch Versorgungsleistungen insbesondere im Zusammenhang mit ausländischen Mitunternehmerschaften. Voraussetzung ist allerdings, dass der Übernehmer die mit dem Mitunternehmeranteil erwirtschafteten Erträge der deutschen Besteuerung unterwerfen muss und auch die Besteuerung der Versorgungsleistung beim Empfänger sichergestellt ist (vgl. oben Korrespondenzprinzip). Insoweit dürften jeweils maßgebliche vereinbarte Besteuerungsrechte in den Doppelbesteuerungsabkommen (Methodenartikel) in die Gesamtbetrachtung einzubeziehen sein.

916

3.3.2.4 Anderes Vermögen und Entgeltlichkeit

Andere Wertgegenstände als das genannte Vermögen können nicht im Rahmen einer steuerbegünstigten Vermögensübertragung übertragen werden. Ebenfalls nicht mehr möglich ist eine Übertragung von nicht begünstigtem Vermögen unter der Auflage, dieses innerhalb eines bestimmten Zeitraumes in begünstigtes Vermögen i. S. des § 10 Abs. 1 Nr. 1a EStG umzuwandeln. Diese Alternativlösung wird von der Finanzverwaltung nicht mehr anerkannt.

917

Eine steuerprivilegierte Vermögensübertragung setzt gemäß den vom BFH entwickelten Merkmalen des Rechtsinstituts der „Vermögensübergabe gegen Versorgungsleistungen" (siehe oben Rdn. 908) die Unentgeltlichkeit voraus.

918

Das BMF unterstellt daher, dass der Übernehmer nach dem Willen der Beteiligten – wenigstens teilweise – eine unentgeltliche Zuwendung erhalten soll (BMF v. 11.3.2010, Tz. 5). In den Fällen der Vermögensübertragung auf Angehörige wird Unentgeltlichkeit von den Finanzbehörden unterstellt. Es spricht eine widerlegbare Vermutung dafür, dass die wiederkehrenden Leistungen unabhängig vom Wert des übertragenen Vermögens nach dem Versorgungsbedürfnis des Berechtigten und nach der wirtschaftlichen Leistungsfähigkeit des Verpflichteten bemessen worden sind. Wiegen die Beteiligten Leistung und Gegenleistung nach kaufmännischen Gesichtspunkten gegeneinander ab, liegt Entgeltlichkeit vor. Der Anwendungsbereich des § 10 Abs. 1 Nr. 1a EStG ist damit nicht eröffnet und es gelten die Grundsätze über die einkommensteuerrechtliche Behandlung wiederkehrender Leistungen im Austausch mit einer Gegenleistung.

919 Wiederkehrende Leistungen im Zusammenhang mit der Übertragung anderer Vermögenswerte, dazu zählen auch vermietete Grundstücke, enthalten bei Entgeltlichkeit einen Tilgungsanteil (Barwert) und einen Zinsanteil (BMF v. 11.3.2010, Tz. 65). Ist der Barwert (Tilgungsanteil) der wiederkehrenden Leistungen höher als der Wert des übertragenen Vermögens, ist Entgeltlichkeit i. H. des angemessenen Kaufpreises anzunehmen (BMF v. 11.3.2010, Tz. 66). Die Gegenleistung ist in einen Zins- und einen Tilgungsanteil aufzuteilen. Der Vermögensübergeber erzielt i. H. des Barwertes der Tilgungsleistungen einen Veräußerungserlös, der bei Übertragung von Privatvermögen u. U. steuerpflichtig sein kann (vgl. §§ 17, 23 EStG). Der Zinsanteil ist bei Vorliegen einer Leibrente nach § 22 EStG zu versteuern. Korrespondierend entstehen dem Zahlungsverpflichteten i. H. des Barwertes der wiederkehrenden Leistungen Anschaffungskosten, welche ggf. – sofern das Wirtschaftsgut zur Erzielung von Einnahmen genutzt wird, z. B. eine vermietete Wohnung – über Abschreibungen einkommensmindernd geltend gemacht werden können. Der Zinsanteil der Versorgungsleistungen wäre in diesem Fall als Werbungskosten abziehbar.

Wiederkehrende Leistungen werden teilentgeltlich erbracht, wenn der Wert des übertragenen Vermögens höher ist als der Barwert der wiederkehrenden Leistungen. Beträgt der Barwert der wiederkehrenden Leistungen aber mehr als das Doppelte des Werts des übertragenen Vermögens, behandelt die Finanzverwaltung die Zuwendung als freiwillige Zuwendung i. S. des § 12 Nr. 2 EStG (BMF v. 11.3.2010, Tz. 66).

3.3.3 Kriterien für eine sonderausgabenabzugsfähige Versorgungsleistung

Als sonderausgabenabzugsfähige Versorgungsleistungen gelten nur wiederkehrende Leistungen, die lebenslang – auf die Lebenszeit des Übergebers – gezahlt werden. Wiederkehrende Leistungen auf die Lebenszeit des Empfängers der Versorgungsleistungen, die für eine Mindestlaufzeit zu erbringen sind (sog. Mindestzeitrenten oder verlängerte Leibrenten oder dauernde Lasten) oder auf eine bestimmte Zeit beschränkt sind (sog. abgekürzte Leibrenten oder dauernde Lasten) sind keine begünstigten Versorgungsleistungen. Diese stellen wiederkehrende Leistungen im Austausch mit einer Gegenleistung dar (BMF v. 11. 3. 2010, Tz. 56).

920

3.3.4 Missbrauchsklausel

Tz. 23 des BMF-Schreibens v. 11. 3. 2010 enthält eine Missbrauchsregelung, welche verhindern soll, dass die Steuerprivilegien dadurch erschlichen werden, dass Anteile an einer Körperschaft binnen eines Jahres vor der Vermögensübertragung in den Betrieb, Teilbetrieb oder die Mitunternehmerschaft eingelegt wurden und dort nicht zum notwendigen Betriebsvermögen gehören. In solchen Fällen finden die Begünstigungsregelungen keine Anwendung. Gleiches gilt wenn der Betrieb, Teilbetrieb oder die Mitunternehmerschaft binnen eines Jahres vor der Vermögensübertragung durch Umwandlung einer Körperschaft entstanden ist. In solchen Fällen sind bestimmte Regelungen des Umwandlungssteuergesetzes nicht anzuwenden.

921

3.3.5 Übertragung unter Nießbrauchsvorbehalt

Behält sich der Übergeber einen Nießbrauch vor, liegt grundsätzlich keine begünstigte Vermögensübertragung vor (BMF v. 11. 3. 2010, Tz. 21). Eine Ausnahme gilt allerdings im Fall der sog. zeitlich gestreckten „gleitenden" Vermögensübertragung. Eine solche von der BFH-Rechtsprechung geprägte Vermögensübertragung liegt vor, wenn im Vermögensübergabevertrag zunächst ein befristeter Vorbehaltsnießbrauch und zeitlich hieran anschließend eine Versorgungsrente vereinbart werden.[1] Das BMF lässt in solchen Fällen einen Sonderausgabenabzug zu (BMF v. 11. 3. 2010, Tz. 25). Für die Anerkennung der Versorgungsleistungen ist es für die Finanzverwaltung dabei unerheblich, ob die wiederkehrenden Leistungen bereits im Übertragungsvertrag selbst vereinbart wurden oder erst im Zusammenhang mit der Ablösung des Nießbrauchs vereinbart werden.

922

---

[1] Vgl. BFH, Urt. v. 3. 6. 1992 X R 14/89, BStBl 1993 II S. 23.

Dient die Ablösung des Nießbrauchs jedoch der lastenfreien Veräußerung des Vermögens, liegt keine steuerbegünstigte zeitlich gestreckte „gleitende" Vermögensübertragung vor (BMF v. 11.3.2010, Tz. 25). Damit will die Finanzverwaltung sicherstellen, dass der übertragene Betrieb vom Übernehmer auch fortgeführt wird und die Nießbrauchsablösung nicht dazu dient, um das dann lastenfrei Vermögen zu veräußern.

3.3.6 Voraussetzung des ausreichenden Ertrages der Wirtschaftseinheit

3.3.6.1 Allgemeines

923 Weitere Voraussetzung für den Sonderausgabenabzug von Versorgungsleistungen anlässlich einer Vermögensübertragung ist, dass die Versorgungsleistungen aus den erzielbaren Nettoerträgen des übergebenen Vermögens erbracht werden können. Der große Senat des BFH[1] hat in diesem Zusammenhang entschieden, dass wiederkehrende Leistungen (Versorgungsleistungen) dann nicht als dauernde Last bei den Sonderausgaben abziehbar sind, wenn sie nicht aus den erzielbaren Nettoerträgen des übernommenen Vermögens gezahlt werden können. Auf diese Weise nicht finanzierbare Versorgungsleistungen stellen vielmehr Entgelt für das übernommene Vermögen dar.

Dieses schon im sog. „dritten Rentenerlass"[2] enthaltene Erfordernis hat das BMF nun auch in das aktuelle Schreiben aufgenommen (BMF v. 11.3.2010, Tz. 26 ff.). Voraussetzung für den einkommensteuerlichen Abzug von Versorgungsleistungen ist somit, dass es sich bei dem übertragenen Vermögen um eine ausreichend Ertrag bringende Wirtschaftseinheit handelt. Von „ausreichend Ertrag bringendem Vermögen" geht das BMF dann aus, wenn nach überschlägiger Berechnung die wiederkehrenden Leistungen nicht höher sind als der langfristig erzielbare Ertrag des übergebenen Vermögens. Bei Übertragung eine Betriebs oder Teilbetriebs oder eines Mitunternehmeranteils (bzw. eines Teils eines Mitunternehmeranteils) oder bei Übertragung von einem mindestens 50%igen Anteil an einer GmbH unterstellt die Finanzverwaltung, „dass die Erträge ausreichen, um die wiederkehrenden Leistungen in der vereinbarten Höhe zu erbringen", wenn die übertragene Wirtschaftseinheit tatsächlich fortgeführt wird. Etwas anderes gilt bei mehrjährigen Verlusten oder wenn das Unternehmen im Verhältnis zu den Versorgungsleistungen entsprechend geringe Gewinne erwirtschaftet.

---

1 GrS 1/00, DStR 2003 S. 1696.
2 BMF v. 16.9.2004 IV C 3 – S 2255 – 354/04, BStBl 2004 I S. 922.

Die Beweiserleichterung greift auch dann nicht, wenn neben Vermögen i. S. des § 10 Abs. 1 Nr. 1a Satz 2 EStG auch nicht begünstigtes wie z. B. Immobilienvermögen oder ein Wertpapierdepot übertragen wird.

> **HINWEIS:**
>
> Zusammenfassend kann festgehalten werden, dass für eine begünstigte unentgeltliche Vermögensübertragung im Zusammenhang mit Versorgungsleistungen drei Voraussetzungen vorliegen müssen:
> 1. Es muss begünstigtes Vermögen i. S. des § 10 Abs. 1 Nr. 1a Satz 2 EStG übertragen worden sein,
> 2. die Versorgungsleistung muss eine wiederkehrende Leistung und auf die Lebenszeit des Berechtigten zu zahlen sein
> 3. die aus dem übertragenen begünstigten Vermögen erwirtschafteten Erträge müssen ausreichen, um die wiederkehrenden Leistungen zu finanzieren.

3.3.6.2 Ertragsprognose

Kommt die Beweiserleichterung nicht zur Anwendung, müssen die für die zu zahlende Versorgungsleistung ausreichenden Erträge mittels einer Ertragsprognose ermittelt werden (vgl. BMF v. 11. 3. 2010, Tz. 32). Der maßgebliche Ertrag ist zu ermitteln auf der Grundlage der steuerlichen Einkünfte. Diesen sind in einem zweiten Schritt Abschreibungen, erhöhte Absetzungen, Sonderabschreibungen oder außerordentliche Aufwendungen (größere Erhaltungsaufwendungen) und ggf. Schuldzinsen hinzuzurechnen (BMF v. 11. 3. 2010, Tz. 32). Wurden mit dem übertragenen Wirtschaftsgut in der Vergangenheit keine oder zu geringe Erträge erzielt und ist die Gewinnprognose negativ ausgefallen, muss nicht notwendigerweise von einer negativen Ertragsprognose ausgegangen werden. Vielmehr kann der Vermögensübernehmer und Zahlungsverpflichtete nachweisen, dass er (etwa durch Investitionen) innerhalb des künftigen Drei-Jahres-Prognosezeitraumes ausreichend hohe Nettoerträge erwirtschaften wird. Die Finanzverwaltung erkennt solche Nachweise regelmäßig an, wenn die durchschnittlichen Erträge des Jahres der Vermögensübergabe und der beiden folgenden Jahre ausreichen, um die wiederkehrenden Leistungen zu erbringen (BMF v 11. 3. 2010, Tz. 35).

924

> **HINWEIS:**
>
> ▶ Ein Unternehmerlohn kommt bei Ermittlung der Ertragsprognose nicht zum Ansatz. Dies ist im Fall einer Personengesellschaft selbstverständlich, da der Unternehmerlohn den Gewinn nicht mindert (sondern vielmehr als Entnahme dem zu versteuernden Gewinn wieder hinzugerechnet wird).
>
> ▶ Gleiches gilt auch bei Übertragung von Anteilen an einer GmbH. Die Finanzverwaltung bestimmt hierzu, dass bei der Übertragung eines Anteils an einer GmbH das Gesellschafter-Geschäftsführergehalt des Vermögensübergebers bzw. dasjenige

des Vermögensübernehmers die auf der Grundlage des steuerlichen Gewinns ermittelten Erträge bei der GmbH nicht mindert. Außerdem geht die Finanzverwaltung bei der Ermittlung der Erträge aus den GmbH-Anteilen ausschließlich vom „ausschüttungsfähigen Gewinn" aus (BMF v. 11. 3. 2010, Tz. 32). Die Finanzverwaltung bringt damit zum Ausdruck, das ausschüttbare Volumen um das Gehalt des Geschäftsführers zu erhöhen, sofern es sich dabei um das Gehalt des Übertragers bzw. des Übernehmers handelt.

3.3.7 Anforderungen an den Übertragungsvertrag

925 Die steuerrechtliche Anerkennung einer Vermögensübertragung gegen Versorgungsleistung setzt in erster Linie einen steuerkonformen Übertragungsvertrag voraus. Hier gilt – wie in allen Verträgen – dass die gegenseitigen Rechte und Pflichten klar und eindeutig sowie rechtswirksam vereinbart und ernsthaft gewollt sind. Die Leistungen müssen wie vereinbart tatsächlich erbracht werden, also auf dem Girokonto des Übergebers auch gutgeschrieben werden. Das übertragene Vermögen selbst sowie die Höhe der Versorgungsleistungen und die Art und Weise der Zahlung müssen eindeutig vereinbart sein (BMF v. 11. 3. 2010, Tz. 59). Die Vereinbarungen müssen zu Beginn des durch den Übertragungsvertrag begründeten Rechtsverhältnisses oder bei Änderung dieses Verhältnisses für die Zukunft getroffen werden.

3.3.8 Nachträgliche Änderungen – neues Versorgungskonzept

926 Änderungen der Versorgungsleistungen werden von der Finanzverwaltung nur anerkannt, wenn sie durch ein in der Regel langfristig verändertes Versorgungsbedürfnis des Berechtigten und/oder die veränderte wirtschaftliche Leistungsfähigkeit des Verpflichteten veranlasst sind. Die Finanzverwaltung erkennt rückwirkende Vereinbarungen steuerrechtlich nicht an, es sei denn, die Rückbeziehung ist nur von kurzer Zeit und hat lediglich technische Bedeutung.

Einigen sich Übergeber und Übernehmer auf ein in Anbetracht eines gestiegenen Versorgungsbedürfnisses – z. B. wegen des Umzugs des Versorgungsberechtigten in ein Pflegeheim – neues Versorgungskonzept, sind Zahlungen, die ab diesem Zeitpunkt nicht mehr aus dem Ertrag des übergebenen Vermögens erbracht werden können, freiwillige Leistungen, welche steuerrechtlich unbeachtlich sind. Um freiwillige Leistungen i. S. des § 12 Nr. 2 EStG handelt es sich auch, soweit die Zahlungen zwar aus dem Ertrag des übergebenen Vermögens erbracht werden können, aber die Anpassung der wiederkehrenden Leistungen zwecks Übernahme eines Pflegerisikos im ursprünglichen Übertragungsvertrag ausdrücklich ausgeschlossen war.

> **HINWEIS:**
> ▶ Werden die Versorgungsleistungen im Fall einer erheblichen Ertragsminderung infolge einer Betriebsverpachtung nicht angepasst, obwohl die Abänderbarkeit auf Grund wesentlich veränderter Bedingungen vertraglich nicht ausgeschlossen war, können die die dauerhaften Erträge übersteigenden Zahlungen steuerlich nicht als Sonderausgabe geltend gemacht werden.
> ▶ Erbringt der Verpflichtete die geschuldeten Versorgungsleistungen ohne Änderung der Verhältnisse, also willkürlich nicht mehr, fällt der Sonderausgabenabzug weg, auch wenn die vereinbarten Zahlungen später wieder aufgenommen werden.
> ▶ Enthält der Übertragungsvertrag eine Wertsicherungsklausel und machen Übergeber und Übernehmer davon keinen Gebrauch, führt dies allein noch nicht zum Verlust des Sonderausgabenabzugs. Die Abweichung vom Vereinbarten kann aber im Rahmen der gebotenen Gesamtwürdigung von Bedeutung sein.

3.3.9 Vermögensumschichtungen

Vermögensumschichtungen, etwa in der Form, dass nicht begünstigtes Vermögen in der Auflage übertragen wird, dieses in begünstigtes i. S. des § 10 Abs. 1 Nr. 1a Satz 2 EStG umzuwandeln, erkennt die Finanzverwaltung mit dem 4. Rentenerlass nicht als steuerbegünstigte Vermögensübertragung an. Verpflichtet sich der Übernehmer im Übertragungsvertrag zur Umschichtung des übertragenen Vermögens in begünstigtes Vermögen, liegt also keine begünstigte Vermögensübertragung im Zusammenhang mit Versorgungsleistungen vor (BMF v. 11. 3. 2010 Tz. 36). Veräußert oder überträgt der Übernehmer ein durch Vermögensübergabevertrag erworbenes Vermögen an einen Dritten, endet für den Übernehmer grundsätzlich die Möglichkeit des Abzugs der Versorgungsleistungen als Sonderausgaben. Insoweit endet der sachliche Zusammenhang der wiederkehrenden Leistungen mit der Vermögensübergabe und die Zahlungen wandeln sich ab der Veräußerung bzw. Weitergabe in Unterhaltsleistungen um (BMF v. 11. 3. 2010, Tz. 37). Dies gilt jedoch nicht in folgenden Fällen:

927

▶ Der Übernehmer überträgt das übernommene Vermögen im Wege der vorweggenommenen Erbfolge weiter (Tz. 38). Hierbei gehen die Versorgungsleistungsverpflichtungen im Regelfall mit über. Ist dies nicht der Fall, kann der Übergeber in der zweiten Generation die Versorgungsleistungen an den Übergeber der ersten Generation weiterhin als Sonderausgabe behandeln, wenn er seinerseits mindestens gleich hohe Versorgungsleistungen erhält oder sich durch Nießbrauchsvorbehalt hinreichend hohe Erträge aus diesem der dritten Generation weiter gegebenen Vermögen gesichert hat.

► Das übernommene Vermögen wird nur teilweise an Dritte veräußert (Teilumschichtung) und der nicht übertragene Teil des übernommenen Vermögens wirft noch ausreichende Erträge ab (BMF v. 11. 3. 2010, Tz. 40).

928 Schließlich ist es nicht steuerschädlich, wenn innerhalb der begünstigten Vermögenseinheiten nachträglich umgeschichtet wird, der Vermögensübernehmer also die Mitunternehmeranteile an einen Dritten veräußert und mit dem Erlös zeitnah anderes begünstigtes Vermögen (z. B einen Betrieb, Teilbetrieb oder eine 50 %ige Beteiligung an einer GmbH) erwirbt. Die gilt auch,

► „wenn nicht der gesamte Erlös aus der Veräußerung zur Anschaffung verwendet wird, die wiederkehrenden Leistungen aber durch die Erträge aus dem neu angeschafften Vermögen abgedeckt werden oder

► der gesamte Erlös aus der Veräußerung zur Anschaffung dieses Vermögens nicht ausreicht, der Übernehmer bei der Umschichtung zusätzlich eigene Mittel zur Anschaffung aufwendet und der auf den reinvestierten Veräußerungserlös entfallende Anteil an den Erträgen ausreicht, um die vereinbarten wiederkehrenden Leistungen zu erbringen" (BMF v. 11. 3. 2010, Tz. 41).

Maßgebend für die Beurteilung sind die Erträge ab dem Zeitpunkt der Anschaffung dieses Vermögens. Ausnahmeregelungen gelten außerdem in Fällen der Realteilung (BMF v. 11. 3. 2010, Tz. 43).

3.4 Korrespondenzprinzip

929 Das BMF hält schließlich am Korrespondenzprinzip fest (BMF v. 11. 3. 2010, Tz. 1). Das heißt, liegen die Voraussetzungen für eine begünstigte Vermögensübertragung vor, sind die Versorgungsleistungen beim Verpflichteten als Sonderausgaben abziehbar; müssen aber – korrespondierend – vom Berechtigten versteuert werden (§ 22 Nr. 1b EStG). Darüber hinaus muss der Empfänger der Versorgungsleistungen unbeschränkt einkommensteuerpflichtig sein. Alternativ kann er auch seinen Wohnsitz oder gewöhnlichen Aufenthalt im Hoheitsgebiet eines anderen Mitgliedstaates der Europäischen Union oder eines Staates haben, auf den das Abkommen über den Europäischen Wirtschaftsraum (EWR) Anwendung findet. In diesem Fall muss die Besteuerung der Versorgungsleistungen beim Empfänger durch eine Bescheinigung der zuständigen ausländischen Steuerbehörde nachgewiesen werden (BMF v. 11. 3. 2010, Tz. 53). In allen Fällen soll damit sichergestellt sein, dass der Empfänger die vom Leistenden steuermindernd abziehbaren Versorgungsleistungen auch versteuern muss.

4 Immobilienübertragungen im Rahmen des „Stuttgarter Modells"

In der Vermögensnachfolge kommen nicht selten ältere, gebrauchte oder renovierungsbedürftige Immobilienobjekte zur Übertragung, welche von der Seniorgeneration selbst bewohnt worden sind bzw. auch nach der Vermögensübertragung noch selbst ganz oder teilweise bewohnt werden. Hinzu kommt, dass die Seniorgeneration sich nicht mehr um die Instandhaltung des Hauses kümmern will oder kann. 930

Der klassische Fall von Vermögensübertragungen solcher Art ist, dass Eltern dem Sohn das Objekt übertragen und sich ein im Grundbuch einzutragendes Wohnrecht an der vom Elternteil genutzten Wohnung vorbehalten. Übergabeverträge solcher Art enthalten daher vielfach entsprechende den Übernehmer belastende Instandhaltungsverpflichtungen. Sohn oder Tochter werden sich aber nur dann zur Renovierung und Instandhaltung der übertragenen Immobilie verpflichten wollen, wenn sie die damit verbundenen Aufwendungen – ggf. auch einschließlich der Finanzierungskosten – ertragsteuerlich geltend machen können. 931

Dient das Übertragungsobjekt bzw. die von der Seniorgeneration übertragene Wohnimmobilie nicht der Erzielung von Einkünften (Einkünften aus Vermietung und Verpachtung), können Instandhaltungs- und Renovierungskosten aber gerade nicht ertragsteuerlich geltend gemacht werden. Letzteres wäre nur dann möglich, wenn die von der Seniorgeneration genutzten Räume vermietet werden. Es stellt sich hier also die Frage, ob das von der Seniorgeneration übertragene selbst genutzte Immobilienobjekt nicht an diese – nach erfolgter Übertragung – vermietet werden könnte. Letzteres dürfte aber schon daran scheitern, dass die Seniorgeneration finanziell nicht in der Lage ist, Miete für die übertragene und nach der Übertragung eigengenutzte Wohnung zu zahlen. Auch psychologische Gesichtspunkte stecken dahinter: Schließlich wollen die Eltern nicht für aus ihrer Sicht „eigene" Wohnung bzw. Haus Miete bezahlen. 932

Für solche Fälle wurde das sog. „Stuttgarter Modell" entwickelt, welches von der höchstrichterlichen Rechtsprechung inzwischen einstimmig nicht als steuerschädlicher Gestaltungsmissbrauch angesehen wird. Das Stuttgarter Modell funktioniert im Wesentlichen so: 933

> **BEISPIEL 1:**[1] Vater V übertrug auf seinen Sohn ein mit einem Zweifamilienhaus bebautes Grundstück. Nach dem Übertragungsvertrag gewährte der Sohn seinen Eltern

---

1 Fallgestaltung in Anlehnung an BFH, Urt. v. 10.12.2003 IX R 12/01, BStBl 2004 II S. 643.

als Gesamtberechtigten an sämtlichen Räumen des Obergeschosses des Hauses ein unbeschränktes ausschließliches Wohnungsrecht; über die Nutzung der Räume war der Abschluss eines Mietvertrages vorgesehen. Der Übernehmer war verpflichtet, die Wohnung auf seine Kosten innen und außen instand und bewohnbar zu halten. Der Sohn verpflichtete sich ferner, an seine Eltern als Gesamtgläubiger einen monatlichen Unterhaltsbetrag in Höhe von damals 400 DM (= heute 204,50 €) zu zahlen und bei Bedarf Pflegeleistungen zu erbringen. Die Eltern zahlten dem Sohn aus dem abgeschlossenen – formularmäßigen – Mietvertrag monatlich 500 DM (= 255,65 €) an Miete. Das Wohnungsrecht wurde als beschränkt persönliche Dienstbarkeit zu Gunsten der Eltern in das Grundbuch entsprechend eingetragen. Sohn S führte kurz nach dem Übertragungsvorgang umfangreiche Renovierungen durch und erklärte daraus negative Einkünfte aus Vermietung und Verpachtung. Außerdem machte er die Zahlungen an seine Eltern in Höhe von insgesamt 2 800 DM (= 1 431,62 €) als dauernde Last geltend.

934 Entgegen der Auffassung des Finanzamtes, welches dagegen argumentierte, es fehle die Kausalität zwischen der Gebrauchsüberlassung der Obergeschosswohnung und der Mietzahlung durch die Eltern des Klägers, weil den Eltern das Nutzungsrecht an der Wohnung bereits auf Grund des im Übergabevertrag vereinbarten Wohnungsrechts zugestanden habe und des Weiteren würde der Mietvertrag einem Fremdvergleich nicht standhalten, gab der BFH dieser Steuersparkonstruktion grünes Licht. Die obersten Finanzrichter vertraten die Auffassung, es liege kein Missbrauch von Gestaltungsmöglichkeiten vor, wenn das Objekt vom späteren Mieter zuvor an den Vermieter übertragen worden ist und die Versorgungsleistungen in etwa mit der vereinbarten Miete übereinstimmen. Danach sieht der BFH die Übertragung eines Grundstücks gegen gleichzeitige Vereinbarung eines Mietvertrages mit dem ehemaligen Eigentümer nicht als unangemessen; ein Nebeneinander von Mietvertrag und Wohnungsrecht stünde der steuerrechtlichen Berücksichtigung des – formularmäßigen – Mietvertrages nicht entgegen. Denn schließlich handele es sich um zwei voneinander unabhängige schuldrechtliche Verträge. Selbst wenn diese in rechtlichem Zusammenhang stünden, sei jede Vereinbarung für sich allein wirtschaftlich sinnvoll, denn der Übergeber hat schließlich Mittel für den Lebensunterhalt erhalten, der Erwerber eine Immobilie. Dass Miete und Versorgungsleistungen verrechnet werden und ob außersteuerliche Gründe diese Gestaltung rechtfertigen, ist unerheblich.

935 Des Weiteren stellt es keinen Gestaltungsmissbrauch dar, wenn auf die Ausübung eines im Zusammenhang mit einer Grundstücksübertragung eingeräumten unentgeltlichen Wohnungsrechts verzichtet und stattdessen zwischen dem Übertragenden und dem neuen Eigentümer des Grundstücks ein Mietvertrag geschlossen wird. Die Finanzbehörden mussten also auch diese nachfolgende Steuersparkonstruktion anerkennen:

BEISPIEL 2:[1] Die Eltern E übertragen an ihr Kind K ein mit einem Zweifamilienhaus bebautes Grundstück als Miteigentum zu je $1/2$ auf das Kind und seine Ehefrau (Schwiegertochter). Die Vertragsparteien vereinbarten u. a. ein lebenslängliches unentgeltliches Wohnungsrecht sowie eine Pflegeverpflichtung. Das Wohnungsrecht wurde als beschränkt persönliche Dienstbarkeit, das Betreuungs- und Pflegerecht als Reallast vereinbart, beides zusammengefasst als Altenteilsrecht im Grundbuch eingetragen. Einige Zeit später verzichteten die Eltern wegen erheblicher anstehender Sanierungs- und Modernisierungsarbeiten auf das unentgeltliche Wohnungsrecht und erklärten, es in ein unbefristetes Mietverhältnis umzuwandeln. Sogleich schlossen sie mit dem Kind und seiner Ehefrau einen Mietvertrag über die von ihnen genutzte Wohnung für einen in bar gegen Quittung zu zahlenden Mietzins.

Das Finanzamt ließ den vom Kind K und seiner Ehefrau in der Einkommensteuererklärung erklärten Werbungskostenüberschuss bei den Einkünften aus Vermietung und Verpachtung unberücksichtigt, da das Mietverhältnis wegen des noch bestehenden dinglichen Nutzungsrechts nicht anzuerkennen sei. Der Annahme eines Gestaltungsmissbrauchs durch Verzicht auf das Wohnungsrecht oder – wie im Streitfall – auf dessen Unentgeltlichkeit steht jedoch nach Auffassung des Gerichts regelmäßig entgegen, dass selbst eine umfassendere, vorbehaltlose Schenkung eines Grundstücks mit anschließender (Rück-)Anmietung durch den Schenker nach der ständigen BFH-Rechtsprechung nicht als unübliche Gestaltung anzusehen ist. Denn die Vertragsparteien stellen hier insoweit eine materiell-rechtliche Lage her, die sie bereits bei Eigentumsübergang rechtskonform hätten herstellen können und deren Herstellung zu einem späteren Zeitpunkt als dem des Übergangs keiner anderen rechtlichen Würdigung unterworfen sein kann.

Zu beachten ist, dass die Vertragspartner im obigen Beispiel 2 eine bisher gewährte unentgeltliche Nutzungsüberlassung durch eine entgeltliche ersetzt haben, ohne dass für diese Ersetzung eine Gegenleistung erbracht worden ist. Der Steuervorteil beim Übernehmer durch den Werbungskostenabzug geht hier allerdings wirtschaftlich zu Lasten des Nutzungsberechtigten. Denn dieser wohnte vorher unentgeltlich und zahlt jetzt Miete. In vielen Fällen wird dieser zwar bereit sein, dem Übernehmer bei dem Bemühen, Steuern zu sparen, zu helfen. Doch ist es hier stets geboten, die wirtschaftlichen Verschlechterungen beim Übergeber mit den steuerlichen Verbesserungen des Übernehmers genau abzuwägen.

Als rechtsmissbräuchliche Gestaltung hat der BFH hingegen den Austausch eines Wohnrechts gegen Zahlung einer dauernden Last mit Begründung eines Mietverhältnisses gesehen, wie Beispiel 3 zeigt.

---

1 Fallgestaltung in Anlehnung an BFH, Urt. v. 17. 12. 2003 IX R 60/98, BStBl 2004 II S. 646.

BEISPIEL 3: (Negativbeispiel)[1]

Der Sohn hat von seiner Mutter durch Schenkung ein bebautes Grundstück erhalten, an dem zugleich zu Gunsten der Mutter ein Wohnungsrecht eingetragen wurde. Später verzichtete die Mutter rückwirkend auf das Wohnungsrecht; der Sohn verpflichtete sich, der Mutter an Stelle des Wohnungsrechts ab diesem Zeitpunkt monatlich einen Betrag von damalig 400 DM (= 204,52 €) zu zahlen. Gleichzeitig schlossen Sohn und Mutter einen Mietvertrag, der eine monatliche Kaltmiete von damalig 400 DM (= 204,52 €) sowie den Verzicht des Sohnes auf eine ordentliche Kündigung sowie auf eine Mieterhöhung zu Lebzeiten der Mutter vorsah. Anschließend machte der Sohn für das teils an die Mutter, teils an Fremde vermietete Haus Werbungskostenüberschüsse aus Vermietung und Verpachtung sowie bei den Sonderausgaben den an die Mutter des Klägers gezahlten Betrag von 4 800 DM (= 2 454,20 €) als dauernde Last geltend. Das Finanzamt erkannte die dauernde Last nicht an.

939 Diese Gestaltung hat der BFH im Unterschied zum Sachverhalt aus Beispiel 2 als rechtsmissbräuchlich angesehen. Argumentationskette des BFH: Zwar ist der Verzicht auf das Wohnungsrecht mit gleichzeitiger Rückanmietung nicht rechtsmissbräuchlich. Ändert sich aber – und hier liegt der Unterschied zum obigen Beispiel 2 – die einmal begründete Rechtsposition des unentgeltlich Nutzenden (der Mutter) durch gegenläufige, sich neutralisierende Vereinbarungen (Mietzins und Versorgungsleistung), liege eine angemessene Gestaltung nicht mehr vor.

Gegenläufige, sich neutralisierende Vereinbarungen führen regelmäßig zur Annahme eines Gestaltungsmissbrauchs und sind stets gegeben, wenn sich die Rechtsgeschäfte die Rechtspositionen der Parteien nicht verändern. Im Beispiel 3 erhielt die Mutter 400 DM und zahlte 400 DM. Damit war ein Ausgleich der Zahlungspflichten erreicht mit der Folge, dass solche Vereinbarungen keine eigenständige wirtschaftliche Bedeutung erlangen können, sondern lediglich steuerlichen Zwecken (wie hier der Abziehbarkeit von Werbungskosten durch den nachfolgenden Grundstückseigentümer) dienen.

940 Fraglich ist, ob die BFH-Richter analog entschieden hätten, wenn die Miete von der dauernden Last grundlegend abgewichen wäre, diese beispielsweise das Doppelte betragen hätte wie die Versorgungsleistung. Dann hätte sich nämlich die Rechtsposition des zunächst unentgeltlichen Nutzenden verschlechtert. Einen solchen Fall entschied jedoch das FG Hamburg und kam zu demselben Ergebnis wie der BFH: Gestaltungsmissbrauch!

---

1 Fallgestaltung in Anlehnung an BFH, Urt. v. 17.12.2003 IX R 56/03, BStBl 2004 II S. 648.

BEISPIEL 4: (Negativbeispiel)[1]

Ein Steuerpflichtiger und sein Bruder, die zusammen mit ihrer Mutter den Vater beerbt hatten, schlossen mit ihrer Mutter einen notariellen Erbauseinandersetzungs- und Überlassungsvertrag, auf Grund dessen der Steuerpflichtige alleiniger Eigentümer des zunächst den Eltern gehörenden Wohnungseigentums geworden ist. Neben der Zahlung einer Abfindung an den Bruder räumte der Steuerpflichtige der Mutter ein lebenslanges unentgeltliches Wohnungsrecht an allen Räumen des Hauses ein. Die Mutter gab später ihr Wohnungsrecht gegen Zahlung einer wertgesicherten monatlichen Rente von damalig 300 DM (= 153,38 €) auf, die der Steuerpflichtige als Reallast eintragen ließ. Auf Grundlage eines Formulars „Hamburger Mietvertrag für Wohnraum" schlossen Mutter und Sohn daraufhin einen Mietvertrag, in dem sich die Mutter zur Zahlung einer Nettokaltmiete von damalig 390 DM (= 199,40 €) monatlich sowie einer Betriebs- und Heizkostenvorauszahlung verpflichtete. Der Steuerpflichtige und seine Ehefrau machten in ihrer Einkommensteuererklärung für das betreffende Jahr einen größeren Verlust aus Vermietung und Verpachtung geltend.

Das FG Hamburg erkannte diese Verluste nicht an und verwarf das Vertragsgeflecht als rechtsmissbräuchlich i. S. von § 42 AO. Die Richter sahen keinen Grund dafür, weshalb die Mutter ihr unentgeltliches lastenfreies Wohnen auf Grund des Wohnrechts aufgeben und sodann Miete für das gleiche Grundstück bezahlen solle. Dieses Modell war umso unverständlicher, als die Mutter infolge der Aufgabe einen die im Gegenzug vereinbarte Rente übersteigenden Mietzins monatlich zu zahlen hatte, zuzüglich des Teils der in den Mietvertrag aufgenommenen Nebenkosten. Damit habe es für die Mutter keinen vernünftigen wirtschaftlicher Grund gegeben, auf ihr Wohnrecht zu verzichten.

941

Das Stuttgarter Modell ist also in solchen Vertragskonstruktionen steuerrechtlich anzuerkennen, in denen ein „formularmäßiger" Mietvertrag vorliegt und die dauernde Last aus den Mieterträgen erwirtschaftet werden kann. Legt der Übergeber auf eine weitergehende Absicherung hinsichtlich der Nutzungsmöglichkeit Wert, stößt das Modell an seine Grenzen. Wird ein lebenslängliches Wohnrecht durch einen Mietvertrag überlagert, nicht verdrängt, ist das Modell steuerrechtlich anzuerkennen, so lange der Mietvertrag besteht. Erst wenn das Wohnungsrecht durch Beendigung des Mietvertrages durch diesen nicht mehr verdrängt wird, stellt sich erneut die Frage des Gestaltungsmissbrauches.

---

1 Fallgestaltung in Anlehnung an FG Hamburg, Urt. v. 23. 3. 2004 VII 296/01, DStRE 2004 S. 1020.

> **HINWEISE:**
> - ▶ Immobilien-Vermögensübertragungen mit Werbungskosten und/oder Sonderausgabenabzug im Rahmen des Stuttgarter Modells sind steuerrechtlich dann anzuerkennen, wenn:
> - ▶ der zwischen den Vertragsparteien geschlossene Mietvertrag zum einen bürgerlich-rechtlich wirksam geschlossen ist und darüber hinaus sowohl die Gestaltung als auch die Durchführung des Vereinbarten dem zwischen Fremden Üblichen entspricht;
> - ▶ ohne Gegenleistung vom unentgeltlichen Nutzungsrecht in ein entgeltliches Mietverhältnis übergewechselt wird;
> - ▶ der auf sein Wohnungsrecht Verzichtende durch Abschluss des Mietvertrages und der entgeltlichen Aufgabe des unentgeltlichen Wohnungsrechts im Ergebnis nicht so gestellt wird wie er stünde, wenn die vertraglichen Vereinbarungen auf der Nutzungsebene nicht abgeschlossen worden wären und der Verzichtende unverändert sein unentgeltliches Nutzungsrecht ausüben würde (Höhe der Mietzahlung ist identisch mit Versorgungsleistung);
> - ▶ der auf sein Nutzungsrecht Verzichtende wirtschaftlich nicht schlechter gestellt ist, so dass für die gewählte Gestaltung ausschließlich steuerliche Gründe sprechen.

5 Steueroptimale Übertragung von Kunst- und Sammlerobjekten

942 Mit Kunstgegenständen lassen sich Sonderausgaben in Form von Spenden dadurch kreieren, dass Kunst- oder Sammlerobjekte in eine unselbstständige gemeinnützige Stiftung eingebracht werden. Nicht erforderlich ist es hierzu, dass die Gegenstände außer Haus gegeben werden. Die Kunstwerke müssen der Stiftung lediglich übereignet werden. Die Übereignung kann auch in Form eines Besitzkonstituts gestaltet sein, etwa durch Abschluss von Verwahrungsverträgen oder Leihverträgen, falls diese kurzfristig kündbar sind, die Museen das Objekt jederzeit zu Ausstellungszwecken einfordern können und eine konservatorische Betreuung sichergestellt ist.

> **HINWEIS:**
> Näheres über unselbstständige gemeinnützige Stiftungsmodelle in Teil X Rdn. 1195.

6 Ertragsteuerliche Aspekte bei der Nießbrauchsbestellung unter Ehegatten

943 Vielfach wird in der Praxis der Nießbrauch beispielsweise an einem fremdgenutzten vermieteten Mehrfamilienhaus zunächst nur zu Gunsten jenes Ehegatten bestellt, der das Objekt übertragen hat. Nach dem Tod des Schenkers

soll der Nießbrauch anschließend an den anderen Ehegatten übergehen, falls dieser der längerlebende Ehegatte ist, andernfalls soll der Nießbrauch erlöschen.

944 Solche Klauseln finden sich in zahlreichen Übergabeverträgen. Sie sind aus zivilrechtlicher Sicht sinnvoll, da der überlebende Ehegatte in diesem Fall den vollen Nießbrauch an dem Gegenstand übertragen erhält.[1] Auch hinsichtlich der Erbschaft- und Schenkungsteuer ist die Nießbrauchslösung ein gangbarer Weg.

Doch im Rahmen der Gesamtsteuerbetrachtung müssen folgende Aspekte berücksichtigt werden:

945 Wird dem anderen Ehegatten der Nießbrauch an einem ertragbringenden Gegenstand erst nach dem Tod des alleinig nießbrauchsberechtigten Ehegatten eingeräumt, entsteht der Nießbrauch für den anderen Ehegatten erst mit dem Tod des nießbrauchsberechtigten Ehegatten. Da sich der überlebende Ehegatte in diesem Fall keine Nutzung an dem übertragenen Objekt vorbehalten hat, diesen vielmehr von Seiten des anderen Ehegatten eingeräumt erhält, handelt es sich um einen Zuwendungsnießbrauch, der abweichenden steuerlichen Zuordnungen unterliegt.

946 Rechtlich besteht hier kein Zusammenhang mit dem durch den Tod des nießbrauchsberechtigten Ehegatten erloschenen Nießbrauch und dem dem überlebenden anderen Ehegatten neu zugewendeten Nießbrauch. Ertragsteuerlich hat dies folgende (negative) Auswirkungen:

- Dem überlebenden Ehegatten stehen die Abschreibungen des erstnießbrauchsberechtigten Ehegatten nicht zu; dem Eigentümer (Nießbrauchsbelasteten) ebenfalls nicht, da dieser keine Einnahmen erzielt. Abschreibungen auf ein ertragbringendes Gebäude durch den überlebenden Ehegatten als Zuwendungsnießbraucher lässt die Finanzverwaltung nicht zu.[2] Eventuell noch bestehendes Abschreibungsvolumen geht damit verloren. Nur von den Herstellungskosten für in Ausübung des Nießbrauchs eingebaute Anlagen und Einrichtungen kann der überlebende Ehegatte Abschreibungen vornehmen.

- Hat der verstorbene Ehegatte als Erstnießbrauchsberechtigter größere Erhaltungsaufwendungen aus Renovierungen auf mehrere Jahre verteilt, was

---

[1] Wird der Nießbrauch hingegen von Anfang an beiden Ehegatten eingeräumt, steht dieser beiden zur Hälfte zu. Infolgedessen kann der überlebende Ehegatte zukünftig auch nur seinen hälftigen Nießbrauchsanspruch weiterführen.

[2] Vgl. Nießbrauch-Erlass v. 24. 7. 1998. BStBl 1998 I S. 914, Rdn. 19.

nach § 82b EStDV möglich ist, und ist der Ehegatte vor Ende des Verteilungszeitraumes verstorben, kann der überlebende Ehegatte den nicht berücksichtigten Teil nur noch im Jahr der Beendigung des Nießbrauchs abziehen. Der Rest wird vernichtet!

► Werbungskosten kann der überlebende Ehegatte nur in eingeschränktem Umfang abziehen (nur soweit diese im Rahmen der Nießbrauchsbestellung vertraglich übernommen wurden und tatsächlich getragen werden).

Es entsteht in dieser Konstellation nur ein Nettonießbrauch. Eventuelle Tilgungsleistungen muss in dem Fall der Eigentümer und Nießbrauchsbelastete tragen, obwohl er keine Einkünfte erzielt.

947–950 (einstweilen frei)

Teil VII: Grundzüge der steueroptimalen Unternehmensnachfolgeplanung

1 Das Unternehmertestament

1.1 Allgemeines

Überlegungen zur steuereffizienten Unternehmensnachfolgeplanung treffen Senior und Junior im Regelfall schon vor dem Erbfall, d. h. außerhalb des Testaments. Hierbei geht es aber meist nur um die Einarbeitung des Juniors, um den schrittweisen Rückzug des Seniors, um die Klärung von Anpassungsfragen bezüglich der Kapitalbasis und der Unternehmensstruktur usw. 951

Solche und ähnliche unternehmensbezogene Entscheidungen zwischen Junior und Senior müssen aber noch durch Anordnungen für die Vermögensnachfolge und -verteilung ergänzt werden. Denn nach dem Tod des Firmenoberhauptes wird jeder von seinen gesetzlichen Erben – und das sollte stets ernsthaft beherzigt werden – Teilhaber am Unternehmen mit der entsprechenden Erbquote. Hier Klarheit zu schaffen, ist Aufgabe des Unternehmertestaments. 952

Ein sachgerecht verfasstes Unternehmertestament muss folgende vier Gesichtspunkte berücksichtigen: 953

- ▶ Sicherung der Unternehmenskontinuität, indem das Unternehmen streit- und konfliktfrei sowie liquiditätsschonend in die nächste Generation überführt werden kann (zwingendes Gebot, auch unter dem Aspekt der Erbschaftsteuerbelastung);
- ▶ finanzielle Absicherung des überlebenden Ehegatten;
- ▶ Fürsorge für hilfsbedürftige Familienangehörige;
- ▶ fairer Ausgleich der Erbmasse unter allen Hinterbliebenen (hier insbesondere bedarfsgerechte Teilungsanordnungen und Verhinderung der Geltendmachung von Pflichtteils- und Pflichtteilsergänzungsansprüchen).

Zwar sind die Gefahren, die von Pflichtteilsansprüchen ausgehen, insbesondere der Pflichtteilsergänzungsansprüche durch das am 1.1.2010 in Kraft getretene Gesetz zur Änderung des Erb- und Verjährungsrechts, etwas entschärft worden. Unverändert werden jedoch Schenkungen an Dritte – ausgenommen der Ehepartner und eingetragene Lebenspartner – die vom Erblasser innerhalb der letzten zehn Jahre vor seinem Tod durchgeführt worden sind, für die Bemessung des Pflichtteilsergänzungsanspruches herangezogen. Nach neuem Recht werden jedoch Schenkungen immer weniger berücksichtigt, je länger sie zurückliegen. Schenkungen im ersten Jahr vor dem Erbfall werden in voller 954

Höhe berücksichtigt. Schenkungen, die zwei Jahre vor dem Erbfall erfolgten, werden nur noch zu 9/10 berücksichtigt. Schenkungen, die schon drei Jahre vor dem Erbfall durchgeführt worden sind, fließen nur noch zu 80 % in die Bemessungsgrundlage ein.

955 Soll beispielsweise nur ein bestimmtes Kind oder bestimmte Kinder Unternehmenserbe(n) werden, muss der Senior in seinem Testament durch Teilungsanordnung sicherstellen, dass die übrigen Nicht-Unternehmenserben mindestens so viel aus dem übrigen Privatvermögen erhalten, dass ihre Pflichtteilsansprüche abgegolten sind. Ist dies nicht der Fall und machen die außenstehenden Kinder gegen den oder die Unternehmenserben Pflichtteilsansprüche geltend, drohen dem Betrieb erhebliche Liquiditätsschwierigkeiten. Für die Berechnung von Pflichtteilsansprüchen sonstiger Erben gegen den Unternehmenserben kommt es auf den Unternehmenswert nicht an, den der Erblasser vorgegeben hat (§ 2311 Abs. 2 BGB).

956 Kommt als Unternehmensnachfolger ausschließlich der überlebende Ehegatte in Betracht, weil die Kinder entweder nicht geeignet sind oder kein Interesse an einer Fortführung bekunden, kann – aber nur in solchen Fällen – ein Berliner Testament trotz aller steuerlicher Nachteile vorteilhaft sein. Wird hierbei die Vorerben-Alternative (Trennungsprinzip) gewählt, ist der Ehegatte handelsrechtlich unbeschränkt.

Der überlebende Ehegatte kann als Vorerbe an Änderungen des Gesellschaftsvertrages mitwirken, ohne den Nacherben vorher fragen zu müssen. Der Vorerbe kann die Beteiligung auch unvererblich stellen, dass also bei seinem Ableben (des Vorerben) eine Nachfolge nicht mehr stattfindet. Geschieht dies, ist dem Nacherben der Eintritt in die Gesellschaft verwehrt.[1]

HINWEIS:

Veraltete und unpassende Testamente können auch bei der Einkommensteuer zu teuren Problemen führen. Wird beispielsweise ein Betriebsgrundstück an jemanden vererbt, der (zwischenzeitlich) nicht mehr Gesellschafter ist, so wird das Betriebsgrundstück dem Betrieb entnommen. Es droht hier die Versteuerung der für dieses Betriebsgrundstück angesammelten stillen Reserven bei der Einkommen- und der Gewerbesteuer. Setzen sich die Eheleute beiderseits zu Alleinerben ein (sog. Berliner Testament), kann beispielsweise das Grundstück des überlebenden Ehegatten, das zu Lebzeiten dem verstorbenen Unternehmerehegatten zur betrieblichen Nutzung überlassen wurde, plötzlich zum Betriebsvermögen werden. Dieser Fall würde eintreten, wenn der überlebende Ehegatte den Betrieb des verstorbenen Unternehmerehegatten erbt. Betrieb und Grundstück fließen so in einer Hand zusammen. Ist der Erbfall bereits so ein-

---

[1] BGHZ 69 S. 47; BGHZ 78 S. 177; vgl. Reimann, Gesellschaftsvertragliche Abfindung und erbrechtlicher Ausgleich, ZEV 1994 S. 7.

getreten, bleibt dem Erben meist nur noch das Instrument der Ausschlagung. Schlägt der überlebende Ehegatte das Unternehmenserbe aus, und kann es somit auf die Kinder übergehen, wäre die steuerschädliche Personenidentität zwischen Unternehmer und Grundstückseigentümer einmal abgewendet.

1.2 Unternehmertestament und Gesellschaftsvertrag

Gesellschafter einer Personengesellschaft oder einer sog. Freiberufler-Gesellschaft müssen die Rechtsnachfolge nicht nur durch Testament, sondern auch im Gesellschaftsvertrag genau regeln. Denkt beispielsweise der OHG-Gesellschafter an eine bestimmte Person, die den Betrieb übernehmen soll, muss er: 957

- mittels Testament dafür sorgen, dass die betreffende Person Erbe wird (denn die Gesellschaftsbeteiligung kann im Erbfall nur an Personen übergehen, die zum Kreis der Erben gehören), und
- im Gesellschaftsvertrag Regelungen treffen, damit die Beteiligung wirklich nur an diesen einen Erben übergeht und sich die Nachfolge nicht auf dem erbrechtlichen Wege vollzieht.

Sofern der Gesellschaftsvertrag nichts anderes vorsieht, wird die Gesellschaft beim Tod des OHG-Gesellschafters oder des Komplementärs einer KG aufgelöst. Testament und OHG/KG-Vertrag müssen dabei absolut identisch sein und dürfen keine gegensätzlichen Regelungen enthalten.

HINWEIS:
Testament und Gesellschaftsvertrag sollten bei jeder Änderung auf absolute Identität überprüft werden. Testament und Gesellschaftsvertrag müssen immer wie Zahnräder ineinander greifen.

2 Finanzbedarfsplanung für die Unternehmensnachfolge

Zur Finanzierung der Unternehmensnachfolge müssen Barmittel einkalkuliert werden für: 958

- Steuern, und zwar außer der Erbschaft- oder Schenkungsteuer auch für Einkommen-, Umsatz- und Gewerbesteuer,
- Pflichtteils- bzw. Abfindungsansprüche an den Ehegatten und an solche Kinder, die nicht in das Unternehmen eingegliedert werden, sowie
- Zugewinnausgleichsansprüche der Ehefrau.

Mit Ausnahme der Abfindungsansprüche handelt es sich bei allen Lasten um zwingende Ausgaben, für die der Finanzbedarf genau ermittelt werden muss, 959 wenn das Unternehmen nicht in Liquiditätsschwierigkeiten geraten soll. Abfindungen müssen nicht, sollten aber zur Vermeidung der Geltendmachung von Pflichtteilsansprüchen angeboten und einkalkuliert werden. Im Gegensatz zu Pflichtteilsansprüchen, bei denen es sich um eine „starre" Summe handelt, besteht nämlich bei Abfindungszahlungen ein Verhandlungsspielraum, der – wie nachfolgendes Beispiel zeigt – genutzt werden sollte: Unternehmer A verfügt in einer Teilungsanordnung, dass der Sohn das Unternehmen im Wert von 2 Mio. € und die Tochter das Mietwohnhaus bekommen soll, welches aber nur einen Verkehrswert von 1,2 Mio. € hat. Die Tochter muss mit dem Mietwohnhaus nicht schlechter gestellt sein als ihr Bruder.

Diverse von der Tochter geltend gemachte Ausgleichszahlungsansprüche können mit folgender Argumentation zurückgewiesen oder zumindest abgemildert werden:

Möchte der Sohn Teile des Betriebs, beispielsweise – um bei Grundstücken zu bleiben – ein Betriebsgrundstück verkaufen, muss er Einkommensteuer (voller Steuersatz) und Gewerbesteuer zahlen. Möchte der Sohn den ganzen Betrieb verkaufen, fällt Einkommensteuer an. Die Tochter kann dagegen das Mietwohnhaus ohne jede Steuerbelastung liquidieren. Denn der Übergang des Hauses an die Tochter löst keine erneute Spekulationsfrist aus.

Möchte der Sohn den Betrieb liquidieren, muss er u. U. Sozialpläne einhalten und den entlassenen Mitarbeitern gegenüber hohe Abfindungszahlungen leisten. Die Tochter dagegen braucht den Mietern nur zu kündigen, sonst nichts.

960 Werden Erbausgleichsforderungen gegen den Unternehmenserben gestellt, sollte aus den genannten Gründen ein Abschlag auf den zu Verkehrswerten bewerteten Erbteil ausgehandelt werden. Der Abschlag muss je nach der zur Verteilung kommenden Masse individuell bestimmt werden.

HINWEIS:
Von den genannten Lasten des Unternehmenserben dürften Pflichtteilsansprüche seitens benachteiligter Miterben die gefährlichste Liquiditätsfalle darstellen. Pflichtteilsansprüche können nämlich sofort verlangt werden.

3 Der Verwaltungsvermögenstest – Maßgebliche Gestaltungen für die Erlangung einer Steuerbegünstigung für das Betriebsvermögen

961 Gemäß § 13b Abs. 2 Sätze 4, 6 ErbStG ist der Anteil des Verwaltungsvermögens eines übertragenen Betriebes „nach dem Verhältnis der Summe der gemeinen Werte der Einzelwirtschaftsgüter des Verwaltungsvermögens zum

3 Der Verwaltungsvermögenstest

gemeinen Wert des Betriebs" zu ermitteln. Für Grundstücksteile des Verwaltungsvermögens ist der ihnen entsprechende Anteil am gemeinen Wert des Grundstücks anzusetzen. Dieser im Fachjargon als „Verwaltungsvermögenstest"[1] bezeichneten Verhältnisrechnung kommt bei einer Betriebsübertragung erhebliche Bedeutung zu. Denn der Anteil am Verwaltungsvermögen entscheidet über die Gewährung der Steuervergünstigungen für den Betrieb.[2]

Nachfolgende Beispiele sollen der Vertiefung der Problematik dienen und insbesondere hinsichtlich der Durchreichung jungen Verwaltungsvermögens bei Kapitalgesellschaften Gestaltungshinweise geben.

BEISPIEL 1:

Steuerwert Gesamtbetrieb	20 000 000 €
Darin enthalten ist folgendes Verwaltungsvermögen:	
▶ Börsennotierte Streubesitzanteile (Beteiligung nicht mehr als 25 %)	1 200 000 €
▶ Nicht notierte GmbH-Anteile im Streubesitz	1 000 000 €
▶ Kunstgegenstände	1 000 000 €
▶ Vermietetes Betriebsgrundstück (Nutzungsüberlassung an Dritte ist anzunehmen)	1 000 000 €
▶ Summe Verwaltungsvermögen	4 200 000 €

Ergebnis: Der Anteil des Verwaltungsvermögens am Gesamtbetriebsvermögen beträgt (4 200 000 / 20 000 000) = 21 %. Da der Anteil des Verwaltungsvermögens 50 % nicht übersteigt, ist eine Regelverschonung für das gesamte Betriebsvermögen gegeben, eine Optionsverschonung hingegen ausgeschlossen. Regelbegünstigt ist das gesamte Betriebsvermögen, also auch das Verwaltungsvermögen.

BEISPIEL 2:

Steuerwert Gesamtbetrieb	5 000 000 €
Darin enthalten ist folgendes Verwaltungsvermögen:	
▶ Börsennotierte Streubesitzanteile (Beteiligung nicht mehr als 25 %)	1 200 000 €
▶ Nicht notierte GmbH-Anteile im Streubesitz	1 000 000 €
▶ Kunstgegenstände	1 000 000 €
▶ Vermietetes Betriebsgrundstück (Nutzungsüberlassung an Dritte ist anzunehmen)	1 000 000 €
▶ Summe Verwaltungsvermögen	4 200 000 €

Ergebnis: Der Anteil des Verwaltungsvermögens am Gesamtbetriebsvermögen beträgt (4 200 000/5 000 000) = 84 %. Eine Begünstigung des gesamten Betriebsvermögens ist ausgeschlossen. Die Regelbegünstigung kann erreicht werden, wenn der Anteil des Verwaltungsvermögens durch Entnahmen/Veräußerungen auf 50 % oder weniger reduziert wird.

---

[1] Zum Begriff „Verwaltungsvermögen" vgl. Rdn. 608 ff.
[2] Vgl. oben Teil III Abschnitt 4.3.5.4, Rdn. 590 ff.

962 Alternativ kann auch durch Zuführung von Barmitteln im Wege einer Einlage auf das Firmenkonto die Verwaltungsvermögensquote gesenkt werden. Barmittel zählen nicht zum Verwaltungsvermögen und erhöhen somit den Wert des operativen Betriebsvermögens.

BEISPIEL 3: ▶ Probleme bereitet in der Praxis die Auffassung der Finanzverwaltung, dass Schulden, die mit dem Verwaltungsvermögen in Zusammenhang stehen, den Unternehmenswert zwar mindern, nicht aber vom Verwaltungsvermögen abgezogen werden können (R E 13b.20 Abs. 2 Satz 5 ErbStR 2011). Verbindlichkeiten mindern also das Betriebsvermögen und erhöhen dadurch die Verwaltungsvermögensquote.

Unter der Voraussetzung, dass sich der Anteil des Verwaltungsvermögens am gemeinen Wert des Betriebs nach dem Verhältnis der Summe der gemeinen Werte der Einzelwirtschaftsgüter des Verwaltungsvermögens zum gemeinen Wert des Betriebs errechnet (§ 13b Abs. 2 Satz 4 ErbStG), wäre im folgenden Beispiel das Betriebsvermögen wegen der Verbindlichkeiten nicht begünstigt:

Aktiva (Bilanzansätze entsprechen den gemeinen Werten)		Passiva (Bilanzansätze entsprechen den gemeinen Werten)	
Produktivvermögen	120	Eigenkapital	120
Wertpapiere Verwaltungsvermögen (gemeiner Wert)	80	Verbindlichkeiten (aus dem Kauf der Wertpapiere)	80
Summe	200	Summe	200

Die Verwaltungsvermögensquote beträgt hier 80/120, also 67 %. Ohne Verbindlichkeiten wäre der gemeine Wert des Betriebs 200, die Verwaltungsvermögensquote betrüge nur 80/200 = 40 %. In diesem Fall wären die Verbindlichkeiten zu reduzieren, z. B. durch Veräußerung der Wertpapiere, um eine Begünstigung für den gesamten Betrieb zu erreichen.

BEISPIEL 4: ▶ Weil Schulden, die mit dem Verwaltungsvermögen zusammenhängen, nicht vom Wert des Vermögens abgezogen werden können, kann der Wert des Verwaltungsvermögens auch den Wert des Betriebsvermögens übersteigen.

Aktiva (Bilanzansätze entsprechen den gemeinen Werten)		Passiva (Bilanzansätze entsprechen den gemeinen Werten)	
Grundstücke	1 000 000 €	Eigenkapital	1 000 000 €
Wertpapiere Verwaltungsvermögen (gemeiner Wert)	3 500 000 €	Verbindlichkeiten (auf das Verwaltungsvermögen entfallen 3 000 000 €)	8 000 000 €
Anlagevermögen	3 000 000 €	Rückstellungen	3 500 000 €
Umlaufvermögen	5 000 000 €		
Summe	12 500 000 €	Summe	12 500 000 €

Der Ertragswert beträgt 4 000 000 €.

3 Der Verwaltungsvermögenstest

Das Verwaltungsvermögen beträgt 4 500 000 €, da die Schulden in Höhe von 3 000 000 € nicht abgezogen werden können. Auch in diesem Fall müsste das Verwaltungsvermögen veräußert, die Verbindlichkeiten zurückgeführt werden, um mindestens auf die bzw. unter die 50-%-Grenze für das Verwaltungsvermögen zu gelangen. Dann wäre der gesamte Betrieb steuerbegünstigt.

BEISPIEL 4: ▶ (Durchreichung von jungem Verwaltungsvermögen)

Vorbemerkung: Beteiligungen an Kapitalgesellschaften zählen nur dann nicht zum steuerschädlichen Verwaltungsvermögen, wenn bei diesen Gesellschaften das Verwaltungsvermögen mehr als 50 % beträgt (§ 13b Abs. 2 Satz 2 Nr. 3 ErbStG). Mit dem Jahressteuergesetz 2010 wurde jedoch eine Neuregelung eingeführt, nach der zusätzlich junges Verwaltungsvermögen in einer beteiligten Kapitalgesellschaft anteilmäßig auf den Verwaltungsvermögenstest der steuerlich zu beurteilenden Gesellschaft durchschlägt, unabhängig davon, ob die Beteiligung selbst zum Verwaltungsvermögen zählt oder nicht.

Der zu übertragende und schenkungsteuerlich zu beurteilende Gewerbebetrieb G verfügt über eine 100%ige unmittelbare Beteiligung an der Kapitalgesellschaft K. Der gemeine Wert der Anteile an K beträgt 2 000 000 €. Zum Betriebsvermögen der Kapitalgesellschaft K gehört Verwaltungsvermögen in Höhe von 300 000 € und junges Verwaltungsvermögen in Höhe von 100 000 €.

Der Verwaltungsvermögenstest hinsichtlich der Beteiligung ergibt:

Summe Verwaltungsvermögen („altes" und junges) = 400 000 € = 20 %
Gemeiner Wert der Anteile: 2 000 000 €

Die Beteiligung an der K-Gesellschaft gehört zunächst nicht zum Verwaltungsvermögen (da Anteil unter 50 %).

In K befindet sich aber auch junges Verwaltungsvermögen. Dieses ist in einem zweiten Schritt gesondert herauszurechnen:

Gemeiner Wert des jungen Verwaltungsvermögens = 100 000 €
Gemeiner Wert der Anteile 2 000 000 € = 5 %

Ergebnis: Die Anteile zählen zu 5 % des gemeinen Wertes = 100 000 € zum Verwaltungsvermögen des zu übertragenden und schenkungsteuerlich zu beurteilenden Gewerbebetriebs G.

Der Durchgriff bezüglich des jungen Verwaltungsvermögens greift allerdings nur bei Beteiligungen an Kapitalgesellschaften, nicht aber bei solchen an Personengesellschaften.[1] Es empfiehlt sich daher, junges Verwaltungsvermögen über eine Personengesellschaft, z. B. eine GmbH & Co. KG, einzubringen. Auf das sich in der GmbH & Co. KG befindliche junge Verwaltungsvermögen wird nicht durchgegriffen.

---

[1] § 13b Abs. 2 Satz 7 spricht nur vom „Vermögen der Kapitalgesellschaft".

4 Der Gesellschaftsanteil als Gegenstand einer Schenkung

4.1 Allgemeines

963 Anteile an Personen- oder Kapitalgesellschaften können unmittelbar oder mittelbar auf andere Personen übergehen. Unternehmensanteile gehen unmittelbar über, wenn sie der Erwerber durch Abtretung seitens des bisherigen Besitzers erhält. Solche Anteile sind dann unmittelbar und derivativ erworben. Scheidet eine unmittelbare Anteilszuwendung aus, weil dies der Gesellschaftsvertrag nicht vorsieht oder weil der Senior ein Einzelunternehmer ist und demzufolge keine Anteile abgetreten werden können oder will der Senior seine Anteile vorerst nicht (ganz) aufgeben, erfolgt die Anteilsübertragung mittelbar. Eine mittelbare Anteilsübertragung ist gegeben, wenn der Senior dem Junior eigene Mittel zur Verfügung stellt, die dem Junior einen Anteilserwerb durch „Einkauf" in das Unternehmen gestatten. Der Junior erwirbt dann originär.

964 Der Junior erwirbt auch dann originär, wenn er sich (mit geschenktem Geld des Seniors) an der Gründung einer Trägergesellschaft beteiligt. Eine Trägergesellschaft ist bei Einzelunternehmen notwendig, wenn eine partielle Betriebsbeteiligung des Juniors erreicht werden soll. Bei Einzelunternehmen gibt es keinen Anteil, der dem Junior übertragen werden könnte. Ein sog. gleitender Übergang ist daher nur möglich, wenn eine Gesellschaft gegründet wird, in der das bisherige Einzelunternehmen eingebracht wird. Gibt nun nach Vollzug der Unternehmenseingliederung der Senior dem Junior Geld, damit sich dieser einen Anteil an der neu gegründeten Gesellschaft kaufen kann, liegt ein offener mittelbarer und zugleich originärer Anteilserwerb vor.

965 Zwischen Personen- und Kapitalgesellschaften bestehen Unterschiede in der Gesellschafternachfolge dahin gehend, dass nur bei Personengesellschaften – nicht aber bei Kapitalgesellschaften – der Anteil eines ausscheidenden Gesellschafters am Gesellschaftsvermögen den übrigen Gesellschaftern zuwächst (§ 738 BGB). Scheidet ein Personengesellschafter aus, wächst sein Vermögen den anderen automatisch zu. Bei Kapitalgesellschaften wird der ausscheidende Gesellschafter seinen Anteil entweder verkaufen oder schenkweise weitergeben oder die Kapitalgesellschaft zieht den Anteil ein mit der Folge, dass dieser untergeht. Freilich kann die Kapitalgesellschaft nur so verfahren, wenn dem ausscheidenden Gesellschafter oder seinen Erben eine Abfindung angeboten wird. Auch die übrig gebliebenen Gesellschafter einer Personengesellschaft müssen der scheidenden Partei eine Abfindung zahlen (der Anteil wächst ihnen also nicht umsonst zu!). Die Gesellschaftsverträge enthalten

meist Abfindungsklauseln, die die Bemessungsgrundlage für die Abfindung und die Zahlungsmodalitäten regeln.

> **HINWEIS:**
> Überträgt der Gesellschafter einer Personengesellschaft einen Teil seines Gesellschaftsanteils unentgeltlich, liegt auch dann keine gemischte Schenkung vor, wenn zum Zeitpunkt der Übertragung Gesellschaftsschulden bestanden haben![1]

4.2 Wenn der Gesellschaftsvertrag eine Buchwertklausel vorsieht

Scheidet der Gesellschafter einer Personengesellschaft freiwillig oder durch Tod aus der Gesellschaft aus, wächst sein Anteil den noch verbliebenen Gesellschaftern mit der Verpflichtung zu, entsprechende Abfindungszahlungen zu leisten. Um die Gesellschaft vor liquiditätsgefährdenden Kapitalabflüssen zu bewahren, sehen Gesellschafterverträge in aller Regel nur eine dem Buchwert entsprechende Mindestabfindung vor (sog. Buchwertklausel). Buchwertklauseln sind rechtlich zulässig, solange sie nicht gegen Treu und Glauben verstoßen und an geänderte Verhältnisse angepasst werden, welche sich zwangsläufig im Laufe eines Gesellschafterlebens ergeben können.

966

Ist Gegenstand der Schenkung eine Beteiligung an einer Personengesellschaft, in deren Gesellschaftsvertrag bestimmt ist, dass der neue Gesellschafter (meist sind es die Kinder) bei Auflösung der Gesellschaft oder im Fall eines vorherigen Ausscheidens nur den Buchwert seines Kapitalanteils erhält, so werden diese Bestimmungen bei der Feststellung der Bereicherung nicht berücksichtigt (§ 7 Abs. 5 Satz 1 ErbStG). Die Vorschrift fingiert in Wirklichkeit eine Vermögensübertragung ohne Einschränkungen, also mit allen stillen Reserven.

Sinn und Zweck des § 7 Abs. 5 Satz 1 ErbStG ist, die Fälle zu erfassen, in denen die Kinder als neue Gesellschafter voll am Gewinn beteiligt sind, also auch solche Gewinne vereinnahmen können, die aus offenen oder stillen Reserven erwirtschaftet werden. Die Vorschrift stellt daher alles andere als eine Regelung zur steuerschonenden Vermögensübertragung dar. Vielmehr müssen künftige Generationen schon im Zeitpunkt der Schenkung Schenkungsteuer für etwas entrichten, was sie allenfalls über spätere Gewinne oder bei Weiterveräußerung des Anteils erhalten können.

967

---

1 BFH, Urt. v. 17. 2. 1999 II R 65/97, BFH/NV 1999 S. 1338.

968 Soweit die Bereicherung den Buchwert des Kapitalanteils übersteigt, gilt sie als auflösend bedingt erworben (§ 7 Abs. 5 Satz 2 ErbStG).[1] Die zunächst übermäßige Steuer wird also dadurch korrigiert, dass ein Teil der gezahlten Schenkungsteuer auf Antrag wieder rückerstattet wird, wenn eine bestimmte Bedingung eintritt.

Fragt man sich jetzt, welches ungewisse Ereignis eine Steuerrückerstattung auslösen soll, so wird man im Gesetz keine Antwort darauf finden. Führt man sich aber den vorhergehenden Satz 1 des § 7 Abs. 5 ErbStG vor Augen, so kann es sich bei dem ungewissen Ereignis nur um ein solches handeln, das zur Realisierung jener Wertminderung führt, die Satz 1 bei der schenkungsteuerlichen Wertermittlung ignoriert hat. § 7 Abs. 5 Satz 1 ErbStG ging ja davon aus, dass eine Buchwertklausel den wirklichen Wert als auch den Steuerwert eines Gesellschaftsanteils mindert. Ob dies in Wirklichkeit so ist, sei dahingestellt.

969 Eine diese Wertminderung realisierende Maßnahme kann in einer Anteilsveräußerung, einer Anteilsübertragung oder in der Liquidation der Gesellschaft gesehen werden. Angenommen, ein solches Ereignis tritt zehn Jahre nach der ursprünglichen Anteilsübertragung ein, so kann sich die nunmehr zu berücksichtigende Wertminderung nur auf den Minderwert beziehen, den der Anteil damals bei Anteilsübertragung – also vor zehn Jahren – hatte. Dieser damalige Minderwert, der wegen des § 7 Abs. 5 Satz 1 ErbStG erst jetzt zu berücksichtigen ist, kann bei Eintritt des Ereignisses, von dem Satz 2 ausgeht, nur dann als Rechengröße herangezogen werden, wenn die stillen Reserven, die dem Erwerber damals zugeflossen sind, auch im Zeitpunkt des Eintritts des Ereignisses noch im Betrieb gebunden sind.

970 Genau das aber wird in der Praxis nur selten der Fall sein. Denn für gewöhnlich werden stille Reserven nicht für ewig im Betrieb gehalten. Im laufenden Geschäftsverkehr wollen die Gesellschafter auch einmal realisieren und die Reserven über die Gewinnbeteiligung ins Privatvermögen überführen. Bis es also zum Ausscheiden des Neugesellschafters kommt, um nur ein Ereignis zu nennen, das nach Satz 2 zu einer Steuerrückerstattung führen kann, können die stillen Reserven längst im laufenden Geschäftsverkehr aufgelöst worden sein. Eine Berichtigung soll aber nur dann in Frage kommen, wenn dieser Fall eben nicht eingetreten ist, d. h. wenn der neue Gesellschafter ausscheidet oder die Gesellschaft aufgelöst wird, bevor die im Zeitpunkt der Schenkung vorhandenen stillen Reserven aufgelöst und vereinnahmt werden konnten. Denn nur wenn dies auch der Fall ist, konnte der Erwerber nicht in den Genuss von Ver-

---

1 Zum auflösend bedingten Erwerb vgl. Rdn. 84.

mögen (den stillen Reserven) gelangen, für das er sehr wohl bereits beim Erwerb Schenkungsteuer zahlen musste.

Die Finanzverwaltung stellt sich diesem Problem gar nicht erst. Für sie tritt die auflösende Bedingung, von der Satz 2 spricht, bereits dann ein, wenn der Steuerwert für den Gesellschaftsanteil im Zeitpunkt des Ausscheidens des Gesellschafters oder im Zeitpunkt der Auflösung der Gesellschaft höher ist als die Abfindung, die nach dem Buchkapital bemessen wird. Die Steuererstattung richtet sich dabei nach der Differenz zwischen dem Steuerwert und dem Buchwert des Anteils im Zeitpunkt der Schenkung, begrenzt sich aber höchstens auf den Unterschiedsbetrag zwischen der Abfindung und einem evtl. höheren Steuerwert im Zeitpunkt des Eintritts des Ereignisses (also im Zeitpunkt des Ausscheidens usw.). Liegt also der Steuerwert des Anteils im Zeitpunkt der Schenkung um 100 000 € höher als der Buchwert, liegt dieser aber im Zeitpunkt des Ausscheidens nur um 20 000 € niedriger als der Steuerwert, kann auch nur die Schenkungsteuer für 20 000 € rückerstattet werden.

▶ **Fazit:**

Diese Regelung kann also nicht zufrieden stellen; die Vorschrift ist weitgehend missglückt. Von Vorteil ist, dass § 7 Abs. 5 ErbStG seit der Maßgeblichkeit der Steuerbilanzwerte für die Vermögensaufstellung erheblich an Bedeutung eingebüßt hat, weil es praktisch nur noch dann Wertunterschiede zwischen Buchwerten und Steuerwerten geben kann, wenn das Unternehmen einen hohen Anteil an Betriebsgrundstücken hält, die abweichend von den Steuerbilanzwerten zu bewerten sind und sich dadurch ein höherer Betriebsvermögenswert ergibt, als wenn er sich aus der Summe aller Kapitalanteile der Gesellschafter (= Buchkapital) errechnen würde.

4.3 Schenkung durch Ausscheiden eines Gesellschafters und Übernahme des Geschäftsanteils durch die übrigen Gesellschafter (fiktiver Anteilserwerb)

Bei Personengesellschaften verteilt sich das Gesellschaftsvermögen, das ein ausscheidender Gesellschafter hinterlässt, zu gleichen Teilen auf die verbleibenden Gesellschafter. Wird nun ein Gesellschafter mit dem Buchwert abgefunden, weil er freiwillig ausscheidet oder weil er von der Gesellschaft ausgeschlossen wird, kann sich dieser Vorgang für die verbleibenden Gesellschafter durchaus als lukrativ erweisen, weil ihnen praktisch die gesamten stillen Reserven des ausgeschiedenen Gesellschafters gratis zufließen. Dementsprechend sieht der Gesetzgeber im Ausscheiden eines Gesellschafters zum Buchwert eine Schenkung an die verbleibenden Gesellschafter.

Solchen Überlegungen kann ein gewichtiges Argument entgegengehalten werden: das Argument der Unternehmerwagnis. Denn schließlich könnte jeder Gesellschafter einmal in die Situation geraten, aus der Gesellschaft ausscheiden zu müssen. Und dann hätte auch er seinen Anteil an den stillen Reserven verloren. Abfindungsbeschränkungen gelten schließlich für alle Gesellschafter gleich, d.h. der Chance, von einem anderen Partner etwas von dessen Anteil an den stillen Reserven zu erhalten, steht das Risiko gegenüber, selbst einmal eigene stille Reserven einbüßen zu müssen. Das Argument der Unternehmerwagnis mag zwar einleuchten. Das Finanzamt braucht sich aber mit dieser Problematik gar nicht erst auseinanderzusetzen. Die Finanzbeamten helfen sich stattdessen mit einer Fiktion. Nach § 7 Abs. 7 ErbStG gilt als Schenkung der auf dem Ausscheiden eines Gesellschafters beruhende Übergang des Anteils oder des Teils eines Anteils eines Gesellschafters einer Personengesellschaft oder Kapitalgesellschaft auf die verbleibenden Gesellschafter, soweit der Wert, der sich für seinen Anteil zurzeit seines Ausscheidens nach bewertungsrechtlichen Vorschriften ergibt, den Abfindungsanspruch übersteigt.

973 Auf das an sich für die Besteuerung maßgebliche subjektive Kriterium des Bewusstseins der Unentgeltlichkeit (dass sich also Schenker und Beschenkte über die Unentgeltlichkeit einig sind) kommt es hier nicht an. Es wird, wie es der BFH[1] ausdrückt, „für die Zwecke der Besteuerung der unter den gesetzlichen Tatbestand des § 7 Abs. 7 ErbStG zu subsumierende Sachverhalt der Erfüllung eines davon abweichenden Sachverhalts, nämlich der Schenkung, gleichgesetzt".

974 Ausgangswert für die Berechnung der Schenkungsteuer bildet die Differenz zwischen dem Abfindungsanspruch und dem Anteilsteuerwert. Was die verbleibenden Gesellschafter zu versteuern haben, ist letztlich der Differenzbetrag zwischen dem Steuerwert ihrer Beteiligung vor und dem Steuerwert ihrer Beteiligung nach dem Ausscheiden eines Gesellschafters. Auf die Absicht des ausscheidenden Gesellschafters, die verbleibenden Gesellschafter oder die Gesellschaft zu bereichern (Bereicherungswille), kommt es hierbei nicht an (R E 10.13 Abs. 3 ErbStR 2011). Die Vergünstigungen für Betriebsvermögen[2] sind anzuwenden. Dies gilt nach Auffassung der Finanzverwaltung aber nicht, wenn der Geschäftsanteil eines Gesellschafters einer GmbH eingezogen wird, weil die verbleibenden Gesellschafter selbst keine Anteile erwerben (R E 10.13 Abs. 3 Satz 3 ErbStR 2011).

---

1 Urt. v. 1.7.1992 II R 12/90, BStBl 1992 II S. 925.
2 §§ 13a, 19a ErbStG, vgl. Rdn. 581, 677.

4 Der Gesellschaftsanteil als Gegenstand einer Schenkung

Korrespondierend zu dieser fiktiven Besteuerung wird der Gesellschafter-Erbe per Gesetz davor geschützt, dass er den gemeinen Wert des – ihm zunächst erblich zufließenden – Gesellschaftsanteils versteuern muss, obwohl er wirtschaftlich nur eine (niedrigere) Abfindung erhält.[1] Hierzu bestimmt § 10 Abs. 10 ErbStG, dass bei einem Erben, der seine Gesellschaftsanteile auf Grund gesellschaftsvertraglicher Regelungen auf Mitgesellschafter überträgt, nur der Abfindungsanspruch als steuerpflichtiger Erwerb gilt, wenn dieser niedriger ist als der gemeine Wert der Anteile.[2]

975

Unter den Steuertatbestand des § 7 Abs. 7 ErbStG fallen auch Geschäftsübernahmen, die dadurch entstehen, dass nach Ausscheiden eines oder mehrerer Gesellschafter nur noch einer übrig bleibt, in dessen Alleineigentum das Gesamthandsvermögen schließlich übergeht. Nicht unter die Fiktion des § 7 Abs. 7 ErbStG fallen indessen betriebsinterne Änderungen der Beteiligungsverhältnisse. Räumt der Senior dem Junior durch Abtretung ein höheres Beteiligungspotenzial ein, so ist darin eine freigebige Zuwendung seitens des Seniors an den Junior zu sehen; ein Steuerfall, der unter § 7 Abs. 1 Nr. 1 ErbStG fällt.

976

HINWEISE:

▶ Der Steuertatbestand des § 7 Abs. 7 ErbStG kommt bei Kapitalgesellschaften (z. B. einer GmbH) auch dann zur Anwendung, wenn der Geschäftsanteil eingezogen wird und untergeht. Es kann dann zwar kein Anteil auf die Gesellschaft noch auf die übrigen Gesellschafter übergehen, wohl aber gilt hier wieder die Fiktion des § 7 Abs. 7 Satz 2 ErbStG. Bei Einziehung der GmbH-Anteile handelt es sich um keinen steuerbegünstigten Erwerb, da diese untergehen. Es gilt Steuerklasse III und es gelten keine Begünstigungen.

▶ Bestehende Abfindungsklauseln in der Gesellschaftssatzung sind zu prüfen, ggf. ist eine Anhebung des Abfindungsniveaus empfehlenswert. Weitere Prüfpunkte:

▶ Kann für den Erwerb der Mitgesellschafter ein Verschonungsabschlag in Anspruch genommen werden?

▶ Besteht seitens des Gesellschaftsvertrages eine Entnahmemöglichkeit/Ausschüttung für entstehende Schenkungsteuer?

▶ Wer trägt im Besteuerungsfall die Schenkungsteuer (gesellschaftsvertragliche Regelungen prüfen)?

---

1 Vgl. Viskorf/Schuck, Erbschaftsteuer- und Schenkungsteuergesetz, Bewertungsgesetz, Kommentar, 3. Aufl., Herne 2009, BewG § 10 Rdn. 162.
2 Vgl. R E 10.13 Abs. 1 Satz 1 bis 4 ErbStR 2011.

4.4 Die Gewinnübermaßschenkung

977 Gewinnbeteiligungen entscheiden bei Personengesellschaften nicht nur über die Anteilshöhe am laufenden Gewinn, sondern auch über die Beteiligung eines Gesellschafters an den stillen Reserven und damit auch über die Höhe des tatsächlichen Anteilswertes an der Gesellschaft. Dadurch kann sich eine beim Anteilserwerb zugesprochene Gewinnbeteiligung als mittelbare (Teil-)Anteilszuwendung erweisen. Gegenstand einer solchen Anteilszuwendung kann nun entweder ein bereits mit einer überhöhten Gewinnbeteiligung ausgestatteter Anteil an der Gesellschaft sein oder aber der Anteil wird erst im Zuge der Schenkung mit einer überhöhten Gewinnbeteiligung ausgestattet.

Während die nachträgliche Ausstattung eines Anteils an der Personengesellschaft eine eigenständige und sichtbare freigebige Zuwendung ist, gehen überhöhte Gewinnbeteiligungen, sofern sie bereits in dem Anteil integriert sind, in aller Regel als unselbstständiger Teil der einheitlichen Zuwendung „Gesellschaftsanteil" unter. Letzteres ist regelmäßig dann der Fall, wenn für die Verteilung der stillen Reserven nach dem Gesellschaftsvertrag nicht der Gewinnverteilungsschlüssel, sondern ein anderer Maßstab festgelegt ist. Die überhöhte Gewinnbeteiligung kann sich dann nur auf den Anteil am laufenden Gewinn auswirken, nicht jedoch auf den Anteilssteuerwert, der als Bemessungsgrundlage für die Besteuerung der Anteilszuwendung heranzuziehen ist.

978 Dieses für den Gesetzgeber unbefriedigende Ergebnis wird nun dadurch verhindert, dass § 7 Abs. 6 ErbStG die überhöhte Gewinnbeteiligung als ein als selbstständige Schenkung geltendes Gewinnübermaß qualifiziert, welches als getrennt zu ermittelnder Zuwendungsgegenstand der Schenkungsteuer zu unterwerfen ist. Es erfolgt insoweit eine Aufspaltung der im Grunde einheitlichen Zuwendungen von Gesellschaftsanteilen an der Familiengesellschaft in zwei getrennt zu ermittelnde Zuwendungsgegenstände.

979 Der steuerpflichtige Erwerb der selbstständigen Gewinnübermaßzuwendung ist aus der Differenz zwischen dem angemessenen Jahresertrag und der tatsächlichen Zuwendung (Gewinnübermaß) zu errechnen und gemäß der voraussichtlichen Zuwendungszeit (Laufzeit) zu kapitalisieren. Als Gewinnkalkulationsgrundlage ist der durchschnittliche Jahresertrag der letzten drei Jahre vor der Schenkung zu Grunde zu legen, soweit bei der Familiengesellschaft eine Änderung der Ertragsaussichten nicht zu erwarten ist. Stehen keine konkreten Anhaltspunkte für die Laufzeit zur Verfügung, ist davon auszugehen, dass der überhöhte Gewinnanteil auf unbestimmte Zeit in gleichbleibender Höhe zufließt. Der Kapitalwert errechnet sich hier aus dem 9,3fachen Jahreswert.

BEISPIEL: A überträgt B eine Beteiligung im Steuerwert von 100 000 € (Verkehrswert 200 000 €). Der Durchschnittsgewinn der letzten drei Jahre beträgt 200 000 €. B wird am Gewinn zu 35 % beteiligt.

Steuerwert des Anteils	100 000 €
Übermaß Gewinnbeteiligung =	
Angemessen = 15 % aus 200 000 €	30 000 €
Tatsächlich zugewendet = 35 % aus 200 000 €	70 000 €
Unangemessen sind:	40 000 €
Übermaß/Jahresertrag multipliziert mit Faktor 9,3 ergibt einen steuerpflichtigen Kapitalwert von:	372 000 €
Die schenkungsteuerpflichtige Bereicherung aus der Beteiligung beträgt	472 000 €

4.5 Vermeidung eines Paketzuschlages bei Gesellschaftsanteilen

Die Problematik des Paketzuschlages, welcher im Allgemeinen bis zu 25 % betragen kann (die Finanzverwaltung kann in Einzelfällen auch höhere Zuschläge festsetzen, vgl. R B 11.6 Abs. 9 ErbStR 2011), wurde bereits in Rdn. 147 erläutert. Dort wurde auch dargelegt, dass die Finanzverwaltung bei der Bewertung übertragener nicht börsennotierter Anteile an Kapitalgesellschaften bei Anwendung des vereinfachten Ertragswertverfahrens auf einen Paketzuschlag verzichtet (R B 11.6 Abs. 2 Satz 3 ErbStR 2011). Daher wäre im Einzelfall zu prüfen, ob die Anwendung dieses Verfahrens zur Bewertung der Anteile dem Erwerber ggf. Steuervorteile verschafft.

980

HINWEIS:

Das vereinfachte Ertragswertverfahren kann allerdings nur dann zur Anwendung kommen – und nur insoweit besteht für den Erwerber ein Wahlrecht – als:

▶ kein Börsenkurs festgesetzt wird,
▶ kein Kaufpreis unter fremden Dritten herangezogen werden kann,
▶ kein höherer Liquidationswert festzusetzen ist (weil das Unternehmen liquidiert werden soll),
▶ kein höher Substanzwert festgestellt worden ist (unabhängig von Verkaufs- oder Liquidationsabsichten, wobei es in diesem Fall bereits gemäß R B 11.6 Abs. 2 Satz 5 ErbStR 2011 nicht zur Festsetzung eines Paketzuschlages kommt),
▶ keine anderen anerkannten und marktüblichen Methoden vorzuziehen sind.

5 Steuerbegünstigung für Anteile an Kapitalgesellschaften mittels Poolvereinbarung (Poolvertrag)

5.1 Allgemeines

981 § 13b Abs. 1 Nr. 3 ErbStG verlangt für die Inanspruchnahme der für Betriebsvermögen geltenden Steuerbefreiungen (Verschonungsabschlag zu 85 % bzw. 100 %, Abzugsbetrag) für Anteile an Kapitalgesellschaften eine Mindestbeteiligung des Erblassers von mehr als 25 % an der Kapitalgesellschaft. Die Gesetzesregelung soll eine (förderungswürdige) unternehmerische Beteiligung des Anteilseigners sicherstellen und darüber hinaus gewährleisten, dass der Erblasser/Schenker nicht nur als Kapitalanleger aufgetreten ist (und somit die Steuerbegünstigung gar nicht verdienen würde). Ob der Erblasser oder Schenker die Mindestbeteiligung erfüllt, ist in erster Linie nach der Summe der dem Erblasser oder Schenker unmittelbar zuzurechnenden Anteile zu bestimmen. Unterbeteiligungen oder mittelbare Beteiligungen werden nicht berücksichtigt.

> **HINWEIS:**
>
> Bei Gesellschaften, die in einem Konzern unter einheitlicher Leitung stehen, hält die Finanzverwaltung eine gesonderte Poolvereinbarung i. S. von § 13b Abs. 2 Satz 2 Nr. 2 ErbStG grundsätzlich nicht für erforderlich (R E 13b.15 Abs. 1 ErbStR 2011).

5.2 Abschluss einer Poolvereinbarung (Poolvertrag) – speziell für Familienunternehmer!

982 Gesetz und Finanzverwaltung räumen in Fällen, in denen die unmittelbare Mindestbeteiligung von 25 % nicht überschritten wird, den Gesellschaftern die Möglichkeit ein, mittels einer Poolvereinbarung die Mindestbeteiligungsquote dennoch zu erreichen (R E 13b.6 Abs. 3 Satz 1 ErbStR 2011, § 13b Abs. 1 Nr. 3 Satz 2 ErbStG). Ein weiterer Vorteil der Poolvereinbarung – oftmals auch als „Schutzgemeinschaftsvertrag" bezeichnet – ist, dass dadurch steuerschädliches Verwaltungsvermögen vermieden werden kann. Denn zum Verwaltungsvermögen zählen Anteile an Kapitalgesellschaften nur dann, wenn die Mindestbeteiligungsquote von 25 % nicht überschritten wird. Besonders Gesellschafter einer Familienkapitalgesellschaft können davon profitieren. Denn hier sind die einzelnen Familienmitglieder häufig mit 25 % oder weniger beteiligt.

5 Steuerbegünstigung für Anteile an Kapitalgesellschaften mittels Poolvereinbarung

Eine Poolvereinbarung erfordert, dass sich der Erblasser oder der Schenker zusammen mit weiteren Gesellschaftern untereinander verpflichtet hat, 983

- über die Anteile nur einheitlich zu verfügen oder sie ausschließlich auf andere derselben Verpflichtung unterliegende Anteilseigner zu übertragen und
- das Stimmrecht gegenüber nicht gebundenen Gesellschaftern einheitlich auszuüben (sog. Poolklausel).

Letzteres bedeutet im Umkehrschluss, dass stimmrechtslose Anteile ganz von einer Poolbildung ausgeschlossen sind (vgl. auch R E 13b.6 Abs. 5 ErbStR 2011). Diese Regelung der Finanzverwaltung ist allerdings deshalb willkürlich, weil von Gesetzes wegen Beteiligungen von über 25 % ungeachtet eines Stimmrechts in den Genuss der Begünstigung kommen müssten.

Verpflichtet die Gesellschaft alle oder einen Teil der Gesellschafter zur Poolbildung i. S. des § 13b Abs. 1 Nr. 3 ErbStG, erfüllt auch dies die Voraussetzung für die Verschonungsregelung. Mit der Poolklausel will der Gesetzgeber dem Umstand Rechnung tragen, dass in sog. Familien-Kapitalgesellschaften, deren Anteile über mehrere Generationen hinweg weitergegeben wurden und die Anteile der einzelnen Familiengesellschafter häufig nicht mehr die Mindestbeteiligungsquote erreichen, die Unternehmensgründer oder die Nachfolger aber häufig dafür gesorgt haben, dass die Anteile nicht beliebig veräußert werden können und der bestimmende Einfluss der Familie erhalten bleibt.[1] 984

Eine einheitliche Stimmrechtsausübung bedeutet nach Auffassung der Finanzverwaltung, dass die Einflussnahme einzelner Anteilseigner zum Zwecke einer einheitlichen Willensbildung zurücktreten muss. Dafür gibt es verschiedene Möglichkeiten. Die Finanzverwaltung nennt beispielhaft die Möglichkeit zur gemeinsamen Bestimmung eines Sprechers oder eines Aufsichts- oder Leitungsgremiums. Eine einheitliche Stimmrechtsausübung kann auch dadurch erreicht werden, dass einzelne Anteilseigner auf ihr Stimmrecht zu Gunsten der Poolgemeinschaft verzichten. Treffen alle Gesellschafter eine Poolvereinbarung, erhalten alle Gesellschafter die Begünstigung. 985

BEISPIEL: Vier Familienmitglieder und der Geschäftsführer G sind mit je 20 % an der Familien-GmbH beteiligt. Das Unternehmen hat einen gemeinen Wert von 20 Mio. €. G stirbt in 2010 und wird von seinem Bruder allein beerbt. Es besteht zwischen allen Gesellschaftern ein Poolvertrag; der Anteil des Verwaltungsvermögens soll weniger als 50 %, aber mehr als 10 % betragen.

---

1 Vgl. Gesetzesbegründung zu § 13b Abs. 1 Nr. 3 ErbStG.

	Mit Poolvereinbarung (Beträge in €)	Ohne Poolvereinbarung (Beträge in €)
Wert des Anteils (20 % aus 20 Mio.)	4 000 000	4 000 000
./. Verschonungsabschlag 85 %	3 400 000	
Nicht begünstigtes Vermögen	600 000	4 000 000
./. Freibetrag Klasse II	20 000	20 000
Steuerpflichtiger Erwerb	580 000	3 980 000
Erbschaftsteuer (Kl: II, Steuersatz 25, 30 %)	145 000	1 194 000
./. Entlastungsbetrag, § 19a ErbStG (Differenz zu 15 % Steuerklasse I, 87 000)	58 000	
Erbschaftsteuer nach Entlastungsbetrag	87 000	
Steuervorteil der Poolvereinbarung	+1 107 000	

Zu beachten ist, dass die Steuerbegünstigungen für das Betriebsvermögen wegfallen, wenn innerhalb der Behaltensfrist:[1]

1. ein Poolgesellschafter seine Anteile an andere Poolgesellschafter oder dem Poolvertrag entsprechend an Dritte entgeltlich überträgt (§ 13a Abs. 5 Satz 1 Nr. 4 ErbStG). Die Übertragung eines Anteils durch einen Poolgesellschafter führt nur bei diesem zum Verlust der Begünstigung, solange die verbleibenden Poolmitglieder über mehr als 25 % der Anteile verfügen;

2. die Poolvereinbarung nach dem Besteuerungszeitpunkt aufgehoben wird;

3. die Beteiligung der Poolgesellschafter auf 25 % oder weniger sinkt, z. B. weil ein oder mehrere Poolgesellschafter ausscheiden oder infolge einer Kapitalerhöhung.

Besonders der letzte Punkt – Sinken der Beteiligungsquote auf 25 % oder weniger – ist umstritten. Denn die Gesellschafter geben hier die Poolbildung nicht auf. Gleichwohl kann es infolge von Kapitalerhöhungen in der Praxis ganz unverhofft zu einem Sinken der Beteiligungsquote kommen!

---

[1] R E 13a.10 Abs. 2 ErbStR 2011.

HINWEISE:

▶ Voraussetzung für die Einbeziehung der Anteile in die Entlastung ist nicht die tatsächliche Stimmrechtsausübung. Ferner ist nicht erforderlich, dass die Einflussnahme auf die Geschicke der Gesellschaft ausschließlich durch Anteilseigner (z. B. Familienmitglieder) erfolgt.

▶ Vor der Übertragung von Kapitalgesellschaftsanteilen sollten daher die Gesellschaftsverträge mit den übrigen Gesellschaftern entsprechend abgeändert werden. Eine entsprechende schriftliche Vereinbarung muss zum Besteuerungszeitpunkt vorliegen (R E 13b.6 Abs. 5 ErbStR 2011).

▶ Zu beachten ist, dass der übertragende Gesellschafter die Begünstigungen auch dann verliert, wenn er seine Anteile an andere Poolmitglieder überträgt (R E 13a.10 Abs. 1 Satz 4 ErbStR 2011).

5.3 Alternativen zur Poolvereinbarung (Poolvertrag)

Sollte kein Poolvertrag unter den Familienmitgliedern zu Stande kommen, bieten sich folgende Alternativen an:

986

▶ Umwandlung (Formwechsel) des Unternehmens in eine Personengesellschaft. Unter dieser Rechtsform stellt sich die Frage nach einer 25-%igen Mindestbeteiligung nicht.

▶ Zukauf von Anteilen durch den Gesellschafter, der übertragen möchte, damit 25 % überschritten werden können.

▶ Umwandlung von Gesellschafterdarlehen in eine Beteiligung. Dadurch wird eine Erhöhung der Beteiligungsquote erreicht.

▶ Einbringung der Anteile in einen gewerblich geprägten Familienpool (GmbH & Co. KG). Die GmbH-Beteiligung muss dann über 25 % am Stammkapital betragen, da es sich bei den Kapitalgesellschaftsanteilen sonst um Verwaltungsvermögen handeln würde. Zum Familienpool als Firmenmantel siehe Rdn. 868.

6 Getrennte Übertragung von steuerbegünstigtem Betriebsvermögen

Werden mehrere wirtschaftliche Einheiten des steuerbegünstigten Betriebsvermögens übertragen, also insbesondere Anteile an Kapitalgesellschaften (Anteil über 25 %), mehrere Betriebe, Teilbetriebe, teilweise gewerbliche, teilweise freiberufliche Betriebe, land- und forstwirtschaftliche Betriebe oder Mitunternehmeranteile an einer Personengesellschaft in einem Schenkungsvorgang oder in einem Erbgang übertragen, gilt,

987

- ▶ dass das Vermögen aller Einheiten zusammenzurechnen ist, bevor die Steuervergünstigungen (Verschonungsabschlag und Abzugsbetrag) abgezogen werden,
- ▶ dass der Umfang steuerschädlichen Verwaltungsvermögens für jede wirtschaftliche Einheit getrennt zu ermitteln ist,
- ▶ dass die Prüfung der Anzahl der Beschäftigten für jeden Betrieb gesondert durchzuführen ist,
- ▶ dass die Ausgangslohnsumme für jede wirtschaftliche Einheit gesondert festzustellen ist und anschließend zu addieren ist,
- ▶ dass für jede wirtschaftliche Einheit gesondert festzustellen ist, ob gegen die Behaltensregelungen verstoßen wurde,
- ▶ dass die Einhaltung der Mindestlohnsumme auf Grund der Summe der – betriebsbezogen zu ermittelnden – Einzellohnsummen aus allen übertragenen Einheiten (jeweils ab 20 Arbeitnehmer) zu beurteilen ist und Unterschreitungen in einem übertragenen Betrieb mit Überschreitungen in einem anderen Betrieb ausgeglichen werden können.

988 Werden mehrere wirtschaftliche Einheiten übertragen, kann sich besonders die Addition aller Werte vor Anwendung des Verschonungsabschlags und des Abzugsbetrages für den Übernehmer steuerschädlich auswirken, als bei Einzelübertragung der Abzugsbetrag zu gewähren wäre, bei der Paketübertragung aber bereits abgeschmolzen ist. Sofern sich der Übertragungsvorgang gestalten lässt (bei Schenkungen), empfiehlt sich daher unter Umständen eine getrennte Übertragung der einzelnen Vermögenswerte. Die Finanzverwaltung akzeptiert getrennte Übertragungen allerdings nur, wenn sie auf einem jeweils neuen selbstständigen Schenkungswillen (einheitlicher Schenkungswille) basieren (RE 13a.13 Abs. 1 ErbStR 2011).

BEISPIEL: ▶ Zur Übertragung gelangt:
- ▶ eine GmbH-Beteiligung (über 25 %), 3 % Verwaltungsvermögen, Ertragswert 5 Mio. €.
- ▶ Anteil an einer Mitunternehmerschaft, 25 % Verwaltungsvermögen, Gesamtwert 1 Mio. €.
- ▶ ein gewerbliches Einzelunternehmen, 30 % Verwaltungsvermögen, Ertragswert 1 Mio. €.

989 Werden alle drei Einheiten gleichzeitig übertragen, kann der Abschmelzungsbetrag durch die Addierung aller Werte nicht mehr gewährt werden. Daher sollte zunächst das Einzelunternehmen übertragen werden; dies kann steuerfrei erfolgen, da 85 % = 850 000 € Verschonungsabschlag gewährt werden und die weiteren 150 000 € durch den Abzugsbetrag steuerfrei gestellt wer-

den. Dieser wäre dann verbraucht. Anschließend können die GmbH-Anteile verschenkt werden und hierbei für die Optionsverschonung optiert werden. Das ist möglich, weil das Verwaltungsvermögen der GmbH nicht mehr als 10 % beträgt. Die Übertragung ist steuerfrei. Zuletzt sollte an die Übertragung des Mitunternehmeranteils gedacht werden.

> **HINWEIS:**
> Würde mit der Übertragung des Mitunternehmeranteils zehn Jahre gewartet, kann der Abzugsbetrag erneut in Anspruch genommen werden (§ 13a Abs. 2 Satz 3 ErbStG).

7 Unternehmensnachfolgeplanung mit typisch/atypisch stillen Beteiligungen

Die Einräumung einer typisch oder atypisch stillen Beteiligung für eigene Kinder stellt eine effiziente Möglichkeit dar, die Nachfolgegeneration bereits zu Lebzeiten am Unternehmen zu beteiligen.[1] Die mit den Kindern gebildete stille Gesellschaft bildet kein Gesamthandsvermögen. Die Einlagen, die den Kindern zugeführt werden, „verbleiben" vielmehr beim Geschäftsinhaber (§ 230 HGB). 990

Die Gründung einer typisch/atypisch stillen Beteiligung erfolgt schnell und einfach; entweder durch Übertragung eines Teils vom Kapitalkonto oder durch Schenkung eines entsprechenden Geldbetrages (wobei beide Vorgänge zu ihrer Wirksamkeit der notariellen Beurkundung bedürfen). Zuwendungsgegenstand ist in beiden Fällen nicht der Geldbetrag, sondern die Einlage (bewertet zum Nennwert). Werden die Kinder frühzeitig beteiligt (also in Schul- und Ausbildungszeiten), können bei entsprechender Gestaltung die einkommensteuerlichen Grundfreibeträge während der Beteiligungszeit voll ausgeschöpft werden. 991

Sind die als stille Teilhaber vorgesehenen Kinder noch nicht volljährig, bedarf es für die Gründung der stillen Gesellschaft eines Ergänzungspflegers. Der Vater kann insoweit seine Kinder nicht gesetzlich vertreten. Die vormundschaftliche Genehmigung könnte zwar dadurch umgangen werden, dass die Kinder nicht an den Verlusten der Gesellschaft beteiligt werden. Die Aufnahme minderjähriger Kinder dürfte aber später durch das Minderjährigenhaftungsbeschränkungsgesetz (§ 723 Abs. 1 Satz 2 BGB) Probleme bereiten. Dies aus einfachem Grund: Werden die minderjährigen Gesellschafter volljährig, können sie kündigen. Gegen dieses Kündigungsrecht helfen nur vertraglich verein- 992

---

[1] Wegen der Unterscheidung zwischen typisch und atypisch stiller Beteiligung vgl. Rdn. 112.

barte Widerrufsklauseln, wonach die Eltern die Schenkung widerrufen können, wenn das volljährig gewordene Kind kündigt.

993 Typisch stille Beteiligungen eröffnen die Möglichkeit, Kinder als Unternehmensnachfolger ausreichend zu testen, und zwar ohne Risiko. Denn die geplante Unternehmensnachfolge durch stille Beteiligung kann sehr schnell und problemlos wieder zurückgenommen werden. Der Vorteil der typisch/atypisch stillen Beteiligung gegenüber einer Kommanditbeteiligung liegt gerade darin, ungeeignete stille Teilhaber mühelos kündigen zu können. Die Kündigung führt bei der stillen Beteiligung zur Auszahlung des Buchwerts (§ 235 Abs. 1 HGB). Bei der KG lässt sich das Gesellschaftsverhältnis dagegen nicht so leicht kündigen. Es ist hier lediglich eine Vertragsabsprache in der Form anerkannt, wonach ein Gesellschafter kündigen darf, dieser dann zum Buchwert abgefunden wird, während die übrigen Gesellschafter die Gesellschaft allein fortsetzen.

994 Sollen die Nachfolger nicht sofort volle Gesellschafterstellung erhalten, bietet sich auch die Einräumung einer typisch/atypisch stillen Unterbeteiligung an. Bei der Unterbeteiligung handelt es sich um eine Innengesellschaft bürgerlichen Rechts ohne Gesamthandsvermögen. Es gelten die Bestimmungen der §§ 705 ff. BGB sowie die für stille Gesellschaften maßgeblichen §§ 230–237 HGB. Der Unterbeteiligte steht nur in Rechtsbeziehung zum Hauptbeteiligten, nicht zur Gesellschaft. Die Gesellschafterrechte verbleiben allein beim Hauptbeteiligten. Unterbeteiligungen erlangen erst Rechtswirksamkeit mit der notariellen Beurkundung.

> **HINWEIS:**
>
> Bei Verträgen mit Familienangehörigen gelten Vereinbarungen über stille Beteiligungen nur dann als durchgeführt (und werden steuerlich anerkannt), wenn die Vereinbarungen ernsthaft gewollt sind und alle Beteiligten streng daran festhalten. Gegen eine tatsächliche Durchführung spricht beispielsweise, wenn gar keine buchhalterischen Voraussetzungen geschaffen und den Kindern weder Kapital- noch Privatkonten eingeräumt werden. Des Weiteren müssen die Bedingungen, unter denen die Verträge geschlossen werden, dem sog. „Fremdvergleich" standhalten, d. h., sie müssen so abgeschlossen werden, wie sie auch unter fremden Dritten abgeschlossen würden. In diesem Zusammenhang ist besonders darauf zu achten, dass die Gewinnanteile entweder ausbezahlt werden oder im Falle einer Gutschrift eindeutig bis zur Auszahlung jederzeit abrufbar gutgeschrieben bleiben.

995–1050 (einstweilen frei)

Teil VIII: Schenkungsteuerliche Konsequenzen in Verbindung mit der Auflösung eines Vermögenstrusts

1 Vorbemerkung

Vermögenstrusts galten einst als begehrtes Erbschaftsteuersparmodell. Vermögensübertragungen auf solche Trusts waren bis März 1999 schenkungsteuerfrei. Als Begünstigte an dem Vermögen konnte die künftige Wunschgeneration eingesetzt werden. Verstarb der Trustgründer (Settlor), löste dies das Trustvermögen betreffend keinerlei erbschaftsteuerliche Konsequenzen aus. Die mit Trusts im Regelfall verfolgte Intention einer diskreten Vermögensanlage und -verwaltung stand seit jeher einer zielgerichteten Bekämpfung von Geldwäsche und Steuerhinterziehung entgegen. Neue Geldwäschegesetze und Sorgfaltspflichten für die Kreditwirtschaft haben die einst diskreten Vermögenstrusts transparent gemacht. Dies mag einer der Gründe sein, weshalb sich die heranwachsende Erbengeneration in der Rolle der Begünstigten solcher Trusts mehr und mehr entschließt, diese Vermögensmassen aufzulösen. Vielfach nicht bewusst sind sich die Beteiligten aber über die schenkungsteuerlichen Konsequenzen einer solche Auflösung. Auch auf die einkommensteuerliche Problematik der Zurechnungs- und Durchgriffsbesteuerung des § 15 AStG muss geachtet werden.

1051

2 Trusterrichtung: Rechtslage vor dem 4. 3. 1999

Trustgründungen und Vermögensübertragungen auf einen angelsächsischen Vermögenstrust vor dem 4. 3. 1999 (vor Inkrafttreten des Steuerentlastungsgesetzes 1999/2000/2002) waren schenkungsteuerfrei, wenn es sich dabei um einen unwiderruflichen Ermessenstrust („Irrevocable Discretionary Trust") handelte – was den Standard darstellte und auch heute noch darstellt. Bei einem solchen Trust konnten und können die Begünstigten nicht namentlich bestimmt werden. Analog war und ist bei unwiderruflichen Ermessenstrusts auch keine Festlegung von verbindlichen (garantierten) Ausschüttungsquoten möglich, so dass in der Vergangenheit Vermögensübertragungen auf unwiderrufliche Ermessenstrusts mangels bereichertem Zuwendungsempfänger keine Schenkungsteuer auslösten. Die Übertragung des Trustvermögens auf den Trustee stellte keine Schenkung dar, weil der Trustee das Vermögen zu Gunsten der Begünstigten (unter Berücksichtigung der Wünsche des Settlors) nur verwaltet. Die Trustbegünstigten erwarben das Trustvermögen stattdessen

1052

aufschiebend bedingt, daher konnte hinsichtlich des aufschiebend bedingten Erwerbs auch keine Kapitalisierung vorgenommen werden. Aufschiebend bedingt erworbene Wirtschaftsgüter waren bewertungs- und steuerrechtlich erst dann zu berücksichtigen, wenn die Bedingung eingetreten ist. So entstand in der Vergangenheit Erbschaftsteuer erst bei Auflösung des Trusts (§ 4 BewG). Trusts wurden im Regelfall auf 100 Jahre errichtet. Der Auflösungszeitpunkt konnte individuell bestimmt werden, damit auch der maßgebliche Steuertermin der persönlichen Steuerpflicht des/der Begünstigten entsprechend angepasst werden konnte.

3 Trusterrichtung: Rechtslage nach dem 4. 3. 1999

1053 Mit dem Steuerentlastungsgesetz 1999/2000/2002[1] stellte der Gesetzgeber die Gründung und Ausstattung angelsächsischer Vermögenstrusts dem steuerpflichtigen Übergang von Vermögen auf eine vom Erblasser angeordnete Stiftung gleich (§ 3 Abs. 2 Nr. 1 Satz 2 ErbStG). Derselben Fiktion bedient sich der Fiskus bei Errichtung eines Trusts zu Lebzeiten (Intervivos Trust). § 7 Abs. 1 Nr. 8 ErbStG, der den Übergang von Vermögen auf Grund eines Stiftungsgeschäfts unter Lebenden der Steuerpflicht unterstellt, ist auf den Intervivos Trust dahin gehend anwendbar, dass als ein solches Stiftungserrichtungsgeschäft auch die Bildung oder Ausstattung einer Vermögensmasse ausländischen Rechts anzusehen ist. Die Gleichsetzung bezieht sich dabei rein auf den Vorgang, der der Trustgründung zugrunde liegt („die Bildung oder Ausstattung"). Die Fiktion ist anwendbar für alle Trust-Neugründungen nach dem 4. 3. 1999.

4 Auflösung von Vermögenstrusts – die häufigsten Beweggründe

1054 Die Praxis zeigt eine stetig steigende Tendenz zur Auflösung von Vermögenstrusts durch die heranwachsende Erbengeneration, welche sich meist in der Begünstigtenstellung eines solchen Vermögenskonstrukts befindet bzw. in die Fußstapfen eines alleinig begünstigten Trustgründers (Settlors) treten. Dass Begünstigte eines Trusts diesen auflösen können, sofern sie sich einig, voll geschäftsfähig und „absolutely entitled" sind, gilt im Regelfall für jeden angelsächsischen Trust (vgl. Rechtsprechung „Saunders v. Vautier"[2]). Die „Equity",

---

[1] § 37 Abs. 1 ErbStG i. d. F. des SteuerentlG 1999, BStBl 1999 I S. 394.
[2] Saunders v. Vautier steht als Begriff für einen spektakulären Fall aus dem Jahre 1841, den Englands Crown Court zu entscheiden hatte. In dem Fall setzten die Begünstigten eines Trusts in Einigkeit die Auflösung des Trusts und die Auskehrung des Trustvermögens gegen den Willen des Settlors durch.

also die Billigkeitsrechtsprechung, sieht im Trustee in erster Linie einen neutralen Verwalter, der die Interessen der Begünstigten zu berücksichtigen hat. Und sofern sich alle Begünstigten einig sind, verliert der Trust seine Daseinsberechtigung. Die meisten nationalen Trustgesetze sehen so die Auflösung selbst von dem Grunde nach unwiderruflichen Trusts nach dem Versterben bzw. Ausscheiden des Trustgründers bei einstimmigem Beschluss aller Begünstigten vor.

Trusts waren vor allem wegen der im Außenverhältnis gegebenen Anonymität interessant. Der Trust erlaubte es, Vermögenswerte zu nutzen und Früchte aus ihnen zu ziehen, ohne selbst rechtlicher Eigentümer zu sein. Der Anleger verfügt als Trustbegünstigter mit dem sog. „equitable title" über ein auf Billigkeitsrecht gestütztes wirtschaftlich-materielles Eigentumsrecht. Dem Trustee steht hingegen der Besitz, die Verwaltung und die Entscheidung über die Verwendung des Trustvermögens nach formellem Recht zu. Des Weiteren musste ein Trust weder öffentlich registriert sein, noch bestand die Notwendigkeit zur Vorlage der Gründungsurkunde (den „Trust-Deed") gegenüber Dritten oder Behörden (Steuerbehörden). 1055

Trusts haben aber in letzter Zeit ihren Reiz an Diskretion erheblich eingebüßt; ja, sie sind transparent geworden. Die Möglichkeiten, Trusts als Vermögensverschleierungsinstrument zu verwenden, haben erheblich abgenommen. Geldwäschegesetze verpflichteten Banken dazu, den Trustgründer (Settlor) als den wirtschaftlich Berechtigten über das Trustvermögen namentlich festzustellen und in der Akte des Trustkontos zu führen. Die neuen Informationsaustausch- und Steuerabkommen machen die Aufdeckung von Trustvermögen immer wahrscheinlicher. So gelten Trusts nach dem sich in der Ratifizierungsphase befindlichen Entwurf eines Steuerabkommens mit der Schweiz als transparente Sitzgesellschaft. Im Fall der Umsetzung wird der Errichter eines Trusts mit einer Kontoverbindung in der Schweiz vom Abkommen erfasst, das Trustvermögen sowie die Erträge daraus sind nach Maßgabe des Steuerabkommens mit einer Einmalabgabe nachzuversteuern. Die Einmalabgabe nach dem Steuerabkommen dürfte im Regelfall erheblich teurer werden als die Steuernachzahlungen im Rahmen einer Selbstanzeige. 1056

HINWEIS:

Sowohl die ursprüngliche Schenkungsteuerfreistellung als auch die für Vermögensübertragungen nach dem 4.3.1999 geltende Schenkungsteuerpflicht(-fiktion) stellt sich zum heutigen Zeitpunkt für den Trusterrichter und für alle Begünstigten an dem Trustvermögen als Bumerang heraus. Denn ohne Zweifel wird bei Auflösung solcher Trusts und Auskehrung des Vermögens Schenkungsteuer fällig.

5 Schenkungsteuerpflicht der ursprünglichen Vermögensübertragung auf einen Trust

5.1 Irrevocable Discretionary Trusts (unwiderruflicher Ermessenstrust)

1057   Hinsichtlich einer Schenkungsteuerpflicht der ursprünglichen Vermögensübertragung kommt es auf den Stichtag der Trusterrichtung 4.3.1999 an, wie bereits oben in der Einführung aufgeführt. Während für Altfälle vor dem 4.3.1999 mangels Schenkungsteuerpflicht keine Schenkungsteuer hinterzogen werden konnte, sind Gründungen nach dem 4.3.1999 wegen der für die Schenkungsteuer geltenden langen Anlaufhemmung möglicherweise noch nicht verjährt. Denn in vielen Fällen lebt der Trusterrichter noch und die Finanzbehörden haben im Regelfall keinerlei Kenntnis über die Trusterrichtung und Vermögensübertragung erlangt (zur Anlaufhemmung vgl. § 170 Abs. 5 Nr. 2 AO).

HINWEIS:

Daher ist im Zuge der Auflösung ggf. Schenkungsteuer im Rahmen einer Nachversteuerung (Selbstanzeige) nachzuerklären. Darüber hinaus sind alle Vermögensübertragungen auf einen vor dem 4.3.1999 errichteten Trust, die nach diesem Stichtag erfolgt sind, hinsichtlich einer ggf. hinterzogenen Schenkungsteuer zu prüfen.

5.2 Revocable Trust (widerruflicher Trust)

1058   Hat der Trusterrichter einen Revocable Trust errichtet und sich den jederzeitigen Widerruf vorbehalten, ist hinsichtlich einer Schenkungsteuerpflicht der erstmaligen Vermögensübertragung auf den Trust zu unterscheiden:

▶ Hatte der Trusterrichter während des Bestehens des Trust keine Einflussmöglichkeit auf die Vermögensverwaltungs- und Ausschüttungspolitik des Trustee (discretion!), bildete sich eine Vermögensmasse i.S. des § 7 Abs. 1 Nr. 8 Satz 2 ErbStG, so dass der Vermögensübergang auch hier der Schenkungsteuerpflicht unterlegen hat, falls die Errichtung nach dem 4.3.1999 erfolgt ist. Dies wird u.a. dadurch begründet, dass auch Schenkungen unter freiem Widerrufsvorbehalt als nach dem ErbStG vollzogen gelten, unabhängig vom Übergang des wirtschaftlichen Eigentums.[1]

---

1 Jülicher, „In der Trust-Falle, IStR 1999, S. 106 ff.: Auch der BFH hat im Urt. v. 13.9.1989 II R 67/86, BStBl 1989 II S. 1034 bei Schenkung unter freiem Widerruf einen steuerpflichtigen Vermögensübergang bejaht; Habammer, DStR 2002 S. 425: Vermögensumschichtung gegeben! „Reine Widerrufsmöglichkeit reicht nicht aus".

Die Tatsache, dass der Trusterrichter (Settlor) bei einem widerruflichen Trust das Trustvermögen jederzeit wieder an sich ziehen kann, stellt eine Besteuerung nach § 7 Abs. 1 Nr. 8 Satz 2 ErbStG wieder in Frage. Ein Praxisproblem liegt naturgemäß darin, dass die tatsächliche Durchführung des Trust vom Wortlaut in der Errichtungsurkunde nicht selten abweicht. Der Grundsatz der Einheitlichkeit der Rechtsordnung verlangt die Übertragung ertragsteuerlicher Wertungen auf das ErbStG. Daraus folgt, dass ertragsteuerlich eine rein faktische Betrachtungsweise zu Grunde zu legen ist, d. h., als bezugsberechtigt angesehen wird im Ertragsteuerrecht derjenige, der einen Rechtsanspruch oder wenigstens eine gesicherte Rechtsposition hat, oder derjenige, der Zuwendungen tatsächlich erhalten hat. Sofern der Trusterrichter tatsächlich Einfluss auf die Vermögensverwaltungs- und Ausschüttungspolitik des Trustee nimmt oder genommen hat und darüber hinaus auch ein Widerrufsrecht vorbehalten hat, ist auf einen vereinbarten Fixed Interest Revocable Trust zu schließen. Das heißt: Bei Errichtung eines Fixed Interest Revocable Trust fällt mangels „echtem" Vermögensübergang keine Schenkungsteuer an. Das Trustvermögen verbleibt beim Trusterrichter als Treugeber.

HINWEIS:

Eine Vermögensübertragung auf einen widerruflichen Trust unterliegt keiner Besteuerung nach § 7 Abs. 1 Nr. 8 Satz 2 ErbStG, wenn folgende Voraussetzungen kumulativ gegeben sind:

1. Der Trust ist jederzeit widerruflich,
2. der Trustee unterliegt den Weisungen des Trusterrichters,
3. der Trustee kann jederzeit und ohne Bedingung entlassen bzw. abgelöst werden,
4. der Trusterrichter nimmt wesentlichen Einfluss in die Anlage- und Vermögensentscheidung des Trustee.

6 Besteuerung zwischenzeitlicher Ausschüttungen und Vermögensauskehrungen während des Bestehens eines Trusts

Als schenkungsteuerpflichtige freigebige Zuwendungen gelten auch Auskehrungen von Vermögensteilen aus dem Trust während des Bestehens der Vermögensmasse (des Trusts). Das Gesetz (§ 7 Abs. 1 Nr. 9 Satz 2 ErbStG) spricht hier von „Zwischenberechtigten". Zwar definiert das Gesetz nicht, welcher Personenkreis unter die Zwischenberechtigten fällt. Bei sachgerechter Auslegung ergibt sich jedoch, dass zum Personenkreis der Zwischenberechtigten die Anfalls- und auch Bezugsberechtigten eines Trusts gehören. Der Besteuerung unterworfen wird dabei „alles", was aus dem Trust herauskommt, seien es nun

1059

Teile des Vermögens oder seien es erwirtschaftete Erträge. Unbeachtlich ist auch, ob ein Rechtsanspruch (beim Fixed Trust) besteht oder nicht.

1060 Unterschiedliche Meinungen bestehen hinsichtlich der Tatsache, ob die laufenden Ausschüttungen aus den erwirtschafteten Erträgen des Trusts oder nur Auskehrungen aus der Vermögensmasse von der Schenkungsteuerpflicht erfasst sind. Legt man eine enge Auslegung des Gesetzeswortlauts zu Grunde (das Gesetz spricht von „Erwerb", das ist jede Form der Bereicherung), folgt daraus, dass sowohl Auskehrungen von Teilen des Vermögens als auch der erwirtschafteten Erträge unter § 7 Abs. 1 Nr. 9 Satz 2 ErbStG zu subsumieren ist. Die Belegung von Ausschüttungen an Zwischenberechtigte mit Schenkungsteuer ist danach – jedenfalls soweit es sich um satzungsgemäß an sie auszuschüttende Erträge handelt (ist beim Fixed Interest Strict Trust der Fall) – systemwidrig.

1061 Die Schenkungsteuer auf zwischenzeitliche Ausschüttungen und Vermögensauskehrungen während des Bestehens eines Trusts führt in vielen Fällen zu einer Doppel- oder Dreifachbesteuerung, nämlich mit deutscher Einkommensteuer nach § 22 EStG, deutscher Schenkungsteuer und ggf. mit ausländischen Einkommen- oder Quellensteuern, die dem Trust verrechnet werden. Diverse Anrechenbarkeiten zur Milderung der Mehrfachbesteuerung sind nicht gegeben. Ausländische Steuern sind im Regelfall wegen der Entsprechensklausel nach § 21 ErbStG nur in engen Grenzen anrechenbar.

In diesem Zusammenhang kann es nur ein schwacher Trost sein, dass die deutsche Finanzverwaltung für die Besteuerung zwischenzeitlicher Vermögensauskehrung das Steuerklassenprivileg für Stiftungen (§ 15 Abs. 2 Satz 2 ErbStG) für anwendbar hält. Letzteres ändert auch nichts daran, dass Begünstigte eines Fixed Interest Strict Trusts gegenüber Begünstigten von Auslandsstiftungen benachteiligt sind, als Letztere satzungsmäßige Ausschüttungen (weil keine freigebige Zuwendung) schenkungsteuerfrei vereinnahmen können. Die Belegung zwischenzeitlicher Ausschüttungen und Vermögensauskehrungen mit Schenkungsteuer ist auch wegen der oben dargestellten Fiktion systemwidrig, weil diese Trusts für Zwecke der Besteuerung von Vermögensübertragungen gerade den Auslandsstiftungen gleichstehen sollen. Es wäre daher konsequent, für von der Trustsatzung gedeckte Zuwendungen, auf die ein Rechtsanspruch besteht, welcher die Qualifikation der Zuwendung als freigebige Zuwendung ausschließt, keine Schenkungsteuerpflicht zu begründen. Nichtsdestotrotz müssen sich die Begünstigten eines Trusts vor deren Auflösung fragen, ob ihnen während des Bestehens Zuwendungen zugeflossen sind, welche dann ggf. im Zuge der Auflösung nachversteuert werden müssen.

7 Auflösung des Trusts und Auskehrung des Trustvermögens

7.1 Irrevocable Trust

Wird ein unwiderruflicher (irrevocable) Trust aufgelöst, unterliegt der Schenkungsteuer analog der Ausführungen zum Revocable Trust dasjenige, was bei Auflösung eines Trusts an die Begünstigten ausgekehrt wird (§ 7 Abs. 1 Nr. 9 ErbStG). Für die Besteuerung der Vermögensauskehrung gilt das Steuerklassenprivileg des § 15 Abs. 2 Satz 2 ErbStG. Die Begünstigten werden hinsichtlich Verwandtschaftsgrad und des anwendbaren Freibetrags dabei wiederum so gestellt, als hätten sie die Zuwendungen vom Trusterrichter (Settlor) direkt erhalten.

1062

Ein unwiderruflicher (irrevocable) Trust wird ohne vorbehaltene Rückforderungsrechte errichtet. Hier ist es bislang höchstrichterlich nicht geklärt, ob Vermögensauskehrungen aus dem Trust an den Trusterrichter der Schenkungsteuer als steuerpflichtige Rückschenkung unterliegen.

7.2 Revocable Trust

Wird – etwa anlässlich einer drohenden Nachversteuerung eines sich auf einem Schweizer Konto befindenden Trustvermögens – ein widerruflicher (revocable) Trust aufgelöst, unterliegt der Schenkungsteuer dasjenige, was bei Auflösung eines Trusts an die Begünstigten ausgekehrt wird (§ 7 Abs. 1 Nr. 9 ErbStG). Für die Besteuerung der Vermögensauskehrung gilt das Steuerklassenprivileg des § 15 Abs. 2 Satz 2 ErbStG. Die Begünstigten werden hinsichtlich Verwandtschaftsgrad und des anwendbaren Freibetrags so gestellt, als hätten sie die Zuwendungen vom Trusterrichter (Settlor) direkt erhalten.

1063

> **HINWEISE:**
> ▶ Eine bei Errichtung des widerrufichen Trusts gezahlte Schenkungsteuer ist nach § 29 Abs. 1 Nr. 1 ErbStG rückforderbar. Voraussetzung ist, dass das Rückforderungsrecht bereits bei der Trusterrichtung festgelegt worden ist. Bei späterer Vereinbarung würde in der Auflösung des Trusts und Auskehrung des Trustvermögens eine selbstständige Rückschenkung vorliegen, aufschiebend bedingt auf den Zeitpunkt der Ausübung des Widerrufs.
> ▶ Der Vermögensrückfall an den Trustgründer stellt, sofern diese auf Grundlage eines von vornherein in der Satzung vereinbarten Rückfallrechts geschieht, keine freigebige Zuwendung des Trusts an den Trustgründer dar (gilt für den Revocable Trust). Denn der Trustee gibt hier nicht freiwillig Vermögen heraus, sondern der Trustgründer erhält das Vermögen auf Grund seines Rückforderungsrechts zurück, das er sich

vorbehalten hatte. Damit kann keine steuerpflichtige freigebige Zuwendung i. S. von § 7 Abs. 1 ErbStG begründet werden. Dasselbe gilt, wenn Vermögen dem Trustgründer als Bezugsberechtigten herauszugeben ist, nach den eigenen Vorgaben des Trusterrichters.

1064 **ZUSAMMENFASSENDE HINWEISE:**

Soll ein Vermögenstrust aufgelöst werden, stellen sich für die Begünstigten regelmäßig folgende Fragen:

▶ War die anlässlich der Trusterrichtung erfolgte Vermögensübertragung auf den Trust schenkungsteuerpflichtig? Hierzu ist das Datum der Trusterrichtung und der Vermögensübertragung hinsichtlich einer möglichen hinterzogenen Schenkungsteuer zu prüfen! Wird bei Auflösung des Trusts und Auskehrung des Trustvermögens Schenkungsteuer fällig?

▶ Was ist, wenn während des Bestehens des Trusts Zuwendungen an die Begünstigten erfolgten? Hier wäre ggf. eine Schenkungsteuerpflicht zu prüfen, wenn es sich um einen „Discretionary" Trust handelte, weil die Begünstigten dann ohne Rechtsanspruch eine Vermögenszuwendung (Bereicherung) erfahren haben.

▶ Unter dem Gesichtspunkt der reinen Erbfolgeplanung kann ein Vermögenstrust allerdings durchaus weiterhin Sinn machen (so etwa als Testamentsvollstreckungsvehikel) – vorausgesetzt die Erträge werden nach Maßgabe des § 15 AStG regelmäßig vom Trusterrichter oder den Begünstigten versteuert.[1]

▶ Ein steuerkonformer Vermögenstrust ermöglicht es,

– mehr als nur eine Generation an einem bestimmten Vermögen zu beteiligen (sog. Interest-In-Possession-Trusts).

– Ein Trust schützt Familienvermögen vor verschwenderischen Familienangehörigen, weil er ihnen die Verfügungsgewalt über das Vermögen entzieht.

– Ein Trust kann zur finanziellen Absicherung behinderter Personen errichtet sein, eine Auflösung dürfte dann schwierig und auch nicht zweckmäßig sein.

– Ein Trust kann auch zur Umgehung von Pflichtteilsrechten lästiger Erben gegründet worden sein oder eben nur,

– um weltweit gestreutes Vermögen an einem Punkt zu koordinieren und zusammenzufassen.

8 Exkurs: Behandlung von Vermögenstrusts im deutschen Ertragsteuerrecht

8.1 Allgemeines

1065 Kommt es zur Auflösung eines Trusts, ist zwingend auch die ertragsteuerliche Ebene zu durchleuchten, um etwaig begangene Steuerhinterziehungen des

---

1 Vgl. hierzu anschließend Rdn. 1065.

Trusterrichters und/oder der Trustbegünstigten zu erkennen und ggf. Selbstanzeige zu erstatten.

Eine Ertragsteuerpflicht der Trustbeteiligten für die im Namen und für Rechnung des Trusts vereinnahmten Kapitaleinkünfte ergibt sich aus den Regelungen sowohl des § 15 AStG als auch aus der Vorschrift des § 39 AO. Diese werden nachfolgend näher erläutert.

8.2 Zurechnungs-(Durchgriffs-)Besteuerung bei Trusts

8.2.1 Zurechnung von Trustvermögen/Einkommen auf den Trusterrichter nach § 39 AO

Nach § 39 Abs. 2 Nr. 1 Satz 2 AO ist, sofern ein „anderer als der Eigentümer die tatsächliche Herrschaft über ein Wirtschaftsgut in der Weise" ausübt, „dass er den Eigentümer im Regelfall für die gewöhnliche Nutzungsdauer von der Einwirkung auf das Wirtschaftsgut wirtschaftlich ausschließen kann", das Wirtschaftsgut diesem zuzurechnen. Auf den Trust übertragen hieße das, dass das Trustvermögen nicht dem Trustee, sondern dem Trusterrichter oder den Begünstigten zuzurechnen wäre, sofern der Trustee diesen Trustbeteiligten gegenüber weisungsgebunden wäre und die Trustkonstruktion einem Treuhandverhältnis gleicht. Der BFH[1] hat in diesem Zusammenhang über Treuhandverhältnisse bei einem Immobilienfonds entschieden, dass die Zurechnung der Einkünfte beim Treugeber voraussetzt, dass der Treuhänder ausschließlich auf Rechnung und Gefahr des Treugebers handelt und dieser nach der Ausgestaltung des Treuhandverhältnisses und nach den sonstigen Umständen gegenüber dem Treuhänder eine derart beherrschende Stellung einnimmt, dass er wirtschaftlich die Rechte und Pflichten aus dem Mietverhältnis trägt.

Übertragen auf den Trust würde dies wiederum bedeuten, dass es zu einer Zurechnung i.S. des § 39 Abs. 2 Nr. 1 Satz 2 AO nur dann kommen kann, wenn der Trusterrichter bzw. Begünstigte über den unmittelbar handelnden Trustee das Marktgeschehen beherrscht. Nach Auffassung des BFH wäre das nur dann der Fall, wenn der Treugeber wesentlichen Einfluss auf die vertragliche Ausgestaltung des Treuhandverhältnisses hat, dem Treuhänder Weisungen für die Begründung und Ausgestaltung des Mietverhältnisses geben kann und tatsächlich gibt, und wenn er das Treugut (Trustvermögen) jederzeit – ohne wesentliche wirtschaftliche Einbußen – herausverlangen kann. Nicht ausreichend für die Zurechnung der Einkünfte beim Trusterrichter ist danach, dass ihm das

1066

---

1 BFH v. 27.1.1993 IX R 269/87, BStB 1994 II S. 615.

wirtschaftliche Ergebnis zugutekommt. Eine bloße Begünstigtenstellung allein reicht also nicht aus.

Übertragen auf den Trust bedeutet dies, dass § 39 Abs. 2 Nr. 1 Satz 2 AO ausschließlich beim Revocable Trust Anwendung finden kann. Ein Revocable Trust ist wie oben gesehen keine selbstständige Vermögensmasse i. S. von §§ 1 ff. KStG mit der Konsequenz einer vollen steuerlichen Zuordnung von Vermögen und Ertrag auf den Settlor (Treugeber), wenn:

- ▶ Erträge vorbehalten wurden,
- ▶ Vermögen am Ende der Laufzeit ausschließlich an den Settlor zurückfließt,
- ▶ der Settlor jederzeit die Möglichkeit hat, Trustgüter zu verwerten, und dem Trustee hinsichtlich der Vermögensanlagen Weisungen erteilt, die dieser befolgen muss (Vorsicht Mandatsvertrag!)
- ▶ der Settlor den Trustee jederzeit abberufen kann,
- ▶ Widerruflichkeit des Trusts besteht,
- ▶ der Trustee ausschließlich auf Rechnung und Gefahr des Settlors handelt,
- ▶ beherrschende Stellung des Settlors besteht (Tragung von Rechten und Pflichten aus dem Verhältnis Treuhänder – Dritte),
- ▶ Verwertung der Wirtschaftsgüter und Nutzungsmöglichkeiten durch den Settlor oder auf deren Weisung erfolgt,
- ▶ eine allgemeine Weisungsbefugnis zwischen Treugeber – Treuhänder besteht.

Eine Zurechnung von Trustvermögen/Einkommen auf den Treugeber nach § 39 Abs. 2 Nr. 1 Satz 2 AO kann hingegen bei einem Irrevocable Discretionary Trust nicht greifen bzw. ist durch eine solche Konstruktion abwendbar! Bei einem Irrevocable Discretionary Trust ist weder eine rechtliche noch eine tatsächliche Einflussnahme auf den Trustee gegeben (der Settlor beherrscht das Trustverhältnis nicht) und außerdem fehlt es wie gesehen an einem Widerrufsrecht.

8.2.2 Zurechnung von Trustvermögen/Einkommen auf Trustbeteiligte nach AStG

1067 Ausländische Trusts werden gemäß § 15 Abs. 4 AStG als Vermögensmasse (Zweckvermögen) unter bestimmten Voraussetzungen Familienstiftungen gleichgestellt. Diese Umdeutung ist möglich, weil § 15 AStG nicht auf den Begriff „Stiftung" als solchen abzielt, sondern ausschließlich auf die Funktion. Besteht die Funktion eines Trusts darin, den Settlor, seine Angehörigen und/oder deren Abkömmlinge zu mehr als der Hälfte zu begünstigen, sind die Voraussetzungen des § 15 AStG gegeben. Es genügt dabei, wenn ein oder mehrere

Abkömmlinge allein oder zusammen zu mehr als der Hälfte bezugs- oder anfallsberechtigt sind. Sofern ein Bezugs- oder Anfallsberechtigter Angehöriger i. S. des § 15 AStG ist, ist der Trust ein Familientrust, so dass auch Nichtangehörigen als Begünstigte die Bezüge aus dem Trust zugerechnet werden können. Ein Angehöriger unter den Bezugsberechtigten, die die Voraussetzungen des § 15 AStG erfüllen, löst bei allen anderen die Zurechnungsbesteuerung aus!

Laut Habammer[1] setzt die Zurechnungsbesteuerung voraus, dass nach den Umständen, insbesondere nach der Trust-Vereinbarung (Trust Deed) zu erwarten ist, dass der Begünstigte die vom Trust erwirtschafteten Erträge zukünftig erhalten wird. Hierzu ist eine Prognoseentscheidung zu treffen, wobei der mutmaßliche Geschehensablauf im Hinblick auf die Zuwendungen vorhergesehen werden muss. Die Berechtigung muss somit bestimmbar und damit auch prognostizierbar sein. Zuwendungen an Begünstigte nur für bestimmte Notfälle oder bei Bedürftigkeit lassen keine Prognostizierbarkeit zu und schließen damit eine Berechtigung aus.[2]

1068

Bei der Zurechnung von Einkommen und Vermögen nach § 15 AStG rangiert der Trusterrichter – wie der Stifter – an erster Stelle. Voraussetzung ist, dass er seinen Wohnsitz oder gewöhnlichen Aufenthalt in Deutschland hat. An zweiter Stelle rücken die Bezugs- oder Anfallsberechtigten nach, wobei hier den Bezugsberechtigten Vorrangstellung zukommt. Ist Bezugsberechtigter beispielsweise der Sohn des Settlors und Anfallsberechtigter das Enkelkind, unterliegt nur der Sohn der Steuerpflicht. Das Enkelkind folgt an dritter Stelle.

1069

8.3 Die steuerliche Schlüsselrolle des Letter of Wishes bei deutschen Trusterrichtern

Der sog. Letter of Wishes (vielfach auch als „Memorandum of Wishes" bezeichnet) verkörpert ein Dokument mit indirekten faktischen Weisungsrechten, in dem der Errichter eines unwiderruflichen Discretionary Trusts gegenüber den Trustees Wünsche bezüglich der Verwaltung des Trustvermögens, der Zuwendungen an bestimmte Begünstigte usw. schriftlich fixiert. Zwar entfaltet der Letter of Wishes nach angelsächsischem Trustrecht keine Verbindlichkeit gegenüber den Trustees. Der Letter of Wishes lässt im Regelfall auch kein nießbrauchsähnliches Nutzungsrecht entstehen, denn die Begünstigten

1070

---

1 Der ausländische Trust im deutschen Ertrag- und Erbschaft- und Schenkungsteuerrecht, DStR 2002 S. 425.
2 Habammer, a. a. O., Tz. 4.3.2.: „Der Begünstigte ist dann ein nicht berechtigter Zufallsdestinatär, bei dem eine Zurechnung nach § 15 AStG ausgeschlossen ist."

am Trust können über das Trustvermögen erst nach Auflösung des Trusts und Auskehrung des Trustvermögens frei verfügen.

1071 Die deutsche Finanzverwaltung neigt indessen dazu, über die Regelungen im Erlass zum AStG[1] hinaus den Letter of Wishes wegen seiner faktischen Bindungswirkung mit Satzungen von Familienstiftungen gleichzustellen. Tatsächlich lassen sich aus einem solchen Letter of Wishes oder einem entsprechenden Memorandum indirekt Weisungsrechte des Settlors gegenüber den Trustees herleiten, da der Settlor gegenüber den Trustees einen Anspruch auf fehlerfreie Ausübung des Trustermessens beim discretionary Trust hat. Die Trustees halten sich somit in Erfüllung eines fehlerfreien Ermessens an die Wünsche des Trusterrichters im Letter of Wishes. Dadurch können sich aus der Existenz eines solchen Dokumentes diverse Bezugs- und/oder Anwartschaftsrechte für die Trustbegünstigten herleiten lassen, welche sich wegen der bei den Bezugsberechtigten greifenden Zurechnungs-/Durchgriffsbesteuerung nach § 15 AStG steuerschädlich auswirken können. Letztere können somit ihren Status als Zufallsdestinatäre gefährdet sehen, wenn ein Letter of Wishes bzw. ein solches Memorandum vom Trusterrichter erstellt worden ist.

Zur Vermeidung diesbezüglicher steuerlicher Risiken sollte ein Letter of Wishes – sofern der Trustsettlor einen solchen überhaupt verfassen möchte – erst nach dem Tode des Trusterrichters den Trustees vorgelegt werden, so dass zu Lebzeiten des Trusterrichters eines Discretionary Trusts jegliche Zurechnungsbesteuerung ausgeschlossen werden kann.

Alternativ zum Letter of Wishes kann der Trusterrichter einen Protektor bestimmen, welcher die Interessen und Wünsche des Trusterrichters gegenüber den Trustees vertritt. Mündliche Abreden zwischen dem Protektor und dem Trusterrichter können keine eine Zurechnungs-/Durchgriffsbesteuerung auslösende gesicherte Rechtsposition der Trustbeteiligten begründen.

8.4 Trustausschüttungen als steuerpflichtige wiederkehrende Bezüge i. S. des § 22 Nr. 1 EStG

1072 Erhalten Zufallsdestinatäre, also jene Begünstigte, die nach § 15 AStG nicht als Bezugs- oder Anfallsberechtigte gelten, in regelmäßigen Abständen tatsächliche Bezüge aus dem Trust, kann diesen die Steuerpflicht auch zum Zeitpunkt des tatsächlichen Zuflusses treffen. Die Anwendung des § 22 Nr. 1 EStG (Qualifizierung der Trustausschüttungen als wiederkehrende Bezüge) wird durch

---

[1] Anwendungserlass v. 14. 5. 2004, BStBl I Sondernr. 1/2004 S. 3, Tz. 15.2.1.

§ 15 Abs. 1 und 4 AStG zwar verdrängt. Die Zurechnung gemäß § 15 Abs. 1 AStG ist wegen des lex-specialis-Charakters der Vorschrift vorrangig, weil sie das gesamte Einkommen der ausländischen Familienstiftung (Zweckvermögen) unabhängig von deren Auskehrungen umfasst. Wenn § 15 AStG jedoch nicht greifen kann, kann § 22 Nr. 1 EStG bei jenen „Zufallsdestinatären" greifen, die „freiwillige Ausschüttungen" des Trustee in einer gewissen Regelmäßigkeit erhalten.

Die Annahme wiederkehrender Bezüge i. S. des § 22 Nr. 1 EStG setzt allerdings voraus, dass sich diese auf Grund eines von vornherein gefassten einheitlichen Entschlusses oder eines einheitlichen Rechtsgrundes mit einer gewissen Regelmäßigkeit, wenn auch nicht immer in gleicher Höhe, wiederholen.[1] Soweit Auszahlungen durch immer wieder neue unabhängige Entschlüsse der Trustees erfolgen, ist die Anwendung des § 22 EStG zweifelhaft.

(einstweilen frei)   1073–1100

---

[1] BFH, Urt. v. 20. 7. 1971 VIII 24/65, BFHE 103 S. 410, BStBl II 1972 S. 170 und v. 19. 10. 1978 VIII R 9/77, BFHE 126 S. 405, BStBl II 1979 S. 133.

Teil IX: Grenzüberschreitende Vermögensübertragung

1 Allgemeines

1101 Grenzüberschreitende Vermögensübertragen haben in letzter Zeit im Zuge der internationalen Ausrichtung und Globalisierung an Bedeutung gewonnen. Sowohl Erlasser/Schenker als auch der/die Erwerber haben vielfach ihre(n) Wohnsitz(e) ins Ausland verlegt. Dadurch kann es nicht selten zu einer doppelten Besteuerung mit Erbschaft- und Schenkungsteuer kommen, da Deutschland bisher nur insgesamt sechs Doppelbesteuerungsabkommen auf dem Gebiet der Erbschaftsteuern geschlossen hat, die eine solche Doppelbsteuerung vermeiden.

Eine doppelte Besteuerung kommt u. a. dadurch zustande, dass das deutsche Erbschaftsteuerrecht die unbeschränkte Erbschaftsteuerpflicht wie oben in Teil III (Rdn. 333) bereits erläutert, an den Wohnsitz der/des Erblasser/s und an jenen des/der Erwerber knüpft. Danach ist Steuerpflicht gegeben, wenn entweder der Erblasser mit letztem Wohnsitz in Deutschland verstorben ist oder der Erbe im Zeitpunkt der Entstehung der Steuerschuld ein Inländer ist. Unbeschränkte Schenkungsteuerpflicht ist gegeben, wenn der Schenker im Zeitpunkt der Schenkung oder der Beschenkte im Zeitpunkt der Entstehung der Steuerschuld Inländer ist. Damit reicht es aus, wenn ein an der Vermögensübertragung Beteiligter in Deutschland wohnt. Umso bedauerlicher ist es, dass die Zahl der Doppelbesteuerungsabkommen auf dem Gebiet der Erbschaft- und Schenkungsteuer in den letzten Jahren trotz ständiger Zunahme von Auslandssachverhalten nicht erweitert worden ist.

1 Allgemeines

Aktuell sind folgende Doppelbesteuerungsabkommen auf dem Gebiet der Erbschaft- und Schenkungsteuern in Kraft: 1102

TAB. 31: Überblick aktuelle ErbSt-DBA

Land	DBA	Datum/Fundstelle
Dänemark	Abkommen zwischen der Bundesrepublik Deutschland und dem Königreich Dänemark zur Vermeidung der Doppelbesteuerung bei den Steuern vom Einkommen und vom Vermögen sowie bei den Nachlass-, Erbschaft- und Schenkungssteuern und zur Beistandsleistung in Steuersachen (Deutsch-dänisches Steuerabkommen)	22.11.1995, BStBl 1996 I S. 1219
Frankreich	Abkommen zwischen der Bundesrepublik Deutschland un der Französischen Republik zur Vermeidung der Doppelbesteuerung der Nachlässe, Erbschaften und Schenkungen	12.10.2006, BStBl 2009 I S. 1258
Griechenland	Abkommen zwischen Deutschland und Griechenland über die Besteuerung des beweglichen Nachlassvermögens	18.11./1.12.1910, RGBl 1912 S. 173 ff.
Schweden	Abkommen zwischen der Bundesrepublik Deutschland und dem Königreich Schweden zur Vermeidung der Doppelbesteuerung bei den Steuern vom Einkommen und vom Vermögen sowie bei den Erbschafts- und Schenkungssteuern und zur Leistung gegenseitigen Beistands bei den Steuern (Deutsch-schwedisches Steuerabkommen)	14.7.1992, BStBl 1994 I S. 422, BGBl 1994 II S. 686
Schweiz	Abkommen zwischen der Bundesrepublik Deutschland und der Schweizerischen Eidgenossenschaft zur Vermeidung der Doppelbesteuerung auf dem Gebiet der Nachlaß- und Erbschaftsteuern	30.11.1978, BStBl 1980 I S. 243
Vereinigte Staaten	Abkommen zwischen der Bundesrepublik Deutschland und den Vereinigten Staaten von Amerika zur Vermeidung der Doppelbesteuerung auf dem Gebiet der Nachlass-, Erbschaft- und Schenkungsteuern	21.12.2000, BGBl 2001 II S. 65 bzw. BStBl 2001 I S. 114

1103 Zum 31.12.2007 ist das Erbschaftsteuer-DBA mit Österreich weggefallen. Die Bundesregierung hat die Abschaffung der österreichischen Erbschaft- und Schenkungsteuer zum Anlass genommen, das- wegen der Freistellungsmethode – unliebsame Doppelbesteuerungsabkommen vom 4.10.1954[1] zum 31.12.2007 zu kündigen. Das ErbSt-DBA sicherte sowohl deutschen Unternehmern für ihr österreichisches Betriebsvermögen als auch deutschen Wahlösterreichern mit Hauptwohnsitz in Österreich eine Art „Abschirmwirkung" zu.

HINWEIS:

Steuerfreie Vermögensübergänge innerhalb der grenzüberschreitenden Vermögensübertragung verlangen primär die Negierung der unbeschränkten Erbschaftsteuerpflicht auch auf Ebene der Erben-(Empfänger-)Generation!

2 Erwerb von Inlandsvermögen, Option für unbeschränkte Steuerpflicht

2.1 Inlandsvermögen, Übersicht

1104 Zum Inlandsvermögen zählt (vgl. § 121 Abs. 2 BewG):

- ► Inländisches land- und forstwirtschaftliches Vermögen,
- ► inländisches Grundvermögen,
- ► inländisches Betriebsvermögen,
- ► inländisches sonstiges Vermögen wie

    wesentliche Beteiligungen (zu mindestens einem Zehntel unmittelbar/mittelbar),

- ► Erfindungen,
- ► Gebrauchsmuster,
- ► einem inländischen Betrieb überlassene Wirtschaftsgüter,
- ► grundpfandrechtlich gesicherte Forderungen,
- ► Forderungen aus stillen Beteiligungen und partiarischen Darlehen, wenn der Schuldner Wohnsitz oder gewöhnlichen Aufenthalt, Sitz oder Geschäftsleitung im Inland hat, sowie
- ► alle Nutzungsrechte an dem genannten Inlandsvermögen.

---

1 BGBl 1955 II S. 755.

2.2 Inlandsvermögen, Erläuterungen

Zum inländischen Grundvermögen zählen alle im Inland belegenen Grundstücke. Ein Anspruch auf Übereignung eines solchen gehört dagegen nicht dazu. Inländisches Betriebsvermögen ist das Vermögen, das einem im Inland betriebenen Gewerbe dient. Kennzeichnend hierfür ist nicht etwa eine im Inland unterhaltene Betriebsstätte. Für die beschränkte Steuerpflicht genügt bereits, wenn ein ständiger Vertreter für den Gewerbebetrieb bestellt ist. Auch Beteiligungen eines Ausländers an einer inländischen Personengesellschaft gehören dazu.

1105

Zum inländischen sonstigen Vermögen gehören insbesondere Beteiligungen beschränkt Steuerpflichtiger an einer inländischen Kapitalgesellschaft, die mindestens 10 % betragen. Unerheblich ist, ob die 10-%-Quote durch unmittelbare oder durch mittelbare Beteiligung über Treuhänder oder nahe stehende Personen i. S. des § 1 Abs. 2 AStG erreicht wird. Wird zunächst nur ein Teil aus der 10-%-Beteiligung übertragen, der Rest innerhalb der nächsten zehn Jahre, so sind auch diese Beteiligungen als Inlandsvermögen zu behandeln, auch wenn im Zeitpunkt der zweiten Schenkung auf Seiten des Erblassers/Schenkers infolge der Vorschenkung gar keine 10-%-Beteiligung mehr gegeben war.

1106

Anteile an einer inländischer Gesellschaft, die mittelbar über eine ausländische Gesellschaft gehalten werden, zählen nicht zum Inlandsvermögen, werden aber bei der Berechnung der Mindestbeteiligung berücksichtigt. Zum besteuerten Inlandsvermögen kann das Finanzamt solche mittelbaren Beteiligungen nur rechnen, wenn es ein verdecktes Treuhandverhältnis oder einen Gestaltungsmissbrauch i. S. von § 42 AO begründen kann.

1107

Die Generalklausel des § 121 Abs. 2 Nr. 6 BewG erfasst schließlich alle Wirtschaftsgüter, die einem inländischen Gewerbebetrieb überlassen sind. Hierunter fallen auch immaterielle Wirtschaftsgüter wie Lizenzen oder Urheberrechte. Um die Lückenlosigkeit des § 121 Abs. 2 perfekt zu machen, erfasst Nr. 9 alle Nutzungsrechte an solchen Wirtschaftsgütern, die Inlandsvermögen darstellen, z. B. den Nießbrauch.

Ausschließlich mittelbar über eine ausländische Gesellschaft gehaltene Anteile an einer inländischen Kapitalgesellschaft führen nicht zu einer beschränkten Erbschaftsteuerpflicht, es sei denn, es liegt ein Missbrauch von Gestaltungsmöglichkeiten vor (§ 42 AO, R E 2.2 Abs. 3 Satz 6 ErbStR 2011). Letzteres kommt in Betracht, wenn für die Einschaltung der ausländischen Gesellschaft wirtschaftliche oder sonstige beachtliche Gründe fehlen und sie keine eigene Wirtschaftstätigkeit entfaltet.[1]

Wertpapiere, Sparbücher oder Edelmetalle gehören nicht zum steuerpflichtigen Inlandsvermögen, und zwar auch dann nicht, wenn sie im Inland aufbewahrt sind. Nachfolgend wird allerdings noch festzustellen sein, dass sich der Begriff „Inlandsvermögen" erheblich erweitert, wenn es zur erweiterten beschränkten Steuerpflicht nach dem Außensteuergesetz kommt.

2.3 Erweitertes Inlandsvermögen bei erweitert beschränkter Steuerpflicht

1108 Die erweiterte beschränkte Steuerpflicht tritt immer dann ein, wenn infolge eines Wohnsitzwechsels in niedrigbesteuerte Gebiete das Außensteuergesetz (§ 4 AStG) zur Anwendung kommt. Des Weiteren wird bei der erweiterten beschränkten Steuerpflicht unterstellt, dass die Voraussetzungen der vorstehend besprochenen beschränkten Steuerpflicht (aus Inlandsvermögen) gegeben sind. Eine erweiterte beschränkte Steuerpflicht kann auch nur dann eintreten, wenn keine unbeschränkte und erweitert unbeschränkte Steuerpflicht – also die Wegzugsteuer – bei Geber und Erwerber besteht.

1109 Die erweitert beschränkte Erbschaftsteuerpflicht nach § 4 AStG tritt also nur dann ein, wenn weder der Erblasser (Schenker) noch der Erwerber Inländer sind, der Erblasser (Schenker) aber früher Inländer war, im Zeitpunkt der Besteuerung noch wirtschaftliche Interessen in Deutschland hat, seinen Wohnsitz oder gewöhnlichen Aufenthalt aber vor mindestens fünf Jahren, jedoch noch nicht zehn Jahren in ein Niedrigsteuerland verlegt hat, das keine Erbschaftsteuern kennt oder weniger als 30 % der deutschen Erbschaftsteuer erhebt. Ein Niedrigsteuerland (bzw. eine Niedrigbesteuerung) liegt vor, wenn die in dem ausländischen Gebiet erhobene Einkommensteuer bei einem Einkommen von 77 000 € einer unverheirateten natürlichen Person um mehr als ein Drittel niedriger als die entsprechende deutsche Einkommensteuer liegt (1. Alternative). Zum anderen ist eine Niedrigbesteuerung gegeben (§ 2 Abs. 2 Nr. 2 AStG), wenn die betroffene natürliche Person in dem ausländischen Gebiet eine Vorzugsbesteuerung in Anspruch nehmen kann (2. Alternative).

1110 Des Weiteren muss der Erblasser oder Schenker in den letzten zehn Jahren vor seiner Auswanderung Deutscher und insgesamt mindestens fünf Jahre unbeschränkt einkommensteuerpflichtig gewesen sein. Und schließlich darf die Be-

---

[1] FinMin Baden-Württemberg, Erl. v. 24. 7. 1997 S 3288/4, ZEV 1997 S. 372.

steuerung nicht auf Grund eines DBA ausgeschlossen sein. Mit „echten" Niedrigsteuerländern bestehen auf dem Gebiet der Erbschaftsteuern abgesehen von der Schweiz[1] keine DBA. Bezüglich der Schweiz ist es so, dass sich trotz der Fünfjahresfrist des Art. 4 Abs. 4 DBA-Schweiz für bestimmte Einkünfte nach Ablauf der Frist ein Besteuerungsrecht für Deutschland ergibt (z. B. Art. 8 DBA-Schweiz).

Kommt es zu einer erweiterten beschränkten Steuerpflicht, bezieht sich diese auf das erweiterte Inlandsvermögen. Das erweiterte Inlandsvermögen erstreckt sich über das oben dargestellte Inlandsvermögen i. S. des § 121 BewG hinaus. Ergänzend kommen dazu:

▶ Kapitalforderungen gegen inländische Schuldner,
▶ Spar- und Bankguthaben,
▶ Aktien und sonstige Anteile an inländischen Kapitalgesellschaften,
▶ Rentenansprüche und Ansprüche auf wiederkehrende Leistungen,[2]
▶ Versicherungsansprüche aller Art,
▶ Edelmetalle, Edelsteine, Münzen sowie
▶ Anteile an einer zwischengeschalteten ausländischen Gesellschaft i. S. von § 5 AStG.[3]

HINWEIS:

Inlandsvermögen und erweitertes Inlandsvermögen kann durch Testament steuerfrei gestellt werden, indem man es einer Vertrauensperson mit der Verpflichtung zuwendet, das Inlandsvermögen in Geldvermögen umzuwandeln und das Bargeld (es stellt erweitertes Inlandsvermögen dar), anschließend den schon mehr als fünf Jahre im Ausland oder mehr als zehn Jahre in einem Niedrigsteuerland wohnhaften Erben zukommen zu lassen. Der Vertrauensperson selbst entstehen keine Steuern. Denn ein Vermächtnis auf Übertragung eines (erweiterten) Inlandsvermögens stellt kein solches dar.

---

1 Abkommen v. 30. 11. 1978, BStBl 1980 I S. 243.
2 Zusätzlich zu Nießbrauchs- und Nutzungsrechten an Inlandsvermögen, die bereits in § 2 Abs. 1 Nr. 3 ErbStG und in § 121 Abs. 2 Nr. 9 BewG erfasst sind.
3 Es müssen hierfür folgende Voraussetzungen gegeben sein: Der Erblasser (Schenker) unterliegt der erweiterten beschränkten Steuerpflicht, er ist an einer ausländischen Zwischengesellschaft beteiligt, er hinterlässt bzw. schenkt Anteile daraus und zum Vermögen der Zwischengesellschaft gehört Inlandsvermögen bzw. erweitertes Inlandsvermögen. Bei Anteilen an Zwischengesellschaften ist somit nicht der gesamte Anteil steuerpflichtig, sondern nur jener in diesem Anteil enthaltene Teil, der Inlandsvermögen bzw. erweitertes Inlandsvermögen darstellt.

2.4 Option für unbeschränkte Steuerpflicht

2.4.1 Rechtslage für Erwerbe, für die die Steuer vor dem 13.12.2011 entstanden ist

1111 Wurde Inlandsvermögen an beschränkt steuerpflichtige Erwerber übertragen, wurde bislang einen nur geringer Freibetrag von 2 000 € gewährt. Die Freibeträge bei unbeschränkter Steuerpflicht belaufen sich indes wie gesehen je nach Verwandtschaftsgrad zwischen 20 000 € und 500 000 €.

Der Europäische Gerichtshof sah hierbei einen Verstoß gegen geltendes EU-Recht, soweit sich der Erbfall/Schenkungsfall innerhalb des EU-Gebietes vollzieht. In dem Verfahren Matter (Rs C-510/08)[1] hat der Europäische Gerichtshof bestimmt, dass es gegen geltendes EU-Recht verstoßen würde, wenn hinsichtlich der Berechnung der Schenkungssteuer im Fall der Schenkung eines im Inland belegenen Grundstücks dann, wenn der Schenker und Schenkungsempfänger zur Zeit der Ausführung der Schenkung ihren Wohnsitz in einem anderen Mitgliedstaat der EU haben (also nicht in Deutschland und damit Schenker und Erwerber in Deutschland nur bei Übertragung von Inlandsvermögen der Steuer unterliegen), ein niedrigerer Freibetrag zur Anwendung kommen würde als jener, der gelten würde, wenn zumindest einer der Beteiligten (also entweder der Schenker oder der Erwerber) im Zeitpunkt der Schenkungsausführung einen Wohnsitz in Deutschland gehabt hätte. In dem Fall ging es um die Schenkung eines in Düsseldorf belegenen bebauten Grundstücks durch die Mutter an die Tochter. Beide lebten im Zeitpunkt der Schenkung in den Niederlanden.

2.4.2 Option zur unbeschränkten Steuerpflicht für Erwerbe, für die die Steuer nach dem 13.12.2011 entstanden ist.

1112 Mit dem Beitreibungsrichtline-Umsetzungsgesetz hat der Gesetzgeber der o. g. EuGH-Rechtsprechung Rechnung getragen und in einer neuen Vorschrift (§ 2 Abs. 3 ErbStG) Erwerbern von steuerpflichtigem Inlandsvermögen, für die die Steuer nach dem 13.12.2011 entstanden ist, ein entsprechendes Antragsrecht eingeräumt, den steuerpflichtigen Vorgang insgesamt als unbeschränkt steuerpflichtig behandeln zu lassen. Das Antragsrecht besteht neben allen Fällen der beschränkten Steuerpflicht auch in allen Fällen der erweiterten beschränkten Steuerpflicht nach dem Außensteuerrecht (§ 4 AStG).[2]

---

[1] EuGH v. 22.4.2010, DStR 2010 S. 861.
[2] Vgl. gleich lautender Ländererlass v. 15.3.2012 S 3801, BStBl 2012 I S. 328, Tz. 1: „Das Antragsrecht gilt auch in den Fällen der erweiterten beschränkten Steuerpflicht nach § 4 AStG."

Voraussetzung ist, dass sowohl der Erblasser/Schenker zum maßgeblichen Besteuerungszeitpunkt oder der Erwerber zur Zeit der Steuerentstehung seinen Wohnsitz in einem Mitgliedstaat der Europäischen Union oder einem Staat hat, auf den das Abkommen über den EWR anzuwenden ist (das sind gegenwärtig das Fürstentum Liechtenstein, Island und Norwegen). Antragsberechtigt sind beschränkt Steuerpflichtige mit Wohnsitz innerhalb des EU/EWR-Gebiets. Damit stehen den dem Grunde nicht unbeschränkt steuerpflichtigen Antragsberechtigten die im Fall einer unbeschränkten Steuerpflicht geltenden Freibeträge zu.

1113

Darüber hinaus kann bei Vorliegen der entsprechenden Voraussetzungen der besondere Versorgungsfreibetrag in Anspruch genommen werden (vgl. oben Abschnitt: „persönliche Steuerfreibeträge" Rdn. 661). Dieser beträgt bei Ehegatten 256 000 € und ist bei Kindern altersabhängig gestaffelt von 10 300 € bis 52 000 €).

Ein Antrag auf Behandlung als unbeschränkt Steuerpflichtiger führt allerdings dazu, dass der gesamte Vermögensanfall, also auch jedes weitere Vermögen, das kein Inlandsvermögen ist, in Deutschland der unbeschränkten Steuerpflicht unterliegt. Dasselbe gilt auch für jedes weitere Vermögen, das innerhalb von zehn Jahren vor und innerhalb von zehn Jahren nach dem betreffenden Inlandsvermögensanfall entstanden ist, sofern eine Zusammenrechnung nach Maßgabe des § 14 ErbStG zu erfolgen hat. Eine isolierte Antragstellung nur für betreffendes Inlandsvermögen hat der Gesetzgeber bewusst ausgeschlossen.[1]

Für die Besteuerung dieser vorangegangenen oder nachfolgenden Erwerbe gilt gemäß den gleich lautenden Ländererlassen v. 15. 3. 2012[2] das Folgende:

1114

► Frühere Erwerbe innerhalb des Zehnjahreszeitraums sind als unbeschränkt steuerpflichtig zu behandeln. Wurde eine Steuer auf Grund beschränkter Steuerpflicht festgesetzt, ist die Festsetzung zu ändern (§ 175 Abs. 1 Satz 1 Nr. 2 AO).

► Künftige Erwerbe innerhalb des Zehnjahreszeitraums sind als unbeschränkt steuerpflichtig zu behandeln, unabhängig davon, worin das Vermögen besteht und ob es in Deutschland oder einem anderen Staat belegen ist.

---

1 Vgl. BT-Drs. 17/6263, S. 64.
2 S 3801, BStBl 2012 I S. 328 Tz. 2.

> **HINWEISE:**
>
> Den Antrag kann auch im Fall der Steuerübernahme durch den Schenker nur der Erwerber stellen.
>
> Ein Antrag auf unbeschränkte Steuerpflicht ist nur dann von Vorteil, wenn es sich in dem konkreten Fall um einen Einzelerwerb handelt, für den insbesondere der hohe Freibetrag zwischen Ehegatten oder Eltern/Kindern von 500 000 € bzw. 400 000 € sowie der Freibetrag in der Steuerklasse II von 20 000 € anstelle des bei beschränkter Steuerpflicht gewährten Freibetrags von 2 000 € genutzt werden kann.
>
> Bei vorhandenem weiteren Vermögen, welches voraussichtlich noch zur Übertragung gelangt, kommt es auf den Einzelfall an.
>
> Wurden in den vergangenen zehn Jahren Vermögenswerte übertragen, muss bedacht werden, dass durch den Antrag auf unbeschränkte Steuerpflicht auch bei diesem Übertragungsvorgang nachträglich eine Steuer ausgelöst wird. In jedem Fall ist das Gebot der Zusammenrechnung früherer Erwerbe nach § 14 ErbStG zu beachten.

Schließlich kann es als Folgewirkung des Antrags zu einer Doppelbesteuerung mit Erbschaft-/Schenkungsteuer kommen, nämlich dann, wenn auch der Wohnsitzstaat des Erblassers oder des Erwerbers den Vorgang besteuert. In diesen Fällen kann die ausländische Erbschaft- oder Schenkungsteuer nach Maßgabe des § 21 ErbStG angerechnet werden. Anrechenbar ist der Teil der deutschen Steuer, der auf Auslandsvermögen entfällt. Da der Erblasser/Schenker in solchen Fällen notwendigerweise kein Inländer ist, zählen zum Auslandsvermögens alle erworbenen Vermögensgegenstände mit Ausnahme der nach § 121 BewG zum Inlandsvermögen gehörenden Vermögensgegenstände (§ 21 Abs. 2 Nr. 2 ErbStG, gemeinsamer Ländererlass v. 15.3.2012, Tz. 6). Ausländische Steuern sind im Regelfall wegen der Entsprechensklausel des § 21 ErbStG nur in engen Grenzen anrechenbar.

3 Grenzüberschreitende Vermögensübertragungen Deutschland – Österreich

3.1 Allgemeines

1115 Mit dem 1.8.2008 wurde in Österreich die Erbschaft- und Schenkungsteuer abgeschafft. Anstoß hierfür waren zwei Entscheidungen des österreichischen Verfassungsgerichtshofs, die sich gegen eine bevorzugte Bewertung von Grundvermögen richteten. Die Bundesregierung hat die Abschaffung der österreichischen Erbschaft- und Schenkungsteuer zum Anlass genommen, das – wegen der Freistellungsmethode – unliebsame Doppelbesteuerungsabkommen (im Weiteren ErbSt-DBA) vom 4.10.1954[1] zum 31.12.2007 zu kündigen. Das ErbSt-DBA sicherte deutschen Unternehmern für ihr österreichisches Betriebsvermögen eine Art „Abschirmwirkung" zu. Art. 4 des DBA bestimmte, dass für unbewegliches Vermögen (Grundbesitz, Fabrikgebäude usw.) sowie für bewegliches Vermögen einer Betriebsstätte Österreich das Besteuerungsrecht zusteht.

Diese DBA-Abschirmwirkung ist entfallen. Während österreichisches Unternehmensvermögen sowie Unternehmensbeteiligungen seit dem 1.8.2008 steuerfrei auf die Erbengeneration übergehen können, müssen deutsche Unternehmer mit Betriebsstätten und Beteiligungen an österreichischen Unternehmen bei der Betriebsübergabe die deutsche Erbschaftsteuer für das österreichische Unternehmensvermögen in das Gesamtkalkül mit einbeziehen. Österreichisches Betriebsvermögen ist damit in das deutsche Unternehmensvermögen zu integrieren und ist – auf Grund der EU-Zugehörigkeit Österreichs – hinsichtlich der künftigen Verschonungsregelungen wie deutsches Betriebsvermögen zu behandeln.

Die Kündigung des Erbschaftsteuer-DBA mit Österreich wirkte sich auch für deutsche Wahlösterreicher und deren Erben negativ aus. Denn für deutsche Erben bzw. Erblasser ist die Schutzwirkung des DBA hinsichtlich der Besteuerung von Vermögensübertragungen von Todes wegen – endbesteuertes Kapitalvermögen betreffend – ebenfalls entfallen. Endbesteuertes Kapitalvermögen konnte bisher unter bestimmten Voraussetzungen steuerfrei vererbt werden.

Für bestimmte Kapitalerträge wie z.B. Bank- und Sparguthaben, Zinsen aus Forderungswertpapieren wie Anleihen oder Pfandbriefe oder auch Einkünfte aus Aktien (aus Beteiligungen von weniger als 1%) war die Erbschaftsteuer (nicht die Schenkungsteuer) mit der Kapitalertragsteuer abgegolten. Folge davon war, dass auch das Vermögen, aus dem die Erträge generiert worden sind, beim Erwerb von Todes wegen keiner Erbschaftsteuerpflicht mehr unterlag.

3.2 Steuerpflicht für Vermögensübertragungen von und nach Österreich

3.2.1 Steuerpflicht „haftet" auch bei Vermögensempfänger (Erwerber)

Steuerfreie Vermögensübergänge innerhalb der grenzüberschreitenden Vermögensübertragung verlangen künftig die Negierung der unbeschränkten Erb-   1116

---

[1] BGBl 1955 II S. 755.

schaftsteuerpflicht auch auf Ebene der Erben (Empfänger-)Generation.[1] Denn die Aufgabe einer deutschen Zweitwohnung allein durch den Erblasser/Schenker (bei Hauptwohnsitznahme in Österreich, d. h. der Übersiedlung und der Verlagerung des Mittelpunktes der Lebensinteressen nach Österreich) befreit den Vermögensübertragungsvorgang des Wahlösterreichers nicht von der deutschen Erbschaftsteuer, sofern der/die Erwerber in Deutschland im Zeitpunkt der Vermögensübertragung durch lebzeitige Schenkung oder bei Erwerb von Todes wegen im Zeitpunkt des Todes des Erblassers bzw. im Zeitpunkt der Entstehung der Erbschaftsteuer[2] einen Wohnsitz in Deutschland innehaben. Denn wie oben bereits erläutert, lässt es das Erbschaftsteuerrecht für den Eintritt der Steuerpflicht genügen, wenn entweder der Erblasser mit letztem Wohnsitz in Deutschland verstorben ist oder der Erbe im Zeitpunkt der Entstehung der Steuerschuld ein Inländer ist.[3]

HINWEIS:

Nach der Außerkraftsetzung des ErbSt-DBA Österreich sind Gestaltungen mit Wohnsitzverlagerungen nach Österreich nunmehr neu zu überdenken. So lohnt die Beibehaltung eines Hauptwohnsitzes in Österreich allein der Erbschaftsteuer wegen nicht mehr.

3.2.2 Steuerfalle: Ferienwohnung eines Österreichers in Deutschland

1117   Eine Nebenwohnung in Deutschland begründet beim Erblasser bereits eine unbeschränkte Erbschaftsteuerpflicht nach § 2 Abs. 1 Nr. 1 ErbStG. Denn die Zweitwohnung in Deutschland stellt einen Wohnsitz i. S. von § 8 AO dar. Zur Begründung einer Steuerpflicht reicht es danach, dass eine Wohnung vorhanden ist und Umstände vorliegen, die darauf schließen lassen, dass diese Wohnung durch den Inhaber beibehalten und als solche auch genutzt wird. Ein Wohnsitz i. S. des § 8 AO setzt nicht voraus, dass der Steuerpflichtige von dort aus seiner täglichen Arbeit nachgeht. Ebenso wenig ist es erforderlich, dass der Steuerpflichtige sich während einer Mindestzahl von Tagen oder Wochen im Jahr in der Wohnung aufhält.

---

1 Zur persönlichen Steuerpflicht von Erblasser/Schenker und Erwerber vgl. Teil III Abschnitt 1.2 Unbeschränkte Steuerpflicht natürlicher und juristischer Personen Rdn. 333.
2 Vgl. § 9 Abs. 1 Nr. 1a ErbStG.
3 § 2 Abs. 1 Nr. 1 Buchst. a ErbStG.

> **HINWEIS:**
> Die Zweitwohnung eines Österreichers in Deutschland begründet also schon dann eine unbeschränkte Erbschaftsteuerpflicht, wenn sie nur vorgehalten, aber nicht genutzt wird. Gestaltungsempfehlungen im Hinblick auf die Nutzung der österreichischen „Steuerfreiheit" beim Erben und Vererben müssen die Verlagerung des Wohnsitzes beider Parteien – der Erblasser/Schenker als auch der Erben/Erwerber – mit einbeziehen.[1]

3.2.3 Steuerpflicht österreichischer Erwerber für deutsches Inlandsvermögen

Steuerfreies Schenken oder Vererben unter Innehabung eines Wohnsitz in Österreich sowohl auf Seiten des Schenkers/Erblassers als auch des/der Erwerber setzt – sozusagen als dritter Aspekt – voraus, dass kein Inlandsvermögen i. S des § 121 BewG übertragen wird. Denn kommt Inlandsvermögen zur Übertragung, knüpft die Steuerpflicht wie gesehen dort an (§ 2 Abs. 1 Nr. 3 ErbStG).

1118

3.3 Gestaltungsmöglichkeiten für die steueroptimierte Vermögensübertragung Deutschland – Österreich[2]

3.3.1 Wohnsitzverlagerung nach Österreich: Wegfall der unbeschränkten und Eintritt der erweiterten unbeschränkten Steuerpflicht

Der deutschen Erbschaft- und Schenkungsteuer entgehen deutsche Wahlösterreicher unter Beibehaltung ihres Hauptwohnsitzes in Österreich und der grundsätzlichen Aufgabe der Zweitwohnung in Deutschland. Darüber hinaus muss sichergestellt sein, dass zum Zeitpunkt der Entstehung der Steuerpflicht (Tod des Erblassers bzw. bei Schenkungen Zeitpunkt der Ausführung der Zuwendung)[3] weder Steuerpflicht auf Seiten des Erblassers/Schenkers noch auf Seiten des/der Erwerber begründet werden kann. Hierzu wäre erforderlich, dass sich der Erblasser/Schenker zwischen der Aufgabe seiner Zweitwohnung in Deutschland und dem Besteuerungszeitpunkt länger als fünf Jahre in Österreich dauernd aufgehalten hat und auch die Erwerber bis zum Todestag des

1119

---

1 Darauf weist die sich u. a. auf grenzüberschreitendes Vermögensmanagement Deutschland/Österreich/Schweiz spezialisierte Zürcher Kantonalbank Österreich AG Salzburg/Wien hin. Die einzige Tochterbank der Schweizer Zürcher Kantonalbank ist eine auf das Private Banking (Anlageberatung und Vermögensverwaltung für vermögende Privatpersonen) spezialisierte Bank mit österreichischer Voll-Bank-Lizenz. Die Österreich-Tochter der ZKB konzentriert sich auf die aktive Marktbearbeitung in Österreich und Deutschland. Per 30. 6. 2011 betreute die Bank ein Kundenvermögen von 661 Mio. €. Kontaktdaten: Herbert Lindner, Bereichsleiter Private Banking International, Tel. +43 662 8048-135 und Horst Dick Bereichsleiter Private Banking Inland Tel. +43 662 8048 -150, Getreidegasse 10, 5020 Salzburg. www.zkb-oe.at.
2 Quelle: ZKB Österreich AG.
3 § 9 Abs. 1 Nr. 1 und Nr. 2 ErbStG.

Erblassers bzw. bis zur Ausführung der Schenkung bereits länger als fünf Jahre in Österreich gelebt haben. Denn für fünf Jahre nach Wegzug bzw. Aufgabe des deutschen Wohnsitzes gelten Erblasser und Erwerber noch als „Inländer" (erweiterte unbeschränkte Steuerpflicht, § 2 Abs. 1 Satz 2 Buchst. b ErbStG).

> **HINWEIS:**
> Eine erweiterte beschränkte Steuerpflicht i. S. von § 4 AStG wird mit einem Wohnsitzwechsel nach Österreich allerdings nicht begründet. Eine solche setzt voraus, dass Erblasser bzw. Erben/Erwerber in ein Niedrigsteuerland i. S. von § 2 AStG ziehen. Österreich zählt nicht als Niedrigsteuerland. Seit 1994 ist Österreich nicht mehr als niedrigbesteuerndes Land i. S. des Außensteuergesetzes anzusehen.[1]

3.3.2 Steuerfreie Übertragung von deutschem „Inlandsvermögen" an Erwerber mit Sitz in Österreich

1120 Inlandsvermögen kann unter Nutzung der österreichischen Steuerfreiheit übertragen werden, wenn es vor einer Übertragung liquidiert wird. Der Erlös kann in Form einer Geldschenkung von einem in Österreich ansässigen deutschen Schenker an einen in Österreich ansässigen deutschen Erwerber steuerfrei übergehen. – Dabei sollte der Übertragungsvorgang am besten aus einem bei einer österreichischen Bank unterhaltenen Geldanlagekonto/Depot erfolgen.

Bestimmte Übergangsfristen müssen allerdings beachtet werden und verlangen daher eine langfristige Gestaltungsplanung. So endet wie oben gesehen die Steuerpflicht nach dem deutschen Erbschaft- und Schenkungsteuerrecht mit Ablauf von fünf Jahren nach dem Wegzug nach Österreich.

> **HINWEISE:**
> Will sich der seit mehr als fünf Jahren in Österreich wohnhafte Deutsche von seinem Grundstück in Deutschland nicht schon zu Lebzeiten trennen, bietet sich, vorausgesetzt, die künftigen Erben unterliegen in Deutschland nicht der unbeschränkten Steuerpflicht (weil sie keinen Wohnsitz haben), folgende Gestaltungsmöglichkeit an: Der deutsche Wahlösterreicher setzt im Testament eine Vertrauensperson zum Erben ein, z. B. einen Treuhänder oder einen Anwalt, und setzt den Kindern ein Geldvermächtnis über den Verkehrswert des Inlandsvermögens aus. Mit dem Geldvermächtnis beschwert ist selbstverständlich der Treuhänder, der die Aufgabe hat, das Grundstück zu verkaufen und das Geld an die Erben zu übertragen, und zwar als steuerfreier „Nicht-Inlandsvermögenserwerb". Der Steuerwert des Grundstücks neutralisiert sich mit den Vermächtnislasten, so dass beim Zwischenerwerber kein steuerpflichtiger Erwerb gegeben ist.

---

1 BMF v. 15. 3. 1996 IV C 6 - S 1343 - 1/96.

▶ Derselbe Effekt kann erreicht werden, wenn dem in Österreich wohnenden Erben ein Vermächtnis zur Übertragung des Grundstücks (Sachvermächtnis) ausgesetzt wird und wiederum ein Anwalt oder ein Treuhänder als Erbe eingesetzt wird. Denn Besteuerungs- und Bewertungsgegenstand beim Vermächtnis ist ja bekanntlich nur das mit dem Erbfall entstandene Forderungsrecht; nur um dieses erhöht sich das Vermögen des Vermächtnisnehmers. Und Sachleistungsansprüche, die auf Übertragung von Inlandsvermögen gerichtet sind, etwa der Anspruch auf eine Grundstücksübertragung, stellen kein Inlandsvermögen dar.[1]

(einstweilen frei) 1121–1150

---

[1] Jülicher in Troll/Gebel/Jülicher, ErbStG, § 2 Tz. 72.

Teil X: Kann aus steuerlicher Sicht mit einer Stiftung der Erhalt von Vermögen über Generationen hinaus verwirklicht werden?

1151 **Vorbemerkung**

Eine Stiftung stellt ein rechtlich verselbstständigtes Sondervermögen dar, das einem bestimmten Zweck dient und vom Stifter zu diesem Zweck gewidmet ist. Stiftungen galten schon im Mittelalter als bewährte Handhabe, um Vermögen zusammenzuhalten und bestimmte Personenkreise zu begünstigen. Die Rechtsform der Stiftung eröffnet dem Stifter in der Tat attraktive Gestaltungsmöglichkeiten: Er kann seinen Stifterwillen perpetuieren, sich also sozusagen einen „Wunscherben" schaffen, der in seinem Sinne das der Stiftung übereignete Erbgut verwaltet und fortführt. Zudem bringt die Vermögensübertragung regelmäßig eine Verringerung der steuerlichen Lasten des Stifters mit sich, was sich aber bei näherer Betrachtung nur in einer Verlagerung der Steuerlast vom Stifter auf die Stiftung auswirkt.

1152 Nennenswerte Steuervorteile – und das sei vorweg betont – lassen sich allerdings nur erreichen, wenn eine gemeinnützige Stiftung errichtet wird. Gemeinnützige Stiftungen, bevorzugte Alternative nicht nur von Unternehmern, sondern auch von verwitweten Personen oder kinderlosen Ehepaaren als Alternative zur Zwangszuwendung an den Staat oder in Abwendung einer Zuwendung an weit entfernt verwandte Erben, haben aber den Nachteil, dass dem Stifter sowie seiner Familie nur höchstens ein Drittel des Überschusses der Einnahmen über die Kosten aus Vermögensverwaltung[1] für eigene Zwecke zufließen darf. Selbst ein Sitz im Stiftungsrat hilft nicht weiter. Eine gemeinnützige Stiftung würde gegen die Selbstlosigkeit verstoßen und alle steuerlichen Vorteile verlieren, würde sie dem Stifter unverhältnismäßig hohe Vergütungen zusprechen.

1153 Unternehmer entscheiden sich bereits zu Lebzeiten für gemeinnützige Stiftungen, nicht nur um die steuerfreie Übertragung des Betriebes im Fall des Falles vorprogrammieren zu können, sondern auch um Sympathiewerbung zu betreiben. Das Zurverfügungstellen von Geldmitteln für das Gemeinwohl bringt nicht nur Steuervorteile, sondern auch ein publikumswirksames Image, das mit teuren Werbemaßnahmen meist nicht erreicht werden kann.

---

1 § 58 Nr. 7 Buchst. a AO.

▶ **Fazit:**

Ein Stifter sollte eine Stiftung nicht dazu gründen, um Vermögen am Finanzamt vorbeijonglieren zu können, sondern aus dem festen Willen heraus, seine zu Lebzeiten geprägte Vorstellung über die Anlage und Verwaltung seines Vermögens über seinen Tod hinaus weiterleben zu lassen.

1 Die Stiftung als maßgeschneiderte Wunscherbin

1.1 Rechtscharakter der Stiftung und Stiftungserrichtung

1.1.1 Allgemeines

Die Stiftung stellt eine eigenständige juristische Person des bürgerlichen Rechts dar (§§ 80 ff. BGB). Rechtsfähige Stiftungen können Empfänger von Zuwendungen von Todes wegen oder Empfänger von Schenkungen sein, als Erbe, Miterbe, Vor- und Nacherbe fungieren. Das der Stiftung übertragene Vermögen scheidet aus dem Vermögen des Stifters aus und ist – sowohl zivil- als auch steuerrechtlich – der Stiftung zuzurechnen.

1154

Entscheidendes Organ einer Stiftung ist der Stiftungsvorstand. Er ist oberste Entscheidungsinstanz und handelt nach den Vorgaben von Stiftungszweck und Satzung in eigener Verantwortung. Andere Bezeichnungen für den Stiftungsvorstand sind: Direktorium, Kuratorium oder Verwaltungsrat. Die Berufung der Organmitglieder bzw. ihre erste Bestellung nimmt in aller Regel der Stifter vor. Es steht ihm frei, sich selbst (auch allein) als Vorstand einzusetzen.

1.1.2 Stiftungsarten

1.1.2.1 Die Familienstiftung

Das Erbschaft- oder Schenkungsteuerrecht bezeichnet eine Stiftung als Familienstiftung, sofern sie wesentlich im Interesse einer Familie oder bestimmter Familien errichtet ist (§ 1 Abs. 1 Nr. 4 ErbStG).[1] Bei der Familienstiftung handelt es sich um keine eigene Rechtsform; sie ist eine vom Stiftungszweck geprägte Anwendungsform des Rechtsinstituts Stiftung. Der Charakter einer Familienstiftung wird insbesondere durch ihre eingeschränkte Selbstständigkeit gestaltet, bedingt durch Versorgungsverpflichtungen gegenüber dem Stifter und seiner Familie.

1155

---

1 Der Begriff „Familie" ist weder im bürgerlichen Recht noch im Steuerrecht eindeutig definiert. Die zutreffendste Definition kann aus § 15 AStG abgeleitet werden.

Eine Familienstiftung ist nach Ansicht der Finanzverwaltung stets gegeben, wenn nach ihrer Satzung der Stifter, seine Angehörigen und deren Abkömmlinge zu mehr als der Hälfte bezugs- oder anfallsberechtigt sind. Für die Qualifizierung einer Stiftung als Familienstiftung ist es unerheblich, ob die Bezugsberechtigten tatsächlich Leistungen erhalten oder ob die Stiftung die Erträge ganz oder teilweise thesauriert (R E 1.2 Abs. 2 Satz 4 ErbStR 2011).

Belegen zusätzliche Merkmale ein wesentliches Familieninteresse, liegt eine Familienstiftung auch bereits dann vor, wenn die Angehörigen zu mehr als einem Viertel bezugs- oder anfallsberechtigt sind. Ein solches wesentliches Familieninteresse ist insbesondere dann gegeben, wenn die Familie wesentlichen Einfluss auf die Geschäftsführung der Stiftung hat. Zu den wesentlichen Familieninteressen zählen aber auch alle Vermögensvorteile, die die begünstigten Familien und ihre Mitglieder aus dem Stiftungsvermögen ziehen.

1156 Die Familienstiftung dient den Vermögensinteressen der Stifterfamilie dann wesentlich, wenn nach der Satzung oder dem Stiftungsgeschäft deren Wesen darin besteht, es den Familien zu ermöglichen, das Stiftungsvermögen, soweit es einer Nutzung zu privaten Zwecken zugänglich ist, zu nutzen oder die Stiftungserträge an sich zu ziehen. Darunter fallen insbesondere auch die unentgeltliche oder verbilligte Nutzung des Stiftungsvermögens, wie die Nutzung der stiftungseigenen Immobilien zu Wohnzwecken, der Einsatz des Personals der Stiftung für Arbeiten im Rahmen des eigenen Hausstandes oder bei einer Stiftung mit Kunstbesitz der Vorteil, von diesem Kunstbesitz umgeben zu sein. Inwieweit davon Gebrauch gemacht wird, ist unerheblich.[1]

HINWEIS:
Die Motive für die Errichtung einer Familienstiftung sind vielfältig: An erster Stelle mag die Erhaltung des Familienvermögens und der Schutz vor seiner Zersplitterung stehen. Aber auch zur Vermögensverwaltung und Vermögensmehrung eignet sich die Familienstiftung. In manchen Familienkreisen mag der Erhalt und die Vermehrung des Familienvermögens nur dadurch gelingen, dass das Vermögen den Familienmitgliedern entzogen und zu ihren Gunsten verwaltet wird.

1.1.2.2 Die Unternehmensstiftung

1157 Wie bei der Familienstiftung handelt es sich bei der Unternehmensstiftung um eine weitere Sonderform der Rechtsform „Stiftung". Der Zweck der Unternehmensstiftung ist unternehmerisch geprägt; sie betreibt entweder selbst einen Betrieb oder ist als Gesellschafter an einer Betriebsgesellschaft beteiligt.

---

[1] BFH, Urt. v. 10.12.1997 II R 25/94, BStBl 1998 II S. 114.

Gegenüber der Familienstiftung hat die Unternehmensstiftung einen entscheidenden steuerlichen Nachteil: sie kommt nicht in den Genuss des Steuerklassenprivilegs, das bei Familienstiftungen für die Errichtung bzw. Auflösung gilt (§ 15 Abs. 2 Sätze 1 und 2 ErbStG). Diesem Nachteil steht allerdings der Vorteil gegenüber, dass die Unternehmensstiftung nicht der Ersatzerbschaftsteuer[1] unterliegt.

Im Bereich von Unternehmensstiftungen hat sich die Beteiligungsträgerstiftung als Familienstiftung durchgesetzt. Die Beteiligungsträgerstiftung darf als Familientreuhänderin bezeichnet werden, die eine Unternehmensfortführung nach Vorgabe des Stifters und im Interesse seiner Familienangehörigen gewährleisten soll. Die Einbindung der Stiftung in ein' Unternehmen sollte sich schon aus Gründen einer – wohl unvermeidbaren und gleichzeitig gewollten – Starrheit, hervorgerufen durch die Bindung der Stiftung an den Stifterwillen auf die Beteiligung als (Mehrheits-)Gesellschafterin beschränken.

Soll die Stiftung in erster Linie das Wohlergehen jetziger und künftiger Generationen im Auge behalten, wäre es beispielsweise falsch, der Stiftung andere Geldanlagemöglichkeiten zu verbauen, indem man ihr statutarisch verbietet, sich von einem (zwischenzeitlich maroden) Unternehmen zu trennen. Die Möglichkeit, sich von einem Unternehmen bzw. einer unternehmerischen Beteiligung zu trennen, verschafft der Stiftung auch eine gehobenere wirtschaftliche Machtstellung gegenüber der Geschäftsleitung, würde sich diese doch andernfalls verselbstständigen können, weil sie die Stiftung ausweglos an sich gebunden weiß.

Unternehmensführung und Stiftungsvorstandstätigkeit sollte bei der Unternehmensstiftung nicht von derselben Person ausgeübt werden. Denn einerseits wird sich nur selten das „Allroundtalent" finden lassen, das Qualitäten als Stiftungsvorstand mit denen eines Unternehmensstrategen vereinen kann. Andererseits würde eine sehr enge Verflechtung der Stiftung mit dem Unternehmen, was zweifellos der Fall wäre, wenn der Stiftungsvorstand gleichzeitig die Unternehmensleitung inne hat, das Unternehmen auch der Stiftungsaufsicht mittelbar unterstellen. Wird dagegen die Stiftung getrennt vom Unternehmen geführt, ist dieses jeglicher Aufsicht entzogen. Betreibt die Unternehmensstiftung das Unternehmen selbst, sind Rechtsbeziehungen zwischen dem Betriebs- und Privatvermögen wie Miet- oder Darlehensverhältnisse nicht mit steuerlicher Wirkung möglich, so dass aufgedeckte stille Reserven bei Auflösung und Verkauf von Betriebsgrundstücken und dergleichen der Steuer un-

---

[1] Vgl. Rdn. 1173.

terliegen. Dasselbe gilt im Fall der Mitunternehmerschaft der Stiftung bei einer Personengesellschaft. Auch hier werden Rechtsbeziehungen zwischen anderen Mitunternehmern und der Stiftung steuerlich nicht anerkannt. Nur i.V.m. einer Kapitalgesellschaft ist eine Trennung zwischen der Stiftung als Gesellschafter und dem Unternehmen selbst steuerlich durchführbar. Mieteinkünfte, die die Stiftung durch Vermietung von Büroräumen an die Kapitalgesellschaft vereinnahmt, sind bei der Gesellschaft als Betriebsausgabe abzugsfähig; ein späterer Gewinn aus der Veräußerung der Immobilie auf Stiftungsebene ist steuerfrei.

HINWEIS:

In allen Fällen empfiehlt es sich, eine Unternehmensstiftung schon zu Lebzeiten zu gründen und das Zusammenwirken der Stiftung über mehrere Jahre zu erproben.

1.1.2.3 Die Doppelstiftung

1158 Die Doppelstiftung stellt eine Kombination von Familien- und gemeinnütziger Stiftung dar. Es werden in Wirklichkeit zwei Stiftungen angelegt, wobei die gemeinnützige einen Großteil des Kapitals und der Erträge erbschaft- oder schenkungsteuerfrei übernimmt, die Stimmrechte aber der Familienstiftung überträgt, so dass die Stifterfamilie die Kontrolle über das Unternehmen behält. Die Familienstiftung – sie stellt die notwendigen Mittel zur Unterhaltung der Familie zur Verfügung – ist gegenüber der gemeinnützigen Stiftung „geringfügiger" und stellt die auf Gemeinnützigkeit basierenden Steuervorteile nicht in Frage, was Unternehmen und Kapitalstruktur schont.

HINWEIS:

Das Modell der Doppelstiftung mag auch unter dem Gesichtspunkt attraktiv sein, dass die gemeinnützige Stiftung bis zu einem Drittel der Erträge an Familienangehörige ausschütten darf, ohne den Status der Gemeinnützigkeit zu verlieren.

1.1.2.4 Gemeinnützige Stiftungen

1159 Von einer gemeinnützigen Stiftung spricht man, wenn die Tätigkeit der Stiftung darauf gerichtet ist, die Allgemeinheit auf materiellem, geistigem oder sittlichem Gebiet selbstlos zu fördern. Gemeinnützige Stiftungen sind der Steuervorteile wegen sehr attraktiv.[1]

---

1 Vgl. Rdn. 1190.

1.2 Stiftungserrichtung

Erster Schritt im Stiftungsgründungsprozess ist die Erstellung einer Stiftungssatzung. Dem Stiftungsgründungsprozess geht das Stiftungsgeschäft voraus. Das Stiftungsgeschäft ist eine einseitige nicht empfangsbedürftige Willenserklärung des Stifters, eine Stiftung zu errichten. Die Stiftungssatzung umfasst sämtliche vom Stifter im Hinblick auf die künftige Stiftung relevanten Bestimmungen. Inhalt des Stiftungsgeschäfts ist die Erklärung des Stifters, Vermögen auf Dauer für einen bestimmten Zweck zur Verfügung zu stellen.

1160

Eine Stiftungssatzung regelt u. a.:

▶ Konkretisierung der Stiftungszwecke
▶ Rechtsstellung der Begünstigten
▶ Bestimmungen zur Verwaltung des Stiftungsvermögens (Vermögensumschichtungen)
▶ Empfang von allgemeinen Spenden und Spenden zum Vermögensstock (Zustiftungen)
▶ Bestimmung zur Bildung von Rücklagen
▶ Verwendung von Stiftungsmitteln zur Versorgung des Stifters und naher Angehöriger
▶ Entgeltregelungen für Stiftungsorgane
▶ Regelungen zur Geschäftsführung und Vertretungsberechtigung beim Stiftungsvorstand
▶ Bildung weiterer Stiftungsorgane
▶ Bestimmung von Aufgaben und Zuständigkeiten bei mehreren Stiftungsorganen
▶ Regelungen zur Herbeiführung von Organbeschlüssen
▶ Regelungen zur Änderung der Stiftungssatzung (auch hinsichtlich des Stiftungszweckes) und Auflösung der Stiftung

Der Erstellung der Stiftungssatzung folgt – abhängig vom zu errichtenden Stiftungstyp – eine Vorprüfung durch die jeweils zuständige Stiftungsanerkennungsbehörde und Finanzbehörde. Im sich anschließenden Anerkennungsverfahren ist die Stiftung anzuerkennen, wenn sie gemeinwohlkonform ist und eine entsprechende Satzung mit bestimmten inhaltlichen Mindestanforderungen vorgelegt wird.

1161

Die Stiftungserrichtung unter Lebenden bedarf der Schriftform. Eine notarielle Beurkundung ist grundsätzlich nur dann erforderlich, wenn Grundvermögen der Stiftung übertragen werden soll. Zur Stiftungserrichtung von Todes wegen bedarf es einer letztwilligen Verfügung, in der die Stiftungserrichtung durch Erbeinsetzung, Vermächtnis oder Auflage dokumentiert ist. Ein solches Testament sollte grundsätzlich notariell beurkundet werden bzw. nicht ohne Rechtsberatung errichtet werden. Dabei empfiehlt sich ein Testamentsvollstrecker zur Durchführung der Stiftungserrichtung sowie als Gewährsperson dafür, dass der Stifterwille auch tatsächlich in der Stiftungssatzung Einklang findet. Ist bei einem Stiftungsgeschäft von Todes wegen kein Testamentsvollstrecker benannt und beantragen die Erben die Stiftungserrichtung nicht, leitet das Nachlassgericht die letztwillige Verfügung kraft Gesetzes an die zuständigen Behörden weiter.

> **HINWEIS:**
>
> Für kleinere Vermögen bietet sich die Gründung einer unselbstständigen Stiftung an, dessen Stiftungsträgerin eine juristische Person ist. Diese Form der Stiftung – auch Treuhandstiftung – genannt, bietet die gleichen gestalterischen und steuerlichen Möglichkeiten wie eine selbstständige Stiftung privaten Rechts, ist aber in Gründung und Verwaltung mit deutlich weniger Aufwand behaftet. Bei Gründung einer unselbstständigen Stiftung entfällt für den Stifter das umfassende Vorprüfungs- und Anerkennungsverfahren durch die staatliche Stiftungsaufsicht. Die Vorprüfung der Finanzbehörden wegen späterer Steuervergünstigungen ist jedoch auch für Treuhandstiftungen erforderlich. Der Stifter muss sich ferner nicht um die stiftungskonforme Anlage des Vermögens kümmern. Er hat keine Arbeit mit der Buchhaltung, der Erstellung von Jahresberichten, der Steuererklärung oder mit Überweisungsaufträgen und dem Ausstellen von Zuwendungsbestätigungen.

1.3 Wer benötigt eine Stiftung als Wunscherbin?

1162 Mit der Möglichkeit, eine Stiftung als Universalerbin einzusetzen, sollte sich insbesondere derjenige auseinandersetzen, der die Wahrung seines selbst erarbeiteten oder seinerseits ererbten Vermögens über das eigene Leben hinaus nicht gesichert sieht. Das Stiftervermögen, das andernfalls vielleicht dem Staat als Generalerbe in die Hände fällt, scheidet vollständig aus der Erbmasse des Stifters aus. Es gehört der Stiftung; sie hat es nach dem Willen des Stifters zu verwalten.[1]

> **HINWEIS:**
>
> In der Tat stellt die Stiftung die einzige Rechtsform dar, hinter der sich keine Gesellschafter, Geldgeber oder sonstige Beteiligte verbergen. Die Gründung einer Stiftung kann auch dann geboten sein, wenn sich kein geeigneter Unternehmensnachfolger im engeren Familienkreis finden lässt.

---

1 Es ist auch dem Zugriff der Familienangehörigen des Stifters entzogen. Sofern diesen nicht unmittelbare Unterstützung durch die Stiftung zukommt, sollte vor Errichtung entsprechend Vorsorge getroffen werden.

2 Die Besteuerung von Familien- und Unternehmensstiftungen

2.1 Allgemeines

Streng genommen stellt eine Stiftung nichts anderes dar als eine gewöhnliche Kapitalgesellschaft, also ein in sich abgeschlossenes selbstständiges Steuersubjekt i. S. des Körperschaftsteuergesetzes. Für die Besteuerung der Familien- und Unternehmensstiftung ist maßgeblich, inwieweit der Gesetzgeber diese Institutionen als verselbstständigt ansieht oder – wie bei der Auslands-Familienstiftung – den Durchgriff auf die dahinterstehenden natürlichen Personen vollzieht. Bei der inländischen Familienstiftung wird einerseits der Durchgriff zum Vorteil aller Beteiligten modifiziert, so beispielsweise bei Errichtung und Auflösung,[1] andererseits aber auch zu deren Nachteil (bei der Ersatzerbschaftsteuer).

1163

Dennoch dürfen Stiftungen nicht mit Kapitalgesellschaften schlechthin gleichgestellt werden. Ein entscheidender Vorteil der Stiftung gegenüber einer Kapitalgesellschaft ist, dass Stiftungen Privatvermögen haben dürfen und somit Veräußerungsgewinne außerhalb der Spekulationsfristen steuerfrei realisieren können. Jede Stiftung, deren Zweck die private Vermögensverwaltung ist, ist im Allgemeinen gewerbesteuerfrei und bei den Veräußerungsgewinnen nicht körperschaftsteuerpflichtig.[2]

Die Übertragung von Privatvermögen auf eine Familienstiftung löst beim Stifter grundsätzlich keine Einkommensteuerpflicht aus. Insoweit gilt § 11d Abs. 1 EStDV. Dies gilt auch bei Übertragung einer wesentlichen Beteiligung an einer Kapitalgesellschaft (§ 17 EStG). Auch die ein- bzw. zehnjährige Spekulationsfrist (§ 23 EStG) ist unbeachtlich, da es insoweit an der Entgeltlichkeit fehlt.

1164

Soll ein ganzer Betrieb, Teilbetrieb oder ein Mitunternehmeranteil (einschließlich des Sonderbetriebsvermögens) in eine Familienstiftung eingebracht werden, können die Buchwerte fortgeführt werden (§ 6 Abs. 3 EStG). Die Zuwendung einzelner Wirtschaftsgüter aus einem Betriebsvermögen führt dagegen zu einem steuerpflichtigen Entnahmegewinn (§ 6 Abs. 1 Nr. 4 EStG). Dies gilt auch dann, wenn die Wirtschaftsgüter bei der Familienstiftung in ein Betriebsvermögen eingebracht werden. Ebenso kommt es bei der Übertragung einer Beteiligung an einer Kapitalgesellschaft zur Aufdeckung stiller Reserven.

---

1 Es wird nach dem Verwandtschaftsverhältnis zum Stifter besteuert, obwohl Steuerklasse III gelten müsste, würde man den Aspekt des selbstständigen Steuersubjekts strikt durchziehen.
2 Es sei denn, die Stiftung hält die Grenze zum Gewerbebetrieb nicht ein, vgl. § 15 Abs. 2 EStG.

> **HINWEIS:**
> Zur Vermeidung einer Gewinnrealisierung kann im Einzelfall die Übertragung auf eine gemeinnützige Stiftung in Betracht kommen.

2.2 Besteuerung der Stiftungserrichtung

1165 Der Übergang von Vermögen auf eine vom Erblasser angeordnete Stiftung unterliegt als „Erwerb von Todes wegen" der Erbschaftsteuer nach § 3 Abs. 2 Nr. 1 ErbStG. Die Vorschrift erfasst „uneingeschränkt alle Fälle des Vermögensübergangs"; neben solchen, in denen die Stiftung kraft Testament errichtet und vom Erblasser als (Allein-)Erbin bestimmt wurde auch solche, in denen der Erblasser einen Erben verpflichtet hat, seinerseits durch Rechtsgeschäft unter Lebenden eine Stiftung zu errichten.[1]

Eine mit § 3 Abs. 2 Nr. 1 ErbStG korrespondierende Steuerpflicht enthält § 7 Abs. 1 Nr. 8 ErbStG. Danach ist steuerpflichtig – hier schenkungsteuerpflichtig – jede Errichtung einer Stiftung im Rahmen eines Rechtsgeschäfts unter Lebenden. Besteuert wird also sowohl das Vermögen, das der Stifter zu Lebzeiten in die Stiftung einbringt (als Schenkung), als auch das Vermögen, das der Stifter seiner Stiftung als Nachlass hinterlässt (als Erbschaft).

1166 Die Steuer entsteht bei Errichtung einer Stiftung von Todes wegen mit dem Zeitpunkt der Anerkennung der Stiftung als rechtsfähig (§ 9 Abs. 1 Nr. 1 Buchst. c ErbStG). Wird die Anerkennung erst nach dem Tod des Stifters erteilt, gilt die Stiftung als bereits vor dem Tod des Erblassers entstanden („Rückwirkungsfiktion" des § 84 BGB). Durch die Rückwirkungsfiktion wird es einem Erblasser erst ermöglicht, eine Stiftung, welche im Zeitpunkt seines Todes noch nicht existiert, als (Allein-)Erbin einzusetzen. Durch die Rückwirkungsfiktion vollzieht sich der Vermögensanfall i. S. des § 1922 Abs. 1 BGB rückwirkend auf den Zeitpunkt des Erbfalls. Bei Errichtung einer Stiftung zu Lebzeiten werden Schenkungsteuern mit Ausführung der Zuwendung fällig (§ 9 Abs. 1 Nr. 2 ErbStG).

1167 Der Steuerwert des der Stiftung übertragenen Vermögens ist auf diese beiden Stichtage zu ermitteln; also entweder auf den Zeitpunkt der Anerkennung oder auf den Zeitpunkt der Ausführung der Zuwendung. Aus der Tatsache, dass die Erbschaftsteuer bei einer testamentarisch zu errichtenden Stiftung mit der Anerkennung der Stiftung entsteht und das zu übertragende Vermögen auf diesen Stichtag zu bewerten ist, ergibt sich zwangsläufig, dass zwi-

---

1 BFH, Urt. v. 25.10.1995 II R 20/92, BStBl 1996 II S. 99.

schen dem Erbfall und der Anerkennung eingetretene Veränderungen im Bestand und Wert des Nachlasses, gleichviel ob diese Veränderung zu einer Verminderung oder zu einer Erhöhung der Bemessungsgrundlage geführt haben, berücksichtigt werden müssen.[1] Setzt also ein Erblasser seine Stiftung als Mit- oder Alleinerbin ein, unterliegt auch der Vermögenszuwachs der Erbschaftsteuer, der sich zwischen dem Tag des Todes des Erblassers und dem Anerkennungsverfahren der Stiftung vollzogen hat.[2]

Die Steuer bemisst sich gemäß § 10 ErbStG nach der Bereicherung der Stiftung. Das ist der Nettowert, der sich aus den nach bewertungsrechtlichen Grundsätzen ermittelten Aktiv- und Passivposten abzüglich der Nachlassverbindlichkeiten ergibt. Der Übertrag des Vermögens ist grundsätzlich nach Steuerklasse III mit einer Spitzenbelastung bis zu 50 % zu besteuern. Die inländische Familienstiftung profitiert hier von der Steuerklassen-Sonderregelung des § 15 Abs. 2 ErbStG. Der Vermögensübertrag wird hier nach der Steuerklasse besteuert, die gelten würde, wenn der Stifter sein Vermögen nicht in die Stiftung einbringen würde, sondern dieses direkt dem mit ihm entferntest Verwandten unter den Bezugsberechtigten zuwenden würde. Sieht die Satzung einer Stiftung beispielsweise vor, dass neben den Kindern auch der geschiedene Ehegatte Zuwendungen erhalten soll, gilt Steuerklasse II. 1168

Der gezielten Formulierung einer Stiftungssatzung zur Gewinnverteilung muss daher größtmögliche Sorgfalt zukommen. Denn die Finanzverwaltung stellt auch dann auf die nach der Satzung möglichen entferntest Berechtigten ab, wenn diese im Zeitpunkt der Errichtung der Familienstiftung noch nicht unmittelbar bezugsberechtigt sind, sondern es erst in der Generationenfolge werden. Bei der Errichtung einer Familienstiftung sind deshalb als „entferntest Berechtigte" diejenigen anzusehen, die – ohne einen klagbaren Anspruch haben zu müssen – nach der Satzung Vermögensvorteile aus der Stiftung erlangen können. Aus der Formulierung „erlangen können" ist ersichtlich, dass vage Formulierungen einen Rückfall in Steuerklasse III hervorrufen können. Aus schenkungsteuerlichen Gründen sollten Stifter so nur Kinder und Enkelkinder als Begünstigte bestimmen. Der Vermögensübertrag wäre dann nur mit Steuerklasse I zu besteuern. 1169

Steuerschädlich wäre aber eine in der Satzung enthaltene Berechtigung des Stiftungsrats, den Kreis der Begünstigten zu erweitern, kommt es für die Bestimmung der Steuerklasse doch allein darauf an, wer im steuerlich ungüns-

---

[1] Ebendort.
[2] Ebendort.

tigsten Fall nach der Stiftungsurkunde Vermögensvorteile von der Stiftung erlangen kann.[1]

> **HINWEISE:**
> ▶ Die Errichtung ausländischer rechtsfähiger Privatstiftungen im Rahmen eines Rechtsgeschäfts unter Lebenden unterliegt als freigebige Zuwendung ebenfalls nach § 7 Abs. 1 Nr. 8 ErbStG der Schenkungsteuer.
> ▶ Maßgeblich für die Entstehung eines steuerpflichtigen Stiftungserrichtungsgeschäftes ist, dass die ausländische Stiftung, welche nach den im Gründungsland entsprechenden Stiftungsgesetzen als rechtsfähige juristische Person anzusehen ist, durch die Gründung und Übertragung von Vermögen bereichert wird. Dies ist schon dann der Fall, wenn der Stifter seinen Stiftungsgründungsvertrag erfüllt und im Rahmen dessen Wertpapierdepots, Bargelder usw. ohne jegliche Gegenleistung überträgt. Das Vermögen der Stiftung erhöht sich dadurch unweigerlich; die Stiftung gilt als bereichert.
> ▶ Für die Begründung einer Bereicherung kommt es ausschließlich auf die Zivilrechtslage und nicht darauf an, wem das Stiftungsvermögen nach wirtschaftlicher Betrachtungsweise zuzurechnen ist. Hierzu genügt es, wenn Vermögen mit Vollzug des Gründungsauftrages vom Stifter hingegeben und in das Vermögen der Stiftung übergegangen ist.

2.3 Besteuerung der Stiftungsauflösung

1170 Die Aufhebung einer Stiftung in vollem Umfang gilt als steuerpflichtige Schenkung unter Lebenden (§ 7 Abs. 1 Nr. 9 ErbStG). Bereichert und steuerpflichtig sind die Anfallsberechtigten, also die Begünstigten der Stiftung. Als Schenker gilt hierbei die Stiftung. Bei der inländischen Familienstiftung erfolgt analog der Errichtung auch der Rückübertrag des Stiftungsvermögens nach der für das Verwandtschaftsverhältnis zwischen Stifter und Erwerber (und nicht zwischen Stiftung und Erwerber) maßgeblichen Steuerklasse (§ 15 Abs. 2 Satz 2 ErbStG).

1171 Wie schon § 15 Abs. 2 Satz 1 ErbStG bei der Errichtung, durchbricht § 15 Abs. 2 Satz 2 ErbStG bei der Auflösung einer inländischen Familienstiftung die allgemein geltende Grundregel der Erbschaftsbesteuerung, dass für die Bestimmung der Steuerklasse und damit für die Berechnung der Steuer stets das Verhältnis des Erwerbers zum Schenker gilt. Denn würde es die Vorschrift nicht geben, wäre stets Steuerklasse III maßgeblich, weil Schenker i. S. des § 2 Abs. 1 Nr. 1 Satz 1 ErbStG die Stiftung ist. Denn das an die Anfallsberechtigten rückübertragene Vermögen ist das Vermögen der Stiftung, nicht das des Stifters. Steuerklasse III kommt aber dann zur Anwendung, wenn eine weiterbestehen-

---

[1] Binz/Sorg, Aktuelle Erschaftsteuerprobleme der Familienstiftung, DStR 1994 S. 229.

de Stiftung Vermögensteile auskehrt. Hier liegt keine Aufhebung oder Teilaufhebung vor.

Ein steuerfreier Rückübertrag sollte bei der Familien- als auch bei der Unternehmensstiftung möglich sein, wenn das Stiftungsgut an den Stifter selbst zurückfällt (es fehlt hier am steuerpflichtigen Erwerb[1]). Die Besteuerung der Rückübertragung des Stiftungsvermögens an den Stifter kann aber in jedem Fall dadurch verhindert werden, dass sich der Stifter bei Errichtung ein Widerrufsrecht vorbehält.[2] Macht der Stifter von seinem Widerrufsrecht Gebrauch, tritt eine sog. auflösende Bedingung ein (§ 5 Abs. 2 BewG), welche bewirkt, dass die Schenkungsteuer für die Vergangenheit erlischt. Die Geltendmachung eines Widerrufsvorbehalts bewirkt also, dass die bei Stiftungserrichtung gezahlte Schenkungsteuer vom Finanzamt wieder zurückgefordert werden kann, und zwar nach Maßgabe des § 29 Abs. 1 Nr. 1 ErbStG. In Deutschland scheitert aber ein Widerrufsvorbehalt meist an der Genehmigung durch die Stiftungsbehörde.

HINWEISE:

Die Änderung des Stiftungscharakters einer Familienstiftung durch Satzungsänderung, gleichgültig, ob sie zu Lebzeiten oder erst nach dem Tode des Stifters erfolgt, gilt erbschaftsteuerrechtlich als Errichtung einer neuen Familienstiftung (R E 1.2 Abs. 4 ErbStR 2011, § 7 Abs. 1 Nr. 8 ErbStG). Die unmittelbaren Steuerfolgen sind:

Die neue Stiftung gilt als Erwerber des Vermögens der „bisherigen" Stiftung.

Sie ist nach dem Verwandtschaftsverhältnis des nach der Stiftungsurkunde entferntest Berechtigten zu dem ursprünglichen Stifter (Erblasser oder Schenker) zu besteuern (§ 15 Abs. 2 Satz 1 ErbStG, R E 1.2 Abs. 4 ErbStR 2011).

Die Steuerfolgen treten auch schon dann ein, wenn durch die Satzungsänderung lediglich bisher nicht bezugs- oder anfallsberechtigte Familienmitglieder oder Dritte in den Kreis der Destinatäre aufgenommen werden und die Errichtung der Stiftung bei bereits damaliger Zugehörigkeit der neu aufgenommenen Destinatäre seinerzeit nach einer ungünstigeren Steuerklasse zu besteuern gewesen wäre.

Liegt der Zeitpunkt der letzten Zahlung von Ersatzerbschaftsteuer nicht mehr als zwei Jahre zurück, wird diese Steuer auf die bei der Aufhebung entstehende Steuer um 50 % und wenn die Stiftungserrichtung zwar mehr als zwei, aber nicht mehr als vier Jahre zurückliegt, mit 25 % angerechnet (§ 26 ErbStG).

---

1 Troll in Troll/Gebel/Jülicher, ErbStG, § 15 Tz. 28; Binz/Sorg, a. a. O., Tz. 4 (2); a. A. BFH, Urt. v. 25.11.1993 II R 77/90, BStBl 1993 II S. 238; umstritten nach Pöllath in Seifart, Handbuch StiftungsR, § 42 Rdn. 9.
2 Oder auch bei Eintritt einer auflösenden Bedingung, Pöllath in Seifart, a. a. O., § 42 Rdn. 9.

2.4 Zustiftungen

1172 Vermögenshingaben, die der Stifter nach Errichtung der Stiftung noch tätigt, werden als Zustiftungen bezeichnet. Zustiftungen gelten steuerlich als freigebige Zuwendungen unter Lebenden, was bedeutet, dass der Verwandtschaftsgrad zwischen Schenker und Beschenkten auch hier greift. Nachdem aber der Stifter mit seiner Stiftung nicht verwandt sein kann, gilt für die Besteuerung aller Zustiftungen die Steuerklasse III. Des Weiteren ist bei Zustiftungen generell die Zusammenrechnungsvorschrift des § 14 ErbStG zu beachten.

Nach der Klasse III ist auch im umgekehrten Fall zu besteuern, wenn die Stiftung Vermögensteile an Bezugsberechtigte oder Anfallsberechtigte ohne satzungsmäßige Verpflichtung frei überträgt. Freiwillige Zuwendungen der Stiftung an andere sind also schenkungsteuerpflichtig, satzungsmäßige Zuwendungen dagegen schenkungsteuerfrei.

> **HINWEIS:**
> Sieht der Stifter schon im Stiftungsgeschäft verbindlich vor, dass nach der Errichtung bestimmte Vermögenswerte in die Stiftung einzubringen sind, kann er dieses Vermögen einer Besteuerung nach der Steuerklasse III entziehen. Ist ein solcher Vorbehalt bei der Errichtung versäumt worden, sollte der Stifter an die Errichtung einer neuen Stiftung denken, für die das Steuerklassenprivileg für das Zuwendungsvermögen genutzt werden kann. Nachher können beide Stiftungen verschmolzen werden.

2.5 Laufende Ersatzerbschaftsbesteuerung der Familienstiftung während des Bestehens

1173 Weil eine Familienstiftung nicht „stirbt", können Vermögenswerte – solange sie Stiftungsgut darstellen – über Generationen hinweg steuerfrei weitervererbt werden. Ohne die Zwischenschaltung einer Stiftung würde ein Vermögensübergang vom Großvater auf die Enkelkinder im Normalfall zwei Besteuerungstatbestände bedingen:

- ▶ den Übergang vom Vater auf den Sohn
- ▶ und anschließend vom Sohn auf seine Kinder.

1174 Bei Zwischenschaltung einer Familienstiftung hingegen bleibt der Übergang von Eigentumsrechten von einem Berechtigten an den anderen steuerrechtlich unberücksichtigt. Stirbt beispielsweise der Sohn, geht bei einer zwischengeschalteten Familienstiftung das Recht auf satzungsmäßige Leistungen der Stiftung auf seine Kinder steuerfrei über. Dieses Privileg stand Stiftern allerdings nur bis zur Einführung der Ersatzerbschaftsteuer zu. Mit ihrer Einführung (als weiteren Besteuerungstatbestand in § 1 Abs. 1 Nr. 4 ErbStG) galt die

Familienstiftung steuerlich als nicht mehr attraktiv. Doch wenn die Familienstiftung über einen langen Zeitraum bestehen soll, kann sie trotz der Ersatzerbschaftsteuer gegenüber mehreren Direktübertragungen die günstigere Alternative sein, denn:

Die Ersatzerbschaftsteuer wird nur alle 30 Jahre erhoben, während sich die natürliche Generationenfolge durchaus in kürzeren Zeiträumen vollziehen kann und zudem nicht voraussehbar ist (was auch ein Problem der Finanzplanung darstellt).

Des Weiteren schlägt die Ersatzerbschaftsteuer gemildert zu Buche, weil im Ergebnis zwei Erben unterstellt werden, die nicht in jeder Familie vorhanden sein dürften. 1175

Verschonungsabschlag und Abzugsbetrag für das Betriebsvermögen gelten auch für die Ersatzerbschaftsteuer. Stiftungen kommen allerdings nicht in den Genuss der Tarifbegrenzung nach § 19a ErbStG, weil diese nur für natürliche Personen gilt.

Außerdem kann die Ersatzerbschaftsteuer in 30 Jahresraten bezahlt (verrentet) werden (§ 24 ErbStG). Hierbei wird ein in der freien Wirtschaft für Kredite wohl kaum erzielbarer Zinssatz von 5,5 % zu Grunde gelegt. 1176

Die Ersatzerbschaftsteuer kann schließlich durch Errichtung mehrerer Stiftungen gemildert werden (Kappung hoher Progressionsstufen und Vervielfachung der Freibeträge).

Für die Berechnung der Ersatzerbschaftsteuer ist der Steuerwert des Stiftungsvermögens maßgebend. Er errechnet sich nach den in Teil II dargestellten Regeln des Bewertungsrechts (§ 12 ErbStG). Erfasst wird dabei das gesamte zum Stichtag vorhandene Vermögen der Familienstiftung, ausländische und nicht familienbezogene Vermögensteile inbegriffen (§ 10 Abs. 1 Satz 5 ErbStG). Von dem nach bewertungsrechtlichen Vorschriften ermittelten Stiftungsvermögen kommt der Verschonungsabschlag sowie ggf. der Abzugsbetrag zum Abzug. Vom „Rest" darf der doppelte Freibetrag der Steuerklasse I (das sind immerhin 800 000 €) nach § 16 Abs. 1 Nr. 2 ErbStG abgezogen werden. Auf das somit verbleibende Stiftungsvermögen ist schließlich derjenige Steuersatz der Steuerklasse I anzuwenden, der sich für die Hälfte des Vermögens ergeben würde. 1177

2.6 Abschließende Betrachtung

Ob die Errichtung einer Familienstiftung aus erbschaftsteuerlichen Gründen geboten ist, etwa wegen der günstigeren Besteuerung künftiger Vermögensübergänge (alle 30 Jahre durch die Ersatzerbschaftsteuer), kann nicht generell 1178 mit „ja" beantwortet werden. Ein wesentlicher Nachteil der Stiftungsbesteuerung gegenüber der individuellen Erbfolge ist, dass der überlebende Ehegatte seinen Versorgungsfreibetrag nach § 17 ErbStG nicht in Anspruch nehmen kann. Damit sind schon einmal 256 000 € verloren, welche auf andere Weise den steuerpflichtigen Erwerb gedrückt hätten.

1179 Nicht so vorteilhaft erweist sich bei näherem Hinblick auch das Steuerklassenprivileg. Allein die Tatsache, dass die Errichtung einer Familienstiftung nach der Steuerklasse des entferntest Berechtigten erfolgt und die Finanzverwaltung diese Regelung ganz besonders weit auslegt, lässt Überlegungen zu, ob nicht durch Kettenschenkungen – richtig angewandt – ein besseres Steuerklassenprivileg erreicht werden kann. Im Einzelfall dürfte es hier auf die Höhe des Vermögens ankommen.

1180 Eine möglicherweise günstigere Vermögensübertragung ermöglicht zweifelsohne die Verrentung der Ersatzerbschaftsteuer. Rechenmodelle, die hier über Jahrzehnte hinweg die direkte Erbfolge mit der Vermögensübertragung auf eine Stiftung vergleicht, müssen aber mit Vorsicht genossen werden. Denn niemand mag es voraussagen können, wie das Erbschaftsteuergesetz in 20 oder 30 Jahren aussehen wird, welche Lebenserwartungen die einzelnen Nachfolgegenerationen haben werden und in welchem zeitlichen Abstand Erbfolgen eintreten mögen. Nimmt man an, dass Vermögensübertragungen künftig in Abständen von 20 bis 30 Jahren erfolgen, ist die Stiftung unter Umständen günstiger. Kann dagegen mit ziemlicher Sicherheit angenommen werden, dass künftige Vermögensübertragungen in einem Abstand von mehr als 30 Jahren stattfinden werden, erweist sich die Ersatzerbschaftsteuer trotz ihrer Planbarkeit als unvorteilhaft.

1181 Wird Betriebsvermögen über eine Stiftung vererbt, kommt hinzu, dass die Steuervergünstigungen für das Betriebsvermögen (Verschonungsabschlag, Abzugsbetrag) zwar bei Errichtung einer Stiftung sowie auch für die Ersatzerbschaftsteuer gelten, nicht aber bei Auflösung der Stiftung, da es sich hierbei weder um einen Erwerb von Todes wegen noch um einen Erwerb durch Schenkung unter Lebenden handelt. Sofern bei Auflösung der Stiftung Betriebsvermögen zurück in die Hände von Personen der Steuerklassen II oder III gelangt (im Verhältnis zum Stifter), kann die Übertragung zwar in Steuerklasse I vollzogen werden, weil § 19a ErbStG stets anwendbar ist, wenn Betriebsvermögen zur Übertragung gelangt und die Erwerber (d. h. die Anfallsberechtigten der Stiftung) natürliche Personen sind. Dennoch bringen Vermögensübertragungen über Familienstiftungen wie gesehen steuerlich so gut wie keine Vorteile gegenüber einer Direktübertragung. Familienstiftungen sollten daher nur dann in die nähere Betrachtung einbezogen werden, wenn das zu übertragende Vermögen so hoch ist, dass es sich nicht mehr steuergünstig unter mehrmaliger Ausnutzung der persönlichen Freibeträge übertragen lässt.

▶ **Fazit:**

Sollen mit einer Stiftung echte Steuervorteile erzielt werden, muss man sich mit der Gemeinnützigkeit anfreunden. Gemeinnützigkeit heißt hier nicht, dass das Vermögen und die Erträge für die Familie für immer verloren sind. Der Gesetzgeber lässt die Verwendung von bis zu einem Drittel des Stiftungseinkommens für private Zwecke zu. Darüber hinaus können bis zu 10 % freie Rücklagen gebildet werden, womit per saldo über ein Drittel der Erträge für nicht gemeinnützige Zwecke verwendet werden dürfen. Des Weiteren sind Nießbrauchsgestaltungen denkbar. Erträge, die in Erfüllung eines Vorbehaltsnießbrauchs auf das gemeinnützigen Zwecken dienende Stiftungsvermögen auf den Nießbrauchsberechtigten übertragen werden, werden auf die $^1/_3$-Grenze nicht angerechnet.

3 Gemeinnützige Stiftungen

3.1 Die Gemeinnützigkeit

Gemeinnützigkeit ist gegeben, wenn die Tätigkeit der Stiftung darauf gerichtet ist, die Allgemeinheit auf materiellem, geistigem oder sittlichem Gebiet selbstlos zu fördern (§ 52 AO). Eine solche Förderung der Allgemeinheit liegt nur dann vor, wenn der Kreis der Begünstigten nicht fest abgeschlossen ist, sich etwa nicht ausschließlich auf eine Familie oder die Belegschaft eines Unternehmens erstreckt oder sich der Destinatärkreis nicht nach räumlichen oder beruflichen Merkmalen dauernd im kleinen Kreis abgrenzt.

1182

Erblasser oder Schenker müssen die Verwendung der Stiftungsmittel zu diesem die Allgemeinheit begünstigten Zweck verfügt haben. Ausreichend ist bereits die Förderung auf einem Gebiet. Unter Allgemeinheit ist nicht die ganze Allgemeinheit zu verstehen, sondern auch jeder „nicht abgeschlossene" Ausschnitt aus ihr.[1] Die Förderung der Allgemeinheit setzt ein aktives Tun der Stiftung voraus, und zwar ihrer Zweckverfolgung entsprechend. Mildtätigkeit ist die Unterstützung von Personen, die infolge ihres Gesundheitszustandes „auf die Hilfe anderer angewiesen" sind (§ 53 AO). Kirchliche Zwecke werden durch selbstlose Förderung einer Religionsgemeinschaft verfolgt (§ 54 AO).

---

1 Pöllath in Seifart, Handbuch StiftungsR, § 43 Rdn. 17.

1183 Um zu verhindern, dass unter dem Deckmantel der Gemeinnützigkeit in Wirklichkeit nicht auch Eigeninteressen vertreten werden, verlangt die Finanzverwaltung weitere drei Voraussetzungen: die Selbstlosigkeit (§ 55 AO), die Ausschließlichkeit (§ 56 AO) sowie die Unmittelbarkeit (§ 57 AO). Die gemeinnützige Stiftung ist außerdem eingeschränkt in der Einkommensverwendung und in der Einkommenserzielung, d. h., die Steuerbegünstigung setzt die zeitnahe Mittelverwendung im Geschäftsjahr des Zuflusses sowie eine dauernde Bindung für gemeinnützige Zwecke voraus und „andere Personen" dürfen nicht begünstigt werden. Die gemeinnützige Stiftung darf sich nicht gewerblich betätigen.[1]

1184 Die gemeinnützige Stiftung verfolgt ihre Zwecke selbstlos, wenn sie nicht eigenwirtschaftlichen, gewerblichen oder sonstigen Erwerbszwecken nachgeht (§ 55 Abs. 1 AO) und ausschließlich, wenn sie nur ihre steuerbegünstigten satzungsmäßigen Zwecke verfolgt.[2] Dass die Stiftung ausschließlich und unmittelbar satzungsmäßige Zwecke verfolgt, muss sich aus der Satzung, dem Stiftungsgeschäft oder der sonstigen Verfassung ergeben. Auch die tatsächliche Geschäftsführung muss diesen Satzungsbestimmungen entsprechen (§ 59 AO).

1185 Sämtliche Mittel der gemeinnützigen Stiftung müssen dem satzungsmäßigen Zweck dienen (§ 55 Abs. 1 Nr. 1 Satz 1 AO). Unter den Begriff „Mittel" fällt alles, was der Stiftung zukommt, also Geldeinnahmen, Bankguthaben, Wertpapiergewinne, Gewinne aus wirtschaftlichen Geschäftsbetrieben, Spenden oder Überschüsse aus Zweckbetrieben usw. ungeachtet ihrer Herkunft (also beispielsweise finanziert aus Spenden oder Beiträgen), jedoch nicht das Grundstockvermögen und die Einlagen des Stifters.[3] Die Stiftung muss ihre Mittel grundsätzlich zeitnah für ihre steuerbegünstigten satzungsmäßigen Zwecke verwenden (Grundsatz der zeitnahen Mittelverwendung).[4] Nicht vereinbar mit dem Grundsatz der zeitnahen Mittelverwendung wäre es, zufließende Mittel zur Vermögensmehrung zu nutzen.

---

1 Allerdings greift die Befreiung von der Erbschaft- und Schenkungsteuer auch unabhängig davon, ob die Stiftung einen wirtschaftlichen Geschäftsbetrieb betreibt; im Allgemeinen ist auf die Wettbewerbsneutralität abzustellen.

2 Hierdurch wird das bezüglich der Einkommensverwendung geltende Aufteilungsverbot zum Ausdruck gebracht, wonach die Steuervergünstigungen der Stiftung ganz oder gar nicht gewährt werden, nicht aber nur teilweise.

3 Vgl. Gersch in Klein, 8. Aufl. 2003, § 55 AO Rdn. 4; Seifart/von Campenhausen, Handbuch des Stiftungsrechts, § 37 AO Rdn. 226.

4 § 55 Abs. 1 Nr. 5 AO, eingefügt d. Gesetz zur weiteren steuerlichen Förderung von Stiftungen v. 14. 7. 2000, BStBl 2000 I S. 1192.

Vorgeschrieben ist hier indes nur die ausschließliche Einkommensverwendung für steuerbegünstigte Zwecke. So kann eine gemeinnützige Stiftung z. B. die Erhaltung eines Unternehmens zum Zweck haben; solange keine Einkommen der Stiftung für das Unternehmen verwendet werden, besteht kein Konflikt mit dem Gebot der Ausschließlichkeit.

Das Gebot der Vermögensbindung (Verwendung für steuerbegünstigte satzungsmäßige Zwecke) gilt auch hinsichtlich der eingezahlten Kapitalanteile der Mitglieder und den gemeinen Wert der von den Mitgliedern geleisteten Sacheinlagen bei Auflösung der Stiftung oder bei Wegfall ihres Zwecks).[1]

1186

Nicht in erster Linie ist die Stiftung selbstlos tätig, wenn eigenwirtschaftliche Interessen als gleichrangiges oder sogar überwiegendes Ziel neben den steuerbegünstigten Zweck treten. An Selbstlosigkeit würde es einer gemeinnützigen Stiftung fehlen, wenn sie ihre Mittel ausschließlich ihrem „wirtschaftlichen Geschäftsbetrieb" zur Verfügung stellen würde und die Tätigkeit darauf gerichtet ist, das Stiftungsvermögen und die Einkünfte zu vermehren. Gegen eine Selbstlosigkeit spricht auch, wenn sich der Stifter – im Stiftungsrat sitzend – selbst und seinen nahen Angehörigen unangemessen hohe Vergütungen zukommen lässt (§ 55 Abs. 1 Nr. 3 AO).

Allerdings ist nicht jede auf Verbesserung der Einkünfte oder des Vermögens gerichtete Tätigkeit als Verstoß gegen das Gebot der Selbstlosigkeit anzusehen. Die Stiftung kann einen auf Gewinnerzielung gerichteten wirtschaftlichen Geschäftsbetrieb unterhalten, ohne dadurch das Gebot der Selbstlosigkeit zu verletzen (§ 64 AO). Ein wirtschaftlicher Geschäftsbetrieb ist eine selbstständige nachhaltige Tätigkeit, durch die Einnahmen oder andere wirtschaftliche Vorteile erzielt werden und der über den Rahmen der Vermögensverwaltung hinausgeht (§ 14 Satz 1 AO). Die Absicht, Gewinn zu erzielen, ist dabei nicht erforderlich. Vielfach dürfte es sogar so sein, dass gerade die Gewinne des wirtschaftlichen Geschäftsbetriebes es der Stiftung ermöglichen, ihren gemeinnützigen Zwecken nachzukommen. Der von der Stiftung geführte Betrieb wird so zum Zweckbetrieb (§ 65 AO). Voraussetzung für einen Zweckbetrieb ist, dass dieser tatsächlich und unmittelbar die satzungsmäßigen Zwecke der Stiftung, die ihn betreibt, verwirklicht. Ein Zweckbetrieb liegt nicht vor, wenn der Stiftungszweck allein aus den Erträgen des Betriebes erfüllt wird. Ist dies der Fall, handelt es sich um einen wirtschaftlichen Geschäftsbetrieb. Während also die Stiftung einen Zweckbetrieb unmittelbar und unbedingt zur Verwirklichung des Stiftungszwecks benötigen muss und

---

1 § 55 Abs. 1 Nr. 4 AO.

der Wettbewerb zu nicht begünstigten Betrieben derselben oder ähnlicher Art auf das Unvermeidbare begrenzt sein muss, tritt der wirtschaftliche Geschäftsbetrieb voll in den Wettbewerb mit ähnlichen Unternehmen und wird von der Stiftung zur Erfüllung des Stiftungszwecks nicht unmittelbar benötigt.

1187   Der Hauptunterschied zwischen Zweckbetrieb und wirtschaftlichem Geschäftsbetrieb liegt aber vielmehr darin, dass die Stiftung die Steuerbefreiung für Zweckbetriebe nicht verliert, für einen wirtschaftlichen Geschäftsbetrieb dagegen schon (aber nur für diesen!). Allein das Unterhalten eines wirtschaftlichen Geschäftsbetriebes – gleich welcher Größe – macht aus der gemeinnützigen Stiftung noch kein steuerschädliches Gewerbe. Die Stiftung darf die im Rahmen eines wirtschaftlichen Geschäftsbetriebs verfolgten eigenwirtschaftlichen Zwecke nur nicht „in erster Linie" verfolgen. Selbstloses Handeln ist nur zu verneinen, wenn die eigene Opferwilligkeit zu Gunsten anderer wegfällt oder in den Hintergrund gedrängt wird und an deren Stelle in erster Linie der Eigennutz tritt. Unterhält eine Stiftung einen wirtschaftlichen Geschäftsbetrieb, so ist sie auch nicht allein deswegen „eigennützig" tätig, weil sie zur Sicherung ihres wirtschaftlichen Geschäftsbetriebs – und damit zur langfristigen Erfüllung der von ihr nach der Satzung oder dem Stiftungsgeschäft auferlegten steuerbegünstigten Zwecke – ein erhebliches und mit dem Geschäftsumfang wachsendes Eigenkapital benötigt und das betriebswirtschaftlich notwendige Eigenkapital für den Betrieb nur durch eine Thesaurierung der Gewinne aufbringen kann. Eine – vorübergehende – notwendige Gewinnthesaurierung zu Gunsten des wirtschaftlichen Geschäftsbetriebs schließt nicht aus, dass die Tätigkeit der Körperschaft darauf gerichtet ist, die Allgemeinheit selbstlos zu fördern.[1] Etwas anderes gilt nur, wenn offensichtlich erkennbar ist, dass der wirtschaftliche Geschäftsbetrieb seine Überschüsse nicht an den ideellen Bereich abgibt bzw. diese Verpflichtung tatsächlich nicht erfüllt.

1188   Schließlich muss die Stiftung, um dem dritten Erfordernis der Unmittelbarkeit gerecht werden zu können, den steuerbegünstigten satzungsmäßigen Zweck selbst verwirklichen (§ 57 Abs. 1 Satz 1 AO). Zum Hauptzweck einer gemeinnützigen Stiftung darf auch nicht gehören, die Einnahmen für sich zur Mehrung ihres Vermögens zu behalten. Die satzungsmäßigen Mittel sind den steuerbegünstigten Zwecken vielmehr zeitnah zuzuführen – im Übrigen eine weitere Voraussetzung für Selbstlosigkeit. Das Gebot der zeitnahen gemeinnützigen Mittelverwendung (§ 58 Nr. 6 AO) schränkt allerdings eine betriebswirtschaftlich gebotene Gewinnthesaurierung auf Ebene des wirtschaftlichen Ge-

---

[1] BFH, Urt. v. 15. 7. 1998 I R 156/94, ZEV 1999 S. 155.

schäftsbetriebes nicht ein.[1] Ein Verstoß gegen die zeitnahe Mittelverwendung stellt aber nicht gleich die Gemeinnützigkeit in Frage. Es ist der Stiftung vorbehalten, den Verstoß zu heilen, indem sie binnen einer vom Finanzamt gesetzten Frist unzulässig angesammelte Rücklagen für satzungsgemäße steuerbegünstigte Zwecke verwendet.

Vielfach leben gemeinnützige Stiftungen von Kapitaleinkünften wie von Erträgen aus privater Vermögensverwaltung oder der Vermietung von Immobilien. Einkünfte aus passiver Vermögensverwaltung, welche keinen wirtschaftlichen Geschäftsbetrieb darstellt, bleiben bei steuerbegünstigten Stiftungen immer steuerfrei. Solange sich die Stiftung selbst nicht unternehmerisch betätigt, ist das Halten von Unternehmensbeteiligungen und die bloße Ausübung von Gesellschafterrechten auch nicht steuerschädlich. In den überwiegenden Fällen aber wird sich die Stiftung als Hauptaktionärin bzw. als Mehrheitsgesellschafterin nicht nur auf eine (passive) Stimmrechtsausübung in der Gesellschafterversammlung beschränken wollen, sondern Einfluss auf die Geschäftsführung nehmen. Die Gewinnanteile oder Dividenden wären dann steuerpflichtig.

1189

Die Tätigkeit einer Vermögensverwaltung kann jedoch gegen das Gebot der „Ausschließlichkeit" verstoßen und letztlich doch steuerschädlich sein, wenn nur Teile des Ertrags für steuerbegünstigte Zwecke verwendet werden. Denn die nicht begünstigte Vermögensanlage steht dann so im Vordergrund, dass sie einen eigenen Zweck der Körperschaft bildet.

HINWEIS:
Um dem Gebot der satzungsmäßigen Vermögensbindung zu genügen, empfiehlt es sich, den Zweck, für den das Vermögen bei Auflösung der gemeinnützigen Stiftung oder im Fall eines Wegfalls des ursprünglichen Zwecks zu verwenden ist, in der Satzung so genau zu bestimmen, dass gewährleistet ist, dass dieser ebenfalls begünstigt ist (§ 61 Abs. 1 AO). Soweit der künftige Verwendungszweck des Vermögens bei der Aufstellung der Satzung noch nicht genau angegeben werden kann, genügt es, wenn in der Satzung bestimmt wird, dass das Vermögen bei Auflösung oder Aufhebung der Stiftung oder Wegfall des Stiftungszwecks zu steuerbegünstigten Zwecken zu verwenden ist. Beschlüsse des Stiftungsrates über die Vermögensverwendung sind insoweit mit dem Finanzamt abzustimmen (§ 61 Abs. 2 Satz 1 AO).

3.2 Die Steuervorteile im Überblick

Gemeinnützige, mildtätige oder kirchliche Stiftungen:

1190

- ▶ Sind von der Körperschaft- und Gewerbesteuer befreit;
- ▶ können sich eine einbehaltene Kapitalertragsteuer rückerstatten lassen;

---

1 BFH, Urt. v. 15. 7. 1998 I R 156/94, a. a. O.

- zahlen keine Grundsteuern;
- zahlen keine Ersatzerbschaftsteuern;
- werden – sofern nicht gänzlich steuerfrei – nur mit dem ermäßigten Steuersatz nach § 12 UStG besteuert.

Des Weiteren sind Erstzuwendungen und Zustiftungen an gemeinnützige Stiftungen von der Erbschaft- oder Schenkungsteuer befreit. Ferner können Zuwendungen an gemeinnützige Stiftungen als Spende (Sonderausgabe) steuermindernd geltend gemacht werden. Die Steuervergünstigungen für gemeinnützige Stiftungen bei der Körperschaft- und Gewerbesteuer gelten auch für die Vermögensverwaltung.

HINWEIS:

Die Vermögensverwaltung gehört weder zu den satzungsmäßigen Zwecken noch ist sie Teil eines wirtschaftlichen Geschäftsbetriebs.

3.3 Die Steuervorteile im Einzelnen

3.3.1 Erbschaft- und schenkungsteuerfreie Vermögensübertragung

1191 Vermögensübertragungen auf gemeinnützige Stiftungen erfüllen zwar die Voraussetzungen für einen erbschaft- bzw. schenkungsteuerpflichtigen Vorgang, sind jedoch kraft Gesetzes erbschaft- und schenkungsteuerfrei (§ 13 Abs. 1 Nr. 16b ErbStG). Dies gilt auch für spätere Zustiftungen, die bei Familienstiftungen sogar mit Steuerklasse III besteuert werden. Die Voraussetzungen der Gemeinnützigkeit müssen erst im Zeitpunkt der Entstehung der Steuer (= Zeitpunkt des Erwerbs von Todes wegen bzw. Zeitpunkt der Ausführung der Schenkung) vorliegen. Wird ein im Wege einer Schenkung oder der Rechtsnachfolge erworbenes Vermögen binnen 24 Monaten in eine gemeinnützige Stiftung eingebracht, erlischt auch eine bereits gezahlte Erbschaft- oder Schenkungsteuer rückwirkend (§ 29 Abs. 1 Nr. 4 ErbStG).

HINWEISE:

- Die Steuerbefreiung gilt auch für gemeinnützige Stiftungen, die einen wirtschaftlichen Geschäftsbetrieb unterhalten, wenn die Stiftung dadurch nicht den Gemeinnützigkeitsstatus verliert. Die Finanzverwaltung lehnt eine Steuerbefreiung allerdings dann ab, wenn die Zuwendungen an den wirtschaftlichen Geschäftsbetrieb der gemeinnützigen Stiftung geleistet werden.
- Zu beachten ist ebenfalls, dass die Steuerbefreiung nach § 13 Abs. 1 Nr. 16b ErbStG rückwirkend erlischt, wenn die Stiftung innerhalb von zehn Jahren aufgelöst wird und das Stiftungsvermögen nicht begünstigten Zwecken zugeführt wird. Entsprechende Erbschaft-/Schenkungsteuerbescheide können aufgehoben oder geändert werden.

3.3.2 Bei Übertragung von Betriebsvermögen können stille Reserven unversteuert in die Stiftung überführt werden

Bei Übertragung von Betriebsvermögen in eine Familienstiftung ergeben sich dieselben ertragsteuerlichen Konsequenzen wie bei einer Veräußerung: Stille Reserven müssen aufgedeckt und versteuert werden. Gemeinnützigen Stiftungen gewährt der Gesetzgeber hingegen das sog. Buchwertprivileg. Danach dürfen Wirtschaftsgüter aus dem Betriebsvermögen zum Buchwert entnommen und in das Vermögen der steuerbegünstigten Stiftung überführt werden (§ 6 Abs. 1 Nr. 4 Sätze 4 u. 5 EStG).

1192

> **HINWEIS:**
> Die gemeinnützige Stiftung eröffnet dem Stifter noch einen weiteren interessanten Aspekt: Ist es aus bestimmten Gründen notwendig, Betriebsvermögen vor der Übertragung auf die Stiftung zu veräußern, und sind hierbei stille Reserven zu realisieren, kann die Steuerbelastung in Form eines Sonderausgabenabzugs (als Spende im Rahmen der Höchstgrenzen) nahezu neutralisiert werden.

3.3.3 Absetzbarkeit der Zuwendungen als Spende

Der Stifter kann Zuwendungen an gemeinnützige Stiftungen als Sonderausgabe (Spende) über die geltenden Regelungen für den Steuerabzug für Spenden hinaus bis zu 20 % des Gesamtbetrages seiner Einkünfte oder – für Unternehmer relevant – 4 ‰ der Summe der gesamten Umsätze und der im Kalenderjahr aufgewendeten Löhne und Gehälter von der Einkommensteuer abziehen (§ 10b Abs. 1 EStG).

1193

Zusätzlich können Spenden in den Vermögensstock einer gemeinnützigen Stiftung im Steuerjahr (Veranlagungszeitraum) der Zuwendung und in den folgenden neun Jahren bis zu einem Betrag von 1 000 000 € neben den als sonderausgabenabzugsfähige Spenden zu berücksichtigenden Zuwendungen und über den für Spenden geltenden Einschränkungen hinaus steuermindernd abgezogen werden. Die Vermögensstockspende kann auf Antrag des Steuerpflichtigen innerhalb eines Zeitraumes von zehn Jahren beliebig auf die einzelnen Jahre verteilt werden.

Die Regelungen über die Vermögensstockspende gelten nicht nur für Zuwendungen im Gründungsjahr, sondern auch für spätere Zustiftungen. Vermögensstockspenden, die nicht innerhalb des Zehnjahreszeitraums verbraucht wurden, gehen in den allgemeinen unbefristeten Spendenvortrag nach § 10b Abs. 1 EStG über; sie gehen also nicht verloren.[1]

---

1 OFD Koblenz v. 16. 2. 2009 S 2223/S 2751/G 1425 A-St33 1.

> **HINWEIS:**
> Ein Beispielfall zur Absetzbarkeit von Zuwendungen an gemeinnützige Stiftungen als Spende findet sich in Rdn. 1201.

3.3.4 Nachversteuerung bei Auflösung, Satzungsänderungen und rückwirkender Aberkennung der Gemeinnützigkeit

1194 Die Steuerfreiheit von gemeinnützigen Stiftungen entfällt rückwirkend, wenn die Gemeinnützigkeit innerhalb eines Zeitraumes von zehn Jahren wegfällt und das Vermögen nicht steuerbegünstigten (gemeinnützigen) Zwecken zugeführt wird (§ 13 Abs. 1 Nr. 16b Satz 2 ErbStG). Dasselbe gilt, wenn es innerhalb dieses Zeitraumes zur Auflösung der Stiftung kommt oder zu Änderungen in den Satzungsbestimmungen über die Vermögensbindung und diese Änderungen den Anforderungen der Selbstlosigkeit (Grundsatz der Vermögensbindung, § 55 Abs. 1 Nr. 4 AO) nicht mehr entsprechen. Die Bestimmung gilt dann „ex tunc" als steuerlich unzureichend mit der Folge, dass die Voraussetzungen für eine Steuervergünstigung rückwirkend nicht mehr vorliegen und erlassene Steuerbescheide der letzten zehn Jahre vor der Änderung der Bestimmung über die Vermögensbindung aufgehoben oder geändert werden können (§ 61 Abs. 3 AO). Eine Nachversteuerung droht auch, wenn einer anfänglich gemeinnützigen Stiftung die Gemeinnützigkeit innerhalb dieses Zehnjahreszeitraumes entzogen wird.

> **HINWEIS:**
> Wird eine gemeinnützige Stiftung errichtet und hat der Stifter auf die Geschäftsführung dieser Körperschaft keinen Einfluss, sollte der Vermögensübertrag nur unter dem Vorbehalt des Widerrufs für solche Fälle erfolgen, in denen es innerhalb der Zehnjahresfrist zur Aberkennung der Gemeinnützigkeit kommt. Dann kann der Stifter nachträglich nicht mehr in die Pflicht genommen werden. Vielmehr erlischt die Steuer mit Wirkung für die Vergangenheit nach § 29 ErbStG.

4 Gemeinnützige nichtrechtsfähige Stiftungen (Treuhandstiftungen) – Gestaltungstipps zur optimalen Vermögensübertragung

4.1 Allgemeines

1195 Nichtrechtsfähige gemeinnützige Stiftungen – auch bezeichnet als unselbstständige, fiduziarische oder treuhänderische Stiftung – oder Unterstiftungen unterscheiden sich von gewöhnlichen gemeinnützigen Stiftungen nur dadurch, dass die nichtrechtsfähigen gemeinnützigen Unterstiftungen keine eigene Rechtspersönlichkeit entfalten und daher zwingend einen Stiftungsträger benötigen. Der Stiftungsträger muss eine – unsterbliche – juristische Person sein, im Regelfall ist der Stiftungsträger selbst eine gemeinnützige Stiftung.

Die Unterstiftung ist nicht Gegenstand der einschlägigen stiftungsrechtlichen Bestimmungen im BGB (§§ 82 ff.). Auch die Stiftungsgesetze der Länder mit den darin verankerten stiftungsaufsichtsrechtlichen Regelungen kommen für Unterstiftungen nicht zur Anwendung. Unselbstständige Stiftungen können ohne große Formalität und ohne Barkapital errichtet werden. Es bedarf weder einer behördlichen Genehmigung, einer staatlichen Aufsicht oder eines Mindeststiftungsvermögens. Auch Zweckänderungen oder zeitliche Befristungen sind leichter möglich! Unterstiftungen sind deshalb die klassische Form für kleinere Stiftungsvermögen.

Die Gründung einer Unterstiftung vollzieht sich im Prinzip so wie die Errichtung einer Privatstiftung nur mit dem Unterschied, dass die nichtrechtsfähige Stiftung erst mit Annahme durch den Stiftungsträger, also im Regelfall einer übergeordneten rechtsfähigen gemeinnützigen Stiftung, als errichtet gilt. Die Zuwendung des Vermögens kann entweder in Form eines Treuhandvertrages (als Auftrag oder Geschäftsbesorgungsvertrag) oder aber als Schenkung oder Vermächtnis unter Auflage der Errichtung einer unselbstständigen Stiftung erfolgen.

Empfänger des Vermögens ist regelmäßig der Stiftungsträger. Unselbstständige Stiftungen lauten auf eigenen Namen und eine eigene Satzung ist selbstverständlich auch inbegriffen. Stiftungen dieser Art stellen dabei nicht nur ein Steuersparinstrument dar, sondern erlauben es dem Stifter auch, sich und seinen Namen im Zusammenhang mit seinem Stiftungsvermögen zu verewigen.

1196

Unselbstständige Stiftungen werden bei Einhaltung der gesetzlichen Vorgaben steuerrechtlich genauso behandelt wie „echte" – rechtlich selbstständige – Stiftungen, da auch nichtrechtsfähige Stiftungen zu den unbeschränkt steuerpflichtigen Körperschaften i. S. des Körperschaftsteuergesetzes zählen. Die unselbstständige Stiftung wird für Ertragsteuerzwecke als selbstständiges Steuersubjekt behandelt (§ 1 Abs. 1 Nr. 5 KStG)[1] und kann dieselben gemeinnützigkeitsspezifischen Vergünstigungen wie rechtsfähige gemeinnützige Stiftungen nutzen.[2]

---

[1] Vgl. auch OFD Frankfurt v. 2. 4. 2004 S 0170 A 41 – St II 1.03, DB 2004 S. 1016.
[2] Siehe hierzu Gesetz zur weiteren steuerlichen Förderung von Stiftungen v. 14. 7. 2000, BGBl 2000 I S. 1034.

> **HINWEIS:**
> Soll Erbvermögen nur zeitlich begrenzt in eine Unterstiftung eingebracht werden, weil beispielsweise das Enkelkind verspricht, das Stiftungsvermögen „in Ehren" zu halten, dieses aber erst in einigen Jahren Volljährigkeit erlangt, bietet sich die Einsetzung des Stiftungsträgers als Vorerbe an.

4.2 Besonderheiten bei der Erbschaft- und Schenkungsteuer

1197 Wie bereits erörtert, wird Eigentümer eines zur Errichtung einer nichtrechtsfähigen Stiftung übertragenen Vermögens nicht die nichtrechtsfähige Unterstiftung, sondern der Stiftungsträger. Nur dieser wird rechtlicher Eigentümer des Vermögens und gilt als Erwerber i. S. des Erbschaft-/Schenkungsteuerrechts.

Der Stiftungsträger erhält dieses Vermögen regelmäßig aber nur unter der entsprechenden Auflagenverpflichtung, die Vermögensgegenstände im öffentlichen Interesse usw. zu nutzen, was Voraussetzung für die Gemeinnützigkeit und Steuerfreiheit ist.

1198 Diese Zweckauflage seitens des Gründers der Unterstiftung (und Einbringers der Vermögensgegenstände) stimmt im Regelfall mit der Zwecksetzung des Stiftungsträgers überein (Zweckidentität). Erfüllt der Stiftungsträger darüber hinaus selbst die notwendigen Gemeinnützigkeitsvoraussetzungen – und darauf sollte der Stifter stets achten –, begründet sich die Erbschaft-/Schenkungsteuerfreiheit nach der für gemeinnützige Stiftungen geltenden Befreiungsvorschrift nach § 13 Abs. 1 Nr. 16b ErbStG. Erfüllt der Stiftungsträger nicht die Voraussetzung für die Gemeinnützigkeit, würde es sich bei den hingegebenen Vermögensgegenständen um eine zweckgerichtete ausschließlich gemeinnützigen, mildtätigen oder kirchlichen Zwecken dienende Zuwendung handeln, die nach § 13 Abs. 1 Nr. 17 von der Erbschaft-/Schenkungsteuer befreit wäre. Die Befreiungsvorschrift des § 13 Abs. 1 Nr. 17 ErbStG ergänzt Nr. 16 Buchst. b und unterscheidet sich nur dadurch, dass im Fall der Nr. 17 der Verwendungszweck vom Vermögenswidmer festgelegt werden muss, während bei Nr. 16 Buchst. b die gemeinnützige Körperschaft (in diesem Fall der Stiftungsträger) die Vermögensgegenstände im Rahmen ihrer zulässigen Tätigkeit frei verwenden kann.[1]

---

1 Jülicher in: Troll/Gebel/Jülicher, § 13 Tz. 222.

4 Gemeinnützige nichtrechtsfähige Stiftungen (Treuhandstiftungen)

HINWEIS:

Auf eine Zweckidentität zwischen dem Stiftungsträger und der nicht rechtsfähigen Unterstiftung sollte stets geachtet werden. Liegt keine Zweckidentität vor, erfüllt die Übertragung der Vermögensgegenstände in die nichtrechtsfähige Unterstiftung den steuerpflichtigen Tatbestand der Zweckzuwendung (§ 8 ErbStG). Zweckzuwendungen sind Zuwendungen, die ebenfalls von Todes wegen oder unter Lebenden erfolgen, jedoch nicht an eine bestimmte Person oder an einen bestimmten Personenkreis fallen, sondern einem bestimmten Zweck dienen oder unbestimmte Personenkreise begünstigen sollen, welche sich nicht namentlich erfassen lassen. Eine Steuerbefreiung hängt in diesem Fall davon ab, ob die nicht rechtsfähige Unterstiftung selbst alle Gemeinnützigkeitsvoraussetzungen erfüllt, worauf im Einzelnen zu achten ist.[1] Professionell ausgearbeitete Konzepte institutioneller Anbieter sehen zwischen Unterstiftung und dem Stiftungsträger stets eine entsprechende Zweckidentität vor, so dass die vollständige Erbschaft-/Schenkungsteuerfreiheit von Vermögensübertragungen auf gemeinnützige Unterstiftungen gewährleistet ist.

4.3 Einbringung eigener Vermögensgegenstände als sonderausgabenabzugfähige Spende

Wer das Wort Spende hört, verbindet dieses im Regelfall mit der Hingabe von Geldzuwendungen. Steuerrechtler verstehen unter Spende alle Art von „Ausgaben zur Förderung mildtätiger, kirchlicher, religiöser, wissenschaftlicher und der als besonders förderungswürdig anerkannten gemeinnützigen Zwecke". Unter bestimmten Voraussetzungen erkennt der Fiskus auch Vermögensgegenstände als von der Steuer absetzbare Spende an.

1199

Clevere Vermögensübertrager nutzen folgendes Steuermodell: Die Einbringung von Vermögensgegenständen in ihre eigene steuerbegünstigte gemeinnützige nichtrechtsfähige Unterstiftung. Die Zuwendung von Vermögensgegenständen in eine gemeinnützige nichtsrechtfähige Stiftung bringt dem Stifter folgende Steuervorteile:

▶ Der Stifter kann vom „gemeinen Wert" (Verkehrswert/Schätzwert) der eingebrachten Vermögensgegenstände bis zu 20 % vom Gesamtbetrag seiner Einkünfte im Zuwendungsjahr als Spende steuerlich geltend machen (alternativ 4 ‰ der Summe der gesamten Umsätze und der im Kalenderjahr aufgewendeten Löhne und Gehälter, vgl. § 10b Abs. 1 Nr. 1 u. 2 EStG). Der Spendenabzug für Zuwendungen an gemeinnützige Stiftungen wurde durch das Gesetz zur weiteren Stärkung des bürgerschaftlichen Engage-

---

1 Wären die Gemeinnützigkeitsvoraussetzungen nicht gegeben, würde wiederum der Auffangtatbestand des § 13 Abs. 1 Nr. 17 ErbStG Anwendung finden.

ments[1] erheblich erweitert. Stifterinnen und Stifter profitieren von der Neuregelung für Zuwendungen nach dem 31.12.2006.[2]

BEISPIEL: Bei einem Kunstgemälde im Schätzwert vom 400 000 € kann ein privater Sammler, dessen Gesamtbetrag der Einkünfte 200 000 € betragen soll, 40 000 € (= 20 % vom Gesamtbetrag der Einkünfte) als Spende bei Gründung einer unselbstständigen Kunststiftung und Widmung des Kunstgemäldes steuermindernd geltend machen.

▶ Über den allgemeinen Spendenabzug hinaus kann der Stifter auf Antrag in den Vermögensstock einer gemeinnützigen Unterstiftung gewährte Zuwendungen bis zu 1 000 000 € als Spende, ggf. verteilt auf insgesamt zehn Jahre als besonderer Abzugsbetrag steuerlich geltend machen (Vermögensstockspenden, § 10b Abs. 1a EStG). Im Antragsfall kann die Spende innerhalb des Zehn-Jahres-Zeitraumes vom Spender beliebig auf die einzelnen Jahre verteilt werden.[3]

1200 Unter diesen Gesichtspunkten kann es allemal günstiger sein, unter Ausschöpfung sämtlicher Einkommensteuervorteile Vermögensgegenstände zu Lebzeiten schenkungsteuerfrei in eine eigene Stiftung einzubringen, anstatt Vermögensgegenstände steuerpflichtig den Erben zuzuwenden, die als Folge die Erbschaftsteuerschulden durch Hingabe einzelner oder mehrerer Sammlerstücke aus dem Vermögensnachlass mit den Gegenständen begleichen (müssen).

HINWEISE:

▶ Mit dem Gesetz zur weiteren Stärkung des bürgerschaftlichen Engagements ist auch die Voraussetzung, dass die Spende anlässlich der Neugründung der Stiftung geleistet werden muss, entfallen, so dass auch Spenden in den Vermögensstock bereits bestehender gemeinnütziger Stiftungen bis zu 1 000 000 € als Sonderausgaben abzugsfähig sind.

▶ In dem Antrag auf Inanspruchnahme des besonderen Abzugsbetrags ist festzulegen:

– In welcher Höhe die Zuwendung als Vermögensstockspende behandelt werden soll. Eine entsprechende Aufteilung empfiehlt sich für Zuwendungen über die Höhe von über 20 % des Gesamtbetrages der Einkünfte bzw. 4 ‰ der Summe der gesamten Umsätze und der im Kalenderjahr aufgewendeten Löhne und Gehälter hinaus. Leistet ein Spender z. B. eine Gesamtzuwendung von z. B. 100 000 € und beträgt sein Gesamtbetrag der Einkünfte im Zuwendungsjahr 200 000 €, empfiehlt sich eine Aufteilung von 80 000 € als Vermögensstockspende (ggf. verteilt auf zehn Jahre) und 20 000 € als sonstiger Spendenabzugsbetrag.

– In welcher Höhe der Spendenbetrag in dem entsprechenden Zeitraum berücksichtigt werden soll.

---

1 V. 10.10.2007, BGBl 2007 I S. 2332, BStBl 2007 I S. 815.
2 Vgl. BMF v. 18.12.2008 IV C 4 – S 2223/07/0020, BStBl 2009 I S. 16.
3 BMF v. 18.12.2008, a. a. O., Tz. 3.

– Vermögensstockspenden, die nicht innerhalb des zehnjährigen Abzugszeitraumes verbraucht werden, gehen in den allgemeinen unbefristeten Spendenvortrag über (§ 10b Abs. 1 EStG).
– Ehepaare, die ihre gemeinsam gesammelten Vermögensgegenstände in eine Stiftung einbringen, bekommen bei Zusammenveranlagung den doppelten Höchstbetrag für die Vermögensstockspende. Dies ergibt sich bereits aus dem BFH-Urteil v. 3.8.2005 XI R 76/03.[1] Vorträge für Vermögensstockspenden sind für jeden Ehegatten getrennt festzustellen.[2]

4.4 Ein Beispielfall

Erblasser Max K. kaufte in den letzten 30 Jahren für insgesamt 100 000 € Gemälde und Skulpturen, welche inzwischen einen Marktwert von 500 000 € erreicht haben. Der Wertzuwachs realisierte sich in der Privatsphäre steuerfrei. K möchte seine Schätze nicht seinen Neffen vererben, welche wegen der begrenzten Veräußerbarkeit und den doch beachtlichen Erbschaftsteuern sowieso keinen Wert darauf legen. Anfang 2013 bringt K seine Schätze stattdessen nach § 13 Abs. 1 Nr. 16b ErbStG schenkungsteuerfrei in die unselbstständige Max K. Stiftung ein. K erzielt pro Jahr 100 000 € an Gesamteinkünften und versteuert davon 90 000 € in 2013. K würde nach der Grundtabelle eine Einkommensteuer von 29 628 € sowie einen Solidaritätszuschlag von rund 1 630 € zahlen müssen. Dank „Steuersparmodell Treuhandstiftung" reduziert sich seine Einkommensteuer ab 2013 bis einschließlich 2022 um über 200 000 €, wie folgende Rechnung zeigt.

1201

Steuerjahr			
2013	zu versteuerndes Einkommen	90 000 €	
	Als Sonderausgabe einmalig abziehbarer Spendenbetrag, § 10 Abs. 1 Nr. 1 EStG (20 % aus Gesamtbetrag der Einkünfte = 20 000 €)	./. 20 000 €	
	Besonderer Abzugsbetrag: als Spende in den Vermögensstock der gemeinnützigen unselbstständigen Max K Kunststiftung auf Antrag abziehbar im VAZ der Zuwendung (1/10 von 480 000 (500 000 – 20 000, verbleiben 480 000) = 48 000 €	./. 48 000 €	
	zu versteuerndes Einkommen 2013	22 000 €	
	Einkommensteuer 2013 (inkl. Solizuschlag aus 22 000 €)	3 427 €	
	Steuerersparnis 2013 (31 257 – 3 427)		27 830 €

---

[1] BStBl 2006 II S. 121.
[2] BMF v. 18.12.2008 a.a.O, Tz. 4a.

2014–2022

zu versteuerndes Einkommen	90 000 €
Besonderer Abzugsbetrag (verteilt auf Antrag auf bis zu zehn Jahre)	−48 000 €
zu versteuerndes Einkommen 2014–2022 (statt 90 000)	−42 000 €
Einkommensteuer 2014–2022 (inkl. Solizuschlag aus 42 000 €)	10 273
Steuerersparnis 2014–2022 (31 257 : 10 273) × 9	188 856 €
Steuerersparnis gesamt	216 686 €

4.5 Einbringung bereits geerbter und versteuerter Vermögensgegenstände in eine nicht rechtsfähige gemeinnützige (Unter-)Stiftung durch die Erben

1202   Die Errichtung einer nicht rechtsfähigen unselbstständigen Stiftung macht selbst dann (noch) Sinn, wenn Vermögensgegenstände bereits vererbt wurden und der Erbe die Zuwendung bereits versteuert hat. Bringt der Erbe das Vermögen nämlich innerhalb von 24 Monaten nach dem Erwerb in eine hierfür errichtete gemeinnützige Unterstiftung ein, erlischt die bereits gezahlte Erbschaftsteuer mit Wirkung für die Vergangenheit und der Erbe erhält bereits gezahlte Erbschaftsteuern wieder zurück. Maßgebliche Rechtsgrundlage ist § 29 Abs. 1 Nr. 4 ErbStG. Nach dieser Vorschrift erlischt die Erbschaft(Schenkung-)steuer für die Vergangenheit, soweit Vermögensgegenstände, die von Todes wegen oder durch Schenkung unter Lebenden erworben wurden, innerhalb von 24 Monaten nach dem Zeitpunkt der Entstehung der Steuer (das ist bei Erwerben von Todes wegen der Erbfall und bei Schenkungen der Zeitpunkt der Ausführung der Zuwendung) dem Bund, einem Land, einer inländischen Gemeinde oder eben auch einer inländischen Stiftung zugewendet werden. Voraussetzung ist, dass die Stiftung ausschließlich und unmittelbar als gemeinnützig anzuerkennenden steuerbegünstigten Zwecken dient.

HINWEIS:

Das bayerische Landesamt für Steuern (BayLfSt.) hat in einem Erlass aus dem Jahre 2004 klargestellt, dass die Vorschrift des § 29 Abs. 1 Nr. 4 ErbStG auch auf unselbstständige Stiftungen anzuwenden ist.[1] Somit können Erben von Kunstgegenständen sowie anderen Wirtschaftsgütern bereits gezahlte Erbschaftsteuern vom Fiskus unter den gegebenen Voraussetzungen wieder zurückholen.

---

1 Erl. v. 7. 1. 2004 S 3840 5 St 353.

5 Zusammenfassende Übersicht

TAB. 32:	Gemeinnützige Stiftung im Vergleich zur Familienstiftung		1203
	Gemeinnützige Stiftung	Familienstiftung	
Stiftungserrichtung	Steuerfrei nach § 13 Abs. 1 Nr. 16b ErbStG; rückwirkendes Erlöschen der Erbschaft- und Schenkungsteuer bei Weitergabe von Vermögensgegenständen binnen zwei Jahren an eine gemeinnützige Stiftung nach § 29 Abs. 1 Nr. 4 ErbStG	Grundsätzlich steuerpflichtig als Erwerb von Todes wegen (§ 3 Abs. 2 Nr. 1 ErbStG) bzw. als Schenkung unter Lebenden (§ 7 Abs. 1 Nr. 8 ErbStG)	
Zustiftungen	Steuerfrei nach § 13 Abs. 1 Nr. 16b ErbStG	steuerpflichtig nach Steuerklasse III (§§ 3 Abs. 2 Nr. 1, 7 Abs. 1 Nr. 8 ErbStG; § 15 Abs. 2 Satz 1 ErbStG gilt nicht für Zustiftungen)	
Spendenabzug	Spendenabzug allgemein plus besonderer Abzugsbetrag für Vermögensstockspenden (§ 10b Abs. 1, 1a EStG)	Kein Spendenabzug (§ 12 Nr. 2 EStG)	
Laufende Besteuerung (Körperschaftsteuer auf Ebene der Stiftung)	▶ Körperschaftsteuer steuerfrei (§ 5 Abs. 1 Nr. 9 KStG) ▶ Ausnahme: wirtschaftlicher Geschäftsbetrieb (§ 5 Abs. 1 Nr. 9 Satz 2 KStG)	▶ körperschaftsteuerpflichtig (§ 1 Abs. 1 Nr. 5), Steuersatz 15 % (§ 23 Abs. 1 KStG) ▶ Schenkungsteuer: satzungsmäßige Zuwendungen sind nicht abzugsfähig (§ 10 Abs. 7 ErbStG)	
Laufende Besteuerung (Einkommensteuer auf Ebene der Destinatäre)	▶ Zuwendungen einkommensteuerpflichtig (§ 22 Nr. 1 Satz 2 Halbsatz 2 EStG)	▶ Zuwendungen einkommensteuerpflichtig, Abgeltungsteuersatz § 20 Abs. 1 Nr. 9 EStG Schenkungsteuer: satzungsgemäße Zuwendungen sind steuerfrei	
Satzungsmäßige Zuwendungen (Schenkungsteuer)	Keine Schenkungsteuer	Keine Schenkungsteuer	
Erbschaftsteuer (Erbersatzsteuer)	–	alle 30 Jahre (§ 1 Abs. 1 Nr. 4 ErbStG)	

Beteiligung an Kapitalgesellschaft	Ausschüttung steuerfrei	Ausschüttung steuerfrei
Auflösung der Stiftung	▶ soweit das Stiftungsvermögen während des Bestehens der Stiftung gebildet worden ist, bleibt es für gemeinnützige Zwecke gebunden ▶ steuerfreie Rückübertragung des vom Stifter eingebrachten Vermögens, steuerpflichtige Rückübertragung an Angehörige wie bei Familienstiftung	schenkungsteuerpflichtig (§ 7 Abs. 1 Nr. 9 ErbStG) ▶ soweit Rückübertragung des Vermögens an den Stifter steuerfrei ▶ soweit Rückübertragung an andere Personen, Besteuerung nach der Steuerklasse, die sich nach dem Verwandtschaftsverhältnis zwischen dem Stifter und dem unmittelbaren Erwerber ergäbe (§ 15 Abs. 2 Satz 2 ErbStG)

Anhang

1. Punktesystem für die Berechnung fiktiver Baujahre bei umfassender Modernisierung (R B 185.3 ErbStR 2011)

TAB. 1:

Modernisierungselemente	Punkte
Dacherneuerung inkl. Verbesserung der Wärmedämmung	3
Verbesserung der Fenster	2
Verbesserung der Leitungssysteme (Strom, Gas, Wasser, Abwasser)	2
Verbesserung der Heizungsanlage	2
Wärmedämmung der Außenwände	2
Modernisierung von Bädern	2
Einbau von Bädern	3
Modernisierung des Innenausbaus, z. B. Decken und Fußböden	3
Wesentliche Änderung und Verbesserung der Grundrissgestaltung	3
11 – 15 Punkte:	überwiegend modernisiert
über 15 Punkte:	umfassend modernisiert

TAB. 2: Übliche Gesamtnutzungsdauer von 80 Jahren

	Modernisierungsgrad	
	11 – 15 Punkte	> 15 Punkte
Gebäudealter	Verschiebung Baujahr	
≥ 80 Jahre	32	40
ab 70 Jahre	23	31
ab 60 Jahre	15	22
ab 50 Jahre	9	15
ab 40 Jahre	3	8
ab 30 Jahre	0	3

TAB. 3: Übliche Gesamtnutzungsdauer von 70 Jahren

Gebäudealter	Modernisierungsgrad	
	11 – 15 Punkte	> 15 Punkte
	Verschiebung Baujahr	
≥ 70 Jahre	28	35
ab 60 Jahre	19	26
ab 50 Jahre	12	17
ab 40 Jahre	5	10
ab 30 Jahre	1	4

TAB. 4: Übliche Gesamtnutzungsdauer von 60 Jahren

Gebäudealter	Modernisierungsgrad	
	11 – 15 Punkte	> 15 Punkte
	Verschiebung Baujahr	
≥ 60 Jahre	24	30
ab 50 Jahre	15	21
ab 40 Jahre	8	13
ab 30 Jahre	2	6

TAB. 5: Übliche Gesamtnutzungsdauer von 50 Jahren

Gebäudealter	Modernisierungsgrad	
	11 – 15 Punkte	> 15 Punkte
	Verschiebung Baujahr	
≥ 50 Jahre	20	25
ab 40 Jahre	12	16
ab 30 Jahre	5	9
ab 20 Jahre	0	3

TAB. 6: Übliche Gesamtnutzungsdauer von 40 Jahren

Gebäudealter	Modernisierungsgrad	
	11 – 15 Punkte	> 15 Punkte
	Verschiebung Baujahr	
≥ 40 Jahre	16	20
ab 30 Jahre	8	11
ab 20 Jahre	2	4

2. Vervielfältiger für die Abzinsung einer unverzinslichen Forderung oder Schuld, die nach bestimmter Zeit in einem Betrag fällig ist, im Nennwert von 1 € (Tabelle 1 zum gleich lautenden Ländererlass vom 10. 10. 2010, BStBl 2010 I S. 810)

Anzahl der Jahre	Vervielfältiger	Anzahl der Jahre	Vervielfältiger	Anzahl der Jahre	Vervielfältiger
1	0,948	36	0,146	71	0,022
2	0,898	37	0,138	72	0,021
3	0,852	38	0,131	73	0,020
4	0,807	39	0,124	74	0,019
5	0,765	40	0,117	75	0,018
6	0,725	41	0,111	76	0,017
7	0,687	42	0,106	77	0,016
8	0,652	43	0,100	78	0,015
9	0,618	44	0,095	79	0,015
10	0,585	45	0,090	80	0,014
11	0,555	46	0,085	81	0,013
12	0,526	47	0,081	82	0,012
13	0,499	48	0,077	83	0,012
14	0,473	49	0,073	84	0,011
15	0,448	50	0,069	85	0,011
16	0,425	51	0,065	86	0,010
17	0,402	52	0,062	87	0,009
18	0,381	53	0,059	88	0,009
19	0,362	54	0,056	89	0,009
20	0,343	55	0,053	90	0,008
21	0,325	56	0,050	91	0,008
22	0,308	57	0,047	92	0,007
23	0,292	58	0,045	93	0,007
24	0,277	59	0,042	94	0,007
25	0,262	60	0,040	95	0,006
26	0,249	61	0,038	96	0,006
27	0,236	62	0,036	97	0,006
28	0,223	63	0,034	98	0,005
29	0,212	64	0,032	99	0,005
30	0,201	65	0,031	100	0,005
31	0,190	66	0,029		
32	0,180	67	0,028		
33	0,171	68	0,026		
34	0,162	69	0,025		
35	0,154	70	0,024		

3. Kapitalwert einer wiederkehrenden, zeitlich beschränkten Nutzung oder Leistung im Jahresbetrag von 1 € (entspricht Anlage 9a zum BewG)

Der Kapitalwert ist unter Berücksichtigung von Zwischenzinsen und Zinseszinsen mit 5,5 vom Hundert errechnet worden. Er ist der Mittelwert zwischen dem Kapitalwert für jährlich vorschüssige und jährlich nachschüssige Zahlungsweise.

Laufzeit in Jahren	Kapitalwert	Laufzeit in Jahren	Kapitalwert	Laufzeit in Jahren	Kapitalwert
1	0,974	31	15,129	61	17,969
2	1,897	32	15,314	62	18,006
3	2,772	33	15,490	63	18,041
4	3,602	34	15,656	64	18,075
5	4,388	35	15,814	65	18,106
6	5,133	36	15,963	66	18,136
7	5,839	37	16,105	67	18,165
8	6,509	38	16,239	68	18,192
9	7,143	39	16,367	69	18,217
10	7,745	40	16,487	70	18,242
11	8,315	41	16,602	71	18,264
12	8,856	42	16,710	72	18,286
13	9,368	43	16,813	73	18,307
14	9,853	44	16,910	74	18,326
15	10,314	45	17,003	75	18,345
16	10,750	46	17,090	76	18,362
17	11,163	47	17,173	77	18,379
18	11,555	48	17,252	78	18,395
19	11,927	49	17,326	79	18,410
20	12,279	50	17,397	80	18,424
21	12,613	51	17,464	81	18,437
22	12,929	52	17,528	82	18,450
23	13,229	53	17,588	83	18,462
24	13,513	54	17,645	84	18,474
25	13,783	55	17,699	85	18,485
26	14,038	56	17,750	86	18,495
27	14,280	57	17,799	87	18,505
28	14,510	58	17,845	88	18,514
29	14,727	59	17,888	89	18,523
30	14,933	60	17,930	90	18,531

Anhang

Laufzeit in Jahren	Kapitalwert	Laufzeit in Jahren	Kapitalwert	Laufzeit in Jahren	Kapitalwert
91	18,539	96	18,572	101	18,598
92	18,546	97	18,578	mehr als 101	18,600
93	18,553	98	18,583		
94	18,560	99	18,589		
95	18,566	100	18,593		

4. Tabelle zur Berechnung der Barwerte der Zinsdifferenzen für hoch- und niedrigverzinsliche Kapitalforderungen und Schulden mit Ratentilgung (Tabelle 3 zum gleich lautenden Ländererlass vom 10. 10. 2010, BStBl 2010 I S. 810)

Anzahl der Jahre	Barwert	Anzahl der Jahre	Barwert
1	0,487	26	8,378
2	0,943	27	8,578
3	1,394	28	8,773
4	1,824	29	8,961
5	2,240	30	9,144
6	2,641	31	9,322
7	3,028	32	9,494
8	3,402	33	9,661
9	3,764	34	9,823
10	4,113	35	9,980
11	4,451	36	10,133
12	4,777	37	10,281
13	5,093	38	10,425
14	5,398	39	10,565
15	5,694	40	10,701
16	5,979	41	10,833
17	6,255	42	10,961
18	6,523	43	11,086
19	6,782	44	11,207
20	7,032	45	11,325
21	7,275	46	11,440
22	7,510	47	11,551
23	7,737	48	11,660
24	7,957	49	11,766
25	8,171	50	11,869

Anzahl der Jahre	Barwert	Anzahl der Jahre	Barwert
51	11,969	76	13,802
52	12,066	77	13,855
53	12,161	78	13,907
54	12,254	79	13,958
55	12,344	80	14,008
56	12,432	81	14,056
57	12,517	82	14,104
58	12,601	83	14,151
59	12,682	84	14,196
60	12,762	85	14,241
61	12,839	86	14,285
62	12,914	87	14,328
63	12,988	88	14,370
64	13,060	89	14,411
65	13,130	90	14,451
66	13,199	91	14,491
67	13,265	92	14,530
68	13,331	93	14,568
69	13,395	94	14,605
70	13,457	95	14,641
71	13,518	96	14,677
72	13,577	97	14,713
73	13,635	98	14,747
74	13,692	99	14,781
75	13,748	100	14,814

5. Bewertung einer lebenslänglichen Nutzung oder Leistung; Vervielfältiger für Bewertungsstichtage ab 1. Januar 2012 (BMF vom 26. 9. 2011, BStBl 2011 I S. 834)

Der Kapitalwert ist nach der am 20. 9. 2011 veröffentlichten Sterbetafel 2008/2010 des Statistischen Bundesamtes unter Berücksichtigung von Zwischenzinsen und Zinseszinsen mit 5,5 Prozent errechnet worden. Der Kapitalwert der Tabelle ist der Mittelwert zwischen dem Kapitalwert für jährlich vorschüssige und jährlich nachschüssige Zahlungsweise.

Vollendetes Lebensalter	Männer Durchschnittliche Lebenserwartung	Kapitalwert	Frauen Durchschnittliche Lebenserwartung	Kapitalwert
0	77,51	18,387	82,59	18,457
1	76,81	18,376	81,85	18,448
2	75,83	18,360	80,87	18,436
3	74,85	18,342	79,89	18,423
4	73,86	18,324	78,90	18,408
5	72,87	18,304	77,91	18,394
6	71,88	18,284	76,91	18,378
7	70,89	18,262	75,92	18,361
8	69,89	18,239	74,93	18,344
9	68,90	18,215	73,93	18,325
10	67,90	18,189	72,94	18,306
11	66,91	18,162	71,94	18,285
12	65,91	18,134	70,95	18,263
13	64,92	18,104	69,95	18,240
14	63,93	18,072	68,96	18,216
15	62,94	18,039	67,97	18,191
16	61,95	18,004	66,98	18,164
17	60,97	17,968	65,99	18,136
18	59,99	17,929	65,00	18,106
19	59,02	17,889	64,01	18,075
20	58,05	17,847	63,03	18,042
21	57,08	17,802	62,04	18,008
22	56,11	17,756	61,05	17,971
23	55,14	17,706	60,07	17,933
24	54,17	17,654	59,08	17,892
25	53,20	17,599	58,09	17,849
26	52,23	17,542	57,11	17,804
27	51,26	17,481	56,12	17,756
28	50,29	17,417	55,14	17,706
29	49,32	17,350	54,15	17,653
30	48,36	17,279	53,16	17,597
31	47,39	17,204	52,18	17,539
32	46,42	17,126	51,20	17,477
33	45,45	17,044	50,21	17,411
34	44,49	16,956	49,23	17,343
35	43,53	16,865	48,25	17,271
36	42,56	16,768	47,27	17,195
37	41,60	16,668	46,29	17,115
38	40,64	16,561	45,32	17,031

39	39,69	16,451	44,34	16,942
40	38,73	16,333	43,37	16,850
41	37,78	16,210	42,40	16,752
42	36,84	16,083	41,44	16,650
43	35,89	15,947	40,47	16,542
44	34,96	15,808	39,52	16,430
45	34,03	15,661	38,56	16,312
46	33,11	15,508	37,61	16,188
47	32,19	15,348	36,66	16,058
48	31,29	15,184	35,73	15,924
49	30,39	15,011	34,79	15,781
50	29,50	14,832	33,86	15,633
51	28,63	14,648	32,94	15,479
52	27,76	14,456	32,02	15,318
53	26,90	14,257	31,11	15,150
54	26,05	14,051	30,20	14,973
55	25,21	13,838	29,29	14,788
56	24,38	13,617	28,40	14,598
57	23,56	13,390	27,50	14,397
58	22,75	13,156	26,61	14,187
59	21,95	12,914	25,73	13,971
60	21,16	12,665	24,85	13,743
61	20,37	12,405	23,98	13,508
62	19,60	12,140	23,12	13,264
63	18,84	11,869	22,26	13,009
64	18,08	11,586	21,41	12,745
65	17,33	11,295	20,56	12,468
66	16,59	10,997	19,72	12,182
67	15,87	10,694	18,89	11,887
68	15,14	10,376	18,05	11,574
69	14,44	10,059	17,23	11,255
70	13,74	9,730	16,41	10,922
71	13,05	9,393	15,60	10,578
72	12,38	9,053	14,80	10,224
73	11,72	8,707	14,01	9,858
74	11,08	8,359	13,25	9,492
75	10,47	8,017	12,49	9,110
76	9,87	7,669	11,77	8,734
77	9,29	7,321	11,05	8,343
78	8,74	6,982	10,36	7,954
79	8,21	6,645	9,70	7,568
80	7,71	6,318	9,06	7,180

Anhang

81	7,22	5,990	8,44	6,792
82	6,76	5,673	7,85	6,411
83	6,32	5,363	7,28	6,030
84	5,89	5,053	6,75	5,666
85	5,49	4,758	6,25	5,313
86	5,11	4,472	5,78	4,972
87	4,76	4,203	5,34	4,646
88	4,44	3,953	4,94	4,342
89	4,16	3,730	4,60	4,078
90	3,88	3,504	4,27	3,818
91	3,61	3,283	3,96	3,569
92	3,35	3,067	3,68	3,341
93	3,11	2,866	3,42	3,126
94	2,91	2,695	3,19	2,933
95	2,72	2,532	2,97	2,747
96	2,55	2,384	2,78	2,584
97	2,39	2,244	2,60	2,428
98	2,24	2,111	2,43	2,279
99	2,11	1,996	2,28	2,147
100 und darüber	1,99	1,888	2,15	2,031

6. Anlage 23 zu § 187 Abs. 2 Satz 2 BewG

TAB.:	Pauschalierte Bewirtschaftungskosten für Verwaltung, Instandhaltung und Mietausfallwagnis in Prozent der Jahresmiete oder üblichen Miete (ohne Betriebskosten)			
	Grundstücksart			
	1	2	3	4
Restnutzungsdauer	Mietwohngrundstück	gemischt genutztes Grundstück mit einem gewerblichen Anteil von bis zu 50 % (berechnet nach der Wohn- bzw. Nutzfläche)	gemischt genutztes Grundstück mit einem gewerblichen Anteil von mehr als 50 % (berechnet nach der Wohn- bzw. Nutzfläche)	Geschäftsgrundstück
≥ 60 Jahre	21	21		18
40 bis 59 Jahre	23	22		20
20 bis 39 Jahre	27	24		22
< 20 Jahre	29	26		23

7. Anlage 21 zu § 185 Abs. 3 Satz 1, § 193 Abs. 3 Satz 2, § 194 Abs. 3 Satz 3 und § 195 Abs. 2 Satz 2 und Abs. 3 Satz 3 BewG

TAB.:	Vervielfältiger									
Restnutzungsdauer; Restlaufzeit des Erbbaurechts bzw. des Nutzungsrechts (in Jahren)	Zinssatz									
	3 %	3,5 %	4 %	4,5 %	5 %	5,5 %	6 %	6,5 %	7 %	7,5 %	8 %
1	0,97	0,97	0,96	0,96	0,95	0,95	0,94	0,94	0,93	0,93	0,93
2	1,91	1,90	1,89	1,87	1,86	1,85	1,83	1,82	1,81	1,80	1,78
3	2,83	2,80	2,78	2,75	2,72	2,70	2,67	2,65	2,62	2,60	2,58
4	3,72	3,67	3,63	3,59	3,55	3,51	3,47	3,43	3,39	3,35	3,31
5	4,58	4,52	4,45	4,39	4,33	4,27	4,21	4,16	4,10	4,05	3,99
6	5,42	5,33	5,24	5,16	5,08	5,00	4,92	4,84	4,77	4,69	4,62
7	6,23	6,11	6,00	5,89	5,79	5,68	5,58	5,48	5,39	5,30	5,21
8	7,02	6,87	6,73	6,60	6,46	6,33	6,21	6,09	5,97	5,86	5,75
9	7,79	7,61	7,44	7,27	7,11	6,95	6,80	6,66	6,52	6,38	6,25
10	8,53	8,32	8,11	7,91	7,72	7,54	7,36	7,19	7,02	6,86	6,71
11	9,25	9,00	8,76	8,53	8,31	8,09	7,89	7,69	7,50	7,32	7,14
12	9,95	9,66	9,39	9,12	8,86	8,62	8,38	8,16	7,94	7,74	7,54
13	10,63	10,30	9,99	9,68	9,39	9,12	8,85	8,60	8,36	8,13	7,90
14	11,30	10,92	10,56	10,22	9,90	9,59	9,29	9,01	8,75	8,49	8,24
15	11,94	11,52	11,12	10,74	10,38	10,04	9,71	9,40	9,11	8,83	8,56
16	12,56	12,09	11,65	11,23	10,84	10,46	10,11	9,77	9,45	9,14	8,85
17	13,17	12,65	12,17	11,71	11,27	10,86	10,48	10,11	9,76	9,43	9,12
18	13,75	13,19	12,66	12,16	11,69	11,25	10,83	10,43	10,06	9,71	9,37
19	14,32	13,71	13,13	12,59	12,09	11,61	11,16	10,73	10,34	9,96	9,60
20	14,88	14,21	13,59	13,01	12,46	11,95	11,47	11,02	10,59	10,19	9,82
21	15,42	14,70	14,03	13,40	12,82	12,28	11,76	11,28	10,84	10,41	10,02
22	15,94	15,17	14,45	13,78	13,16	12,58	12,04	11,54	11,06	10,62	10,20
23	16,44	15,62	14,86	14,15	13,49	12,88	12,30	11,77	11,27	10,81	10,37
24	16,94	16,06	15,25	14,50	13,80	13,15	12,55	11,99	11,47	10,98	10,53
25	17,41	16,48	15,62	14,83	14,09	13,41	12,78	12,20	11,65	11,15	10,67

26	17,88	16,89	15,38	15,15	14,38	13,66	13,00	12,39	11,83	11,30	10,81
27	18,33	17,29	16,33	15,45	14,64	13,90	13,21	12,57	11,99	11,44	10,94
28	18,76	17,67	16,66	15,74	14,90	14,12	13,41	12,75	12,14	11,57	11,05
29	19,19	18,04	16,98	16,02	15,14	14,33	13,59	12,91	12,28	11,70	11,16
30	19,60	18,39	17,29	16,29	15,37	14,53	13,76	13,06	12,41	11,81	11,26
31	20,00	18,74	17,59	16,54	15,59	14,72	13,93	13,20	12,53	11,92	11,35
32	20,39	19,07	17,87	16,79	15,80	14,90	14,08	13,33	12,65	12,02	11,43
33	20,77	19,39	18,15	17,02	16,00	15,08	14,23	13,46	12,75	12,11	11,51
34	21,13	19,70	18,41	17,25	16,19	15,24	14,37	13,58	12,85	12,19	11,59
35	21,49	20,00	18,66	17,46	16,37	15,39	14,50	13,69	12,95	12,27	11,65
36	21,83	20,29	18,91	17,67	16,55	15,54	14,62	13,79	13,04	12,35	11,72
37	22,17	20,57	19,14	17,86	16,71	15,67	14,74	13,89	13,12	12,42	11,78
38	22,49	20,84	19,37	18,05	16,87	15,80	14,85	13,98	13,19	12,48	11,83
39	22,81	21,10	19,58	18,23	17,02	15,93	14,95	14,06	13,26	12,54	11,88
40	23,11	21,36	19,79	18,40	17,16	16,05	15,05	14,15	13,33	12,59	11,92
41	23,41	21,60	19,99	18,57	17,29	16,16	15,14	14,22	13,39	12,65	11,97
42	23,70	21,83	20,19	18,72	17,42	16,26	15,22	14,29	13,45	12,69	12,01
43	23,98	22,06	20,37	18,87	17,55	16,36	15,31	14,36	13,51	12,74	12,04
44	24,25	22,28	20,55	19,02	17,66	16,46	15,38	14,42	13,56	12,78	12,08
45	24,52	22,50	20,72	19,16	17,77	16,55	15,46	14,48	13,61	12,82	12,11
46	24,78	22,70	20,88	19,29	17,88	16,63	15,52	14,54	13,65	12,85	12,14
47	25,02	22,90	21,04	19,41	17,98	16,71	15,59	14,59	13,69	12,89	12,16
48	25,27	23,09	21,20	19,54	18,08	16,79	15,65	14,64	13,73	12,92	12,19
49	25,50	23,28	21,34	19,65	18,17	16,86	15,71	14,68	13,77	12,95	12,21
50	25,73	23,46	21,48	19,76	18,26	16,93	15,76	14,72	13,80	12,97	12,23
51	25,95	23,63	21,62	19,87	18,34	17,00	15,81	14,76	13,83	13,00	12,25
52	26,17	23,80	21,75	19,97	18,42	17,06	15,86	14,80	13,86	13,02	12,27
53	26,37	23,96	21,87	20,07	18,49	17,12	15,91	14,84	13,89	13,04	12,29
54	26,58	24,11	21,99	20,16	18,57	17,17	15,95	14,87	13,92	13,06	12,30
55	26,77	24,26	22,11	20,25	18,63	17,23	15,99	14,90	13,94	13,08	12,32
56	26,97	24,41	22,22	20,33	18,70	17,28	16,03	14,93	13,96	13,10	12,33
57	27,15	24,55	22,33	20,41	18,76	17,32	16,06	14,96	13,98	13,12	12,34
58	27,33	24,69	22,43	20,49	18,82	17,37	16,10	14,99	14,00	13,13	12,36
59	27,51	24,82	22,53	20,57	18,88	17,41	16,13	15,01	14,02	13,15	12,37
60	27,68	24,94	22,62	20,64	18,93	17,45	16,16	15,03	14,04	13,16	12,38

61	27,84	25,07	22,71	20,71	18,98	17,49	16,19	15,05	14,06	13,17	12,39
62	28,00	25,19	22,80	20,77	19,03	17,52	16,22	15,07	14,07	13,18	12,39
63	28,16	25,30	22,89	20,83	19,08	17,56	16,24	15,09	14,08	13,19	12,40
64	28,31	25,41	22,97	20,89	19,12	17,59	16,27	15,11	14,10	13,20	12,41
65	28,45	25,52	23,05	20,95	19,16	17,62	16,29	15,13	14,11	13,21	12,42
66	28,60	25,62	23,12	21,01	19,20	17,65	16,31	15,14	14,12	13,22	12,42
67	28,73	25,72	23,19	21,06	19,24	17,68	16,33	15,16	14,13	13,23	12,43
68	28,87	25,82	23,26	21,11	19,28	17,70	16,35	15,17	14,14	13,24	12,43
69	29,00	25,91	23,33	21,16	19,31	17,73	16,37	15,19	14,15	13,24	12,44
70	29,12	26,00	23,39	21,20	19,34	17,75	16,38	15,20	14,16	13,25	12,44
71	29,25	26,09	23,46	21,25	19,37	17,78	16,40	15,21	14,17	13,25	12,45
72	29,37	26,17	23,52	21,29	19,40	17,80	16,42	15,22	14,18	13,26	12,45
73	29,48	26,25	23,57	21,33	19,43	17,82	16,43	15,23	14,18	13,27	12,45
74	29,59	26,33	23,63	21,37	19,46	17,84	16,44	15,24	14,19	13,27	12,46
75	29,70	26,41	23,68	21,40	19,48	17,85	16,46	15,25	14,20	13,27	12,46
76	29,81	26,48	23,73	21,44	19,51	17,87	16,47	15,26	14,20	13,28	12,46
77	29,91	26,55	23,78	21,47	19,53	17,89	16,48	15,26	14,21	13,28	12,47
78	30,01	26,62	23,83	21,50	19,56	17,90	16,49	15,27	14,21	13,29	12,47
79	30,11	26,68	23,87	21,54	19,58	17,92	16,50	15,28	14,22	13,29	12,47
80	30,20	26,75	23,92	21,57	19,60	17,93	16,51	15,28	14,22	13,29	12,47
81	30,29	26,81	23,96	21,59	19,62	17,94	16,52	15,29	14,23	13,30	12,48
82	30,38	26,87	24,00	21,62	19,63	17,96	16,53	15,30	14,23	13,30	12,48
83	30,47	26,93	24,04	21,65	19,65	17,97	16,53	15,30	14,23	13,30	12,48
84	30,55	26,98	24,07	21,67	19,67	17,98	16,54	15,31	14,24	13,30	12,48
85	30,63	27,04	24,11	21,70	19,68	17,99	16,55	15,31	14,24	13,30	12,48
86	30,71	27,09	24,14	21,72	19,70	18,00	16,56	15,32	14,24	13,31	12,48
87	30,79	27,14	24,18	21,74	19,71	18,01	16,56	15,32	14,25	13,31	12,48
88	30,86	27,19	24,21	21,76	19,73	18,02	16,57	15,32	14,25	13,31	12,49
89	30,93	27,23	24,24	21,78	19,74	18,03	16,57	15,33	14,25	13,31	12,49
90	31,00	27,28	24,27	21,80	19,75	18,03	16,58	15,33	14,25	13,31	12,49
91	31,07	27,32	24,30	21,82	19,76	18,04	16,58	15,33	14,26	13,31	12,49
92	31,14	27,37	24,32	21,83	19,78	18,05	16,59	15,34	14,26	13,32	12,49
93	31,20	27,41	24,35	21,85	19,79	18,06	16,59	15,34	14,26	13,32	12,49
94	31,26	27,45	24,37	21,87	19,80	18,06	16,60	15,34	14,26	13,32	12,49
95	31,32	27,48	24,40	21,88	19,81	18,07	16,60	15,35	14,26	13,32	12,49

96	31,38	27,52	24,42	21,90	19,82	18,08	16,60	15,35	14,26	13,32	12,49
97	31,44	27,56	24,44	21,91	19,82	18,08	16,61	15,35	14,27	13,32	12,49
98	31,49	27,59	24,46	21,92	19,83	18,09	16,61	15,35	14,27	13,32	12,49
99	31,55	27,62	24,49	21,94	19,84	18,09	16,61	15,35	14,27	13,32	12,49
100	31,60	27,66	24,50	21,95	19,85	18,10	16,62	15,36	14,27	13,32	12,49

In den Fällen anderer Zinssätze der Gutachterausschüsse ist der Vervielfältiger nach folgender Formel zu bilden:

$$V \text{ (Vervielfältiger)} = \frac{1}{q^n} \times \frac{q^n - 1}{q - 1}$$

q = Zinsfaktor = $1 + p : 100$
p = Zinssatz
n = Restnutzungsdauer/Restlaufzeit

8. Anlage 24 zu § 190 Abs. 1 Satz 4 und 5 BewG

Ermittlung des Gebäuderegelherstellungswerts

I. Begriff der Brutto-Grundfläche (BGF)

(1) Die Brutto-Grundfläche ist die Summe aus den Grundflächen aller Grundrissebenen eines Bauwerks mit Nutzungen nach DIN 277-2:2005-02, Tabelle 1, Nr. 1 bis Nr. 9, und aus deren konstruktiven Umschließungen. Für die Ermittlung der Brutto-Grundfläche (Summe aus Netto-Grundfläche und Konstruktions-Grundfläche) sind die äußeren Maße der Bauteile einschließlich Bekleidung, z. B. Putz, Außenschalen mehrschaliger Wandkonstruktionen in Höhe der Boden- bzw. Deckenbelagsoberkanten anzusetzen. Konstruktive und gestalterische Vor- und Rücksprünge, Fuß-Sockelleisten, Schrammborde und Unterschneidungen sowie vorstehende Teile von Fenster- und Türbekleidungen bleiben dabei unberücksichtigt.

(2) Nicht zur Brutto-Grundfläche gehören Flächen, die ausschließlich der Wartung, Inspektion und Instandsetzung von Baukonstruktionen und technischen Anlagen dienen, z. B. nicht nutzbare Dachflächen, fest installierte Dachleitern und -stege, Wartungsstege in abgehängten Decken.

Anhang

II. Regelherstellungskosten (RHK)

Regelherstellungskosten 2010 (RHK 2010) (einschließlich Baunebenkosten, Preisstand IV. Quartal 2010)

1.	Ein- und Zweifamilienhäuser (EUR/m² BGF)																
	Typisierte Gesamtnutzungsdauer = 80 Jahre																
	Baujahr		bis 1945			1946–1959			1960–1969			1970–1984			1985–1999			ab 2000		
GKL	Ausstattungsstandard	einf.	mittel	geh.	einf.	mittel	geh.	einf.	mittel	geh.	einf.	mittel	geh.	einf.	mittel	geh.	einf.	mittel	geh.
	mit Keller																		
1.11	Dachgeschoss ausgebaut	640	690	810	690	740	880	730	790	940	780	840	990	840	910	1 060	870	940	1 110
1.12	Dachgeschoss nicht ausgebaut	570	620	730	620	670	790	660	720	840	700	760	890	750	820	960	790	850	1 010
1.13	Flachdach	640	700	810	700	750	880	740	800	930	790	850	990	850	910	1 060	880	950	1 110
	ohne Keller																		
1.21	Dachgeschoss ausgebaut	720	790	940	780	850	1 020	830	910	1 090	880	960	1 150	950	1 040	1 250	990	1 080	1 300
1.22	Dachgeschoss nicht ausgebaut	640	700	840	690	760	910	740	800	960	780	850	1 020	840	920	1 100	880	960	1 150
1.23	Flachdach	790	860	1 020	850	930	1 100	910	990	1 180	920	1 020	1 250	1 040	1 130	1 350	1 080	1 180	1 400

2.	Wohnungseigentum und vergleichbares Teileigentum/ohne Tiefgaragenplatz (EUR/m² BGF)																
	Typisierte Gesamtnutzungsdauer = 80 Jahre																
	Baujahr		bis 1945			1946–1959			1960–1969			1970–1984			1985–1999			ab 2000		
GKL	Ausstattungsstandard	einf.	mittel	geh.	einf.	mittel	geh.	einf.	mittel	geh.	einf.	mittel	geh.	einf.	mittel	geh.	einf.	mittel	geh.
2.11	Alle Gebäude	750	760	770	760	800	870	810	850	920	860	900	980	920	970	1 050	970	1 010	1 100

Für Wohnungseigentum in Gebäuden, die wie Ein- und Zweifamilienhäuser im Sinne des § 181 Absatz 2 BewG gestaltet sind, werden die Gebäudenormalherstellungswerte der Ein- und Zweifamilienhäuser zugrunde gelegt.

Umrechnungsfaktor hinsichtlich der Brutto-Grundfläche (BGF) für Wohnungseigentum in Mehrfamilienhäusern (Mietwohngrundstücke): BGF = 1,55 x Wohnfläche

Anhang

3.	Geschäftsgrundstücke, gemischt genutzte Grundstücke und sonstige bebaute Grundstücke (EUR/m² BGF)
3.1	Typisierte Gesamtnutzungsdauer = 70 Jahre

	Baujahr	bis 1945			1946–1959			1960–1969			1970–1984			1985–1999			ab 2000		
GKL	Ausstattungsstandard	einf.	mittel	geh.	einf.	mittel	geh.	einf.	mittel	geh.	einf.	mittel	geh.	einf.	mittel	geh.	einf.	mittel	geh.
3.11	Gemischt genutzte Grundstücke/Gebäude (mit Wohn- und Gewerbefläche)	750	1 090	1 090	800	1 170	1 170	860	1 250	1 640	910	1 320	1 730	980	1 420	1 860	1 020	1 480	1 940
3.12	Hochschulen, Universitäten	1 610	1 610	1 920	1 730	1 730	2 070	1 850	1 850	2 210	1 960	1 960	2 340	2 100	2 100	2 510	2 190	2 190	2 620
3.13	Saalbauten, Veranstaltungszentren	1 430	1 760	1 760	1 430	1 890	2 380	1 530	2 020	2 550	1 630	2 140	2 690	1 740	2 290	2 890	1 820	2 390	3 020
3.14	Kur- und Heilbäder	2 820	2 820	3 130	3 020	3 020	3 360	3 240	3 240	3 600	3 430	3 430	3 810	3 680	3 680	4 090	3 840	3 840	4 260

3.2	Typisierte Gesamtnutzungsdauer = 60 Jahre

	Baujahr	bis 1945			1946–1959			1960–1969			1970–1984			1985–1999			ab 2000		
GKL	Ausstattungsstandard	einf.	mittel	geh.	einf.	mittel	geh.	einf.	mittel	geh.	einf.	mittel	geh.	einf.	mittel	geh.	einf.	mittel	geh.
3.211	Verwaltungsgebäude (ein- bis zweigeschossig, nicht unterkellert)	1 060	1 060	1 060	1 060	1 240	1 510	1 130	1 320	1 620	1 200	1 400	1 710	1 280	1 500	1 840	1 340	1 570	1 910
3.212	Verwaltungsgebäude (zwei- bis fünfgeschossig)	1 400	1 400	1 680	1 270	1 500	1 810	1 350	1 610	1 940	1 430	1 710	2 050	1 540	1 830	2 210	1 600	1 900	2 290
3.213	Verwaltungsgebäude (sechs- und mehrgeschossig)	1 950	1 950	1 950	1 950	1 950	2 440	2 090	2 090	2 610	2 220	2 220	2 760	2 380	2 380	2 960	2 470	2 470	3 090
3.22	Bankgebäude	2 070	2 070	2 070	2 070	2 070	2 380	2 210	2 210	2 510	2 340	2 340	2 670	2 510	2 510	2 890	2 620	2 620	3 010
3.23	Schulen, Berufsschulen	1 150	1 300	1 410	1 240	1 400	1 520	1 320	1 500	1 630	1 400	1 590	1 720	1 500	1 710	1 850	1 570	1 780	1 930
3.24	Kindergärten	1 210	1 210	1 210	1 210	1 310	1 680	1 300	1 410	1 790	1 370	1 490	1 900	1 470	1 600	2 040	1 530	1 670	2 130
3.25	Altenwohnheime	1 020	1 200	1 320	1 100	1 290	1 420	1 170	1 380	1 520	1 250	1 460	1 610	1 340	1 570	1 730	1 390	1 640	1 800
3.26	Personalwohnheime	890	1 090	1 200	950	1 170	1 290	1 020	1 260	1 380	1 080	1 330	1 470	1 160	1 430	1 570	1 210	1 490	1 640
3.27	Hotels	980	1 280	1 650	1 050	1 370	1 780	1 120	1 470	1 900	1 200	1 550	2 010	1 280	1 670	2 160	1 330	1 740	2 250

605

Anhang

GKL		bis 1945			1946–1959			1960–1969			1970–1984			1985–1999			ab 2000		
3.28	Sporthallen	1 080	1 080	1 080	1 080	1 300	1 390	1 150	1 390	1 480	1 220	1 470	1 570	1 300	1 580	1 690	1 360	1 650	1 760
3.3	Typisierte Gesamtnutzungsdauer = 50 Jahre																		
	Baujahr	bis 1945			1946–1959			1960–1969			1970–1984			1985–1999			ab 2000		
GKL	Ausstattungsstandard	einf.	mittel	geh.	einf.	mittel	geh.	einf.	mittel	geh.	einf.	mittel	geh.	einf.	mittel	geh.	einf.	mittel	geh.
3.31	Kaufhäuser, Warenhäuser	1 070	1 260	1 670	1 150	1 350	1 800	1 230	1 440	1 920	1 300	1 530	2 030	1 400	1 640	2 180	1 450	1 710	2 270
3.32	Ausstellungsgebäude	1 630	1 630	1 630	1 630	1 630	1 630	1 730	1 730	1 730	1 840	1 840	2 310	1 970	1 970	2 480	2 050	2 050	2 580
3.33	Krankenhäuser	1 610	2 060	2 530	1 730	2 210	2 720	1 850	2 360	2 910	1 950	2 500	3 080	2 100	2 680	3 310	2 180	2 800	3 450
3.34	Vereinsheime, Jugendheime, Tagesstätten	1 140	1 140	1 140	1 140	1 260	1 470	1 220	1 350	1 570	1 300	1 430	1 670	1 390	1 530	1 790	1 450	1 600	1 860
3.351	Parkhäuser (offene Ausführung, Parkpaletten), Tankstellen	550	550	550	550	550	550	590	590	590	620	620	620	670	670	670	700	700	700
3.352	Parkhäuser (geschlossene Ausführung)	680	680	680	680	680	680	730	730	730	770	770	770	830	830	830	870	870	870
3.353	Tiefgaragen[1]	600	600	600	600	780	780	650	840	840	680	890	890	730	950	950	770	990	990
3.36	Funktionsgebäude für Sportanlagen (z. B. Sanitär- und Umkleideräume)	900	900	900	900	1 140	1 560	960	1 210	1 670	1 020	1 290	1 770	1 090	1 380	1 900	1 140	1 430	1 980
3.37	Hallenbäder	1 550	1 550	1 550	1 550	2 050	2 260	1 660	2 190	2 420	1 760	2 320	2 570	1 890	2 490	2 750	1 960	2 600	2 870
3.381	Industriegebäude, Werkstätten ohne Büro- und Sozialtrakt	510	510	510	510	710	830	550	750	880	590	800	940	630	860	1 020	680	890	1 050
3.382	Industriegebäude, Werkstätten mit Büro- und Sozialtrakt	740	740	740	740	960	1 100	780	1 020	1 160	830	1 080	1 250	880	1 160	1 330	940	1 220	1 410
3.391	Lagergebäude (Kaltlager)	440	440	440	440	820	820	480	900	900	510	930	930	550	1 010	1 010	590	1 060	1 060
3.392	Lagergebäude (Warmlager)	570	570	570	570	960	960	610	1 040	1 040	650	1 090	1 090	680	1 180	1 180	740	1 220	1 220

Anhang

3.393	Lagergebäude (Warmlager mit Büro- und Sozialtrakt)	910	910	910	910	910	1 230	1 230	950	1 320	1 320	1 030	1 400	1 400	1 080	1 510	1 510	1 160	1 600	1 600

¹) Umrechnungsfaktor hinsichtlich der Brutto-Grundfläche (BGF) für Tiefgaragen: BGF = tatsächliche Stellplatzfläche (Länge x Breite) x 1,55

3.4 Typisierte Gesamtnutzungsdauer = 40 Jahre

	Baujahr	bis 1945			1946–1959			1960–1969			1970–1984			1985–1999			ab 2000		
GKL	Ausstattungsstandard	einf.	mittel	geh.	einf.	mittel	geh.	einf.	mittel	geh.	einf.	mittel	geh.	einf.	mittel	geh.	einf.	mittel	geh.
3.41	Einkaufsmärkte, Großmärkte, Discountermärkte, Läden, Apotheken, Boutiquen u. Ä.	710	710	710	710	950	950	760	1 020	1 020	800	1 090	1 220	860	1 170	1 310	900	1 210	1 370
3.42	Tennishallen	580	580	580	580	680	680	620	730	730	650	770	890	700	830	950	730	860	1 000
3.43	Reitsporthallen mit Stallungen, andere Stallungen, ehemalige landwirtschaftliche Mehrzweckhallen, Scheunen u. Ä.	220	220	220	220	220	220	220	220	220	220	240	290	240	260	310	250	270	330

4. Kleingaragen und Carports (EUR/m² BGF)
Typisierte Gesamtnutzungsdauer = 50 Jahre

	Baujahr		
GKL	Ausstattungsstandard		
4.11	Kleingaragen, freistehend		alle: 320
4.12	Carports		alle: 190

5. Teileigentum
Teileigentum ist in Abhängigkeit von der baulichen Gestaltung den vorstehenden Gebäudeklassen zuzuordnen.

6. Auffangklausel
Regelherstellungskosten für nicht aufgeführte Gebäudeklassen sind aus den Regelherstellungskosten vergleichbarer Gebäudeklassen abzuleiten.

Anhang

		III. Ausstattungsstandard		
		einfach	mittel	gehoben
Fassade	Skelett-, Fachwerk-, Rahmenbau	▶ einfache Wände, Holz-, Blech-, Faserzementbekleidung, Leichtbetonwände mit Wärmedämmung, Beton-Sandwich-Elemente, Ausfachung 15 bis 26 cm; ▶ Verbretterung oder Blechverkleidung auf Holztragwerk[P])˙;	▶ Leichtbetonwände mit Wärmedämmung, Beton-Sandwich-Elemente, Ausfachung 15 bis 26 cm; ▶ Stahlblech-Sandwichelemente auf Holz- oder Stahlrahmen, Lichtflächen aus Kunststoff-Doppelstegplatten[P])˙;	▶ Schwerbetonplatten, Verblendmauerwerk, Spaltklinker, Schwerbetonplatten, Ausfachung bis 40 cm, Glasverkleidung, Spaltklinker; ▶ Stahlbetonstützen und Ziegelmauerwerk, Holzfenster, Holztüren und Holztore[P])˙;
	Massivbau	▶ Mauerwerk mit Putz oder mit Fugenglattstrich und Anstrich; ▶ Betonwände[M])˙;	▶ Wärmedämmputz, Wärmedämmverbundsystem, Sichtmauerwerk mit Fugenglattstrich und Anstrich, Holzbekleidung, mittlerer Wärmedämmstandard; ▶ Sichtbeton[M])˙;	▶ Verblendmauerwerk, Metallbekleidung, Vorhangfassade; Naturstein, hoher Wärmedämmstandard;
Fenster		▶ einfache Holz, Stahl, Einfachverglasung; ▶ einfache Metallgitter[M])˙;	▶ hochwertige Holz, Kunststoff, Isolierverglasung; ▶ begrünte Metallgitter, Glasbausteine[M])˙;	▶ Aluminium, Rollladen, Sonnenschutzvorrichtung, Wärmeschutzverglasung, raumhohe Verglasung, große Schiebeelemente, elektr. Rollladen, Schallschutzverglasung; ▶ Sprossenfenster[A])˙; ▶ begrünte Metallgitter, Glasbausteine[M])˙;
Dächer		▶ Wellfaserzement-, Blecheindeckung, Bitumen-, Kunststofffolienabdichtung; ▶ Betondachpfannen (untere Preiskl.), Bitumen-,	▶ Betondachpfannen (gehobene Preiskl.); ▶ Betondachpfannen, mittlerer Wärmedämmstandard; ▶ Papp-, PVC-, Blecheindeckung[D])˙;	▶ Tondachpfannen, Schiefer-, Metalleindeckung, Gasbetonfertigteile, Stegzementdielen, große Anzahl von Oberlichtern, Dachaus- und Dachaufbauten mit hohem Schwierigkeitsgrad, Dachausschnitte in Glas, hoher Wärmedämmstandard; ▶ Papp-, PVC-, Blecheindeckung[D])˙;

* **Anm. d. Red.:** [A]) Ein- und Zweifamilienhäuser; [B]) Wohnungseigentum; [C]) Gemischt genutzte Grundstücke; [D]) Tennishallen; [E]) Sporthallen (Turnhallen); [F]) Hallenbäder; [G]) Kur- und Heilbäder; [H]) Kauf- und Warenhäuser, Einkaufsmärkte, Großmärkte, Läden, Ausstellungsgebäude; [I]) Krankenhäuser; [J]) Altenwohnheime; [K]) Hotels; [L]) Personal- und Schwesternwohnheime; [M]) Parkhäuser und Tiefgaragen; [N]) Industriegebäude, Werkstätten; [O]) Lagergebäude; [P]) Reitsporthallen

Anhang

	III. Ausstattungsstandard		
	einfach	mittel	gehoben
Sanitärinstallation	▶ Kunststofffolienabdichtung, keine Wärmedämmung; Holzbinder auf Stahl- oder Stahlbetonstützen, Faserzementwellplatten auf Holzpfetten[F]*;	▶ Stahlblech-Sandwichelemente auf Holz- oder Stahlrahmen[P]*;	▶ Holzbinder, Pfetten, Sparren, Hartschaumdämmung, Betondachsteine, Tonpfannen[P]*;
	▶ einfache Toilettenanlagen [und Duschräume[F]*], Installation auf Putz;	▶ ausreichende Toilettenanlagen, Duschräume, Installation unter Putz;	▶ gut ausgestattete Toilettenanlagen und Duschräume, großzügige Toilettenanlagen, Sanitäreinrichtungen, gehobener Standard;
		▶ 1 Bad mit WC, separates Gäste-WC, Installation unter Putz[A) B) C)]*;	▶ 1–2 Bäder[A) B) C)]*;
		▶ mehrere WCs und Duschbäder je Geschoss, Installation unter Putz[J) K) L)]*;	▶ je Zimmer ein Duschbad mit WC[J) M) L)]*;
	▶ 1 Bad mit WC, Installation auf Putz[A) B) C)]*;	▶ tlw. Toiletten je Zimmer, Installation unter Putz[I)]*;	▶ je Raum ein Duschbad mit WC in guter Ausstattung[I)]*;
	▶ WC und Bäderanlage geschossweise, Waschbecken im Raum, Installation auf Putz[H) M) L)]*;	▶ Sprinkleranlage, Strom- und Wasseranschluss, Löschwasserleitungen, Installation auf Putz[M)]*;	▶ Düsenrohrberegnung, Toiletten und Duschanlagen[P)]*;
Innenwandbekleidung der Nassräume	▶ Ölfarbanstrich;	▶ Fliesensockel (1,50 m);	▶ Fliesen raumhoch, großformatige Fliesen, Naturstein, aufwendige Verlegung;
Bodenbeläge	▶ Linoleum, PVC (jeweils untere Preiskl.), Holzdielen, Nadelfilz;	▶ PVC, Linoleum (jeweils mittlere Preiskl.), Teppich, Fliesen;	▶ großformatige Fliesen, Parkett, Betonwerkstein, Naturstein, aufwendige Verlegung;
	▶ Beton oder Asphaltbeton, oberflächenbehandelt, Holzdielen[D) E)]*;	▶ Estrich oder Gussasphalt auf Beton, Teppichbelag, PVC, beschichteter Estrich, Gussasphalt[D) E)]*;	▶ Fliesen[H)]*;
	▶ Rohbeton[M)]*;	▶ Estrich, Gussasphalt[D)]*;	▶ flächenstatische Fußbodenkonstruktion, Spezialteppich mit Gummigranulatauflage[D)]*;

* **Anm. d. Red.:** [A)] Ein- und Zweifamilienhäuser; [B)] Wohnungseigentum; [C)] Gemischt genutzte Grundstücke; [D)] Tennishallen; [E)] Sporthallen (Turnhallen); [F)] Hallenbäder; [G)] Kur- und Heilbäder; [H)] Kauf- und Warenhäuser, Einkaufsmärkte, Großmärkte, Läden, Ausstellungsgebäude; [I)] Krankenhäuser; [J)] Altenwohnheime; [K)] Hotels; [L)] Personal- und Schwesternwohnheime; [M)] Parkhäuser und Tiefgaragen; [N)] Industriegebäude, Werkstätten; [O)] Lagergebäude; [P)] Reitsporthallen

Anhang

	III. Ausstattungsstandard		
	einfach	mittel	gehoben
	▶ Tretschicht als Schüttung auf gewachsenem Boden[P]*; Nassräume: ▶ PVC	▶ Verbundpflaster ohne Unterbau[O]*; ▶ Tretschicht als Schüttung auf Tragschicht aus Lehm[P]*; Nassräume: ▶ Fliesen	▶ Schwingboden[E]*; ▶ Estrich, Gussasphalt[M])*; ▶ Tretschicht als Schüttung auf Tragschicht aus Schotter und Sand/Lehm-Zwischenschicht[P])*; Nassräume: ▶ großformatige Fliesen, beschichtete Sonderfliesen
Innentüren	▶ Füllungstüren, Türblätter und Zargen gestrichen;	▶ Kunststoff-/Holztürblätter, Stahlzargen;	▶ beschichtete oder furnierte Türblätter und Zargen, Türblätter mit Edelholzfurnier, bessere Ausführung; Glasausschnitte, Glastüren; Holzzargen, massivere Ausführung, Einbruchschutz, Automatiktüren, rollstuhlgerechte Bedienung, Stiltüren;
Heizung	▶ Einzelöfen, elektr. Speicherheizung, Boiler für Warmwasser; Lufterhitzer mit Direktbefeuerung[D] [E] [F] [G])*; ▶ keine[P])*;	▶ Zentralheizung mit Radiatoren (Schwerkraftheizung); Fernheizung; Mehrraum-Warmluft-Kachelofen; ▶ Lufterhitzer mit Wärmetauscher mit zentraler Kesselanlage[I])*;	▶ Zentralheizung, Warmwasserbereitung zentral; Zentralheizung/Pumpenheizung mit Flachheizkörpern oder Fußbodenheizung; Sammelheizung mit separater Kesselanlage; Klima- oder Lüftungsanlage; Solaranlagen, aufwendige Heiztechnik; ▶ Luftheizung mit Außenluft- und Umluftregelung, Luftqualitätsregeltechnik[D] [E] [F] [G])*; ▶ WW-Zentralheizung in Nebenräumen, Lufterhitzer[P])*;

* **Anm. d. Red.:** [A] Ein- und Zweifamilienhäuser; [B] Wohnungseigentum; [C] Gemischt genutzte Grundstücke; [D] Tennishallen; [E] Sporthallen (Turnhallen); [F] Hallenbäder; [G] Kur- und Heilbäder; [H] Kauf- und Warenhäuser, Einkaufsmärkte, Großmärkte, Läden, Ausstellungsgebäude; [I] Krankenhäuser; [J] Altenwohnheime; [K] Hotels; [L] Personal- und Schwesternwohnheime; [M] Parkhäuser und Tiefgaragen; [N] Industriegebäude, Werkstätten; [O] Lagergebäude; [P] Reitsporthallen

Anhang

	III. Ausstattungsstandard		
	einfach	mittel	gehoben
Elektroinstallation	▶ je Raum 1 Lichtauslass und 1–2 Steckdosen, Fernseh-/Radioanschluss, Installation auf Putz;	▶ je Raum 1–2 Lichtauslässe und 2–4 (bzw. 6[I])[*] Steckdosen, Blitzschutz, Installation unter Putz, informationstechnische Anlagen;	▶ je Raum mehrere Lichtauslässe und Steckdosen, informationstechnische Anlagen, Sicherheitseinrichtungen, Solaranlage, Fensterbankkanal mit EDV-Verkabelung, aufwendige Installation;
	▶ einfache Leuchten in Halle und WC[P])[*];	▶ hochwertige Leuchten in Halle und WC[P])[*];	▶ hochwertige Leuchten in Halle, WC, Reiterstübchen und Tribüne[P])[*];
Sonstige Einbauten	▶ Gemeinschaftsküche[K])[*];	▶ Gemeinschaftseinrichtungen, Einbauküchen[L])[*];	▶ Aufzugsanlage, Balkon je Raum, Pantry-Küche[L])[*], Fitnessraum[L])[*], zentrale Einrichtungen[J])[*], Gemeinschaftsräume[J])[*], Therapie- und Gymnastikräume[J])[*];
	▶ zentrale Einrichtungen, Gastraum[L])[*];	▶ Balkon je Raum, Brandmelder, Sprinkler, zentrale Einrichtungen: z. B. Konferenzräume, Schwimmbad, Sauna, zusätzl. Restaurant[K])[*];	▶ Aufzugsanlage, Müllschlucker, zentrale Einrichtungen: z. B. große Konferenzräume, Ballsäle, Sondereinrichtungen, z. B. Friseur[K])[*];
	▶ Kochmöglichkeit, Spüle[N]) [O])[*];	▶ Sauna[D])[E])[*];	▶ Restaurant, große Saunaanlage, Solarium[D])[E])[*];
		▶ Solarien, Massageräume, Sauna, separates Kinderbecken, Imbiss, Therapieräume[F])[*];	▶ Sprungbecken, Wellenbad, Restaurant[F])[*];
		▶ Personenaufzug, Videoüberwachung, Rufanlagen, Brandmelder, Beschallung, Toilettenanlagen, Rauch- und Wärmeabzugsanlagen, mechanische Be- und Entlüftungsanlagen[P])[*];	▶ Personenaufzug, Videoüberwachung, Rufanlagen, Brandmelder, Beschallung, Toilettenanlagen, Rauch- und Wärmeabzugsanlagen, mechanische Be- und Entlüftungsanlagen[D])[F])[*];
		▶ Teeküche[N]) [O])[*];	▶ Einbauküche, Aufenthaltsraum[N]) [O])[*];

* **Anm. d. Red.:** [A]) Ein- und Zweifamilienhäuser; [B]) Wohnungseigentum; [C]) Gemischt genutzte Grundstücke; [D]) Tennishallen; [E]) Sporthallen (Turnhallen); [F]) Hallenbäder; [G]) Kur- und Heilbäder; [H]) Kauf- und Warenhäuser, Einkaufsmärkte, Großmärkte, Läden, Ausstellungsgebäude; [I]) Krankenhäuser; [J]) Altenwohnheime; [K]) Hotels; [L]) Personal- und Schwesternwohnheime; [M]) Parkhäuser und Tiefgaragen; [N]) Industriegebäude, Werkstätten; [O]) Lagergebäude; [P]) Reitsporthallen

9. Anlage 25 zu § 191 Abs. 2 BewG

Wertzahlen für Ein- und Zweifamilienhäuser
nach § 181 Abs. 1 Nr. 1 BewG und Wohnungseigentum nach
§ 181 Abs. 1 Nr. 3 BewG

TAB.:		Bodenrichtwert								
Vorläufiger Sachwert § 189 Abs. 3		bis								über
		15 EUR/m²	30 EUR/m²	50 EUR/m²	100 EUR/m²	150 EUR/m²	200 EUR/m²	300 EUR/m²	400 EUR/m²	500 EUR/m²	500 EUR/m²
bis	50 000 EUR	1,0	1,1	1,1	1,1	1,1	1,2	1,2	1,3	1,3	1,4
	100 000 EUR	0,9	1,0	1,0	1,1	1,1	1,1	1,2	1,2	1,3	1,3
	150 000 EUR	0,8	0,9	0,9	1,0	1,1	1,1	1,1	1,1	1,2	1,3
	200 000 EUR	0,7	0,8	0,8	0,9	1,0	1,0	1,1	1,1	1,2	1,2
	300 000 EUR	0,6	0,7	0,7	0,8	0,9	0,9	1,0	1,0	1,1	1,2
	400 000 EUR	0,5	0,6	0,6	0,7	0,8	0,8	0,9	1,0	1,0	1,1
	500 000 EUR	0,4	0,5	0,5	0,6	0,7	0,7	0,8	0,9	0,9	1,0
über	500 000 EUR	0,3	0,4	0,4	0,5	0,6	0,6	0,7	0,8	0,8	0,9

Wertzahlen für Teileigentum,
Geschäftsgrundstücke, gemischt genutzte Grundstücke und sonstige Grundstücke nach § 181 Abs. 1 Nr. 3 bis 6 BewG

TAB.:		
	Vorläufiger Sachwert § 189 Abs. 3	
bis	500 000 EUR	0,9
	3 000 000 EUR	0,8
über	3 000 000 EUR	0,7

10. Anlage 22 zu § 185 Abs. 3 Satz 3, § 190 Abs. 2 Satz 2 BewG

TAB.: Wirtschaftliche Gesamtnutzungsdauer	
Einfamilien- und Zweifamilienhäuser	80 Jahre
Mietwohngrundstücke	80 Jahre
Wohnungseigentum	80 Jahre

Geschäftsgrundstücke, gemischt genutzte Grundstücke und sonstige bebaute Grundstücke:

Gemischt genutzte Grundstücke (mit Wohn- und Gewerbeflächen)	70 Jahre
Hochschulen (Universitäten)	70 Jahre
Saalbauten (Veranstaltungszentren)	70 Jahre
Kur- und Heilbäder	70 Jahre
Verwaltungsgebäude	60 Jahre
Bankgebäude	60 Jahre
Schulen	60 Jahre
Kindergärten (Kindertagesstätten)	60 Jahre
Altenwohnheime	60 Jahre
Personalwohnheime (Schwesternwohnheime)	60 Jahre
Hotels	60 Jahre
Sporthallen (Turnhallen)	60 Jahre
Kaufhäuser, Warenhäuser	50 Jahre
Ausstellungsgebäude	50 Jahre
Krankenhäuser	50 Jahre
Vereinsheime (Jugendheime, Tagesstätten)	50 Jahre
Parkhäuser (offene Ausführung, Parkpaletten)	50 Jahre
Parkhäuser (geschlossene Ausführung)	50 Jahre
Tiefgaragen	50 Jahre
Funktionsgebäude für Sportanlagen (z. B. Sanitär- und Umkleideräume)	50 Jahre
Hallenbäder	50 Jahre
Industriegebäude, Werkstätten ohne Büro- und Sozialtrakt	50 Jahre
Industriegebäude, Werkstätten mit Büro- und Sozialtrakt	50 Jahre
Lagergebäude (Kaltlager)	50 Jahre
Lagergebäude (Warmlager)	50 Jahre
Lagergebäude (Warmlager mit Büro- und Sozialtrakt)	50 Jahre
Einkaufsmärkte, Großmärkte, Läden	40 Jahre
Tennishallen	40 Jahre
Reitsporthallen	40 Jahre

Teileigentum ist in Abhängigkeit von der baulichen Gestaltung den vorstehenden Gebäudeklassen zuzuordnen.

11. Anlage 26 zu § 194 Abs. 3 Satz 2 und Abs. 4 sowie § 195 Abs. 3 Satz 2 BewG

TAB.: Abzinsungsfaktoren											
Restlaufzeit des Erbbaurechts bzw. des Nutzungsrechts (in Jahren)	Zinssatz										
	3 %	3,5 %	4 %	4,5 %	5 %	5,5 %	6 %	6,5 %	7 %	7,5 %	8 %
1	0,9709	0,9662	0,9615	0,9569	0,9524	0,9479	0,9434	0,9390	0,9346	0,9302	0,9259
2	0,9426	0,9335	0,9246	0,9157	0,9070	0,8985	0,8900	0,8817	0,8734	0,8653	0,8573
3	0,9151	0,9019	0,8890	0,8763	0,8638	0,8516	0,8396	0,8278	0,8163	0,8050	0,7938
4	0,8885	0,8714	0,8548	0,8386	0,8227	0,8072	0,7921	0,7773	0,7629	0,7488	0,7350
5	0,8626	0,8420	0,8219	0,8025	0,7835	0,7651	0,7473	0,7299	0,7130	0,6966	0,6806
6	0,8375	0,8135	0,7903	0,7679	0,7462	0,7252	0,7050	0,6853	0,6663	0,6480	0,6302
7	0,8131	0,7860	0,7599	0,7348	0,7107	0,6874	0,6651	0,6435	0,6227	0,6028	0,5835
8	0,7894	0,7594	0,7307	0,7032	0,6768	0,6516	0,6274	0,6042	0,5820	0,5607	0,5403
9	0,7664	0,7337	0,7026	0,6729	0,6446	0,6176	0,5919	0,5674	0,5439	0,5216	0,5002
10	0,7441	0,7089	0,6756	0,6439	0,6139	0,5854	0,5584	0,5327	0,5083	0,4852	0,4632
11	0,7224	0,6849	0,6496	0,6162	0,5847	0,5549	0,5268	0,5002	0,4751	0,4513	0,4289
12	0,7014	0,6618	0,6246	0,5897	0,5568	0,5260	0,4970	0,4697	0,4440	0,4199	0,3971
13	0,6810	0,6394	0,6006	0,5643	0,5303	0,4986	0,4688	0,4410	0,4150	0,3906	0,3677
14	0,6611	0,6178	0,5775	0,5400	0,5051	0,4726	0,4423	0,4141	0,3878	0,3633	0,3405
15	0,6419	0,5969	0,5553	0,5167	0,4810	0,4479	0,4173	0,3888	0,3624	0,3380	0,3152
16	0,6232	0,5767	0,5339	0,4945	0,4581	0,4246	0,3936	0,3651	0,3387	0,3144	0,2919
17	0,6050	0,5572	0,5134	0,4732	0,4363	0,4024	0,3714	0,3428	0,3166	0,2925	0,2703
18	0,5874	0,5384	0,4936	0,4528	0,4155	0,3815	0,3503	0,3219	0,2959	0,2720	0,2502
19	0,5703	0,5202	0,4746	0,4333	0,3957	0,3616	0,3305	0,3022	0,2765	0,2531	0,2317
20	0,5537	0,5026	0,4564	0,4146	0,3769	0,3427	0,3118	0,2838	0,2584	0,2354	0,2145
21	0,5375	0,4856	0,4388	0,3968	0,3589	0,3249	0,2942	0,2665	0,2415	0,2190	0,1987
22	0,5219	0,4692	0,4220	0,3797	0,3418	0,3079	0,2775	0,2502	0,2257	0,2037	0,1839
23	0,5067	0,4533	0,4057	0,3634	0,3256	0,2919	0,2618	0,2349	0,2109	0,1895	0,1703
24	0,4919	0,4380	0,3901	0,3477	0,3101	0,2767	0,2470	0,2206	0,1971	0,1763	0,1577
25	0,4776	0,4231	0,3751	0,3327	0,2953	0,2622	0,2330	0,2071	0,1842	0,1640	0,1460
26	0,4637	0,4088	0,3607	0,3184	0,2812	0,2486	0,2198	0,1945	0,1722	0,1525	0,1352
27	0,4502	0,3950	0,3468	0,3047	0,2678	0,2356	0,2074	0,1826	0,1609	0,1419	0,1252
28	0,4371	0,3817	0,3335	0,2916	0,2551	0,2233	0,1956	0,1715	0,1504	0,1320	0,1159
29	0,4243	0,3687	0,3207	0,2790	0,2429	0,2117	0,1846	0,1610	0,1406	0,1228	0,1073
30	0,4120	0,3563	0,3083	0,2670	0,2314	0,2006	0,1741	0,1512	0,1314	0,1142	0,0994
31	0,4000	0,3442	0,2965	0,2555	0,2204	0,1902	0,1643	0,1420	0,1228	0,1063	0,0920
32	0,3883	0,3326	0,2851	0,2445	0,2099	0,1803	0,1550	0,1333	0,1147	0,0988	0,0852
33	0,3770	0,3213	0,2741	0,2340	0,1999	0,1709	0,1462	0,1252	0,1072	0,0919	0,0789
34	0,3660	0,3105	0,2636	0,2239	0,1904	0,1620	0,1379	0,1175	0,1002	0,0855	0,0730

Anhang

Restlaufzeit des Erbbaurechts bzw. des Nutzungsrechts (in Jahren)	Zinssatz										
	3 %	3,5 %	4 %	4,5 %	5 %	5,5 %	6 %	6,5 %	7 %	7,5 %	8 %
35	0,3554	0,3000	0,2534	0,2143	0,1813	0,1535	0,1301	0,1103	0,0937	0,0796	0,0676
36	0,3450	0,2898	0,2437	0,2050	0,1727	0,1455	0,1227	0,1036	0,0875	0,0740	0,0626
37	0,3350	0,2800	0,2343	0,1962	0,1644	0,1379	0,1158	0,0973	0,0818	0,0688	0,0580
38	0,3252	0,2706	0,2253	0,1878	0,1566	0,1307	0,1092	0,0914	0,0765	0,0640	0,0537
39	0,3158	0,2614	0,2166	0,1797	0,1491	0,1239	0,1031	0,0858	0,0715	0,0596	0,0497
40	0,3066	0,2526	0,2083	0,1719	0,1420	0,1175	0,0972	0,0805	0,0668	0,0554	0,0460
41	0,2976	0,2440	0,2003	0,1645	0,1353	0,1113	0,0917	0,0756	0,0624	0,0516	0,0426
42	0,2890	0,2358	0,1926	0,1574	0,1288	0,1055	0,0865	0,0710	0,0583	0,0480	0,0395
43	0,2805	0,2278	0,1852	0,1507	0,1227	0,1000	0,0816	0,0667	0,0545	0,0446	0,0365
44	0,2724	0,2201	0,1780	0,1442	0,1169	0,0948	0,0770	0,0626	0,0509	0,0415	0,0338
45	0,2644	0,2127	0,1712	0,1380	0,1113	0,0899	0,0727	0,0588	0,0476	0,0386	0,0313
46	0,2567	0,2055	0,1646	0,1320	0,1060	0,0852	0,0685	0,0552	0,0445	0,0359	0,0290
47	0,2493	0,1985	0,1583	0,1263	0,1009	0,0807	0,0647	0,0518	0,0416	0,0334	0,0269
48	0,2420	0,1918	0,1522	0,1209	0,0961	0,0765	0,0610	0,0487	0,0389	0,0311	0,0249
49	0,2350	0,1853	0,1463	0,1157	0,0916	0,0725	0,0575	0,0457	0,0363	0,0289	0,0230
50	0,2281	0,1791	0,1407	0,1107	0,0872	0,0688	0,0543	0,0429	0,0339	0,0269	0,0213
51	0,2215	0,1730	0,1353	0,1059	0,0831	0,0652	0,0512	0,0403	0,0317	0,0250	0,0197
52	0,2150	0,1671	0,1301	0,1014	0,0791	0,0618	0,0483	0,0378	0,0297	0,0233	0,0183
53	0,2088	0,1615	0,1251	0,0970	0,0753	0,0586	0,0456	0,0355	0,0277	0,0216	0,0169
54	0,2027	0,1560	0,1203	0,0928	0,0717	0,0555	0,0430	0,0334	0,0259	0,0201	0,0157
55	0,1968	0,1508	0,1157	0,0888	0,0683	0,0526	0,0406	0,0313	0,0242	0,0187	0,0145
56	0,1910	0,1457	0,1112	0,0850	0,0651	0,0499	0,0383	0,0294	0,0226	0,0174	0,0134
57	0,1855	0,1407	0,1069	0,0814	0,0620	0,0473	0,0361	0,0276	0,0211	0,0162	0,0124
58	0,1801	0,1360	0,1028	0,0778	0,0590	0,0448	0,0341	0,0259	0,0198	0,0151	0,0115
59	0,1748	0,1314	0,0989	0,0745	0,0562	0,0425	0,0321	0,0243	0,0185	0,0140	0,0107
60	0,1697	0,1269	0,0951	0,0713	0,0535	0,0403	0,0303	0,0229	0,0173	0,0130	0,0099
61	0,1648	0,1226	0,0914	0,0682	0,0510	0,0382	0,0286	0,0215	0,0161	0,0121	0,0091
62	0,1600	0,1185	0,0879	0,0653	0,0486	0,0362	0,0270	0,0202	0,0151	0,0113	0,0085
63	0,1553	0,1145	0,0845	0,0625	0,0462	0,0343	0,0255	0,0189	0,0141	0,0105	0,0078
64	0,1508	0,1106	0,0813	0,0598	0,0440	0,0325	0,0240	0,0178	0,0132	0,0098	0,0073
65	0,1464	0,1069	0,0781	0,0572	0,0419	0,0308	0,0227	0,0167	0,0123	0,0091	0,0067
66	0,1421	0,1033	0,0751	0,0547	0,0399	0,0292	0,0214	0,0157	0,0115	0,0085	0,0062
67	0,1380	0,0998	0,0722	0,0524	0,0380	0,0277	0,0202	0,0147	0,0107	0,0079	0,0058
68	0,1340	0,0964	0,0695	0,0501	0,0362	0,0262	0,0190	0,0138	0,0100	0,0073	0,0053
69	0,1301	0,0931	0,0668	0,0480	0,0345	0,0249	0,0179	0,0130	0,0094	0,0068	0,0049
70	0,1263	0,0900	0,0642	0,0459	0,0329	0,0236	0,0169	0,0122	0,0088	0,0063	0,0046
71	0,1226	0,0869	0,0617	0,0439	0,0313	0,0223	0,0160	0,0114	0,0082	0,0059	0,0042

Anhang

Restlaufzeit des Erbbaurechts bzw. des Nutzungsrechts (in Jahren)	Zinssatz										
	3 %	3,5 %	4 %	4,5 %	5 %	5,5 %	6 %	6,5 %	7 %	7,5 %	8 %
72	0,1190	0,0840	0,0594	0,0420	0,0298	0,0212	0,0151	0,0107	0,0077	0,0055	0,0039
73	0,1156	0,0812	0,0571	0,0402	0,0284	0,0201	0,0142	0,0101	0,0072	0,0051	0,0036
74	0,1122	0,0784	0,0549	0,0385	0,0270	0,0190	0,0134	0,0095	0,0067	0,0047	0,0034
75	0,1089	0,0758	0,0528	0,0368	0,0258	0,0180	0,0126	0,0089	0,0063	0,0044	0,0031
76	0,1058	0,0732	0,0508	0,0353	0,0245	0,0171	0,0119	0,0083	0,0058	0,0041	0,0029
77	0,1027	0,0707	0,0488	0,0337	0,0234	0,0162	0,0113	0,0078	0,0055	0,0038	0,0027
78	0,0997	0,0683	0,0469	0,0323	0,0222	0,0154	0,0106	0,0074	0,0051	0,0035	0,0025
79	0,0968	0,0660	0,0451	0,0309	0,0212	0,0146	0,0100	0,0069	0,0048	0,0033	0,0023
80	0,0940	0,0638	0,0434	0,0296	0,0202	0,0138	0,0095	0,0065	0,0045	0,0031	0,0021
81	0,0912	0,0616	0,0417	0,0283	0,0192	0,0131	0,0089	0,0061	0,0042	0,0029	0,0020
82	0,0886	0,0596	0,0401	0,0271	0,0183	0,0124	0,0084	0,0057	0,0039	0,0027	0,0018
83	0,0860	0,0575	0,0386	0,0259	0,0174	0,0118	0,0079	0,0054	0,0036	0,0025	0,0017
84	0,0835	0,0556	0,0371	0,0248	0,0166	0,0111	0,0075	0,0050	0,0034	0,0023	0,0016
85	0,0811	0,0537	0,0357	0,0237	0,0158	0,0106	0,0071	0,0047	0,0032	0,0021	0,0014
86	0,0787	0,0519	0,0343	0,0227	0,0151	0,0100	0,0067	0,0044	0,0030	0,0020	0,0013
87	0,0764	0,0501	0,0330	0,0217	0,0143	0,0095	0,0063	0,0042	0,0028	0,0019	0,0012
88	0,0742	0,0484	0,0317	0,0208	0,0137	0,0090	0,0059	0,0039	0,0026	0,0017	0,0011
89	0,0720	0,0468	0,0305	0,0199	0,0130	0,0085	0,0056	0,0037	0,0024	0,0016	0,0011
90	0,0699	0,0452	0,0293	0,0190	0,0124	0,0081	0,0053	0,0035	0,0023	0,0015	0,0010
91	0,0679	0,0437	0,0282	0,0182	0,0118	0,0077	0,0050	0,0032	0,0021	0,0014	0,0009
92	0,0659	0,0422	0,0271	0,0174	0,0112	0,0073	0,0047	0,0030	0,0020	0,0013	0,0008
93	0,0640	0,0408	0,0261	0,0167	0,0107	0,0069	0,0044	0,0029	0,0019	0,0012	0,0008
94	0,0621	0,0394	0,0251	0,0160	0,0102	0,0065	0,0042	0,0027	0,0017	0,0011	0,0007
95	0,0603	0,0381	0,0241	0,0153	0,0097	0,0062	0,0039	0,0025	0,0016	0,0010	0,0007
96	0,0586	0,0368	0,0232	0,0146	0,0092	0,0059	0,0037	0,0024	0,0015	0,0010	0,0006
97	0,0569	0,0355	0,0223	0,0140	0,0088	0,0056	0,0035	0,0022	0,0014	0,0009	0,0006
98	0,0552	0,0343	0,0214	0,0134	0,0084	0,0053	0,0033	0,0021	0,0013	0,0008	0,0005
99	0,0536	0,0332	0,0206	0,0128	0,0080	0,0050	0,0031	0,0020	0,0012	0,0008	0,0005
100	0,0520	0,0321	0,0198	0,0123	0,0076	0,0047	0,0029	0,0018	0,0012	0,0007	0,0005

In den Fällen anderer Zinssätze der Gutachterausschüsse ist der Abzinsungsfaktor nach folgender Formel zu bilden:

$$\text{Abzinsungsfaktor} = \frac{1}{q^n}$$

q = Zinsfaktor = $1 + p : 100$
p = Zinssatz
n = Restlaufzeit

STICHWORTVERZEICHNIS

Die Zahlen verweisen auf die Randnummern.

A

Abfindung 367
Abzugsbetrag, gleitender 588
Abzugsverbot nach § 10 Abs. 6 ErbStG 547 ff.
Abzugsverbot nach § 10 Abs. 9 ErbStG 461 ff.
Aktien
– Bewertung 97, 98
Anlaufhemmung 31
Anzeigepflichten, Behörden
– Gerichte 12
– Kreditinstitute 2, 7, 17
– Notare 13
– Treuhandkommanditisten 9
– Versicherungsunternehmen 10
Atypisch stille Beteiligung 112
Auflage 418
– Auflagenschenkung 455
– eigennützige, Saldierungsverbot 461
Auflösende Bedingung 83
Aufschiebende Bedingung 83
Auskunftsverkehr, kleiner/großer im DBA 22
Ausschlagung, siehe Erbausschlagung

B

Barvermächtnisse 766
Bedingung 418
Behaltensregelungen 642
Bereicherung 530
Berliner Testament 406, 753 ff.
– Alternativen 766
– bestehendes, Gestaltungsmöglichkeiten 754
Berücksichtigung früherer Erwerbe 681

Besteuerungselemente für die Erbschaft- und Schenkungsteuer 737
Betriebsgrundstück 55, 159
Betriebsvermögen 581 ff.
– Abzugsbetrag 588
– Anwendung des § 14 ErbStG 681 ff.
– Ausländisches 205, 916
– – Begriff 77
– begünstigtes 597
– Behaltensregelungen 642
– Beteiligungen im BV 185
– Betriebsgrundstück, siehe dort
– Bewertung 134 ff.
– Bewertungseinheit 135
– Bewertungsverfahren 134
– Ertragswertverfahren, siehe dort
– junges - 187
– Lohnsumme 628
– Mindestwert/Substanz/Liquidationswert 189
– Nachversteuerung 643, 652 ff.
– Nettowert 187
– Optionsverschonung 657
– Poolvertrag, siehe Poolvereinbarung
– Rangfolge (Hierarchie) 143, 207
– Reinvestitionen 651
– Schuldenabzug 201
– Steuerbefreiung 581 ff.
– Substanzwert 189
– Tarifbegrenzung beim Erwerb 677
– Verschonungsabschlag 584
– Verschonungsabschlag Option für vollständige Befreiung 657
– Verwaltungsvermögen 608 ff., 961 ff.
– Verwaltungsvermögenstest 590
– Zusammenrechnung m. früheren Erwerben 685

Beteiligung, atypisch, typisch 112
Betriebsverpachtung 915
Bewertungsstichtag 80
Bodenrichtwert 213
Börsennotierte Wertpapiere (Bewertung) 94, 98
Bundesschatzbriefe 98, 99

C

Cash GmbH 871

D

Doppelbesteuerungsabkommen 19, 1102
– Anrechnungs-/Freistellungsmethode 20
– Begriff 19
– Erbschaftsteuer-DBAs 1102
– Informationsaustausch im OECD-MA 21
Doppelstiftung 1158

E

Ehegatten, Zuwendungen unter 478
Einkommensteuer (Doppelbelastung) 731
Erbausschlagung 776
– Ausschlagung des überlebenden Ehegatten 499
– Ersatzerwerber 776
– gegen Abfindung 420
– gegen Nießbrauchsabfindung 800
Erbbaurecht, Grundstücke im 270 ff.
– negative Grundbesitzwerte 287
Erblasserschulden 539
– bei teilweise befreiten Vermögensgegenständen 552
– Darlehensrückzahlungsansprüche 541
– Pflegeleistungen 540
– Steuerschulden 539
Erbquoten 744
Erbschaftsteuer
– Berechnung 663
– Bestimmungsgründe 332

Erbschaftsteuerpflicht, unbeschränkte 333 ff.
Erbschaftsverträge 782
Ersatzerbschaftsteuer, siehe Familienstiftung
Ertragswertverfahren
– bebaute Grundstücke 232
– Betriebsvermögen 134, 156, 157, 160 ff.
– vereinfachtes 160
Erwerbsvorgänge, steuerpflichtige 351 ff., 523
– Erwerb durch Erbanfall 369
– Erwerb von Todes wegen 364
– Vermächtnisse 383
Erwerb
– aufschiebend bedingt 343
– durch Erbanfall 369
– fiktive Erwerbe 376, 972
– steuerpflichtiger 523
– unmittelbar 365
– von Auslandsvermögen 19
Erwerb von Todes wegen 373
– Lebensversicherungen, siehe dort
Erwerb von Todes wegen, Ergänzungs-/Ersatztatbestände 418
Erwerbe, frühere, Berücksichtigung 681
Erwerbsanzeigepflicht der Erben, Vermächtnisnehmer, Beschenkten 26
Erwerbsnebenkosten 535 ff.

F

Familienheimschaukel 752
Familienpool 848
Familienstiftung 1155
– Besteuerung 1163
– Ersatzerbschaftsteuer 362, 1173
– Rückübertragung/Auflösung 1170
Familienwohnheim
– Erwerb von Todes wegen durch Kinder 576
– Erwerb von Todes wegen unter Ehe-/Lebenspartner 573
– steuerfreie Zuwendung an den Ehegatten/Lebenspartner 570

– Weitergabeverpflichtung   575
Finanzbedarfsplanung   958
Finanzierungsschätze des Bundes (Bewertung)   98
Forderungsansprüche (Bewertung)   392
Freigebige Zuwendung   438

G

Gattungsvermächtnis   391
Gebäude auf fremdem Grund und Boden   288
Geldvermächtnis   760
Gelegenheitsgeschenke   30
Gemeiner Wert
– Begriff   88
– des Betriebsvermögens, Aufteilung   195, 199
Gemeinnützige Stiftungen   1182
– Buchwertprivileg   1192
– Gemeinnützigkeit   1182
– Nachversteuerung   1194
– Sonderausgabenabzug für Spenden   1193
– steuerfreie Zuwendungen und Zustiftungen   1191
– wirtschaftlicher Geschäftsbetrieb   1186
Gemischte Schenkung   452, 455
– steuerbefreite Gegenstände   450
Generation-Skipping   746
Genossenschaftsanteile   843
Genussscheine   98
Gesellschafternachfolge   414
Gewerbebetrieb, Bewertung   152
Gewinnübermaßzuwendung   977
GmbH
– Anteile, Wertermittlung, Aufteilung   195
– eigene Anteile   146
– Paketzuschlag/-abschlag   147, 980
Grenzüberschreitende Vermögensübertragung   1101 ff.
– Deutschland – Österreich   1115

Grunderwerbsteuer   457
Grundstück
– Arten   76
– Alterswertminderung   257, 260
– bebaute   218
– Begriff   71
– Bewertung   208 ff., 227 ff.
– Bodenrichtwert   213
– Brutto-Grundfläche   255
– Erbbaurecht   270 ff.
– Erbbaugrundstück   278
– Ertragswertverfahren   232
– gemischt genutzt   225
– Geschäftsgrundstück   224
– im Bau befindliche Gebäude   265
– Restnutzungsdauer   242
– Sachwertverfahren   245
– unbebautes   211
– Vergleichswertverfahren   213, 228
– Verkehrswert (Nachweis eines niedrigeren)   292
– vermietete zu Wohnzwecken   579
– Wohnung   222
Grundstücksverwaltende Personengesellschaften, Schuldensaldierung   554
Grundvermögen   66, 69
– Abgrenzung von Land- und Forstwirtschaft und Betriebsvermögen   69
– Abgrenzung zu Betriebsvorrichtungen   68
– Zuordnung   75
Güterstandsschaukel   751
Gütertrennung   412, 490

H

Härteausgleich   675
Hausrat   560
Herausgabeanspruch nach § 2287 BGB   367

I

Informationszentrale für steuerliche Auslandsbeziehungen   25
Inlandsvermögen   1104 ff.

619

– erweitertes 1108
– Gesellschaftsanteile 1107
– Grundvermögen 1105
– sonstiges Vermögen 1106
Investmentzertifikate (Bewertung) 97, 98

J

Jahressteuer, Erbschaftsteuer als 694
– Ablösung 700
– Aufzehrungsmethode 698
– Berechnung 697
– Erhebungsdauer 699
Jahreswert 697
– Kürzungsmethode 698
Jastrowsche Klausel 762

K

Kapitalforderungen 99
– unverzinsliche 100
Kapitalgesellschaft, Anteile
– Bewertung 93, 98, 142
– börsennotiert 94, 98
– eigene Anteile 146
– nicht börsennotiert 95, 98
– Paketzuschlag /-abschlag 147
– Substanzwert 191
– Verwaltungsvermögen 619, 620
Kapitalgesellschaft, Leistungen an - 513 ff.
Kapitallebensversicherung, siehe Lebensversicherung
Kaufrechtsvermächtnis 389
Kettenschenkung 823
Körperschaften 345
Kontrollmitteilungen der Betriebsprüfungsstellen 14
– der Erbschaftsteuerstellen 16
Korrespondenzprinzip 929
Kunstgegenstände 562, 618, 942
– Steuervergünstigungen 565

L

Land- und forstwirtschaftl. Grundstücke 613
Lasten (steuerl. Bewertung von) 85
Lebenspartner, Zuwendungen unter 478
Lebensversicherung, Anzeigepflichten 10
– auf das Leben des Ehegatten 812 ff.
– Besteuerung 804 ff.
– Ehegatten-Absicherungsmodelle 812
– Erwerbe von Todes wegen 809
– Geschäftspartner 813
– mittelbare Geldschenkung 837
– Prämienschenkung 814
– Rentenlebensversicherung, sofort fällige 815
– verbundene 811
– Versicherungsnehmerwechsel 816 f.
Leibrente 129
Leistungen an Kapitalgesellschaften 513 ff.
– Bemessungsgrundlage 523
– Dritter 521
– eines Gesellschafters 514
– Gegenleistung 818
– zwischen Kapitalgesellschaften 522
Leistungen von Kapitalgesellschaften
– an Dritte 529
– an Gesellschafter 527
– Vermeidungsstrategien 818
Liquidationswert 190
Lohnsumme 627 ff.
– Ausgangslohnsumme 631
– Beschäftigtenzahl 629
– geringfügiges Betriebsvermögen 630
– gesonderte Feststellung 638
– Unterschreitung 639

M

Mittelbare Schenkungen 827

N

Nachlasserbenschulden 544
Nachlassverbindlichkeit

- Begriff 535
- Erbfallschulden 535, 544
- Erblasserschulden 535, 530
- Erwerbsaufwendungen 545

Nießbrauch
- an Grundbesitz 121
- Begrenzung des Jahreswerts 122
- Begriff 784
- beim Generation-Skipping 803
- Doppelnießbrauch 866
- im Vergleich zur Vor- und Nacherbschaft 797
- Netto/Brutto- 785
- unter Ehegatten 795, 943
- Vollrechtsnießbrauch 866

Nießbrauchsvorbehalt 412

Nutzungen/Leistungen, immerwährende 116
- lebenslängliche 116, 129
- zeitlich befristete 116, 124

Nutzungs-/Duldungsauflagen (Abzug vom Grundbesitzwert) 459

O

Oder-Konto, Errichtung als freigebige Zuwendung 505

Öffungsklausel 292

P

Paketzuschlag /-abschlag 147

Persönliche Steuerfreibeträge 661

Personenvereinigungen 345

Pfandbrief 97

Pflegeleistungen (als Erblasserschulden) 540

Pflichtteil 394, 396, 405
- beim Berliner Testament 406
- steuerl. Bewertung 400

Pflichtteilsergänzungsansprüche 394

Poolvereinbarung 614, 649, 981 ff.

R

Renten-, Leistungs- und Nutzungsrechte 115, 693
- aufschiebend bedingt 86

Rentenerlass, vierter 911

Rentenlebensversicherungen, siehe Lebensversicherung

Rückfallklausel 711

Rückfallschenkung 567

S

Sachschenkungen 432

Sachvermächtnis 387

Sachwertverfahren (beim Grundstück) 245

Schenkung
- Ausscheiden eines Gesellschafters zum Buchwert 414
- fiktive bei der Gesellschafternachfolge 414
- freigebige Zuwendung als 438
- mittelbare, siehe mittelbare Schenkungen

Schenkung auf den Todesfall 413, 492

Schenkung unter Lebenden 358, 426 ff.

Schenkung unter Leistungsauflage 452

Schenkungsteuer, Berechnung 663

Schenkungsvertrag steueroptimaler 881

Schulden und Lasten
- Abzug bei Anteilen an Kapitalgesellschaften 201
- Anteile an Personengesellschaften 201
- zu Wohnzwecken vermietete Grundstücke 551

Schwebende Geschäfte 542

Sonderausgabenabzug von Versorgungsleistungen 910

Steuer-, Rechtsberatungskosten 538

Steuerberechnung (Berechnungsschema) 663

Steuerfreibeträge, persönliche 661

Steuerfreie Gegenstände 559

Steuerklasse 665
– Begünstigungsregelung 669
– Schenkung durch eine Kapitalgesellschaft/Genossenschaft 672
Steuerpflicht, beschränkte 349
– erweiterte beschränkte 358
– Option für unbeschränkte 1112
– persönliche 332
– unbeschränkte 333 ff.
Steuerpflichtiger Erwerb 351 ff., 454 ff., 534
Steuerpflichtiger Erwerbsvorgang 351 ff.
Steuersatz 673 ff.
– Härteausgleich 676
– Tarifbegrenzung 677
Steuerschulden, des Erblassers 539
Steuerschuldner 690
Steuerstundung 712
Steuertarif 664
Stiftung 1151 ff.
– Begriff 1151
– Besteuerung 1163
– Familienstiftung 1155
– gemeinnützige, mildtätige, kirchliche siehe gemeinnützige Stiftungen 1159, 1182
– Steuerklasse 1
– Stiftungserrichtung 1165
– Treuhandstiftungen 1195
– Unternehmensstiftung 1157
Stuttgarter Modell 916
Surrogaterwerbe 773

T

Tarifbegrenzung 677
Teilungsanordnung 373
Testament, Begriff 739
– Generation-Skipping 746
– testamentarische Vermächtnisanordnung 750
Testamentsgestaltungen steueroptimiert 739 ff.
Treuhandstiftungen, siehe Stiftungen

Trust, siehe Vermögenstrust
Typisch stille Beteiligung 113

U

Überentnahme 645
Unbedenklichkeitsbescheinigung 6
Unbenannte Zuwendungen 501
Unternehmertestament 951
– und Gesellschaftsvertrag 957
Unterstiftung, siehe Stiftung

V

Verkehrswert, Nachweis eines niedrigeren bei Grundstücken 292
Verkehrswert Nutzung/wiederkehrende Leistung 457
Verluste, Vererblichkeit 558
Vermächtnis 383
– Barvermächtnis 766
– Geldvermächtnis 763, 765
– Steuerübernahmeklausel 880
Vermächtnisgleiche Erwerbe 383, 393
Vermietete Grundstücke 579
Vermögensarten 60
Vermögensmassen 345
Vermögensübergabe gegen Versorgungsleistungen 907 ff.
– Ertragsprognose 924
– Nießbrauchsvorbehalt 922
– Übertragungsvertrag 925
Vermögensübergabevertrag, Begriff 908
– unter nahen Angehörigen 909
Vermögenstrust 1051 ff.
– Auflösung 1062
– irrevocable discretionary Trust 1057, 1062
– Letter of Wishes 1070
– revocable trust 1058, 1063
– Vermögensauskehrungen 1059
– Vermögensübertragung auf – 1057
– Zurechnungs-/Durchgriffsbesteuerung 1066

Verschonungsabschlag 584

Versicherungsansprüche aus Lebens-, Kapital- oder Rentenversicherungen 107

Versorgungsbezüge 352

Versorgungsfreibetrag 661

Vertrag zu Gunsten Dritter 9

Verwaltungsvermögen, nicht begünstigtes 606 ff.
- Anteilsermittlung 623
- gesonderte Feststellung 625
- junges 619
- Kapitalgesellschaftsbeteiligungen 614, 615
- vergleichbare Forderungen 617
- Wertpapiere 616

Verwaltungsvermögenstest 961

Verwirkung von Steueransprüchen 39

Vor- und Nacherbschaft 462
- Besteuerung nach Verhältnis zum Erblasser 469

Voraus 394

Vorausvermächtnis 378

Vorbehaltsnießbrauch 788 ff.

Vorerbe, Besteuerung 465
- Pflichten des - 466

Vorerbschaft, freiwillige Herausgabe 476

W

Wahlvermächtnis 388

Wertpapiere, Bewertung 91, 94

Widerrufsvorbehalt 449, 707, 709

Wirtschaftsgüter (immaterielle) 194

Wirtschaftliche Einheit 54

Wohnimmobilien
- Steuerstundung 713
- vermietete, Steuerbefreiung 579, 830

Wohnungsunternehmen 612

Württembergische Modell 768

Z

Zeitrenten 124

Zugewinnausgleich (steuerfreier) 481, 489
- Berechnung 484
- fliegender 483
- Vermutung des § 1377 Abs. 3 BGB 486

Zugewinngemeinschaft
- im Vergleich zur Gütertrennung 490
- modifizierte 494
- rückwirkende Vereinbarung 493

Zurechnungsfortschreibung 53

Zustiftungen 1172

Zuwendungen zu Lebzeiten 805

Zuwendungsnießbrauch 945 f.

Zweckzuwendung 361